만유의 그리스도

EVERYTHING IN CHRIST

세 일치신조와 함께한
벨직신앙고백서 개요

The Christian Faith Outlined according to The Belgic Confession
in harmony with Three Forms of Unity

클라스 스탐 지음 | 송동섭 옮김

자유개혁교회 레포르만다

저자 | 클라스 스탐 Klaas Stam

- 1972년 네덜란드 깜펀신학교 졸업(B.D).
- 1982년 M. Th. 신학석사.
- 화란 랑게슬락 교회,
- 캐나다 개혁교회 벌링턴, 스미스빌, 펄거스, 해밀턴 코너스톤 교회 시무.

〈 저서 〉
- 미가서 해설집 "주와 같은 이가 없나이다" (None Like Thee)
- "주의 영을 분별하라" (Test the Spirits)
- 하이델베르크 교리문답 설교집 "믿음을 향유하는 삶" (Living in the joy of Faith)
- 절기 설교집 "구원을 즐기며" (Celebrating Salvation)
- 느헤미야서 주석 "하나님의 교회 건설" (Building the Church of God)
- 성령론에 관한 "성령과 신부" (The Spirit and the Bride)
- 에스더서에 관한 "은혜의 여왕" (Regina Dei Gratia)
- 하나님과의 살아있는 관계에 대한 "사랑의 언약" (The Covenant of Love)
- 전도서 "해 아래의 삶" (Living under the Sun)
- 야고보서를 해설한 "성숙한 믿음" (Towards the Maturity of Faith)
- 잘못된 종말론과 더불어 개혁교회의 종말론, 주님의 재림에 관한 "휴거 준비?" (Ready for Rapture?)
- "만유의 그리스도" (벨직신앙고백서 해설서)
- "하나님의 교회 건설" (느헤미야서 설교)

역자 | 송동섭 목사

- 합동신학대학원대학 졸업
- 해밀턴 캐나다 개혁신학교 이수
- 자유개혁교회 목사

만유의 그리스도

세 일치신조와 함께한
벨직신앙고백서 개요

만유의 그리스도
세 일치신조와 함께한 벨직신앙고백서 개요

EVERYTHING IN CHRIST
The Christian Faith Outlined according to The Belgic Confession
in harmony with Three Forms of Unity
by Klaas Stam
Translated by DongSup Song
Copyright ⓒ 2017 by DongSup Song

초판 인쇄 | 2017년 10월 25일
초판 발행 | 2017년 10월 31일

발행처 | 레포르만다
주소 | 전북 전주시 완산구 백제대로 13 101-1103(삼천동1가, 우성아파트)
전화 | 063-252-1996
등록번호 | 제2013-000013호
등록일자 | 2013년 4월 8일

발행인 | 송동섭
지은이 | Klaas Stam
옮긴이 | 송동섭

총판 | (주) 비전북출판유통
주소 | 경기도 고양시 일산구 장항동 568-17호 (우) 411-834
전화 | 031-907-3927(대) 팩스 031-905-3927

저작권자 ⓒ 2017 송동섭

이 책의 저작권은 저자에게 있습니다.
내용의 일부를 발췌 및 배포할 경우
서면에 의한 저자와 출판사의 허락을 받으십시오.

값은 표지에 있습니다.
파손된 책은 구입처나 출판사에서 교환해 드립니다.

ISBN 979-11-950539-3-3 03230

Printed in Seoul of Korea

만유의 그리스도

EVERYTHING IN CHRIST

세 일치신조와 함께한
벨직신앙고백서 개요

The Christian Faith Outlined according to The Belgic Confession
in harmony with Three Forms of Unity

클라스 스탐 지음 | 송동섭 옮김

자유개혁교회 레포르만다

차 례

〈만유의 그리스도〉

- 발간사 _ 클라스 스탐 / 11
- 서문 _ 클라스 스탐 / 15
- 역자 서문 _ 송동섭 / 22

제1과 _ 서론 | 공적 신앙고백 ·· 27
제2과 _ 신조 ··· 31
제3과 _ 벨직신앙고백서 제1, 2항 | 서론 ··· 35
제4과 _ 벨직신앙고백서 제3-7항 | 성경 ·· 41
제5과 _ 벨직신앙고백서 제8, 9항 | 성삼위일체 ·· 52
제6과 _ 벨직신앙고백서 제10, 11항 | 그리스도와 성령의 신성 ·························· 60
제7과 _ 벨직신앙고백서 제12-14항 | 창조와 섭리, 인간의 타락 ························ 67
제8과 _ 벨직신앙고백서 제15항 | 원죄 ·· 79
제9과 _ 벨직신앙고백서 제16, 17항 | 선택 ·· 85
제10과 _ 벨직신앙고백서 제18, 19항 | 예수 그리스도의 인격 ··························· 92
제11과 _ 벨직신앙고백서 제20항 | 공의와 자비 ·· 100
제12과 _ 벨직신앙고백서 제21항 | 구속 사역 ·· 104
제13과 _ 벨직신앙고백서 제22, 23항 | 이신칭의(以信稱義) ······························ 113
제14과 _ 벨직신앙고백서 제24, 25항 | 성화와 율법 ·· 124
제15과 _ 벨직신앙고백서 제26항 | 중보와 기도 ·· 134
제16과 _ 벨직신앙고백서 제27-29항 | 교회(I) ··· 143
제17과 _ 벨직신앙고백서 제27-29항 | 교회(II) ·· 154
제18과 _ 벨직신앙고백서 제27-29항 | 교회(III) ··· 161
제19과 _ 교회역사(I) | 개요 ·· 165
제20과 _ 교회역사(II) | 중세 카톨릭 시대 ··· 170
제21과 _ 교회역사(III) | 종교개혁 및 화란의 개혁교회 ···································· 175

제22과 _ 교회역사(IV) ㅣ 캐나다/미국 교회역사 ·········· 179
제23과 _ 벨직신앙고백서 제30-32항(I) ㅣ 교회정치 ·········· 184
제24과 _ 벨직신앙고백서 제30-32항(II) ㅣ 직분 ·········· 192
제25과 _ 벨직신앙고백서 제32항 ㅣ 교회질서 - 교회권징 ·········· 197
제26과 _ 벨직신앙고백서 제33-35항 ㅣ 성례(I) ·········· 204
제27과 _ 벨직신앙고백서 제33-35항 ㅣ 성례(II) ·········· 217
제28과 _ 예배예식 : 예전(Liturgy) ·········· 227
제29과 _ 벨직신앙고백서 제36항 ㅣ 시민 정부 ·········· 232
제30과 _ 벨직신앙고백서 제37항 ㅣ 최후의 심판 ·········· 240

〈보편신경〉

- 사도 신경 ·········· 253
- 니케아 신경 ·········· 254
- 아타나시우스 신경 ·········· 255

〈세 일치신조〉

- 벨직 신앙고백서 ·········· 261
- 하이델베르크 교리문답 ·········· 289
- 돌트 신경 ·········· 403
- 〈세 일치신조 대조표〉 ·········· 460

〈부록〉

개혁교회 예배모범 예전 예식서
- 예배순서 ·········· 466
- 유아세례 예식서 ·········· 469
- 성인세례 예식서 ·········· 473
- 공적 신앙고백서 ·········· 477
- 성찬예식서 ·········· 478
- 약식 성찬예식서 ·········· 489

- 비수찬 회원의 출교 예식서 …… 494
- 수찬 회원의 출교 예식서 …… 497
- 그리스도의 교회로의 재영입 예식서 …… 501
- 말씀사역자 임직(취임) 예식서 …… 505
- 선교사 임직(취임) 예식서 …… 510
- 장로 집사 임직 예식서 …… 514
- 혼인서약 예식서 …… 522

개혁교회 기도문

- 일반적인 죄 고백과 설교 전 기도와 금식과 기도의 날들 …… 528
- 기독교의 모든 필요를 위한 기도 …… 529
- 설교 전 공적인 죄의 고백과 기도 …… 531
- 설교 후 기도 …… 532
- 교리문답 해설 전 기도 …… 533
- 교리문답 해설 후 기도 …… 533
- 식사 전 기도 …… 534
- 식사 후 기도 …… 535
- 영육 간에 연약한 자들을 위한 기도(1) …… 535
- 영육 간에 연약한 자들을 위한 기도(2) …… 536
- 아침 기도 …… 537
- 저녁 기도 …… 538
- 교회 회의의 개회 기도 …… 539
- 교회 회의의 폐회 기도 …… 539
- 집사회의 개회 기도 …… 540

자유개혁교회 질서 · 직분자 동의 서약서

- 자유개혁교회 질서 …… 542
- 직분자 동의 서약서(지교회용) …… 559
- 목사 동의 서약서(노회용) …… 560

발간사

이 책은 1561년 화란 남부 개혁교회 목사였던 귀도 드 브레가 작성한 벨직신앙고백서에 요약한 대로의 기독교 신앙고백을 소개하는 입문서로 의도하였다. 이 신앙고백서는 전 세계 개혁교회의 신앙고백의 표준으로 채용되어져 왔다.

기본적으로 이 책은 온타리오주 벌링턴에 있는 르호봇 교회, 1978-1979년 겨울 공적 고백 예비반의 체계적인 준비를 위한 교재이다. 처음에는 학생들에게 벨직신앙고백서 개요를 파악하기 위한 자료로 활용되다가 한 권의 개요서로 출간하게 된 것이다. 성찬 참여를 위한 공적 고백 예비반의 전 과정, 곧 교회사, 교회정치, 예전에 이어 마지막 과목으로 추가되었다. 캐나다 개혁교회의 입장에서의 신앙생활이 이로 말미암아 총정리 되기를 바란 것이다.

이 개요서의 발간은 시의적절한 것으로 여겨졌다. 왜냐하면 이런 주제에 관해 소용되는 자료로서는 그리 과다한 것이 아니었기 때문이다. 벨직신앙고백서에 대한 더 충분한 공부를 위해서는 훨씬 전에 남교우연합회가 출판한(ILPB) 피터 드 용(P. de Jong) 저 "세상을 향한 교회의 증언"(The Church's Witness to the World)을 추천하는 바이다.

이 개요서의 강조점은 성경적인 증거본문으로서, 독자들로 하여금 벨직신앙고백서가 어떻게 성경적인 분명한 증거에 근거하고 있는지를 확실하게 알게 하고자 하였다. 이 공부를 제대로 하도록, 다양한 질문들을 각 장마다 첨가하였다. 개혁교회 신앙고백인 세 일치신조와의 통일성을 위해서 참조가 되는 하이델베르그 교리문답과 돌트신경도 언급하였다.

이 책은 단지 공적 고백반 학생들을 위해서 뿐만 아니라, 훨씬 폭넓게 성경 공부반이나 기독교 학교 교과서로도 쓰여지도록 기획되었기에, 개인이나 가정에서 소장 도서로 갖추고 있으면 여러 모로 쓸모가 있지 않을까 한다.

물론 개혁교회 신앙고백의 모든 내용이 이 개관으로 의도된 이 책에서 다 거론될 수는 없다. 저자 본인도 이 책의 제한적 용도에 대해서 충분히 인정하는 바이다. 교리문답반을 인도하는 자들이나 교사들은 각자의 통찰력에 따라 더 보완하기도 하고 더 축약할 수 있는 기회와 여지가 많을 것이다. 그러나 이 책의 특징으로서 개혁 신앙고백의 핵심적인 요점들이 아주 간단명료하게 다루어지고 있다는 점만큼은 내세울 만하다.

교회 역사에 대한 네 개의 장에서는 현재에 이르기까지의 교회 역사의 주된 분기점들을 일관하도록 수록되어 있다. 교회사 개요에 관해 훨씬 더 자세한 내용들은 캐나다 개혁교회출판사에서 간행된 밴 더 야그트(A. v.d. Jagt)의 "투쟁과 승리(Struggle and Triumph)"를 참고하면 된다. 이 책은 내가 기독교 역사에 대해 관심을 가지는 모든 자들에게 추천하는 바이다.

나는 특별히 캐나다 온타리오주 해밀턴에 있는 캐나다 개혁교회 신학교 교의신학 교수인 젤러 페이버(Jelle Faber) 박사에게 심심한 감사를 전하고자 한다. 그는 여러 가지 자료를 건설적인 비판으로 검토하는 데 도움을 주신 분이시다.

독자 제위 여러분은 이 책의 오류를 수정하기 위해 여러 가지 비판과 충고를 할 수 있다. 다만 이 책을 편찬한 저자의 의도는 가능한 한 많은 사람들과 독특한 개혁교회 신앙고백을 보존하고 함께 나눔으로, 내가 사랑하는 주님의 교회를 세우는데 기여를 하고자 하는 것이다.

주후 1979년 5월
온타리오 벌링턴에서

재판 서문

많은 오류 수정과 제안들이 재판에 반영되었다. 이 재판으로 만유의 그리스도를 추구하는 모든 자들에게 주께서 은혜 주시기를 바란다.

1981년 7월
스미스빌에서

제3판 서문

이 책의 제3판이 출간되기 직전에, 1983년 캐나다 개혁교회 클로버데일(브리티쉬 콜롬비아) 총회는 개혁교회 세 일치신조 신앙고백과 예식서 및 교회질서를 용도에 맞게 다소 개정하였다. 이런 개정이 실제 벨직신앙고백서 본문 자체를 변경한 것은 아니지만 그 해석과 적용에 영향을 미쳤다. 당시 총회가 아직 개최되기 이전이기 때문에, 제3판에서의 변경된 내용을 반영할 기회가 없었다. 이 개정이 마무리되는 1986년에는 이 책의 본문도 역시 수정되고 개정되리라 여겨지지만, 지금 당장으로서도 별 무리는 없다.

나는 이 간단한 책이 계속해서 교회에서 활용되고 있다는 점에 감사를 드린다. 이 개정판을 통해서도 각처에 있는 하나님의 백성들에게 유익을 주시기를 기도한다.

1984년 1월
스미스빌에서

제4판 서문

1983년 캐나다 개혁교회 클로버데일 총회는 신앙고백과 각종 예식서, 교회질서가 포함된 개정 시편찬송집을 채용했는데, 거기에 비하면 이 책도 너무 뒤처진 감이 없지 않지만, 재고된 책들이 다 팔릴 때까지 기다리기로 하였다.

1988년 아직도 이 판이 사용되고 있을지라도 제4판의 출판이 기획되었다. 개정된 시편찬송집에 시의적절하게 부응해서 벨직신앙고백서 본문 전체가 총회에서 채택된 대로 개정되었다. 이 개정판은 대부분 세 일치신조와 예식서, 교회질서에서 인용된 본문만큼 달라졌다. 그렇지 않은 경우는 이전 판과 다를 바 없다.

지금은 제4판이 활용되고 있다. "만유의 그리스도"는 이제 만 10년이 되었다. 아직도 개혁교회들과 신자들이 이 책을 활용해서 공부하고 가르치고 있다는 점에 감사할 뿐이다. 제4판본도 역시 하나님의 영광과 주의 교회의 유익을 위해 쓰여지기를 기도한다.

1988년 3월 벌서스에서
저자가

서 문

만유의 그리스도

유일무이한 참 믿음이 있다고 할 때, 많은 맹신적이고 미신적인 면들이 있다. 이 책은 기독교의 참 믿음, 곧 성경적인 참 구원의 길, 오직 예수 그리스도를 믿는 유일무이한 신앙고백의 입장을 옹호하고자 한 것이다.

물론 모든 신자들이 다 이러한 입장을 인정하는 것은 아니다. 심지어 대다수의 신자들은 사람들에게 회자된 인본주의적인 믿음에 대해 분석 평가하는 입장을 함부로 정죄하기도 한다. 오늘날 대다수는 누구라도 자기만의 특별한 종교를 선택하여 향유하는 대신, 다른 종교나 철학에 대해서도 상대적으로 어느 만큼은 진리라는 것을 더 이상 부인하려 하지 않는 것이다. 결국 아무도 참된 진리를 온전하게 고수하는 자가 없게 된 것이다. 오늘날 기독교 진리만이 절대적이라는 입장은 더 이상 받아들일 수 없다는 것이 세태의 풍조이다.

계속 부흥하는 담화

그리스도인 대다수가 기독교 신앙이야말로 절대적임을 믿는 시대가 있었다. 과거 수세기 동안 이런 확신은 기독교 교회들로 하여금 전세계를 향한 다양한 선교사역에 적극적으로 가담하는 동기를 부여하였다. 유럽 대륙에서도 최초로 이런 믿음을 열정적으로 추구하는 선구자들이 복음 전파에 헌신한 사람들에 뒤이어 등장하곤 하였다. 이들 선교사들은 단순한 선교사로서의 소명 뿐 아니라, 토착민들에게 영적인 혜택을 베풀어야 한다는 확신을 갖게 된 바, 그리스도의 복음의 빛으로 흑암의 권세의 종된 그들을 무지몽매한 상태에서 해방되도록 한 것이다.

당대 이런 사고방식에 상당한 변화가 있었다. 이런 변화는 20세기가 시작된 이래 다양한 세계적 선교 연합회에서 천명한 내용들의 주된 경향에서 가장 잘 살펴볼 수 있다.

1923년 예루살렘 연합수련회에서, 그리스도인들이 비기독교 종교들에 포함된 가치들을 적극적으로 인정해야 하는지의 여부를 묻는 질문이 제기되었다. 다른 종교에서 가르쳐지는 모든 교리들을 일일이 다 검증해야 하는 것이 아니고, 접촉점을 마련하는 데 근거가 될 만한 유사한 내용들에 초점을 맞춰야 한다고 정리되었다.

이런 관점이 1938년에 인도에서 강하게 천명되었다. 이어서 1961년 뉴델리에서 열린 선교연합회에서는, 그리스도는 자신을 익명으로, 곧 그 이름 자체로가 아니라, 비기독교의 종교로도, 또한 역사적인 변화나, 심지어 각처에서 일어나는 혁명으로도 드러내므로, 복음의 직접적인 지식이 없이도 그리스도와 구원의 길을 찾을 수 있다고 천명하였다! 그 이후 방콕에서 열린 연합수련회에서도, 비기독교 종교들과의 대등한 차원에서의 논의인 대담을 지속적으로 강화하였고, 이 담화를 심지어는 공산주의(막시즘)나 마오쩌뚱 이론과 같은 정치철학에게로 확대하기도 하였다.

이런 원리나 정책이나 입장표명은 우리 시대의 모든 종교를 통일하는 에큐메니칼 운동의 강력한 추진력이 된 것이다. 어느 누구라도 어느 곳에서든지, 심지어 극단적인 공산주의나 불교 평화론에서라도 "그리스도"를 발견할 수 있다는 것이다. 성경을 더 이상 하나님의 절대적이고 유일한 계시로 인정하지 않는다. 오히려 진리는 마호멧의 코란이나 마오쩌뚱의 적화문서에서도 발견할 수 있다는 것이다. 이렇게 종교다원적인 담화를 통해서, 모든 종교와 철학이 궁극적으로는 하나로 어울려지며, 결국 이렇게 해서 전 인류의 통일이 실현된다고 한다.

본질적인 입장

교회 사람들로 자처하며 성경학자인 체 하는 사람들이 종교와 철학을 넘어 전 세계를 하나로 통합하자는 통일운동의 시대적 망상(ecumenical dream)에 대하여, 개혁교회는 기독교 신앙이 다른 어느 종교나 철학과는 근본적으로 다르다는 본질적인 입장을 취해 왔다. 참과 거짓은 공존할 수 없다. 만일 어떤 연합이 가능하다면, 그 연합은 거짓 교회와 흑암 세계와의 야만적인 결합으로서, 높이 되신 그리스도를 대적하는 최후의 단말마적인 극악한 야합이라고 성경은 가르친다(시2편, 제13장). 저자의 이 책 "만유의 그리스도"는 그리스도가 하늘과 땅의 모든 권세를 가지고 천하를 다스리는 분이라는 관점에서 씌여진 것으로서, 개인적으로 그리스도가 그의 은혜의 왕국의 실현을 기대하며 오직 진리로 새로운 세상을 다스리는 최고의 권세가 되도록 하고자 함이다.

일부 학자들은 참 기독교 신앙과 인본적인 미신과의 본질적인 차이를 제시하고자 노력해 왔다. 이런 시도들은 다른 저서들에서 탁월하게 정리했던 내용들을 일부러 단순히 반복하는 이 책보다 훨씬 더 폭넓은 그 시야가 될 것이다. 그러나 그 차이점의 주된 요점을 이 책에서도 독자들에게 현저하게 부각시키는 바, 참된 기독교 신앙은 본질적으로 독특하기 때문에, 사람의 심정으로 품을 수 있는 것도 아니고 인본적인 사고방식과 더불어 배양될 수 있는 것도 아니라는 것이다.

피상적인 유사성

표면상으로만 보면 기독교는 세상의 다른 종교와 아주 유사한 것처럼 보이기도 한다. 우리에게 성경이 있듯이 다른 종교에게도 그들의 권위로 인정되는 옛 경전들이 있다. 가장 핵심적인 인물이 있다. 물론 다른 종교들도 부처나 마호멧이나 마르크스 등과 같은 탁월한 중심인물이 있다. 나름대로 일정한 경배 형식이 있고, 구별된 성소도 있으며 종교예식의 거행하는 예법도 다 가지고 있다. 그리스도의 교회도 임명된 직분자들이 있는 만큼, 세상 종교들도 나름대로의 성직자들을 가지고 있다. 종교가 구성되는 과정이나 그 종교의 기능이 수행되는 방식에 상당한 유사성이 있지 않은가?

심지어 신앙의 내용까지도 유사성이 있는 것처럼 보인다. 기독교인들이나 불교도들이나 회교도들은 다 "구원"을 모색하는 것이 아닌가? 모든 종교가 삶의 규범으로서 좀 특별하고 경건하고 나름대로 영감된 "종교경전"을 가지고 있지 않은가? 모든 종교가 똑같이 더 나은 세상을 위해 공동으로 분투노력하지 않는가? 물론 종교가 형성된 전통적이고 사회적 배경 여하에 따라 다양한 면에서 현저한 차이가 없지는 않으나, 모든 종교의 중심에는 자기 자신과 자기 이웃 관계를 발전시키고자 한다는 점에서도 마찬가지 아닌가?

초두에 언급한 여러 선교협의회에서 기독교 지도자들은 접촉과 대화의 길을 모색하고, 현존하는 다양한 차이들을 간과하는 연합체를 설립하고자 하는 것이 그리 이상한 일은 아니다. 어떻든지 하나가 되고자 한 때는 필연적으로 무리하지 않은 나름대로의 성장과정을 거쳐야 하며 성급한 광신주의자로서는 오히려 장애가 될 뿐이다.

그렇다고 표면상으로만 최소한의 것을 말한다면 또한 속이는 것이다. 겉으로는 동일하게 보일지라도 실제로는 전혀 같지 않기 때문이다. 누구든지 정직하게 살피면 곧바로 기독교 신앙과 여타의 미신적인 사람의 종교와는 현저하게 다른 점을 발견하게 될 것이다.

구원과 자아실현

모든 종교는 나름대로 구원의 필요성을 역설하며, 있는 그대로는 뭔가 제대로 된 것이 아니거나 현 세상의 모습으로는 안된다고 시사한다. 어느 종교라도, 이런 "구원"이 자기들의 신의 존재와 연결되어서, 사람으로 하여금 더 나은 상태로 가거나 더 나은 세상을 이루고자 하는데 도움이 되거나 방해가 되거나 한다.

그러나 여기에서 다음과 같은 수많은 질문으로 이어진다. 도대체 이런 "구원"이란 무엇이며, 과연 그런 감각이 그렇게 늘 절실한가? 더욱 더 중요한 질문은 누가 이 구원을 이루어주는가 하는 문제다. 사람이 스스로 자기를 구원하는가 아니면 하나님이 사람을 구원하는가? 혹 그렇다 하더라도 원하는 결과가 오게 하기 위해서 신과 사람의 힘은 어떻게 결합되는가? 누가 주도권을 가지며 무엇이 그에 대한 결정적인 조건이 되는가?

사람이 무엇으로부터 구원을 받는가? 그저 자연의 힘을 누그러뜨리는 일인가 아니면 악의 초자연적인 능력을 다루는 일인가? 과연 사람이 구원받는 것이 같은 사람의 압제로부터인가 아니면 자기 자신의 잘못된 성향과 확신으로부터인가?

지금까지 존재한 세상의 모든 종교와 철학은 다 정치적, 사회적, 경제적 요소를 내포하는 바, 가장 근본적인 신념은 사람이 자기 자신으로부터 구원받는 것이며, 따라서 자기 자신의 갈망을 실현하는 과정이며, 결국 자기 자신을 위한 완전한 세상을 이루는 것이다. 과연 이런 과정상 사람은 신에 의해 다소간의 도움과 지지를 받기도 한다. 그러나 최종적인 분석을 해 보면 결국 자기 자신의 성공을 추구한 것이다. 우리 시대의 세상의 모든 종교와 철학은 결과적으로 인본주의를 세심하게 가리거나 교묘하게 치장한 것에 불과하다. 아무리 엄숙한 의식과 수많은 사람들의 순례행렬을 가지고 있다 하더라도 사람이 자기 자신의 뜻을 세우고 자기 자신의 성공담을 자랑하는 영적 피폐상을 감출 수 없다.

오늘날의 세상종교와 철학체계로 보면, 구원이란 자아실현이다. 신의 이름은 물론이거니와(알라, 크리쉬나 등) 성경과 유사한 용어와 개념("죄"나 "은혜" 등)까지도 아주 다양하게 등장하지만, 결국 사람은 자기 자신의 노력의 결과로 신에게 받아들여지며 신의 축복을 받는다.

이와 가장 현저하게 대립된 기독교 신앙에서는, 사람이란 자기 자신의 선택으로 불순종하여 타락함으로써, 전적으로 부패하였으며, 그래서 스스로 자신을 구원하거나 하나님께 결코 용납될 수 없음을 분명히 확신한다. 사람은 적극적으로 하나님의 율법을 지킬 수 없으며, 하나님의 공의로운 진노 앞에 살아남을 수도 없다. 오직 하나님의 한량없는 자비로만 구원을 받으며, 오로지 독생자 예수 그리스도를 통해서만 구원받는다고 고백한다. 구원 사역의 주도권은 하나님께 있다. 이 사역의 과정도 하나님께서 주도하신다. 뿐만 아니라 이 구원 사역의 완성도 하나님이 하신다. 그러므로 기독교 신앙에서는 모든 영광을 하나님께 돌린다.

그렇다고 해서 기독교 신앙에서 사람의 역할이나 책임을 고려할 여지가 전혀 없다는 말은 아니다. 하나님과 맺은 언약에 있어서 하나님께서는 사람을 책임있는 상대방으로 부르시며, 그의 성령과 말씀으로 그의 언약을 갱신하심으로써 적극적으로 하나님을 섬기도록 하신다. 기독교 신앙은 감사함으로 자기 전 생애를 예수 그리스도께 헌신하는 자들을 만든다. 그래도 사람의 사역이나 역할은 사람 안에서 행하시는 하나님의 사역이 있는 그 다음이다. 곧 그리스도의 성령의 내면적인 사역으로 말미암아 소망을 두고 행할 수 있게 하신 분은 하나님이시다(빌 2:12,13). 사람이 받은 어떤 보상도 그저 사람의 공로만으로 된 것은 아니다. 오히려 예수 그리스도의 공로로 말미암아 받을 자격이 없는 자에게 주어진 은혜롭고 기이한 선물이다.

기독교 신앙은 만사를 자기 자신의 밖에서, 사람과 하나님 사이에 유일한 중보자이시며 유일한 구주되신 예수 그리스도 안에서 찾으라는 독특한 부르심을 포함한다. 그리스도의 보혈로 완전히 의롭다 함을 받는다. 그리스도의 영이 성화를 완성한다. 궁극적인 영화도 하늘 보좌 우편에 계신 그리스도에게 달려있다. 만유의 그리스도(Everything in Christ, 그리스도 안에 있는 모든 것), 이것이 벨직 신앙고백서와 이 책의 주제이다. 대 사도인 바울도 바로 이 주제를 다음과 같이 요약 정리한다. "너희는 하나님께로부터 나서 그리스도 예수 안에 있고 예수는 하나님께로서 나와서 우리에게 지혜와 의로움과 거룩함과 구속함이 되셨으니 기록된 바 자랑하는 자는 주 안에서 자랑하라 함과 같게 하려 함이니라."(고전 1:30-31)

그렇다면 기독교 신앙이야말로 그 특성이나 내용상 다른 어떤 종교와는 비교할 수 없이 전혀 다르지 않은가?

유일무이한 복음의 교훈

성부 성자 성령 삼위일체 하나님의 사역 안에서 우리의 구원에 필요한 모든 것을 구하고 찾으라는 교훈은 기본적으로 사람을 아주 겸비케 한다. 스스로 선과 악을 결정하고 끈질기게 자기 성취로 자기가 처한 운명을 타개하고자 하는 그것이 스스로 하나님과 같이 되고자 하는 욕망을 품고 키워온 그것이 사람이 아닌가? 하나님께서는 자기 스스로 파산된 인생길로부터 사람을 복음으로 불러내심으로, 그로 하여금 자신을 쳐서 신성한 하나님의 법에 굴복할 뿐만 아니라, 예수 그리스도 안에 계시된 하나님의 주권적인 은혜로만 살게 하신다. 바로 이 점에서 사람이 그리스도인이 되기 위해서는 지극히 겸손해져야 함을 분명히 알 수 있다.

사도들은 독특한 교훈의 말씀을 가지고 세상으로 보냄 받았다. 왜냐하면 그 교훈은 오직 한 민족에게만이 아니라 모든 민족에게 해당되기 때문이다(마 28:18-20). 사도들은 사람의 전적인 타락과 예수 그리스도 안에 있는 하나님의 무한한 사랑을 전하였다. 그들은 그리스도가 골고다에서 지신 십자가 보혈의 희생제사로 하나님의 말씀을 성취하였고 그를 믿는 모든 자에게 임한 하나님의 진노를 대신하였다고 선포하였다. 그들은 성령께서 믿음을 일으키시며 새 생명을 주시사 주님의 뜻대로 섬기게 하신다고 증거하였다. 그들은 그리스도께서 하늘 지성소로 승천하심을 증거하였으며 의의 신천신지를 건설하기 위해 재림하실 것도 제시하였다. 그래서 사도들은 초지일관 이 복음이 유일무이하며 독특해서 어떤 인본적인 철학과도 결코 타협할 수 없는 것임을 천명한 것이다. 예수 그리스도만이 유일한 구원의 길이다. 이 복음은 이미 예루살렘으로부터 시작해서, 사도 베드로가 선포한 대로, "다른 이로써는 구원을 받을 수 없나니 천하 사람 중에 구원을 받을 만한 다른 이름을 우리에게 주신 일이 없음이라 하였더라." (행 4:12) 또한 사도들은 이 복음 전파로 말미암아 이 복음을 온전하게 받아들이든지 아니면 아예 거부하고 대적하든지 양극단의 위기가 조성됨을 경험하기도 하였다. 십자가의 복음의 도는 유대인들에게는 거친 걸림돌이 되는가 하면 이방인에게는 어리석은 것으로 여겨진 것이다. 복음의 도는 일말의 인간본성의 반발과 저항이 있을지라도 이를 넘어서 세상을 정복해 왔고 지금도 정복해 가고 있다.

안타까운 개악

그리스도 예수로 말미암은 유일무이한 구원의 도리가 그리스도의 교회 설립의 확고한 기반이 되었다. 그런데도 교회 자체 내부에 확실한 개악이 진행되고 있다. 교회는 점점 하나님 말씀의 교리에서 또다시 떠나 옛적부터 부분적으로 행했던 바대로 확연하게 자가 구원책을 모색하는 길로 변질된 것이다. 펠라기우스는 사람의 전적 타락 교리에 도전하여 사람의 선행의 공로를 가미한 협동구원설을 가르쳤다. 이는 십자가의 필수성을 부인한 것이다. 그리스도의 신성도 하찮은 것으로 여기고 거의 인정하지 않았다.

그리스도 교회는 이런 이단사설에 대해 단호한 입장을 취했다. 그러나 자력구원설은 자체로 더 재포장되고 재구성되어 교회의 터전을 무너뜨렸다. 구원은 그리스도와 사람의 협력 사역이 되었으며, 교회는 하나님의 은혜를 베푸는 중요한 중보적 기관이 되었다. 이렇게 해서 기독교 신앙은 원리적으로 사람들이 신봉하는 여타의 그릇된 미신들과 다를 바 없이 되고 말았다.

복음 진리의 회복

주님은 종교개혁을 통하여 다시금 교회의 원래 터전을 다시 드러내셨다. 모든 것이 오직 유일하고 완전한 구주 예수 그리스도 안에 있다는 단순하고 절대적인 교리가 종교개혁의 원동력이 되어서, 자기들의 생명을 바쳐 그 진리를 파수한 모든 자들에게 큰 위로를 주었다.

바로 그 때에 귀도 드 브레가 벨직 신앙고백서를 작성했다. 그는 기본적으로 단 한 가지 이유로 그 고백서를 작성한 바, 예수 그리스도의 유일무이한 구속사역으로 하나님의 영광을 옹호하고 선포하고자 함이었다. 오직 하나님만이 예수 그리스도로 말미암아 구원 사역을 하시므로 모든 영광을 받으시기에 합당하다는 오랜 사도신경과 일치하고, 성경 자체와 일치한 이 신경은 만천하에 드높이 천명되었다.

오늘날도 이는 하나님의 은혜로 여전히 캐나다 개혁교회가 채택한 신앙고백이다. 거짓 교회는 자아실현을 추구함으로써 세상과 연합하였으며, 유일무이한 절대적인 신앙을 태초부터 사람을 속인 거짓말과 맞바꾸고 말았다. 가장 현저하게 대비되는 바, 옛 예루살렘에서부터 유일무이한 복음 선포가 시작되어 오늘날까지 많은 세월동안 진행되어 왔으나, 오늘날 우리 시대에서의 예루살렘은 동일한 유일무이한 복음이 그 독특성을 빼앗기고 말았다. 그럼에도 불구하고 종교개혁의 교회들은 그 이전의 옛 교회들과 하나가 되어 예수 그리스도만이 유일하고 완전한 구주이시며, 오직 그리스도 안에서만 더 좋은 세상의 기초와 도래를 확신할 수 있다고 일관된 입장을 고수하였다.

바로 이런 신앙이 벨직 신앙고백서에서 분명하게 고백되고 있다. 이 고백서의 내용에 주의를 환기시키는 것보다 기독교 신앙을 더 잘 제시할 수 있는 길이 있을까?

아무리 많은 사람들이 이 진리를 반대한다 할지라도, 진리는 지금도 살아있다.

진리는 유일무이하며, 이 진리가 우리를 자유케 한다.

클라스 스탐

역자 서문

자유개혁교회 창립 제20주년 기념 발간사 서문

"내가 내 스스로에게서 비롯되어 해야 했다면,
나는 아예 시작하지도 못했으리라.
내가 오로지 내 스스로의 노력으로만 해야 했다면,
나는 한 걸음도 더 나아가지 못했으리라.
내가 내 스스로만으로 이 일을 해야 했다면,
나는 결코 마무리하지 못했으리라.
그러나, 오직 그가 시작하셨고,
그가 계속 행하시므로,
그가 마무리하시리라.
나 같은 자에게도
그렇게 구원하시리라고
그가 그렇게 약속하셨노라.
아무런 소망없이 태어난 자이지만,
지금은 오직 만유의 그리스도 안에서
세상을 이긴 생명의 면류관을 쓰고
오직 하나님께 영광을."

이런 고백의 시로 이 책을 마무리한 저자 클라스 스탐(Klaas Stam) 목사는 1972년 네덜란드 캄펀 신학교를 졸업하고, 이어서 1982년 동 신학교에서 신학석사 학위를 받았다. 네덜란드 개혁교회의 랑스락(Langeslag) 교회와 캐나다 개혁교회의 벌링턴(Burlington), 스미스빌(Smithville), 펄거스(Furgus), 코너스톤(Cornerstone) 교회에서 시무하였다. 역자는 캐나다 개혁교회 해밀턴 신학교에서 공부할 당시 내 처소 인근(도보로 10여분 거리)에 그의 자택이 있어서 몇 차례 왕래하여 교제를 하였다. 당시는 그가 와병 중으로 해밀턴 소재 모퉁이돌(Cornerstone) 교회 목사직을 조기 은퇴하여 계속 교단지인 Clarion에 여러 글을 기고하며 마지막 저서, 특히 "나그네의 길"(en route) 이란 경건서를 집필하고 있었다(2009년 출간). 본 저서는 최초 1979년에 출간하여 2000년 제9판에 이르기까지 영어권의 개혁교회를 위한 책으로 한국판도 2015년 봄에 저자의 허락을 받아 출간 예정이었으나 결국 그에게 한글판 책을 전달하지 못한 채 2016년 정월 초하루 그의 소천 소식을 듣게 되었다.

그의 저서로는 미가서 해설집 "주와 같은 이가 없나이다"(None Like Thee), "주의 영을 분별하라"(Test the Spirits), 하이델베르크 교리문답 설교집 "믿음을 향유하는 삶"(Living in the joy of Faith), 절기 설교집인 "구원을 즐기며"(Celebrating Salvation), 느헤미야서 주석인 "하나님의 교회 건설"(Building the Church of God), 성령론에 관한 "성령과 신부"(The Spirit and the Bride), 에스더서에 관한 "은혜의 여왕"(Regina Dei Gratia), 하나님과의 살아있는 관계에 대한 "사랑의 언약"(The Covenant of Love), 전도서 "해 아래의 삶"(Living under the Sun), 야고보서를 해설한 "성숙한 믿음"(Towards the Maturity of Faith), 그리고 잘못된 종말론과 더불어 개혁교회의 종말론, 주님의 재림에 관한 "휴거 준비?"(Ready for Rapture?) 등이 있다.

자유개혁교회가 전주 땅에서 설립된 지(1996년 이래) 무려 20년의 세월이 흘렀다. 지금도 캐나다, 호주, 화란 등 개혁교회가 있는 곳에서는 주께서 자유개혁교회를 우여곡절 속에 인도해 오신 은혜의 흔적이 남아있다. 무엇보다도 감격스러운 것은 한국 땅에서 "개혁교회"라는 복된 이름을 명실상부하게 증거할 수 있도록 세 일치신조인 벨직 신앙고백서, 하이델베르크 교리문답, 돌트신경과 돌트 교회질서를 알고 적용할 수 있도록 여기까지 도우셨다는 사실이다. 전 세계적으로 전 역사적으로 펼쳐진 하나의 거룩한 보편의 그리스도의 교회를 이모저모로 증험하고 그 복된 전통과 유산을 이어받고 공유할 수 있게 된 것이야말로 천하를 다 얻은 그 이상이다.

주께서 이 "만유의 그리스도(Everything in Christ)" 한국판을 통하여, 하나님의 일을 사람의 일로 변질시키는 마귀가 온갖 궤계와 술수를 부려서 배교와 타락일로로 치닫고 있는 한국 교회에, 복음의 광채, 그리스도의 살과 피로 되어, 그의 뼈 중의 뼈요 살 중의 살인 교회 본연의 정체를 더 환히 드러내기를 소원한다.

이 책을 기다리다가 금년 정월 초하루에 소천한 클라스 스탐과 그의 가족들과 교우들, 그리고 전주 땅에서 오늘날까지 나와 함께 위대한 개혁교회 역사를 써온 자유개혁교회 모든 교우들에게 깊은 사의와 함께 헌정한다.

주후 2017년 10월 31일 종교개혁 500주년 기념일에
자유개혁교회 목사 송동섭

세 일치신조와 함께 한
벨직신앙고백서 개요

The Christian Faith Outlined according to The Belgic Confession
in harmony with Three Forms of Unity

제1과

서론 : 공적 신앙고백

개관

이 과정은 주님의 교회의 성숙하고 책임있는 지체로서 믿음을 공적으로 고백하여 주 예수 그리스도의 거룩한 만찬에 받아들여지기를 원하는 분들을 위해서 구상된 것이다.

1. 공적 신앙고백의 필요성

식탁에 참여하도록 허락 받기 위하여 사람들은 구원의 복음과 복음의 약속들과 교훈에 대한 기본적인 이해를 가지고 있다는 증거를 제시해야만 한다. 성경은 마땅히 자기를 살핀 후에 '몸을 분별함'과 '합당한 태도'로 참여함에 대해 말씀하고 있다(고린도전서 11).

교회가 그분의 이름을 공적으로('사람들 앞에서') 고백하는 것은 주님의 명령이다(마태복음 10:32). 그리고 그와 같이 하는 것은 역시 많은 증인들 앞에서 선한 증거라고 한 것처럼 분명한 예식이었다(디모데전서 6:12).

그러한 공적인 신앙고백을 하기 전에 당회는 고백하려고 하는 사람들을 점검하게 된다. 다음의 두 가지 부분에 특별하게 주의하게 된다(다음의 두 가지 부분을 특별히 주의하여 점검한다).

a) 동기: 신앙고백이 주님을 사랑하는 마음에서 나온 것인가, 아니면 단순히 관습과 미신 또는 그 밖의 다른 동기에서 나온 것인가?
b) 지식: 지원자가 구원의 교리에 대해 정확한 이해를 하고 있는가? 이런 경우에 성경의 사실을 얼마나 알고 있느냐가 아니라 현재 가지고 있는 지식이 얼마나 올바른 지식인가가 강조된다.

2. 공적 신앙고백의 본질

'고백하다'는 동사는 '공개적으로 밝히다' 또는 '공적으로 나타내다'는 말이다. 거기에는 어떤 사람이나 어떤 사물을 확신하고 신뢰한다는 표현을 담고 있다. 성경적인 용어로는 '같은 것을 말한다' 또는 '긍정적으로 동의하면서 되풀이해 말한다'는 뜻이다. 그것은 히브리어 '아멘'의 진정한 의미로서 '참되다', '확실하다', '믿을 만하다'는 뜻이다.

공적 신앙고백 양식에서 다음 요소들을 눈여겨볼 수 있다.

a) 성경의 교리와 신조들에 대한 충분한 인식
b) 하나님의 언약의 약속들을 겸손하게 인정
c) 하나님을 섬기며 죄와 싸우겠다는 헌신
d) 교회의 권징에 복종하겠다는 정직한 서약

＊인식(Recognition) - 인정(Acceptance) - 헌신(Commitment) - 서약(Pledge)

우리의 믿음을 고백하면서 우리는 예수 그리스도를 우리의 주님이며 구세주로 선언한다. 그래서 우리는 우리 자신을 그리스도인다운 봉사의 삶에 헌신한다.

인정(accepting)	모임(meeting)
언약(covenant)	언약(covenant)
약속(promises)	의무(obligations)

질문 | 제1과

1 _ 주님의 만찬에 받아들여지기 전에 당신의 믿음을 고백해야 하는 이유는 무엇인가?

2 _ 그런 신앙고백이 공적으로 이행되어야 하는 이유는 무엇인가?

3 _ 이런 점에서 당회의 책임은 무엇인가?

4 _ '고백하다' 는 동사가 함축하고 있는 의미는 무엇인가?

5 _ '아멘' 이라는 말의 의미는 무엇인가?

6 _ 공적 신앙고백서에서 당신은 어떤 요소들을 발견할 수 있는가(내용 파악 및 숙지)?

〈 공적 신앙고백서 〉

우리 주 예수 그리스도의 사랑하는 형제자매 여러분,
우리는 주 우리 하나님께서 은혜를 베푸셔서 우리를 그의 자녀로 입양하시고 그의 언약 안에 받아주심을 감사드립니다. 또한 우리는 하나님께서는 그의 자녀들에게 사랑과 능력을 베푸셔서 그들의 성찬 참여를 허락받기 위해 주의 거룩한 교회 앞에서 주를 믿는 믿음을 공적으로 고백할 마음을 갖게 하셨다는 것을 인정합니다.
이제 그대는 하나님과 그의 거룩한 교회 앞에서 다음과 같은 내용을 공적으로 고백함으로 성찬 참여를 허락 받기 위해 이 자리에 이르렀으므로, 다음의 질문들에 대해서 성실하게 대답하시기 바랍니다.

첫째, 그대는 이 세 일치신조에 요약되고, 이 교회에서 가르치는 하나님 말씀의 교리를 진심으로 믿습니까? 그대는 하나님의 은혜에 의지하여 살아서나 죽어서나 이 교리를 초지일관 견지하며, 하나님의 말씀에 어긋나는 모든 이단사설과 오류를 거부하겠다고 약속하십니까?

둘째, 그대는 그대의 세례에서 표(表)하고 인(印)을 친 하나님의 언약의 약속들을 인정하십니까? 그대는 그대의 죄 때문에 진정으로 자기를 미워하고 하나님 앞에서 겸비하며, 그대의 생명을 그대 자신 밖에서, 곧 예수 그리스도 안에서만 찾으십니까?

셋째, 그대는 그대가 주 하나님을 사랑한다고 선언하며, 그래서 그의 말씀을 따라 그를 섬기고 세상을 버리며 그대의 옛 본성을 십자가에 못 박고자 하는 진실한 소원이 있다고 선언하십니까?

넷째, 그대는 하나님의 교회의 살아 있는 지체로서 주님을 섬기는 일에 그대의 전체 인생을 다 헌신하기로 굳게 작정하십니까? 하나님의 은혜로 그러한 일을 막아주시기를 바라지만, 그래도 그대가 교리와 생활에서 태만하거나 그릇되었을 경우, 그대는 교회의 권면과 권징에 기꺼이 순복하겠다고 약속하십니까?

질문 : ○○○ 씨, 그대의 대답은 무엇입니까? 대답 : 예, 그렇습니다.

모든 은혜의 하나님 곧 그리스도 안에서 너희를 부르사 자기의 영원한 영광에 들어가게 하신 이가 잠깐 고난을 받은 너희를 친히 온전케 하시며 굳게 하시며 강하게 하시며 터를 견고케 하시리라. 권력이 세세무궁토록 그에게 있을지어다(벧전 5:10-11). 아멘.

암기 과제 | 하이델베르크 교리문답 _ 제7주일 _ 제21문답

제 21 문 _ 참 믿음이란 무엇입니까?

답 _ 참 믿음은 내가 하나님께서 그의 말씀에서 우리에게 계시하신 모든 것을 참이라고 받아들이는 확실한 지식입니다. 동시에 하나님께서 순전히 은혜로, 오직 그리스도의 공로 덕분에, 사죄와 영원한 의와 구원을, 다른 사람들뿐 아니라 나에게도 내려주셨다는 견고한 확신입니다. 이런 믿음을 성령께서 복음으로써 내 마음에 일으키십니다.

제2과
신 조

개관

여러 세기를 지내오면서, 그리스도의 교회는 성경의 교리를 교회의 신앙고백서들이나 신조들 안에 요약했으며 지켜왔다. 이번 과의 주제는 개혁교회들이 받아들이고 사용하는 신조들과 익숙하게 되는 것이다.

1. 신조의 특성

신경, 신앙고백, 상징, 또는 신앙의 표준은 교회가 하나님의 말씀에 따라 믿는 것을 요약한 것이다. 주의해야할 중요한 사실은 신조가 성경에 추가하려는 것이 아니라 성경의 내용을 요약한 것으로서의 역할을 할 뿐이라는 것이다. 그런 까닭에 결코 성경을 대신할 수 없다. 신조는 사람의 입장에서 진술된 문서이다. 그러므로 오류 가능성에 영향을 받는다. 이것은 성경에 근거하여 그리고 교회의 보편적인 합의로 바로잡아질 수 있다. 우리는 개혁교회 신조들을 성경의 신뢰할만한 해석이라고 받아들인다.

베드로후서 1:20,21, "먼저 알 것은 경의 모든 예언은 사사로이 풀 것이 아니니 예언은 언제든지 사람의 뜻으로 낸 것이 아니요 오직 성령의 감동하심을 입은 사람들이 하나님께 받아 말한 것임이 니라."

신조가 성경보다 중요한 자리와 권위를 차지하게 될 때 이런 것을 가리켜 고백주의라고 한다.

2. 신조의 필요성

신조들은 보통 참된 구원의 교리를 보존하고 이단적인 교리를 논박하려는 순수한 필요에서 태어나게 되었다. 긍정적으로 신조들은 그리스도인의 신앙의 참된 유산을 보존하고 증진시키며, 또 어떤 점에서 교회의 일치가 있는가를 나타낸다.

* 진리의 방어(Defence) - 증진(Promotion) - 일치 및 동의서약(Expression)

3. 승인된 신조들

개혁교회들은 몇몇 신조들을 진리를 요약한 믿을 만한 것으로 공적으로 받아들였다. 우리는 다음의 둘 사이를 구분해볼 수 있다.

a) 보편 신경 : A.D. 첫 세기에 시작됨. 그때 모든 교회들은 보편적인(=세계적인) 교회회의 안에서 일치되어있었다.
b) 개혁주의 신조 : 16세기 탁월한 종교개혁시대에 시작됨.

주의해야 할 중요한 사실은, 개혁주의 신앙고백서들은 기본적으로 보편신경들을 옹호하고 좀 더 잘 설명한 것이며, 그러므로 아무런 오류가 없이 일치를 이루고 있다.

4. 보편신경

a) 니케아 신경 : 이 신경은 니케아 회의(A.D. 325)와 콘스탄티노플 회의(A.D. 381)에서 지지를 받았으며 아리우스의 교훈에 반대하여 그리스도교의 믿음을 정확하게 공식화한 것이다. 그것은 특별히 삼위일체와 주 예수 그리스도의 신성을 옹호하고 있다.
b) 사도신경 : 이 신조를 사도신경이라 부르게 된 이유는, 사도들의 가르침을 간명하게 요약하고 있기 때문이다. A.D. 4세기경으로 거슬러 올라간다.
c) 아타나시우스 신경 : 이 신조는 적절하지 않게도 아타나시우스를 따라 이름이 붙여졌다.(왜냐하면 그가 저자인지 대단히 의심스럽기 때문이다.) 이 신조는 A.D. 6세기부터 알려져 있다. 이 신조는 삼위일체와 주님의 '두 가지 본성'에 대해서 좀 더 깊이 있게 방어하고 있다.

5. 개혁주의 신조

다음의 신앙고백들은 한데 묶어서 '세 일치신조' 라고도 알려져 있다.

a) 벨직신앙고백서 : 스페인 왕 필립 2세에게 개혁신앙을 설명하려는 목적과 그래서 잔인한 종교박해를 그치게 하기 위하여 1561년 네덜란드 개혁교회 목사 귀도 드 브레가 작성함. 이 신앙고백서는 1571년 엠던 총회에서 네덜란드 개혁교회들의 공적인 신조가 되었다. 그리고 1618-1619년 돌트레히트 총회에서 유지되었다.

b) 하이델베르크 교리문답 : 1563년에 자카리아스 우르시누스와 카스파르 올레비아누스가 팔레티네이트의 독일의 선거후 영지의 선제후 프레데릭 3세의 요청으로 작성함. 그는 그의 백성들의 문답식 교육을 위해 개혁주의 입문서를 원했다. 그것은 곧 설교를 위한 지침으로 사용이 되었으며 그래서 52장 또는 52주로 나누어놓았다.

c) 돌트신경 : 이 신조는 '항론파를 반대하는 다섯 개 조항(The Five Articles Against The Remonstrants)'으로도 알려져 있는데 이것은 1618-1619년 네덜란드 돌트레히트의 국가총회에서 알미니우스파의 가르침을 물리치기 위해 채택되었다.

〈주〉: 종교개혁시대로 거슬러 올라가는 다른 많은 신조들도 있다. 그리고 개혁교회들에서 사용하기로 결정하지 않았음에도 불구하고 그 후로 어떤 것은 상당한 인정을 얻었다. 이것들을 말해본다면 특히 1536년과 1566년 스위스 신앙고백서, 제네바 신앙고백서(1536), 프랑스 또는 갈리아 신앙고백서(1559) 그리고 웨스트민스터 신앙고백서(1647)를 들 수 있다.

6. 신조의 승인

교회질서 26항에 따라서 모든 직분자들은 채택된 신조에 동의한다고 진술하고, 그 내용에 신실할 것을 서약하는 동의서에 서명해야만 한다.

그들의 공적인 신앙고백으로 모든 교회 지체들은 동일하게 받아들인다고 선서한다. 그래서 우리가 세 일치 신조에 대해서 말하는 것이다.

질문 | 제2과

1 _ '신경' 또는 '신앙고백서' 란 무엇인가?

2 _ 어느 신조이건 신조가 가지는 한계는 무엇인가?

3 _ '고백주의' 란 무엇인가?

4 _ 왜 신조가 필요한가?

5 _ 우리가 '보편' 신조와 '개혁주의' 신조에 대해서 말하는 이유는 무엇인가?

6 _ 개혁교회가 승인한 신조들은 무엇인가?

암기 과제 | 하이델베르크 교리문답 _ 제7주일 _ 제22문답

제 22 문 _ 그러면 그리스도인은 무엇을 믿어야 합니까?

답 _ 복음 안에서 우리에게 약속된 모든 것으로서, 우리의 보편적이고 의심할 여지없는 그리스도교 믿음의 조항들인 사도신경이 요약하여 우리에게 가르칩니다.

제3과

벨직신앙고백서 제1, 2항
서 론

제1항 유일하신 한 분 하나님[1]

우리 모두는 유일하신 한 분 하나님이 계시다는 것을 마음으로 믿고 입으로 고백한다.[2] 그는 순전하시며[3] 영적인 분으로서[4], 영원하시고[5], 불가해하시며[6], 보이지 않으시고[7], 불변하시고[8], 무한하시고[9], 전능하시고[10], 완전히 지혜로우시고[11], 의로우시고[12], 선하시며[13], 또 모든 좋은 것이 넘쳐나오는 원천이시다.[14]

---

1) There is only One God
   We all believe with the heart and confess with the mouth that there is only one God, who is a simple and spiritual being; He is eternal, incomprehensible, invisible, immutable, infinite, almighty, perfectly wise, just, good, and the overflowing fountain of all good.

2) · 롬 10:10 사람이 마음으로 믿어 의에 이르고 입으로 시인하여 구원에 이르느니라

3) · 신 6:4 이스라엘아 들으라 우리 하나님 여호와는 오직 유일한 여호와이시니
   · 고전 8:4 그러므로 우상의 제물을 먹는 일에 대하여는 우리가 우상은 세상에 아무 것도 아니며 또한 하나님은 한 분밖에 없는 줄 아노라
   · 딤전 2:5 하나님은 한 분이시요 또 하나님과 사람 사이에 중보자도 한 분이시니 곧 사람이신 그리스도 예수라

4) · 요 4:24 하나님은 영이시니 예배하는 자가 영과 진리로 예배할지니라

5) · 시 90:2 산이 생기기 전, 땅과 세계도 주께서 조성하시기 전 곧 영원부터 영원까지 주는 하나님이시니이다

6) · 롬 11:33 깊도다 하나님의 지혜와 지식의 풍성함이여 그의 판단은 헤아리지 못할 것이며 그의 길은 찾지 못할 것이로다

7) · 골 1:15 그는 보이지 아니하는 하나님의 형상이시요 모든 피조물보다 먼저 나신 이시니
   · 딤전 6:16 오직 그에게만 죽지 아니함이 있고 가까이 가지 못할 빛에 거하시고 어떤 사람도 보지 못하였고 또 볼 수 없는 이시니 그에게 존귀와 영원한 권능을 돌릴지어다 아멘

8) · 약 1:17 온갖 좋은 은사와 온전한 선물이 다 위로부터 빛들의 아버지께로부터 내려오나니 그는 변함도 없으시고 회전하는 그림자도 없으시니라

9) · 왕상 8:27 하나님이 참으로 땅에 거하시리이까 하늘과 하늘들의 하늘이라도 주를 용납지 못하겠거든 하물며 내가 건축한 이 성전이오리이까
   · 렘 23:24 여호와의 말씀이니라 사람이 내게 보이지 아니하려고 누가 자신을 은밀한 곳에 숨길 수 있겠느냐 여호와가 말하노라 나는 천지에 충만하지 아니하냐

제2항 어떻게 하나님은 우리에게 자신을 알리시는가[15]

우리는 두 가지 방도에 의해서 하나님을 안다. 첫째, 우리는 가장 아름다운 책[16]으로 우리 눈앞에 펼쳐진 우주만물을 창조하시고 보존하시고 통치하심으로 안다. 사도 바울이 로마서 1:20에서 가르치고 있는 바와 같이, 우주 안에 있는 크고 작은 모든 피조물들은 그 책의 수많은 글자들로서 하나님의 보이지 않는 것들 즉 그의 신성과 능력을 분명하게 알아볼 수 있도록 인도한다. 이 모든 만물은 사람들을 확신시키기에 충분하며 또한 핑계할 수 없도록 한다. 둘째, 하나님은 자신의 영광과 우리의 구원을 위하여, 이생에서 우리에게 필요한 만큼 자신의 거룩하고 신성한 말씀으로 분명하고 완전하게 자신을 알게 하신다.[17]

---

10) · 창 17:1 아브람이 구십구 세 때에 여호와께서 아브람에게 나타나서 그에게 이르시되 나는 전능한 하나님이라 너는 내 앞에서 행하여 완전하라
   · 마 19:26 예수께서 그들을 보시며 이르시되 사람으로는 할 수 없으나 하나님으로서는 다 하실 수 있느니라
   · 계 1:8 주 하나님이 이르시되 나는 알파와 오메가라 이제도 있고 전에도 있었고 장차 올 자요 전능한 자라 하시더라

11) · 롬 16:27 지혜로우신 하나님께 예수 그리스도로 말미암아 영광이 세세무궁하도록 있을지어다 아멘

12) · 롬 3:25, 26 이 예수를 하나님이 그의 피로써 믿음으로 말미암는 화목제물로 세우셨으니 이는 하나님께서 길이 참으시는 중에 전에 지은 죄를 간과하심으로 자기의 의로우심을 나타내려 하심이니 곧 이 때에 자기의 의로우심을 나타내사 자기도 의로우시며 또한 예수 믿는 자를 의롭다 하려 하심이라
   · 롬 9:14 그런즉 우리가 무슨 말을 하리요 하나님께 불의가 있느냐 그럴 수 없느니라
   · 계 16:5, 7 내가 들으니 물을 차지한 천사가 이르되 전에도 계셨고 지금도 계신 거룩하신 이여 이렇게 심판하시니 의로우시도다 또 내가 들으니 제단이 말하기를 그러하다 주 하나님 곧 전능하신 이시여 심판하시는 것이 참되시고 의로우시도다 하더라

13) · 마 19:17 예수께서 이르시되 어찌하여 선한 일을 내게 묻느냐 선한 이는 오직 한 분이시니라 네가 생명에 들어가려면 계명들을 지키라

14) · 약 1:17 온갖 좋은 은사와 온전한 선물이 다 위로부터 빛들의 아버지께로부터 내려오나니 그는 변함도 없으시고 회전하는 그림자도 없으시니라

15) How God Makes Himself known to Us
   We know Him by two means: First, by the creation, preservation, and government of the universe; which is before our eyes as a most beautiful book, wherein all creatures, great and small, are as so many letters leading us to perceive clearly the invisible qualities of God namely His eternal power and deity, as the apostle Paul says in Rom 1:20. All these things are sufficient to convict men and leave them without excuse. Second, He makes Himself more clearly and fully known to us by His holy and divine Word as far as is necessary for us in this life, to His glory and our salvation.

16) · 시 19:1-4 하늘이 하나님의 영광을 선포하고 궁창이 그의 손으로 하신 일을 나타내는도다 날은 날에게 말하고 밤은 밤에게 지식을 전하니 언어도 없고 말씀도 없으며 들리는 소리도 없으나 그의 소리가 온 땅에 통하고 그의 말씀이 세상 끝까지 이르도다 하나님이 해를 위하여 하늘에 장막을 베푸셨도다

17) · 시 19:7, 8 여호와의 율법은 완전하여 영혼을 소성시키며 여호와의 증거는 확실하여 우둔한 자를 지혜롭게 하며 여호와의 교훈은 정직하여 마음을 기쁘게 하고 여호와의 계명은 순결하여 눈을 밝게 하시도다
   · 고전 1:18-21 십자가의 도가 멸망하는 자들에게는 미련한 것이요 구원을 받는 우리에게는 하나님의 능력이라 기록된 바 내가 지혜 있는 자들의 지혜를 멸하고 총명한 자들의 총명을 폐하리라 하였으니 지혜 있는 자가 어디 있느냐 선비가 어디 있느냐 이 세대에 변론가가 어디 있느냐 하나님께서 이 세상의 지혜를 미련하게 하신 것이 아니냐 하나님의 지혜에 있어서는 이 세상이 자기 지혜로 하나님을 알지 못하므로 하나님께서 전도의 미련한 것으로 믿는 자들을 구원하시기를 기뻐하셨도다

개관

이번 과에서는 벨직신앙고백서의 전반적인 내용을 살펴본다. 이렇게 하는 것이 좀더 나은 학습을 위한 길잡이가 될 것이다. 그리고 고백서를 시작하는 조항들을 살피게 된다.

1. 벨직신앙고백서의 구성

벨직신앙고백서는 37항으로 구성되어 있는데 금방 알아볼 수 있을 정도로 체계적인 짜임새를 하고 있다. 그 속에는 개혁주의 교리의 모든 요점이 적절한 위치에 자리하고 있다. 다음에서 다루고 있듯이 전체를 분류해보는 것은 내용을 살피는데 도움이 될 수 있다.

〈주〉_ 아래와 같은 학문적인 용어를 사용한 것은 신앙고백서가 언급한 각 주제들에 대해서 교리적으로 충분하게 그리고 체계적으로 다루고 있다는 암시가 아니다. 이 신학적인 용어를 쓴 것은 단순히 신앙고백과 개혁주의 교리들 안에 있는 닮은 점을 보여주려는 것뿐이다.

a) 신론(Theology) : 하나님과 그분의 계시에 관해(1-11항)
b) 인간론(Anthropology) : 인간과 그의 피조물과 타락에 관하여(12-15항)
c) 기독론(Christology) : 주 예수 그리스도와 그를 통한 구원의 방법에 관해(16-26항)
d) 교회론(Ecclesiology) : 교회와 모으심 그리고 성화에 관하여(27-36항)
e) 종말론(Eschatology) : 심판의 날에 관하여(37항)
＊하나님 - 인간 - 그리스도 - 교회 - 종말
특별히 b) - d) 까지는 하이델베르크 교리문답에 나온 것과 근본적으로 같은 순서를 발견할 수 있다.
＊죄(비참)   -   건져내심   -   감사
＊부패   -   의롭다 인정받음   -   거룩하게 됨

2. 시작 문구

"우리 모두는 마음으로 믿고 입으로 고백한다."는 말로 시작하는데, 이것은 1항만 아니라 신앙고백서의 모든 조항에 다 있다. 신조는 '단순한' 교리 진술이 아니라 전적으로 믿음을 고백하는 것이다.
이 문장은 로마서 10:10절에서 온 것이다.
"사람이 마음으로 믿어 의에 이르고, 입으로 시인하여 구원에 이르느니라."
＊마음 - 입
＊믿음 - 고백

3. 하나님의 존재(제1항과 제2항)

켄터베리의 안셈은 하나님의 존재를 입증해보려 했지만 하나님께서 존재하심을 '과학적으로' 입증할 수는 없다. 하지만 피조물의 영광을 보면서 창조주의 주권과 지혜를 추론해 볼 수 있다. 더욱 중요한 것은 하나님께서 자기를 계시하신 말씀에서 하나님을 배운다. 우리는 하나님이 존재하신다고 믿어야만 하며 또한 믿을 만한 많은 이유를 가지고 있다.

a) 무신론(atheism) : 하나님이 없다는 신념.
b) 유일신론(monotheism) : 유일하신 한 분 하나님만 있다는 신념
c) 다신론(polytheism) : 많은 신들이 있다는 신념
d) 범신론(pantheism) : 만물이 신성을 가지고 있다는 신념

그리스도인의 믿음은 근본적으로 '유일신론'이며, 유일하신 한 하나님을 고백한다(야고보서 2:19).

4. 하나님의 속성(제1항)

하나님께서는 여러 가지 놀라운 성품으로 자신을 알리셨다. 그것을 '속성'이라고 하는데 사람과 비교하여 표현하지만 하나님께만 해당이 되는 표현이다. 이런 '속성들'은 반대개념으로 표현하고 있어서, 부정적으로 느껴진다(예를 들어, in-visible: 눈에 보이지 않는 분). 하지만 충분히 긍정적으로 이해해야 한다. 하나님은 참으로 유일무이하시므로, 근본적으로는 비교가 불가능하다.
이사야 40:18, 25 : "그런즉 너희가 하나님을 누구와 같다 하겠으며 무슨 형상에 비기겠느냐"
다음과 같이 정리한다.

a) 단순성 : "하나님은 사랑이시다." (요한일서 4:8)
b) 영이시다 : 피조물이 아니시다. "하나님은 영이시라." (요한복음 4:24)
c) 영원하시다 : 시작이나 끝이 없으시다; 영원하시다. "영원에서 영원까지 주는 하나님이시니이다." (시편 90:2)
d) 불가해하시다 : 우리는 하나님의 신성한 본성이나 그의 가장 위대하신 행위들과 가장 깊은 동기를 충분히 이해할 수가 없다. "명철이 한이 없으시며" (이사야 40:28)
e) 보이지 않으시다 : "그분 - 그리스도는 보이지 않는 하나님의 형상이시다." (골로새서 1:15)
f) 불변하시다 : 하나님은 존재나 성품이 '변하지' 않으시고 영원토록 동일하시다. "빛들의 아버지 … 그는 변함도 없으시고 회전하는 그림자도 없으시니라." (야고보서 1:17)

g) 무한하시다 : 하나님은 한계나 제한을 받으실 수 없으시다. "내가 주의 앞에서 어디로 피하리이까?"(시편 139:7)

h) 공의로우시다 : 하나님께서는 그의 율법에 따라 다루신다. "하나님은 의로우신 재판장이시라." (시편 7:11)

i) 선하시다 : 하나님께는 '악'이 없으시다. "선하신 분은 한 분뿐이시다."(마태복음 19:17) 하나님의 '선하심'은 아드님을 보내셔서 골고다 십자가에서 우리를 위해 죽게 하신 사실로 충분히 입증이 된다(요한복음 3:16).

5. 하나님을 아는 지식(제2항)

이렇게 구분한다.

a) 불가지론(agnosticism) : 하나님은 전혀 알려질 수 없다는 신앙
b) 무신론(scepticism) : 하나님은 '정확하게는' 알려질 수 없다는 신앙
c) 신비주의(mysticism) : 하나님은 충분하게 알려질 수 있다는 신앙

개혁주의 교회들은 세상 사는 동안에 하나님께서 자신을 계시하신 만큼 충분하게 알 수 있다고 고백한다. 그리고 이생이 끝난 후에는 하나님을 완전하게 알게 될 것이라고 고백한다.
  고린도전서 2:11, "이와 같이 하나님의 사정도 하나님의 영 외에는 아무도 알지 못하느니라."
  고린도전서 13:12, "우리가 지금은 거울로 보는 것 같이 희미하나 그 때에는 얼굴과 얼굴을 대하여 볼 것이요."
  두 가지 방편을 가지고 하나님을 안다.

a) 우주를 창조하시고 보존하시고 통치하심을 보고 안다.
    시편 19:1, "하늘이 하나님의 영광을 선포하고 궁창이 그의 손으로 하신 일을 나타내는도다."
b) 거룩하시고 신성한 하나님의 말씀으로 안다.
    시편 19:7, "여호와의 증거는 확실하여 우둔한 자로 지혜롭게 하며"

하나님께서 만물에 분명하게 나타내신 것들이(하나님의 영원한 능력과 신성을 계시하고 있다) 이미 모든 사람들을 핑계할 수 없게 해놓았다. 그렇지만 성경의 지식은 구원을 위해 필요하다(로마서 10:14-17).

질문 | 제3과

1 _ 벨직신앙고백서의 기본적인 구성은 무엇인가?

2 _ 하나님의 존재를 과학적으로 증명할 수 없는 이유는 무엇인가?

3 _ 신의 존재에 관한 여러 가지 '신앙'에는 어떤 것들이 있는가?

4 _ 하나님의 '속성'이란 무슨 의미인가?

5 _ 개혁주의 교회들은 '하나님을 아는 지식'에 대해서 무엇이라고 고백하는가?

6 _ 무엇으로 하나님을 알게 되는가? 그리고 구원을 위해서는 반드시 어떤 지식이 있어야 하는가?

암기 과제 | 하이델베르크 교리문답 _ 제1주일

제 1 문 _ 살아서나 죽어서나 당신의 유일한 위로는 무엇입니까?
  답 _ 살아서나 죽어서나 나는 나의 것이 아니요, 몸도 영혼도 나의 신실한 구주 예수 그리스도에게 속한 것입니다. 그리스도께서는 그의 보혈로 나의 모든 죗값을 완전히 치르고, 나를 마귀의 모든 권세로부터 자유롭게 하셨습니다. 또한 그는, 나의 하늘 아버지의 뜻이 없이는 머리카락 하나라도 내 머리에서 땅에 떨어지지 않도록 그렇게 나를 보존하시사, 참으로 모든 것이 합력하여 기필코 나의 구원을 이루도록 하십니다. 그러므로 그의 성령에 의해 또한 나에게 영원한 생명을 확신케 하시고, 이제부터는 나로 하여금 마음을 다해 기꺼이 곧바로 그를 위해 살도록 하십니다.

제 2 문 _ 바로 이런 위로의 복락 안에서 살고 죽기 위해서 당신은 무엇을 알 필요가 있습니까?
  답 _ 첫째, 나의 죄와 비참함이 얼마나 큰가, 둘째, 나의 모든 죄와 비참함으로부터 어떻게 구원을 받는가, 셋째, 그러한 구원에 대한 감사를 하나님께 어떻게 드려야 하는가 입니다.

제4과

벨직 신앙고백서 제3-7항
성 경[1]

제3항 하나님의 말씀[2]

우리는, 이 하나님의 말씀은 사람이 받은 충동에 의한 것이 아니라, 사도 베드로가 말한 바와 같이(벧후1:21) 성령의 감동하심을 입은 사람들이 하나님으로부터 받아 말한 것임을 고백한다. 그래서, 우리와 우리의 구원을 위한 하나님의 특별한 배려로, 하나님은 자신의 종들인 선지자들과 사도들에게 자신이 계시하신 말씀을 맡겨 기록되도록 명하셨고,[3] 또 그 분 자신이 친히 자기의 손가락으로 율법의 두 돌판에 쓰셨다.[4] 그러므로 우리는 그러한 서책들을 거룩한 성경이라고 부른다.[5]

---

1) Clarence Stam 목사. 캐나다 개혁교회. Everything in Christ(1948, Premier Publishing). 자유개혁교회 공적 신앙고백반용. 1972년 네덜란드 캄펀신학교 졸업(B.D). 1982년 M. Th. 신학석사. 화란 랑게슬락 교회, 캐나다 개혁교회 벌링턴, 스미스빌, 펄거스, 해밀턴 코너스톤 교회 시무. "주와 같은 이가 없나이다" 미가서 해설서 "사랑의 언약" 저술.

2) The Word of God
We confess that this Word of God did not come by the impulse of man, but that men moved by the Holy Spirit spoke from God, as the apostle Peter says. Thereafter, in His special care for us and our salvation, God commanded His servants, the prophets and apostles, to commit His revealed word to writing and He Himself wrote with His own finger the two tables of the law. Therefore we call such writings holy and divine Scriptures.

3) · 출 34:27 여호와께서 모세에게 이르시되 너는 이 말들을 기록하라 내가 이 말들의 뜻대로 너와 이스라엘과 언약을 세웠음이니라 하시니라
· 시 102:18 이 일이 장래 세대를 위하여 기록되니 창조함을 받을 백성이 여호와를 찬양하리로다
· 계 1:11, 19 이르되 네가 보는 것을 두루마리에 써서 에베소, 서머나, 버가모, 두아디라, 사데, 빌라델비아, 라오디게아 등 일곱 교회에 보내라 하시기로 그러므로 네가 본 것과 지금 있는 일과 장차 될 일을 기록하라

4) · 출 31:18 여호와께서 시내 산 위에서 모세에게 이르시기를 마치신 때에 증거판 둘을 모세에게 주시니 이는 돌판이요 하나님이 친히 쓰신 것이더라

5) · 딤후 3:16 모든 성경은 하나님의 감동으로 된 것으로 교훈과 책망과 바르게 함과 의로 교육하기에 유익하니

제4항 정경들[6]

우리는, 성경이 구약과 신약 두 부분으로 구성되어 있으며, 이를 정경이라고 부르는데, 이를 반대하는 어떤 이의도 있을 수 없음을 믿는다. 이 책들은 하나님의 교회에 다음과 같은 이름으로 수록되어 있다. 구약은 모세 오경인 창세기, 출애굽기, 레위기, 민수기, 신명기이며, 여호수아, 사사기, 룻기, 사무엘상하, 열왕기상하, 역대상하, 에스라, 느헤미야, 에스더가 있으며, 또 욥기, 시편, 잠언, 전도서, 아가가 있으며, 또 이사야, 예레미야, 애가, 에스겔, 다니엘, 호세아, 요엘, 아모스, 오바댜, 요나, 미가, 나훔, 하박국, 스바냐, 학개, 스가랴, 말라기가 있다. 신약은 사복음서인 마태복음, 마가복음, 누가복음, 요한복음이 있으며, 사도행전과 13권의 바울 서신서로서 로마서, 고린도전후서, 갈라디아서, 에베소서, 빌립보서, 골로새서, 데살로니가전후서, 디모데전후서, 디도서, 빌레몬서, 또 히브리서가 있고, 다른 일곱 권의 서신서들 즉 야고보서, 베드로전후서, 요한 1, 2, 3서, 유다서가 있고, 사도 요한의 계시록이 있다.

제5항 성경의 권위[7]

우리는 이 모든 책들 또 이 책들만이 우리 믿음의 규칙이요 기초이며[8] 또 확증하는 거룩한 정경으로 받아들인다.[9] 이 책들을 교회가 정경으로 받고 인정했기 때문만이 아니라, 특별히 이 책들이 하나

---

6) The Canonical Books
   We believe that the Holy Scriptures consist of two parts, namely, the Old and the New Testament, which are canonical, against which nothing can be alleged. These books are listed in the Church of God as follows.
   The books of the Old Testament: the five books of Moses, namely, Genesis, Exodus, Leviticus, Numbers, Deuteronomy; Joshua, Judges, Ruth, 1 and 2 Samuel, 1 and 2 Kings, 1 and 2 Chronicles, Ezra, Nehemiah, Esther; Job, Psalms, Proverbs, Ecclesiastes, the Song of Songs; Isaiah, Jeremiah, Lamentations, Ezekiel, Daniel, Hosea, Joel, Amos, Obadiah, Jonah, Micah, Nahum, Habakkuk, Zephaniah, Haggai, Zechariah, and Malachi.
   The books of the New Testament: the four gospels, namely, Matthew, Mark, Luke, and John; the Acts of the Apostles; the thirteen letters of the apostle Paul, namely, Romans, 1 and 2 Corinthians, Galatians, Ephesians, Philippians, Colossians, 1 and 2 Thessalonians, 1 and 2 Timothy, Titus, Philemon; the letter to the Hebrews; the seven other letters, namely, James, 1 and 2 Peter, 1, 2 and 3 John, Jude; and the Revelation to the apostle John.

7) The Authority of Holy Scripture
   We receive all these books, and these only, as holy and canonical, for the regulation, foundation, and confirmation of our faith. We believe without any doubt all things contained in them, not so much because the Church receives and approves them as such, but especially because the Holy Spirit witnesses in our hearts that they are from God, and also because they contain the evidence thereof in themselves; for, even the blind are able to perceive that the things foretold in them are being fulfilled.

8) · 딤후 3:16, 17 모든 성경은 하나님의 감동으로 된 것으로 교훈과 책망과 바르게 함과 의로 교육하기에 유익하니 이는 하나님의 사람으로 온전하게 하며 모든 선한 일을 행할 능력을 갖추게 하려 함이라

9) · 살전 2:13 이러므로 우리가 하나님께 끊임없이 감사함은 너희가 우리에게 들은 바 하나님의 말씀을 받을 때에 사람의 말로 받지 아니하고 하나님의 말씀으로 받음이니 진실로 그러하도다 이 말씀이 또한 너희 믿는 자 가운데에서 역사하느니라

님으로부터 비롯되었음을 성령께서 우리 마음에 증거하시고, 또 이 책들 자체 안에 그런 확증을 가지고 있기 때문에, 우리는 이 책들 안에 있는 모든 내용을 아무런 의심없이 믿는다.10) 심지어 소경이라 할지라도 성경 안에 예언된 모든 것들이 성취되고 있음을 인지할 수 있다.11)

제6항 정경과 외경의 차이점12)

우리는, 이 성경을 외경들 즉 제3, 4 에스드라서, 토빗서, 유딧서, 지혜서, 집회서, 바룩서, 에스더서 부록, 아사랴의 기도와 풀무 속의 세 사람의 노래, 수산나서, 벨과 용, 므낫세의 기도, 마카비1, 2서와 구별한다. 교회는 외경이 정경과 일치하는 한, 외경들을 읽고 교훈을 얻을 수 있다. 그러나 이 외경들은 우리의 신앙이나 기독교의 요점들을 확증하는 증거로서의 효력과 권위를 가지지 못한다. 더욱이 이 외경들은 정경의 권위를 손상시키기 쉽다.

제7항 성경의 충족성13)

우리는, 이 성경이 하나님의 뜻을 온전히 담고 있으며, 또 사람이 구원받기 위해서 믿어야 할 모든

---

10) · 고전 12:3 그러므로 내가 너희에게 알리노니 하나님의 영으로 말하는 자는 누구든지 예수를 저주할 자라 하지 아니하고 또 성령으로 아니하고는 누구든지 예수를 주시라 할 수 없느니라
 · 요일 4:6 우리는 하나님께 속하였으니 하나님을 아는 자는 우리의 말을 듣고 하나님께 속하지 아니한 자는 우리의 말을 듣지 아니하나니 진리의 영과 미혹의 영을 이로써 아느니라
 · 요일 5:7 증언하는 이가 셋이니

11) · 신 18:21, 22 네가 마음속으로 이르기를 그 말이 여호와께서 이르신 말씀인지 우리가 어떻게 알리요 하리라 만일 선지자가 있어 여호와의 이름으로 말한 일에 증험도 없고 성취함도 없으면 이는 여호와께서 말씀하신 것이 아니요 그 선지자가 제 마음대로 한 말이니 너는 그를 두려워하지 말지니라
 · 왕상 22:28 미가야가 이르되 왕이 참으로 평안히 돌아오시게 될진대 여호와께서 나를 통하여 말씀하지 아니하셨으리이다 또 이르되 너희 백성들아 다 들을지어다 하니라
 · 렘 28:9 평화를 예언하는 선지자는 그 예언자의 말이 응한 후에야 그가 진실로 여호와께서 보내신 선지자로 인정받게 되리라
 · 겔 33:33 그 말이 응하리니 응할 때에는 그들이 한 선지자가 자기 가운데 있었음을 알리라

12) The Difference between the Canonical and Apocryphal Books
 We distinguish these holy books from the apocryphal, namely, 3 and 4 Esdras, Tobit, Judith, Wisdom, Ecclesiasticus, Baruch, additions to Esther, the Prayer of Azariah and the Song of the Three Young Men in the Furnace, Susannah, Bel and the Dragon, the Prayer of Manasseh, and 1 and 2 Maccabees. The Church may read and take instruction from these so far as they agree with the canonical books. They are, however, far from having such power and authority that we may confirm from their testimony any point of faith or of the Christian religion; much less may they be used to detract from the authority of the holy books.

13) The Sufficiency of Holy Scripture
 We believe that this Holy Scripture fully contains the will of God and that all that man must believe in order to be saved is sufficiently taught therein. The whole manner of worship which God requires of us is written in it at length. It is therefore unlawful for any one, even for an apostle, to teach otherwise than we are now taught in Holy Scripture:

것을 충분하게 가르치고 있음을 믿는다.14) 하나님께서 우리에게 요구하시는 예배 모범 전체가 성경 안에 필요충분하게 기록되어 있다. 그러므로 사도 바울이 말한 대로, 심지어 하늘에서 내려온 천사라고 할지라도 지금 우리가 가르침 받는 성경과 달리 가르치는 것은 어느 누구라도, 심지어 사도라 할지라도 불법이다.15) 하나님의 말씀(신12:32)에 무엇을 더하거나 빼지 못하도록 금지하므로,16) 성경의 교리가 모든 면에서 가장 완전하고 충족함이 확실하다.17)

우리는 아무리 거룩한 사람의 글이라 할지라도 하나님의 성경과 동등한 가치가 있다고 여겨서는 안 되며, 관습이나 대다수나 고전이나 연륜이나 전통이나 회의들이나 법령들이나 제도 등도 지고하

---

yes, even if it be an angel from heaven, as the apostle Paul says. Since it is forbidden to add to or take away anything from the Word of God, it is evident that the doctrine thereof is most perfect and complete in all respects.

We may not consider any writings of men, however holy these men may have been, of equal value with the divine Scriptures; nor ought we to consider custom, or the great multitude, or antiquity, or succession of times and persons, or councils, decrees or statutes, as of equal value with the truth of God, since the truth is above all; for all men are of themselves liars, and lighter than a breath. We therefore reject with all our heart whatever does not agree with this infallible rule, as the apostles have taught us: Test the spirits to see whether they are of God. Likewise: If any one comes to you and does not bring this doctrine, do not receive him into your house or give him any greeting.

14) · 딤후 3:16, 17 모든 성경은 하나님의 감동으로 된 것으로 교훈과 책망과 바르게 함과 의로 교육하기에 유익하니 이는 하나님의 사람으로 온전하게 하며 모든 선한 일을 행할 능력을 갖추게 하려 함이라
· 벧전 1:10-12 이 구원에 대하여는 너희에게 임할 은혜를 예언하던 선지자들이 연구하고 부지런히 살펴서 자기 속에 계신 그리스도의 영이 그 받으실 고난과 후에 받으실 영광을 미리 증언하여 누구를 또는 어떠한 때를 지시하시는지 상고하니라 이 섬긴 바가 자기를 위한 것이 아니요 너희를 위한 것임이 계시로 알게 되었으니 이것은 하늘로부터 보내신 성령을 힘입어 복음을 전하는 자들로 이제 너희에게 알린 것이요 천사들도 살펴보기를 원하는 것이니라

15) · 고전 15:2 너희가 만일 내가 전한 그 말을 굳게 지키고 헛되이 믿지 아니하였으면 그로 말미암아 구원을 받으리라
· 딤전 1:3 내가 마게도냐로 갈 때에 너를 권하여 에베소에 머물라 한 것은 어떤 사람들을 명하여 다른 교훈을 가르치지 말며

16) · 신 4:2 내가 너희에게 명령하는 말을 너희는 가감하지 말고 내가 너희에게 내리는 너희 하나님 여호와의 명령을 지키라
· 잠 30:6 너는 그의 말씀에 더하지 말라 그가 너를 책망하시겠고 너는 거짓말하는 자가 될까 두려우니라
· 행 26:22 하나님의 도우심을 받아 내가 오늘까지 서서 높고 낮은 사람 앞에서 증언하는 것은 선지자들과 모세가 반드시 되리라고 말한 것밖에 없으니
· 고전 4:6 형제들아 내가 너희를 위하여 이 일에 나와 아볼로를 들어서 본을 보였으니 이는 너희로 하여금 기록된 말씀 밖으로 넘어가지 말라 한 것을 우리에게서 배워 서로 대적하여 교만한 마음을 가지지 말게 하려 함이라
· 계 22:18, 19 내가 이 두루마리의 예언의 말씀을 듣는 모든 사람에게 증언하노니 만일 누구든지 이것들 외에 더하면 하나님이 이 두루마리에 기록된 재앙들을 그에게 더하실 것이요 만일 누구든지 이 두루마리의 예언의 말씀에서 제하여 버리면 하나님이 이 두루마리에 기록된 생명나무와 및 거룩한 성에 참여함을 제하여 버리시리라

17) · 시 19:7 여호와의 율법은 완전하여 영혼을 소성시키며 여호와의 증거는 확실하여 우둔한 자를 지혜롭게 하며
· 요 15:15 이제부터는 너희를 종이라 하지 아니하리니 종은 주인이 하는 것을 알지 못함이라 너희를 친구라 하였노니 내가 내 아버지께 들은 것을 다 너희에게 알게 하였음이라
· 행 18:28 이는 성경으로써 예수는 그리스도라고 증언하여 공중 앞에서 힘있게 유대인의 말을 이김이러라
· 행 20:27 이는 내가 꺼리지 않고 하나님의 뜻을 다 여러분에게 전하였음이라
· 롬 15:4 무엇이든지 전에 기록된 바는 우리의 교훈을 위하여 기록된 것이니 우리로 하여금 인내로 또는 성경의 위로로 소망을 가지게 함이니라

하나님의 진리인 성경과 동일한 가치를 부여할 수 없다.[18] 왜냐하면 모든 사람들이 스스로 속이는 자들이며, 입김보다도 더 가볍기 때문이다(시62:9). 그러므로 사도들이 우리에게 '영들이 하나님에게로부터 왔는지 시험하라(요일4:1),' '만일 누가 너희에게 와서 이 교리를 전하지 아니하거든 그를 너희 집에 받지도 말라(요이1:10)' 고 가르친 대로 우리는 이 무오한 규범과 일치하지 않는 모든 것은 전심을 다하여 배척해야 한다.[19]

개관

우리는 이 과에서 하나님의 말씀이 영감된 불변의 진리임을 고백하고, 신자들의 삶 속에서 하나님의 말씀의 위치와 기능을 살펴볼 것이다.

1. 계시

성경(=헬라어, 비블리아-구약과 신약의 책)은 하나님의 계시를 기록한 것이기 때문에, 우리는 먼저 '계시'란 단어가 의미하는 바를 이해해야만 한다.

---

18) · 막 7:7-9 사람의 계명으로 교훈을 삼아 가르치니 나를 헛되이 경배하는도다 하였느니라 너희가 하나님의 계명은 버리고 사람의 전통을 지키느니라 또 이르시되 너희가 너희 전통을 지키려고 하나님의 계명을 잘 저버리는도다
 · 행 4:19 베드로와 요한이 대답하여 이르되 하나님 앞에서 너희의 말을 듣는 것이 하나님의 말씀을 듣는 것보다 옳은가 판단하라
 · 골 2:8 누가 철학과 헛된 속임수로 너희를 사로잡을까 주의하라 이것은 사람의 전통과 세상의 초등학문을 따름이요 그리스도를 따름이 아니니라
 · 요일 2:19 그들이 우리에게서 나갔으나 우리에게 속하지 아니하였나니 만일 우리에게 속하였더라면 우리와 함께 거하였으려니와 그들이 나간 것은 다 우리에게 속하지 아니함을 나타내려 함이니라

19) · 신 4:5, 6 내가 나의 하나님 여호와께서 명령하신 대로 규례와 법도를 너희에게 가르쳤나니 이는 너희가 들어가서 기업으로 차지할 땅에서 그대로 행하게 하려 함인즉 너희는 지켜 행하라 이것이 여러 민족 앞에서 너희의 지혜요 너희의 지식이라 그들이 이 모든 규례를 듣고 이르기를 이 큰 나라 사람은 과연 지혜와 지식이 있는 백성이로다 하리라
 · 사 8:20 마땅히 율법과 증거의 말씀을 따를지니 그들이 말하는 바가 이 말씀에 맞지 아니하면 그들이 정녕 아침 빛을 보지 못하고
 · 고전 3:11 이 닦아 둔 것 외에 능히 다른 터를 닦아 둘 자가 없으니 이 터는 곧 예수 그리스도라
 · 엡 4:4-6 몸이 하나요 성령도 한 분이시니 이와 같이 너희가 부르심의 한 소망 안에서 부르심을 받았느니라 주도 한 분이시요 믿음도 하나요 세례도 하나요 하나님도 한 분이시니 곧 만유의 아버지시라 만유 위에 계시고 만유를 통일하시고 만유 가운데 계시도다
 · 살후 2:2 영으로나 또는 말로나 또는 우리에게서 받았다 하는 편지로나 주의 날이 이르렀다고 해서 쉽게 마음이 흔들리거나 두려워하거나 하지 말아야 한다는 것이라
 · 딤후 3:14, 15 그러나 너는 배우고 확신한 일에 거하라 너는 네가 누구에게서 배운 것을 알며 또 어려서부터 성경을 알았나니 성경은 능히 너로 하여금 그리스도 예수 안에 있는 믿음으로 말미암아 구원에 이르는 지혜가 있게 하느니라

＊계시= 드러난 것, 알려진 것

우리는 하나님의 말씀을 하나님의 자기계시라고 말한다. 왜냐하면 하나님께서 자신을 그의 행위와 말씀으로 알리셨기 때문이다.

이 '계시'는 한꺼번에 다 주어지지 않았고, 점진적인 과정을 보여주며, 최종적으로 아버지의 이름을 충만히 드러내신 예수 그리스도 안에서 완성된다(요한복음 17장). 그러므로 우리는 계시 역사를 말할 수 있다. "구원 역사 안에서 무엇인가가 말해지거나 무슨 일이 일어난 때가 언제인가?"라고 묻는 것은 언제나 중요하다(문맥).

하나님은 여러 가지 방식으로 그 자신을 계시하신다(히브리서 1:1,2).

a) 인격적 출현으로(호렙 산에서, '주의 사자')
b) 예언으로 : 제비를 뽑음(우림과 둠밈), 꿈과 이상 등
c) 기적적인 행위로 : 홍해와 요단을 건넘
d) 예수 그리스도와 사도들의 사역으로

하나님은 자신을 모든 사람들에게 이런 방식으로 계시하지 않으시고, 그의 신적이고 주권적인 기쁨 안에서 선택하신 자들에게만 복음을 계시해 주셨다.

시편 147:19,20 "저가 그 말씀을 야곱에게 보이시며 그 율례와 규례를 이스라엘에게 보이시는도다. 아무 나라에게도 이같이 행치 아니하셨나니 저희는 그 규례를 알지 못하였도다."

돌트 신경은 또한 첫 번째 교리, 세 번째 단락에서, "하나님께서는 자비롭게도 가장 복된 소식의 전파자들을 그가 원하시는 때에 원하시는 사람에게 보내신다."고 강조한다.

그러므로 이 하나님의 계시를 받는다는 것은 큰 특권과 책임이 따르는 일이다. 주 예수 그리스도께서 그의 제자들에게 모든 민족에게 그의 계명들을 알리라고 명령하셨다(마태복음 28장).

2. 영감

성경이 하나님의 자기 계시, 우리의 구속에 관한 하나님의 영원한 경륜과 뜻을 포함하고 있기 때문에, 성경은 또한 그 자체로 계시이다. 그러므로 우리는 성경을 '영감된 하나님의 말씀'이라고 부른다.

＊영감- 하나님의 영으로 주어짐

베드로후서 1:21, "예언은 언제든지 사람의 뜻으로 낸 것이 아니요 오직 성령의 감동하심을 입은 사람들이 하나님께 받아 말한 것임이니라."

디모데후서 3:16, "모든 성경은 하나님의 감동으로 된 것으로…"

선지자들과 사도들은 자신들의 말이 전적으로 하나님의 말씀이라고 일관되게 주장하였다. 그리스

도께서 친히 하나님의 진리로서 구약을 받아들였다.

우리는 하나님께서 사람들을 선택하시고 사용하시되, 로봇처럼 기계적으로 사용하신 것이 아니라, 그들 나름의 삶의 양식과 능력과 인격을 가진 사람들을 사용하여 자신의 말씀이 확실하게 기록되고 전해지는 방식으로 그들을 인도하셨다는 것을 믿는다. 우리는 이런 영감을 유기적 영감이라고 부른다.

우리는 다음과 같은 것들을 통하여 구약과 신약의 모든 책들을 전적으로 하나님의 말씀으로 받는다.

a) 교회의 보편적 증거
b) 성령의 효력있는 입증
c) 이 책들 자체 안에 있는 분명한 증거

3. 정경

'정경'이란 단어는 '규칙' 혹은 '지침'(규범)을 의미하고, 우리는 '정경서들'을 "우리의 믿음의 규칙과 기초와 확증으로서" 확실한 책들이라고 말한다(5항).

구약은 이미 그리스도 이전 3세기에 '정경'으로 인정되었고, 마카비 시대 동안 강력하게 방어되었다. 구약 히브리어를 헬라어로 번역한 '70인역'은 이미 그리스도 이전 2세기에 알려져 있었다.

신약 정경(우리가 알고 있는 바와 같이)은 A.D 367년에 아타나시우스에 의해서 옹호되었고, A.D 367년에 히포 총회에서 채택되었다(또한 20과에서 카르타고 공의회를 보라).

또한 정경으로 받아들여지지 아니한 많은 '종교적' 작품들이 있었다. 이런 책들이 외경이라고 불리어지는데, 그 이유는 다음과 같다.

a) 그 책들의 기원과 의미가 불분명하다(정경 책들과 충돌한다).
b) 그 책들은 예배 시간에 사용되지 않도록 조심스럽게 보관되어 있었다.

로마 카톨릭 번역인 '벌게이트'는 많은 수의 외경 책들을 포함하고 있다. 이 책들은 "교훈을 얻는 데" 사용될 수 있지만 '거룩한 책들'의 권위를 확정하거나 떨어뜨리는 데 사용할 수 없다(6항).

4. 성경의 특성

a) 명확성 : 성경은 심지어 어린아이들도 그 일반적인 내용과 기본적인 메시지를 분명하게 이해할 수 있다(마태복음 11:25). 이 말은 '이해하기 어려운' 부분이 없다거나(베드로후서 3:16) 해석자가 필요

없다는 뜻이 아니다.

b) 충족성 : 성경은 "하나님의 뜻을 온전히 담고 있다." 그리고 "사람이 구원받기 위해서 믿어야 할 모든 것을 충분하게 가르치고 있다(7항)". 교회는 이미 주어진 계시에 더할 필요가 없다(요한계시록 22:18, 19).

c) 필수성 : 성경은 구원을 위하여 반드시 배우고 검토해야 한다. 왜냐하면 이 성경은 예수 그리스도의 증거를 포함하고 있기 때문이다(요한복음 5:39).

5. 조명

비록 성경이 완성되었을 때 '영감'이 그쳤을지라도(요한계시록 22:18, 19) 우리는 여전히 날마다 성경을 이해하기 위해서 성령의 인도하심을 필요로 한다. 우리는 이것을 조명이라고 한다(로마서 8:14; 고린도후서 4:3-6).

질문 | 제4과

1 _ '계시'란 말의 의미는 무엇인가?

2 _ 왜 우리는 '계시 역사'를 말해야 하는가?

3 _ 하나님께서 자신을 '여러 방식으로' 계시하신 것을 설명하라.

4 _ '영감'이란 무엇인가?

5 _ 정경 책들과 외경 책들 사이에 다른 점이 무엇인가?

6 _ 성경의 특성이 무엇인가?

7 _ '조명'이란 무엇인가?

암기 과제 | 하이델베르크 교리문답 _ 제19문답

제 19 문 _ 어디에서 당신은 이것을 압니까?
> 답 _ 거룩한 복음으로서, 하나님께서 처음에 낙원에서 친히 계시하셨습니다. 후에 족장들과 선지자들로 말미암아 이 복음을 선포하셨으며, 또한 율법의 제사들과 다른 의식들로써 예표하셨습니다. 마침내 그분은 자신의 독생자를 통해 그 복음을 완성하셨습니다.

〈부 록〉

성경의 무오성

특별히 우리 시대에 성경이 참되고 완전한 하나님의 말씀이기에, 모든 면에서 우리의 삶에 권위 있는 것으로 믿을만한 것인지에 대한 논란이 커가고 있다. 아마도 수 세기 동안 모든 그리스도인들이 성경은 오류가 없다는 생각을 간직해왔다고 한다면 현재는 그와 같은 것은 더 이상 사실이 아니다.

철저하게 다루려는 생각이 없이도 우리는 세 가지 주된 견해를 구분해 볼 수 있다.

a) 성경이 전적으로 영감된 하나님의 말씀이므로 모든 면에 있어서 잘못이 없고, 항상 규범적이라는 견해.
b) 성경이 오직 교리와 구원 역사와 연관되는 문제만 무오하고 예를 들면 역사, 계보, 과학과 같은 문제는 오류가 있다고 하는 견해. 오늘날 이른바 '복음주의자들' 이라고 불리우는 많은 사람들은 이 견해를 지지한다(예를 들면, S.T. Davis, 성경에 대한 토론, 웨스트민스터 출판사, 1977).
c) 성경이 하나님 당신 자신에 대한 하나님의 말씀(자기 계시)을 전혀 포함하고 있지 않고 하나님에 관한 인간의 제한된 증언을 포함하고 있다는 견해. 이 증언은 흥미롭고 교훈적이지만 오늘날 사람들을 위한 규범은 아니다.

오직 성경을 '하나님의 말씀' 과 동일하다고 말하지 않는 것은 우리 시대의 일반적인 견해이다. 성경은 하나님에 관한 인간의 전제들과 아마도 몇 가지 진리를 포함하는 여러 가지 '신화들' 을 포함하고 있을 것이라고 한다. 그러나 그럼에도 불구하고 성경은 신화들일 뿐이라고 말하는 것이다. 아브라함과 함께 실제 역사가 시작되는 것으로 보고, 특별히 첫 부분(창세기 1-11장)은 신화로 생각한다. 게다가, 성경은 그 자체의 시대에 기록되었는데, 그때 이후로 인간의 지식이 크게 증대하였고 많은 결정적인 변화가 일어났다. 그러므로 결론은 성경이 규범적이지 못하다는 것이다.

이와 반대로, 개혁교회들은 '이 모든 책들' 이 "거룩하고 정경적이다"고 고백한다. 또 우리는 "이 책들 안에 있는 모든 내용을 아무런 의심없이 믿는다." (5항) 이것은 위에서 말한 a)의 입장이다. 그러므로 우리는 우리의 고백과 반대되는 모든 성경 비평을 거부한다.

그러나 우리는 '본문 비평'의 권한, 즉 어떤 본문이 가장 가치 있는 사본들로 구성된 것인지에 대한 필요한 연구를 인정한다. 우리는 또한 항상 성경의 한 단락이 위치한 역사적 문맥을 고려해야 한다는 사실을 강조한다. 그럼에도 불구하고 우리는 성경이 무오하므로 모든 면에서 가치가 있다는 사실을 지지한다.

제5과

벨직신앙고백서 제8, 9항
성삼위일체

제8항 삼위로 구분되시나 본질상 한 분이신 하나님[1]

우리는 이 진리와 이 하나님 말씀에 따라 본질상 오직 한 분 하나님을 믿는다.[2] 하나님은 단 하나의 본질이시고, 그 한 본질 안에 삼위가 있으며, 이 삼위 곧 성부, 성자, 성령의 비공유적 속성에 따라 실제로, 진실로, 영원히 구별되신다.[3] 성부는 모든 보이는 것과 보이지 않는 것의 원인과 근원과 시작이시다.[4] 성자는 말씀과 지혜와 성부의 형상이다.[5] 성령은 성부와 성자로부터 나오신 영원한 능력과

---

1) God is One in Essence, yet distinguished in Three Persons
 According to this truth and this Word of God, we believe in one only God, who is one single essence, in which are three persons, really, truly, and eternally distinct according to their incommunicable properties; namely, the Father, the Son, and the Holy Spirit. The Father is the cause, origin, and beginning of all things visible and invisible. The Son is the Word, the wisdom, and the image of the Father. The Holy Spirit is the eternal power and might who proceeds from the Father and the Son. Nevertheless, God is not by this distinction divided into three, since the Holy Scriptures teach us that the Father, the Son, and the Holy Spirit each has His personal existence, distinguished by Their properties; but in such a way that these three persons are but one only God.
 It is therefore evident that the Father is not the Son, nor the Son the Father, and likewise the Holy Spirit is neither the Father nor the Son. Nevertheless, these persons thus distinguished are not divided, nor intermixed; for the Father has not assumed our flesh and blood, neither has the Holy Spirit, but the Son only. The Father has never been without His Son, or without His Holy Spirit. For They are all three co-eternal and co-essential. There is neither first nor last; for They are all three one, in truth, in power, in goodness, and in mercy.

2) · 고전 8:4-6 그러므로 우상의 제물을 먹는 일에 대하여는 우리가 우상은 세상에 아무 것도 아니며 또한 하나님은 한 분 밖에 없는 줄 아노라 비록 하늘에나 땅에나 신이라 불리는 자가 있어 많은 신과 많은 주가 있으나 그러나 우리에게는 한 하나님 곧 아버지가 계시니 만물이 그에게서 났고 우리도 그를 위하여 있고 또한 한 주 예수 그리스도께서 계시니 만물이 그로 말미암고 우리도 그로 말미암아 있느니라

3) · 마 3:16,17 예수께서 세례를 받으시고 곧 물에서 올라오실 새 하늘이 열리고 하나님의 성령이 비둘기 같이 내려 자기 위에 임하심을 보시더니 하늘로부터 소리가 있어 말씀하시되 이는 내 사랑하는 아들이요 내 기뻐하는 자라 하시니라
 · 마 28:19 그러므로 너희는 가서 모든 민족을 제자로 삼아 아버지와 아들과 성령의 이름으로 세례를 베풀고

권세이시다.6) 그럼에도 불구하고, 하나님은 이 구별에 의해서 셋으로 나누이지 않는다. 왜냐하면 성경이 우리에게 아버지, 아들, 성령이 각각 인격적 존재이고, 각각의 속성에 의해 구별되지만 이 삼위가 오직 한 분 하나님이라는 그런 방식으로 가르치기 때문이다.

그러므로 아버지는 아들이 아니고, 아들은 아버지가 아니고, 이와 같이 성령은 아버지와 아들이 아님이 명백하다. 그럼에도 불구하고 이렇게 구별된 위격은 나누이거나 혼합되지 않는다. 왜냐하면 성부는 우리의 살과 피를 취하지 않으셨고, 성령도 그러하시고, 다만 성자만 우리의 살과 피를 취하셨기

---

4) · 엡 3:14, 15 이러므로 내가 하늘과 땅에 있는 각 족속에게 이름을 주신 아버지 앞에 무릎을 꿇고 비노니

5) · 잠 8:22-31 여호와께서 그 조화의 시작 곧 태초에 일하시기 전에 나를 가지셨으며 만세 전부터 태초부터 땅이 생기기 전부터 내가 세움을 받았나니 아직 바다가 생기지 아니하였고 큰 샘들이 있기 전에 내가 이미 났으며 산이 세워지기 전에 언덕이 생기기 전에 내가 이미 났으니 하나님이 아직 땅도 들도 세상 진토의 근원도 짓지 아니하셨을 때에라 그가 하늘을 지으시며 궁창을 해면에 두르실 때에 내가 거기 있었고 그가 위로 구름 하늘을 견고하게 하시며 바다의 샘들을 힘 있게 하시며 바다의 한계를 정하여 물이 명령을 거스르지 못하게 하시며 또 땅의 기초를 정하실 때에 내가 그 곁에 있어서 창조자가 되어 날마다 그의 기뻐하신 바가 되었으며 항상 그 앞에서 즐거워하였으며 사람이 거처할 땅에서 즐거워하며 인자들을 기뻐하였느니라

· 요 1:14 말씀이 육신이 되어 우리 가운데 거하시매 우리가 그의 영광을 보니 아버지의 독생자의 영광이요 은혜와 진리가 충만하더라

· 요 5:17-26 예수께서 그들에게 이르시되 내 아버지께서 이제까지 일하시니 나도 일한다 하시매 유대인들이 이로 말미암아 더욱 예수를 죽이고자 하니 이는 안식일을 범할 뿐만 아니라 하나님을 자기의 친 아버지라 하여 자기를 하나님과 동등으로 삼으심이러라 그러므로 예수께서 그들에게 이르시되 내가 진실로 진실로 너희에게 이르노니 아들이 아버지께서 하시는 일을 보지 않고는 아무 것도 스스로 할 수 없나니 아버지께서 행하시는 그것을 아들도 그와 같이 행하느니라 아버지께서 아들을 사랑하사 자기가 행하시는 것을 다 아들에게 보이시고 또 그보다 더 큰 일을 보이사 너희로 놀랍게 여기게 하시리라 아버지께서 죽은 자들을 일으켜 살리심 같이 아들도 자기가 원하는 자들을 살리느니라 아버지께서 아무도 심판하지 아니하시고 심판을 다 아들에게 맡기셨으니 이는 모든 사람으로 아버지를 공경하는 것 같이 아들을 공경하게 하려 하심이라 아들을 공경하지 아니하는 자는 그를 보내신 아버지도 공경하지 아니하느니라 내가 진실로 진실로 너희에게 이르노니 내 말을 듣고 또 나 보내신 이를 믿는 자는 영생을 얻었고 심판에 이르지 아니하나니 사망에서 생명으로 옮겼느니라 진실로 진실로 너희에게 이르노니 죽은 자들이 하나님의 아들의 음성을 들을 때가 오나니 곧 이 때라 듣는 자는 살아나리라 아버지께서 자기 속에 생명이 있음 같이 아들에게도 생명을 주어 그 속에 있게 하셨고

· 고전 1:24 오직 부르심을 받은 자들에게는 유대인이나 헬라인이나 그리스도는 하나님의 능력이요 하나님의 지혜니라

· 골 1:15-20 그는 보이지 아니하는 하나님의 형상이시요 모든 피조물보다 먼저 나신 이시니 만물이 그에게서 창조되되 하늘과 땅에서 보이는 것들과 보이지 않는 것들과 혹은 왕권들이나 주권들이나 통치자들이나 권세들이나 만물이 다 그로 말미암고 그를 위하여 창조되었고 또한 그가 만물보다 먼저 계시고 만물이 그 안에 함께 섰느니라 그는 몸인 교회의 머리시라 그가 근본이시요 죽은 자들 가운데서 먼저 나신 이시니 이는 친히 만물의 으뜸이 되려 하심이요 아버지께서는 모든 충만으로 예수 안에 거하게 하시고 그의 십자가의 피로 화평을 이루사 만물 곧 땅에 있는 것들이나 하늘에 있는 것들이 그로 말미암아 자기와 화목하게 되기를 기뻐하심이라

· 히 1:3 이는 하나님의 영광의 광채시요 그 본체의 형상이시라 그의 능력의 말씀으로 만물을 붙드시며 죄를 정결하게 하는 일을 하시고 높은 곳에 계신 지극히 크신 이의 우편에 앉으셨느니라

· 계 19:13 또 그가 피 뿌린 옷을 입었는데 그 이름은 하나님의 말씀이라 칭하더라

6) · 요 15:26 내가 아버지께로부터 너희에게 보낼 보혜사 곧 아버지께로부터 나오시는 진리의 성령이 오실 때에 그가 나를 증언하실 것이요

때문이다. 성부는 성자나 성령 없이 결코 존재하지 않으시다.7) 이 삼위가 모두 동일 본질이시고 다 같이 영원하시다. 또한 이 삼위는 처음이거나 나중 되신 분이 없으시다. 왜냐하면 이 삼위가 모두 진리와 능력과 선하심과 인자하심에 있어서 하나이시기 때문이다.

제9항 이 교리에 대한 성경적인 증거8)

우리는 이 모든 교리를 성경의 증거로부터9) 그리고 삼위의 각각의 사역으로부터 알고, 특별히 우리

---

7) · 미 5:2 베들레헴 에브라다야 너는 유다 족속 중에 작을지라도 이스라엘을 다스릴 자가 네게서 내게로 나올 것이라 그의 근본은 상고에 영원에 있느니라
   · 요 1:1, 2 태초에 말씀이 계시니라 이 말씀이 하나님과 함께 계셨으니 이 말씀은 곧 하나님이시니라 그가 태초에 하나님과 함께 계셨고

8) Scripture Proof of This Doctrine
   All this we know both from the testimonies of Holy Scripture and from the respective works of the three Persons, and especially those we perceive in ourselves. The testimonies of Scripture which lead us to believe this Holy Trinity are written in many places of the Old Testament. It is not necessary to mention them all; it is sufficient to select some with discretion.
   In the book of Genesis God says: Let Us make man in our image after our likeness …. So God created man in His own image…; male and female He created them. Also: Behold, the man has become like one of Us. From God's saying, Let Us make man in Our image, it appears that there are more divine persons than one; and when He says, God created, He indicates that there is one God. It is true, He does not say how many persons there are, but what seems to be somewhat obscure in the Old Testament is very plain in the New Testament. For when our Lord was baptized in the river Jordan, the voice of the Father was heard, who said, This is My beloved Son; the Son was seen in the water, and the Holy Spirit descended upon Him in bodily form as a dove. For the baptism of all believers Christ prescribed this formula: Baptize all nations into the Name of the Father, and of the Son, and of the Holy Spirit. In the gospel according to Luke the angel Gabriel thus addressed Mary, the mother of our Lord: The Holy Spirit will come upon you, and the power of the Most High will overshadow you; therefore the child to be born will be called holy, the Son of God. Likewise: The grace of the Lord Jesus Christ and the love of God and the fellowship of the Holy Spirit be with you all. In all these places we are fully taught that there are three persons in one only divine essence.
   Although this doctrine far surpasses all human understanding, nevertheless in this life we believe it on the ground of the Word of God, and we expect to enjoy its perfect knowledge and fruit hereafter in heaven.
   Moreover, we must observe the distinct offices and works of these three Persons towards us. The Father is called our Creator by His power; the Son is our Saviour and Redeemer by His blood; the Holy Spirit is our Sanctifier by His dwelling in our hearts. The doctrine of the Holy Trinity has always been maintained and preserved in the true Church since the time of the apostles to this very day, over against Jews, Muslims, and against false Christians and heretics such as Marcion, Mani, Praxeas, Sabellius, Paul of Samosata, Arius, and such like, who have been justly condemned by the orthodox fathers. In this doctrine, therefore, we willingly receive the three creeds, of the Apostles, of Nicea, and of Athanasius; likewise that which in accordance with them is agreed upon by the early fathers.

9) · 요 14:16 내가 아버지께 구하겠으니 그가 또다른 보혜사를 너희에게 주사 영원토록 너희와 함께 있게 하리니
   · 요 5:26 내가 아버지께로부터 너희에게 보낼 보혜사 곧 아버지께로부터 나오시는 진리의 성령이 오실 때에 그가 나를 증언하실 것이요
   · 행 2:32, 33 이 예수를 하나님이 살리신지라 우리가 다 이 일에 증인이로다 하나님이 오른손으로 예수를 높이시매 그가 약속하신 성령을 아버지께 받아서 너희가 보고 듣는 이것을 부어 주셨느니라
   · 롬 8:9 만일 너희 속에 하나님의 영이 거하시면 너희가 육신에 있지 아니하고 영에 있나니 누구든지 그리스도의 영이 없으면 그리스도의 사람이 아니라
   · 갈 4:6 너희가 아들이므로 하나님이 그 아들의 영을 우리 마음 가운데 보내사 아바 아버지라 부르게 하셨느니라

가 우리 자신 안에서 그것들을 인지한다. 우리가 이 성삼위일체를 믿도록 인도하는 성경의 증거들은 구약의 많은 곳에 기록되어 있다. 이 모든 성경 증거 구절들을 언급하는 것은 불필요하다. 다만 몇몇 성경 증거 구절만 신중하게 선택하여 언급하는 것으로 충분하다.

창세기에서 '하나님이 우리가 우리의 형상을 따라 우리의 모양대로 사람을 만들자고 말씀하시고… 하나님이 자기 형상대로 사람을 창조하시되, 하나님은 남자와 여자를 창조하셨다' 고 한다(창1:26, 27). 또한 하나님이 '보라, 이 사람이 우리 중 하나와 같이 되었다' 고 말씀하신다(창3:22). '우리가 우리의 형상대로 사람을 만들자' 고 하신 하나님의 말씀에서, 한 위격 이상의 신적 위격들이 있음을 드러낸다. 그리고 하나님이 창조하셨다고 말씀하실 때, 한 분 하나님이 계시다는 것을 제시한다. 하나님께서 얼마나 많은 위격들이 존재하는지에 대해 말씀하지 않으신 것도 사실이다. 그러나 구약에서는 다소 불분명하게 보이지만 신약에서는 아주 분명하다. 우리 주님께서 요단강에서 세례 받으실 때에, '이는 내 사랑하는 아들이요' (마3:17)라고 하는 아버지의 음성이 들렸다. 아들은 물 가운데 있었고, 성령은 비둘기 형체로 아들 위에 내려왔다.10) 모든 신자들의 세례에 대해 그리스도께서 '아버지와 아들과 성령의 이름으로 모든 족속에게 세례를 주라' (마 28:18)고 하는 이 양식을 제정하셨다. 누가복음에서

· 딛 3:4-6 우리 구주 하나님의 자비와 사람 사랑하심이 나타날 때에 우리를 구원하시되 우리가 행한 바 의로운 행위로 말미암지 아니하고 오직 그의 긍휼하심을 따라 중생의 씻음과 성령의 새롭게 하심으로 하셨나니 우리 구주 예수 그리스도로 말미암아 우리에게 그 성령을 풍성히 부어 주사

· 벧전 1:2 곧 하나님 아버지의 미리 아심을 따라 성령이 거룩하게 하심으로 순종함과 예수 그리스도의 피 뿌림을 얻기 위하여 택하심을 받은 자들에게 편지하노니 은혜와 평강이 너희에게 더욱 많을지어다

· 요일 4:13, 14 그의 성령을 우리에게 주시므로 우리가 그 안에 거하고 그가 우리 안에 거하시는 줄을 아느니라 아버지가 아들을 세상의 구주로 보내신 것을 우리가 보았고 또 증언하노니

· 요일 5:1-12 예수께서 그리스도이심을 믿는 자마다 하나님께로부터 난 자니 또한 낳으신 이를 사랑하는 자마다 그에게서 난 자를 사랑하느니라 우리가 하나님을 사랑하고 그의 계명들을 지킬 때에 이로써 우리가 하나님의 자녀를 사랑하는 줄을 아느니라 하나님을 사랑하는 것은 이것이니 우리가 그의 계명들을 지키는 것이라 그의 계명들은 무거운 것이 아니로다 무릇 하나님께로부터 난 자마다 세상을 이기느니라 세상을 이기는 승리는 이것이니 우리의 믿음이니라 예수께서 하나님의 아들이심을 믿는 자가 아니면 세상을 이기는 자가 누구냐 이는 물과 피로 임하신 이시니 곧 예수 그리스도시라 물로만 아니요 물과 피로 임하셨고 증언하는 이는 성령이시니 성령은 진리니라 증언하는 이가 셋이니 성령과 물과 피라 또한 이 셋은 합하여 하나이니라 만일 우리가 사람들의 증언을 받을진대 하나님의 증거는 더욱 크도다 하나님의 증거는 이것이니 그의 아들에 대하여 증언하신 것이니라 하나님의 아들을 믿는 자는 자기 안에 증거가 있고 하나님을 믿지 아니하는 자는 하나님을 거짓말하는 자로 만드나니 이는 하나님께서 그 아들에 대하여 증언하신 증거를 믿지 아니하였음이라 또 증거는 이것이니 하나님이 우리에게 영생을 주신 것과 이 생명이 그의 아들 안에 있는 그것이니라 아들이 있는 자에게는 생명이 있고 하나님의 아들이 없는 자에게는 생명이 없느니라

· 유 20, 21 사랑하는 자들아 너희는 너희의 지극히 거룩한 믿음 위에 자신을 세우며 성령으로 기도하며 하나님의 사랑 안에서 자신을 지키며 영생에 이르도록 우리 주 예수 그리스도의 긍휼을 기다리라

· 계 1:4, 5 요한은 아시아에 있는 일곱 교회에 편지하노니 이제도 계시고 전에도 계셨고 장차 오실 이와 그의 보좌 앞에 있는 일곱 영과 또 충성된 증인으로 죽은 자들 가운데에서 먼저 나시고 땅의 임금들의 머리가 되신 예수 그리스도로 말미암아 은혜와 평강이 너희에게 있기를 원하노라 우리를 사랑하사 그의 피로 우리 죄에서 우리를 해방하시고

10) · 마 3:16 예수께서 세례를 받으시고 곧 물에서 올라오실새 하늘이 열리고 하나님의 성령이 비둘기 같이 내려 자기 위에 임하심을 보시더니

천사 가브리엘은 우리 주님의 어머니 마리아에게 '성령이 네게 임하시고 지극히 높으신 이의 능력이 너를 덮으시리니 이러므로 나실 바 거룩한 자는 하나님의 아들이라 일컬으리라' (눅 1:35)고 선언하였다. 또한 '주 예수 그리스도의 은혜와 하나님의 사랑과 성령의 교통하심이 너희 무리와 함께 있을지어다' 고 한다(고후13:13). 이 모든 성경구절에서 우리는 충분히 하나의 유일한 신적 본질 안에 세 위격이 존재한다는 것을 배울 수 있다.

비록 이 교리가 모든 인간의 이해를 훨씬 넘어선다고 할지라도, 그럼에도 불구하고 우리는 이생에서 하나님의 말씀에 근거하여 이 교리를 믿는다. 그리고 우리는 장차 하늘에서 이 교리의 완전한 지식과 열매를 즐기게 될 것을 고대한다.

또한, 우리는 우리를 위한 이 삼위의 독특한 직무와 사역에 주의해야 한다. 아버지는 그의 능력으로 인해 우리의 창조주라고 불리어지고, 아들은 그의 피로 인해 우리의 구원자와 구속주로 불리어지고, 성령은 우리 마음 속에 거하심으로 인하여 우리의 성화주로 불리어진다. 성삼위일체 교리는 사도 시대 이래로 오늘날까지 정통 교부들이 공정하게 정죄한 유대교와 이슬람교와 말시온과 마니교와 프락세아스와 사벨리우스와 사모사타의 바울과 아리우스 등에 대항하여 항상 참된 교회 안에서 유지되고 보존되어져 왔다. 그러므로 이 교리 안에서 우리는 기꺼이 세 신경 곧 사도신경, 니케아 신경, 아타나시우스 신경을 받아들인다. 이는 초기 교부들에 의해 합의 일치된 바와 같다.

개관

이번 과에서는 하나님이 삼위 일체 하나님이 되신다고 고백하며, 그러한 고백에 대한 성경적인 증거구절을 살핀다.

1. 용어(Terminology)

성삼위일체에 관한 고백에서 용어는 특별히 중요하다.
＊본질(존재) - 위격(Persons)
그렇다 할지라도 이 용어가 고백하고 있는 것이 무엇인지에 대한 '신비'를 이해하기에 충분하지는 않다. 우리는 그것이 성경에 분명하게 계시되어 있기에 고백한다. 그렇지만 그것을 이해하고 있다고 꾸미지는 않는다(하이델베르크 교리문답 제8주일).

비록 유일하신 한 신적인 본질 혹은 존재이시지만. 그분을 우리는 하나님이라고 부르는데, 우리는 하나님 안에 계시는 세 위격을 구별해야만 한다. 이 세 위격은 분리되어 계시지 않으시기에, 그래서 그분들은 실제적으로 세 하나님이시지만 너무 분간할 수 없을 정도로 혼동되어 오직 한 위격만 남아

있는 것도 아니다.

2. 한 분 하나님

성경은 분명하게 유일하신 한 분 하나님만이 계시며 그분 외에 하나님이 없으시다고 가르친다.

신명기 6:4, 5: "이스라엘아 들으라 우리 하나님 여호와는 오직 하나인 여호와시니 너는 마음을 다하고 성품을 다하고 힘을 다하여 네 하나님 여호와를 사랑하라"(고린도전서 8:4-6; 에베소서 4:6; 야고보서 2:19절도 보라).

기독교 신앙은 하나님 안에 세 분의 위격이 계신다고 인정하고 있다. 그러나 그러기에 우리가 세 분 하나님을 고백한다는 비난(예를 들어, 유대교, 마호메트교, 현대 분파주의의)을 입증하는 것은 아니다. 우리는 단순히 한 분 하나님께서, 그분은 본질적으로 한 분이시면서 세 위격으로 계신다는 그토록 부요하심이 있다고 고백할 뿐이다.

3. 세 위격

우리는 하나님이신, 아버지와 아들, 그리고 성령이신 세 분이며 구별되는 위격들에 대해서 안다.

신앙고백서는 '비공유적 속성' 혹은 "각각의 속성에 의해서 구별되는 그분의 위격적인 본체를 가지신다"는 사실에 관해 묘사한다. 이것은 비록 이들 위격들이 한 하나님이실지라도, 그들은 또한 어떤 관점에서는 다르시다는 뜻이다. 예를 들어, '성령은 아들처럼 '낳으신 바 되지' 않았고, 아버지는 결코 그분 스스로 아들이 하신 것처럼 사람의 본성을 입지 않으셨다.

하이델베르크 교리문답(제8주)에서 사역에 있어서도 차이점을 읽어볼 수 있다.

a) 하나님 아버지와 우리의 창조
b) 하나님 아들과 우리의 구속
c) 하나님 성령과 우리의 성화

이러한 사역에서 세 위격은 완전한 일치와 조화를 보여준다.
*아버지 : 만물의 원인(cause), 기원 그리고 시작 (고린도전서 8:6)
*아들 : 말씀, 지혜, 그리고 아버지의 형상 (골로새서 1:15; 히브리서 1:3)
*성령 : 아버지와 아들로부터 나오신 영원한 힘과 권세 (요한복음 15:26)

4. 이단

성삼위일체의 교리는 초대기독교회가 방어하도록 소명을 받았다.(9항, 이단의 목록을 보라). 가장 중요한 이단은

- a) 사벨리우스 : '아버지, 아들, 그리고 성령' 이라는 이름은 한 분에 대한 세 가지 다른 이름이었다고 가르쳤다.
- b) 사모사타 바울 : 예수님을 인정하였지만 보통 사람일 뿐 그분이 하나님이셨다는 사실은 부인하였다.
- c) 아리우스 : 오직 한 분 신적인 위격만이 있다고 가르쳤다. 그리고 예수님은 단순히 하나님의 '피조물' 이라고 가르쳤다.

이들 이단들은 변함없이 그리스도의 신성을 부인하려고 노력하였다. 그리고 유명한 니케아 회의(325)와 콘스탄티노플 회의(381)에서 거절당하였다. 종교개혁 시대 동안, 이 신앙고백은 다시 공격을 받았다. 예를 들자면 소시누스(Socinus)와 세르베투스(Servetus)가 있다. 귀도 드 브레는 개혁교회가 '반삼위일체론자(Anti-Trinitarians)' 와 혼동되지 않도록 대단히 조심하였다.

5. 성경적인 증거

삼위일체의 교리가 '사리에 맞지 않다' 고 여겨져서는 안되기에, 분명한 성경의 증거를 제시하는 것이 중요하다. '삼위일체(Trinity)' 라는 용어는 그 말 그대로는 성경에서 찾아볼 수 없지만 그 문제 자체는 아주 선명하고 명백하다. 제9항에서 일부(전부가 아님) 증거구절이 제시되어 있다.

- a) 창세기 1:26 : 그리고 하나님께서(단수) 말씀하셨다. 우리가(복수) … 만들자
- b) 마태복음 28 : 아버지와 아들과 성령(복수)의 이름(Name, 단수)으로
- c) 고린도후서 13:13 : 사도의 문안은 자주 삼위일체로 되어 있다.
- d) 요한일서 5:7(흠정역) : 어떤 역본은 이 본문이 없다. 이것은 논의되고 있는데, 일부 중요한 사본에 나타나지 않고 있기 때문이다.

질문 | 제5과

1 _ '성삼위일체'에 대해서 말할 때 '용어'가 왜 그렇게 중요한가?

2 _ '공유할 수 없는 소유'라고 신앙고백이 묘사할 때 그것은 무슨 뜻인가?

3 _ 아버지, 아들, 그리고 성령을 어떻게 구별할 수 있는가?

4 _ 어떤 이단이 삼위일체 교리를 부인하는가?

   a) 초대 기독교회에서 :

   b) 종교개혁 시대 동안 :

5 _ 성삼위일체 교리에 해당하는 세 개의 증거본문을 대시오.

암기 과제 | 하이델베르크 교리문답 _ 제8주일

제 24 문 _ 이 믿음의 조항들, 사도신경은 어떻게 구분됩니까?
   답 _ 세 부분으로, 첫째, 성부 하나님과 우리의 창조, 둘째, 성자 하나님과 우리의 구속, 셋째, 성령 하나님과 우리의 성화에 대해서 입니다.

제 25 문 _ 오직 한 분 하나님만 계시는데, 왜 당신은 삼위, 곧 성부 · 성자 · 성령을 말합니까?
   답 _ 왜냐하면 하나님께서 자신을 그의 말씀에서 이 구별된 삼위는 영원하신 참 하나님 한 분이시라고 계시하셨기 때문입니다.

제6과

벨직신앙고백서 제10, 11항
그리스도와 성령의 신성

제10항 영원하신 참 하나님 예수 그리스도[1]

우리는, 예수 그리스도가 자신의 신성에 따라, 영원으로부터 나신 하나님의 독생자이시므로,[2] 만들

---

[1] Jesus Christ True and Eternal God

We believe that Jesus Christ according to His divine nature is the only-begotten Son of God, begotten from eternity, not made, nor created ? for then He would be a creature ? but of the same essence with the Father, equally-eternal, the radiance of God's glory and the exact representation of His being (Heb 1:3), and is equal to Him in all things. He is the Son of God, not only from the time that He assumed our nature but from all eternity, as the following testimonies, when compared with each other, teach us: Moses says that God created the world; the apostle John says that all things were made by the Word which he calls God. The letter to the Hebrews says that God made the world through His Son;6 likewise the apostle Paul says that God created all things through Jesus Christ.7 Therefore it must necessarily follow that He who is called God, the Word, the Son, and Jesus Christ, did exist at that time when all things were created by Him. Therefore He could say, I tell you the truth, before Abraham was born, I am (Jn 8:58), and He prayed, Father, glorify Me in Your presence with the glory I had with You before the world began (Jn 17:5). And so He is true, eternal God, the Almighty, whom we invoke, worship, and serve.

[2] · 마 17:5 말할 때에 홀연히 빛난 구름이 그들을 덮으며 구름 속에서 소리가 나서 이르시되 이는 내 사랑하는 아들이요 내 기뻐하는 자니 너희는 그의 말을 들으라 하시는지라
· 요 1:14, 18 말씀이 육신이 되어 우리 가운데 거하시매 우리가 그의 영광을 보니 아버지의 독생자의 영광이요 은혜와 진리가 충만하더라 본래 하나님을 본 사람이 없으되 아버지 품 속에 있는 독생하신 하나님이 나타내셨느니라
· 요 3:16 하나님이 세상을 이처럼 사랑하사 독생자를 주셨으니 이는 그를 믿는 자마다 멸망하지 않고 영생을 얻게 하려 하심이라
· 요 14:1-14 너희는 마음에 근심하지 말라 하나님을 믿으니 또 나를 믿으라 내 아버지 집에 거할 곳이 많도다 그렇지 않으면 너희에게 일렀으리라 내가 너희를 위하여 거처를 예비하러 가노니 가서 너희를 위하여 거처를 예비하면 내가 다시 와서 너희를 내게로 영접하여 나 있는 곳에 너희도 있게 하리라 내가 어디로 가는지 그 길을 너희가 아느니라 도마가 이르되 주여 주께서 어디로 가시는지 우리가 알지 못하거늘 그 길을 어찌 알겠사옵나이까 예수께서 이르시되 내가 곧 길이요 진리요 생명이니 나로 말미암지 않고는 아버지께로 올 자가 없느니라 너희가 나를 알았더라면 내 아버지도 알았으리로다 이제부터는 너희가 그를 알았고 또 보았느니라 빌립이 이르되 주여 아버지를 우리에게 보여 주옵소서 그리하면 족하겠나이다 예수께서 이르시되 빌립아 내가 이렇게 오래 너희와 함께 있으되 네가 나를 알지 못하느냐 나를 본 자는 아버지를 보았거늘 어찌하여 아버지를 보이라 하느냐 내가 아버지 안에 거하고 아버지는 내 안에 계신 것을 네가 믿지 아니하느냐 내가 너희에게 이르는 말은 스스로 하는 것이 아니라 아버지께서 내 안에 계셔서 그의 일을

어지거나 피조되지 아니하셨고 -그렇다면 그는 피조물이 되실 것이기 때문에 -, 오히려 아버지와 동일 본질이시고, 똑같이 영원하시고, 하나님의 영광의 광채시요, 하나님의 본체의 형상이시며(히1:3) 모든 점에서 하나님과 똑같다고 믿는다.3) 그는 우리의 본성을 취하실 때부터만이 아니라 영원부터 하나님의 아들이시다.4) 다음의 증언들을 서로 비교해 볼 때 우리를 그렇게 가르친다. 모세는 하나님이 세상을 창조하셨다고 말한다.5) 사도 요한은 자기가 하나님이라고 부르는 그 말씀에 의해서 만물이 만들어

하시는 것이라 내가 아버지 안에 거하고 아버지께서 내 안에 계심을 믿으라 그렇지 못하겠거든 행하는 그 일로 말미암아 나를 믿으라 내가 진실로 진실로 너희에게 이르노니 나를 믿는 자는 내가 하는 일을 그도 할 것이요 또한 그보다 큰 일도 하리니 이는 내가 아버지께로 감이라 너희가 내 이름으로 무엇을 구하든지 내가 행하리니 이는 아버지로 하여금 아들로 말미암아 영광을 받으시게 하려 함이라 내 이름으로 무엇이든지 내게 구하면 내가 행하리라

- 요 20:17, 31 예수께서 이르시되 나를 붙들지 말라 내가 아직 아버지께로 올라가지 아니하였노라 너는 내 형제들에게 가서 이르되 내가 내 아버지 곧 너희 아버지 내 하나님 곧 너희 하나님께로 올라간다 하라 하시니 오직 이것을 기록함은 너희로 예수께서 하나님의 아들 그리스도이심을 믿게 하려 함이요 또 너희로 믿고 그 이름을 힘입어 생명을 얻게 하려 함이니라
- 롬 1:4 성결의 영으로는 죽은 자들 가운데서 부활하사 능력으로 하나님의 아들로 선포되셨으니 곧 우리 주 예수 그리스도시니라
- 갈 4:4 때가 차매 하나님이 그 아들을 보내사 여자에게서 나게 하시고 율법 아래에 나게 하신 것은
- 히 1:2 이 모든 날 마지막에는 아들을 통하여 우리에게 말씀하셨으니 이 아들을 만유의 상속자로 세우시고 또 그로 말미암아 모든 세계를 지으셨느니라
- 요일 5:5, 9-12 예수께서 하나님의 아들이심을 믿는 자가 아니면 세상을 이기는 자가 누구냐 만일 우리가 사람들의 증언을 받을진대 하나님의 증거는 더욱 크도다 하나님의 증거는 이것이니 그의 아들에 대하여 증언하신 것이니라 하나님의 아들을 믿는 자는 자기 안에 증거가 있고 하나님을 믿지 아니하는 자는 하나님을 거짓말하는 자로 만드나니 이는 하나님께서 그 아들에 대하여 증언하신 증거를 믿지 아니하였음이라 또 증거는 이것이니 하나님이 우리에게 영생을 주신 것과 이 생명이 그의 아들 안에 있는 그것이니라 아들이 있는 자에게는 생명이 있고 하나님의 아들이 없는 자에게는 생명이 없느니라

3)
- 요 5:18, 23 유대인들이 이로 말미암아 더욱 예수를 죽이고자 하니 이는 안식일을 범할 뿐만 아니라 하나님을 자기의 친 아버지라 하여 자기를 하나님과 동등으로 삼으심이러라 이는 모든 사람으로 아버지를 공경하는 것 같이 아들을 공경하게 하려 하심이라 아들을 공경하지 아니하는 자는 그를 보내신 아버지도 공경하지 아니하느니라
- 요 10:30 나와 아버지는 하나이니라 하신대
- 요 14:9 예수께서 이르시되 빌립아 내가 이렇게 오래 너희와 함께 있으되 네가 나를 알지 못하느냐 나를 본 자는 아버지를 보았거늘 어찌하여 아버지를 보이라 하느냐
- 요 20:28 도마가 대답하여 이르되 나의 주님이시요 나의 하나님이시니이다
- 롬 9:5 조상들도 그들의 것이요 육신으로 하면 그리스도가 그들에게서 나셨으니 그는 만물 위에 계셔서 세세에 찬양을 받으실 하나님이시니라 아멘 또는 만물 위에 계신 하나님께 세세에 찬양이 있으리로다
- 빌 2:6 그는 근본 하나님의 본체시나 하나님과 동등됨을 취할 것으로 여기지 아니하시고
- 골 1:15 그는 보이지 아니하는 하나님의 형상이시요 모든 피조물보다 먼저 나신 이시니
- 딛 2:13 복스러운 소망과 우리의 크신 하나님 구주 예수 그리스도의 영광이 나타나심을 기다리게 하셨으니

4)
- 요 8:58 예수께서 이르시되 진실로 진실로 너희에게 이르노니 아브라함이 나기 전부터 내가 있느니라 하시니
- 요 17:5 아버지여 창세 전에 내가 아버지와 함께 가졌던 영화로써 지금도 아버지와 함께 나를 영화롭게 하옵소서
- 히 13:8 예수 그리스도는 어제나 오늘이나 영원토록 동일하시니라

5)
- 창 1:1 태초에 하나님이 천지를 창조하시니라

졌다고 말한다.6) 히브리서는 하나님이 자기 아들을 통하여 세상을 만드셨다고 말한다.7) 이처럼 사도 바울도 하나님이 예수 그리스도를 통하여 만물을 창조하셨다고 말한다.8) 그러므로 하나님, 말씀, 아들, 그리고 예수 그리스도라고 불리우는 그는 만물이 그분에 의해서 창조되었을 그 때에도 계셨다. 따라서 그는 "진실로 진실로 너희에게 이르노니 아브라함이 나기 전부터 내가 있느니라"고 말씀하실 수 있었으며(요8:58), 또한 그는 "아버지여 창세 전에 내가 아버지와 함께 가졌던 영화로써 지금도 아버지와 함께 나를 영화롭게 하옵소서"라고 기도하셨던 것이다.

과연 그리스도는 영원하신 참 하나님, 전능자이시므로, 그에게 우리가 기도하고 예배하고 섬긴다.

제11항 영원하신 참 하나님 성령9)

우리는 또한 성령께서 영원부터 아버지와 아들로부터 비롯된다고 믿고 고백한다. 성령께서는 만들어지지도, 피조되지도, 나시지도 않으시고, 다만 아버지와 아들로부터 비롯된다고 말할 수 있다.10) 순

---

6) ・요 1:1-3 태초에 말씀이 계시니라 이 말씀이 하나님과 함께 계셨으니 이 말씀은 곧 하나님이시니라 그가 태초에 하나님과 함께 계셨고 만물이 그로 말미암아 지은 바 되었으니 지은 것이 하나도 그가 없이는 된 것이 없느니라

7) ・히 1:2 이 모든 날 마지막에는 아들을 통하여 우리에게 말씀하셨으니 이 아들을 만유의 상속자로 세우시고 또 그로 말미암아 모든 세계를 지으셨느니라

8) ・고전 8:6 그러나 우리에게는 한 하나님 곧 아버지가 계시니 만물이 그에게서 났고 우리도 그를 위하여 있고 또한 한 주 예수 그리스도께서 계시니 만물이 그로 말미암고 우리도 그로 말미암아 있느니라
　・골 1:16 만물이 그에게서 창조되되 하늘과 땅에서 보이는 것들과 보이지 않는 것들과 혹은 왕권들이나 주권들이나 통치자들이나 권세들이나 만물이 다 그로 말미암고 그를 위하여 창조되었고

9) The Holy Spirit True and Eternal God
　We believe and confess also that the Holy Spirit from eternity proceeds from the Father and the Son. He is neither made, created, nor begotten, but He can only be said to proceed from both. In order He is the third Person of the Holy Trinity, of one and the same essence, majesty, and glory with the Father and the Son, true and eternal God, as the Holy Scriptures teach us

10) ・요 14:15-26 너희가 나를 사랑하면 나의 계명을 지키리라 내가 아버지께 구하겠으니 그가 또 다른 보혜사를 너희에게 주사 영원토록 너희와 함께 있게 하리니 그는 진리의 영이라 세상은 능히 그를 받지 못하나니 이는 그를 보지도 못하고 알지도 못함이라 그러나 너희는 그를 아나니 그는 너희와 함께 거하심이요 또 너희 속에 계시겠음이라 내가 너희를 고아와 같이 버려두지 아니하고 너희에게로 오리라 조금 있으면 세상은 다시 나를 보지 못할 것이로되 너희는 나를 보리니 이는 내가 살아 있고 너희도 살아 있겠음이라 그 날에는 내가 아버지 안에 너희가 내 안에 내가 너희 안에 있는 것을 너희가 알리라 나의 계명을 지키는 자라야 나를 사랑하는 자니 나를 사랑하는 자는 내 아버지께 사랑을 받을 것이요 나도 그를 사랑하여 그에게 나를 나타내리라 가룟인 아닌 유다가 이르되 주여 어찌하여 자기를 우리에게는 나타내시고 세상에는 아니하려 하시나이까 예수께서 대답하여 이르시되 사람이 나를 사랑하면 내 말을 지키리니 내 아버지께서 그를 사랑하실 것이요 우리가 그에게 가서 거처를 그와 함께 하리라 나를 사랑하지 아니하는 자는 내 말을 지키지 아니하나니 너희가 듣는 말은 내 말이 아니요 나를 보내신 아버지의 말씀이니라 내가 아직 너희와 함께 있어서 이 말을 너희에게 하였거니와 보혜사 곧 아버지께서 내 이름으로 보내실 성령 그가 너희에게 모든 것을 가르치고 내가 너희에게 말한 모든 것을 생각나게 하리라
　・요 15:26 내가 아버지께로부터 너희에게 보낼 보혜사 곧 아버지께로부터 나오시는 진리의 성령이 오실 때에 그가 나를 증언하실 것이요

서상 성령께서는 삼위일체의 제 삼위로서, 성경이 우리에게 가르치는 바대로,[11] 아버지와 아들과 함께 동일한 본질과 위엄과 영광을 지니신 한 분, 영원하신 참 하나님이시다.

개관

이번 과에서 우리는 삼위일체 교리에 관한 보다 나은 방어를 고찰한다. 우리는 아들과 성령이 성삼위일체 안에서 구별되는 위격이 되신다고 고백한다. 그리고 이 고백에 대한 성경적인 증거를 살핀다.

1. 이 조항의 필요성

전 역사, 특히 '신약' 교회의 역사에서 그리스도와 성령의 신성은 부인되기도 하였다. 그리스도는 하나님의 '탁월한 피조물'로 성령은 단순히 하나님의 '힘'으로 보였다. 그러나 구별된 거룩한 위격(Persons) 그 자체로 여겨지지 않았다. 그래서 하나님으로 인정이 되어야 했고 경배를 받으셔야 했다.

그러므로 벨직신앙고백서는 이 문제에 대한 성경적인 진실을 분명하게 재진술하는 두 항을 첨가하고 있다. 이 조항들은 여호와의 증인(Jehovah's Witnesses)과 어떤 현대신학자들을 만났을 때에 중요하다.

2. 신성의 인식(The Recognition of Deity)

교회는 항상 분명하게(특별히 종교개혁 기간 동안) 아들과 성령이 '피조물'(고등한 질서에 속한 것도 아니다)이나 '힘'이실 수 없고 거룩한 위격이시다는 사실을 분명하게 지적하였다. 왜냐하면 성경에서 그들은 신적인 이름, 속성, 예배를 받으셨기 때문이다.

· 롬 8:9 만일 너희 속에 하나님의 영이 거하시면 너희가 육신에 있지 아니하고 영에 있나니 누구든지 그리스도의 영이 없으면 그리스도의 사람이 아니라

11) · 창 1:2 땅이 혼돈하고 공허하며 흑암이 깊음 위에 있고 하나님의 영은 수면 위에 운행하시니라
· 마 28:19 그러므로 너희는 가서 모든 민족을 제자로 삼아 아버지와 아들과 성령의 이름으로 세례를 베풀고
· 행 5:3, 4 베드로가 이르되 아나니아야 어찌하여 사탄이 네 마음에 가득하여 네가 성령을 속이고 땅 값 얼마를 감추었느냐 땅이 그대로 있을 때에는 네 땅이 아니며 판 후에도 네 마음대로 할 수가 없더냐 어찌하여 이 일을 네 마음에 두었느냐 사람에게 거짓말한 것이 아니요 하나님께로다
· 고전 2:10 오직 하나님이 성령으로 이것을 우리에게 보이셨으니 성령은 모든 것 곧 하나님의 깊은 것까지도 통달하시느니라
· 고전 3:16 너희는 너희가 하나님의 성전인 것과 하나님의 성령이 너희 안에 계시는 것을 알지 못하느냐
· 고전 6:11 너희 중에 이와 같은 자들이 있더니 주 예수 그리스도의 이름과 우리 하나님의 성령 안에서 씻음과 거룩함과 의롭다 하심을 받았느니라
· 요일 5:7 증언하는 이가 셋이니

a) 신적인 이름, 결코 피조물이나 능력들에 부여되지 않았다.
b) 신적인 속성, 하나님께만 돌렸다.
c) 신적인 예배, 항상 하나님을 위하여만 정해졌다.

또한 성경은 이들 위격에 의해서 행하여진 특별한 신적인 사역에 대해서도 말한다. 결론적으로, 이들 위격들에 대한 그런 인식을 수용하는 경우에만, 과연 삼위 하나님이야말로 "영원하신 참 하나님이시며, 전능자이시므로, 그에게 우리가 간구하고 예배하고 섬긴다"라는 사실이다.

3. 그리스도의 신성

다음 본문들을 주목해 볼 수 있다.

a) 신적인 이름 : "이 말씀(그리스도)은 곧 하나님이시니라"(요한복음 1:1) "나의 주시며 나의 하나님이시니이다!"(요한복음 20:28) "우리의 크신 하나님 구주 예수 그리스도의 영광이"(디도서 2:13)
b) 신적인 속성 : '영원성' "그의 근본은 상고에 영원에 있느니라"(미가 5:2) "나는 처음과 나중이요 시작과 끝이라"(계시록 22:13) '힘과 권세' "그는 보이지 아니하는 하나님의 형상이시요 모든 피조물보다 먼저 나신 이시니"(골로새서 1:15)

〈주〉 신앙고백서는 특별히 여기 미가서 5:2절을 인용하여 사용했다. 그러나 많은 성경학자들은 현재 이 구절이 그리스도께서 아버지와 영원히 함께하시는 존재이심에 대한 증거본문으로 설 수 없다는 견해이다. 클로버데일 총회(Synod of Cloverdale)는 이 관련구절을 요한복음 8:58과 요한복음 17:5절로 바꾸었다.

c) 신적인 예배 : "예수를 뵈옵고 경배하나 아직도 의심하는 사람들이 있더라"(마태복음 28:17)

〈주〉 피조물들 혹은 '천사들'은 경배를 받지 않는다(요한계시록 19:10; 사도행전14:8ff).

그리스도께 속하는 거룩한 사역들은 특별히 '창조'(요한복음 1:3)와 '구속'(고린도전서 1:30)이다.
그리스도의 신성의 중요성은 역시 하이델베르크 교리문답 제5, 6주일, "왜 그분은 동시에 참 하나님이셔야만 합니까?"에서도 고백되고 있다. 만일 그리스도께서 하나님이 아니시라면 성경과 고백서에 따라 생각해볼 때, 우리의 구원을 위한 근거는 아무 것도 없는 것이다.

4. 성령의 신성

다음 본문들을 주목해볼 수 있다.

a) 신적인 이름 : "사람에게 거짓말 한 것이 아니요 하나님께로다"(사도행전 5:4)

b) 신적인 속성 : "내가 주의 신(Thy Spirit)을 떠나 어디로 가며"(시편 139:7) [편재(omnipresence)]

c) 신적인 예배 : "주 예수 그리스도의 은혜와 하나님의 사랑과 성령의 교통하심이 너희 무리와 함께 있을지어다"(고린도후서 13:13) (세례예식서, 마태복음 28:19도 함께 보라).

성령의 사역들 중에도 마찬가지이다: 창조(시편 104:30)와 계시. 그리스도께서는 성령에 대해서, 구별되고 별도의 위격으로, 구원의 부요함으로 교회를 가르치고 인도하려고 하는 그분의 사역의 상담자로 말씀하셨다(요한복음 16:12-15).

"성령을 근심하게 하는 일"(에베소서 4:30) "성령을 소멸하는 일"(데살로니가전서 5:19) 그리고 "성령을 모독하는 일"(마태복음 12:31)이 가능하다. 성령을 거역하는 범죄는 용서를 받을 수 없는데(요한일서 5:16, "죄, 그것은 죽을 수밖에 없다" - 죽음에 이르는 죄), 그 죄는 하나님의 말씀에 관한 분명한 증거와 경고에도 불구하고 복음에 대한 뚜렷한 거부이다.

성령의 신성과 사역에 관한 신앙고백은 하이델베르크 교리문답 제20주일에서도 나타난다.

질문 | 제6과

1 _ 이미 분명하게 성삼위일체에 대한 신앙고백이 진술된 데에다 이 두 조항이 첨가된 이유는 무엇인가?

2 _ 아들과 성령이 하나님이시라는 사실을 성경에서 어떻게 결론을 내리고 있는가?

3 _ 아들과 성령의 신성에 관한 성경의 증거(두 본문 각각)를 제시하라.

4 _ 삼위일체에 관한 신앙고백이 우리의 구원에 그토록 중요한 이유는 무엇인가?

암기 과제 | 하이델베르크 교리문답 _ 제6주일 _ 제16, 17문답 ; _ 제20주일

《 제6주일
제 16 문 _ 왜 중보자는 참 사람이고 의인이어야 합니까?
답 _ 하나님의 공의는 범죄한 그 동일한 인성이 마땅히 죗값을 치르기를 요구하므로, 그는 반드시 참 사람이어야 합니다. 자신이 죄인인 자는 다른 사람들의 죗값을 치를 수 없으므로, 그는 반드시 의인이어야 합니다.

제 17 문 _ 왜 중보자는 동시에 참 하나님이셔야 합니까?
답 _ 그가 반드시 참 하나님이셔야, 그의 신성의 능력으로, 하나님의 진노의 짐을 그의 인성으로 감당하시며, 우리를 위해 의와 생명을 획득하여 우리에게 돌려주실 수 있기 때문입니다.

《 제20주일
제 53 문 _ 성령께 관하여 당신은 무엇을 믿습니까?
답 _ 첫째, 성령은 성부와 성자와 함께 영원한 참 하나님이십니다. 둘째, 성령은 또한 나에게도 주어져서, 나로 하여금 참 믿음으로 그리스도와 그의 모든 은덕에 참여하게 하며, 나를 위로하시고, 영원히 나와 함께 하십니다.

제7과

벨직신앙고백서 제12-14항
창조와 섭리, 인간의 타락

제12항 천지만물, 특히 천사들의 창조[1]

우리는, 하나님 아버지께서 말씀 곧 그의 아들을 통하여, 하나님이 보시기에 좋은 대로 하늘과 땅과 모든 피조물들을 무에서 창조하셨고,[2] 또한 하나님께서 모든 피조물들에게 존재와 모양과 형태, 그리

---

1) The Creation of All Things, Especially The Angels
   We believe that the Father through the Word, that is, through His Son, has created out of nothing heaven and earth and all creatures, when it seemed good to Him, and that He has given to every creature its being, shape, and form, and to each its specific task and function to serve its Creator. We believe that He also continues to sustain and govern them according to His eternal providence and by His infinite power in order to serve man, to the end that man may serve his God. He also created the angels good, to be His messengers and to serve His elect. Some of these have fallen from the exalted position in which God created them into everlasting perdition, but the others have by the grace of God remained steadfast and continued in their first state. The devils and evil spirits are so depraved that they are enemies of God and of all that is good. With all their might, they lie in wait like murderers to ruin the church and all its members and to destroy everything by their wicked devices. They are therefore by their own wickedness sentenced to eternal damnation and daily expect their horrible torments. Therefore we detest and reject the error of the Sadducees, who deny that there are any spirits and angels; and also the error of the Manichees, who say that the devils were not created, but have their origin of themselves, and that without having become corrupted, they are wicked by their own nature.

2) · 창 1:1 태초에 하나님이 천지를 창조하시니라
   · 창 2:3 하나님이 그 일곱째 날을 복되게 하사 거룩하게 하셨으니 이는 하나님이 그 창조하시며 만드시던 모든 일을 마치시고 그 날에 안식하셨음이니라
   · 사 40:26 너희는 눈을 높이 들어 누가 이 모든 것을 창조하였나 보라 주께서는 수효대로 만상을 이끌어 내시고 그들의 모든 이름을 부르시나니 그의 권세가 크고 그의 능력이 강하므로 하나도 빠짐이 없느니라
   · 렘 32:17 슬프도소이다 주 여호와여 주께서 큰 능력과 펴신 팔로 천지를 지으셨사오니 주에게는 할 수 없는 일이 없으시니이다
   · 골 1:15, 16 그는 보이지 아니하는 하나님의 형상이시요 모든 피조물보다 먼저 나신 이시니 만물이 그에게서 창조되되 하늘과 땅에서 보이는 것들과 보이지 않는 것들과 혹은 왕권들이나 주권들이나 통치자들이나 권세들이나 만물이 다 그로 말미암고 그를 위하여 창조되었고
   · 딤전 4:3 혼인을 금하고 어떤 음식물은 먹지 말라고 할 터이나 음식물은 하나님이 지으신 바니 믿는 자들과 진리를 아는 자들이 감사함으로 받을 것이니라
   · 히 11:3 믿음으로 모든 세계가 하나님의 말씀으로 지어진 줄을 우리가 아나니 보이는 것은 나타난 것으로 말미암아

고 각각 고유한 역할과 기능을 부여하시사 창조주를 섬기도록 하셨음을 믿는다. 또한 우리는, 하나님께서 천지만물로 하여금 사람에게 이바지하여, 결국 그의 하나님을 섬기도록, 그의 영원하신 섭리와 그의 무한한 능력으로 계속해서 유지하시고 다스리신다는 것을 믿는다.

하나님은 또한 천사들을 선하게 창조하셔서, 그의 사자들이 되게 하사 그의 택자들을 위해 일하도록 하셨다.3) 이 천사들 중 일부는 하나님이 창조하신 고귀한 위치에서 타락하여 영원한 파멸로 떨어졌지만,4) 여타의 천사들은 하나님의 은혜로 확고부동하게 처음의 지위를 지속하였다. 마귀들과 악한 영들은 극도로 타락하여 하나님과 모든 선한 자들의 원수들이 되었다.5) 그들은 살인자들처럼 자기들의 모든 힘을 다하여 교회와 모든 신자들을 멸망시키고, 그들의 악한 궤계로 모든 것을 파멸시키고자, 매복하여 기다린다.6) 따라서 그들은 그들 자신의 사악함으로 영원한 저주를 선고받고 날마다 가혹한

된 것이 아니니라
- 계 4:11 우리 주 하나님이여 영광과 존귀와 권능을 받으시는 것이 합당하오니 주께서 만물을 지으신지라 만물이 주의 뜻대로 있었고 또 지으심을 받았나이다 하더라

3) · 시 103:20, 21 능력이 있어 여호와의 말씀을 행하며 그의 말씀의 소리를 듣는 여호와의 천사들이여 여호와를 송축하라 그에게 수종들며 그의 뜻을 행하는 모든 천군이여 여호와를 송축하라
- 마 4:11 이에 마귀는 예수를 떠나고 천사들이 나아와서 수종드니라
- 히 1:14 모든 천사들은 섬기는 영으로서 구원 받을 상속자들을 위하여 섬기라고 보내심이 아니냐

4) · 요 8:44 너희는 너희 아비 마귀에게서 났으니 너희 아비의 욕심대로 너희도 행하고자 하느니라 그는 처음부터 살인한 자요 진리가 그 속에 없으므로 진리에 서지 못하고 거짓을 말할 때마다 제 것으로 말하나니 이는 그가 거짓말쟁이요 거짓의 아비가 되었음이라
- 벧후 2:4 하나님이 범죄한 천사들을 용서하지 아니하시고 지옥에 던져 어두운 구덩이에 두어 심판 때까지 지키게 하셨으며
- 유 6 또 자기 지위를 지키지 아니하고 자기 처소를 떠난 천사들을 큰 날의 심판까지 영원한 결박으로 흑암에 가두셨으며

5) · 창 3:1-5 그런데 뱀은 여호와 하나님이 지으신 들짐승 중에 가장 간교하니라 뱀이 여자에게 물어 이르되 하나님이 참으로 너희에게 동산 모든 나무의 열매를 먹지 말라 하시더냐 여자가 뱀에게 말하되 동산 나무의 열매를 우리가 먹을 수 있으나 동산 중앙에 있는 나무의 열매는 하나님의 말씀에 너희는 먹지도 말고 만지지도 말라 너희가 죽을까 하노라 하셨느니라 뱀이 여자에게 이르되 너희가 결코 죽지 아니하리라 너희가 그것을 먹는 날에는 너희 눈이 밝아져 하나님과 같이 되어 선악을 알 줄 하나님이 아심이니라
- 벧전 5:8 근신하라 깨어라 너희 대적 마귀가 우는 사자 같이 두루 다니며 삼킬 자를 찾나니

6) · 엡 6:12 우리의 씨름은 혈과 육을 상대하는 것이 아니요 통치자들과 권세들과 이 어둠의 세상 주관자들과 하늘에 있는 악의 영들을 상대함이라
- 계 12:4, 13-17 그 꼬리가 하늘의 별 삼분의 일을 끌어다가 땅에 던지더라 용이 해산하려는 여자 앞에서 그가 해산하면 그 아이를 삼키고자 하더니 용이 자기가 땅으로 내쫓긴 것을 보고 남자를 낳은 여자를 박해하는지라 그 여자가 큰 독수리의 두 날개를 받아 광야 자기 곳으로 날아가 거기서 그 뱀의 낯을 피하여 한 때와 두 때와 반 때를 양육 받으매 여자의 뒤에서 뱀이 그 입으로 물을 강 같이 토하여 여자를 물에 떠내려가게 하려 하되 땅이 여자를 도와 그 입을 벌려 용의 입에서 토한 강물을 삼키니 용이 여자에게 분노하여 돌아가서 그 여자의 남은 자손 곧 하나님의 계명을 지키며 예수의 증거를 가진 자들과 더불어 싸우려고 바다 모래 위에 서 있더라
- 계 20:7-9 천 년이 차매 사탄이 그 옥에서 놓여 나와서 땅의 사방 백성 곧 곡과 마곡을 미혹하고 모아 싸움을 붙이리니 그 수가 바다의 모래 같으리라 그들이 지면에 널리 퍼져 성도들의 진과 사랑하시는 성을 두르매 하늘에서 불이 내려와 그들을 태워버리고

지옥의 고통에 대기 중이다.[7]

그러므로 우리는 영들이나 천사들의 존재를 부정하는 사두개인들의 오류나,[8] 마귀들이 창조되지 않았고, 그들 나름의 기원을 가지고 있고, 타락함이 없이, 그들 자신의 본성상 악하다고 말하는, 마니교의 오류를 혐오하며 거부한다.

제13항 하나님의 섭리[9]

우리는, 이 선하신 하나님이 만물을 창조하신 후에, 만물을 내버려두시거나 운명이나 우연에 맡기지 아니하시고,[10] 오히려 자신의 거룩하신 뜻에 따라 다스리고 통치하심으로 이 세상에서는 하나님의 주도없이 어떤 일도 발생하지 않는다고 믿는다.[11] 그러나 하나님은 범죄의 조성자도 아니시고, 그 책

---

7) · 마 8:29 이에 그들이 소리 질러 이르되 하나님의 아들이여 우리가 당신과 무슨 상관이 있나이까 때가 이르기 전에 우리를 괴롭게 하려고 여기 오셨나이까 하더니
· 마 25:41 또 왼편에 있는 자들에게 이르시되 저주를 받은 자들아 나를 떠나 마귀와 그 사자들을 위하여 예비된 영원한 불에 들어가라
· 계 20:10 또 그들을 미혹하는 마귀가 불과 유황 못에 던져지니 거기는 그 짐승과 거짓 선지자도 있어 세세토록 밤낮 괴로움을 받으리라

8) · 행 23:8 이는 사두개인은 부활도 없고 천사도 없고 영도 없다 하고 바리새인은 다 있다 함이라

9) The Providence of God
We believe that this good God, after He had created all things, did not abandon them or give them up to fortune or chance, but that according to His holy will He so rules and governs them that in this world nothing happens without His direction. Yet God is not the Author of the sins which are committed nor can He be charged with them. For His power and goodness are so great and beyond understanding that He ordains and executes His work in the most excellent and just manner, even when devils and wicked men act unjustly. And as to His actions surpassing human understanding, we will not curiously inquire farther than our capacity allows us. But with the greatest humility and reverence we adore the just judgments of God, which are hidden from us, and we content ourselves that we are pupils of Christ, who have only to learn those things which He teaches us in His Word, without transgressing these limits.

This doctrine gives us inexpressible consolation, for we learn thereby that nothing can happen to us by chance, but only by the direction of our gracious heavenly Father. He watches over us with fatherly care, keeping all creatures so under His power that not one hair of our head ? for they are all numbered ? nor one sparrow can fall to the ground without the will of our Father (Mt 10:29, 30). In this we trust, because we know that He holds in check the devil and all our enemies so that they cannot hurt us without His permission and will. We therefore reject the damnable error of the Epicureans, who say that God does not concern Himself with anything but leaves all things to chance.

10) · 요 5:17 예수께서 그들에게 이르시되 내 아버지께서 이제까지 일하시니 나도 일한다 하시매
· 히 1:3 이는 하나님의 영광의 광채시요 그 본체의 형상이시라 그의 능력의 말씀으로 만물을 붙드시며 죄를 정결하게 하는 일을 하시고 높은 곳에 계신 지극히 크신 이의 우편에 앉으셨느니라

11) · 시 115:3 오직 우리 하나님은 하늘에 계셔서 원하시는 모든 것을 행하셨나이다
· 잠 16:1, 9, 33 마음의 경영은 사람에게 있어도 말의 응답은 여호와께로부터 나오느니라 사람이 마음으로 자기의 길을 계획할지라도 그의 걸음을 인도하시는 이는 여호와시니라 제비는 사람이 뽑으나 모든 일을 작정하기는 여호와께 있느니라
· 잠 21:1 왕의 마음이 여호와의 손에 있음이 마치 봇물과 같아서 그가 임의로 인도하시느니라
· 엡 1:11, 12 모든 일을 그의 뜻의 결정대로 일하시는 이의 계획을 따라 우리가 예정을 입어 그 안에서 기업이 되었으

임을 지실 수도 없는 분이시다.12) 과연 하나님의 능력과 선하심은 너무나 크고 우리의 이해를 초월하여, 심지어 마귀들과 악한 자들이 불의하게 행할 때에도, 하나님은 가장 탁월하고 합당한 방식으로 그의 사역을 작정하시고 실행하신다.13) 인간의 이해를 초월하는 하나님의 행위들에 대해서 우리에게 허용된 역량 이상 호기심으로 탐구하지 않는다. 다만 우리는 지극한 겸손과 경외심으로 우리에게 감추어진 하나님의 합당한 판단들을 존중하며,14) 우리 스스로 이런 한계들을 넘어서지 않고 하나님의 말씀으로 가르치는 바를 배워야만 하는 그리스도의 생도로 만족한다.15)

이 교리는 우리에게 이루 말할 수 없는 위로를 준다. 왜냐하면 우리는 이 교리에 의해서 그 어떤 일

니 이는 우리가 그리스도 안에서 전부터 바라던 그의 영광의 찬송이 되게 하려 하심이라
- 약 4:13-15 들으라 너희 중에 말하기를 오늘이나 내일이나 우리가 어떤 도시에 가서 거기서 일 년을 머물며 장사하여 이익을 보리라 하는 자들아 내일 일을 너희가 알지 못하는도다 너희 생명이 무엇이냐 너희는 잠깐 보이다가 없어지는 안개니라 너희가 도리어 말하기를 주의 뜻이면 우리가 살기도 하고 이것이나 저것을 하리라 할 것이거늘

12)
- 약 1:13 사람이 시험을 받을 때에 내가 하나님께 시험을 받는다 하지 말지니 하나님은 악에게 시험을 받지도 아니하시고 친히 아무도 시험하지 아니하시느니라
- 요일 2:16 이는 세상에 있는 모든 것이 육신의 정욕과 안목의 정욕과 이생의 자랑이니 다 아버지께로부터 온 것이 아니요 세상으로부터 온 것이라

13)
- 욥 1:21 이르되 내가 모태에서 알몸으로 나왔사온즉 또한 알몸이 그리로 돌아가올지라 주신 이도 여호와시요 거두신 이도 여호와시오니 여호와의 이름이 찬송을 받으실지니이다 하고
- 사 10:5 앗수르 사람은 화 있을진저 그는 내 진노의 막대기요 그 손의 몽둥이는 내 분노라
- 사 45:7 나는 빛도 짓고 어둠도 창조하며 나는 평안도 짓고 환난도 창조하나니 나는 여호와라 이 모든 일들을 행하는 자니라 하였노라
- 암 3:6 성읍에서 나팔이 울리는데 백성이 어찌 두려워하지 아니하겠으며 여호와의 행하심이 없는데 재앙이 어찌 성읍에 임하겠느냐
- 행 2:23 그가 하나님께서 정하신 뜻과 미리 아신 대로 내준 바 되었거늘 너희가 법 없는 자들의 손을 빌려 못 박아 죽였으나
- 행 4:27, 28 과연 헤롯과 본디오 빌라도는 이방인과 이스라엘 백성과 합세하여 하나님께서 기름 부으신 거룩한 종 예수를 거슬러 하나님의 권능과 뜻대로 이루려고 예정하신 그것을 행하려고 이 성에 모였나이다

14)
- 왕상 22:19-23 미가야가 이르되 그런즉 왕은 여호와의 말씀을 들으소서 내가 보니 여호와께서 그의 보좌에 앉으셨고 하늘의 만군이 그의 좌우편에 모시고 서 있는데 여호와께서 말씀하시기를 누가 아합을 꾀어 그를 길르앗 라못에 올라가서 죽게 할꼬 하시니 하나는 이렇게 하겠다 하고 또 하나는 저렇게 하겠다 하였는데 한 영이 나아와 여호와 앞에 서서 말하되 내가 그를 꾀겠나이다 여호와께서 그에게 이르시되 어떻게 하겠느냐 이르되 내가 나가서 거짓말하는 영이 되어 그의 모든 선지자들의 입에 있겠나이다 여호와께서 이르시되 너는 꾀겠고 또 이루리라 나가서 그리하라 하셨은즉 이제 여호와께서 거짓말하는 영을 왕의 이 모든 선지자의 입에 넣으셨고 또 여호와께서 왕에 대하여 화를 말씀하셨나이다
- 롬 1:28 또한 그들이 마음에 하나님 두기를 싫어하매 하나님께서 그들을 그 상실한 마음대로 내버려 두사 합당하지 못한 일을 하게 하셨으니
- 살후 2:11 이러므로 하나님이 미혹의 역사를 그들에게 보내사 거짓 것을 믿게 하심은

15)
- 신 29:29 감추어진 일은 우리 하나님 여호와께 속하였거니와 나타난 일은 영원히 우리와 우리 자손에게 속하였나니 이는 우리에게 이 율법의 모든 말씀을 행하게 하심이니라
- 고전 4:6 형제들아 내가 너희를 위하여 이 일에 나와 아볼로를 들어서 본을 보였으니 이는 너희로 하여금 기록된 말씀 밖으로 넘어가지 말라 한 것을 우리에게서 배워 서로 대적하여 교만한 마음을 가지지 말게 하려 함이라

도 우리에게 우연이 아니라, 오직 우리의 은혜로우신 하늘 아버지의 주도에 의해서만 일어난다는 것을 배우기 때문이다. 우리의 하늘 아버지는, 자신의 뜻이 아니면 우리의 머리카락 하나라도 다 세신 바 되었으며 참새 한 마리도 땅에 떨어질 수 없이(마10:29,30), 그렇게 그의 권능 아래 모든 피조물들을 두심으로써, 아버지의 돌보심으로 우리를 보살피신다. 바로 이런 하나님을 의지하는 이유는, 그가 자신의 허용과 뜻이 없이는 마귀와 우리의 어떤 원수들이라도 결코 우리를 해치지 못하도록 통제하심을 알기 때문이다.16)

그러므로 우리는 하나님께서 그 어떤 것에도 친히 관여하지 않으시고 만물만사를 우연에 맡겨두신다고 말하는 에피쿠로스 학파(Epicureans)의 저주스러운 오류를 거부한다.

제14항 사람의 창조와 타락과 참 선행 불능17)

우리는, 하나님께서 사람을 땅의 흙으로 창조하시고,18) 자신의 형상과 모양을 따라서 선하고 의롭

---

16) · 창 45:8 그런즉 나를 이리로 보낸 이는 당신들이 아니요 하나님이시라 하나님이 나를 바로에게 아버지로 삼으시고 그 온 집의 주로 삼으시며 애굽 온 땅의 통치자로 삼으셨나이다
· 창 50:20 당신들은 나를 해하려 하였으나 하나님은 그것을 선으로 바꾸사 오늘과 같이 많은 백성의 생명을 구원하게 하시려 하셨나니
· 삼하 16:10 왕이 이르되 스루야의 아들들아 내가 너희와 무슨 상관이 있느냐 그가 저주하는 것은 여호와께서 그에게 다윗을 저주하라 하심이니 네가 어찌 그리하였느냐 할 자가 누구겠느냐 하고
· 롬 8:28, 38, 39 우리가 알거니와 하나님을 사랑하는 자 곧 그의 뜻대로 부르심을 입은 자들에게는 모든 것이 합력하여 선을 이루느니라 내가 확신하노니 사망이나 생명이나 천사들이나 권세자들이나 현재 일이나 장래 일이나 능력이나 높음이나 깊음이나 다른 어떤 피조물이라도 우리를 우리 주 그리스도 예수 안에 있는 하나님의 사랑에서 끊을 수 없으리라

17) The Creation and Fall of Man and His Incapability of Doing What is Truly Good
We believe that God created man of dust from the ground and He made and formed him after His own image and likeness, good, righteous, and holy. His will could conform to the will of God in every respect. But, when man was in this high position, he did not appreciate it nor did he value his excellency. He gave ear to the words of the devil and wilfully subjected himself to sin and consequently to death and the curse. For he transgressed the commandment of life which he had received; by his sin he broke away from God, who was his true life; he corrupted his whole nature. By all this he made himself liable to physical and spiritual death. Since man became wicked and perverse, corrupt in all his ways, he has lost all his excellent gifts which he had once received from God. He has nothing left but some small traces, which are sufficient to make man inexcusable.6 For whatever light is in us has changed into darkness, as Scripture teaches us, The light shines in the darkness, but the darkness has not understood it (Jn 1:5); where the apostle John calls mankind darkness.

Therefore we reject all teaching contrary to this concerning the free will of man, since man is a slave to sin (Jn 8:34) and a man can receive only what is given him from heaven (Jn 3:27). For who dares to boast that he of himself can do any good, when Christ says: No one can come to Me unless the Father who sent Me draws him (Jn 6:44)? Who will glory in his own will, when he understands that the sinful mind is hostile to God (Rom 8:7)? Who can speak of his knowledge, since the man without the Spirit does not accept the things that come from the Spirit of God (1 Cor 2:14)? In short, who dares to claim anything, when he realizes that we are not competent in ourselves to claim anything for ourselves, but our competence comes from God (2 Cor 3:5)? Therefore what the apostle says must justly remain sure and firm: It is God who works in you to will and to act according to His good purpose (Phil 2:13). For there is no understanding nor will conformable to the understanding and will of God unless Christ has brought it about; as He

고 거룩하게 지으셨고 조성하셨음을 믿는다.19) 사람의 의지는 모든 면에서 하나님의 뜻을 본받을 수 있었다. 그러나 사람이 이러한 고귀한 지위에 있을 때에, 그는 자신의 존귀함을 감사하지도 아니하고, 소중히 여기지도 아니했다. 오히려 마귀의 말들에 귀를 기울임으로써 고의적으로 죄와 그 결과인 사망과 저주에 자신을 굴복시켰다.20) 과연 사람은 자기가 받은 생명의 계명을 범한 바, 즉 자기 죄로 말미암아 자신의 참 생명이신 하나님과 분리하게 되었고, 그의 본성 전체가 부패하였다. 이 모든 점으로 인해서 사람은 영육간의 죽음을 자초하게 되었다.21)

또 사람은 그의 모든 행사에서 사악하고 패역하고 부패되었기에, 하나님께로부터 단번에 받았던 그의 모든 훌륭한 은사들을 상실하였다.22) 다만 사람이 핑계할 수 없을 만큼 약간의 흔적만 겨우 남아 있을 뿐이다.23) 과연 우리 안에 있는 어떤 빛이라도 어둠으로 변해버렸다. 성경에서 사도 요한이 '빛이 어둠에 비취되 어둠이 깨닫지 못하더라.'24)고 하여 인류를 어둠이라고 부른 그 가르침대로이다.25)

---

teaches us: Apart from Me you can do nothing (Jn 15:5).

18) · 창 2:7 여호와 하나님이 땅의 흙으로 사람을 지으시고 생기를 그 코에 불어넣으시니 사람이 생령이 되니라
 · 창 3:19 네가 흙으로 돌아갈 때까지 얼굴에 땀을 흘려야 먹을 것을 먹으리니 네가 그것에서 취함을 입었음이라 너는 흙이니 흙으로 돌아갈 것이니라 하시니라
 · 전 12:7 흙은 여전히 땅으로 돌아가고 영은 그것을 주신 하나님께로 돌아가기 전에 기억하라

19) · 창 1:26, 27 하나님이 이르시되 우리의 형상을 따라 우리의 모양대로 우리가 사람을 만들고 그로 바다의 물고기와 하늘의 새와 가축과 온 땅과 땅에 기는 모든 것을 다스리게 하자 하시고 하나님이 자기 형상 곧 하나님의 형상대로 사람을 창조하시되 남자와 여자를 창조하시고
 · 전 7:29 내가 깨달은 것은 오직 이것이라 곧 하나님은 사람을 정직하게 지으셨으나 사람이 많은 꾀들을 낸 것이니라
 · 엡 4:24 하나님을 따라 의와 진리의 거룩함으로 지으심을 받은 새 사람을 입으라
 · 골 3:10 새 사람을 입었으니 이는 자기를 창조하신 자의 형상을 따라 지식에까지 새롭게 하심을 입은 자니라

20) · 창 3:16-19 또 여자에게 이르시되 내가 네게 임신하는 고통을 크게 더하리니 네가 수고하고 자식을 낳을 것이며 너는 남편을 원하고 남편은 너를 다스릴 것이니라 하시고 아담에게 이르시되 네가 네 아내의 말을 듣고 내가 네게 먹지 말라 한 나무의 열매를 먹었은즉 땅은 너로 말미암아 저주를 받고 너는 네 평생에 수고하여야 그 소산을 먹으리라 땅이 네게 가시덤불과 엉겅퀴를 낼 것이라 네가 먹을 것은 밭의 채소인즉 네가 흙으로 돌아갈 때까지 얼굴에 땀을 흘려야 먹을 것을 먹으리니 네가 그것에서 취함을 입었음이라 너는 흙이니 흙으로 돌아갈 것이니라 하시니라
 · 롬 5:12 그러므로 한 사람으로 말미암아 죄가 세상에 들어오고 죄로 말미암아 사망이 들어왔나니 이와 같이 모든 사람이 죄를 지었으므로 사망이 모든 사람에게 이르렀느니라

21) · 창 2:17 선악을 알게 하는 나무의 열매는 먹지 말라 네가 먹는 날에는 반드시 죽으리라 하시니라
 · 엡 2:1, 4:18 그는 허물과 죄로 죽었던 너희를 살리셨도다 그들의 총명이 어두워지고 그들 가운데 있는 무지함과 그들의 마음이 굳어짐으로 말미암아 하나님의 생명에서 떠나있도다

22) · 시편 94:11 여호와께서는 사람의 생각이 허무함을 아시느니라
 · 롬 3:10, 8:6 기록된 바 의인은 없나니 하나도 없으며 육신의 생각은 사망이요 영의 생각은 생명과 평안이니라

23) · 롬 1:20, 21 창세로부터 그의 보이지 아니하는 것들 곧 그의 영원하신 능력과 신성이 그가 만드신 만물에 분명히 보여 알려졌나니 그러므로 그들이 핑계하지 못할지니라 또는 이는 그들로 핑계하지 못하게 하심이니라 하나님을 알되 하나님을 영화롭게도 아니하며 감사하지도 아니하고 오히려 그 생각이 허망하여지며 미련한 마음이 어두워졌나니

24) · 요 1:5 빛이 어둠에 비취되 어둠이 깨닫지 못하더라

25) · 엡 5:8 너희가 전에는 어둠이더니 이제는 주 안에서 빛이라 빛의 자녀들처럼 행하라

그러므로 우리는 사람의 자유의지에 관하여 이에 반하는 모든 가르침을 거부한다. 과연 '사람은 죄의 노예일 뿐 아니라,' 26) '하늘에서 내려주시지 않는 한' ,27) 무엇이라도 받을 수 있는 자는 아무도 없다. 그리스도께서 '이는 나를 보내신 아버지께서 이끌지 아니하시면 아무라도 내게 올 수 없다' 28)고 말씀하시는데, 누가 감히 스스로 어떤 선이라도 행할 수 있다고 자만할 수 있겠는가? '육신의 생각은 하나님과 원수가 된다' 29)는 사실을 아는 자라면, 누가 자기 의지를 자화자찬할 수 있겠는가? '육에 속한 사람은 하나님의 성령의 일을 받지 아니 하나니' 30)라고 하는데, 누가 자기의 지식을 과시할 수 있겠는가? 요약하면, '우리가 무슨 일이든지 우리에게서 난 것같이 생각하여 스스로 만족할 것이 아니니 우리의 만족은 오직 하나님께로서 났느니라' 31)는 말씀을 깨닫고서야 누가 감히 다른 주장을 하겠는가? 그러므로 사도 바울이 '너희 안에서 행하시는 이는 하나님이시니 자기의 기쁘신 뜻을 위하여 너희로 소원을 두고 행하게 하시느니라' 32)는 말씀은 반드시 확고부동하게 견지되어야 한다. 과연 주께서 '나를 떠나서는 너희가 아무 것도 할 수 없느니라' 33)고 가르치신 대로, 그리스도께서 역사하시지 않는 한, 하나님의 생각에 맞는 생각도 없고 하나님의 뜻에 합당한 뜻도 없다.

개관

이번 과에서는 하나님의 완전한 창조와 전능하신 섭리 그리고 사람의 타락과 결과로 나타나는 전적인 부패성에 관해서 고찰한다.

1. 창조

창조는 오로지 신적인 사역이다. 사람은 '만들' 수는 있지만 '창조할' 수는 없다. 창조하는 일은

---

26) · 요 8:34 예수께서 대답하시되 진실로 진실로 너희에게 이르노니 죄를 범하는 자마다 죄의 종이라

27) · 요 8:27 그들은 아버지를 가리켜 말씀하신 줄을 깨닫지 못하더라

28) · 요 6:44 나를 보내신 아버지께서 이끌지 아니하면 아무도 내게 올 수 없으니 오는 그를 내가 마지막 날에 다시 살리리라

29) · 롬 8:7 육신의 생각은 하나님과 원수가 되나니 이는 하나님의 법에 굴복하지 아니할 뿐 아니라 할 수도 없음이라

30) · 고전 2:14 육에 속한 사람은 하나님의 성령의 일들을 받지 아니하나니 이는 그것들이 그에게는 어리석게 보임이요 또 그는 그것들을 알 수도 없나니 그러한 일은 영적으로 분별되기 때문이다

31) · 고후 3:5 우리가 무슨 일이든지 우리에게서 난 것같이 스스로 만족할 것이 아니니 우리의 만족은 오직 하나님으로부터 나느니라

32) · 빌 2:13 너희 안에서 행하시는 이는 하나님이시니 자기의 기쁘신 뜻을 위하여 너희에게 소원을 두고 행하게 하시나니

33) · 요 15:5 나는 포도나무요 너희는 가지라. 그가 내 안에, 내가 그 안에 있으면 사람이 열매를 많이 맺나니 나를 떠나서는 너희가 아무 것도 할 수 없음이라

'무(無)에서' 존재하도록 어떤 것을 부르는 것이다(히브리서 11:3).
　창조의 방법은 오직 하나님의 말씀의 능력으로 된다.
　"여호와의 말씀으로 하늘이 지음이 되었으며 그 만상을 그의 입 기운으로 이루었도다"(시편 33:6)
　이것은 또한 하나님 아버지께서 "그의 아들을 통하여", 그 말씀이 육신이 되셨기 때문에 창조하셨다는 것을 가리킨다(요한복음 1:3). 하나님의 창조의 때는 자신의 주권적인 기쁨에 따라 '그에게 좋게 보이는 때' 결정이 되었다. 창조 이전에는 시간이 없었다. : 창조는 시간의 '시작'을 이룬다.
　창조는 단순히 물질을 존재하도록 부르는 것이 아니라 또한 '각 피조물에게 그 존재와 모양과 형태, 그리고 각자에게 그 고유한 역할과 기능'을 주는 일이다. 하나님께서는 모든 피조물들에게 그들의 자리와 목적과 위치를 주었고 그래서 그분의 창조 안에서 질서(조화)가 있게 되었고 모든 것들이 그분께 영광을 돌릴 수 있게 되었다.
　우리는 다음의 두 사이를 구별할 수 있다.

　a) 하늘과 천사들의 창조
　　성경은 이에 관해 상세하게 설명하지 않았다. 우리는 하늘과 거기에 거하는 것들의 창조가 땅의 창조 이전에 완성되었다는 점에 인상을 받았다(예, 욥기 38:7). 우리는 하늘에서 분출하는 싸움에 대해 알고 있다(요한계시록 12). 그리고 사악한 천사들의 타락(유다서 6절).
　천사들의 기능
　1. 그분의 하늘 성소에서 하나님을 영화롭게 하는 것(이사야 6:2,3)
　2. 하나님의 사자들이 되는 것(누가복음 1:19)
　3. 택자들을 섬기는 것(히브리서 1:14)
　성경은 수많은 천사들에 대해 말한다 : 그룹, 스랍, 정사, 그리고 권능 들.
　b) 땅과 사람의 창조
　　땅의 창조는 6일 동안 성경에서 충분한 관심을 받는다. 이 6일 동안에 우리는 선명한 과정을 창조의 절정이며 결과라고 할 수 있는 사람의 창조와 함께 주목하게 된다.

　하나님 자신의 형상대로 지음 받은 사람은 만물을 다스리라는 소명을 받았다. 예를 들어 하나님의 피조물을 다스리고, 모든 것들을 계발하도록('문화명령') 소명을 받았다. 사람은 이것을 행하는데 필요한 특성들 예를 들어 하나님의 거룩한 율법에 일치한 일을 하려는 '의로움과 거룩함,' 완전한 재능과 충분한 의지를 부여받았다. 하나님께서는 즉각적으로 사람에게 부요한 복을 약속하시고 복종을 요구하시는 '언약관계' 안에다 두셨다.

2. 섭리

하나님은 창조하신 이후 모든 만물을 그 자체에게 맡겨놓지도 않으셨고(에피쿠로스), 또한 세상이 하나의 독립적인 실체로서 굴러가도록 창조하시지도 않으셨다(이신론). 그는 '그의 거룩한 뜻'에 따라서 모든 것을 '다스리시고 지배하신다.' 그래서 '하나님의 주도 없이는' 아무 일도 일어나지 않게 하셨다.

우리는 이것을 섭리, 즉 "어디에나 항상 있는 하나님의 전능하신 능력"이라고 부른다(하이델베르크 교리문답 10주일).

우리는 이 둘을 구분한다.

a) 섭리 : 만물을 그들에게 합당한 상태로 보존하는 일(골로새서 1:17) "함께 섰느니라"
b) 통치 : 그들에게 세워진 목표까지 만물을 인도하심. 그 목표는 하나님의 자기 영광(이사야 43:7)

하나님의 섭리와 우리의 책임

하나님의 섭리는 사람의 책임을 무효화하지 않는다. 사람은 '무감각한 나뭇조각과 돌덩어리'가 아니다(돌트신경 III-IV장 16절). 비록 죄가 하나님의 뜻을 '넘어서지' 못한다(그리고 그분의 주권적인 '허락' 없이 세상으로 들어오지 못한다). 하지만 하나님은 죄의 창시자도 아니시며 또한 그에 대해 책임이 있으신 것도 아니다. 사람은 그 자신의 의향에 따라 죄를 범하였다(야고보서 1:13, 14). 하지만 모든 그의 행위들은 하나님의 목적에 의해서 결정되었다(잠언 16:4). 하나님의 위대하심은 그가 어둠과 사람의 죄의 능력들조차도 그의 목적을 이루는데 봉사하도록 사용하시는 그런 사실에서 보여질 수 있다(사도행전 2:23을 보라). 이것은 우리 인간의 이해를 '초월'한다. 하지만 우리는 '하나님의 합당한 판단을' 찬미하도록 부름을 받았다.

3. 타락

성경은 인간의 타락에 대한 설명이나 이유를 제시하지 않는다. 그것은 변명의 여지가 없다. 타락은 '사탄의 유혹으로' 그렇지만 동시에 '고의적인 불순종으로' 일어났다(하이델베르크 교리문답 제4주일). 성경은 타락의 특징을 하나님의 거룩한 계명을 어기는 반란, 따라서 언약을 깨뜨림으로 묘사한다(함께 보라: 호세아 6:7, '불신실함'). 타락의 상태에서 사람은 스스로 무엇이 '선과 악'인지를 스스로 결정하기를 원하고 그와 같은 지식을 오로지 하나님의 법에서만 찾으려고 하지 않는다는 사실이 뚜렷해지게 되었다. "죄는 불법이라."(요한일서 3:4)

타락의 결과는 전적인 부패와 죄에게 노예가 된 것이다. 사람의 의지는 이제 전적으로 부패해 있다.

그래서 오직 악한 그것만을 행할 수 있다. "본성상 하나님과 이웃을 미워하는 성향이 있다." 그는 그의 '훌륭한 은사들'을 모두 상실하였고 남아있는 것이라고는 겨우 어떤 '하찮은 흔적들'만 남아있다. 본래의 완전함에 대한 이 흔적들은 사람에게 변명을 제공하지 않고, 그의 부패의 정도를 강조한다. 거기에는 전적으로 새로운 시작, 즉 '거듭남'을 필요로 한다(요한복음 3장, 하이델베르크 교리문답 3주일).

더 나아가, 타락의 결과는 사람이 그의 허물과 죄로 '죽어' 있고 공중 권세를 잡은 자와 육체와 마음의 원하는 것을 따른다. 그러기에 본성상 '진노의 자녀'이며(에베소서 2:1-3), 육체적이고 영적인 죽음에 책임이 있는데, 이런 사실 그 이상이다. 피조물의 조화(평화)는 파괴되었다. 즉 피조물은 '썩어짐의 종노릇'하고(로마서 8:21), 하나님의 저주 아래(창세기 3:14-19) 있다.

많은 사람들이 사람의 부패를 고백한다. 그러나 즉각적으로 사람은 근본적으로 선행을 선택할 수 있다고 주장하면서 그것의 중대성을 제한한다. 이 말은 '자유의지'를 가지고 있다는 의미이다(신펠라기우스주의, 알미니안주의). 부패가 그들에게 있지만 전적으로는 아니다. 그리고 구원이 적어도 부분적으로나마 사람의 노력으로 이루어진다. 성경은 분명하게 그런 생각들을 거부한다. "나를 보내신 아버지께서 이끌지 아니하면 아무도 내게 올 수 없으니 오는 그를 내가 마지막 날에 다시 살리리라."(요한복음 6:44; 로마서 3:9-26)

질문 | 제7과

1 _ '창조' 와 '조성' 의 차이점은 무엇인가?

2 _ 하나님의 창조의 방법을 설명하라.

3 _ 하늘의 창조와 천사의 타락에 대해서 무엇을 알고 있는가?

4 _ 사람이 '하나님의 형상대로' 창조되었다는 말은 무슨 의미인가?

5 _ '섭리' 란 무엇인가?

6 _ 하나님의 섭리의 목표와 만물을 다스리시는 목표는 무엇인가?

7 _ 하나님의 섭리와 우리의 책임 사이의 관계는 무엇인가?

8 _ 성경은 '죄로 타락' 의 특징을 어떻게 묘사하는가?

9 _ 타락의 결과는 무엇인가?

10 _ 죄로 타락한 이후 사람은 자유의지를 가지고 있는가?

암기 과제 | 하이델베르크 교리문답 _ 제3주일 제7,8문답 ; _ 제9,10주일 _ 제26, 27문답

《 제3주

제 7 문 _ 그런데 사람의 타락한 본성은 어디로부터 왔습니까?

답 _ 낙원, 곧 우리의 시조인 아담과 하와의 타락과 불순종으로부터 와서, 거기에서부터 우리의 본성이 심히 부패하여 우리는 모두 죄악 중에 잉태되고, 출생합니다.

제 8 문 _ 그렇다면 우리는 그토록 부패하여, 전혀 어떤 선도 행할 수 없으며 온갖 악으로만 치우쳐 있습니까?

답 _ 참으로 우리가 하나님의 성령으로 거듭나지 않는 한 그렇습니다.

《 제9, 10주

제 26 문 _ 당신이 "나는 전능하신 하나님 아버지, 천지의 창조주를 믿습니다"라고 고백할 때 당신은 무엇을 믿습니까?

답 _ 우리 주 예수 그리스도의 영원하신 아버지께서, 아무 것도 없는 중에서 하늘과 땅과 그 가운데 있는 모든 것을 창조하셨고, 여전히 이 모든 것들을 그의 영원한 작정과 섭리로써 보존하고 다스리시는 분으로서, 그의 아들 그리스도 덕분에 나의 하나님, 나의 아버지이십니다.

바로 그를 나는 아주 온전히 의지하므로, 그가 몸과 영혼에 필요한 모든 것을 나에게 제공하시며, 또한 그가 눈물골짜기 같은 이생에서 나에게 보내신 어떤 역경이라도 나의 유익으로 돌려주심을 조금도 의심하지 않습니다. 그는 전능하신 하나님으로서 그리하실 수 있고, 신실한 아버지로서 기꺼이 그리하고자 하십니다.

제 27 문 _ 하나님의 섭리로 인해 당신은 무엇을 깨닫습니까?

답 _ 하나님의 섭리란 언제 어디서나 있는 전능하신 능력으로, 마치 하나님의 손으로 하듯이, 친히 천지와 모든 피조물들을 여전히 지지하고, 그렇게 다스리므로, 잎새와 풀, 비와 가뭄, 풍년과 흉년, 음식과 음료, 건강과 질병, 부와 가난, 참으로 모든 것이 우연이 아니라 하나님 아버지의 손길로 오는 것입니다.

제8과

벨직신앙고백서 제15항
원 죄

제15항 원죄[1)]

우리는, 아담의 불순종으로 말미암아 원죄가 인류 전체로 확산되었음을 믿는다.[2)] 원죄는 사람의 본성의 전적 부패이며 유아들까지도 모태에서 오염된[3)] 유전적인 악이다.[4)] 원죄는 사람 안에 온갖 종류의 죄들을 생산하는 근원이다. 그러므로 그것은 하나님 보시기에 아주 사악하고 가증스러워서 온 인류가 정죄받아 마땅하다.[5)] 원죄는 없어지지 않으며, 심지어 세례로도 근절되지 않는다. 과연 죄란

---

1) Original Sin
We believe that by the disobedience of Adam original sin has spread throughout the whole human race. It is a corruption of the entire nature of man and a hereditary evil which infects even infants in their mother's womb. As a root it produces in man all sorts of sin. It is, therefore, so vile and abominable in the sight of God that it is sufficient to condemn the human race. It is not abolished nor eradicated even by baptism, for sin continually streams forth like water welling up from this woeful source. Yet, in spite of all this, original sin is not imputed to the children of God to their condemnation but by His grace and mercy is forgiven them. This does not mean that the believers may sleep peacefully in their sin, but that the awareness of this corruption may make them often groan as they eagerly wait to be delivered from this body of death.
In this regard we reject the error of the Pelagians, who say that this sin is only a matter of imitation.

2) · 롬 5:12-14, 19 그러므로 한 사람으로 말미암아 죄가 세상에 들어오고 죄로 말미암아 사망이 들어왔나니 이와 같이 모든 사람이 죄를 지었으므로 사망이 모든 사람에게 이르렀느니라 죄가 율법 있기 전에도 세상에 있었으나 율법이 없었을 때에는 죄를 죄로 여기지 아니하였느니라 그러나 아담으로부터 모세까지 아담의 범죄와 같은 죄를 짓지 아니한 자들까지도 사망이 왕 노릇 하였나니 아담은 오실 자의 모형이라 한 사람이 순종하지 아니함으로 많은 사람이 죄인 된 것 같이 한 사람이 순종하심으로 많은 사람이 의인이 되리라

3) · 욥 14:4 누가 깨끗한 것을 더러운 것 가운데에서 낼 수 있으리이까 하나도 없나이다
· 시편 51:5 내가 죄악 중에서 출생하였음이여 어머니가 죄 중에서 나를 잉태하였나이다
· 요 3:6 육으로 난 것은 육이요 영으로 난 것은 영이니

4) · 롬 3:10 기록된 바 의인은 없나니 하나도 없으며

5) · 엡 2:3 전에는 우리도 다 그 가운데서 우리 육체의 욕심을 따라 지내며 육체와 마음의 원하는 것을 하여 다른 이들과 같이 본질상 진노의 자녀이었더니

바로 이 저주스러운 근원에서 샘솟듯이 지속적으로 흘러나온다.6) 그러나, 이 모든 사실에도 불구하고, 원죄가 하나님의 자녀들에게 전가되어 정죄에 이르도록 하지 않고, 오히려 하나님의 은혜와 자비로 사함 받는다.7) 이것은 신자들이 자기들의 죄 안에 평안히 잠들지 않고, 오히려 이런 부패에 대한 깨달음이 그들로 하여금 자주 탄식하게 함으로써 이 사망의 몸으로부터 건짐받기를 학수고대한다는 의미이다.

바로 이런 점에서 죄란 그저 모방의 문제일 뿐이라고 말하는 펠라기우스주의자들의 오류를 우리는 배척한다.

개관

이번 과에서는 타락(원죄)이 좀더 나아가 함축된 내용을 살펴보고 세대가 지나오면서 죄가 어떤 식으로 옮겨가게 되는지 그 방법을 살펴보게 된다.

1. 원죄

인간의 전적인 부패의 기원과 특징을 묘사하기 위해 다양한 용어들이 사용되어 왔다.

a) 원죄 : 모든 죄의 기원을 가리킨다. 낙원에서 아담과 하와의 타락과 불순종
b) 유전으로 인한 죄 : 잉태와 출생을 통하여 한 사람에게서 모든 사람에게로 진행해 나가는 방식에 보다 강조점을 둔다(시편 51:5).

원죄는 인간의 본성 전체를 타락하게 하여 모든 악으로 완전히 기울어지게 하고 선한 일이라고는 아무 것도 행할 수 없게 한 바로 그런 죄이다. 이런 죄의 근원은 타락에까지 뻗어있으며, 그 범위로는 전체 인류를 포함하고 있다.

로마서 5:12, "이러므로 한 사람으로 말미암아 죄가 세상에 들어오고 죄로 말미암아 사망이 왔나니 이와 같이 모든 사람이 죄를 지었으므로 사망이 모든 사람에게 이르렀느니라"

인류가 연합된 통일체로 보이기 때문에 ("그가 하나에서 즉 한 혈통으로 모든 족속을 만드셨다." 사도행전 17:26,

---

6) · 롬 7:18, 19 내 속 곧 내 육신에 선한 것이 거하지 아니하는 줄을 아노니 원함은 내게 있으나 선을 행하는 것은 없노라 내가 원하는 바 선은 행하지 아니하고 도리어 원하지 아니하는 바 악을 행하는도다
7) · 엡 2:4, 5 긍휼이 풍성하신 하나님이 우리를 사랑하신 그 큰 사랑을 인하여 허물로 죽은 우리를 그리스도와 함께 살리셨고 (너희는 은혜로 구원을 받은 것이라)

27) 우리는 모두 다 당연히 그 타락에 포함이 되며 뒤엉켜있다. 아담과 하와는 단순한 사람이 아니고 우리의 '첫 조상'(하이델베르크 교리문답 3주일)이다. 한편 아담은 '언약 안에서 머리'(누군가 말한 것처럼, 연합된 인류의 머리)이다. 그의 행위는 모든 그의 자손에게 영향을 미친다.

2. 원죄의 결과

원죄에 대해 일반적으로 다음과 같은 구별을 둔다.
a) 근원적인 죄책 : 아담의 범죄에 인격적으로 참여함. 이것은 "하나님 보시기에 너무나 혐오스럽고 가증스러워서 인류를 정죄하기에 충분하다." 칭의가 필요함을 보여준다.
b) 근원적인 타락 : 악한 것을 행하려는 내면에 있는 기질, '뿌리' 또는 '근원'은 사람에게서 온갖 죄를 만들어낸다(15항). 성화가 필요함을 강조하고 있다.

3. 원죄와 그리스도의 사역

모든 사람이 아담의 죄에 포함되어 있고 얽혀있는 한편, 하나님의 자녀들은 죄용서(죄를 제거함, 의롭다 하심)를 받았고 예수 그리스도 안에서 생명을 새롭게 해주심(성화)을 받았다. 그분은 "마지막 아담"이시며 언약의 중보자이시다.

고린도전서 15:45; "기록된 바 첫 사람 아담은 산 영이 되었다 함과 같이 마지막 아담은 살려주는 영이 되었나니"(로마서 5:15 17절도 보라)

그리스도 안에 칭의와 성화가 있을지라도 죄가 지금 신자에게서 완전히 '없어지며, 근절된다'는 뜻은 아니다.(로마서 7:18절도 보라) 심지어는 성례들(거룩한 세례가 특별히 언급되었다)조차도 원죄의 영향을 이생에서 완전히 제거해주지 않는다. 왜냐하면 "우리의 믿음의 연약함과 육체의 악한 욕망과 더불어 날마다 싸워야 하기 때문이다."(주의 만찬 예식서) 우리의 마음과 의지가 성령과 그리스도의 말씀으로 새롭게 된다고 할지라도 우리는 여전히 매일 죄로 넘어진다. 하지만 "그런데도, 이 모든 사실에도 불구하고, 원죄가 하나님의 자녀들에게 전가되어 정죄에 이르도록 하지 않고, 오히려 하나님의 은혜와 자비로 사함받는다."(로마서 8:1)

원죄의 영향력은 죽음으로 그리고 부활의 날에라야 완전히 제거될 것이다(로마서 7:24, 25; 고린도전서 15:53-57).

4. 원죄와 은혜

우리의 죄는 우리의 행위로 제거되지 않고 오직 하나님의 은혜로 예수 그리스도 안에서만 제거된다. 그렇지만 이런 사실이 신자로 하여금 "이것은 신자들이 자기들의 죄 안에 평안히 잠들지 않게" 할 것이다(이 교리에 대한 일반적인 반대). 왜냐하면 "오히려 이런 부패에 대한 깨달음이 그들로 하여금 자주 탄식하게 함으로써" 그래서 "이 사망의 몸으로부터 건짐받기를 학수고대"하기 때문이다. 하나님의 은혜는 결코 신자들을 '무관심하고 사악하게' 만들지 않는다. 왜냐하면 참 믿음으로 그리스도께로 접붙여진 사람이 '감사의 열매를 맺지 않는 것'은 불가능하기 때문이다.

신앙고백서는 펠라기우스주의자들의 오류를 거절한다. 그들의 주장은

a) 사람은 아담의 타락에 얽혀있지 않으며, 부패해지지 않고 자유의지와 선한 일을 스스로 행할 수 있는 타고난 가능성을 가지고 출생하였다.
b) 죄는 단지 '모방'하면서 그리고 나쁜 모범을 따르면서 빚어진 것이다.

펠라기우스주의의 약화된 형태인 로마 가톨릭 교회는 사람이 부패한 상태(=약화된 상태, 전적인 부패를 최소화시킴)로 태어났지만 하나님의 은혜(교회에서 베풀어진 성례)가 원죄를 제거해주었으며, 선행을 할 수 있도록 타고난 가능성을 강화시켜 준다고 가르친다(신 혹은 반 펠라기안주의).

5. 원죄와 자범죄

하이델베르크 교리문답 4주일에서 '자범죄'와 '원죄'를 구분하고 있다. 자범죄는 우리가 범하고 있는 죄들로서 우리의 부패한 본성에서 흘러나온다. '자범죄'에 관하여 여러 가지 구분을 해왔지만 하나님의 율법은 쪼개질 수 없는 한 덩어리라는 것을 기억해야 한다. 그러므로 한 가지 명령에 불순종한 죄는 율법 전체에 불순종하여 범한 죄가 된다(야고보서 2:10).

성경은 증거하고 있다.

a) 허물 : 율법의 구체적인 명령이나 율법의 '정신'을 거슬러 실제 지은 죄
b) 결핍 : 특정한 문제거나 율법 전체이거나, 하나님의 율법의 높은 기준에 미치지 못함.

어떤 경우이든 죄는 언제나 하나님의 율법으로 판단이 되며 드러나게 된다(하이델베르크 교리문답 3문, "여러분의 죄와 비참을 어디에서 알게 됩니까?").

성경도 '용서받지 못하는 죄'에 대해서 말하고 있다(마태복음 12:31, 32). 이것은 종종 "성령을 훼방하는 죄"로 인용된다. 이것은 성경이 분명하게 지적하고 있음에도 단순히 죄 가운데서 완고해지며 회개하기를 거절하는 것을 말한다. 모든 죄는 용서받을 수 있지만 회개하기를 거절하는 죄는 언약의 약속들을 몰수당하게 만든다. 그래서 최후의 심판으로 이끌어간다.

질문 | 제8과

1 _ 죄의 기원과 성격을 표현하려고 사용해온 중요한 용어는 어떤 것들이 있는가?

2 _ 원죄란 무엇인가?

3 _ 우리는 어떻게 아담과 하와의 죄에 포함이 되고 연루되었는가?

4 _ 원죄의 (두 가지) 결과는 무엇인가?

5 _ 원죄에 대하여 그리스도의 사역의 중요성은 무엇인가?

6 _ 이런 죄의 영향력들이 그리스도의 희생제사로 이제 다같이 제거되었는가? 그렇지 않다면 언제나 이런 일이 일어나게 되는가?

7 _ 하나님의 은혜에 대한 신앙고백은 사람들을 자기 죄에 대하여 무관심하게 만드는가?

8 _ 펠라기우스주의자들의 오류는 무엇인가?

9 _ 예를 들어 로마 가톨릭교회는 어떤 방식으로 펠라기우스주의자들의 오류를 옹호하고 있는가?

10 _ '원죄'와 '자범죄'는 무슨 차이가 있는가?

11 _ 자범죄를 어떻게 구분해볼 수 있는가?

12 _ '성령을 훼방하는 죄'란 무엇인가?

암기 과제 | 하이델베르크 교리문답 _ 제9, 10, 20문답

제 9 문 _ 그런데 하나님께서 사람이 할 수 없는 것을 그의 율법에서 요구하심은 부당하지 않습니까?

답 _ 아닙니다. 하나님께서 사람을 그렇게 창조하셨기에 사람은 그것을 행할 수 있었습니다. 그러나 사람은, 마귀의 속임으로, 고의로 불순종하여 자기 자신과 그의 모든 후손들에게서 이러한 은사들을 빼앗았습니다.

제 10 문 _ 하나님께서 그런 불순종과 반역을 내버려두어 형벌하지 않으시겠습니까?

답 _ 결코 그렇지 않습니다. 하나님께서는 자범죄와 마찬가지로 원죄에 대해서도 무섭게 진노하십니다. 그러므로 그는, "누구든지 율법 책에 기록된 대로 온갖 일을 항상 행하지 아니하는 자는 저주 아래 있는 자라"(갈 3:10)고 선언하신 대로, 공의로운 심판에 의해 지금도 그리고 영원히 그 죄들을 형벌하실 것입니다.

제 20 문 _ 그러면 모든 사람들이 아담으로 말미암아 멸망한 것과 마찬가지로, 모든 사람들이 그리스도에 의해서 구원받습니까?

답 _ 아닙니다. 오직 참 믿음에 의해 그리스도 안으로 접붙여져서 그의 모든 은택들을 받아들이는 자들만 구원받습니다.

제9과

벨직신앙고백서 제16, 17항
선 택

제16항 하나님의 선택[1]

우리는, 아담의 후손 전체가 첫 사람의 범죄로 인하여 지옥의 멸망과 파멸로 떨어졌을 때,[2] 하나님은 스스로 있는 그대로 즉 자비하시고 공의로우신 분으로 자신을 나타내셨음을 믿는다. 자비하심은, 그의 영원하고 변치않는 경륜[3]안에서 그들의 행위에 상관없이[4], 오직 그의 선하심만으로 우리 주 예

---

1) Divine Election
　We believe that, when the entire offspring of Adam plunged into perdition and ruin by the transgression of the first man, God manifested Himself to be as He is: merciful and just, Merciful, in rescuing and saving from this perdition those whom in His eternal and unchangeable counsel He has elected in Jesus Christ our Lord by His pure goodness, without any consideration of their works. Just, in leaving the others in the fall and perdition into which they have plunged themselves.

2) · 롬 3:12 다 치우쳐 함께 무익하게 되고 선을 행하는 자는 없나니 하나도 없도다

3) · 요 6:37, 44 아버지께서 내게 주시는 자는 다 내게로 올 것이요 내게 오는 자는 내가 결코 내쫓지 아니하리라 나를 보내신 아버지께서 이끌지 아니하시면 아무도 내게 올 수 없으니 오는 그를 내가 마지막 날에 다시 살리리라
　· 요 10:29 그들을 주신 내 아버지는 만물보다 크시매 아무도 아버지 손에서 빼앗을 수 없느니라
　· 요 17:2, 9, 12 아버지께서 아들에게 주신 모든 사람에게 영생을 주게 하시려고 만민을 다스리는 권세를 아들에게 주셨음이로소이다 내가 그들을 위하여 비옵나니 내가 비옵는 것은 세상을 위함이 아니요 내게 주신 자들을 위함이니이다 그들은 아버지의 것이로소이다 내가 그들과 함께 있을 때에 내게 주신 아버지의 이름으로 그들을 보전하고 지키었나이다 그 중의 하나도 멸망하지 않고 다만 멸망의 자식뿐이오니 이는 성경을 응하게 함이니이다
　· 요 18:9 이는 아버지께서 내게 주신 자 중에서 하나도 잃지 아니하였사옵나이다 하신 말씀을 응하게 하려 함이러라

4) · 말 1:2, 3 여호와께서 이르시되 내가 너희를 사랑하였노라 하나 너희는 이르기를 주께서 어떻게 우리를 사랑하셨나이까 하는도다 나 여호와가 말하노라 에서는 야곱의 형이 아니냐 그러나 내가 야곱을 사랑하였고 에서는 미워하였으며 그의 산들을 황폐하게 하였고 그의 산업을 광야의 이리들에게 넘겼느니라
　· 롬 9:11-13 그 자식들이 아직 나지도 아니하고 무슨 선이나 악을 행하지 아니한 때에 택하심을 따라 되는 하나님의 뜻이 행위로 말미암지 않고 오직 부르시는 이로 말미암아 서게 하려 하사 리브가에게 이르시되 큰 자가 어린 자를 섬기리라 하셨나니 기록된 바 내가 야곱은 사랑하고 에서는 미워하였다 하심과 같으니라
　· 딤후 1:9 하나님이 우리를 구원하사 거룩하신 소명으로 부르심은 우리의 행위대로 하심이 아니요 오직 자기의 뜻과

수 그리스도 안에서5) 선택하신 자들을 이 지옥의 멸망으로부터 건지시고 구원하신 데서 드러내셨다.6) 공의로우심은, 그 밖의 사람들을 스스로 빠져있는7) 타락과 지옥의 멸망 가운데 버려두신 데서 보이셨다.

제17항 타락한 사람의 구원8)

우리는, 우리의 은혜로우신 하나님께서, 사람이 스스로 육적, 영적 죽음에 빠져 자신을 전적으로 비참하게 만든 것을 보시고, 자신의 경이로운 지혜와 선하심으로, 하나님으로부터9) 두려워 떨면서 도

　　영원 전부터 그리스도 예수 안에서 우리에게 주신 은혜대로 하심이라
　・딛 3:4, 5 우리 구주 하나님의 자비와 사람 사랑하심이 나타날 때에 우리를 구원하시되 우리가 행한 바 의로운 행위로 말미암지 아니하고 오직 그의 긍휼하심을 따라 중생의 씻음과 성령의 새롭게 하심으로 하셨나니

5)・요 15:16, 19 너희가 나를 택한 것이 아니요 내가 너희를 택하여 세웠나니 이는 너희로 가서 열매를 맺게 하고 또 너희 열매가 항상 있게 하여 내 이름으로 아버지께 무엇을 구하든지 다 받게 하려 함이라 너희가 세상에 속하였으면 세상이 자기의 것을 사랑할 것이나 너희는 세상에 속한 자가 아니요 도리어 내가 너희를 세상에서 택하였기 때문에 세상이 너희를 미워하느니라
　・롬 8:29 하나님이 미리 아신 자들을 또한 그 아들의 형상을 본받게 하기 위하여 미리 정하셨으니 이는 그로 많은 형제 중에서 맏아들이 되게 하려 하심이니라
　・엡 1:4, 5 곧 창세 전에 그리스도 안에서 우리를 택하사 우리로 사랑 안에서 그 앞에 거룩하고 흠이 없게 하시려고 그 기쁘신 뜻대로 우리를 예정하사 예수 그리스도로 말미암아 자기의 아들들이 되게 하셨으니

6)・삼상 12:22 여호와께서는 너희를 자기 백성으로 삼으신 것을 기뻐하셨으므로 여호와께서는 그의 크신 이름을 위해서라도 자기 백성을 버리지 아니하실 것이요
　・시 65:4 주께서 택하시고 가까이 오게 하사 주의 뜰에 살게 하신 사람은 복이 있나이다 우리가 주의 집 곧 주의 성전의 아름다움으로 만족하리이다
　・행 13:48 이방인들이 듣고 기뻐하여 하나님의 말씀을 찬송하며 영생을 주시기로 작정된 자는 다 믿더라
　・롬 9:16 그런즉 원하는 자로 말미암음도 아니요 달음박질하는 자로 말미암음도 아니요 오직 긍휼히 여기시는 하나님으로 말미암음이니라
　・롬 11:5 그런즉 이와 같이 지금도 은혜로 택하심을 따라 남은 자가 있느니라
　・딛 1:1 하나님의 종이요 예수 그리스도의 사도인 나 바울이 사도 된 것은 하나님이 택하신 자들의 믿음과 경건함에 속한 진리의 지식과

7)・롬 9:19-22 혹 네가 내게 말하기를 그러면 하나님이 어찌하여 허물하시느냐 누가 그 뜻을 대적하느냐 하리니 이 사람아 네가 누구이기에 감히 하나님께 반문하느냐 지음을 받은 물건이 지은 자에게 어찌 나를 이같이 만들었느냐 말하겠느냐 토기장이가 진흙 한 덩이로 하나는 귀히 쓸 그릇을 하나는 천히 쓸 그릇을 만들 권한이 없느냐 만일 하나님이 그의 진노를 보이시고 그의 능력을 알게 하고자 하사 멸하기로 준비된 진노의 그릇을 오래 참으심으로 관용하시고
　・벧전 2:8 또한 부딪치는 돌과 걸려 넘어지게 하는 바위가 되었다 하였느니라 그들이 말씀을 순종하지 아니하므로 넘어지나니 이는 그들을 이렇게 정하신 것이라

8) The Rescue of Fallen Man
　　We believe that, when He saw that man had thus plunged himself into physical and spiritual death and made himself completely miserable, our gracious God in His marvellous wisdom and goodness set out to seek man when he trembling fled from Him, He comforted him with the promise that He would give him His Son, born of woman (Gal 4:4), to crush the head of the serpent and to make man blessed.

9)・창 3:9 여호와 하나님이 아담을 부르시며 그에게 이르시되 네가 어디 있느냐

망치는 사람을 찾아내셨음을 믿는다. 하나님께서는 여자에게서 태어나서, 뱀의 머리를 깨뜨리시고 사람을 복되게 만드실, 자기 아들을 주시리라는 약속으로 그를 위로하셨다.[10]

개관

이번 과에서는 하나님의 영원한 선택(그리고 유기)에 관해 살피게 된다. 그리고 이 선택이 어떤 방식으로 구현이 되는지 정리해본다.

1. 선택과 유기

"선택이란 하나님의 불변하신 뜻으로서, 세상의 기초가 놓이기 전에, 자기 자신의 잘못으로 원래의 완전무결한 상태에서 죄와 파멸 속으로 떨어진 모든 인류 중에서, 하나님의 선하고 기쁘신 주권적 뜻에 따라서, 오직 은혜로, 다른 사람들보다 더 나은 점이 전혀 없이, 오히려 일반적인 비참 가운데 함께 휩쓸려 있는데도 일부 제한된 특정한 사람들을 구원하시려고 그리스도 안에서 선택하신 것이다"(돌트신경 I 제7항).

에베소서 1:4,5, "곧 창세전에 그리스도 안에서 우리를 택하사…"

로마서 8:30, "또 미리 정하신 그들을 또한 부르시고…"

＊예정 - 부르심 - 의롭다 하심 - 영화롭게 하심

---

[10] · 창 22:18 또 네 씨로 말미암아 천하 만민이 복을 받으리니 이는 네가 나의 말을 준행하였음이니라 하셨다 하니라
 · 사 7:14 그러므로 주께서 친히 징조를 너희에게 주실 것이라 보라 처녀가 잉태하여 아들을 낳을 것이요 그의 이름을 임마누엘이라 하리라
 · 요 1:14 말씀이 육신이 되어 우리 가운데 거하시매 우리가 그의 영광을 보니 아버지의 독생자의 영광이요 은혜와 진리가 충만하더라
 · 요 5:46 모세를 믿었더라면 또 나를 믿었으리니 이는 그가 내게 대하여 기록하였음이라
 · 요 7:42 성경에 이르기를 그리스도는 다윗의 씨로 또 다윗이 살던 마을 베들레헴에서 나오리라 하지 아니하였느냐 하며
 · 행 13:32, 33 우리도 조상들에게 주신 약속을 너희에게 전파하노니 곧 하나님이 예수를 일으키사 우리 자녀들에게 이 약속을 이루게 하셨다 함이라 시편 둘째 편에 기록한 바와 같이 너는 내 아들이라 오늘 너를 낳았다 하셨고
 · 롬 1:2, 3 이 복음은 하나님이 선지자들을 통하여 그의 아들에 관하여 성경에 미리 약속하신 것이라 그의 아들에 관하여 말하면 육신으로는 다윗의 혈통에서 나셨고
 · 갈 3:16 이 약속들은 아브라함과 그 자손에게 말씀하신 것인데 여럿을 가리켜 그 자손들이라 하지 아니하시고 오직 한 사람을 가리켜 네 자손이라 하셨으니 곧 그리스도라
 · 딤후 2:8 내가 전한 복음대로 다윗의 씨로 죽은 자 가운데서 다시 살아나신 예수 그리스도를 기억하라
 · 히 7:14 우리 주께서는 유다로부터 나신 것이 분명하도다 이 지파에는 모세가 제사장들에 관하여 말한 것이 하나도 없고

이런 선택의 근거는 우리의 믿음이나 행위(알미니안)가 아니라, 오직 하나님의 주권적인 은혜와 자비이다.

"그런즉 원하는 자로 말미암음도 아니요 달음박질하는 자로 말미암음도 아니요 오직 긍휼히 여기시는 하나님으로 말미암음이니라."(로마서 9:16-18)

하나님께서 선택을 결정하신 정확한 순간이나 시간에 대해서는 많은 논란이 있어왔다. 하나님의 결정은 '세상의 기초가 놓이기 이전'이며 창조와 타락 이후에 하나님의 판단이 여실히 드러난 것이라고 말할 수 있다.

유기는 바로 어떤 사람들을 '일반적인 비참 속에' 내버려두기로 한 하나님의 결정이다. "하나님의 지극히 자유롭고, 의로우며, 일호의 차착이 없는, 불변하신 선하고 기쁘신 뜻으로부터, 하나님께서는 자기 자신의 잘못으로 말미암아 스스로 보편적 비참에 빠져있는 자들을 버려두사, 그들에게 구원받는 믿음과 회개의 은혜를 주지 않기로 작정하셨다."(돌트신경 I 제17항) 하나님께서는 그들을 그들의 죄 가운데 버려두신다. 한편 그들은 그리스도를 거부하면서 하나님의 말씀에 불순종한다.

베드로전서 2:8, "그들이 말씀에 순종치 아니하므로 넘어지나니 이는 그들을 이렇게 정하신 것이라."

우리는 유기의 문제에서 하나님이 불의하시다고 비난할 수 없다(로마서 9:14). 그러나 우리 모두는 그분의 은혜로운 선택에 대해서 더욱 그분을 찬양해야만 한다.

선택받은 사람들은 기꺼이 하나님의 은혜 때문이라고 고백한다. 유기된 자들은 자기들의 죄 때문이라고 인정하게 될 것이다.

2. 선택의 방법

하나님께서는 은혜로 타락한 사람을 찾으시며 예수 그리스도 안에 있는 구원의 복음을 그에게 선포하신다(창세기 3:15).

사람들이 믿음을 갖게 하시려고

a) 신실한 복음의 설교자들을 보내고 계신다.
b) 예수 그리스도 안에서 믿음과 회개로 부르신다.(돌트신경 13) (로마서 10:14, 15)

그런 까닭에 신실하게 하나님의 말씀을 듣는 것, 그리고 우리의 믿음이 강건하게 되는 것이 우리의 소명이다. 더 나아가 "우리의 부르심과 선택을 확고하게 승인하는 것" 그리고 우리 주님 예수 그리스도를 아는 일에 신실하게 되는 것이 우리의 소명이다(베드로후서 1:8, 10).

비록 그들의 생활 전체가 그들의 죄와 연약함과 싸워야 하고 때로는 큰 죄에 빠질 때도 있지만, 신자들은 믿음과 믿음의 열매로 그들의 선택에 대해 확신을 얻게 된다.

우리가 하나님의 선택이 영원하며 불변하다는 것을 믿기 때문에 또한 성도들의 견인을 고백한다 (돌트신경 V, 제9, 10항, 하이델베르크 교리문답 제21주일, "나는 지금 그리고 영원토록 [그리스도의 교회의] 살아있는 지체입니다").

3. 성도의 견인

이것은 믿는 자에게 놀라운 위로가 된다. 왜냐하면 온갖 결점들과 시련들 가운데서 하나님께서 그들을 저버리지 아니하실 것이며 하나님께서 그들을 위하여 시작하신 구원의 사역을 완수하시리라고 확신할 수 있기 때문이다.

믿는 자들은 이런 견인을 믿으며 하나님의 약속에 근거하여 이것을 위해 기도한다.

시편 138:8, "여호와께서 나를 위하여 보상해 주시리이다. 여호와여 주의 인자하심이 영원하오니 주의 손으로 지으신 것을 버리지 마옵소서." (빌립보서 1:6도 보라)

질문 | 제9과

1 _ '선택' 이란 무엇인가?

2 _ 하나님의 선택에 대해서 분명하게 말하고 있는 성경구절은 어느 것인가?

3 _ 선택의 유일한 근거는 무엇인가?

4 _ 알미니안주의는 선택에 대해 무엇이라고 가르치는가?

5 _ '유기' 란 무엇인가?

6 _ '유기'가 부당하다고 주님을 비난할 수 있는가?

7 _ 하나님께서는 선택에 대한 주권적인 결정을 어떻게 여실히 보여주시는가?

8 _ 이런 점에서 우리의 소명은 무엇인가?

9 _ 신자들이 자신의 선택을 확신할 수 있는가? 어떻게?

10 _ 성도의 견인이라는 표현으로 무엇을 말하고 있는가?

암기 과제 | 하이델베르크 교리문답 _ 제20, 54, 63, 64문답

제 20 문 _ 그러면 모든 사람들이 아담으로 말미암아 멸망한 것과 마찬가지로, 모든 사람들이 그리스도에 의해서 구원받습니까?

답 _ 아닙니다. 오직 참 믿음에 의해 그리스도 안으로 접붙혀져서 그의 모든 은택들을 받아들이는 자들만 구원받습니다.

제 54 문 _ "거룩한 보편적 그리스도 교회"에 관하여 당신은 무엇을 믿습니까?

답 _ 나는, 하나님의 아들이 세초부터 세말까지 전 인류로부터 영원한 생명에로 선택된 교회를, 참 믿음의 일치 안에서, 그의 말씀과 성령으로, 친히 모으시고 보호하고 보존하심을 믿습니다. 그래서 나도 지금 그리고 영원히 이 교회의 살아있는 지체임을 믿습니다.

제 63 문 _ 그런데 하나님께서 우리의 선행들에 대해 이생과 내세에서의 보상을 약속하시는데도, 그것들은 아무런 공로도 되지 않습니까?

답 _ 이 보상은 공로로 얻는 것이 아니고, 다만 은혜의 선물입니다.

제 64 문 _ 이러한 교훈은 사람들을 무관심하고 사악하게 만들지 않습니까?

답 _ 아닙니다. 참 믿음으로 그리스도에게 접붙여진 자들이 감사의 열매를 맺지 않는 것은 불가능합니다.

제10과

벨직신앙고백서 제18, 19항
예수 그리스도의 인격

제18항 하나님의 아들의 성육신[1]

그러므로 우리는, 하나님께서 정하신 때가 차매,[2] 그의 독생자이신 영원한 아들을 종의 형상을 취하여(빌2:7) 사람의 모양으로 태어나게 하사 세상에 보내심으로써, 그의 거룩한 선지자들의 입으로 조상들에게 하셨던 약속을 성취하셨다[3]고 고백한다. 그는 참으로 그 모든 연약함을 지닌 참 사람의 본

---

[1] The Incarnation of The Son of God
   We confess, therefore, that God has fulfilled the promise He made to the fathers by the mouth of His holy prophets when, at the time appointed by Him, He sent into the world His own only-begotten and eternal Son, who took the form of a servant and was born in the likeness of men (Phil 2:7). He truly assumed a real human nature with all its infirmities, without sin, for He was conceived in the womb of the blessed virgin Mary by the power of the Holy Spirit and not by the act of a man. He not only assumed human nature as to the body, but also a true human soul, in order that He might be a real man. For since the soul was lost as well as the body, it was necessary that He should assume both to save both.
   Contrary to the heresy of the Anabaptists, who deny that Christ assumed human flesh of His mother, we therefore confess that Christ partook of the flesh and blood of the children (Heb 2:14). He is a descendant of David (Acts 2:30); born of David according to His human nature (Rom 1:3); of the womb of the virgin Mary (Luke 1:42); born of woman (Gal 4:4); a branch of David (Jer 33:15); a shoot from the stump of Jesse (Is 11:1); descended from Judah (Heb 7:14); descended from the Jews according to the flesh (Rom 9:5); of the seed of Abraham (Gal 3:16), since the Son was concerned with the descendants of Abraham. Therefore He had to be made like His brothers in every respect, yet without sin (Heb 2:16, 17; Heb 4:15). In this way He is in truth our Immanuel, that is, God with us (Mt 1:23).

[2] ・갈 4:4 때가 차매 하나님이 그 아들을 보내사 여자에게서 나게 하시고 율법 아래 나게 하신 것은

[3] ・창 26:4 네 자손을 하늘의 별과 같이 번성하게 하며 이 모든 땅을 네 자손에게 주리니 네 자손으로 말미암아 천하 만민이 복을 받으리라
   ・삼하 7:12-16 네 수한이 차서 네 조상들과 함께 누울 때에 내가 네 몸에서 날 네 씨를 네 뒤에 세워 그의 나라를 견고하게 하리라 그는 내 이름을 위하여 집을 건축할 것이요 나는 그의 나라 왕위를 영원히 견고하게 하리라 나는 그에게 아버지가 되고 그는 내게 아들이 되리니 그가 만일 죄를 범하면 내가 사람의 매와 인생의 채찍으로 징계하려니와 내가 네 앞에서 물러나게 한 사울에게서 내 은총을 빼앗은 것처럼 그에게서 빼앗지는 아니하리라 네 집과 네 나라가 내 앞에서 영원히 보전되고 네 왕위가 영원히 견고하리라 하셨다 하라

성을 취하셨으나,4) 죄는 없으셨다.5) 과연 그는 사람의 행위로 말미암지 않고 성령의 능력으로 복된 동정녀 마리아의 배에서 잉태되셨기 때문이다.6) 그는 참 사람이 되기 위해서, 몸으로서만이 아니고 참 사람의 영혼까지도 사람의 본성을 취하셨다. 사람의 영혼도 몸과 마찬가지로 상실되었기에, 필연코 그는 둘 다를 구원하시기 위해서 둘 다 취하셔야 했다.

우리는, 그리스도가 그의 모친으로부터 사람의 몸을 취하셨다는 사실을 부인하는 재세례파의 이단 사설을 반대하므로, 그리스도께서 자녀들의 몸과 피에 참예하셨음(히2:14)을 고백한다.

그는 다윗의 허리의 열매(행2:30)로 태어나셨고, 육신을 따라서는 다윗의 씨로 태어나셨으며(롬1:3), 동정녀 마리아의 태의 소산(눅1:42)이요, 여자에게서 나셨고(갈4:4), 다윗의 후사(렘33:15)요, 이새의 줄기에서 난 싹(사11:1)이요, 유다 지파 출신이요, 육신을 따라서 유대인들(롬9:5)로부터 나셨으며, 바로 그 아들이 아브라함의 자손들과의 관계 하에서 아브라함의 씨이다. 그러므로 그는 범사에 그의 형제들과 같이 되셨지만, 죄는 없으시다(히2:16,17; 히4:15). 이러므로 그는 진실로 우리의 임마누엘(마1:23), 곧 우리와 함께 계시는 하나님이시다.

제19항 그리스도의 한 위격 안에 있는 두 본성7)

우리는, 이 수태에 의해 하나님의 아들의 인격이 사람의 본성과 불가분 하나로 연합되어,8) 하나님

- 시 132:11 여호와께서 다윗에게 성실히 맹세하셨으니 변하지 아니하실지라 이르시기를 네 몸의 소생을 네 왕위에 둘지라
- 눅 1:55 우리 소상에게 말씀하신 것과 같이 아브라함과 그 자손에게 영원히 하시리로다 하니라
- 행 13:23 하나님이 약속하신대로 이 사람의 후손에서 이스라엘을 위하여 구주를 세우셨으니 곧 예수라

4) · 딤전 2:5 하나님은 한 분이시요 또 하나님과 사람 사이에 중보자도 한 분이시니 곧 사람이신 그리스도 예수라
- 딤전 3:16 크도다 경건의 비밀이여 그렇지 않다 하는 이 없도다 그는 육신으로 나타난 바 되시고 영으로 의롭다 하심을 받으시고 천사들에게 보이시고 만국에서 전파되시고 세상에서 믿은바 되시고 영광 가운데서 올려지셨느니라
- 히 2:14 자녀들은 혈과 육에 속하였으매 그도 또한 같은 모양으로 혈과 육을 함께 지니심은 죽음을 통하여 죽음의 세력을 잡은 자 곧 마귀를 멸하시며

5) · 고후 5:21 하나님이 죄를 알지도 못하신 이를 우리를 대신하여 죄로 삼으신 것은 우리로 하여금 그의 안에서 하나님의 의가 되게 하려 하심이니라
- 히 7:26 이러한 대제사장은 우리에게 합당하니 거룩하고 악이 없고 더러움이 없고 죄인에게서 떠나 계시고 하늘보다 높이 되신 이라
- 벧전 2:22 그는 죄를 범하지 아니하시고 그 입에 거짓도 없으시며

6) · 마 1:18 예수 그리스도의 나심은 이러하니라 그 어머니 마리아가 요셉과 약혼하고 동거하기 전에 성령으로 잉태된 것이 나타났더니
- 눅 1:35 천사가 대답하여 이르되 성령이 네게 임하시고 지극히 높으신 이의 능력이 너를 덮으시리니 이러므로 나실바 거룩한 이는 하나님의 아들이라 일컬어지리라

7) The Two Natures in the One Person of Christ
We believe that by this conception the person of the Son of God is inseparably united and joined with the human nature, so that there are not two sons of God, nor two persons, but two natures united in one single person, Each

의 두 아들이나 두 인격이 아니라, 단 한 인격 안에 연합된 두 본성이 있음을 믿는다. 각 본성은 그 자체로 구별된 고유한 속성을 보유한다. 그의 신성은 생명의 시작이나 끝이 없이, 피조되지 않은 채로, 항상 천지에 충만하다.9) 그의 인성은 그 고유한 속성들을 상실하지 않는다. 즉 시작하는 날이 있으며 피조된 채로 있다. 그 인성은 유한하여 참 몸의 모든 속성들을 보유한다.10) 심지어 그의 부활하심에 의해서 그의 인성에 불멸성을 부여했을지라도, 그 인성의 실제가 변화된 것은 아니다.11) 과연 우리의 구원과 부활 역시 그의 몸의 실제에 의존한다.12)

---

nature retains its own distinct properties. His divine nature has always remained uncreated, without beginning of days or end of life (Heb 7:3), filling heaven and earth. His human nature has not lost its properties; it has beginning of days and remains created. It is finite and retains all the properties of a true body. Even though, by His resurrection, He has given immortality to His human nature, He has not changed its reality, since our salvation and resurrection also depend on the reality of His body.

However, these two natures are so closely united in one person that they were not even separated by His death. Therefore, what He, when dying, committed into the hands of His Father was a real human spirit that departed from His body. Meanwhile His divinity always remained united with His human nature, even when He was lying in the grave. And the divine nature always remained in Him just as it was in Him when He was a little child, even though it did not manifest itself as such for a little while.

For this reason we profess Him to be true God and true man: true God in order to conquer death by His power; and true man that He might die for us according to the infirmity of His flesh.

8) · 요 1:14 말씀이 육신이 되어 우리 가운데 거하시매 우리가 그의 영광을 보니 아버지의 독생자의 영광이요 은혜와 진리가 충만하더라
 · 요 10:30 나와 아버지는 하나이니라 하신대
 · 롬 9:5 조상들도 그들의 것이요 육신으로 하면 그리스도가 그들에게서 나셨으니 저는 만물 위에 계셔서 세세에 찬양을 받으실 하나님이시니라 아멘
 · 빌 2:6, 7 그는 근본 하나님의 본체시나 하나님과 동등됨을 취할 것으로 여기지 아니하시고 오히려 자기를 비워 종의 형체를 가지사 사람들과 같이 되었고

9) · 마 28:20 내가 너희에게 분부한 모든 것을 가르쳐 지키게 하라 볼찌어다 내가 세상 끝날까지 너희와 항상 함께 있으리라 하시니라

10) · 딤전 2:5 하나님은 한 분이시요 또 하나님과 사람 사이에 중보도 한 분이시니 곧 사람이신 그리스도 예수라

11) · 마 26:11 가난한 자들은 항상 너희와 함께 있거니와 나는 항상 함께 있지 아니하리라
 · 눅 24:39 내 손과 발을 보고 나인줄 알라 또 나를 만져보라 영은 살과 뼈가 없으되 너희 보는 바와 같이 나는 있느니라
 · 요 20:25 다른 제자들이 그에게 이르되 우리가 주를 보았노라 하니 도마가 이르되 내가 그의 손의 못자국을 보며 내 손가락을 그 못자국에 넣으며 내 손을 그 옆구리에 넣어 보지 않고는 믿지 아니하겠노라 하니라
 · 행 1:3, 11 그가 고난 받으신 후에 또한 그들에게 확실한 많은 증거로 친히 살아 계심을 나타내사 사십 일 동안 그들에게 보이시며 하나님 나라의 일을 말씀하시니라 이르되 갈릴리 사람들아 어찌하여 서서 하늘을 쳐다 보느냐 너희 가운데서 하늘로 올려지신 이 예수는 하늘로 가심을 본 그대로 오시리라 하였느니라
 · 행 3:21 하나님이 영원 전부터 거룩한 선지자들의 입을 통하여 말씀하신바 만유를 회복하실 때까지는 하늘이 마땅히 그를 받아 두리라
 · 히 2:9 오직 우리가 천사들보다 잠시 동안 못하게 하심을 입은 자 곧 죽음의 고난 받으심으로 말미암아 영광과 존귀로 관을 쓰신 예수를 보니 이를 행하심은 하나님의 은혜로 말미암아 모든 사람을 위하여 죽음을 맛보려 하심이라

12) · 고전 15:21 사망이 한사람으로 말미암았으니 죽은 자의 부활도 한사람으로 말미암는도다
 · 빌 3:21 그는 만물을 자기에게 복종케 하실 수 있는 자의 역사로 우리의 낮은 몸을 자기 영광의 몸의 형체와 같이 변하게 하시리라

그러나 이 두 본성들은 한 인격 안에 아주 밀접하게 연합되어 있어서 심지어 그의 죽으심에 의해서도 분리되지 않았다. 그러므로 그리스도의 죽음 당시, 그의 아버지 손에 의탁하신 것은, 그의 몸으로부터 떠난 실제 사람의 영이었다.[13] 한편 그의 신성은, 심지어 무덤에 누워있던 때조차도, 항상 그의 인성과 연합한 채로 있었다.[14] 그리고 그의 신성은, 그의 유아기에도 잠시 있는 그대로 드러나지 않았지만 여전히 그 안에 있었던 것처럼, 항상 그 안에 있었다.

이런 이유로 우리는 그가 참 하나님과 참 사람이심을 고백한다. 즉 그의 능력으로 죽음을 정복하시기 위한 참 하나님이시며, 그의 육신의 연약함을 따른 우리를 위해 죽을 수 있는 참 사람이시다.

개관

이번 과에서는 예수 그리스도의 성육신을 고백하고 그리스도의 인격에서 이 성육신의 중요성에 대해서 살펴본다.

1. 성육신

'성육신' 이라는 말은 '육체로 오셨다' 는 뜻이다. 그렇다고 해서 그리스도께서 자신의 신성을 내려놓으셨다는 말이 아니다(불가능한 일이기 때문에). 영원하신 참 하나님으로 계시면서 스스로 몸과 영혼에 맞는 참 인성을 받아들이신 것이다. 그는 잠시 자기의 거룩한 영광을 내려놓으시고, 자신을 낮추어 종의 모습을 취하셨다(빌립보서 2; 하이델베르크 교리문답 14주일).

성육신하심으로 중보자가 되기 위한 하나님의 요구를 그리스도께서 충족시키셨다.

a) 참 하나님 : 성령에 의해서 잉태되심
b) 참 사람 : 동정녀 마리아에게서 태어나심
c) 의로운 사람 : 죄 없으심

그리스도의 '성령에 의한 잉태' 는 '원죄' 를 끊어내버리셨음을 가리킨다는 이 중요한 사실에 주의해야 한다. 그의 출생은 사람의 방법으로 된 것이 아니다. 하지만 죄를 빼고는 모든 면에서 우리와 같으시다(모든 결점을 가지고 있는 진정한 인간성).

---

[13] · 마 27:50 예수께서 다시 크게 소리지르시고 영혼이 떠나시니라
[14] · 롬 1:4 성결의 영으로는 죽은 자들 가운데서 부활하사 능력으로 하나님의 아들로 선포되셨으니 곧 우리 주 예수 그리스도시니라

히브리서 7:26, "이러한 대제사장은 우리에게 합당하니 거룩하고 악이 없고 더러움이 없고 죄인에게서 떠나 계시고 하늘보다 높이 되신 자라."

이러한 잉태와 출생은 "우리가 믿는 신앙의 놀라운 신비"이다(디모데전서 3:16). 그리고 우리는 어떤 방법으로 되었는지는 충분히 이해할 수 없다. 하지만 그렇다고 그것을 믿을 수 없는 것으로 여기지는 않는다. 왜냐면 "대저 하나님의 모든 말씀은 능치 못하심이 없기"(누가복음 1:37) 때문이다. 하나님께서는 없는 데서 생명을 창조하실 수 있고, 나이 많은 여자(사라, 엘리사벳)에게 잉태가 되게 하실 수 있으며, 또한 처녀의 자궁에서 생명을 일으키실 수도 있다. 특히 그것이 구속의 행위에 이르게 될 때면 거기에는 하나님께 아무런 장애물이 없다.

성육신은 거룩한 예언의 성취가 분명하다. 성경은 중보자에 대해서 이렇게 될 것이라고 분명하게 말씀하고 있다.

a) 하나님께서 육체로 나타내신다 : 임마누엘 = 하나님께서 우리와 함께(이사야 7:14; 9:6, 7)
b) 다윗의 혈통에서 = 이새의 뿌리로부터(이사야 11:1)

성육신은 이미 낙원에서 분명하게 계시되었던 일로서, 특별한 역사적인 한 순간에 일어났다(갈라디아 4:4, "때가 차매"). 그런 까닭에 성육신은 유일무이한 사건이다(이와 달리 범신론에는 '환생'). 이것이 전체 역사의 핵심이며 중심이다.

신앙고백서는 특별히 재세례파(메노나이트)의 이단설을 언급하고 있다. 그들은 만일 그리스도께서 정말로 참 인성을 가지고 계시다면 반드시 죄가 있었을 것이라고 생각한다. 그리스도는 마리아를 통해서는 단지 형식적으로만 빌려 오신 것이고 본질적으로는 아니라고 말한다. 이것은 그리스도의 거룩한 잉태에 대한 계시를 소홀하게 다룬 것일 뿐 아니라 구원의 가능성마저 부정하는 것이다.

히브리서 2:14, "자녀들은 혈과 육에 속하였으매 그도 또한 한 모양으로 혈과 육을 함께 지니심은"

수 세기를 지내오면서 사탄은 성육신을 성공적으로 막아내지 못하였다. 이것이 실패하자 사탄은 그리스도의 지상 사역을 망치려고 애썼다. 이도 실패하자, 사탄은 공격을 교회에 집중시켰다(요한계시록 12).

2. 두 가지 본성

성육신의 결과는 그리스도가 신성과 인성, 두 가지 본성을 가진 - 유일하신 한 위격(Person)이 - 되신 것이다.

성경은 이 점에 대해 분명하게 가르치고 있다. 성경은 주님에 대해서 인간적인 특성과 신적인 특성을 모두 기술하고 있다. 예를 들자면 수면과 음식의 필요에 대해 말하면서도 죄를 용서하는 권능에 대해 증거하고 있다.

　이 두 가지의 본성 사이의 관계에 어려움이 있다. 두 가지 본성을 가지고 계시지만 두 분은 아니다. 이들 본성은 연합되어 있어 분리될 수 없다. 그렇지만 이 두 본성은 구별되고 혼합되지 않는다.

　초대 그리스도의 교회에 이 점에 관하여 역시 큰 갈등이 일어났다.

a) 유티케 Eutyches : 두 가지 본성으로 한 본성을 만들었다('신인(神人)')
b) 네스토리우스 Nestorius : 사람인 그리스도와 하나님이신 그리스도로 즉 두 인격체로 만들었다.

칼케돈(451 A.D.) 공회는 그리스도의 두 가지 본성에 대해서 다음과 같은 교리적인 성명을 발표하였다.

a) 혼동될 수 없다 : 본성은 각각 독립되어 있거나 아니면 구별되어 있다./ 구별
b) 변할 수 없다 : 본성은 각각 자신의 특성을 유지하고 있다.
c) 분리되지 않는다: 본성 각각은 동일한 위격 안에서 서로 연합되어 있다./ 연합
d) 분열되지 않는다: 본성은 각각 항상 한 위격 안에서 나타난다.

　교회는 결코 이 신비를 '설명'하려고 하지 않는다. 단지 충분치 못한 표현으로 그것을 확언할 뿐이다. 이 문제로 인한 불화가 종교개혁 시기에 다시 한번 재세례파와 루터파 사이에 발생하였다. 루터파는 승천하시면서 인성이 신적인 특성(편재, omnipresence)들을 얻었다고 가르쳤다. 하이델베르크 교리문답 18주일을 보라. 그러나 우리는 '인간화된' 신성도 인정하지 않지만 '신과 같은' 인간성도 인정하지 않는다.

　두 본성의 필요성은 하이델베르크 교리문답 제6주일에 고백하고 있다.

질문 | 제11과

1 _ '성육신'이라는 말은 무슨 뜻인가?

2 _ 그리스도께서는 성육신하심으로 어떻게 거룩한 요구를 충족시키셨는가?

3 _ 성육신이 믿을 수 없는 것이 아닌 이유는 무엇인가?

4 _ 성육신이 어떻게 예언을 성취했는지를 설명하라.

5 _ 성육신에 관한 재세례파의 이단설은 무엇인가?

6 _ 성육신이라는 사실과 그 결과를 훼방하려고 사탄은 어떤 노력을 했는가?

7 _ 그리스도의 위격에 있어서 성육신의 결과는 무엇인가?

8 _ 초대 그리스도의 교회는 '그리스도의 두 본성'이라는 주제에 대해 무슨 결정을 했는가?

9 _ 루터파는 '두 본성'에 관하여 무엇이라고 가르치는가?

10 _ 왜 주님께서 두 본성을 가지셔야 하는가?

암기 과제 | 하이델베르크 교리문답 _ 제15, 19, 35문답

제 15 문 _ 그러면 우리는 어떤 중보자와 구원자를 찾아야 합니까?
> 답 _ 참 사람이고 의인이면서, 한편 모든 피조물보다 더 강력하신 분, 곧 참 하나님이신 분입니다.

제 19 문 _ 어디에서 당신은 이것을 압니까?
> 답 _ 거룩한 복음으로서, 하나님께서 처음에 낙원에서 친히 계시하셨습니다. 후에 족장들과 선지자들로 말미암아 이 복음을 선포하셨으며, 또한 율법의 제사들과 다른 의식들로써 예표하셨습니다. 마침내 하나님은 그의 독생자를 통해 그 복음을 완성하셨습니다.

제 35 문 _ "그는 성령으로 잉태되사, 동정녀 마리아에게서 나셨으며"라고 말할 때, 당신은 무엇을 고백합니까?
> 답 _ 영원한 참 하나님이신 하나님의 영원한 아들은 여전히 영원한 참 하나님으로서, 성령의 사역으로 동정녀 마리아의 살과 피로부터 참 인간의 본성을 스스로 취하셨습니다. 이래서 그는 또한 다윗의 참 후손이시며, 모든 면에서 자기 형제들과 같으나 죄는 없으십니다.

제11과

벨직신앙고백서 제20항
공의와 자비

제20항 그리스도 안에 있는 하나님의 공의와 자비[1]

완전히 자비로우시고 공의로우신 하나님께서, 그의 아들을 보내서서, 불순종의 죄를 범한 사람의 본성을 취하사,[2] 바로 그 동일한 본성으로 죄값을 다 치루도록, 그의 가장 지독한 고난과 죽음에 의해서 죄의 형벌을 짊어지게 하셨음을 우리는 믿는다.[3] 그러므로 하나님께서는 우리의 죄와 허물을 그의 아들에게 씌우심으로, 그의 아들에 대하여 자신의 공의를 나타내셨고,[4] 또 죄책으로 인하여 정죄를 받아 마땅한 우리에게 그의 선하심과 자비하심을 쏟아 부으셨다. 그는 가장 완전한 사랑으로 그의 아들을 우리를 위해서 죽도록 내어주셨으며, 우리가 그의 아들을 통해 불멸과 영생을 얻도록 우리의 칭의를 위해 그의 아들을 부활시키셨다.[5]

---

1) The Justice and Mercy of God in Christ
   We believe that God, who is perfectly merciful and just, sent His Son to assume that nature in which disobedience had been committed, to make satisfaction in that same nature; and to bear the punishment of sin by His most bitter passion and death. God therefore manifested His justice against His Son when He laid our iniquity on Him, and poured out His goodness and mercy on us, who were guilty and worthy of damnation. Out of a most perfect love He gave His Son to die for us and He raised Him for our justification that through Him we might obtain immortality and life eternal.

2) ・롬 8:3 율법이 육신으로 말미암아 연약하여 할 수 없는 그것을 하나님은 하시나니 곧 죄로 말미암아 자기 아들을 죄 있는 육신의 모양으로 보내어 육신에 죄를 정하사

3) ・히 2:14 자녀들은 혈과 육에 속하였으매 그도 또한 같은 모양으로 혈과 육을 지니심은 죽음을 통하여 죽음의 세력을 잡은 자 곧 마귀를 멸하시며

4) ・롬 3:25, 26 이 예수를 하나님이 그의 피로써 믿음으로 말미암는 화목 제물로 세우셨으니 이는 하나님께서 길이 참으시는 중에 전에 지은 죄를 간과하심으로 자기의 의로우심을 나타내려 하심이니 곧 이 때에 자기의 의로우심을 나타내사 자기도 의로우시며 또한 예수 믿는 자를 의롭다 하려 하심이니라
   ・롬 8:32 자기 아들을 아끼지 아니하시고 우리 모든 사람을 위하여 내주신 이가 어찌 그 아들과 함께 모든 것을 우리에게 주시지 아니하시겠느냐

5) ・롬 4:25 예수는 우리가 범죄한 것 때문에 내줌이 되고 또한 우리를 의롭다 하시기 위하여 살아나셨느니라

개관

이번 과에서는 하나님께서 구원의 일을 하시면서 하나님의 의로우심을 훼손시키지 않고도 그의 자비를 나타내신다는 내용을 고백한다.

1. 하나님 안에는 모순이 없다

성경은 하나님이 의로우시며 동시에 자비로우시다고 가르치고 있다. 한편으로 우리는 하나님께서 모든 죄에 대해서는 끔찍하리만치 불쾌해 하시며 진노하신다고 알고 있다.
시편 7:11, "하나님은 의로우신 재판장이심이여 매일 분노하시는 하나님이시로다."
다른 한편으로는 하나님이 친히 지으신 작품들(피조물)에게 넘치도록 자비로우시며 사랑하신다고 알고 있다.
시편 103:8, "야훼께서는 긍휼이 많으시고 은혜로우시며 노하기를 더디 하시며 인자하심이 풍부하시도다."
문제가 있다: 이 두 특성이 어떻게 서로 '조화를 이루는가? 하이델베르크 교리문답 제4주일 제10, 11문답도 보라. 우리는 이 두 성품이 서로 대립하여 작용하도록 한다거나 하나님의 의로우심을 잊어버리고 한쪽으로 치우쳐 자비에만 호소하지 않도록 해야 한다. 하나님의 모든 성품들은 분리될 수 없는 일체를 이루고 있기 때문이다. 만일 하나님께서 하나님의 의에 따라 심판하신다면 우리는 설 수 없을 것이다(시편 130:3). 하나님께서 어떻게 그의 내면에 갈등 없이 자비를 나타내실 수 있을까?

2. 공의

하나님의 공의 또는 의로우심은 한결같으시다. 하나님은 친히 베풀어주신 말씀과 언약의 율법에 신실하시다. 이것은 두 가지 측면을 갖는다.

a) 하나님의 축복은 순종을 통해서 온다 : "그런즉 너희는 이 언약의 말씀을 지켜 행하라 그리하면 너희의 하는 모든 일이 형통하리라"(신명기 29:9)
b) 하나님의 저주는 불순종을 통해서 온다 : "이 율법의 말씀을 실행하지 아니하는 자는 저주를 받을 것이라"(신명기 27:26)

이것은 또한 화해의 요구가 있을 때 완전하게 적용이 된다. 완전한 속죄는 하나님의 율법에 따라 마련되어야 한다. 그렇지 않으면 구속 곧 구원은 전혀 없다.

이사야 1:27, "시온은 정의로 구속함을 받고 그 돌아온 자들은 공의로 구속함을 받으리라."

3. 자비

하나님의 은혜로 하나님께서는 죄로 타락한 이후 즉각적으로 구세주를 약속하셨다. 하나님께서는 화해를 위하여 예비하셨다. 즉 화해를 위한 희생 제물과 화해를 위한 피를 예비하셨다./ 속죄

레위기 17:11, "육체의 생명은 피에 있음이라 내가 이 피를 너희에게 주어 단에 뿌려 너희의 생명을 위하여 속하게 하였나니 생명이 피에 있으므로 피가 죄를 속하느니라."

그럼에도 불구하고 시작부터 그것은 분명했다. 이 동물의 피는 진정한 화해를 이룰 수 없었다. 그것은 단지 예비적이고 임시적인 역할만을 했다. 왜냐하면 하나님의 공의는 사람의 피를 요구하시기 때문이다.

시편 40:6, "번제와 속죄제를 요구치 아니하신다."

히브리서 10:4, "이는 황소와 염소의 피가 능히 죄를 없이 하지 못함이라."

구약 전체에는 죄를 위하여 참되고 최종적인 제물을 요구하는 것이 있었다. 그렇다고 해서 옛 언약 하에는 진정한 "죄의 용서"가 전혀 없었다는 의미는 아니다. (레이든에서 1650년에 가르쳤던 교수 코케이우스와 같이, 그리고 로마 가톨릭교회가 공표한 것과 같이) 당시 죄용서는 구세주께서 이루시는 사역을 내다봄으로 받게 되었다. 지금과 마찬가지로 당시에도 그리스도를 믿음으로 의롭게 되는 것이 있었다(로마서 4:3).

4. 공의와 자비

우리는 하나님께서 골고다의 십자가에서 그분의 공의와 자비를 어떻게 충분히 드러내시는지를 알고 있다. 거기서 하나님께서는 율법의 완전한 저주를 아들에게 지우신다('그때 하나님께서 우리의 불법을 그에게 내려놓으셨다.'). 완전한 사람이신 그분은 합법적으로 우리를 대신하여 서실 수 있다(공의). 거기서 하나님께서는 그리스도의 완전한 복종과 완전한 만족을 우리에게 전가해주신다. 그리고 그 결과 일어난 하나님의 아들의 부활과 영광 가운데서 이것을 우리에게 나누어주신다(자비). 하나님께서는 이 일을 하나님 자신의 자유로운 뜻과 주권적인 기쁨으로 행하셨다. 사람에게 의무가 있어서가 아니라, 그분의 이름과 하신 일을 영화롭게 하기 위하여 하셨다.

그리스도께서 이제 우리의 저주를 져주셨기 때문에 우리는 이제 그분의 성령과 말씀에 의하여 그분의 복으로, 즉 죄용서와 몸의 부활과 영원한 생명으로 충만하게 될 수 있다.

질문 | 제11과

1 _ 하나님은 의로우시며 또한 자비로우시다는 사실을 어떻게 성경에서 증거할 수 있는가?

2 _ 우리가 하나님의 거룩한 성품들을 서로 대립하게 다루어도 되는가?

3 _ 하나님의 의는 무엇인가?

4 _ 속죄를 위해 하나님께서는 어떤 예비를 해주셨는가? 이것들이 어찌하여 임시적인 성격을 갖게 되었는가?

5 _ 참된 죄용서가 구약에 있었는가?

6 _ 하나님께서 골고다의 십자가에서 자신의 공의와 자비를 어떻게 보여주시는지 설명해보라.

암기 과제 | 하이델베르크 교리문답 _ 제11, 39문답

제 11 문 _ 그러나 하나님은 또한 자비하시지 않습니까?
답 _ 하나님은 참으로 자비하시나 또한 의로우십니다. 하나님의 공의상 하나님의 지존하신 위엄을 거역한 죄이기에 몸과 영혼에 가장 엄중하고도 영원한 형벌을 요구합니다.

제 39 문 _ 그리스도께서 '십자가에 못 박히시고' 다른 방식으로 죽지 않으심은 특별한 의미가 있습니까?
답 _ 그렇습니다. 십자가에 달린 자는 하나님께 저주를 받았으므로, 그렇게 그가 내게 임한 저주를 친히 받으심을 나는 확신합니다.

제12과

벨직신앙고백서 제21항
구속 사역

제21항 우리의 대제사장이신 그리스도의 속죄[1]

우리는 예수 그리스도가 멜기세덱의 반차를 따른 영원한 대제사장으로 맹세에 의해 확정되셨다고 믿는다.[2] 선지자들이 미리 예언한 바대로, 그리스도는 우리를 대신하여 그의 아버지께 자신을 드리

---

1) The Satisfaction of Christ Our High Priest
　We believe that Jesus Christ was confirmed by an oath to be a High Priest for ever, after the order of Melchizedek. He presented Himself in our place before His Father, appeasing God's wrath by His full satisfaction, offering Himself on the tree of the cross, where He poured out His precious blood to purge away our sins, as the prophets had foretold. For it is written, The punishment that brought us peace was upon Him, and by His wounds we are healed. He was led like a lamb to the slaughter. He was numbered with the transgressors (Is 53:5,7,12), and condemned as a criminal by Pontius Pilate, though he had first declared Him innocent. He was forced to restore what [He] did not steal (Ps 69:4). He died as the righteous for the unrighteous (1 Pet 3:18). He suffered in body and soul, feeling the horrible punishment caused by our sins, and His sweat was like drops of blood falling to the ground (Luke 22:44). Finally, He exclaimed, My God, My God, why have You forsaken Me (Mt 27:46)? All this He endured for the forgiveness of our sins.
　Therefore we justly say, with Paul, that we know nothing except Jesus Christ and Him crucified (1 Cor 2:2). We consider everything a loss compared to the surpassing greatness of knowing Christ Jesus [our] Lord (Phil 3:8). We find comfort in His wounds and have no need to seek or invent any other means of reconciliation with God than this only sacrifice, once offered, by which the believers are perfected for all times (Heb 10:14). This is also the reason why the angel of God called Him Jesus, that is, Saviour, because He [would] save His people from their sins (Mt 1:21).

2) ・시 110:4 여호와는 맹세하고 변하지 아니하시리라 이르시기를 너는 멜기세덱의 서열을 따라 영원한 제사장이라 하셨도다
　・히 7:15-17 멜기세덱과 같은 별다른 한 제사장이 일어난 것을 보니 더욱 분명하도다 그는 육신에 속한 한 계명의 법을 따르지 아니하고 오직 불멸의 생명의 능력을 따라 되었으니 증언하기를 네가 영원히 멜기세덱의 반차를 따르는 제사장이라 하였도다

사, 그의 완전한 속죄로 하나님의 진노를 감당하시고3), 자신을 십자가에 내어주심으로, 우리의 죄를 도말하기 위한 보혈을 흘리셨다.4) 기록된 바,5) "그가 찔림은 우리의 허물을 인함이요 그가 상함은 우리의 죄악을 인함이라 그가 징계를 받음으로 우리가 평화를 누리고 그가 채찍에 맞음으로 우리가 나음을 입었도다.6) 마치 도수장으로 끌려가는 어린 양과 같이, 범죄자 중 하나로 헤아림을 입었음이라."

---

3) · 롬 4:25 예수는 우리가 범죄한 것 때문에 내줌이 되고 또한 우리를 의롭다 하시기 위하여 살아나셨느니라
 · 롬 5:8, 9 우리가 아직 죄인 되었을 때에 그리스도께서 우리를 위하여 죽으심으로 하나님께서 우리에 대한 자기의 사랑을 확증하셨느니라 그러면 이제 우리가 그의 피로 말미암아 의롭다 하심을 받았으니 더욱 그로 말미암아 진노하심에서 구원을 받을 것이니
 · 롬 8:32 자기 아들을 아끼지 아니하시고 우리 모든 사람을 위하여 내주신 이가 어찌 그 아들과 함께 모든 것을 우리에게 주시지 아니하겠느냐
 · 갈 3:13 그리스도께서 우리를 위하여 저주를 받은 바 되사 율법의 저주에서 우리를 속량하셨으니 기록된 바 나무에 달린 자마다 저주 아래에 있는 자라 하였음이라
 · 골 2:14 우리를 거스르고 불리하게 하는 법조문으로 쓴 증서를 지우시고 제하여 버리사 십자가에 못 박으시고
 · 히 2:9, 17 오직 우리가 천사들보다 잠시 동안 못하게 하심을 입은 자 곧 죽음의 고난 받으심으로 말미암아 영광과 존귀로 관을 쓰신 예수를 보니 이를 행하심은 하나님의 은혜로 말미암아 모든 사람을 위하여 죽음을 맛보려 하심이라 그러므로 그가 범사에 형제들과 같이 되심이 마땅하도다 이는 하나님의 일에 자비하고 신실한 대제사장이 되어 백성의 죄를 속량하려 하심이라
 · 히 9:11-15 그리스도께서는 장래 좋은 일의 대제사장으로 오사 손으로 짓지 아니한 것 곧 이 창조에 속하지 아니한 더 크고 온전한 장막으로 말미암아 염소와 송아지의 피로 하지 아니하고 오직 자기의 피로 영원한 속죄를 이루사 단번에 성소에 들어가셨느니라 염소와 황소의 피와 및 암송아지의 재를 부정한 자에게 뿌려 그 육체를 정결하게 하여 거룩하게 하거든 하물며 영원하신 성령으로 말미암아 흠 없는 자기를 하나님께 드린 그리스도의 피가 어찌 너희 양심을 죽은 행실에서 깨끗하게 하고 살아 계신 하나님을 섬기게 하지 못하겠느냐 이로 말미암아 그는 새 언약의 중보자시니 이는 첫 언약 때에 범한 죄에서 속량하려 죽으사 부르심을 입은 자로 하여금 영원한 기업의 약속을 얻게 하려 하심이라
4) · 행 2:23 그가 하나님께서 정하신 뜻과 미리 아신 대로 내준 바 되었거늘 너희가 법 없는 자들의 손을 빌려 못 박아 죽였으나
 · 빌 2:8 사람의 모양으로 나타나사 자기를 낮추시고 죽기까지 복종하셨으니 곧 십자가에 죽으심이라
 · 딤전 1:15 미쁘다 모든 사람이 받을 만한 이 말이여 그리스도 예수께서 죄인을 구원하시려고 세상에 임하셨다 하였도다 죄인 중에 내가 괴수니라
 · 히 9:22 율법을 따라 거의 모든 물건이 피로써 정결하게 되나니 피흘림이 없은즉 사함이 없느니라
 · 벧전 1:18, 19 너희가 알거니와 너희 조상이 물려 준 헛된 행실에서 대속함을 받은 것은 은이나 금 같이 없어질 것으로 된 것이 아니요 오직 흠 없고 점 없는 어린 양 같은 그리스도의 보배로운 피로 된 것이니라
 · 요일 1:7 그가 빛 가운데 계신 것 같이 우리도 빛 가운데 행하면 우리가 서로 사귐이 있고 그 아들 예수의 피가 우리를 모든 죄에서 깨끗하게 하실 것이요
 · 계 7:14 내가 말하기를 내 주여 당신이 아시나이다 하니 그가 나에게 이르되 이는 큰 환난에서 나오는 자들인데 어린 양의 피에 그 옷을 씻어 희게 하였느니라
5) · 눅 24:25-27 이르시되 미련하고 선지자들이 말한 모든 것을 마음에 더디 믿는 자들이여 그리스도가 이런 고난을 받고 자기의 영광에 들어가야 할 것이 아니냐 하시고 이에 모세와 모든 선지자의 글로 시작하여 모든 성경에 쓴 바 자기에 관한 것을 자세히 설명하시니라
 · 롬 3:21 이제는 율법 외에 하나님의 한 의가 나타났으니 율법과 선지자들에게 증거를 받은 것이라
 · 고전 15:3 내가 받은 것을 먼저 너희에게 전하였노니 이는 성경대로 그리스도께서 우리 죄를 위하여 죽으시고
6) · 벧전 2:24 친히 나무에 달려 그 몸으로 우리 죄를 담당하셨으니 이는 우리로 죄에 대하여 죽고 의에 대하여 살게 하려 하심이라 그가 채찍에 맞음으로 너희는 나음을 얻었나니

7)(사53:5,7,12) 또 그는 본디오 빌라도에게, 처음에는 무죄 선언을 받았을지라도, 죄인으로 헤아림을 받고 범죄자로 정죄받으셨다.8) "그는 취치 아니한 것도 물어주셨다."(시편69:4) "그는 의로운 자로서 불의한 자를 위해서 죽으셨다."(벧전3:18)9) 그는 우리의 죄로 인한 무서운 형벌을 감당하시기 위해서 몸과 영혼으로 고난을 받으사,10) "그의 땀이 땅에 떨어지는 피 방울과 같이 되었다."(눅22:44) 마지막으로 그는 "나의 하나님이여 나의 하나님이여 어찌하여 나를 버리셨나이까?"(마27:46) 하시며 부르짖으셨다. 이 모든 것을 그는 우리의 죄 사함을 위해서 감내하셨다.

그러므로 우리는 당연히 바울과 같이 "예수 그리스도와 그의 십자가에 못 박힌 것 외에 아무 것도 알지 아니하기로 작정하였음이라."(고전2:2)라고 말한다. 우리가 "모든 것을 해로 여김은 내 주 그리스도 예수를 아는 지식이 가장 고상함을 인함이다."(빌3:8) 우리는 그의 상하심으로 위로를 받으며 또 믿는 자들을 영원히 완전하게 하시기 위해서(히10:14) 영단번에 드려진 이 유일한 속죄 제사 외에 하나님과 화목할 수 있는 다른 방법을 찾거나 고안해 낼 필요가 없다.11) 또한 이것이 바로 하나님의 천사가 그를 예수 곧 자기 백성을 저희 죄에서 구원할 구세주라고 부른 이유이다(마1:21).12)

개관

이번 과에서는 십자가에서 이루신 그리스도의 충만하고 유일무이한 희생제사와 이 희생제사가 우리 자신의 삶을 위해 어떤 의미를 내포하고 있는지에 관해 살피게 된다.

---

7) · 막 15:28 그리하여 성경이 그가 범죄자와 함께 헤아림을 받았다고 말씀한 것이 이루어졌더라

8) · 요 18:38 빌라도가 이르되 진리가 무엇이냐 하더라

9) · 롬 5:6 우리가 아직 연약할 때에 기약대로 그리스도께서 경건하지 않은 자를 위하여 죽으셨도다

10) · 시 22:15 내 힘이 말라 질그릇 조각 같고 내 혀가 입천장에 붙었나이다 주께서 또 나를 죽음의 진토 속에 두셨나이다

11) · 히 7:26-28 이러한 대제사장은 우리에게 합당하니 거룩하고 악이 없고 더러움이 없고 죄인에게서 떠나 계시고 하늘보다 높이 되신 이라 그는 저 대제사장들이 먼저 자기 죄를 위하고 다음에 백성의 죄를 위하여 날마다 제사 드리는 것과 같이 할 필요가 없으니 이는 그가 단번에 자기를 드려 이루셨음이라 율법은 약점을 가진 사람들을 제사장으로 세웠거니와 율법 후에 하신 맹세의 말씀은 영원히 온전하게 되신 아들을 세우셨느니라

· 히 9:24-28 그리스도께서는 참 것의 그림자인 손으로 만든 성소에 들어가지 아니하시고 바로 그 하늘에 들어가사 이제 우리를 위하여 하나님 앞에 나타나시고 대제사장이 해마다 다른 것의 피로써 성소에 들어가는 것 같이 자주 자기를 드리려고 아니하실지니 그리하면 그가 세상을 창조한 때부터 자주 고난을 받았어야 할 것이로되 이제 자기를 단번에 제물로 드려 죄를 없이 하시려고 세상 끝에 나타나셨느니라 한번 죽는 것은 사람에게 정해진 것이요 그 후에는 심판이 있으리니 이와 같이 그리스도도 많은 사람의 죄를 담당하시려고 단번에 드리신 바 되셨고 구원에 이르게 하기 위하여 죄와 상관없이 자기를 바라는 자들에게 두 번째 나타나시리라

12) · 눅 1:31 보라 네가 잉태하여 아들을 낳으리니 그 이름을 예수라 하라

· 행 4:12 다른 이로써는 구원을 받을 수 없나니 천하 사람 중에 구원을 받을 만한 다른 이름을 우리에게 주신 일이 없음이라 하였더라

1. 그리스도의 삼중직

우리 주 예수 그리스도는 그분의 양떼의 위대하신 목자로 임명되셨고 기름부음을 받으셨다.
에스겔 34:12, "목자가 양 가운데 있는 날에 양이 흩어졌으면 그 떼를 찾는 것같이 내가 내 양을 찾아서" 요한복음 10:11, "나는 선한 목자라"
이러한 '목자의' 직무는 세 가지 면을 가지고 있다.

a) 선지자로서의 직분
요한복음 10:3, "양은 그의 음성을 듣나니"
선지자로서 그리스도께서는 "우리에게 충만하게 우리의 구속에 관한 하나님의 은밀한 계획과 뜻을 충만하게 계시하신다." (하이델베르크 교리문답 12주일)

b) 제사장으로서의 직분
요한복음 10:11, "선한 목자는 양들을 위하여 목숨을 버리거니와"
제사장으로서 그리스도께서는 그분의 몸으로 영단번의 산 제물로 드려서 우리를 구속하셨다(하이델베르크 교리문답 12주일).

c) 왕으로서의 직분
요한복음 10:28, "저희를 내 손에서 빼앗을 자가 없느니라"
왕으로서 그리스도는 그분의 말씀과 성령으로 우리를 다스리시며 우리를 위하여 마련하신 구원인에다 우리를 보호하시고 보존하신다(하이델베르크 교리문답 12주일).

제21항에서 신앙고백서는 그리스도의 직무의 핵심에 관하여, 다시 말해서 특별히 골고다의 십자가에서 우리를 위하여 감당하신 그리스도의 영단번의 희생 가운데서 분명하게 드러난 제사장적인 사역에 대해 마음을 기울여 기술하고 있다(히브리서 10:12).
이런 점에서 이렇게 정리해볼 수 있다.

a) 이런 제사장 직분의 특징
b) 그의 고난의 유일무이함
c) 그의 희생의 충분함

2. 멜기세덱의 반차를 따른 제사장

성경에서 우리는 제사장직을 두 부류로 나누어볼 수 있다.

a) 아론(레위)의 제사장직 : 제사장직은 옛 언약 하에서 이스라엘에게 주셨던 것인데 이 직분은 성막과 성전에서 계속되는 제물을 드리는 봉사를 통하여 화해를 이루려는 목적으로 마련되었다. 이 제사장직은 부모에게 물려받는 방식으로 받게 되었으며 언약을 보존하는데 있어서 중요했다. 그렇지만 그것이 죄를 없앨 수는 없다.

히브리서 7:11, "레위 계통의 제사 직분으로 말미암아 온전함을 얻을 수 있었으면 (백성이 그 아래서 율법을 받았으니) 어찌하여 아론의 반차를 따르지 않고 멜기세덱의 반차를 따르는 다른 한 제사장을 세울 필요가 있느냐"(히브리서 10:4절도 보라)

b) 멜기세덱의 제사장직 : 그 제사장직은 아브라함 시대에 살렘왕 멜기세덱에게 속해있는 것이었다(창세기 14; 히브리서 7장). 이 제사장직분은 혈통으로 받게 되는 것이 아니라 하나뿐인 더욱 훌륭한 인물과 하나뿐인 중요성 때문에 있는 것이다. 비록 멜기세덱의 정확한 의의에 관해서 견해가 일치하지는 않지만 개혁주의는 대체로 그의 제사장직은 창조시에 사람에게 주어졌던 본래의 제사장직에 관련이 있는 것으로 생각한다고 여겨진다.

히브리서 7장의 핵심은 비록 그리스도가 레위지파가 아니지만 그는 합법적으로 '제사장'이라는 자격을 참으로 가지고 계신다는 사실이다. 그래서 실제로 아론(레위)보다 더 높은 지위의 제사장직분을 다 이행하셨다. 그것을 하나님께 직접 받아서, 불멸의 생명의 능력을 가지고서 또한 그 직분을 영원토록 가지고서 완수하셨다.

시편 110:4, "여호와는 맹세하고 변치 아니하시리라 이르시기를 너는 멜기세덱의 서열을 따라 영원한 제사장이라 하셨도다"

더 나아가 이렇게 하신 결과는 그리스도의 제사장직이 레위지파의 제사장직을 폐지시켰다. 이것은 신약을 더욱 부요하게 한다. 유일한 한 분 제사장, 영원불변토록 완전하게 그의 제사장직을 유지하고 계심, 이와 같은 부요함을 가져왔다.

3. 우리 주의 고난

하이델베르크 교리문답 제15주일에서 그리스도께서 세상에 계셨던 기간 동안 내내 고난을 당하셨지만 특히 그의 생애의 마지막에 고난을 당하셨다고 가르치고 있다. 십자가에서 돌아가심은 그리스도의 고난의 절정이자 결말이며 진정한 산 제물이다.

이러한 고난은 유일무이한 것이며 비교할 수 없는 것이다. 왜냐하면,

a) 그가 온 인류의 죄에 내리시는 하나님의 충만한 진노를 감당하셨기 때문이다.

b) 그 자신은 완전히 무죄하셨음에도 불구하고 고난을 당하셨기 때문이다. 그것은 우리 죄값을 대신 지불한 것이었으며 또는 '속죄' 였다. 이렇게 하시려고 그는 저주가 되었으며(갈라디아 3:13) 죄로 여겨지셨다(고린도후서 5:21).

그가 우리를 대신하여 죽으셨기 때문에('대속') 우리는 죄책의 법적인 '전가'로 인하여 이제 그의 복되심과 의로우심을 받아들이게 된다.

그리스도의 고난과 최후의 희생은 하나님께서 베풀어주신 계시에 근거하여 그리고 계시에 따라 일어났다.

이사야 53:6, "여호와께서는 우리 무리의 죄악을 그에게 담당시키셨도다"

창세기 3:15, 시편 22, 69, 스가랴 13:7 등을 보라

종종 아래 둘 사이에 구별을 둔다.

a) 그리스도의 능동적 순종 : 그리스도께서 지상에서 사시는 동안 율법의 요구를 충족시키시려고 적극적으로 행하셨던 모든 일(마태복음 5:17, 로마서 8:4).
b) 그리스도의 수동적 순종 : 그리스도의 모든 고난 가운데서 그리고 그 결과 십자가에 죽으심으로 율법의 형벌(영원한 죽음과 육체적인 죽음)을 감당하심(베드로전서 2:24).

이러한 구별은 특별히 십자가에서 행하신 그리스도의 사역만이 구속하는 가치가 있으며 공덕을 삼을 만한 가치가 있을 뿐이며, 우리 자신도 그리스도의 십자가의 충만한 유익을 받기 위해서 율법을 충족시켜야 한다는 잘못된 해석을 피하려는 의도를 품고 있다.

4. 그리스도의 희생의 충분성

신앙고백서는 그리스도의 단번에 드려진 희생이 완전하며 그러므로 우리의 모든 죄값을 갚기에 충분하다는 것을 강조하고 있다. 그리스도는 완전한 구세주이시다. 그러므로 우리는 그의 속죄사역에 어떤 방식으로든 추가할 필요가 없다. '예수'(구세주)라는 이름은 이미 그에게만 완전한 구원이 있다는 것을 가리키고 있다. 그런 까닭에 우리는

a) 개인의 (부가적인) '선행'의 공로를 인정하지 않는다.
b) '성인들'의 (풍부한) 선행의 공로를 인정하지 않는다.

우리는 그리스도 안에서 구원에 필요한 모든 것, 곧 의롭다 하심(죄의 용서)과 성화(그리스도의 영과 말씀

으로 새로운 생활) 이 모든 것을 받는다.

그리스도는 모든 점에서 당신의 거룩한 직위와 혈통에 따라 성경의 계시와 요청에 근거하여, 이것을 탁월하게 이행하셨던 것인데, 땅에서 그의 완벽한 사역으로 한 분이시고 유일하신 우리의 구속자가 되신다.

사도행전 4:12, "다른 이로써는 구원을 받을 수 없나니 천하 사람 중에 구원을 받을 만한 다른 이름을 우리에게 주신 일이 없음이라"

질문 | 제12과

1 _ 그리스도의 삼중 직분은 무엇인가?

2 _ 성경은 제사장직을 어떻게 구분하고 있는가?

3 _ 왜 그리스도의 제사장직이 가장 영광스러운가?

4 _ 왜 그리스도의 고난이 유일무이한 것이며 비할 것이 없는 것인가?

5 _ '능동적인' 복종과 '수동적인' 복종에는 어떤 차이가 있는가?

6 _ '대속' 이란 무엇인가?

7 _ 그리스도의 희생의 '충분함' 이라고 할 때 무슨 의미인가?

암기 과제 | 하이델베르크 교리문답 _ 제29, 31, 37문답

제 29 문 _ 왜 하나님의 아들을 예수, 곧 구주라 부릅니까?

답 _ 그가 우리의 모든 죄에서 우리를 구원하시기 때문에, 그리고 그 외에 누구에게서도 구원을 찾거나 발견할 수 없기 때문입니다.

제 31 문 _ 그는 왜 그리스도 곧 기름부음 받은 자라고 불립니까?

답 _ 왜냐하면 그는 성부 하나님으로부터 임명을 받고, 성령으로 기름부음 받으신, 우리의 대선지자와 교사로서, 우리의 구속에 관한 하나님의 은밀한 경륜과 뜻을 우리에게 온전히 계시하셨고, 우리의 유일한 대제사장으로서, 자신의 몸의 단번 제물로써 우리를 구속하셨으며, 성부 앞에서 우리를 위해 계속 간구하시기 때문입니다. 또한 우리의 영원한 왕으로서, 그의 말씀과 성령으로 우리를 다스리시고, 우리를 위해 획득하신 구속 안에서 우리를 보호하고 보존하십니다.

제 37 문 _ "고난을 받으사"라는 말로 당신은 무엇을 고백합니까?

답 _ 그리스도는 땅에 사셨던 동안 내내, 특히 최후에는 전 인류의 죄에 대한 하나님의 진노를 몸과 영혼에 친히 짊어지셨습니다. 이렇게 유일한 속죄제물로 고난받으심으로 우리의 몸과 영혼을 영원한 저주로부터 구속하셨고, 하나님의 은혜와 의와 영원한 생명을 우리를 위해 획득하셨습니다.

제13과

벨직신앙고백서 제22-23항
이신칭의(以信稱義)

제22항 그리스도 안에서 믿음으로 의롭다함을 받음[1]

우리는, 이 위대한 신비의 참 지식을 얻도록 성령께서 우리 마음에 참된 믿음을 일으키심을 믿는다.[2] 이 믿음은 예수 그리스도와 그의 모든 공로를 받아들이는 것으로서, 그를 우리 자신의 소유로 삼으며, 또 그 외에는 다른 어떤 것도 구하지 않는다.[3] 혹 우리의 구원에 필요한 모든 것이 예수 그리스

---

[1] Our Justification through faith in Christ

We believe that, in order that we may obtain the true knowledge of this great mystery, the Holy Spirit kindles in our hearts a true faith. This faith embraces Jesus Christ with all His merits, makes Him our own, and does not seek anything besides Him. For it must necessarily follow, either that all we need for our salvation is not in Jesus Christ or, if it is all in Him, that one who has Jesus Christ through faith, has complete salvation. It is, therefore, a terrible blasphemy to assert that Christ is not sufficient, but that something else is needed besides Him; for the conclusion would then be that Christ is only half a Saviour.

Therefore we rightly say with Paul that we are justified by faith alone, or by faith apart from works of law. Meanwhile, strictly speaking, we do not mean that faith as such justifies us, for faith is only the instrument by which we embrace Christ our righteousness; He imputes to us all His merits and as many holy works as He has done for us and in our place. Therefore Jesus Christ is our righteousness, and faith is the instrument that keeps us with Him in the communion of all His benefits. When those benefits have become ours, they are more than sufficient to acquit us of our sins.

[2] · 요 16:14 그가 내 영광을 나타내리니 내 것을 가지고 너희에게 알리시겠음이라
· 고전 2:12 우리가 세상의 영을 받지 아니하고 오직 하나님으로부터 온 영을 받았으니 이는 우리로 하여금 하나님께서 우리에게 은혜로 주신 것들을 알게 하려 하심이라
· 엡 1:17, 18 우리 주 예수 그리스도의 하나님 영광의 아버지께서 지혜와 계시의 영을 너희에게 주사 하나님을 알게 하시고 너희 마음의 눈을 밝히사 그의 부르심의 소망이 무엇이며 성도 안에서 그 기업의 영광의 풍성함이 무엇이며

[3] · 요 14:6 예수께서 이르시되 내가 곧 길이요 진리요 생명이니 나로 말미암지 않고는 아버지께로 올 자가 없느니라
· 행 4:12 다른 이로써는 구원을 받을 수 없나니 천하 사람 중에 구원을 받을 만한 다른 이름을 우리에게 주신 일이 없음이라 하였더라
· 갈 2:21 내가 하나님의 은혜를 폐하지 아니하노니 만일 의롭게 되는 것이 율법으로 말미암으면 그리스도께서 헛되이 죽으셨느니라

도 안에 없다고 한다 할지라도, 만일 그리스도 안에 모든 것이 있다면, 믿음을 통하여 예수 그리스도를 소유한 자는 완전한 구원을 가진다는 사실이 필연적인 귀결이다.4) 그러므로 그리스도로서는 불충분하고, 그 외에 다른 어떤 것이 필요하다고 주장하는 것은 가공스러운 신성모독죄이다. 과연 이런 결론이라면 그리스도는 고작 반절의 구세주일 따름이다.

그러므로 우리는 바울과 같이 "사람이 의롭다함을 얻는 것은 율법의 행위에 있지 않고 오직 믿음으로 되느니라(롬3:28)"고 똑바로 말한다.5) 반면에, 엄격히 말하자면, 우리는 믿음 그 자체가 우리를 의

---

4) · 시 32:1 허물의 사함을 받고 자신의 죄가 가려진 자는 복이 있도다
 · 마 1:21 아들을 낳으리니 이름을 예수라 하라 이는 그가 자기 백성을 그들의 죄에서 구원할 자이심이라 하니라
 · 눅 1:77 주의 백성에게 그 죄 사함으로 말미암는 구원을 알게 하리니
 · 행 13:38, 39 그러므로 형제들아 너희가 알 것은 이 사람을 힘입어 죄 사함을 너희에게 전하는 이것이며 또 모세의 율법으로 너희가 의롭다 하심을 얻지 못하던 모든 일에도 이 사람을 힘입어 믿는 자마다 의롭다 하심을 얻는 이것이라
 · 롬 8:1 그러므로 이제 그리스도 예수 안에 있는 자에게는 결코 정죄함이 없나니

5) · 롬 3:19-4:18 우리가 알거니와 무릇 율법이 말하는 바는 율법 아래에 있는 자들에게 말하는 것이니 이는 모든 입을 막고 온 세상으로 하나님의 심판 아래에 있게 하려 함이라 그러므로 율법의 행위로 그의 앞에 의롭다 하심을 얻을 육체가 없나니 율법으로는 죄를 깨달음이니라 이제는 율법 외에 하나님의 한 의가 나타났으니 율법과 선지자들에게 증거를 받은 것이라 곧 예수 그리스도를 믿음으로 말미암아 모든 믿는 자에게 미치는 하나님의 의니 차별이 없느니라 모든 사람이 죄를 범하였으매 하나님의 영광에 이르지 못하더니 그리스도 예수 안에 있는 속량으로 말미암아 하나님의 은혜로 값 없이 의롭다 하심을 얻은 자 되었느니라 이 예수를 하나님이 그의 피로써 믿음으로 말미암는 화목제물로 세우셨으니 이는 하나님께서 길이 참으시는 중에 전에 지은 죄를 간과하심으로 자기의 의로우심을 나타내려 하심이니 또는 그의 피를 믿음으로 말미암는 화목 제물로 세우셨으니 곧 이 때에 자기의 의로우심을 나타내사 자기도 의로우시며 또한 예수 믿는 자를 의롭다 하려 하심이라 그런즉 자랑할 데가 어디냐 있을 수가 없느니라 무슨 법으로냐 행위로냐 아니라 오직 믿음의 법으로니라 그러므로 사람이 의롭다 하심을 얻는 것은 율법의 행위에 있지 않고 믿음으로 되는 줄 우리가 인정하노라 하나님은 다만 유대인의 하나님이시냐 또한 이방인의 하나님은 아니시냐 진실로 이방인의 하나님도 되시느니라 할례자도 믿음으로 말미암아 또한 무할례자도 믿음으로 말미암아 의롭다 하실 하나님은 한 분이시니라 그런즉 우리가 믿음으로 말미암아 율법을 파기하느냐 그럴 수 없느니라 도리어 율법을 굳게 세우느니라 그런즉 육신으로 우리 조상인 아브라함이 무엇을 얻었다 하리요 만일 아브라함이 행위로써 의롭다 하심을 받았으면 자랑할 것이 있으려니와 하나님 앞에서는 없느니라 성경이 무엇을 말하느냐 아브라함이 하나님을 믿으매 그것이 그에게 의로 여겨진 바 되었느니라 일하는 자에게는 그 삯이 은혜로 여겨지지 아니하고 보수로 여겨지거니와 일을 아니할지라도 경건하지 아니한 자를 의롭다 하시는 이를 믿는 자에게는 그의 믿음을 의로 여기시나니 일한 것이 없이 하나님께 의로 여기심을 받는 사람의 복에 대하여 다윗이 말한 바 불법이 사함을 받고 죄가 가리어짐을 받는 사람들은 복이 있고 주께서 그 죄를 인정하지 아니하실 사람은 복이 있도다 함과 같으니라 그런즉 이 복이 할례자에게냐 혹은 무할례자에게도냐 무릇 우리가 말하기를 아브라함에게는 그 믿음이 의로 여겨졌다 하노라 그런즉 그것이 어떻게 여겨졌느냐 할례시냐 무할례시냐 할례시가 아니요 무할례시니라 그가 할례의 표를 받은 것은 무할례시에 믿음으로 된 의를 인 친 것이니 이는 무할례자로서 믿는 모든 자의 조상이 되어 그들도 의로 여기심을 얻게 하려 하심이라 또한 할례자의 조상이 되었나니 곧 할례 받을 자에게뿐 아니라 우리 조상 아브라함이 무할례시에 가졌던 믿음의 자취를 따르는 자들에게도 그러하니라 아브라함이나 그 후손에게 세상의 상속자가 되리라고 하신 언약은 율법으로 말미암은 것이 아니요 오직 믿음의 의로 말미암은 것이니라 만일 율법에 속한 자들이 상속자이면 믿음은 헛것이 되고 약속은 파기되었느니라 율법은 진노를 이루게 하나니 율법이 없는 곳에는 범법도 없느니라 그러므로 상속자가 되는 그것이 은혜에 속하기 위하여 믿음으로 되나니 이는 그 약속을 그 모든 후손에게 굳게 하려 하심이라 율법에 속한 자에게뿐만 아니라 아브라함의 믿음에 속한 자에게도 그러하니 아브라함은 우리 모든 사람의 조상이라 기록된 바 내가 너를 많은 민족의 조상으로 세웠다 하심과 같으니 그가 믿은 바 하나님은 죽은 자를 살리시며 없는 것을 있는 것으로 부르시는 이시니라 아브라함이 바랄 수 없는 중에 바라고 믿었으니 이는 네 후손이 이같으리라 하신 말씀대로 많은 민족의 조

롭게 해준다고 여기지 않으며, 단지 믿음은 우리로 하여금 우리의 의이신 그리스도를 붙들도록 하는 도구일 뿐이다.6) 그분은 당신의 모든 공로와, 우리를 위해서 또 우리를 대신하여 행하셨던 수많은 거룩한 사역들을 그대로 우리에게 전가하셨다.7) 그러므로 예수 그리스도는 우리의 의이시며, 믿음은 우리로 하여금 그의 모든 은덕들과 결합함으로 그와 더불어 교제하도록 해주는 도구이다. 이 은덕들이 우리의 것이 될 때에, 우리의 죄를 충분히 면제 받고도 남음이 있다.

제23항 하나님 앞에서 우리의 의8)

우리는, 우리의 복된 구원이 예수 그리스도 덕분으로 받은 죄사함에 있으며,9) 또 다윗과 바울이 우

    상이 되게 하려 하심이라
- 롬 10:4-11 그리스도는 모든 믿는 자에게 의를 이루기 위하여 율법의 마침이 되시니라 모세가 기록하되 율법으로 말미암는 의를 행하는 사람은 그 의로 살리라 하였거니와 믿음으로 말미암는 의는 이같이 말하되 네 마음에 누가 하늘에 올라가겠느냐 하지 말라 하니 올라가겠느냐 함은 그리스도를 모셔 내리려는 것이요 혹은 누가 무저갱에 내려가겠느냐 하지 말라 하니 내려가겠느냐 함은 그리스도를 죽은 자 가운데서 모셔 올리려는 것이라 그러면 무엇을 말하느냐 말씀이 네게 가까워 네 입에 있으며 네 마음에 있다 하였으니 곧 우리가 전파하는 믿음의 말씀이라 네가 만일 네 입으로 예수를 주로 시인하며 또 하나님께서 그를 죽은 자 가운데서 살리신 것을 네 마음에 믿으면 구원을 받으리라 사람이 마음으로 믿어 의에 이르고 입으로 시인하여 구원에 이르느니라 성경에 이르되 누구든지 그를 믿는 자는 부끄러움을 당하지 아니하리라 하니
- 갈 2:16 사람이 의롭게 되는 것은 율법의 행위로 말미암음이 아니요 오직 예수 그리스도를 믿음으로 말미암는 줄 알므로 우리도 그리스도 예수를 믿나니 이는 우리가 율법의 행위로써가 아니고 그리스도를 믿음으로써 의롭다 함을 얻으려 함이라 율법의 행위로써는 의롭다 함을 얻을 육체가 없느니라
- 빌 3:9 그 안에서 발견되려 함이니 내가 가진 의는 율법에서 난 것이 아니요 오직 그리스도를 믿음으로 말미암은 것이니 곧 믿음으로 하나님께로부터 난 의라
- 딛 3:5 우리를 구원하시되 우리가 행한 바 의로운 행위로 말미암지 아니하고 오직 그의 긍휼하심을 따라 중생의 씻음과 성령의 새롭게 하심으로 하셨나니

6) · 고전 4:7 누가 너를 남달리 구별하였느냐 네게 있는 것 중에 받지 아니한 것이 무엇이냐 네가 받았은즉 어찌하여 받지 아니한 것 같이 자랑하느냐

7) · 렘 23:6 그의 날에 유다는 구원을 받겠고 이스라엘은 평안히 살 것이며 그의 이름은 여호와 우리의 공의라 일컬음을 받으리라
- 마 20:28 인자가 온 것은 섬김을 받으려 함이 아니라 도리어 섬기려 하고 자기 목숨을 많은 사람의 대속물로 주려 함이니라
- 롬 8:33 누가 능히 하나님께서 택하신 자들을 고발하리요 의롭다 하신 이는 하나님이시니
- 고전 1:30, 31 너희는 하나님으로부터 나서 그리스도 예수 안에 있고 예수는 하나님으로부터 나와서 우리에게 지혜와 의로움과 거룩함과 구원함이 되셨으니 기록된 바 자랑하는 자는 주 안에서 자랑하라 함과 같게 하려 함이라
- 고후 5:21 하나님이 죄를 알지도 못하신 이를 우리를 대신하여 죄로 삼으신 것은 우리로 하여금 그 안에서 하나님의 의가 되게 하려 하심이라
- 요일 4:10 사랑은 여기 있으니 우리가 하나님을 사랑한 것이 아니요 하나님이 우리를 사랑하사 우리 죄를 속하기 위하여 화목 제물로 그 아들을 보내셨음이라

8) Our righteousness before God
    We believe that our blessedness lies in the forgiveness of our sins for Jesus Christ's sake and that there our

리에게 가르친 대로, 바로 거기에서 우리의 의가 하나님 앞에 있음을 믿는다. 그들은 "이것이 사람의 행복이니 곧 하나님께서 사람에게 공로가 없음에도 불구하고 의를 전가시켜 주신 것이라"고 선포했다(롬4:6;시편32:1). 또 바울은 "우리가 예수 그리스도 안에 있는 구속으로 말미암아 하나님의 은혜로 값없이 의롭다 하심을 얻은 자 되었느니라"(롬3:24)고 말한다.[10]

그러므로 우리는 항상 이 견고한 터를 보유한다. 우리는 모든 영광을 하나님께 돌리며, 하나님 앞에서 스스로 겸비하여, 자신의 본래의 모습을 그대로 인정한다.[11] 우리는 우리 자신의 힘으로 말미암은 그 어떤 것이나 우리의 공덕을 내세우지 않고,[12] 오직 십자가에 못 박히신 예수 그리스도의 순종만을 의지하고 신뢰한다.[13] 과연 그분의 순종은 우리가 그를 믿을 때에 우리의 소유가 된다.[14]

이것은 우리의 모든 죄악을 가리고 또 우리 양심의 불안과 공포와 두려움에서부터 해방되어 담대

---

righteousness before God consists, as David and Paul teach us. They pronounce a blessing upon the man to whom God reckons righteousness apart from works. The apostle also says that we are justified by His grace as a gift, through the redemption which is in Christ Jesus.

Therefore we always hold to this firm foundation. We give all the glory to God, humble ourselves before Him, and acknowledge ourselves to be what we are. We do not claim anything for ourselves or our merits, but rely and rest on the only obedience of Jesus Christ crucified; His obedience is ours when we believe in Him.

This is sufficient to cover all our iniquities and to give us confidence in drawing near to God, freeing our conscience of fear, terror, and dread, so that we do not follow the example of our first father, Adam, who trembling tried to hide and covered himself with fig leaves. For indeed, if we had to appear before God, relying – be it ever so little – on ourselves or some other creature, (woe be to us!) we would be consumed. Therefore everyone must say with David, O LORD, enter not into judgment with Thy servant, for no man living is righteous before Thee.

9) · 요일 2:1 나의 자녀들아 내가 이것을 너희에게 씀은 너희로 죄를 범하지 않게 하려 함이라 만일 누가 죄를 범하여도 아버지 앞에서 우리에게 대언자가 있으니 곧 의로우신 예수 그리스도시라

10) · 고후 5:18 모든 것이 하나님께로서 났으며 그가 그리스도로 말미암아 우리를 자기와 화목하게 하시고 또 우리에게 화목하게 하는 직분을 주셨으니
   · 엡 2:8 너희는 그 은혜에 의하여 믿음으로 말미암아 구원을 받았으니 이것은 너희에게서 난 것이 아니요 하나님의 선물이라
   · 딤전 2:6 그가 모든 사람을 위하여 자기를 대속물로 주셨으니 기약이 이르러 주신 증거니라

11) · 시 115:1 여호와여 영광을 우리에게 돌리지 마옵소서 우리에게 돌리지 마옵소서 오직 주는 인자하시고 진실하시므로 주의 이름에만 영광을 돌리소서
   · 계 7:10-12 큰 소리로 외쳐 이르되 구원하심이 보좌에 앉으신 우리 하나님과 어린 양에게 있도다 하니 모든 천사가 보좌와 장로들과 네 생물의 주위에 서 있다가 보좌 앞에 엎드려 얼굴을 대고 하나님께 경배하여 이르되 아멘 찬송과 영광과 지혜와 감사와 존귀와 권능과 힘이 우리 하나님께 세세토록 있을지어다 아멘 하더라

12) · 고전 4:4 내가 자책할 아무 것도 깨닫지 못하나 이로 말미암아 의롭다 함을 얻지 못하노라 다만 나를 심판하실 이는 주시니라
   · 약 2:10 누구든지 온 율법을 지키다가 그 하나를 범하면 모두 범한 자가 되나니

13) · 행 4:12 다른 이로써는 구원을 받을 수 없나니 천하 사람 중에 구원을 받을 만한 다른 이름을 우리에게 주신 일이 없음이라 하였더라
   · 히 10:20 그 길은 우리를 위하여 휘장 가운데로 열어 놓으신 새로운 살 길이요 휘장은 곧 그의 육체니라

14) · 롬 4:23-25 그에게 의로 여겨졌다 기록된 것은 아브라함만 위한 것이 아니요 의로 여기심을 받을 우리도 위함이니 곧 예수 우리 주를 죽은 자 가운데서 살리신 이를 믿는 자니라 예수는 우리가 범죄한 것 때문에 내줌이 되고 또한 우리를 의롭다 하시기 위하여 살아나셨느니라

하게 하나님께 나아가도록 하기에 충분하며, 우리가 우리의 첫 조상인 아담이 두려워 떨면서 무화과 나무 잎으로 자신을 가리려 했던 본보기를 따르지 않도록 한다.15) 과연 참으로 우리가 하나님 앞에 나타나야 할진대, 그것이 아무리 미미할지라도 우리 자신이나 또는 다른 피조물을 의지하면 (우리에게 화있을진저!) 우리는 소멸되고야 만다.16) 그러므로 누구든지 다윗과 더불어 "여호와여 주의 종에게 심판을 행치 마소서! 주의 목전에는 의로운 인생이 하나도 없나이다"(시143:2)고 기도해야 한다.

개관

이번 과에서는 의롭다 하심과 그리스도의 사역이 우리에게 전해지는 방법에 관한 교리를 살펴보게 된다.

1. 의롭다 하심(칭의)

의롭다하심이 의미하는 것은 옳다고 선언하는 것이다. 죄 없음, 죄책감에서의 자유, 그래서 하나님의 심판보좌 앞에서 무죄방면을 선언하는 것을 말한다. 신앙고백서(제23항)는 "우리의 복된 구원이 예수 그리스도 덕분으로 받은 죄사함에 있으며, 이것이 사람의 행복이니 곧 하나님께서 사람에게 공로가 없음에도 불구하고 의를 전가시켜 주신 것이라"고 말하고 있다.

---

15) · 창 3:7 이에 그들의 눈이 밝아져 자기들이 벗은 줄을 알고 무화과나무 잎을 엮어 치마로 삼았더라
 · 습 3:11 그 날에 네가 내게 범죄한 모든 행위로 말미암아 수치를 당하지 아니할 것은 그 때에 내가 네 가운데서 교만하여 자랑하는 자들을 제거하여 네가 나의 성산에서 다시는 교만하지 않게 할 것임이라
 · 히 4:16 그러므로 우리는 긍휼하심을 받고 때를 따라 돕는 은혜를 얻기 위하여 은혜의 보좌 앞에 담대히 나아갈 것이니라
 · 요일 4:17-19 이로써 사랑이 우리에게 온전히 이루어진 것은 우리로 심판 날에 담대함을 가지게 하려 함이니 주께서 그러하심과 같이 우리도 이 세상에서 그러하니라 사랑 안에 두려움이 없고 온전한 사랑이 두려움을 내쫓나니 두려움에는 형벌이 있음이라 두려워하는 자는 사랑 안에서 온전히 이루지 못하였느니라 우리가 사랑함은 그가 먼저 우리를 사랑하셨음이라

16) · 눅 16:15 예수께서 이르시되 너희는 사람 앞에서 스스로 옳다 하는 자들이나 너희 마음을 하나님께서 아시나니 사람 중에 높임을 받는 그것은 하나님 앞에 미움을 받는 것이니라
 · 빌 3:4-9 그러나 나도 육체를 신뢰할 만하며 만일 누구든지 다른 이가 육체를 신뢰할 것이 있는 줄로 생각하면 나는 더욱 그러하리니 나는 팔일 만에 할례를 받고 이스라엘 족속이요 베냐민 지파요 히브리인 중의 히브리인이요 율법으로는 바리새인이요 열심으로는 교회를 박해하고 율법의 의로는 흠이 없는 자라 그러나 무엇이든지 내게 유익하던 것을 내가 그리스도를 위하여 다 해로 여길뿐더러 또한 모든 것을 해로 여김은 내 주 그리스도 예수를 아는 지식이 가장 고상하기 때문이라 내가 그를 위하여 모든 것을 잃어버리고 배설물로 여김은 그리스도를 얻고 그 안에서 발견되려 함이니 내가 가진 의는 율법에서 난 것이 아니요 오직 그리스도를 믿음으로 말미암은 것이니 곧 믿음으로 하나님께로부터 난 의라

의롭다 하심은 법률상의 개념이다. 언약 안에 있는 하나님 앞에 법적인 지위를 표시하는 개념(죄로 인하여 정죄를 당하는 것과 반대 개념)이다.

문제의 핵심은 우리를 의롭다 해주는 변호가 그리스도 안에 있다는 것이다. 그분은 우리 대신 십자가에서 죄 값을 짊어지셨으며 '하나님 앞에서 의로운' 신분을 우리를 위하여 얻어주셨다.

이사야 53:11후반절, "나의 의로운 종이 자기 지식으로 많은 사람을 의롭게 하며 또 그들의 죄악을 친히 담당하리라"

우리는 이러한 그리스도의 의로우심을 은혜로(값없이, 하나님의 자비로, 우리의 노력 없이) 받았다. 하지만 이 의로움은 율법의 요구를 그리스도께서 충족시키신 사실에 근거를 두고 있다.

이사야 1:27, "시온은 정의로 구속함을 받고 그 돌아온 자들은 공의로 구속함을 받으리라"

신앙고백서는 다시 한 번 우리의 완전한 의롭다 하심이 오직 그리스도 안에만 있고 다른 어디에도 없다는 것을 강조하고 있다. 우리에 대한 율법의 요구를 충족시킴으로 그리하여 하나님 앞에서 우리의 완전한 의롭다 하심이 되심으로, 그리스도께서 홀로 우리의 죄를 갚아주셨다.

2. 믿음으로 의롭다 하심(이신칭의)

아주 중요한 질문이 한 가지 있다. 그리스도의 의가 어떻게 해서 우리에게 베풀어지는가? 혹은 어떻게 그것을 받게 되는가? 그 답변은 오직 믿음으로이다. "우리는, 이 위대한 신비의 참 지식을 얻도록 성령께서 우리 마음에 참된 믿음을 일으키심(타오르게 하심)을 믿는다. 이 믿음은 예수 그리스도와 그의 모든 공로를 받아들이는(품는) 것으로서, 그분을 우리 자신의 소유로 삼으며, 또 그 외에는 다른 어떤 것도 구하지 않는다."

로마서 1:17, "기록된 바 오직 의인은 믿음으로 말미암아 살리라 함과 같으니라"

성경은 의롭다하심은 오직 믿음으로 되는 것이며 '(우리의) 행위와는 별개'라고 강조하고 있다(로마서 3:28). 믿음이 행위(야고보서 2:18-26)로 드러나야 하는 것이 사실이지만 이 행위 자체가 우리의 칭의의 근거가 되는 것은 결단코 아니다. 그 근거는 언제나 십자가에서 일어난 그리스도의 단 한 번의 희생제사이다.

이것은 종교개혁 시대 동안에는 중요한 논점이었다. 그리고 우리의 신조들과 예전 양식들 곳곳에 반영이 되어 있다.('예수 그리스도 안에서 우리 자신들과 상관없이') 신앙고백서는 이것을 '기초'라고(23항) 부른다. 말하자면 개혁신앙의 핵심이라는 말이다. 여기에 복음의 참된 기초와 밑바탕의 성패가 달려있다.

다음의 반론은 믿음으로만 되는 칭의 교리를 반대하여 일어났다.

a) 이 교리는 선행의 중요성과 장점을 무효화 시킨다. 이 반론은 정당하지 않다. 우리의 선행은 믿

음의 결과이며 감사의 열매이다. 그리고 그리스도를 봐서 오직 은혜로 보상을 받게 된다. 그뿐 아니라 우리의 선행은 우리의 노력의 결과도 물론 아니다. 선행은 성령을 부으셔서 우리를 새롭게 해주시는 그리스도의 능력의 결과이다.

에베소서 2:10, "우리는 그의 만드신 바라 그리스도 예수 안에서 선한 일을 위하여 지으심을 받은 자니 이 일은 하나님이 전에 예비하사 우리로 그 가운데서 행하게 하려 하심이니라."

b) 이 교리는 사람을 부주의하게 만들고 악하게 만든다(하이델베르크 교리문답 24주일). 이 반론 역시 정당하지 않다. 성령께서는 봉사의 생활을 하며 부지런한 생활을 하도록 우리를 자극하시기 때문이다. 요한복음 15:8, "너희가 과실을 많이 맺으면 내 아버지께서 영광을 받으실 것이요 너희가 내 제자가 되리라."

성경은 분명하게 우리가 '태만하고 불경건하게' 되지 않아야만 하고 그리하여 하나님의 은혜를 우리의 생활 속에서 경멸하지 않아야 한다고 경고하고 있다. 하나님께서 우리 안에서 일하시기 때문에 우리는 두려워하며 떨면서 우리의 구원을 온전히 이루어야만 한다(빌립보서 2:12,13).

항상 사람들은 스스로 의롭다함을 얻는 어떤 토대를 마련하려고 해왔다(펠라기안주의, 알미니안주의). 이것은 그리스도의 교회의 많은 갈등과 분리의 원인이 되어왔다.

3. 유일한 도구인 믿음

우리의 신앙고백서는 '믿음'이 의롭다함을 얻는 근거가 아니라는 점을 강조하고 있다. "반면에, 엄격히 말하자면, 우리는 믿음 그 자체가 우리를 의롭게 해준다고 여기지 않으며, 단지 믿음은 우리로 하여금 우리의 의이신 그리스도를 붙들도록 하는 도구일 뿐이다." 말하자면 믿음은 팔이나 손이며 그것으로 그리스도께 손을 내밀며 그분을 우리의 구세주로 껴안아 받아들이는 것이다. 그것이 그리스도와 우리 사이에 있는 연결고리이다. 의롭다하심은 언제나 믿음을 통하여 혹은 믿음으로 되는 것이지 믿음 때문에 되는 것이 결단코 아니다.

우리는 우리의 믿음을 근거로 해서 구원을 얻을 수 없다. 왜냐하면

a) 그것은 근본적으로 하나님의 선물이며 우리 자신의 작품이 아니기 때문이다(에베소서 2:8).
b) 우리에게 있는 믿음은 우리의 죄성과 연약함 때문에 결코 완전한 믿음이 아니기 때문이다(주의 만찬 예식서, "우리는 완전한 믿음을 가지고 있지 못하며, 그가 요구하시는 만큼 열심을 가지고 하나님을 섬기지 않고 있다.").

우리가 믿음을 의롭다하심을 얻는 필요조건이라고 말할 때(하이델베르크 교리문답 제23주일 제60문답, "만

일 내가 이 선물을 믿는 마음을 가지고 받아들이기만 한다면") 선행하는 조건(알미니안주의)이 아니라, 동반하는 조건을 의미하는 것이다.

먼저 믿음, 그런 후 의롭다 해주심이 아니라,

언제나 그리고 오직 믿음을 통하여 의롭다하심을 얻는다. 이 두 가지는 함께 한다.

4. 믿음의 기원

다음의 두 질문이 중요하게 되었다.

1. 무엇이 참 믿음인가? (하이델베르크 교리문답 제7주일)
2. 이 믿음은 어디에서 오는가? (하이델베르크 교리문답 제25주일)

참된 믿음은 '확실한 지식'과 '견고한 확신' 둘 다를 말한다. 이 말은 하나님의 완전한 계시와 예수 그리스도를 위한 죄 용서에 대한 신뢰를 가리키고 있는 말이다(히브리서 11:1, 하이델베르크 교리문답 제7주일). 믿음은 단순히 어떤 사실을 아는 지식을 말하지 않는다(예를 들어 그리스도의 탄생과 죽으심). 이러한 사실들을 자신의 삶과 관계 짓는 것이다. 즉 "그분께서 나를 위하여 죽으셨다." 그래서 신앙고백서(제22항)는 믿음을 "믿음은 우리로 하여금 그의 모든 은택들과 결합함으로 그와 더불어 교제하도록 해주는 도구이다"는 표현으로 말하고 있는 것이다. '교제(함께 나눈다)' 라 함은

a) 예수 그리스도 안에서 성령을 통하여 하나님과 교제(함께 나누는)하는 것이다.
b) 믿음의 결속 안에서 서로간에 함께 교제하는(나누는) 것이다.

우리는 믿음의 활동과 믿음의 내용을 구별할 수 있다.

a) 믿음의 활동 : 인격적으로 그리스도와 그분의 모든 유익들을 환영함(요한복음 3:16).
b) 믿음의 내용 : 성경에 포함된 것으로서 하나님의 충만한 계시 (유다서 3절, "성도에게 단번에 주신 믿음의 도를 위하여")

믿음은 하나님의 선물로서, 다음과 같은 방법으로 성령께서 일으키신다(로마서 10:14~17).

a) 하나님께서 신실한 복음의 설교자들을 보내신다(전도).
b) 이 설교자들은 하나님의 말씀을 신실하게 선포한다(설교).
c) 사람들이 이 설교를 경청한다(듣기).
d) 들음으로 믿음에 이르게 된다(믿음).

e) 이 믿음으로 사람들은 하나님을 섬기게 된다(예배).

로마서 10:17, "그러므로 믿음은 들음에서 나며 들음은 그리스도의 말씀으로 말미암았느니라."

그런고로 분명한 사실은 성령께서는 하나님의 말씀으로가 아니고는 믿음을 일으키지 않으시며, 이 둘은 분리될 수 없다(하이델베르크 교리문답 제25주일).

이러한 믿음은 그리스도의 공로와 은사들을 받아들이는 결정적인 도구이며 방법이다.

히브리서 11:6, "믿음이 없이는 기쁘시게 못하나니…"

질문 | 제13과

1 _ '의롭다 하심' 이라는 말의 의미는 무엇인가?

2 _ 어떤 사람에게만이 이 의롭다하심이 임하는가? 그리고 어떻게 그 사실을 깨닫게 되는가?

3 _ 어떻게 이러한 의롭다하심을 받는가?

4 _ 이 교리가 어떻게 개혁교리의 '핵심' 이 되는지 설명해보라.

5 _ 믿음으로 의롭다 하심의 교리에 대하여 어떤 반대가 일어났으며 이런 반대들이 왜 근거가 없는 것인가?

6 _ 이 신앙고백과 충돌하는 대다수의 이단들에는 어떤 것들이 있는가?

7 _ 어째서 믿음 그 자체가 절대로 우리의 구원의 근거가 될 수 없는가?

8 _ 믿음이 의롭다 하심을 얻는 조건이라고 할 때 이 말은 무슨 의미인가?

9 _ 무엇이 참된 믿음인가?

10 _ 믿음은 우리의 마음에서 어떻게 일어나게 되는가?

암기 과제 | 하이델베르크 교리문답 _ 제21, 22, 59, 60, 61, 63문답

제 21 문 _ 참 믿음이란 무엇입니까?
답 _ 참 믿음은 내가 하나님께서 그의 말씀에서 우리에게 계시하신 모든 것을 참이라고 받아들이는 확실한 지식입니다. 동시에 하나님께서 순전히 은혜로, 오직 그리스도의 공로 덕분에, 사죄와 영원한 의와 구원을, 다른 사람들뿐 아니라 나에게도 내려주셨다는 견고한 확신입니다. 이런 믿음을 성령께서 복음으로써 내 마음에 일으키십니다.

제 22 문 _ 그러면 그리스도인은 무엇을 믿어야 합니까?
답 _ 복음 안에서 우리에게 약속된 모든 것으로서, 우리의 보편적이고 의심할 여지없는 기독교 믿음의 조항들, 사도신경이 요약하여 우리에게 가르칩니다.

제 59 문 _ 이 모든 것을 믿는 것이 당신에게 지금 어떤 도움을 줍니까?
답 _ 나는 그리스도 안에서, 하나님 앞에 의롭게 되며 영원한 생명의 상속자입니다.

제 60 문 _ 당신은 어떻게 하나님 앞에 의롭게 됩니까?
답 _ 직 예수 그리스도를 믿는 참 믿음으로 됩니다. 비록, 내가 하나님의 모든 계명을 어기는 심각한 죄를 범했고, 그 중의 어느 하나도 제대로 지키지 않았으며, 여전히 모든 악으로 향한 성향이 있다고 내 양심이 나를 고소하지만, 그런데도 하나님께서는 나 자신의 공로가 전혀 없이, 오직 은혜로, 그리스도의 완전한 속죄와 의와 거룩을 나에게 돌려주십니다. 만일 내가 오직 믿는 마음으로 이 선물을 받기만 하면, 하나님께서는 마치 내가 어떤 죄도 없고 결코 짓지 않은 것처럼, 그리고 그리스도께서 나를 위해 이루신 모든 순종을 나 자신이 이룬 것처럼 이것들을 나에게 내려주십니다.

제 61 문 _ 당신은 왜 오직 믿음으로만 의롭게 된다고 말합니까?
답 _ 내 믿음의 가치 때문에 내가 하나님께 받아들여지는 것이 아니라, 오직 그리스도의 속죄와 의와 거룩만이 하나님 앞에서 나의 의가 되기 때문입니다. 나는 오직 믿음으로 이 의를 받아들여 나 자신의 것으로 삼을 수 있습니다.

제 63문 _ 그러나 하나님께서 우리의 선행들에 대해 이생과 내세에서의 상을 약속하시는데도 그 선행들은 아무런 공로도 되지 않습니까?
답 _ 이 보상은 공로로 얻는 것이 아니고, 은혜의 선물입니다.

제14과

벨직신앙고백서 제24, 25항
성화와 율법

제24항 사람의 성화와 선행[1]

우리는, 이 참 믿음이 하나님의 말씀을 들음으로써, 또 성령의 역사하심으로써[2] 사람 안에 일어나

---

[1] Man's sanctification and good works

We believe that this true faith, worked in man by the hearing of God's Word and by the operation of the Holy Spirit, regenerates him and makes him a new man. It makes him live a new life and frees him from the slavery of sin. Therefore it is not true that this justifying faith makes man indifferent to living a good and holy life. On the contrary, without it no one would ever do anything out of love for God, but only out of self-love or fear of being condemned. It is therefore impossible for this holy faith to be inactive in man, for we do not speak of an empty faith but of what Scripture calls faith working through love. This faith induces man to apply himself to those works which God has commanded in His Word. These works, proceeding from the good root of faith, are good and acceptable in the sight of God, since they are all sanctified by His grace. Nevertheless, they do not count toward our justification. For through faith in Christ we are justified, even before we do any good works. Otherwise they could not be good any more than the fruit of a tree can be good unless the tree itself is good.

Therefore we do good works, but not for merit. For what could we merit? We are indebted to God, rather than He to us, for the good works we do, since it is He who is at work in us, both to will and to work for His good pleasure. Let us keep in mind what is written: So you also, when you have done all that is commanded you, say, "We are unworthy servants; we have only done what was our duty." Meanwhile we do not deny that God rewards good works, but it is by His grace that He crowns His gifts.

Furthermore, although we do good works, we do not base our salvation on them. We cannot do a single work that is not defiled by our flesh and does not deserve punishment. Even if we could show one good work, the remembrance of one sin is enough to make God reject it. We would then always be in doubt, tossed to and fro without any certainty, and our poor consciences would be constantly tormented, if they did not rely on the merit of the death and passion of our Saviour.

[2] · 행 16:14 두아디라 시에 있는 자색 옷감 장사로서 하나님을 섬기는 루디아라 하는 한 여자가 말을 듣고 있을 때 주께서 그 마음을 열어 바울의 말을 따르게 하신지라
· 롬 10:17 그러므로 믿음은 들음에서 나며 들음은 그리스도의 말씀으로 말미암았느니라
· 고전 12:3 그러므로 내가 너희에게 알리노니 하나님의 영으로 말하는 자는 누구든지 예수를 저주할 자라 하지 아니하고 또 성령으로 아니하고는 누구든지 예수를 주시라 할 수 없느니라

는데, 그를 중생케 하며 또 그를 새 사람으로 만든다3)는 것을 믿는다. 믿음은 그로 하여금 새로운 삶을 살게 하며, 그를 죄의 노예로부터 자유롭게 한다.4) 그러므로 이 믿음이 선하고 거룩한 삶을 사는 데 해이하게 만든다는 것은 사실이 아니다.5) 이와는 정반대로 이런 믿음이 없이는 어느 누구라도 하나님을 위한 사랑에서 비롯된 어떤 행위를 할 수 없을 뿐 아니라,6) 겨우 자기 사랑이나 정죄에 대한 두려움에서 비롯된 행위에 불과하다. 그러므로 이런 거룩한 믿음이 사람 안에서 활동하지 않는 것은 불가능하다. 과연 우리는, 헛된 믿음이 아니라, 성경이 "사랑으로써 역사하는 믿음(갈5:6)"이라고 칭하는 그것을 말한다. 이 믿음은 사람으로 하여금 하나님께서 그의 말씀으로 명하신 그 행위들을 자신에

---

3) · 겔 36:26, 27 또 새 영을 너희 속에 두고 새 마음을 너희에게 주되 너희 육신에서 굳은 마음을 제거하고 부드러운 마음을 줄 것이며 또 내 영을 너희 속에 두어 너희로 내 율례를 행하게 하리니 너희가 내 규례를 지켜 행할지라
 · 요 1:12, 13 영접하는 자 곧 그 이름을 믿는 자들에게는 하나님의 자녀가 되는 권세를 주셨으니 이는 혈통으로나 육정으로나 사람의 뜻으로 나지 아니하고 오직 하나님께로부터 난 자들이니라
 · 요 3:5 예수께서 대답하시되 진실로 진실로 네게 이르노니 사람이 물과 성령으로 나지 아니하면 하나님의 나라에 들어갈 수 없느니라
 · 엡 2:4-6 긍휼이 풍성하신 하나님이 우리를 사랑하신 그 큰 사랑을 인하여 허물로 죽은 우리를 그리스도와 함께 살리셨고 (너희는 은혜로 구원을 받은 것이라) 또 함께 일으키사 그리스도 예수 안에서 함께 하늘에 앉히시니
 · 딛 3:5 우리를 구원하시되 우리가 행한 바 의로운 행위로 말미암지 아니하고 오직 그의 긍휼하심을 따라 중생의 씻음과 성령의 새롭게 하심으로 하셨나니
 · 벧전 1:23 너희가 거듭난 것은 썩어질 씨로 된 것이 아니요 썩지 아니할 씨로 된 것이니 살아 있고 항상 있는 하나님의 말씀으로 되었느니라

4) · 요 5:24 내가 진실로 진실로 너희에게 이르노니 내 말을 듣고 또 나 보내신 이를 믿는 자는 영생을 얻었고 심판에 이르지 아니하나니 사망에서 생명으로 옮겼느니라
 · 요 8:36 그러므로 아들이 너희를 자유롭게 하면 너희가 참으로 자유로우리라
 · 롬 6:4-6 그러므로 우리가 그의 죽으심과 합하여 세례를 받음으로 그와 함께 장사되었나니 이는 아버지의 영광으로 말미암아 그리스도를 죽은 자 가운데서 살리심과 같이 우리로 또한 새 생명 가운데서 행하게 하려 함이라 만일 우리가 그의 죽으심과 같은 모양으로 연합한 자가 되었으면 또한 그의 부활과 같은 모양으로 연합한 자도 되리라 우리가 알거니와 우리의 옛 사람이 예수와 함께 십자가에 못 박힌 것은 죄의 몸이 죽어 다시는 우리가 죄에게 종 노릇 하지 아니하려 함이니
 · 요일 3:9 하나님께로부터 난 자마다 죄를 짓지 아니하나니 이는 하나님의 씨가 그의 속에 거함이요 그도 범죄하지 못하는 것은 하나님께로부터 났음이라

5) · 갈 5:22 오직 성령의 열매는 사랑과 희락과 화평과 오래 참음과 자비와 양선과 충성과
 · 딛 2:12 우리를 양육하시되 경건하지 않은 것과 이 세상 정욕을 다 버리고 신중함과 의로움과 경건함으로 이 세상에 살고

6) · 요 15:5 나는 포도나무요 너희는 가지라 그가 내 안에 내가 그 안에 거하면 사람이 열매를 많이 맺나니 나를 떠나서는 너희가 아무 것도 할 수 없음이라
 · 롬 14:23 의심하고 먹는 자는 정죄되었나니 이는 믿음을 따라 하지 아니하였기 때문이라 믿음을 따라 하지 아니하는 것은 다 죄니라
 · 딤전 1:5 이 교훈의 목적은 청결한 마음과 선한 양심과 거짓이 없는 믿음에서 나오는 사랑이거늘
 · 히 11:4, 6 믿음으로 아벨은 가인보다 더 나은 제사를 하나님께 드림으로 의로운 자라 하시는 증거를 얻었으니 하나님이 그 예물에 대하여 증언하심이라 그가 죽었으나 그 믿음으로써 지금도 말하느니라 믿음이 없이는 하나님을 기쁘시게 하지 못하나니 하나님께 나아가는 자는 반드시 그가 계신 것과 또한 그가 자기를 찾는 자들에게 상 주시는 이심을 믿어야 할지니라

게 적용하도록 고무 격려한다. 이 행위들이란 믿음이라는 선한 근원에서 비롯되어, 하나님 보시기에 선하고 가납하실 만한 것이다. 왜냐하면 이 행위들은 하나님의 은혜로 말미암아 모두 성화되었기 때문이다. 그럼에도 불구하고 이 선행들은 우리의 의롭다 함을 받는 조건은 아니다. 왜냐하면 우리가 어떤 선행을 하기 전에라도, 그리스도를 믿는 믿음으로 말미암아 우리가 의롭다함을 받았기 때문이다.7) 만일 그렇지 않으면, 나무 자체가 좋지 않고서야 좋은 열매가 맺어질 리가 없는 것처럼, 우리의 행위들이 결코 선한 것이 될 수 없다.8)

그러므로 우리는 선행을 하되, 그러나 공로를 위한 것이 아니다. 사실 우리가 무슨 공로를 세울 수 있겠는가? 하나님이 우리에게 빚지신 것이 아니라, 우리가 하나님께 빚을 졌기에, 우리가 선행을 하는 것이다.9) 과연 "우리 안에서 자기의 기쁘신 뜻을 위하여 우리로 소원을 두고 행하게 하시는 분은 바로 하나님이시다."(빌2:13) 다음의 말씀을 마음 깊이 새겨두자. "이와 같이 너희도 명령받은 것을 다 행한 후에 이르기를 우리는 무익한 종이라. 우리는 해야 할 일을 한 것뿐이라 할지니라."(눅17:10) 그렇다고 해서 우리는 하나님께서 우리의 선행에 상을 주신다는 사실을 부인하지 않는다.10) 다만 하나님이 내리신 자신의 은사들에게 면류관을 씌우시는 그 일도 바로 그의 은혜에 의한 것이다.

더욱 비록 우리가 선행을 할지라도, 이 선행들이 우리 구원의 근거가 되지 않는다. 우리는 우리의 죄된 육신으로 말미암아 오염되고 징벌 받아 마땅하기에 단 하나의 선행도 할 수 없다.11) 심지어 우리가 단 한 번의 선행을 보일 수 있다 하더라도, 하나님은 단 한 가지 죄에 대한 기억만으로도 그것을 거절하시기에 충분하다.12) 만일 우리 선행들이 우리 구주의 고난과 죽음의 공로에 의지된 것이 아니라면, 우리는 언제나 아무런 확신을 갖지 못한 채 의심을 품고 우왕좌왕하기 마련이며, 우리의 빈곤한

---

7) · 롬 4:5 일을 아니할지라도 경건하지 아니한 자를 의롭다 하시는 이를 믿는 자에게는 그의 믿음을 의로 여기시나니

8) · 마 7:17 이와 같이 좋은 나무마다 아름다운 열매를 맺고 못된 나무가 나쁜 열매를 맺나니

9) · 고전 1:30, 31 너희는 하나님으로부터 나서 그리스도 예수 안에 있고 예수는 하나님으로부터 나와서 우리에게 지혜와 의로움과 거룩함과 구원함이 되셨으니 기록된 바 자랑하는 자는 주 안에서 자랑하라 함과 같게 하려 함이라
 · 고전 4:7 누가 너를 남달리 구별하였느냐 네게 있는 것 중에 받지 아니한 것이 무엇이냐 네가 받았은즉 어찌하여 받지 아니한 것 같이 자랑하느냐
 · 엡 2:10 우리는 그가 만드신 바라 그리스도 예수 안에서 선한 일을 위하여 지으심을 받은 자니 이 일은 하나님이 전에 예비하사 우리로 그 가운데서 행하게 하심이니라

10) · 롬 2:6, 7 하나님께서 각 사람에게 그 행한 대로 보응하시되 참고 선을 행하여 영광과 존귀와 썩지 아니함을 구하는 자에게는 영생으로 하시고
 · 고전 3:14 만일 누구든지 그 위에 세운 공적이 그대로 있으면 상을 받고
 · 요이 8 너희는 스스로 삼가 우리가 일한 것을 잃지 말고 오직 온전한 상을 받으라
 · 계 2:23 또 내가 사망으로 그의 자녀를 죽이리니 모든 교회가 나는 사람의 뜻과 마음을 살피는 자인 줄 알지라 내가 너희 각 사람의 행위대로 갚아 주리라

11) · 롬 7:21 그러므로 내가 한 법을 깨달았노니 곧 선을 행하기 원하는 나에게 악이 함께 있는 것이로다

12) · 약 2:10 누구든지 온 율법을 지키다가 그 하나를 범하면 모두 범한 자가 되나니

양심은 끊임없이 고통을 받게 된다.13)

제25항 율법의 성취이신 그리스도14)

우리는 율법의 의식들과 예표들이 그리스도의 강림으로 종결되었고, 또한 모든 그림자들이 다 성취되었으므로, 그것들의 용도가 그리스도인들에게는 폐지되어야 함을 믿는다.15) 그러나 그것들의 참 실체와 본질은 율법을 완전케 하신 예수 그리스도 안에 우리를 위해 여전히 남아 있다.16)

과연 우리는 율법과 선지자들에게서 취한 증거들을 지속적으로 사용해서, 우리의 복음 교리를 확증하며, 하나님의 뜻을 따라 하나님의 영광을 위하여 우리의 생활이 가장 품위있게 영위되도록 한다.17)

---

14) Christ, The Fulfilment of The Law
We believe that the ceremonies and symbols of the law have ceased with the coming of Christ, and that all shadows have been fulfilled, so that the use of them ought to be abolished among Christians. Yet their truth and substance remain for us in Jesus Christ, in whom they have been fulfilled.
In the meantime we still use the testimonies taken from the law and the prophets, both to confirm us in the doctrine of the gospel and to order our life in all honour, according to God's will and to His glory.

15) · 마 27:51 이에 성소 휘장이 위로부터 아래까지 찢어져 둘이 되고 땅이 진동하며 바위가 터지고
· 롬 10:4 그리스도는 모든 믿는 자에게 의를 이루기 위하여 율법의 마침이 되시니라
· 히 9:9, 10 이 장막은 현재까지의 비유니 이에 따라 드리는 예물과 제사는 섬기는 자를 그 양심상 온전하게 할 수 없나니 이런 것은 먹고 마시는 것과 여러 가지 씻는 것과 함께 육체의 예법일 뿐이며 개혁할 때까지 맡겨 둔 것이니라

16) · 마 5:17 내가 율법이나 선지자를 폐하러 온 줄로 생각하지 말라 폐하러 온 것이 아니요 완전하게 하려 함이라
· 갈 3:24 이같이 율법이 우리를 그리스도께로 인도하는 초등교사가 되어 우리로 하여금 믿음으로 말미암아 의롭다 함을 얻게 하려 함이라
· 골 2:17 이것들은 장래 일의 그림자이나 몸은 그리스도의 것이니라

17) · 롬 13:8-10 피차 사랑의 빚 외에는 아무에게든지 아무 빚도 지지 말라 남을 사랑하는 자는 율법을 다 이루었느니라 간음하지 말라 살인하지 말라 도둑질하지 말라 탐내지 말라 한 것과 그 외에 다른 계명이 있을지라도 네 이웃을 네 자신과 같이 사랑하라 하신 그 말씀 가운데 다 들었느니라 사랑은 이웃에게 악을 행하지 아니하나니 그러므로 사랑은 율법의 완성이니라
· 롬 15:4 무엇이든지 전에 기록된 바는 우리의 교훈을 위하여 기록된 것이니 우리로 하여금 인내로 또는 성경의 위로로 소망을 가지게 함이니라
· 벧후 1:19 또 우리에게는 더 확실한 예언이 있어 어두운 데를 비추는 등불과 같으니 날이 새어 샛별이 너희 마음에 떠오르기까지 너희가 이것을 주의하는 것이 옳으니라
· 벧후 3:2 곧 거룩한 선지자들이 예언한 말씀과 주 되신 구주께서 너희의 사도들로 말미암아 명하신 것을 기억하게 하려 하노라

개관

이번 과에서 우리는 하나님의 율법에 따르는 감사의 거룩한 생활 속에 있는 의롭다 해주심과 의로움으로부터 흘러나오는 것으로서의 성화의 교리를 고백하게 된다.

1. 칭의와 성화

가끔 이 두 개념을 오해하여 두 개념이 서로 뒤바뀐다. 어떤 사람은 성화('거룩하게 하심')가 의롭다 하심('죄에서 자유롭게 됨')에 선행한다고 가르친다. 그 경우 의롭다 하심은 성화, 우리의 선행에 토대를 두게 될 것이다. 그래서 의롭다 하심은 우리 자신의 작품이 될 것이다. 그러나 우리의 신앙고백서는 의롭다 하심(전적으로 예수 그리스도 안에서 하나님의 사역)이 즉각적으로 성화로 이끌며, 성화(하나님 앞에서 감사의 거룩한 생활로 인도함)로 뚜렷해진다고 가르치고 있다.

의롭다 하심은 믿음으로 받는다.

성화는 믿음의 열매 안에서 분명해진다.

의롭다 하심은 하나님께서 우리에게 역사하신 일이며 동시에 성화는 하나님께서 우리 안에서 역사하신 사역이다. 이것은 믿음을 통하여 된다. 이 믿음은 하나님의 말씀을 통하여 성령께서 일으키신다. 그래서 우리는 거룩한 새로운 생활을 시작하는 것이다. 우리는 그리스도 안에서 의롭다 하심(죄책으로부터 자유)을 받는다. 마찬가지로 우리는 그리스도 안에서 또한 성화(죄의 오염 제거)를 받는다.

고린도전서 1:30, "너희는 하나님으로부터 나서 그리스도 예수 안에 있고 예수는 하나님으로부터 나와서 우리에게 지혜와 의로움과 거룩함과 구속함이 되셨으니"

2. 중생과 성화

믿음만으로 의롭다하심을 받듯이 같은 이 믿음이 우리로 하나님 앞에서 그리고 사람들 가운데서 '새로운 삶'을 살아가게 한다. 신앙고백서는 그 믿음을 '중생'이라고 말한다. 이 중생 혹은 거듭남은 매우 중요하고 필요불가결한 문제이다(요한복음 3). 왜냐하면 그것이 없이는 우리는 하나님의 나라에 들어갈 수도 볼 수도 없기 때문이다.

'중생'이라는 말의 정확한 의미와 이 중생이 일어난 시기에 대해 많은 토론이 있어왔다. 어떤 사람은 중생이 '직접적인 것'(설교와 같은 어떤 수단들 없이)이거나 '부지중에' 일어난다고 말했다. 아브라함 카이퍼는 중생은 '씨앗'처럼 신자의 자녀들 안에 잠재적으로 있을 수 있다고 가르쳤다. 그래서 세례를 받은 자녀들은 그렇지 않다는 것이 입증이 될 때까지는 '거듭난 것'으로 여겨야 했다(가정된 중생). 신앙고백서는 그런 차이를 인정하지 않았다. '중생'이라고 말할 때 그것은 하나님의 성령에 의해서 살아나게 된 시작된 상태(신생 또는 소생) 그리고 같은 성령에 의해서 지속적으로 새롭게 되어가는 과정(회심) 둘 다를 의미한다. 지속적인 것으로 보는 관점에 더 강조를 두고 있다. "믿음은 그를 중생하게 하며 새사람으로 만들어간다." 그래서 성령께서 하나님의 말씀으로 이런 중생을 항상 일으키신다. 주관주의와 신비주의와는 달리 이것은 중요하다.

베드로전서 1:23, "너희가 거듭난 것이 썩어질 씨로 된 것이 아니요 썩지 아니할 씨로 된 것이니 살아 있고 항상 있는 하나님의 말씀으로 되었느니라."

3. 성화와 선행

성화는 하나님의 언약의 율법에 순종하는 생활 속에서 뚜렷하게 나타난다. 믿음은 '사랑'을 통해서 역사한다(갈라디아 5:6). 그리고 사랑은 '순종' 하는 가운데서 명백해진다.

요한일서 5:3, "하나님을 사랑하는 것은 이것이니 우리가 그의 계명들을 지키는 것이라 그의 계명들은 무거운 것이 아니로다"

선행이란 예수 그리스도 안에서 하나님의 기뻐하시고 받으실 만한 것들이다. 하이델베르크 교리문답 제33주(제91 문답)에서 우리는 이렇게 고백하고 있다.

a) 참 믿음으로부터 - "믿음으로 좇아 하지 아니하는 모든 것이 죄니라"(로마서 14:23)(원천)
b) 하나님의 율법에 따라 - "누구든지 이를 행하며 가르치는 자는 천국에서 크다 일컬음을 받으리라."(마태복음 5:19, 20)(규범)
c) 하나님 영광을 위해 - "이같이 너희 빛을 사람 앞에 비취게 하여 저희로 너희 착한 행실을 보고 하늘에 계신 너희 아버지께 영광을 돌리게 하라."(마태복음 5:16)(목표)

신앙고백서는 이들 선행이 우리를 의롭다고 해주지 못하며 우리에게 어떤 것도 얻어주지 못한다는 점을 강조하고 있다. "그러므로 우리는 선행을 하되, 그러나 공로를 위한 것이 아니다. 사실 우리가 무슨 공로를 세울 수 있겠는가? 하나님이 우리에게 빚지신 것이 아니라, 우리가 하나님께 빚을 졌기에, 우리가 선행을 하는 것이다."

a) 우리는 선을 행해야 한다. 왜냐하면 하나님의 종으로 부름을 받았기 때문이다.
b) 우리에게서 나타난 이런 선행들은 완벽하지 않으며 그러기에 명예를 회복시켜줄 만한 아무 가치도 없다.
c) 선행을 우리가 행하고 있는 것은 우리의 노력이 아니라 우리를 위하여 그리고 우리 안에서 행하신 그리스도의 사역의 결과이다(에베소서 2:10).

선행은 감사의 몸짓이다. 성경이 '상' 또는 '보상'이라고 말할 때 그것은 '은혜'로 된 것이라는 뜻이다. 이 말은 그리스도의 보상이라는 뜻이며 이것을 우리가 받은 것이다. 하나님께서는 우리에게 어떤 의무도 지고 계시지 않는다(누가복음 17:9). 그러나 그분께서 맹약한 사랑 안에서 '상급'을 '약속'하신 것이다.

누가복음 12:32, "너희 아버지께서 그 나라를 너희에게 주시기를 기뻐하시느니라." (누가복음 18:29,30도 함께 보라.)

4. 성화와 율법

성화는 하나님의 율법으로 평가되기 때문에 신앙고백 제25항은 율법에 대해서 말하고 있다. 그렇지만 그리스도만이 유일한 중보자시라는 것을 한 번 더 강조하면서 그리스도께서 율법의 완성이 되신다는 관점에서 다루어진다. 그런데 신앙고백서는 십계명을 말하지 않고 구약의 '의식법(ceremonial law)'에 대해서 말하고 있다.

율법을 말할 때는 다음과 같이 구별할 수 있다.

a) 토라 : 모세를 통해 주어진 언약의 가르침 전체
b) 의식법 : 이스라엘의 예배와 제사와 성결에 관한 예전을 특별히 결정하는 법규들
c) 시민법 : 국가나 민족으로서의 이스라엘의 생활을 규정함
d) 도덕법 : 또는 십계명, 이는 보편적인 하나님의 율법이라고도 부른다. 토라에 포함되어 있는 구별된 한 개체로 주신 것이다.

의식법은 '그림자'가 포함된다. 다시 말해서 예수 그리스도 안에서 일어나게 될 실체를 가리키고 있다.

히브리서 8:5, "그들이 섬기는 것은 하늘에 있는 것의 모형과 그림자라."
히브리서 10:1, "율법은 장차 올 좋은 일의 그림자일 뿐이요 참 형상이 아니므로."
이 '의식'은 그리스도 안에서 완성을 보게 된다. 그래서 교회에서는 더 이상은 시행되지 않는다.
히브리서 10:9, "그 첫째 것을 폐하심은 둘째 것을 세우려 하심이니라."
성경은 할례(갈라디아 5:2)와, 절기와 음식법(골로새서 2:16, 17)과 같은 '구약' 의식은 신약시대에서는 더 이상 역할을 하지 않는다고 분명하게 진술하고 있다. 제사가 더 이상 드려지지 않는 것은 그리스도에 의해서 유일한 희생제사가 드려졌기 때문이다(히브리서 10:14).
그렇다고 해서 의식에 대한 성경의 증거들이 오늘날 우리에게 교훈과 가르침을 주지 않는다는 말이 아니다(재세례파의 가르침과 달리). 우리는 (로마교와 같이) 구약의 '분위기'에 머물러 있어서도 안 되지만,

구약을 신약과 분리시켜서도 안 된다. 우리는 성경의 통일성을 믿는다.

5. 십계명

성경은 분명하게 십계명이 여전히 오늘날에도 완전한 지배력이 있다고 가르치고 있다. 우리는 다음의 사항들을 강조한다.

a) 그리스도께서는 이 계명들을 '산상설교'에서 언급하셨다. "내가 율법이나 선지자를 폐하러 온 줄로 생각지 말라."(마태복음 5:17)
b) 사도적인 가르침은 이 율법들이 가지고 있는 일체성을 강조하면서(야고보서 2:8-13), 보편적인 율법을 생활을 위한 합당한 법칙으로 확정지어 주었다(로마서 7:7).
c) 율법은 특별히 그 깊이에 있어서는 사랑의 율법으로 설명이 되고 있다(마태복음 22:34-40).

십계명은 하이델베르크 교리문답 제34-44주일에 설명이 되어 있다. 이 율법은 두 부분으로 나누어져 있다.

a) 하나님께 대한 의무
b) 이웃에 대한 의무

교리문답은 각각의 계명을 이렇게 설명하고 있다.

a) 무엇이 금지되고 있는가.
b) 무엇이 요구되는가.

중요한 것은 각각의 특별한 계명 역시도 '연관된' 죄들을 포함하고 있으며 모든 일들 가운데서 요구하시는 사랑의 정도를 우리에게 명하고 있다는 사실을 주의해야 한다는 것이다. 산상설교에 나오는 주님의 교훈은 율법의 형식화를 경계하는 동일한 경고이다(계율주의).

질문 | **제14과**

1 _ 의롭다하심과 성화의 개념이 종종 어떻게 오해를 일으키게 되는가?

2 _ '가정된 중생' 이란 무슨 교리인가?

3 _ 신앙고백서는 중생에 대해 어떻게 말하는가?

4 _ 선행이란 무엇인가?

5 _ 성경은 '보상' 에 대해서 어떻게 말하는가?

6 _ 하나님의 율법은 어떤 구별이 있는가?

7 _ '의식법' 이 교회에서는 더 이상 역할을 하지 않는 이유는 무엇인가?

8 _ '십계명' 이 오늘날에도 여전히 온전히 효력을 발휘하는 이유는 무엇인가?

9 _ 우리 주 예수 그리스도께서는 하나님의 율법을 어떻게 '설명' 하셨는가?

암기 과제 | 하이델베르크 교리문답 _ 86, 88, 91, 93문답

제 86 문 _ 우리 자신의 어떤 공로도 없이, 오직 그리스도를 통한 은혜로만 우리의 비참에서 구원 받았는데, 왜 우리는 그래도 선행을 해야 합니까?
- 답 _ 왜냐하면 그리스도께서 그의 피로 우리를 구속하셨을 뿐 아니라, 또한 그의 성령으로 우리를 그의 형상이 되도록 새롭게 하시므로, 우리는 우리의 전 생활로써 하나님이 베푸신 은택들에 감사하고, 우리로 말미암아 하나님이 찬양받으시도록 하기 위함입니다. 더 나아가 우리 스스로 믿음의 열매로써 우리의 믿음에 확신을 얻고, 우리의 경건한 생활로써 우리의 이웃들을 그리스도를 위해 얻고자 함입니다.

제 88 문 _ 사람의 참 회개란 무엇입니까?
- 답 _ 옛 본성의 죽음이요, 새 본성의 소생입니다.

제 91 문 _ 그런데 선행이란 무엇입니까?
- 답 _ 오직 참 믿음으로, 하나님의 율법과 일치하고, 하나님의 영광을 위하는 것들로서, 우리 자신의 소견이나 사람들의 계명에 근거한 것들은 아닙니다.

제 93 문 _ 십계명은 어떻게 나뉩니까?
- 답 _ 두 부분으로서, 첫째, 하나님과의 관계에서 우리가 어떻게 살아야 하는가, 둘째, 우리가 우리 이웃에게 어떤 의무를 지고 있는가를 가르칩니다.

제15과

벨직신앙고백서 제26항
중보와 기도

제26항 그리스도의 중보사역[1]

우리는, 유일한 중보자이며[2] 대언자이신 의인 예수 그리스도로 말미암지 않고는 결코 하나님께 나

---

1) Christ's intercession

We believe that we have no access to God except through the only Mediator and Advocate Jesus Christ the righteous. For this purpose He became man, uniting together the divine and human nature, that we men might not be barred from but have access to the divine majesty. This Mediator, however, whom the Father has ordained between Himself and us, should not frighten us by His greatness, so that we look for another according to our fancy. There is no creature in heaven or on earth who loves us more than Jesus Christ. Though He was in the form of God, He emptied Himself, taking the form of man and of a servant for us, and was made like His brethren in every respect. If, therefore, we had to look for another intercessor, could we find one who loves us more than He who laid down His life for us, even while we were His enemies? If we had to look for one who has authority and power, who has more than He who is seated at the right hand of the Father and who has all authority in heaven and on earth? Moreover, who will be heard more readily than God's own well-beloved Son?

　Therefore it was pure lack of trust which introduced the custom of dishonouring the saints rather than honouring them, doing what they themselves never did nor required. On the contrary, they constantly rejected such honour according to their duty, as appears from their writings. Here one ought not to bring in our unworthiness, for it is not a question of offering our prayers on the basis of our own worthiness, but only on the basis of the excellence and worthiness of Jesus Christ, whose righteousness is ours by faith.

　Therefore with good reason, to take away from us this foolish fear or rather distrust, the author of Hebrews says to us that Jesus Christ was made like His brethren in every respect, so that He might become a merciful and faithful High Priest in the service of God, to make expiation for the sins of the people. For because He Himself has suffered and been tempted, He is able to help those who are tempted. Further, to encourage us more to go to Him, he says: Since then we have a great High Priest who has passed through the heavens, Jesus, the Son of God, let us hold fast our confession. For we have not a High Priest who is unable to sympathize with our weaknesses, but one who in every respect has been tempted as we are, yet without sin. Let us then with confidence draw near to the throne of grace, that we may receive mercy and find grace to help in time of need. The same letter says: Therefore brethren, since we have confidence to enter the sanctuary by the blood of Jesus …let us draw near with a true heart in full assurance of faith, etc. Also, Christ holds His priesthood permanently, because He continues forever. Consequently He is able for all time to save those who draw near to God through Him, since He always lives to make intercession for them. What more is needed? Christ

아갈 다른 길이 없음을 믿는다.3) 이런 의도로 그리스도는 신성과 인성이 하나로 연합된 사람이 되셔서, 사람인 우리가 아무런 방해를 받지 않고 존엄하신 하나님께 나아갈 수 있도록 하셨다.4) 그러나 성부께서 자신과 우리 사이에 임명하신 이 중보자는 그의 위엄으로써 결단코 우리에게 겁을 주거나 혹은 우리가 공허한 생각으로 또 다른 중보자를 찾지 않게 하신다. 상천하지에 예수 그리스도 이상으로 우리를 더 사랑하는 피조물은 전혀 없다.5) 그는 근본 하나님의 본체이시나 하나님과 동등됨을 취할 것으로 여기지 아니하시고, 오히려 자기를 비어 종의 형체를 가져 사람과 같이 되었고(빌2:6,7), 또 모든 면에서 그의 형제들과 같이 되셨다(히2:17). 그러므로 설령 우리가 또 다른 중보자를 찾는다 할지라도, 심지어 우리가 자기의 원수 되었을 때도 우리를 위하여 자기 생명을 내어주신 그보다 우리를 더 사랑하는 자를 찾을 수 있겠는가?(롬5:8,10) 또 만일 우리가 권세나 능력을 가진 이를 찾고자 한다면, 성부의 우편에 앉아 계시고,6) 또 하늘과 땅의 모든 권세를 가지신 그(마28:18)보다 누가 더 많이 가지고 있겠는가? 더욱 누가 하나님의 그렇게 사랑하시는 친아들보다 더 신속히 듣고자 하겠는가?7)

그러므로 성인들이 결코 행한 적도 없고 또 요구한 적도 없는 것을 행함으로써, 성인들을 존경하기보다는 오히려 성인들을 비하하는 관행들을 도입한 것은 순전히 신뢰의 결핍일 뿐이다. 이와는 정반

Himself says: I am the way, and the truth, and the life; no one comes to the Father, but by Me. Why should we look for another advocate? It has pleased God to give us His Son as our Advocate. Let us then not leave Him for another, or even look for another, without ever finding one. For when God gave Him to us, He knew very well that we were sinners.

In conclusion, according to the command of Christ, we call upon the heavenly Father through Christ our only Mediator, as we are taught in the Lord's prayer. We rest assured that we shall obtain all we ask of the Father in His Name.

2) · 딤전 2:5 하나님은 한 분이시요 또 하나님과 사람 사이에 중보자도 한 분이시니 곧 사람이신 그리스도 예수라

3) · 요일 2:1 나의 자녀들아 내가 이것을 너희에게 씀은 너희로 죄를 범하지 않게 하려 함이라 만일 누가 죄를 범하여도 아버지 앞에서 우리에게 대언자가 있으니 곧 의로우신 예수 그리스도시라

4) · 엡 3:12 우리가 그 안에서 그를 믿음으로 말미암아 담대함과 확신을 가지고 하나님께 나아감을 얻느니라

5) · 마 11:28 수고하고 무거운 짐 진 자들아 다 내게로 오라 내가 너희를 쉬게 하리라
   · 요 15:23 나를 미워하는 자는 또 내 아버지를 미워하느니라
   · 엡 3:19 그 너비와 길이와 높이와 깊이가 어떠함을 깨달아 하나님의 모든 충만하신 것으로 너희에게 충만하게 하시기를 구하노라
   · 요일 4:10 사랑은 여기 있으니 우리가 하나님을 사랑한 것이 아니요 하나님이 우리를 사랑하사 우리 죄를 속하기 위하여 화목 제물로 그 아들을 보내셨음이라

6) · 히 1:3 이는 하나님의 영광의 광채시요 그 본체의 형상이시라 그의 능력의 말씀으로 만물을 붙드시며 죄를 정결하게 하는 일을 하시고 높은 곳에 계신 지극히 크신 이의 우편에 앉으셨느니라
   · 히 8:1 지금 우리가 하는 말의 요점은 이러한 대제사장이 우리에게 있다는 것이라 그는 하늘에서 지극히 크신 이의 보좌 우편에 앉으셨으니

7) · 마 3:17 하늘로부터 소리가 있어 말씀하시되 이는 내 사랑하는 아들이요 내 기뻐하는 자라 하시니라
   · 요 11:42 항상 내 말을 들으시는 줄 내가 알았나이다 그러나 이 말씀 하옵는 것은 둘러선 무리를 위함이니 곧 아버지께서 나를 보내신 것을 그들로 믿게 하려 함이니이다
   · 엡 1:6 이는 그가 사랑하시는 자 안에서 우리에게 거저 주시는 바 그의 은혜의 영광을 찬송하게 하려는 것이라

대로 성인들은 자신들의 저서들에서 드러내듯이, 자신들의 마땅한 당위를 행함에 따른[8] 그러한 존경을 시종여일하게 거부했다. 여기에서 우리의 무가치함을 제기해서는 안 된다. 왜냐하면 우리가 우리의 가치를 근거로 해서 우리의 기도를 올리는 것이 아니라, 오직 자신의 의를 믿음을 통해서 우리의 것이 되게 하신 우리 주 예수 그리스도[9]의 탁월하신 공로를 의지하는 것이기 때문이다.[10]

그러므로 우리의 어리석은 공포심, 차라리 불신을 우리에게서 제거하기 위해서, 히브리서 기자가 "그러므로 저가 범사에 자기의 형제들과 같이 되심이 마땅하도다 이는 하나님의 일에 자비하고 충성된 대제사장이 되어 백성의 죄를 구속하려 하심이라 자기가 시험을 받아 고난을 당하셨은즉 시험받는 자들을 능히 도우시느니라"(히2:17,18)고 말한 것은 지극히 당연하다. 더 나아가 우리가 그에게 더 가까이 나아가도록 격려하고자, "그러므로 우리에게 큰 대제사장이 있으니 승천하신 자 곧 하나님 아들 예수시라 우리가 믿는 도리를 굳게 잡을지어다 우리에게 있는 대제사장은 우리의 연약함을 체휼하지 아니하는 자가 아니요 모든 일에 우리와 한결같이 시험을 받은 자로되 죄는 없으시니라"(히4:14,15)고 말한다.[11] 또 같은 서신에서 다음과 같이 말씀한다. "그러므로 형제들아 우리가 예수의 피를 힘입어 성소에 들어갈 담력을 얻었나니…참 마음과 온전한 믿음으로 하나님께 나아가자."(히10:19,22) 동시에 "예수는 영원히 계시므로 그 제사 직분도 갈리지 아니하나니 그러므로 자기를 힘입어 하나님께 나아가는 자들을 온전히 구원하실 수 있으니 이는 그가 항상 살아서 저희를 위하여 간구하심이니라."(히7:24,25)[12] 무슨 말이 더 필요하겠는가? 그리스도께서 친히 "나는 길이요 진리요 생명이니, 나로 말미암지 않고는 아버지께로 갈 수 없느니라"고 하셨다(요14:6). 과연 우리가 구태여 또 다른 대언자를 찾아야 하겠는가? 하나님께서 그의 아들을 우리의 대언자로 주시기로 기뻐하셨다. 그렇다면 우리는 또 다른 대언자로 인해 그를 버리거나, 심지어 항상 찾을 수 있는 그가 아닌, 다른 대언자를 구하지 않

---

8) · 행 10:26 베드로가 일으켜 이르되 일어서라 나도 사람이라 하고
   · 행 14:15 이르되 여러분이여 어찌하여 이러한 일을 하느냐 우리도 여러분과 같은 성정을 가진 사람이라 여러분에게 복음을 전하는 것은 이런 헛된 일을 버리고 천지와 바다와 그 가운데 만물을 지으시고 살아 계신 하나님께로 돌아오게 함이라

9) · 렘 17:5, 7 여호와께서 이와 같이 말씀하시니라 무릇 사람을 믿으며 육신으로 그의 힘을 삼고 마음이 여호와에게서 떠난 그 사람은 저주를 받을 것이라 그러나 무릇 여호와를 의지하며 여호와를 의뢰하는 그 사람은 복을 받을 것이라
   · 행 4:12 다른 이로써는 구원을 받을 수 없나니 천하 사람 중에 구원을 받을 만한 다른 이름을 우리에게 주신 일이 없음이라 하였더라

10) · 고전 1:30 너희는 하나님으로부터 나서 그리스도 예수 안에 있고 예수는 하나님으로부터 나와서 우리에게 지혜와 의로움과 거룩함과 구원함이 되셨으니

11) · 요 10:9 내가 문이니 누구든지 나로 말미암아 들어가면 구원을 받고 또는 들어가며 나오며 꼴을 얻으리라
   · 엡 2:18 이는 그로 말미암아 우리 둘이 한 성령 안에서 아버지께 나아감을 얻게 하려 하심이라
   · 히 9:24 그리스도께서는 참 것의 그림자인 손으로 만든 성소에 들어가지 아니하시고 바로 그 하늘에 들어가사 이제 우리를 위하여 하나님 앞에 나타나시고

12) · 롬 8:34 누가 정죄하리요 죽으실 뿐 아니라 다시 살아나신 이는 그리스도 예수시니 그는 하나님 우편에 계신 자요 우리를 위하여 간구하시는 자시니라

도록 하자. 왜냐하면 하나님께서 그를 우리에게 주셨을 때, 그는 우리가 죄인이었다는 사실을 잘 아시고 계셨기 때문이다.

결론적으로 그리스도의 명령에 따라 우리는, 주의 기도에서 가르치는 대로,13) 우리의 유일한 중보자인 그리스도로 말미암아14) 하늘에 계신 아버지를 부를 수 있다. 우리는 그의 이름으로 아버지께 요구하는 것은 무엇이든지 얻으리라는 확신으로 안식한다(요16:23).15)

개관

이번 과에서는 오직 그리스도께서만이 하늘에서 우리의 유일하신 변호자로서 우리를 중재하신다는 점과 그래서 그분의 이름으로 아버지께 나아가야 한다는 점에 대해 고찰한다.

1. 중보

하이델베르크 교리문답에서 율법에 관한 설명에 이어서 기도의 중요성과 내용에 대한 설명이 따라오게 된다. 그래서 벨직신앙고백 또한 '기도'를 '율법' 다음에 다루고 있다. 이것은 다시 제25항에서처럼 그리스도의 구속사역에서 다루고 있다. 왜냐하면 그리스도의 제사장직은 로마 가톨릭과 위태로운 논란 가운데 있기 때문이다.

그리스도만이 우리의 유일한 대제사장이시며, 우리를 위해서 골고다의 십자가에 친히 희생당하신 분이시기 때문이다. 그는 또한 하늘에 계셔서 우리를 위해 중보하시는 유일한 분이시다. 그리스도는 한 분뿐인 중보자이시며 변호자가 되신다. 다시 말하면 우리를 위해 말씀하시며 우리를 아버지와 연합시켜주시는 분이시다. 이 항은 분명 로마교의 이설을 논박하려는 것이다. 로마교는 '성인들'도 신자들을 위해서 중보할 수 있다고 한다.

---

13) · 마 6:9-13 그러므로 너희는 이렇게 기도하라 하늘에 계신 우리 아버지여 이름이 거룩히 여김을 받으시오며 나라가 임하시오며 뜻이 하늘에서 이루어진 것 같이 땅에서도 이루어지이다 오늘날 우리에게 일용할 양식을 주시옵고 우리가 우리에게 죄 지은 자를 사하여 준 것 같이 우리 죄를 사하여 주시옵고 우리를 시험에 들게 하지 마시옵고 다만 악에서 구하시옵소서 나라와 권세와 영광이 아버지께 영원히 있사옵나이다 아멘
 · 눅 11:2-4 예수께서 이르시되 너희는 기도할 때에 이렇게 하라 아버지여 이름이 거룩히 여김을 받으시오며 나라가 임하시오며 우리에게 날마다 일용할 양식을 주시옵고 우리가 우리에게 죄 지은 모든 사람을 용서하오니 우리 죄도 사하여 주시옵고 우리를 시험에 들게 하지 마시옵소서 하라

14) · 히 13:15 그러므로 우리는 예수로 말미암아 항상 찬송의 제사를 하나님께 드리자 이는 그 이름을 증언하는 입술의 열매라

15) · 요 14:13 너희가 내 이름으로 무엇을 구하든지 내가 행하리니 이는 아버지로 하여금 아들로 말미암아 영광을 받으시게 하려 함이라

로마 가톨릭은 화해의 사역을 그리스도에게만 돌리고 있기는 하지만 중보의 사역을 다른 이들에게도 부여하고 있다. 심지어는 어떤 사람의 '풍부한' 선행은 '여분(supererogation)'의 선행이 된다. 그래서 다른 사람에게 줄 수 있다. 그러므로 로마교에 따르면 이들 '성인들'은 여러 가지 등급으로 '존경' 받게 되어 있다. 마리아의 경우는 그리스도의 어머니와 하늘의 여왕으로 최고의 존경을 받는다. 로마교는 '존경'이 '예배'와 같은 것으로 생각하지 않는다는 점을 강조하려고 했다. 그러나 이것은 실제로나 원리적으로 우상숭배이다.

결론적으로 성경은 오직 그리스도만이 하늘에서 우리를 위해서 중보하실 수 있으며 중보하고 계신다고 가르치고 있다.

디모데전서 2:5, "하나님은 한 분이시요 또 하나님과 사람 사이에 중보도 한 분이시니 곧 사람이신 그리스도 예수라"

히브리서 9:24, "그리스도께서는 참 것의 그림자인 손으로 만든 성소에 들어가지 아니하시고 오직 참 하늘에 들어가사 이제 우리를 위하여 하나님 앞에 나타나시고"

〈주〉 만일 우리 편에서 서로를 위해서 어떤 '중보'를 한다고 할지라도 중보기도는 오직 그리스도의 구속사역에 근거하고 있는 것이며 그것은 서로를 위하여 '간구'하는 것이다.

디모데전서 2:1, "그러므로 내가 첫째로 권하노니 모든 사람을 위하여 간구와 기도와 도고와 감사를 하되"

2. 승천과 중보

그리스도께서는 이미 옛 언약 아래에서도(예: 사가랴 1:12) 그리고 세상에서 수치당하며 계셨을 때도 자신의 교회를 위하여 중보하셨으나(요한복음 17), 이제 이 중보는 충만한 결과와 중요성을 갖게 된다. 왜냐하면 그분께서는 속죄 사역을 완수하신 후 하늘로 올라가셨기 때문이다(히브리서 8:1,2).

승천하신 사건(이것은 그리스도의 높아지심을 포함하고 있다)은 모든 도움을 그에게서 찾는 것을 제지하거나 막지 못할 것이다. 비록 그리스도께서 재판장으로 임명되셨다 할지라도 그리고 산 자와 죽은 자를 심판하러 오신다 할지라도 이 중보자께서는 "성부께서 자신과 우리 사이에 임명하신 이 중보자는 그의 위엄으로써 결단코 우리에게 겁을 주거나 혹은 우리가 공허한 생각으로 또 다른 중보자를 찾지 않게 하신다"(제26항). 그의 현재의 영광이 우리에게 나타내신 그의 사랑을 바꾸지 아니하신다. 그렇지만 우리는 그의 힘과 위엄에서 나오는 더 많은 모든 용기를 얻어야 할 것이다.

신앙고백서는 또한 '성인들'을 숭배하는 것이 근본적으로 그리스도에 대한 '불신'이며 '성인들' 자신들에게는 불명예라는 점을 또한 지적하고 있다. 왜냐하면 그들은 지금 로마 가톨릭 교회가 묘사하고 있는 것처럼 그런 위치를 결단코 자기 것으로 여기지 않았기 때문이다.

성경이 '성인들'에 대해서 말할 때는(빌립보서 1:1) 교회의 회원들로서 단순히 그리스도에서 '거룩하게 하신' 사람들이라는 뜻이다.

3. 우리의 기도

성경은 우리가 그리스도 안에서 그의 피로 말미암아 오직 그의 공로에 근거해서 아버지께로 갈 수 있을 뿐이라고 강조하고 있다.

히브리서 10:19, "우리가 예수의 피를 힘입어 성소에 들어갈 담력을 얻었나니"

요한복음 16:23, "너희가 무엇이든지 아버지께 구하는 것을 내 이름으로 주시리라"

우리는 하나님께서 우리의 기도를 들으실 것이라고 믿을 수 있는 유일한 하나뿐인 담보물을 가지고 있다. 그것은 희생제물과 우리 주님 예수 그리스도의 이름이다. 이것은 아주 분명한 근거이다. 이 근거 위에 우리는 온전한 신뢰와 확신을 둘 수 있다.

요한복음 14:13, "너희가 내 이름으로 무엇을 구하든지 내가 행하리니 이는 아버지로 하여금 아들로 말미암아 영광을 받으시게 하려 함이라"

기도에 대한 요청은 하이델베르크 교리문답 제45주일에서 보다 더 나아가 설명하고 있다.

a) 올바른 간구 : 우리는 말씀 가운데서 자신을 계시하신 대로 오직 유일하신 참 하나님으로 부른다.
b) 올바른 내용 : 그가 그분에게 구하라고 우리에게 명하신 모든 것을 간구한다. 또한 우리의 기도는 그분이 약속과 조화를 이루어야만 한다.
c) 올바른 겸손 : 우리는 우리의 비참을 알아야만 한다. 그래서 우리는 기도 중에 하나님께 교만하게 굴지 않으려는 것이다.
d) 참 믿음 : 우리는 하나님께서 오직 그리스도 때문에 그리고 당신의 약속에 따라 분명하게 우리를 들어주실 것이라고 굳게 확신해야만 한다.

히브리서 11:6, "하나님께 나아가는 자는 반드시 그가 계신 것과 또한 그가 자기를 찾는 자들에게 상 주시는 이심을 믿어야 할지니라" (야고보서 2:5-8절도 보라).

4. 주의 기도

제26항을 끝맺으면서 신앙고백서는 '주의 기도'를 다루고 있다. 이 기도는 "주님, 저희에게 기도를 가르쳐주십시오"(누가복음 11:1이하)라고 하는 제자들의 분명한 요구에 대한 대답으로 제시된 것이다. 이 기도는 자녀들이 어떤 방식으로 다가오기를 아버지께서 원하시는지에 대한 완벽한 모범이다.

이 기도는 여러 가지 방식에서 하나님의 율법과 유사하게 진행해간다. 우리는 이 율법이 우리의 생활에서 그리고 세상에서 실현되도록 기도한다.

이 기도로 우리는 "우리의 몸과 영혼에 필요한 모든 것", 즉 거룩한 생활을 하는 가운데서 감사하여 하나님을 섬기는 데 필요한 것이면 무엇이나 요청한다.

왜냐하면 기도는 하나님과의 교제에서 본질적인 요소이기 때문이다. 기도는 "하나님께서 우리에게 요구하시는 감사의 가장 중요한 부분"이다(하이델베르크 교리문답 제116문답). 성경은 '계속해서' '쉬지 말고' 기도하라(데살로니가전서 5:17,18)고, 그리하여 하나님 앞에 우리의 필요와 감사를 모두 다 아뢰라고 우리에게 부지런히 권고하고 있다. 하나님과의 살아있는 이런 교제 안에서만이 우리는 그의 은혜와 성령을 받게 되는 것이다.

질문 | 제15과

1 _ 신앙고백서는 기도 문제를 어떻게 접근하는가?

2 _ 어찌하여 그리스도를 우리의 '변호사, 대언자'라고 부르는가?

3 _ 신앙고백은 여기서 어떤 교리를 반대하고 있는가?

4 _ 우리는 어떤 방법으로 서로를 위하여 '중보' 하는가?

5 _ 그리스도께서 높아지심이 그 안에서 모든 중보를 구하는 것을 방해하지 않는 이유는 무엇인가?

6 _ 성경에서 '성인들'은 무슨 의미인가?

7 _ 우리 기도의 유일한 근거는 무엇인가?

8 _ 우리의 기도에 관하여 하나님께서 주장하시는 요구들은 무엇인가?

9 _ 기도를 하나님께서 우리에게 요구하시는 '감사의 가장 중요한 부분'이라고 하는 이유는?

암기 과제 | 하이델베르크 교리문답 _ 제49, 116, 117, 119문답

제 49 문 _ 그리스도의 승천은 우리에게 어떤 유익을 줍니까?

답 _ 첫째, 그리스도는 그의 하늘 아버지 앞에서 우리의 대언자이십니다. 둘째, 우리의 머리이신 그리스도께서 그의 지체들인 우리들도 역시 그에게로 올리신다는 확실한 보증으로서, 우리는 우리의 육신을 하늘에 둡니다. 셋째, 그리스도는 맞보증으로 그의 성령을 우리에게 보내십니다. 우리는 그 성령의 능력으로 그리스도께서 하나님 우편에 앉아 계신, 그 위에 있는 것들을 구하고, 땅에 있는 것들을 구하지 않습니다.

제 116 문 _ 기도가 그리스도인들에게 필요한 이유는 무엇입니까?

답 _ 왜냐하면 기도는 하나님께서 우리에게 요구하시는 감사의 가장 중요한 부분이기 때문입니다. 더욱 하나님께서는 오직 끊임없이 간절한 심정으로 그에게 이런 은사들을 간청하고 그것들로 감사하는 자들에게만 그의 은혜와 성령을 주십니다.

제 117 문 _ 어떤 기도를 하나님이 기뻐하시고 들으십니까?

답 _ 첫째, 우리는 하나님이 우리에게 기도하라고 명하신 모든 것을 위해, 그의 말씀에서 자신을 계시하신, 유일하신 참 하나님을 진심으로 불러야 합니다. 둘째, 우리 자신의 빈곤과 비참을 철저히 깨달아, 하나님 앞에 스스로 겸비해야 합니다. 셋째, 비록 우리는 아무런 자격이 없을지라도, 하나님께서 그의 말씀에서 약속하신 대로, 우리 주 그리스도 덕분에 우리의 기도를 확실히 들으신다는 이 견고한 토대를 의지해야 합니다.

제 119 문 _ 주의 기도는 무엇입니까?

답 _ 하늘에 계신 우리 아버지, 주의 이름이 거룩히 여김을 받으시오며. 나라가 임하시고, 뜻이 하늘에서 이루어지듯이 땅에서도 이루어지이다. 오늘날 우리에게 일용할 양식을 주옵시고, 우리가 우리에게 죄진 자를 사하여 준 것 같이 우리 죄를 사하여 주시옵소서. 우리를 시험에 들게 하지 마옵시고, 다만 악에서 구하옵소서. 과연 나라와 권세와 영광이 영원히 주께 있사옵나이다. 아멘.

제16과

벨직신앙고백서 제27-29항

교 회(I)

제27항 보편의 그리스도 교회[1]

우리는 하나의 보편적 혹은 우주적인 교회를 믿고 고백한다.[2] 이 교회는 기독교 참 신자들, 곧 그들의 모든 구원을 예수 그리스도 안에서 기대하며[3] 그의 피로 씻음을 받고 성령에 의해 거룩하게 되고 인침을 받은[4] 자들의 거룩한 회중이고 모임이다.[5]

---

1) The Catholic Christian Church
    We believe and profess one catholic or universal church, which is a holy congregation and assembly of the true Christian believers, who expect their entire salvation in Jesus Christ, are washed by His blood, and are sanctified and sealed by the Holy Spirit.
    This church has existed from the beginning of the world and will be to the end, for Christ is an eternal King who cannot be without subjects. This holy church is preserved by God against the fury of the whole world, although for a while it may look very small and as extinct in the eyes of man. Thus during the perilous reign of Ahab, the Lord kept for Himself seven thousand persons who had not bowed their knees to Baal.
    Moreover, this holy church is not confined or limited to one particular place or to certain persons, but is spread and dispersed throughout the entire world. Yet, it is joined and united with heart and will, in one and the same Spirit, by the power of faith

2) · 창 22:18 또 네 씨로 말미암아 천하 만민이 복을 얻으리니 이는 네가 나의 말을 준행하였음이니라 하셨다 하니라
    · 사 49:6 그가 이르시되 네가 나의 종이 되어 야곱의 지파들을 일으키며 이스라엘 중에 보전된 자를 돌아오게 할 것은 매우 쉬운 일이라 내가 또 너를 이방의 빛을 삼아 나의 구원을 베풀어서 땅 끝까지 이르게 하리라
    · 엡 2:17-19 또 오셔서 먼 데 있는 너희에게 평안을 전하시고 가까운 데 있는 자들에게 평안을 전하셨으니 이는 그로 말미암아 우리 둘이 한 성령 안에서 아버지께 나아감을 얻게 하려 하심이라 그러므로 이제부터 너희는 외인도 아니요 나그네도 아니요 오직 성도들과 동일한 시민이요 하나님의 권속이라

3) · 욜 2:32 누구든지 여호와의 이름을 부르는 자는 구원을 얻으리니 이는 나 여호와의 말대로 시온산과 예루살렘에서 피할 자가 있을 것임이요 남은 자 중에 나 여호와의 부름을 받을 자가 있을 것임이니라
    · 행 2:21 누구든지 주의 이름을 부르는 자는 구원을 얻으리라 하였느니라

4) · 엡 1:13 그 안에서 너희도 진리의 말씀 곧 너희의 구원의 복음을 듣고 그 안에서 또한 믿어 약속의 성령으로 인치심을 받았으니

이 교회는 세상의 처음부터 존재하였고 마지막 날까지 있을 것인데, 그리스도께서 영원한 왕이시요 백성이 없을 수 없는 왕이시기 때문에 그러하다.6) 비록 잠시 동안 사람의 눈에는 매우 작게 보이고 거의 사라진 것처럼 보이지만,7) 이 거룩한 교회는 온 세상의 분노에 맞서 하나님에 의해 보존된다.8) 그리하여 아합의 폭정 동안에도 여호와께서는 바알에게 무릎을 꿇지 아니한 칠천 명을 자신을 위해 보존하셨다.9)

더구나 이 거룩한 교회는 어떤 특정한 장소나 어떤 사람들에게 한정되거나 제한되지 않고 전 세계에 확산되고 분포되어 있다.10) 그러나 한 분 동일한 성령 안에서 믿음의 능력에 의하여 마음과 뜻이

・엡 4:30 하나님의 성령을 근심하게 하지 말라 그 안에서 너희가 구속의 날까지 인치심을 받았느니라

5) ・시 111:1 할렐루야 내가 정직한 자들의 모임과 회중 가운데에서 전심으로 여호와께 감사하리로다
・요 10:14, 16 나는 선한 목자라 내가 내 양을 알고 양도 나를 아는 것이 또 이 우리에 들지 아니한 다른 양들이 내게 있어 내가 인도하여야 할 터이니 그들도 내 음성을 듣고 한 무리가 되어 한 목자에게 있으리라
・엡 4:3-6 평안의 매는 줄로 성령의 하나되게 하신 것을 힘써 지키라 몸이 하나요 성령이 한 분이시니 이와 같이 너희가 부르심의 한 소망 안에서 부르심을 입었느니라 주도 한 분이요 믿음도 하나요 세례도 하나요 하나님도 한 분이시니 곧 만유의 아버지시라. 만유 위에 계시고 만유를 통일하시고 만유 가운데 계시도다
・히 12:22, 23 그러나 너희가 이른 곳은 시온 산과 살아계신 하나님의 도성인 하늘의 예루살렘과 천만 천사와 하늘에 기록된 장자들의 모임과 교회와 만민의 심판자이신 하나님과 및 온전하게 된 의인의 영들과

6) ・삼하 7:16 네 집과 네 나라가 내 앞에서 영원히 보전되고 네 왕위가 영원히 견고하리라 하셨다 하라
・시 89:36 그의 후손이 장구하고 그의 왕위는 해같이 내 앞에 항상 있으며
・시 110:4 여호와는 맹세하고 변하지 아니하시리라 이르시기를 너는 멜기세덱의 서열을 따라 영원한 제사장이라 하셨도다
・마 28:18, 20 예수께서 나아와 말씀하여 이르시되 하늘과 땅의 모든 권세를 내게 주셨으니 너희에게 분부한 모든 것을 가르쳐 지키게 하라 볼지어다 내가 세상 끝날까지 너희와 항상 함께 있으리라 하시니라
・눅 1:32 그가 큰 자가 되고 지극히 높으신 이의 아들이라 일컬어질 것이요 주 하나님께서 그 조상 다윗의 왕위를 그에게 주시리니

7) ・사 1:9 만군의 여호와께서 우리를 위하여 생존자를 조금 남겨 두지 아니하셨더면 우리가 소돔 같고 고모라 같았으리로다
・벧전 3:20 그들은 전에 노아의 날 방주 예비할 동안 하나님이 오래 참고 기다리실 때에 순종치 아니하던 자들이라 방주에서 물로 말미암아 구원을 얻은 자가 몇 명뿐이니 겨우 여덟 명이라
・계 11:7 그들이 그 증언을 마칠 때에 무저갱으로부터 올라오는 짐승이 그들과 더불어 전쟁을 일으켜 그들을 이기고 그들을 죽일 터인즉

8) ・시 46:5 하나님이 그 성중에 거하시매 성이 흔들리지 아니할 것이라 새벽에 하나님이 도우시리로다
・마 16:18 또 내가 네게 이르노니 너는 베드로라 내가 이 반석 위에 내 교회를 세우리니 음부의 권세가 이기지 못하리라

9) ・왕상 19:18 그러나 내가 이스라엘 가운데 칠천 명을 남기리니 다 무릎을 바알에게 꿇지 아니하고 다 그 입을 바알에게 맞추지 아니한 자니라
・롬 11:4 그에게 하신 대답이 무엇이뇨 내가 나를 위하여 바알에게 무릎을 꿇지 아니한 사람 칠천 명을 남겨 두었다 하셨으니

10) ・마 23:8 그러나 너희는 랍비라 칭함을 받지 말라 너희 선생은 하나요 너희는 다 형제니라
・요 4:21-23 예수께서 가라사대 여자여 내 말을 믿으라 이 산에서도 말고 예루살렘에서도 말고 너희가 아버지께 예배할 때가 이르리라 너희는 알지 못하는 것을 예배하고 우리는 아는 것을 예배하노니 이는 구원이 유대인에게서 남이

연결되고 연합되어 있다.11)

제28항 모든 사람이 그리스도의 교회에 가입해야 할 의무12)

이 거룩한 모임과 회중은 구속(救贖) 받은 자의 모임이며 여기를 떠나서는 구원이 없기 때문에13) 우리는 어떠한 사람도 그의 지위나 신분을 막론하고 여기에서 물러나 떨어져 혼자 있는 것에 만족해서는 안 된다고 믿는다. 모든 사람은 각각 교회에 가입하고 연합되어야 할 의무가 있으며,14) 교회의

나라 아버지께 참으로 예배하는 자들은 신령과 진정으로 예배할 때가 오나니 곧 이 때라 아버지께서는 이렇게 자기에게 예배하는 자들을 찾으시느니라
· 롬 10:12, 13 유대인이나 헬라인이나 차별이 없음이라 한 분이신 주께서 모든 사람의 주가 되사 그를 부르는 모든 사람에게 부요하시도다 누구든지 주의 이름을 부르는 자는 구원을 얻으리라

11) · 시 119:63 나는 주를 경외하는 모든 자들과 주의 법도를 지키는 자들의 친구라
· 행 4:32 믿는 무리가 한 마음과 한 뜻이 되어 모든 물건을 서로 통용하고 자기 재물을 조금이라도 자기 것이라 하는 이가 하나도 없더라
· 엡 4:4 몸이 하나이요 성령도 한 분이시니 이와 같이 너희가 부르심의 한 소망 안에서 부르심을 입었느니라

12) Everyone's Duth to Join The Church
We believe, since this holy assembly and congregation is the assembly of the redeemed and there is no salvation outside of it, that no one ought to withdraw from it, content to be by himself, no matter what his status or standing may be. But all and everyone are obliged to join it and unite with it, maintaining the unity of the church.
They must submit themselves to its instruction and discipline, bend their necks under the yoke of Jesus Christ, and serve the edification of the brothers and sisters, according to the talents which God has given them as members of the same body.
To observe this more effectively, it is the duty of all believers, according to the Word of God, to separate from those who do not belong to the church and to join this assembly wherever God has established it. They should do so even though the rulers and edicts of princes were against it, and death or physical punishment might follow.
All therefore who draw away from the church or fail to join it act contrary to the ordinance of God.

13) · 마 16:18 또 내가 네게 이르노니 너는 베드로라 내가 이 반석 위에 내 교회를 세우리니 음부의 권세가 이기지 못하리라
· 행 2:47 하나님을 찬미하며 또 온 백성에게 칭송을 받으니 주께서 구원 받는 사람을 날마다 더하게 하시니라
· 갈 4:26 오직 위에 있는 예루살렘은 자유자니 곧 우리 어머니라
· 엡 5:25-27 남편들아 아내 사랑하기를 그리스도께서 교회를 사랑하시고 그 교회를 위하여 자신을 주심같이 하라 이는 곧 물로 씻어 말씀으로 깨끗하게 하사 거룩하게 하시고 자기 앞에 영광스러운 교회로 세우사 티나 주름잡힌 것이나 이런 것들이 없이 거룩하고 흠이 없게 하려 하심이니라
· 히 2:11, 12 거룩하게 하시는 자와 거룩하게 함을 입은 자들이 다 한 근원에서 난지라 그러므로 형제라 부르시기를 부끄러워 아니하시고 이르시되 내가 주의 이름을 내 형제들에게 선포하고 내가 주를 교회 중에서 찬송하리라 하셨으며
· 히 12:23 하늘에 기록한 장자들의 모임과 교회와 만민의 심판자이신 하나님과 및 온전케 된 의인의 영들과

14) · 대하 30:8 그런즉 너희 조상들같이 목을 곧게 하지 말고 여호와께 돌아와 영원히 거룩하게 하신 전에 들어가서 너희 하나님 여호와를 섬겨 그의 진노가 너희에게서 떠나게 하라
· 요 17:21 아버지께서 내 안에 내가 아버지 안에 있는 것같이 그들도 다 하나가 되어 우리 안에 있게 하사 세상으로 아버지께서 나를 보내신 것을 믿게 하옵소서
· 골 3:15 그리스도의 평강이 너희 마음을 주장하게 하라 너희는 평강을 위하여 한 몸으로 부르심을 받았나니 너희는 또한 감사하는 자가 되라

통일성을 유지하면서, 교회의 가르침과 권징에 복종해야 하고15) 그 목에 예수 그리스도의 멍에를 메며16) 하나님께서 동일한 몸의 지체로서 그들에게 주신 재능을 따라서17) 형제자매들을 세우기 위해 봉사해야 한다.18)

이것을 좀더 효과적으로 지키기 위하여 하나님의 말씀을 따라 모든 신자는 교회에 속하지 않은 자들에게서 분리되어19) 어느 곳에든지 하나님께서 세우신 이 모임에 가입할 의무가 있다.20) 그들은 심지어 통치자들이 반대하고 권세자들의 칙령들이 금할지라도 그리고 죽음이나 육체적인 형벌이 따른다고 할지라도 그렇게 해야 한다.21)

그러므로 교회에서 물러나 떨어져있는 자나 가입하지 않는 자는 모두 하나님의 규례를 거슬러 행하는 것이다.

---

15) · 히 13:17 너희를 인도하는 자들에게 순종하고 복종하라. 그들은 너희 영혼을 위하여 경성하기를 자기가 청산할 자인 것같이 하느니라 그들로 하여금 즐거움으로 이것을 하게 하고 근심으로 하게 말라 그렇지 않으면 너희에게 유익이 없느니라

16) · 마 11:28-30 수고하고 무거운 짐진 자들아 다 내게로 오라 내가 너희를 쉬게 하리라 나는 마음이 온유하고 겸손하니 나의 멍에를 메고 내게 배우라 그러면 너희 마음이 쉼을 얻으리니 이는 내 멍에는 쉽고 내 짐은 가벼움이라 하시니라

17) · 고전 12:7, 27 각 사람에게 성령을 나타내심은 유익하게 하려 하심이라 너희는 그리스도의 몸이요 지체의 각 부분이라
· 엡 4:16 그에게서 온 몸이 각 마디를 통하여 도움을 받음으로 연결하고 결합하여 각 지체의 분량대로 역사하여 그 몸을 자라게 하며 사랑 안에서 스스로 세우느니라

18) · 엡 4:12 이는 성도를 온전하게 하며 봉사의 일을 하게 하며 그리스도의 몸을 세우려 하심이라

19) · 민 16:23-26 여호와께서 모세에게 일러 가라사대 회중에게 명령하여 이르기를 너희는 고라와 다단과 아비람의 장막 사방에서 떠나라 하라 모세가 일어나 다단과 아비람에게로 가니 이스라엘 장로들이 따랐더라 모세가 회중에게 말하여 이르되 이 악인들의 장막에서 떠나고 그들의 물건은 아무것도 만지지 말라 그들의 모든 죄중에서 너희도 멸망할까 두려워 하노라 하매
· 사 52:11 너희는 떠날지어다 떠날지어다 거기서 나오고 부정한 것을 만지지 말지어다 그 가운데에서 나올지어다 여호와의 기구를 메는 자들이여 스스로 정결하게 할지어다
· 행 2:40 또 여러 말로 확증하며 권하여 이르되 너희가 이 패역한 세대에서 구원을 받으라 하니
· 롬 16:17 형제들아 내가 너희를 권하노니 너희가 배운 교훈을 거슬러 분쟁을 일으키거나 거치게 하는 자들을 살피고 그들에게서 떠나라
· 계 18:4 또 내가 들으니 하늘로부터 다른 음성이 나서 이르되 내 백성아 거기서 나와 그의 죄에 참여하지 말고 그가 받을 재앙들을 받지 말라

20) · 시 122:1 사람이 내게 말하기를 여호와의 집에 올라가자 할 때에 내가 기뻐하였도다
· 사 2:3 많은 백성이 가며 이르기를 오라 우리가 여호와의 산에 오르며 야곱의 하나님의 전에 이르자 그가 그의 길을 우리에게 가르치실 것이라 우리가 그 길로 행하리라 하리니 이는 율법이 시온에서부터 나올 것이요 여호와의 말씀이 예루살렘에서부터 나올 것임이니라
· 히 10:25 모이기를 폐하는 어떤 사람들의 습관과 같이 하지 말고 오직 권하여 그 날이 가까움을 볼수록 더욱 그리하자

21) · 행 4:19, 20 베드로와 요한이 대답하여 가로되 하나님 앞에서 너희의 말을 듣는 것이 하나님 말씀을 듣는 것보다 옳은가 판단하라 우리는 보고 들은 것을 말하지 아니할 수 없다 하니

제29항 참 교회와 거짓 교회의 표지[22]

오늘날 세상에 있는 모든 분파들이 스스로 교회라고 자처하기 때문에[23] 우리는 무엇이 참 교회인지를 하나님의 말씀에서 부지런히 그리고 매우 신중하게 분별해야 함을 믿는다. 우리는 여기에서 선한 자들과 함께 교회에 섞여 있으나 교회의 부분은 아니고 단지 외적으로만 그 안에 있는 위선자들에 대해 말하는 것이 아니다.[24] 우리는 교회로 자처하는 모든 분파들과 구별되어야 하는 참 교회의 몸과 교제에 관하여 이야기하고 있다.

참 교회는 다음의 표지에 의해서 알 수 있다. 그 교회는 복음을 순수하게 전한다.[25] 그 교회는 그리스도께서 제정하신 대로 성례를 순수하게 집행한다.[26] 죄를 교정하고 벌하기 위하여 교회의 권징을

---

22) The Marks of The True and The False Church

We believe that we ought to discern diligently and very carefully from the Word of God what is the true church, for all sects which are in the world today claim for themselves the name of church. We are not speaking here of the hypocrites, who are mixed in the church along with the good and yet are not part of the church, although they are outwardly in it. We are speaking of the body and the communion of the true church which must be distinguished from all sects that call themselves the church.

The true church is to be recognized by the following marks: It practises the pure preaching of the gospel. It maintains the pure administration of the sacraments as Christ instituted them. It exercises church discipline for correcting and punishing sins. In short, it governs itself according to the pure Word of God, rejecting all things contrary to it and regarding Jesus Christ as the only Head.

Hereby the true church can certainly be known and no one has the right to separate from it. Those who are of the church may be recognized by the marks of Christians. They believe in Jesus Christ the only Saviour, flee from sin and pursue righteousness, love the true God and their neighbour without turning to the right or left, and crucify their flesh and its works. Although great weakness remains in them, they fight against it by the Spirit all the days of their life. They appeal constantly to the blood, suffering, death, and obedience of Jesus Christ, in whom they have forgiveness of their sins through faith in Him.

The false church assigns more authority to itself and its ordinances than to the Word of God. It does not want to submit itself to the yoke of Christ. It does not administer the sacraments as Christ commanded in His Word, but adds to them and subtracts from them as it pleases. It bases itself more on men than on Jesus Christ. It persecutes those who live holy lives according to the Word of God and who rebuke the false church for its sins, greed, and idolatries.

These two churches are easily recognized and distinguished from each other.

23) · 계 2:9 내가 네 환난과 궁핍을 알거니와 실상은 네가 부요한 자니라 자칭 유대인이라 하는 자들의 비방도 알거니와 실상은 유대인이 아니요 사단의 회당이라

24) · 롬 9:6 그러나 하나님의 말씀이 폐하여진 것 같지 않도다 이스라엘에게서 난 그들이 다 이스라엘이 아니요

25) · 갈 1:8 그러나 우리나 혹 하늘로부터 온 천사라도 우리가 너희에게 전한 복음 외에 다른 복음을 전하면 저주를 받을지어다
 · 딤전 3:15 만일 내가 지체하면 너로 하여금 하나님의 집에서 어떻게 행하여야 할 것을 알게 하려 함이니 이 집은 살아계신 하나님의 교회요 진리의 기둥과 터이니라

26) · 행 19:3-5 바울이 이르되 그러면 너희가 무슨 세례를 받았느냐 대답하되 요한의 세례로라 바울이 이르되 요한이 회개의 세례를 베풀며 백성에게 말하되 내 뒤에 오시는 이를 믿으라 하였으니 이는 곧 예수라 하거늘 그들이 듣고 주 예수의 이름으로 세례를 받으니
 · 고전 11:20-29 그런즉 너희가 함께 모여서 주의 만찬을 먹을 수 없으니 이는 먹을 때에 각각 자기의 만찬을 먼저 갖다 먹으므로 어떤 이는 시장하고 어떤 사람은 취함이라 너희가 먹고 마실 집이 없느냐 너희가 하나님의 교회를 업신여기고 빈궁한 자들을 부끄럽게 하느냐 내가 너희에게 무슨 말을 하랴 너희를 칭찬하랴 이것으로 칭찬하지 않노라 내

행한다.27) 요컨대 교회는 하나님의 순수한 말씀을 따라 스스로를 다스리며28) 거기에 거스르는 것을 모두 거부하고29) 예수 그리스도를 유일하신 머리로 인정한다.30) 이러한 표지로써 참 교회는 분명하게 알려지며 아무도 거기에서 분리할 권리를 갖고 있지 않다.

교회에 속한 자들은 그리스도인의 표지들에 의해서 식별된다. 즉 그들은 믿음이 있어 예수 그리스도를 유일하신 구주로 믿고31) 죄를 멀리하며 의를 추구하고32) 참 하나님과 그들의 이웃을 사랑하고

가 너희에게 전한 것은 주께 받은 것이니 곧 주 예수께서 잡히시던 밤에 떡을 가지사 축사하시고 떼어 이르시되 이것은 너희를 위하는 내 몸이니 이것을 행하여 나를 기념하라 하시고 식후에 또한 이와 같이 잔을 가지시고 이르시되 이 잔은 내 피로 세운 새 언약이니 이것을 행하여 마실 때마다 나를 기념하라 하셨으니 너희가 이 떡을 먹으며 이 잔을 마실 때마다 주의 죽으심을 그가 오실 때까지 전하는 것이니라 그러므로 누구든지 주의 떡이나 잔을 합당하지 않게 먹고 마시는 자는 주의 몸과 피에 대하여 죄를 짓는 것이니라 사람이 자기를 살피고 그 후에야 이 떡을 먹고 이 잔을 마실지니 주의 몸을 분별하지 못하고 먹고 마시는 자는 자기의 죄를 먹고 마시는 것이니라

27) · 마 18:15-17 네 형제가 죄를 범하거든 가서 너와 그 사람과만 상대하여 권고하라 만일 들으면 네가 네 형제를 얻은 것이요 만일 듣지 않거든 한두 사람을 데리고 가서 두세 증인의 입으로 말마다 확증하게 하라 만일 그들의 말도 듣지 않거든 교회에 말하고 교회의 말도 듣지 않거든 이방인과 세리와 같이 여기라
· 고전 5:4, 5, 13 주 예수의 이름으로 너희가 내 영과 함께 모여서 우리 주 예수의 능력으로 이런 자를 사단에게 내어 주었으니 이는 육신은 멸하고 영은 주 예수의 날에 구원을 받게 하려 함이라 밖에 있는 사람들은 하나님이 심판하시려니와 이 악한 사람은 너희 중에서 내쫓으라
· 살후 3:6, 14 형제들아 우리 주 예수 그리스도의 이름으로 너희를 명하노니 게으르게 행하고 우리에게서 받은 전통대로 행하지 아니하는 모든 형제에게서 떠나라 누가 이 편지에 한 우리 말을 순종하지 아니하거든 그 사람을 지목하여 사귀지 말고 그로 하여금 부끄럽게 하라
· 딛 3:10 이단에 속한 사람을 한두 번 훈계한 후에 멀리 하라

28) · 요 8:47 하나님께 속한 자는 하나님의 말씀을 들으니 너희가 듣지 아니함은 하나님께 속하지 아니하였음이로다
· 요 17:20 내가 비옵는 것은 이 사람들만 위함이 아니요 또 그들의 말로 말미암아 나를 믿는 사람들도 위함이니
· 행 17:11 베뢰아에 있는 사람은 데살로니가에 있는 사람보다 더 너그러워서 간절한 마음으로 말씀을 받고 이것이 그러한가 하여 날마다 성경을 상고하므로
· 엡 2:20 너희는 사도들과 선지자들의 터 위에 세우심을 입은 자라 그리스도 예수께서 친히 모퉁잇돌이 되셨느니라
· 골 1:23 만일 너희가 믿음에 거하고 터 위에 굳게 서서 너희 들은 바 복음의 소망에서 흔들리지 아니하면 그리하리라 이 복음은 천하 만민에게 전파된 바요 나 바울은 이 복음의 일꾼이 되었노라
· 딤전 6:3 누구든지 다른 교훈을 하며 바른 말 곧 우리 주 예수 그리스도의 말씀과 경건에 관한 교훈을 따르지 아니하면

29) · 살전 5:21 범사에 헤아려 좋은 것을 취하고
· 딤전 6:20 디모데야 망령되고 헛된 말과 거짓된 지식의 반론을 피함으로 네게 부탁한 것을 지키라
· 계 2:6 오직 네게 이것이 있으니 네가 니골라당의 행위를 미워하는도다 나도 이것을 미워하노라

30) · 요 10:14 나는 선한 목자라. 나는 내 양을 알고 양도 나를 아는 것이
· 엡 5:23 이는 남편이 아내의 머리됨이 그리스도께서 교회의 머리됨과 같음이니 그가 바로 몸의 구주시니라
· 골 1:16 만물이 그에게서 창조되되 하늘과 땅에서 보이는 것들과 보이지 않는 것들과 혹은 왕권들이나 주권들이나 통치자들이나 권세들이나 만물이 다 그로 말미암고 그를 위하여 창조되었고

31) · 요 1:12 영접하는 자 곧 그 이름을 믿는 자들에게는 하나님의 자녀가 되는 권세를 주셨으니
· 요일 4:2 이로써 너희가 하나님의 영을 알지니 곧 예수 그리스도께서 육체로 오신 것을 시인하는 영마다 하나님께 속한 것이요

33) 좌로나 우로 치우침이 없으며 그들의 육신을 그 행위와 더불어 십자가에 못박는다.34) 비록 그들 안에 큰 연약함이 남아있지만 그들은 평생 동안 성령을 힘입어 그것과 더불어 싸운다.35) 그들은 끊임없이 예수 그리스도의 보혈과 고난과 죽음과 순종에 호소하며, 그 안에서 그를 믿는 믿음으로 그들의 죄 사함을 얻는다.36)

거짓 교회는 하나님의 말씀보다도 교회 자체와 교회의 규례들에 더 많은 권위를 부여한다. 그것은 그리스도의 멍에에 자신을 굴복시키려 하지 않는다.37) 그것은 그리스도께서 그의 말씀에서 명하신 대로 성례를 집행하지 않고 자기들에게 좋게 여기는 대로 더하기도 하고 빼기도 한다. 그것은 예수 그리스도보다는 사람에 근거를 하고 있다. 그것은 하나님의 말씀을 따라서 거룩한 삶을 사는, 그리고 죄와 탐욕과 우상 숭배로 인한 거짓 교회를 책망하는 자들을 핍박한다.38) 이 두 교회들은 쉽게 식별되며 서로 구별된다.

---

32) · 롬 6:2 그럴 수 없느니라 죄에 대하여 죽은 우리가 어찌 그 가운데 더 살리요
 · 빌 3:12 내가 이미 얻었다 함도 아니요 온전히 이루었다 함도 아니라 오직 내가 그리스도 예수께 잡힌 바 된 그것을 잡으려고 달려가노라

33) · 요일 4:19-21 우리가 사랑함은 그가 먼저 우리를 사랑하셨음이라 누구든지 하나님을 사랑하노라 하고 그 형제를 미워하면 이는 거짓말하는 자니 보는 바 그 형제를 사랑하지 아니하는 자는 보지 못하는 바 하나님을 사랑할 수 없느니라 우리가 이 계명을 주께 받았나니 하나님을 사랑하는 자는 또한 그 형제를 사랑할지니라

34) · 갈 5:24 그리스도 예수의 사람들은 육체와 함께 그 정욕과 탐심을 십자가에 못 박았느니라

35) · 롬 7:15 내가 행하는 것을 내가 알지 못하노니 곧 내가 원하는 것은 행하지 아니하고 도리어 미워하는 것을 행함이라
 · 갈 5:17 육체의 소욕은 성령을 거스르고 성령은 육체를 거스르나니 이 둘이 서로 대적함으로 너희가 원하는 것을 하지 못하게 하려 함이니라

36) · 롬 7:24, 25 오호라 나는 곤고한 사람이로다 이 사망의 몸에서 누가 나를 건져내랴 우리 주 예수 그리스도로 말미암아 하나님께 감사하리로다 그런즉 내 자신이 마음으로는 하나님의 법을 육신으로는 죄의 법을 섬기노라
 · 요일 1:7-9 그가 빛 가운데 계신 것같이 우리도 빛 가운데 행하면 우리가 서로 사귐이 있고 그 아들 예수의 피가 우리를 모든 죄에서 깨끗하게 하실 것이요 만일 우리가 죄가 없다고 말하면 스스로 속이고 또 진리가 우리 속에 있지 아니할 것이요 만일 우리가 우리 죄를 자백하면 그는 미쁘시고 의로우사 우리 죄를 사하시며 우리를 모든 불의에서 깨끗하게 하실 것이요

37) · 행 4:17, 18 이것이 민간에 더 퍼지지 못하게 그들을 위협하여 이 후에는 이 이름으로 아무에게도 말하지 말게 하자 하고 그들을 불러 경고하여 도무지 예수의 이름으로 말하지도 말고 가르치지도 말라 하니
 · 딤후 4:3, 4 때가 이르리니 사람이 바른 교훈을 받지 아니하며 귀가 가려워서 자기의 사욕을 따를 스승을 많이 두고 또 그 귀를 진리에서 돌이켜 허탄한 이야기를 따르리라
 · 요이 9 지나쳐 그리스도 교훈 안에 거하지 아니하는 자는 하나님을 모시지 못하되 교훈 안에 거하는 그 사람은 아버지와 아들을 모시느니라

38) · 요 16:2 사람들이 너희를 출교할 뿐 아니라 때가 이르면 무릇 너희를 죽이는 자가 생각하기를 이것이 하나님을 섬기는 일이라 하리라

개관

이번 과에서 우리는 그리스도의 교회에 관한 성경적인 고백을 고찰한다.

1. 교회 : 그리스도의 걸작품

'교회'라는 단어는 문자적으로 '주님에게 속한 것'을 의미한다('Kuriakos' -k-r-k-; 비교하라; "kirk," "kirche," "kerk").

그리스도께서는 교회를 세상에서 그의 말씀과 성령으로 모으신다. 그런 까닭에 그는 교회의 유일한 머리로서 고려된다. 그런 까닭에 교회는 또한 불러내어진, 선택된, 하나님께로 그리고 그를 섬기는 데로 구별된, '교회'로 불려진다.

성경은 그리스도와 교회 사이에 있는 친밀한 관계를 보여주기 위한 여러 가지 예를 사용한다.

a) 머리와 몸(고린도전서 12:27)
b) 목자와 양(요한복음 10:11)
c) 포도나무와 가지(요한복음 15:5)
d) 모퉁이돌과 돌들(베드로전서 2:4; 에베소서 2:20)
e) 신랑과 신부(계시록 19:7)

성경이 '그리스도의 몸' '하나님의 가족'(에베소서 2:19; 디모데전서 3:15)으로서 교회를 말하고 있기 때문에, 교회가 사람의 자발적인 교제가 아니라 신적인 걸작품이라는 사실은 분명하다. 그리스도 그 자신께서 특별하게 교회에 대해 '내 교회'라고 말씀하셨다(마태복음 16:18). 그렇기 때문에 교회는 우리가 그것이 있는 것이 '좋다'고 한 것이 아니고 그리스도께서 '있도록' 결정하셨던 것이다.

교회에 관한 대다수의 이단은 그릇된 출발을 갖고 있다. 즉 교회는 종교적인 친교를 도모하기 위한 사람의 '시범적 작품'으로 여겨졌다. 개혁교회의 신앙고백서는 교회는 전적으로 그리스도의 걸작품이라고 힘주어 강조한다.

2. 교회의 속성

사도신경(주후 400)은 이미 그리스도의 교회에 관한 단순한 조항을 신조 형식으로 만들었다. "나는 하나의 거룩한 보편적 그리스도의 교회와 성도의 교제를 믿습니다." 이 조항은 하이델베르크 교리문답 제21주일과 벨직신앙고백서 제27항에 설명되어 있다.

신앙고백서는 "나는 … 교회를 믿습니다"로 진술하지 않는다. 왜냐하면 이것은 구속하는 힘을 교회에 돌리는 것이기 때문이다(로마 카톨릭신앙). 우리는 단지 하나님을 믿는다. 그리고 더 나아가 우리는 그리스도께서 "거룩한 회중이며 그리스도의 참 신자들의 모임으로서" 교회를 모으시는 하나님의 말씀을 믿는다.

이 교회는 여러 가지 속성을 가지고 있다.

a) 거룩성 : 즉 하나님을 섬기려고 구별되어 있고, 바쳐져 있다. 또는 교리문답이 말하는 것처럼 "영생을 위하여 선택되어 있다." 이것은 그리스도께서 그의 교회를 그의 피와 성령으로 깨끗하게 하셨다는 사실을 강조한다. 이것은 교회가 자신 안에 거룩성을 가지고 있다는 것을 암시하는 것이 아니라, 교회가 그리스도를 가졌으며 그리스도 안에 있어야만 한다는 것을 강조하는 것이다.

레위기 19:2, "너희는 거룩하라 나 여호와 너희 하나님이 거룩함이니라" 베드로전서 2:9, "오직 너희는 택하신 족속이요 왕 같은 제사장들이요 거룩한 나라요 그의 소유된 백성이니"

b) 보편성 : 즉 우주적인 혹은 '보편적인' 이 거룩한 교회는 어떤 특정한 장소나 어떤 사람들에게 한정되거나 제한되지 않고 전 세계에 확산되고 분포되어 있다(제27항). 그리스도께서는 세상의 처음부터(창 3:15) 끝날까지 모으신다(주의 날 21). 잠시동안 하나님의 은혜가 이스라엘에게 제한되었을지라도 이것은 하나의 특별한 목적을 가졌으며(그리스도를 육체에 따라 오시도록 하려고) 그럼에도 불구하고 보편성의 관점을 유지했다(시편 87:6절에 비교되는 것으로서 시편 147:20). 그 교회의 보편적인 특징은 특별히 사도적 사역에서 뚜렷하다(에베소서 2:13).

c) 사도성 : 이 특징은 니케아 신조에 강조되어 있고 그것은 교회, 그리스도의 구속사역에 관한 사도들의 증거에 관한 교리적인 기초를 나타낸다(에베소서 2:20; 요일 1:1-4).

d) 일치성 : 이 교회는 그리스도에 의해서 '참 믿음의 일치' 안으로 모아진다(하이델베르크 교리문답 제21주). 그리고 "마음과 뜻으로 하나이시며 같은 성령 안에서 일체가 된다."(27항) 이것은 특별히 그리스도께서 모으실 때 진리 안에서의 일치(요 17:11)라는 기준을 보여준다. 어떤 일치든 그것이 자신을 이 진리에 기초하지 않는다면 사기이다.

3. 교회의 기초

신앙고백서는 제29항에서 교회의 기본 표지는 "교회는 하나님의 순수한 말씀을 따라 스스로를 다스리며 거기에 거스르는 것을 모두 거부하고 예수 그리스도를 유일하신 머리로 인정한다"라고 진술하고 있다. 성경은 교회의 기초에 대해 다음과 같이 말한다 :

a) 그리스도 자신이 그의 죽으심과 부활을 통해서 기초석이 되심으로 그 기초가 되신다(더욱 그 머리

로서).

고린도전서 3:11, "이 닦아 둔 것 외에 능히 다른 터를 닦아 둘 자가 없으니 이 터는 곧 예수 그리스도라."

b) 사도적인 증거와 옛적 예언서들(하나님의 완전한 계시)이 교회의 기초이다. 이 예언적인 증거는 유일한 중보자로 그리스도를 가리키고 있기 때문이다.

에베소서 2:20, "너희는 사도들과 선지자들의 터 위에 세우심을 입은 자라."

우리는 다음과 같이 두 가지를 하나로 결합시킨다 : 완전한 성경에 계시되어 있는 분으로서 그리스도는 교회의 유일한 기초이며 교회의 머리가 되신다.

질문 | 제16과

1 _ '교회' 라는 말은 무슨 뜻인가?

2 _ 성경에 나오는 '교회'에 해당하는 또 다른 말은 무엇인가?

3 _ 성경은 그리스도 - 교회의 관계에 대해 무슨 예들을 사용하는가?

4 _ 교회에 관련하여 기본적인 이단은 무엇인가?

5 _ 교회의 '속성' 들은 무엇인가?

6 _ 교회의 기초는 무엇인가?

암기 과제 | 하이델베르크 교리문답 _ 제21주일 _ 제54문답

제 54 문 _ "거룩한 보편적 그리스도 교회"에 관하여 당신은 무엇을 믿습니까?
　　답 _ 나는, 하나님의 아들이 전 인류로부터 세상 처음부터 세상 끝까지 그의 말씀과 성령으로, 참 믿음의 일치 안에서, 영원한 생명에로 선택된 교회를 친히 모으시고 보호하고 보존하심을 믿습니다. 그리고 나는 지금 그리고 영원히 이 교회의 살아있는 지체임을 믿습니다.

제17과

벨직신앙고백서 제27-29항
교 회(Ⅱ)

개관

이번 과에서는 교회에 대하여 그리고 교회 안에서의 우리의 책임을 고찰한다. 그래서 어떻게 우리가 '참된' 교회와 '거짓' 교회 사이를 구별해야만 하는지를 살펴본다.

1. 교회 : 우리의 책임

교회가 그리스도에게 속하여 있고 그분에 의해서 소집이 되는데 반해(제16과를 보라), 우리는 이 교회에 대하여 그리고 교회 안에서 특별한 책임을 갖는다.

그리스도께서는 모으신다 = 우리는 함께 모여야 (만) 한다. 신앙고백서는 두 관점을 강조하기 위해서 두 단어를 사용하고 있다.

Congregatio	Coetus
(모으심)	(함께 모임)

우리의 책임은 이중이다.

a) 교회에 대하여 : "모든 사람은 각각 교회에 가입하고 연합되어야 할 의무가 있으며, 교회의 통일성을 유지하면서"(제28항), 이것은 중요한 사안이다. 신앙고백서가 "이 거룩한 모임과 회중은 구속(救贖) 받은 자의 모임이며 여기를 떠나서는 구원이 없기 때문에" 즉 그리스도께서는 구원과 은혜의 수단('화목하게 하는 직책' 고린도후서 5장)을 그의 참 교회에게는 주시지만 거짓 교회나 세상에게

는 주시지 않는다고 말하고 있기 때문이다.

에베소서 4:3, "평안의 매는 줄로 성령의 하나 되게 하신 것을 힘써 지키라."

b) 교회 안에서 : 모든 사람은 "하나님께서 동일한 몸의 지체로서 그들에게 주신 재능을 따라서 형제자매들을 세우기 위해 봉사해야 한다"(제28항). 교리문답은 진술하고 있다. "각 신자는 자기의 은사를 다른 지체의 유익과 복을 위하여 기꺼이 그리고 즐거이 사용할 의무가 있다"(하이델베르크 교리문답 제21주 제55문답). 교회는 또한 '성도의 교제' 이다. 그리고 그런 까닭에 지체들은 서로에게 의무가 있다. 고린도전서 12:25, "몸 가운데서 분쟁이 없고 오직 여러 지체가 서로 같이하여 돌아보게 하셨으니"

교회는 하나이며 참 믿음의 일치 안에 모아져 있다. 이것이 교회의 한 특징이다. 문제는 언제나 우리가 이 일치를 유지하느냐 아니면 "하나님의 규례를 거슬러 행하는 것"이냐(제28항) 하는 것이다. 그리스도의 교회의 '살아있는 지체'로 살지 않는 것은 하나님의 율법의 위반이며, 그러기에 자신과 그 자녀에게 위험스러운 일이다(자신이 결정한 우상숭배에 의하여 3, 4대까지 미치는 하나님의 징벌에 관한 2계명을 보라).

2. 참 교회와 거짓 교회(제29항)

신앙고백서는 '참 교회'와 스스로 '교회'라고 자처하는 '모든 종파들'을 구분하고 있다. 유사하게, 신앙고백은 또한 '거짓교회'에 대해서 말하고 있다. 우선적으로(구상했던 당시에) 로마 가톨릭교회(일찍 언급했던 모든 종파들을 제외하지 않음)를 의미하고 있다.

'종파' 라는 단어(라틴어 동사 'sequi', 따르다)는 진리를 전한다는 구실 하에서 "그리스도의 복음을 벗어나게 하는" 거짓 교사를 '따르는' 자들을 표시한다(갈라디아서 1:7).

'교회'와 '종파들'의 차이 곧 '참 교회'와 '거짓 교회'의 차이는 충분히 성경에 근거한 것이다 :

a) 거짓 교훈에 대한 경고에서(골로새서 2:8, 20)
b) 거짓 선지자들과 교사들에 대한 경고에서(베드로후서 2:1-4)
c) '땅의 왕들'(거짓 교회와 세상의 권세들)과 음행을 범하는 '바빌론의 음녀'(요한계시록 18)에 대한 경고에서

이 둘 사이를 구별하려는 목적으로 신앙고백서는 우리에게 "무엇이 참 교회인지를 하나님의 말씀에서 부지런히 그리고 매우 신중하게 분별하도록" 촉구하고 있다.

요한일서 4:1, "사랑하는 자들아 영을 다 믿지 말고 오직 영들이 하나님께 속하였나 분별하라 많은

거짓 선지자가 세상에 나왔음이니라."

신앙고백서는 "이 두 교회들은 쉽게 식별되며 서로 구별된다"라고 설명하고 있다. 그러나 이것은 '개약'의 과정이나 전개라는 것이 어디에서나 똑같지 않기 때문에, 여타의 경우보다는 오히려 한 가지 경우에 더욱 확실할 것이다.

3. 교회의 표지

성경은 참 교회상을 보여주는 여러 가지 '표지'를 제시해준다. 이 표지는 앞 과에서 제시한 것처럼 교회의 배타적인 특징을 말해주는 '속성'과 똑같은 것이 아니다. 그 표지는 하나님께서 주신 규범이며, 그것에 따라 교회가 살고 유지된다.

그 표지는 다음과 같다.

a) "그 교회는 복음을 순수하게 전한다"(디모데후서 3:10-17).
b) "그 교회는 그리스도께서 제정하신 대로 성례를 순수하게 집행한다"(고린도전서 11:17-33).
c) "죄를 교정하고 벌하기 위하여 교회의 권징을 행한다"(고린도전서 5:3-5; 디도서 3:10).

✽ 설교 - 성례 - 권징

이것은 그리스도께서 세우신 규범이므로 그 교회와 모든 교회들에서 법칙이 되어야만 한다. 문제는 그 규범을 고수하는 '어떤 교회들'이 아직도 있는지의 여부가 아니라 교회가 그 조직과 예배에서 충분히 그 규범을 고수하고 있느냐의 여부이다.

이와 반대로 거짓 교회의 표지는 :

a) 하나님의 말씀보다도 교회 자체와 교회의 규례들에 더 많은 권위를 부여한다(그 말씀에 더하거나 빼는 일, 계시록 22).
b) 그리스도께서 그의 말씀에서 명하신 대로 성례를 집행하지 않고 자기들에게 좋게 여기는 대로 더하기도 하고 빼기도 한다. 그리스도께서 제정하신 것과 반대로 성례들을 이용한다(평가절하나 지나친 강조 - 성례주의).
c) 예수 그리스도보다는 사람에 근거를 두고 있다(계급체제). 그리고 참된 신자들을 핍박한다.

중심된 질문은 교회가 자신을 순수한 하나님의 말씀에 따라서 다스리느냐? 그것이 바른 토대 위에 있느냐, 아니냐? 이다. 여기에 참 교회와 거짓 교회의 기본적인 차이가 있게 된다.

'참'과 '거짓'이라는 단어는 바르게 이해해야 한다.

* 참 : '진짜' 교회, 하나님의 말씀에 신실한 교회
* 거짓 : (능동적으로 수동적으로 받아들여질 수 있다) '모조 교회', 신실치 못한, 그리고 그래서 의도적이든 아니든 잘못된 길로 나간 교회. 그 '의도'는 결정적인 것이 아니다. 그 실천이 한 교회가 참인지 거짓인지를 결정한다(의도에 대해서는 요한복음 16:2를 보라).

4. 그리스도인의 표지

신앙고백서가 '교회의 표지'에 대해 말할 때, 그것은 이 교회가 '완벽하다'는 사실을 암시하려는 목적이 아니다. 이생에서 교회는 결코 절대적으로 '순수'하지 않고 오히려 '혼합'되어 있다. 거기에는 선한 것을 추구하는 교회에 뒤섞여 있기는 하지만 여전히 교회의 구성원은 아닌 위선자들이 있다. 알곡과 쭉정이가 섞여있는 것처럼 비록 그들이 겉으로 보기에는 그 속에 있을지라도 말이다(제29항). 사도행전 5장을 보라.

위선자들은 기독교적인 색깔의 두꺼운 합판으로 덮인 '모조 그리스도인들'이다. 그들은 외적인 위대한 종교성을 보여줄 수도 있다(그렇기 때문에 드러내는 일에 열심이다). 그러나 그들의 마음은 그리스도께 닫혀있다. 신앙고백서는 이단을 논박하기 위해서 이런 표지들을 마련하였다.

a) 교회의 모든 지체들은 회원이라는 바로 그 사실 때문에 구원을 받는다는 이설(로마 가톨릭)
b) 교회는 이미 이 세상의 참 신자들만으로 구성된다는 이설(재세례파, 그들은 중생자들의 교회를 가르쳤다)

지체들에게 올바른 자기 반성을 바르게 하도록 하기 위하여 신앙고백서는 살아있는 그리스도인의 표지들 -규범들-을 소개한다.

'그리스도인의 표지'는 다음과 같다.

a) 예수 그리스도를 믿음(칭의)
b) 거룩한 생활로 죄를 피함(성화)
c) 진리와 견고함을 유지함(견인)

이것은 신자들 가운데 어떤 '완전함'을 암시하지 않고 그들의 마음의 갱신과 믿음의 지속적인 투쟁을 가리키고 있다.

그리스도께서는 교회를 책망할 것이 없는 한 신부로 그의 아버지께 '선물' 하실 것이다(유다서 1:24).

5. 모든 신자들의 직무

하이델베르크 교리문답 제12주에서 우리는 모든 신자들의 직무를 고백하고 있다. 이것이 의미하는 것은 모든 신자들이 공동의 과업과 소명을 가지고 있다는 것이다. 거기에서 또한 우리가 발견하게 되는 것은 그리스도인이라고 불린다는 사실이 무슨 뜻인가 하는 것이다. 이 직무는 그리스도가 가지신 직무와 같이 삼중으로 되어있다.

a) (선지자적) 그리스도의 이름을 고백함
b) (제사장적) 자신을 감사의 산 제물로 그리스도께 드리는 것
c) (왕적) 죄와 마귀를 대항하여 싸우는 것 그래서 장차 그와 함께 모든 피조물들을 영원토록 다스리는 것(제24과 참조)

질문 | 제17과

1 _ 주의 교회에 대한 우리의 (이중적인) 책임은 무엇인가?

2 _ '종파' 라는 말의 의미는 무엇인가?

3 _ 신앙고백은 참 교회와 종파와 거짓 교회 사이를 왜 구별하는가?

4 _ '표지' 란 무엇인가?

5 _ 참 교회와 거짓 교회의 표지는 무엇인가?

6 _ 무엇이 그리스도인의 표지인가?

7 _ '참' 과 '거짓' 이라는 말의 기본적인 의미들은 무엇인가?

8 _ '위선자들' 이란 무엇인가?

9 _ 교회는 왜 이생에서는 결코 '순수하거나 완벽' 하지 않는가?

암기 과제 | 하이델베르크 교리문답 주의 날 _ 제21주 _ 제55문답 ; _ 제44주 _ 제114문답

《 **제21주**
제 55 문 _ "성도의 교제"를 당신은 어떻게 이해합니까?
> **답** _ 첫째, 신자는 모두 또한 각각 그리스도의 지체로서 주 그리스도와 교제하며 그의 모든 보화들과 은사들을 함께 나눕니다. 둘째, 각 신자는 자기의 은사들을 다른 지체들의 유익과 복지를 위하여 기꺼이 그리고 즐거이 사용해야 할 의무가 있습니다.

《 **제44주**
제 114 문 _ 그런데 하나님께 돌이킨 자들이 이 계명들을 완전히 지킬 수 있습니까?
> **답** _ 아닙니다. 이생에서는 가장 거룩한 자라도 이러한 순종의 작은 시작만 할 뿐입니다. 그럼에도 불구하고 진정으로 일부 계명들만이 아니고 하나님의 모든 계명들에 따라 살기 시작합니다.

제18과

벨직신앙고백서 제27-29항
교 회(III)

개관

이번 과에서는 그리스도의 교회에 관한 일반적인 몇 가지 이론을 고찰한다. 그리고 "항상 개혁(semper reformandum)"이라는 원리를 고백한다.

1. 교회에 관한 일반적인 이론

교회에 관한 다양한 교리들이 있는데, 그 교리들 모두는 약간의 기본적인 유사성들을 보여준다.

a) 교회는 하나의 '사람의 자발적인 교제' 혹은 같은 생각과 같은 신념을 가진 사람의 '자유로운 사교적 모임'으로, 그래서 거기에는 교회에 대한 특정한 거룩한 규범은 없다는 생각(인본주의, 16과를 보라).

b) 모든 교회는 단지 받아들일 수 있는 형식에까지 도달하려는 단순한 하나의 '시범적 작품'으로, 하지만 어떤 교회도 다른 교회들을 희생하면서 '참 교회'라고 주장할 수 없다는 생각. 교회들은 '교단'에 가입할 수 있으나 그들은 또 다른 교회를 그리스도의 참 교회들로 인정하고 도우려고 해야 한다. 거기에는 기껏해야 순수성의 가지각색의 등급이 있을 수 있으나 본질에서 이 모든 교회들은 하나이다(교파주의).

c) 교회는 근본적으로 하나의 보이지 않는 조직이며 단순히 그 자신을 다양한 형태(기관)로 나타낸다는 생각, 그렇게 하여 모든 다양한 교회들이 그리스도의 하나의 보이지 않는 교회를 구성한다(다양성의 이론; 보이지 않는 교회 개념).

이 모든 이론들은 그리스도인 가운데 있는 드러나는 불일치를 '피차 인정하고자 하는 합리화'의 의도가 있다. 또는 보이는 실체(불일치)를 성경의 규범(진리 안에서 일치)과 조화를 시키려는 의도가 있다. 실제로 그런 이론들은 안타깝고 심각한 상황을 단지 피상적으로 모면하려는 것이다. 그리고 일치의 진정한 과정을 방해한다. 이와 반대로 우리의 신앙고백 제27-28항에서 가르치는 바는, 교회는 사람의 노력이나 시도가 아니라 그리스도의 사역이며, 분명하게 계시된 그분의 규범에 따라 모아졌고 그리하여 오직 교리와 예배에서 한 가지 형태만을 보여준다는 것이다. 우리는 '순수함'의 다양한 수준을 용납하지 말고 그 대신 하나님의 뜻에 따라 '완전'에 이르도록 노력해야만 한다(마태복음 5:48). 그리스도께서는 불순함을 '용납하지' 아니하시고 그의 교회에게 그의 훈계에 주의하고 계속해서 그의 말씀에 따라서 개혁되어야 한다고 권고하신다. 회개하라는 요구는 "만일 그리하지 아니하고 회개치 아니하면 내가 네게 임하여 네 촛대를 그 자리에서 옮기리라"(계시록 2:5)는 경고와 한 데 묶여 있다.

그러므로 우리는 그 원리를 고백한다.

Ecclesia reformata semper reformanda 개혁 교회는 항상 개혁해야 한다.

내부와 외부의 공격들 때문에 교회는 개악에 대항하여 경계하여야 한다. 그래서 항상 하나님을 순수하게 섬기는 데로 되돌아가도록 준비되어야 한다.

＊De-formation = 하나님의 말씀으로부터 떠나감
＊Re-formation = 하나님의 말씀으로 되돌아옴

2. 보이지 않는 교회

교회에 관한 하나의 일반적인 생각은 보이지 않는 교회라는 개념이다. 게다가 그 보이지 않는 교회는 "그리스도 머리 아래 하나로 모이고, 모일 선택된 자의 총수"라고 생각했다(웨스트민스터 신앙고백서 제25항 제1조).

이런 교회는 '보이는 교회'에 대조되어 있는데, 그 교회는 "온 세상에 흩어있는 모든 사람들로 구성되어 있는데 그들은 그들의 자녀들과 함께 참 믿음을 고백하는 자들이다."(웨스트민스터 신앙고백서 제25항 제2조) 이런 보이는 교회는 '더 순수하든가 덜 순수'하다.

이런 이론의 가장 심각한 위험은 보이는 교회(그리고 정말 그것은 보이는 교회인가?)의 '회원권'이 어느 정도는 상대적이라는 것이다. 결정적인 것은 한 사람은 그 보이지 않는 교회의 한 회원으로서 그 결과 그 사람은 결국 보이는 교회의 불순함과 더불어 살지도 모른다는 것이다. 웨스트민스터 신앙고백은 보이는 교회의 표지를 분명하게 열거하지 않았기 때문에 그런 생각을 무심코 촉진시키는지 모른다.

게다가 성경과 벨직신앙고백서는 보이는 교회와 보이지 않는 교회 사이의 이런 차이에 대해 전혀 말하지 않는다. 벨직신앙고백서에 나온 '교회'라는 말은 하나의 지역 교회 또는 보편적인(전체) 교회를 의미할 수 있다. 하지만 어디에도 보이지 않는 상부구조를 보이는 기관에 대조하여 표시하지 않는

다. (보이는 기관과 대조적으로 나타내지 않는다.)

그 교회는 항상 그 교리와 직분들과 예배와 회원들로 인해 보인다. 그렇기 때문에 그리스도의 규범에 따라서 지역적으로 찾아져야만 한다. 지역교회들은 부지런히 자매교회들을 다른 지역에서 찾을 것이며 선한 목적을 위해서 교회들의 한 연대 안에 연합할 것이다.

우리가 고백하는 것은 그 교회는 (모든 시대와 장소에서 모이기 때문에, 그리고 오직 하나님께서 그의 자녀들의 정확한 수를 아시기 때문에) 우리로서는 다 '헤아려볼 수 없다.' 그리고 "비록 잠시 동안 사람의 눈에는 매우 작게 보이고 거의 사라진 것처럼 보이기도 한다."(제27항) 그러나 이 모든 것은 교회가 알아볼 수 없는 불가견적이다는 것을 표현하는 것이 아니다.

계시록 7:9, "사람이 헤아릴 수 없는 허다한 사람들"

3. 진리로의 일치 호소

어느 교회라도 그 교회 자체(안)에서만 참 신자들이 발견된다는 주장을 해서는 안 된다. 그럼에도 불구하고 하나님의 은혜로 신실하게 그리스도의 규범에 따라 살아가고 있는, 교회는 아무리 불완전해도 분명히 감사하는 겸손함으로 '참 교회'라는 명칭을 주장할 수 있다(제29항의 의미에서). 그리고 그 교회와 함께 하나님에 대한 하나의 예배에 참여하도록 다른 교회를 부를 수 있다.

일치를 유지하는 것(믿음의 교제 안에서 친교는 주의 성찬상에서 확정적으로 표현되었다)은 그리스도의 교회의 소명이다. 그러나 결코 진리를 희생하면서 일치를 모색하거나 거짓되게 매달려서는 안 된다.

요한복음 17:17,21, "진리로 그들을 거룩하게 하소서, 주의 말씀은 진리이나이다. 그래서 그들이 모두 하나가 되게 하소서."

질문 | 제18과

1 _ 몇 가지 교회에 관한 일반적인 이론들은 무엇인가?

2 _ 이들 이론에 무슨 위험이 있는가?

3 _ '항상 개혁한다'는 원리를 설명하라.

4 _ 우리는 왜 하나의 '보이지 않는 교회'라고 말하지 않는가?

5 _ 무슨 근거로 우리는 다른 교회에게 예배에 우리와 연합하도록 요청할 수 있는가?

제19과

교회 역사(I)
개 요

개관

이번 과에서는 교회 역사를 아는 것의 중요성을 고찰한다. 그리고 이런 역사의 개괄적인 윤곽을 익히게 된다.

1. 교회 역사

교회는 "세초부터 세말까지"(하이델베르크 교리문답 제21주) 모아지기 때문에 진행과 발전을 보여준다. 그러기 때문에 우리가 교회의 역사에 대해서 이야기할 수 있는 것이다.

게다가 역사는 사실들의 기록 혹은 세대를 지나오면서 그리스도의 교회 안에서 그리고 교회에 일어났던 모든 일들에 관한 조직적으로 기록된 이야기로서의 의미를 지니고 있다. 물론 이 역사는 특별한 관점을 가지고 기록되어 있다. 즉 "여자의 씨"(그리스도-그 교회)와 "뱀의 씨"(사탄 - 거짓교회 - 세상) 사이에 있는 싸움(적대감, 창세기 3:15), 그리스도의 절대적인 승리(부활과 영광스러운 다시 오심)로 절정에 이르게 된다는 것이다.

이 '역사'는 우리에게 특별히 두 가지 중요한 요소를 보여준다.

a) 하나님의 백성의 연약함, 반복해서 하나님께서 놓아두신 토대에서 떨어져나감 - 개악
b) 하나님의 은혜와 권능, 그분의 이름과 맹세 언약 때문에 그분의 백성을 반복해서 하나의 터전과 섬김으로 돌이키심 - 개혁

그러므로 교회의 역사는 우리에게 '개악으로부터 개혁'으로 '진리 대 거짓'이라는 중심된 주제와 함께 끊임없는 한 움직임을 보여준다. 교회의 확실성과 진전이 오직 하나님과 그분의 약속들에 놓여 있다는 것은 점진적으로 분명하게 되어진다. 그러므로 교회 역사 위의 '표어'는 Soli Deo Gloria 즉 "오직 하나님께만 영광을"이어야만 했다.

교회역사에 대한 지식은 중요하다 왜냐하면 교회는 "주님의 영광스러운 사적들과 그분의 권능과 그가 행하신 그 기사들"(시편 78:4)을 기념하도록 요청을 받았기 때문이다. 성경에 나오는 여러 설교와 시편(찬송)은 단순하게 교회 역사에 대한 '개관'이다(시편 105-107; 사도행전 7 등). 만일 우리가 기존의 배경과 이전의 발달들에 대해서 깨닫지 못하고 있다면 우리는 우리 자신의 시대를 이해할 수 없다. 현재와 미래는 불가분하게 과거와 이어져 있다. 만일 교회가 그의 역사를 알지 못한다면, 그 위험은 현실이 되고 만다. 결국 교회는 이전 세대가 맞이했던 것과 똑같은 덫에 빠질 것이다. 비록 거기에는 언제나 진전이 있으며 역사는 '그 자체를 반복하지' 않는다 할지라도 (역사에 대한 원형에 비해 선형 개념) 그럼에도 불구하고 "해 아래는 새 것이 없다"(전도서1:9-11)는 것과 과거의 생각은 현대적인 형태와 용어로 다시 나타나게 된다는 것은 사실이다. 교회역사를 아는 것은 여러 세대들을 지나오면서 어떤 '교회'가 하나님으로 말미암아 신실하게 보존되어왔는지 그래서 '참 교회'라는 이름을 지닐 수 있는지를 드러내기 위해서 필요하다. 이런 의미에서 우리는 그리스도의 교회의 '역사적 주도권'과 그리고 참 교회의 계승으로서 교회의 정통적인 '지위'에 대해서 말할 수 있는 것이다.

그런 까닭에 우리는 세 가지 근본적인 이유 때문에 교회 역사를 공부한다.

a) 그분의 영광스러운 행위(일)로 인해 하나님을 찬송하기 위해서
b) 우리 자신의 시대를 이해하고 가능한 위험을 더 깨닫기 위해서
c) 참 교회와 거짓 교회를 구별하기 위해서

2. 일반적 개관

우리는 구약 교회와 신약 교회를 구분할 수 있다. 그럴지라도 이 두 교회가 하나의 기초에 그리고 한 분 머리이신 주님에 의해서 연합되어 있고 그러기에 결코 분리될 수 없다.

구약교회는 그리스도의 초림(첫 '강림')에 대한 기대 속에서 살아왔다. 신약교회는 그리스도의 재림(두 번째 '강림')에 대한 기대 속에서 살고 있다.

교회의 역사의 핵심과 중심은 "때가 차매"(갈라디아서 4:4), 육체로 오신 우리 주 예수 그리스도의 탄생과 사역이다. 모든 역사의 목적은 그분께서 영광스럽게 새로운 세상을 확립하시는 일인데, 거기에서는 "하나님께서 만유의 주로서 만유 안에 계실 것이다."(고린도전서 15:28; 요한계시록 21:1-4)

위의 구별에 따라 우리는 'B.C.'(Before Christ)와 'A.D.'(Anno Domini = 우리 주님의 해에, 그분의 성육신 이후,

주후)에 대해 바르게 말한다.

3. 구약 교회

구약교회는 율법의 예식('그림자') 아래서 살았다(15과를 보라). 첫 번째 '공식적인' 예배는 창세기 4:26절에 나와 있다. "그 때에 사람들이 비로소 야훼의 이름을 불렀더라." 미리부터(창세기 4장) '제물들'(처음 난 것들)은 언급되어 있다. 처음부터 화해에 대한 필요를 뚜렷하게 인식하고 있었다. = 그리스도의 날을 기다림.

끊임없는 개악 때문에 주님께서는 반복해서 '새로운 시작'(개혁)을 셋, 노아, 아브라함, 모세, 다윗 그리고 스룹바벨 때에 마련하셨다. 그리하여 그분 자신의 아들 예수 그리스도의 오심을 향하여 일하셨다. 구약교회의 역사는 마태복음 1:1-17절에 '예언적으로' 서술되어 있다.

＊아브라함 - 다윗 - 그리스도

구약교회는 신약교회가 가지고 있는 것보다 더 많은 '민족적인' 특징을 가지고 있었다. 그랬을지라도 이미 당시 구약교회는 비(非)이스라엘 민족(라합, 룻 등)들을 포함하고 있었고 '보편적인' 특징을 알고 있었다(16과를 보라).

4. 신약교회 : 초대교회의 시작

신약교회의 역사가 시작되었는데, 그때 그리스도께서 돌아가신 시간에 "성전의 휘장이 둘로 찢어졌고"(마태복음 27:51) (희생제사를 중심으로 하는) 성전 - 예배가 무효로 선언이 되었다. 성전과 회당의 공적인 단절이 오순절에 생생하게 드러나게 되었으며, 마찬가지로 그날은 신약교회의 선교, 그 범위가 점점 넓어지는 선교의 시작을 표시한다. 예루살렘, 유다, 사마리아, 땅 끝(사도행전 1:8). 이 그리스도 교회는 즉각적으로 막대한 성장과 유대인들(사도행전 2:41, 하루에 3천명)과 이방인들(사도행전 10:44, 고넬료) 가운데서 확장을 경험하게 된다. 거기에는 또한 대적으로부터 즉각적인 반발이 있다(사울의 지도아래 핍박, 스데반과 야고보의 사형집행, 베드로의 체포 등). 하지만 그 결과로 교회의 '흩어짐'은 복음의 설교를 더 멀리까지 나가게 했고 결과로서 교회의 성장(행전 11:19-26)을 가져왔다. "그래서 안디옥에서 처음으로 제자들이 그리스도인들이라고 불려지게 되었다."

초대기독교회 또한 어떤 내부적인 갈등으로 고심하였다.

a) 유대인 출신 그리스도인(할례파)과 이방인 출신의 그리스도인들 사이의 관계(사도행전 11:1-18)
b) 신약교회에서 '예식법'의 기능
　유대주의 : 구원은 예수 그리스도에 의해서 그리고 모세의 율법을 준수함으로 이루어진다(사도행

전 15:1~21; 갈라디아서 2, 3).

　　영지주의 : 골로새서 2:8-10을 상고하라.
　c) 교회의 교리에 관련한 그리스 철학의 영향

많은 사람들은 사도행전 2장의 '초대 그리스도 교회'를 오늘날 교회들이 돌아가야 하고 그대로 모방이 되어야 하는 하나의 모범으로 여긴다. 이런 생각의 한 예를 예수 운동인 '하나님의 자녀들'의 극단적인 진영에서 찾아볼 수 있는데, 그들은 '공동생활제도'를 받아들였다. 하지만 오직 제시된 표지들인 복음설교(사도행전2:42), 성례들(사도행전 2:41,42) 그리고 권징(사도행전 5:1-11)들만이 규범적이다.

성경은 우리에게 다음의 영역에서 특별한 발전을 보여준다.

a) 직분의 확대 : 사도들, 집사들(사도행전6), 장로들
b) 이단에 맞선 교리의 더 분명한 정의
c) 다양한 원리와 실천적인 합의 : 공동의 규칙들 (예를 들면 고린도전서 11:16)
d) 사라진 '표적들과 이적들' 그리고 단순한 복음 설교에 관한 심도있는 강조(고린도전서 14:19)

우리는 이런 요소들을 '교회의 표지들'로 만들지 않아야 한다. 그런 것들은 발전의 한 요소일 뿐이며 규범적인 특징을 가지고 있지 않다.

질문 | 제19과

1 _ '역사'라는 말의 의미는 무엇인가?

2 _ 어떤 관점으로 교회역사가 기록되는가?

3 _ 교회역사에서 어떤 주요 요소들을 우리가 보는가?

4 _ 교회역사 공부가 왜 중요한가?

5 _ 교회역사의 가장 근본적인 윤곽은 무엇인가?(핵심과 목적?)

6 _ '구약교회'에 관해 무엇을 알고 있는가?

7 _ 신약교회 역사는 언제 출발하는가?

8 _ 이 교회의 선교와 성장이 언제 시작하였는가?

9 _ 초대기독교회의 '내부 갈등들'은 무엇이었는가?

10 _ 어떤 영역들에서 초대교회는 발전을 보여주었는가?

제20과

교회 역사(II)
중세 카톨릭 시대

개관

이번 과에서 우리는 우리의 교회 역사의 간략한 개관을 계속하고 초기시대인 '보편교회적인' 시기와 중세 시대에 관련하여 집중한다.

1. 시대적으로 중요한 시기들

그리스도 교회의 역사는 중요한 사건들이나 동향들로 표시되는 다양한 주요 시기들로 적절하게 나널 수 있다.

a) 보편교회 시대(0-500 A.D.)
b) 중세시대(500-1500 A.D.)
c) 종교개혁과 '현대적인' 교회역사(1500-1900 A.D.)

다음의 짧고 간명한 개요에 이 주요 교회역사의 각각의 시기에 대해 제시되어 있다.

2. 보편교회 시대

교회역사의 이 시기는 '보편교회 시대'라고 불려진다. 왜냐하면 모든 교회들이 당시에는 아직 '보편교회'인 교회회의들 안에 연합되어 있었기 때문이다. 이 시대는 로마가 A.D.476년에 게르만족에 의해서 정복을 당하자 끝나게 된다.

교회역사에서 이 시기는 몇 가지 중요한 대조들을 보여준다.

a) 대규모 박해의 공포와 그 결과로 일어나는 순교

박해들은 네로 치하에서 시작되어(A.D.64-68) 도미니티안과 트라얀 황제 치하에서 가장 격렬하게 되었으며 후에 디오클레티안 치하에서(A.D.303-311)는 전례 없는 폭정에까지 이르게 되었다. 가장 잘 알려진 몇몇 순교자들은 이그나티우스(안디옥의 감독)와 폴리캅(서머나의 감독)이다. 때가 되자 기독교가 '용인'을 받기는 했지만 공식적으로는 '요시찰 대상'으로 남아있었다.

b) 선교와 복음전도로 말미암은 교회의 견고한 성장과 확장

어떤 저명한 그리스도인들은 예를 들어 져스틴과 터툴리안은 기독교 교리를 변증하였다. 소위 "변증(Aplolgies)"을 하면서 그들은 기독교인들이 국가에 위협적이었다는 생각을 반박하였으며, 성경으로 그리스도의 진리를 적극적으로 증명하였고, 우상숭배의 어리석음을 벗겨냈다. 유사한 시도가 후일에 귀도 드 브레에 의해 행해졌다.

박해들은 황제 콘스탄틴이 기독교 신앙으로 개종하고 모든 그리스도인들에게 자유를 준 밀란 칙령(A.D.313)이 선포되었을 때 종식되었다. 점점 기독교는 '국가 종교'로 발전하였다.

이 기간에 가장 중요한 것은 여러 가지 보편교회 회의이다. 거기에서 중요한 결정들이 받아들여졌다. 그것은 다음과 같다.

a) A.D. 325년 - 니케아 회의, 이 회의는 콘스탄틴이 그리스도의 신성을 부인한 아리우스의 교리로 빚어진 갈등을 해결하기 위해 소집하였다. 아리우스의 교리는 거부되었다. 왜냐하면 그 회의는 그 아드님께서 그 아버지와 같이 '동일 본질'로 계셨다고 결론을 내렸기 때문이다(호모-우시오스, homo-ousios).

b) A.D. 381년 - 콘스탄티노플 회의, 여기에서 니케아의 그 교리가 변론되었고 확정되었으며 또한 성령의 신성에 관한 고백이 확립되었다. 삼위일체를 변증한 주요인물의 한 사람은 아타나시우스였다.

c) A.D. 397년 - 카르타고 회의, 여기서는 교회들이 정경을 무오한 하나님의 말씀으로 확정하였으며 고백하였다. 이 정경은 실제적으로는 이미 원리적으로 약 200년 어간에 결론이 내려졌었지만, (외경의 자료들을 사용했던 영지주의에 반대하여) 보다 더 확고하게 할 필요가 있었다(히포회의도 보라, 4과).

d) A.D. 431년 - 에베소 회의, 여기서 펠라기우스의 이단교리가 거부되었다. 펠라기우스는 사람의 자유로운 선택을 설교하였으며 원죄교리를 부정하였다. 펠라기우스의 주 반대자는 히포의 감독인 어거스틴이었다.

e) A.D. 451년 - 칼케돈 회의, 여기서 그리스도의 두 본성에 관한 교리가 변론되었는데, 유티케와 네스토리우스의 이단교리를 반대하여 변론되었다 (10과를 보라).

말할 것도 없이 이 때는 교회의 아주 힘든 시기였다. 하지만 이 시기는 주님께서 자신의 교회의 확장을 가능케 하셨고 복음의 진리 안에서 공고하게 하신 시기라고 말해야만 한다. 기본 교리가 만들어지고 옹호(변증)되어 교회의 장래 성장을 위한 견고한 기초가 놓이게 되었다.

3. 중세시대

이 시기는 교회 안의 끊임없는 개악의 과정, 교회 안에 계급체제(=사람의 통치)가 등장한 통탄할 시기이다. 주요 교회들(로마, 예루살렘, 안디옥, 알렉산드리아)의 여러 감독들(대주교들과 총대주교들)이 지배적인 위치를 주장하기 시작하였다. 그러는 동안에 점차적으로 로마의 감독이 결정적인 우월함을 얻게 되고, 콘스탄티노플의 총대주교를 출교하기까지 한다. 이것은 A.D. 1054년의 분리를 이끌고 그 결과 두 교회가 되고 말았다.

a) 로마 카톨릭 교회(서방제국)
b) 그리스 카톨릭 혹은 정통 교회(동방제국)

서방교회는 다음의 면에서 개악을 계속하였다.

a) 계속되는 계급체제의 등장과 성직의 권력(또한 정치적인 세력에 대항하여). '평신도'는 직접 성경에 접근하는 것을 금지당하였다. 그리고 사제가 복음의 신비를 지배하는 독점적인 책무를 받았다.
b) 성례전주의의 등장과 성례들이 구원에 이르는데 필요하다는 가르침. 화체설 교리는 '우상숭배'를 가져왔으며 예배봉사의 참된 특징을 파괴하였다(A.D. 1215년 4차 레(라)테란 회의에서 교황 이노센티우스 III세 아래 받아들임).
c) 거짓교리의 등장, 특히 "믿음으로 그리고 하나님의 은혜로 오직 그리스도 안에서" 얻는 구원을 부인함, 구원은 또한 다른 사람이나 그 자신의 '선행'으로도 이룬다는 진술 - '반(Semi) 펠라기우스주의'. 성인들 숭배와 성물 사용이 더 발전하게 되었고 의무로 만들었다. 반대자들을 억제하기 위해서 엄격한 교회적인 법령들이 채택되었다.

분명한 것은 교회의 표지들은 더 이상 나타나지 않게 되었다는 것이다. 교회는 계급체제, 우상숭배 그리고 인본주의의 노예가 되고 만다. 그러는 동안에 지식의 결핍은 수백만 명의 사람들을 가공스러운 미신들에게로 이끌게 된다. 중세시대는 '암흑기'라고도 인용할 수 있다.

4. 종교개혁의 징조들

박해가 일어남으로, 불만이 교회 안에서 자라기 시작하고 개혁을 위한 다양한 운동들이 나타나기 시작한다. 우리는 아래와 같이 정리할 수 있다.

a) 왈도파(the Valdenses) : 피터 왈도(Peter Valdes)를 따르는 사람들은 성경을 생활의 유일한 법칙이라고 주장하였다. 이런 운동은 프랑스에서 시작하여 북부 이탈리아에 집중되었다.
b) 존 위클리프(John Wycliffe) : 그는 영국에서 성경을 영어로 번역하였던 사람인데, 그로 인해 사람들이 다시 진리에 접촉할 수 있게 되었다.
c) 존 후스(John Huss) : 프라하(보헤미아)에서, 위클리프에게 영향을 받았으며, 로마의 이단교리를 반대하기 시작하였다. 그는 1415년에 화형을 당하였다.

이 개혁 초의 현저한 특징은 분명히 하나님의 말씀에 대한 새로워진 관심과 새로운 이해이다.

질문 | 제20과

1 _ 기독교회의 역사는 어떤 기간들로 나눌 수 있는가?

2 _ 왜 '보편교회 시대'라고 말하는가?

3 _ 첫 번째 시기에서 두 가지의 주요 대조는 무엇인가?

4 _ 기독교가 어떻게 해서 '국가 종교'로 발전했는가?

5 _ 보편교회적인 주요 '교회회의'는 무엇이 있으며 그 회의들의 목적은 무엇인가?

6 _ 교회에 대한 중세시대의 중요성(의의 또는 의미)을 말해보라.

7 _ 이 시기 동안 어떤 면에서 심각한 개악이 있었는가?

8 _ 중세시대를 끝내는 다가오는 개혁의 '징조들'을 말해보라.

제21과

교회역사(III)
종교개혁 및 화란의 개혁교회

개관

이번 과에서 우리는 16세기 종교개혁의 주요 모습과 네덜란드 개혁교회 연합을 위한 종교개혁의 중요성을 살펴본다.

1. 위대한 종교개혁

16세기 종교개혁은 교리, 예전, 교회정치에 있어서 하나님의 말씀으로 결정적인 돌아섬으로 분류할 수 있다. 우리는 다음과 같은 요소들에 주목한다.

a) 교리 : 사도적인 가르침의 회복, 그것은 의롭다하심은 오직 믿음으로('sola fide') 예수 그리스도의 유일한 희생 안에서, 오직 은혜로('sola gratia') 된다는 것이다. 그리고 '선행'은 감사의 문제라는 것이다(성화). 이런 분명한 성경적인 진리는 성경이 '공통 언어(공용어)'로 번역이 되었기 때문에 많은 사람이 더욱 이해하기 쉽게 되었다. 점차적으로 교회는 로마교회의 거짓된 전통과 미신을 씻어내게 되었다.

b) 예전 : 참되고 간명한 복음의 설교가 예배봉사에서 중심적인 위치를 다시 차지하게 되었다('강단'은 '제단'을 대신하게 되었다). 예수님께서 제정하신 두 성례들은 다시 교회에서 그들의 합법적인 위치를 얻게 되었으며 그리고 '우상숭배'인 미사가 거부되었다.

c) 정치 : 교황과 성직자 계급체제는 거부되었으며 그리스도의 첫 번째 지위는 교회의 유일하신 머리로서 고백되어졌다. 교회들은 그리스도께서 제정하신 대로 직분들 즉 장로들(목회자들)과 집사들로

되돌아갔다.

종교개혁은 국가들에 영향(정치적인 변화), 문화적인 영향을 끼치면서 중요한 유럽의 운동이 되었다. 우리는 다음과 같이 구분할 수 있다.

a) 독일 종교개혁, 마틴 루터(1483-1546), 유명한 95개조 반박문(1517)을 발표한 그는 특별히 '면죄부' 판매와 로마 가톨릭교회의 성례전주의자 성향을 공격하였다. '오직 믿음으로' 라는 주제의 루터의 가르침은 처음으로 새로운 명성을 얻게 되었다.
b) 스위스 종교개혁, 울리히 쯔윙글리(1484-1531), 그는 쥬리히라는 도시에서 사역하였으며 또한 로마 가톨릭교회의 면죄부와 우상숭배를 적극적으로 반대하였다. 쯔윙글리는 그 결과로 일어난 로마교주의자들과 스위스 개혁파들과의 전투에서 피살되었다.
c) 프랑스 종교개혁, 존 칼빈(1509-1564), 그는 1535년에 프랑스에서 추방당하여 스위스로 도피하였다. "기독교 강요"의 학문적 저술가인 그는 제네바 교회의 목사가 되었다.(윌리엄 파렐과 함께) 그리고 나중에는 스트라스부르그에서 목사가 되었다. 제네바 시의회의 요구로 그는 후에 다시 그 도시로 되돌아왔으며 거기에서 죽을 때까지 섬겼다. 제네바 대학은 온 유럽에서 온 개혁 목사들의 훈련을 위해 매우 중요하게 되었다. 칼빈의 많은 저서들, 완비된 주석들, 보존된 설교들 그리고 감동적인 왕래서신들은 오늘날에도 여전히 모든 개혁교회들에게 큰 영향력이 있다.
d) 스코틀랜드 종교개혁, 존 낙스, 존 칼빈의 제자인 그의 사역은 일차 스코틀랜드 언약(1557)으로 이끌었고 궁극적으로는 1560년에 스코틀랜드의 공식적인 교회로서 장로교회의 설립을 이끌었다.(장로교회를 설립하였다.)

어떤 발전들은 이들 주요 개혁들만큼 많은 '깊이' 를 포함하지는 않았다. 예를 들면 영국국교 혹은 감독교회의 확립, 헨리 Ⅷ세(지상권의 법령, 1534)의 개인적인 모험 등이다. 얼마간의 추종자를 얻었던 운동들 가운데는 재세례파들의 분파, 국가와 교회를 완전하게 분리시킨 과격하고 혁명적인 운동이 있었으며 그리하여 많은 갈등들을 일으켰다(주목할 만한 1525 소작농의 전쟁과 1534년에 일어난 '뮌스터 사건'). 그 재세례파들(다시- '세례받은 자들')은 유아 세례를 거부하였으며 예정설을 반대하였다. 재세례파 운동은 후에 멘노 시몬스(메노나이트파의 영적인 아버지) 지도아래서 '진정' 되어지고 침례교회가 조직되어졌다. 재세례파의 과격함은 개혁교회들의 좋은 평판에 많은 손상을 가져왔다. 그런 까닭에 귀도 드 브레는 벨직신앙고백서에서 재세례파들과 개혁주의는 혼동되어서는 안된다고 18, 34, 36항에서 아주 분명하게 밝히려고 노력하였다.

2. 네덜란드 개혁교회

다른 유럽 국가들에서처럼 네덜란드에서도 즉각 교회의 연대가 조직되었다. 정치적인 상황(스페인과의 80년 전쟁) 탓으로 교회들은 1571년에 첫 번째 엠던(Emden) 총회(독일)를 개최하도록 요구를 받게 되었다. 화란 개혁교회들은 분명히 '칼빈주의적인' 전통을 선택하였다.

그 교회들은 외부의 공격에 살아남았지만 끊임없이 많은 내부적인 어려움과 싸워야만 했다. 우리는 다음과 같은 중요한 사건들을 언급한다.

a) 돌트 총회(1618-1619). 이 총회는 알미니안의 이단교리를 논박했다. 그는 전적인 부패와 하나님의 선택을 거부하였으며 사람의 '자유의지'를 가르쳤다. 개혁신앙에 대한 분명한 방어와 이단교리에 대한 거부는 '돌트 신경' 안에 담겨있다. 이 총회는 또한 개혁교회의 신앙고백서로서 세 일치신조를 채택하였다. 그리고 네덜란드어로 된 성경의 완전히 새로운 번역을 준비하였고 개정된 교회질서를 받아들였다. 세 일치신조와 돌트 교회질서는 여전히 오늘날 교회들 가운데서도 충분히 기능을 한다.
b) 첫 번째 분리(분리와 복귀 선언), 1834. 이것은 헨드릭 드 콕 목사의 지도아래, 만연해있는 계급체제와 네덜란드 개혁교회 안으로 기어들어왔던 현대주의를 반대하는 하나의 개혁운동이었다. 그것은 네덜란드 개혁교회의 설립을 인도하였다.
c) 두 번째 분리, 1886. '돌레앙티(Doleantie)'로도 알려져 있다. 이 또한 아브라함 카이퍼 박사의 지도력 아래, 1834년 때와 같이 동일된 계급체제와 자유주의적인 경향에 반대하여 일어난 하나의 개혁 운동이었다. 첫 번째와 두 번째의 분리파의 교회는 네덜란드 개혁교회를 조직하려고 1892년에 연합하였다.
d) 자유, 1944. 이것은 또 다른 개혁 운동이었는데, K. 스킬더와 S. 흐레이다누스의 지도 아래, 네덜란드 개혁교회의 총회에 의해 부과된 계층적 조치와 신앙고백적이지 못한 교리들에 대항하여 일어났다. 총회는 모두를 구속하려고 아브라함 카이퍼의 여러 가지 '교리들'(예를 들어 언약과 성령세례와 관련하여)을 선언하였다. 그리하여 그 당시 그런 결정에 합의하지 않는 직분자들을 면직시키고 출교하는 일을 계속하여 진행하였다. 출교를 당했던 자들은 개혁교회(자유파)를 조직하였다.

되돌아볼 때 네덜란드 개혁교회 안에 있던 많은 싸움들은 근본적인 유사성을 보여주고 있는데, 성경과 채택된 신앙고백(인본적인 생각에 대항)을 신실하게 견지하려는 싸움, 그리고 채택된 교회질서(교권적인 계급체제에 대항)에 따른 연대라는 일치 안에서 교회의 자유를 유지하려는 열망을 보여주고 있다.

질문 | 제21과

1 _ 종교개혁의 중요성을 교리와 예전과 교회의 정치와 관련하여 설명하라.

2 _ 여러 가지 개혁들은 무엇이 있으며 이 개혁들에서 두드러지게 상징되는 사람들은 누구인가?

3 _ 이 시기에 관찰해볼 수 있는 '비개혁적인' 다른 발전들은 어떤 것들이 있는가?

4 _ 재세례파의 가르침은 무엇인가?

5 _ 돌트 총회의 중요성은 무엇인가?

6 _ 알미니안의 교리는 무엇인가?

7 _ 첫 번째와 두 번째 분리의 의미는 무엇인가?

8 _ 1944년에 있었던 '자유'의 동기를 설명하라.

9 _ 종교개혁의 시대와 그 이후, 네덜란드 개혁교회의 기본적인 투쟁은 무엇인가?

제22과

교회역사(IV)
캐나다 / 미국 교회역사

개관

이번 과에서는 북아메리카에 있는 기독교회의 일반적인 발전을 고찰하고 이 대륙의 캐나다, 미국 개혁교회의 위치를 살펴본다.

1. 서론

신세계의 발견과 '개척'으로 기독교회는 미 대륙에 퍼질 기회를 마련하게 되었다. 북 아메리카의 종교의 역사는 정치적이고 사회적인 발전과 평행선을 달린다. 그리고 이민의 진행과정에 의해서 절대적으로 영향을 받게 된다.

우리는 '옛 세계'로부터 다음의 '공헌'을 주목한다.

a) 프랑스로부터 : 로마 가톨릭(예수회 목사와 선교사역)과 나중에 또한 개신교 위그노의 영향. 로마 가톨릭교는 또한 아일랜드 이민자들을 통하여 일부 지원을 받았다.
b) 잉글랜드로부터 : 영국국교(감독교회), 청교도와 (알미니안) 침례교도의 영향.
c) 스코틀랜드로부터 : 장로교도(칼빈주의자)의 영향
d) 독일로부터 : 루터교도의 영향
e) 네덜란드로부터 : 개혁주의(칼빈주의자)의 영향

많은 사람들이 삶의 큰 가능성뿐만 아니라 유럽의 종교적인 '혼란'으로부터 신앙과 자유를 누리기 위해서 신세계로 왔다. 그럼에도 불구하고 그들은 그들과 함께 그들의 차이점들을 함께 가지고 왔다. 그리고 여러 세기동안 유럽인의 논쟁들이 직접적으로 북 아메리카 교회에 영향을 끼쳤다. 시작부터 북 아메리카 교회역사는 대중 가운데 있는 인종적인 차이에 의해 뭔가를 촉진시킨 분파주의를 지향하는 분명한 경향을 보여주고 있다.

캐나다의 현장과 관련하여 학자들은 다음과 같은 시대로 구분한다.

a) 프랑스 시대(1500 - 1700)
b) 영국 시대(1700 - 1867)
c) 캐나다 시대(1867 -)

2. 북미 교회 조직과 통합

'미합중국'에서 정치적인 패권다툼이 종국에 이르게 되자, 다양한 교회 교파들은 더 나은 조직과 통합에 이를 수 있게 되었다. 로마 가톨릭 교회와 영국국교회 같은 주요 교회들은(크기에서) 그들의 주교구를 조직하는 일을 착수할 수 있었고 필요한 시설들과(예를 들어 로마 가톨릭 Laval 대학), 나아가 '모교회'에 관련하여 규정하는 그들의 지위와 헌법을 정비할 수 있었다.

캐나다 장로교회는 '장로제 분파들'의 통합을 위해 공개협상을 결정하였다. 그러나 스코틀랜드 장로교회 분열은 캐나다에서 초기 반발을 갖게 했다(퀸스 대학/킹스톤, 낙스 대학/토론토). 그럼에도 불구하고 일치 정신은 우세하기 시작하였고 1861년에 캐나다 장로교회는 구성되었다. 1875년에 캐나다 장로교회 총회가 대서양 연안에서 태평양 연안까지 하나로 묶어 조직되었다.

감리교회들 간에 협상은 1866년에 웨슬레 감리교 협의회를 이끌었다. 한편 1874년에는 캐나다 감리교회가 구성되었다. 십년 후 감리교회(독립된 기능을 통합시키는 일을 계속하였다)는 캐나다에서 개신교의 가장 큰 중심교단이 되었다.

1944년까지는 캐나다 침례교 교단이 구성되지 않았기 때문에 침례교회의 폭넓은 동의는 늦게 이루어졌다.

개신교회들은 로마 가톨릭에 대항한 그들 상호간의 투쟁(예를 들어 '학교분리 투쟁', 연대한 프랑스계 캐나다의 영향력) 가운데서 어떤 일치를 찾았으며 서부 개척의 시작(서두)에서 협력할 기회와 필요를 찾았다. 즉각 청원이 주요 개신교회들(감리교와 장로교)의 '조직적인 연합'에 대하여 심리되기(들리기) 시작했다. 1904년 토론토에서 연합 공동위원회가 그런 하나의 연합의 가능성과 이점들을 토의하기 위해 마련되었다. 이 연합은 최종적으로 1925년에 실현되었으며, 감리교파 교회, 회중교회와 장로교회들로 이루어진 캐나다 연합교회가 조직이 되었다. 이런 '연합'의 슬픈 결과는 알미니안주의가 만연하기 시작했다는 사실과 '현대주의'로 가는 길이 캐나다에 있는 가장 큰 개신교 중심부로 포장이 되어졌다는 사실이다. 여기서 종교개혁에서 '얻은 것'은 다시금 상실되고 말았다.

북미교회 역사는 또한 침례교도, 부흥운동주의자, 그리고 예수재림론자의 분파들인 여호와 증인, 오순절파, 성결운동, 멘노파, 후터 형제단, 두코버, 그리고 몰몬교와 같은 분파들의 등장으로 얼룩지게 된다.

3. 미국 개혁교회

이미 16세기 동안 네덜란드 개혁교회는 그들의 목회(선교)를 북 아메리카로 확장시킬 기회를 얻었으며, 교회들은 네덜란드 개혁교회라는 이름아래 조직이 될 수 있었다. 1771년에 네덜란드 개혁교회는 '모교회'로부터 독립을 얻었으며 그래서 더욱더 미국의 생활 가운데로 편입되어졌다. 나중에 그 안에서 미국개혁교회(RCA)로 이름을 바꾸게 되었다. 이민자들이 꾸준히 유입되었기 때문에 이 개혁교회는 상당히 자랄 수 있었으며 북아메리카의 많은 지역에 정착하게 되었다.

이 교회 안에 설교, 성례, 권징과 관련하여 개악이 드러나게 되었다. 현대주의의 성장은 많은 회원들을 불평하게 만들었다 그리고 1882년에 참개혁교회(True Reformed Church)로 분리되는 원인이 되었는데, 이 교단은 나중에 기독개혁교회(Christian Reformed Church)와 연합하였다. 오늘날 현대주의는 미국개혁교회에 대한 통제력을 손에 쥐고 있다. 세계교회협의회(World Council of Churches)에 대한 지지, 연합주의(Unionism)와 계급체제적인 구조를 지향하는 허용적인 태도가 이런 사실을 증거한다.

첫 번째 분리(1834) 동안에 네덜란드에서의 어려움들은 미합중국으로 가는 이민의 물결을 일으켰다(예를 들면, 판 랄터(van Raalte) 목사의 지도하에). 이들 이민자들은 처음에는 네덜란드 개혁교회와 연합하였지만 1857년에 기독개혁교회(Christian Reformed Church)가 구성되었다. 그 기독개혁교회는 아브라함 카이퍼 박사의 영향을 받아 1908년에는 세례와 언약에 대한 네덜란드의 결정을 받아들이게 되었다. 1924년에 와서는 기독개혁교회 총회는 여러 직분자(예를 들면 J. Hoeksema)들을 면직시켰는데, 이들이 아브라함 카이퍼 박사의 '일반은총'론을 받아들이지 않았기 때문이다. 이것은 하나의 통탄할 만한 계급체제와 비신앙고백적인 굴레로 돌아선 것이었다. 면직을 당한 사람들은 개신개혁교회(Protestant Reformed Churches)를 구성하였다.

그럼에도 불구하고 이 개신개혁교회에서는 카이퍼와 관련한 언약의 이론(오직 '택자'와만 맺어진 것으로)을 가르쳤고 유지하였다. 몇몇 사람들이 이런 신학이론과 의견을 달리하게 되었을 때, 그들 역시 면직을 당하였다. 그리하여 개신개혁교회는 일찍이 기독개혁교회와 같이 똑같은 관습으로 떨어지고 말았다. 이런 행위는 개신개혁교회 내부에 분열을 일으켰다.

전후 이민자 물결은 '자유파' 네덜란드 개혁교회로부터 캐나다와 미합중국으로 많은 이민자들을 이끌어왔다. 기독개혁교회는 그러는 동안에도 공식적으로 네덜란드 '총회파' 교회들의 결정과 일치하였으며 자유파 교회들과는 교제를 거절하였다. 비록 이들 이민자들의 많은 사람들이 먼저 기독개혁

교회와 연합하였음에도 불구하고(한편 일부는 개신개혁교회와 관계를 맺었다) 곧 분명하게 된 것은, 교리적이고 교회정치적인 자유로 인해 '얻은 것'이 이들 두 교회 안에서 억눌린 채로 있게 되었다는 것이다. 1950년에 이들 이민자들은 자유개혁교회를 조직하였고 후에는 캐나다 개혁교회(Canadian Reformed Churches)라고 부르게 되었다.

질문 | 제22과

1_ 그 종교적인 영향력들이 어디서부터 왔기에, 북아메리카의 교회적인 다양한 분포도를 만들게 되었는가?

2_ 어떻게 그리고 언제 캐나다 연합교회가 구성되었는가?

3_ '가장 오래된' 북아메리카에서의 개혁교회는 무엇인가?

4_ 기독개혁교회는 언제 조직되었는가?

5_ 개신개혁교회에 대해 알고 있는 것은 무엇인가?

6_ 왜 캐나다 개혁교회가 구성되었는가?

제23과

벨직신앙고백서 제30-32항(I)
교회정치

제30항 교회 정치[1]

우리는 이 참 교회가 우리 주께서 그의 말씀에서 우리에게 가르치셨던 영적 질서에 따라 치리되어야 한다고 믿는다.[2] 참 교회에는 하나님의 말씀을 설교하고 성례를 집행하는 사역자들 혹은 목사들이 있어야 한다.[3] 또한 목사들과 함께 교회 회의를 구성할 장로들[4]과 집사들이[5] 있어야 한다.[6] 이런 방

---

1) The Government of The Church
   We believe that this true Church must be governed according to the Spiritual order which our Lord has taught us in His Word. There should be ministers or pastors to preach the Word of God and to administer the sacraments; there should also be elders and deacons who, together with the pastors, form the council of the Church. By these means they preserve the true religion; they see to it that the true doctrine takes its course, that evil men are disciplined in a spiritual way and are restrained, and also that the poor and all the afflicted are helped and comforted according to their need. By these means everything will be done well and in good order when faithful men are chosen in agreement with the rule that the apostle Paul gave to Timothy.

2) · 행 20:28 여러분은 자기를 위하여 또는 온 양 떼를 위하여 삼가라 성령이 그들 가운데 여러분을 감독자로 삼고 하나님이 자기 피로 사신 교회를 보살피게 하셨느니라
   · 엡 4:11, 12 그가 어떤 사람은 사도로 어떤 사람은 선지자로 어떤 사람은 복음 전하는 자로 어떤 사람은 목사와 교사로 삼으셨으니 이는 성도를 온전하게 하여 봉사의 일을 하게 하며 그리스도의 몸을 세우려 하심이라
   · 딤전 3:15 만일 내가 지체하면 너로 하여금 하나님의 집에서 어떻게 행하여야 할지를 알게 하려 함이니 이 집은 살아 계신 하나님의 교회요 진리의 기둥과 터니라
   · 히 13:20, 21 양들의 큰 목자이신 우리 주 예수를 영원한 언약의 피로 죽은 자 가운데서 이끌어 내신 평강의 하나님이 모든 선한 일에 너희를 온전하게 하사 자기 뜻을 행하게 하시고 그 앞에 즐거운 것을 예수 그리스도로 말미암아 우리 가운데서 이루시기를 원하노라 영광이 그에게 세세무궁토록 있을지어다 아멘

3) · 눅 1:2 처음부터 목격자와 말씀의 일꾼 된 자들이 전하여 준 그대로 내력을 저술하려고 붓을 든 사람이 많은지라
   · 눅 10:16 너희 말을 듣는 자는 곧 내 말을 듣는 것이요 너희를 저버리는 자는 곧 나를 저버리는 것이요 나를 저버리는 자는 나 보내신 이를 저버리는 것이라 하시니라
   · 요 20:23 너희가 누구의 죄든지 사하면 사하여질 것이요 누구의 죄든지 그대로 두면 그대로 있으리라 하시니라
   · 롬 10:14 그런즉 그들이 믿지 아니하는 이를 어찌 부르리요 듣지도 못한 이를 어찌 믿으리요 전파하는 자가 없이 어찌 들으리요

도들로써 그들은 참 종교를 보존하는 바, 즉 이들은 참 교리에 대한 방침이 제대로 지켜지는지, 또 악한 사람들을 영적인 방식으로 권징하고 제재하는지, 또한 가난한 자와 고통 받는 모든 자들이 그들의 필요에 따라 도움을 받고 위로받는지를 살핀다.[7] 이런 방도들로써 바울이 디모데에게 준 규례와 일치하게 신실한 자들이 선출될 때[8] 모든 것이 적당하고 선한 질서대로 된다.[9]

- 고전 4:1 사람이 마땅히 우리를 그리스도의 일꾼이요 하나님의 비밀을 맡은 자로 여길지어다
- 고후 5:19, 20 곧 하나님께서 그리스도 안에 계시사 세상을 자기와 화목하게 하시며 그들의 죄를 그들에게 돌리지 아니하시고 화목하게 하는 말씀을 우리에게 부탁하셨느니라 그러므로 우리가 그리스도를 대신하여 사신이 되어 하나님이 우리를 통하여 너희를 권면하시는 것 같이 그리스도를 대신하여 간청하노니 너희는 하나님과 화목하라
- 딤후 4:2 너는 말씀을 전파하라 때를 얻든지 못 얻든지 항상 힘쓰라 범사에 오래 참음과 가르침으로 경책하며 경계하며 권하라

4)
- 행 14:23 각 교회에서 장로들을 택하여 금식 기도 하며 그들이 믿는 주께 그들을 위탁하고
- 딛 1:5 내가 너를 그레데에 남겨 둔 이유는 남은 일을 정리하고 내가 명한 대로 각 성에 장로들을 세우게 하려 함이니

5)
- 딤전 3:8-10 이와 같이 집사들도 정중하고 일구이언을 하지 아니하고 술에 인박히지 아니하고 더러운 이를 탐하지 아니하고 깨끗한 양심에 믿음의 비밀을 가진 자라야 할지니 이에 이 사람들을 먼저 시험하여 보고 그 후에 책망할 것이 없으면 집사의 직분을 맡게 할 것이요

6)
- 빌 1:1 그리스도 예수의 종 바울과 디모데는 그리스도 예수 안에서 빌립보에 사는 모든 성도와 또한 감독들과 집사들에게 편지하노니
- 딤전 4:14 네 속에 있는 은사 곧 장로의 회에서 안수 받을 때에 예언을 통하여 받은 것을 가볍게 여기지 말며

7)
- 행 6:1-4 그 때에 제자가 더 많아졌는데 헬라파 유대인들이 자기의 과부들이 매일의 구제에 빠지므로 히브리파 사람을 원망하니 열두 사도가 모든 제자를 불러 이르되 우리가 하나님의 말씀을 제쳐 놓고 접대를 일삼는 것이 마땅하지 아니하니 형제들아 너희 가운데서 성령과 지혜가 충만하여 칭찬 받는 사람 일곱을 택하라 우리가 이 일을 그들에게 맡기고 우리는 오로지 기도하는 일과 말씀 사역에 힘쓰리라 하니
- 딛 1:7-9 감독은 하나님의 청지기로서 책망할 것이 없고 제 고집대로 하지 아니하며 급히 분내지 아니하며 술을 즐기지 아니하며 구타하지 아니하며 더러운 이득을 탐하지 아니하며 오직 나그네를 대접하며 선행을 좋아하며 신중하며 의로우며 거룩하며 절제하며

8)
- 고전 4:2 그리고 맡은 자들에게 구할 것은 충성이니라

9)
- 딤전 3:1-16 미쁘다 이 말이여 곧 사람이 감독의 직분을 얻으려 함은 선한 일을 사모하는 것이라 함이로다 그러므로 감독은 책망할 것이 없으며 한 아내의 남편이 되며 절제하며 신중하며 단정하며 나그네를 대접하며 가르치기를 잘하며 술을 즐기지 아니하며 구타하지 아니하며 오직 관용하며 다투지 아니하며 돈을 사랑하지 아니하며 자기 집을 잘 다스려 자녀들로 모든 공손함으로 복종하게 하는 자라야 할지며 (사람이 자기 집을 다스릴 줄 알지 못하면 어찌 하나님의 교회를 돌보리요) 새로 입교한 자도 말지니 교만하여져서 마귀를 정죄하는 그 정죄에 빠질까 함이요 또한 외인에게서도 선한 증거를 얻은 자라야 할지니 비방과 마귀의 올무에 빠질까 염려하라 이와 같이 집사들도 정중하고 일구이언을 하지 아니하고 술에 인박히지 아니하고 더러운 이를 탐하지 아니하고 깨끗한 양심에 믿음의 비밀을 가진 자라야 할지니 이에 이 사람들을 먼저 시험하여 보고 그 후에 책망할 것이 없으면 집사의 직분을 맡게 할 것이요 여자들도 이와 같이 정숙하고 모함하지 아니하며 절제하며 모든 일에 충성된 자라야 할지니라 집사들은 한 아내의 남편이 되어 자녀와 자기 집을 잘 다스리는 자일지니 집사의 직분을 잘한 자들은 아름다운 지위와 그리스도 예수 안에 있는 믿음에 큰 담력을 얻느니라 내가 속히 네게 가기를 바라나 이것을 네게 쓰는 것은 만일 내가 지체하면 너로 하여금 하나님의 집에서 어떻게 행하여야 할지를 알게 하려 함이니 이 집은 살아 계신 하나님의 교회요 진리의 기둥과 터니라 크도다 경건의 비밀이여 그렇지 않다 하는 이 없도다 그는 육신으로 나타난 바 되시고 영으로 의롭다 하심을 받으시고 천사들에게 보이시고 만국에서 전파되시고 세상에서 믿은 바 되시고 영광 가운데서 올려지셨느니라

제31항 교회의 직분자들[10]

우리는 하나님의 말씀 사역자들과 장로들과 집사들이, 하나님의 말씀에 의해 규정된 대로, 교회의 합법적인 선출에 의해서, 기도와 선한 질서로 그들의 직분들이 피택되어야 함을 믿는다.[11] 그러므로 모든 사람이 부당한 수단들이 개입되지 않도록 조심한다. 직분자는 하나님에 의해 부름받는 그 때까지 기다려서 확실한 실증을 가짐으로써 자기 소명이 주께로부터 온 것임을 분명히 하도록 한다.[12] 말씀 사역자들은 어떤 처지에 있든지 동등한 권세와 권위를 가진다. 이는 그들 모두가 교회의 유일한 보편의 감독이시며 유일한 머리이신[13] 예수 그리스도의 종들이기 때문이다.[14] 이 거룩한 하나님의 법령을 위반하거나 거부하지 않도록 하기 위해서, 모든 사람들이 말씀 사역자들이나 교회의 장로들을

---

10) The Officers of The Church

We believe that ministers of God's Word, elders, and deacons ought to be chosen to their offices by lawful election of the Church, with prayer and in good order, as stipulated by the Word of God. Therefore everyone shall take care not to intrude by improper means. He shall wait for the time that he is called by God so that he may have sure testimony and thus be certain that his call comes from the Lord. Ministers of the Word, in whatever place they are, have equal power and authority, for they are all servants of Jesus Christ, the only universal Bishop and the only Head of the Church. In order that this holy ordinance of God may not be violated or rejected, we declare that everyone must hold the ministers of the Word and the elders of the Church in special esteem because of their work, and as much as possible be at peace with them without grumbling or arguing.

11) · 행 1:23, 24 그들이 두 사람을 내세우니 하나는 바사바라고도 하고 별명은 유스도라고 하는 요셉이요 하나는 맛디아라 그들이 기도하여 이르되 뭇 사람의 마음을 아시는 주여 이 두 사람 중에 누가 주님께 택하신 바 되어
· 행 6:2, 3 열두 사도가 모든 제자를 불러 이르되 우리가 하나님의 말씀을 제쳐 놓고 접대를 일삼는 것이 마땅하지 아니하니 형제들아 너희 가운데서 성령과 지혜가 충만하여 칭찬 받는 사람 일곱을 택하라 우리가 이 일을 그들에게 맡기고

12) · 행 13:2 주를 섬겨 금식할 때에 성령이 이르시되 내가 불러 시키는 일을 위하여 바나바와 사울을 따로 세우라 하시니
· 고전 12:28 하나님이 교회 중에 몇을 세우셨으니 첫째는 사도요 둘째는 선지자요 셋째는 교사요 그 다음은 능력을 행하는 자요 그 다음은 병 고치는 은사와 서로 돕는 것과 다스리는 것과 각종 방언을 말하는 것이라
· 딤전 4:14 네 속에 있는 은사 곧 장로의 회에서 안수 받을 때에 예언을 통하여 받은 것을 가볍게 여기지 말며
· 딤전 5:22 아무에게나 경솔히 안수하지 말고 다른 사람의 죄에 간섭하지 말며 네 자신을 지켜 정결하게 하라
· 히 5:4 이 존귀는 아무도 스스로 취하지 못하고 오직 아론과 같이 하나님의 부르심을 받은 자라야 할 것이니라

13) · 고후 5:20 그러므로 우리가 그리스도를 대신하여 사신이 되어 하나님이 우리를 통하여 너희를 권면하시는 것 같이 그리스도를 대신하여 간청하노니 너희는 하나님과 화목하라
· 벧전 5:1-4 너희 중 장로들에게 권하노니 나는 함께 장로 된 자요 그리스도의 고난의 증인이요 나타날 영광에 참여할 자니라 너희 중에 있는 하나님의 양 무리를 치되 억지로 하지 말고 하나님의 뜻을 따라 자원함으로 하며 더러운 이득을 위하여 하지 말고 기꺼이 하며 맡은 자들에게 주장하는 자세를 하지 말고 양 무리의 본이 되라 그리하면 목자장이 나타나실 때에 시들지 아니하는 영광의 관을 얻으리라

14) · 마 23:8, 10 그러나 너희는 랍비라 칭함을 받지 말라 너희 선생은 하나요 너희는 다 형제니라 또한 지도자라 칭함을 받지 말라 너희의 지도자는 한 분이시니 곧 그리스도시니라
· 엡 1:22 또 만물을 그의 발 아래에 복종하게 하시고 그를 만물 위에 교회의 머리로 삼으셨느니라
· 엡 5:23 이는 남편이 아내의 머리됨이 그리스도께서 교회의 머리됨과 같음이니 그가 바로 몸의 구주시니라

그들의 사역을 인하여 특별히 더 존경하며, 가능한 한 불평이나 논쟁 없이, 그들과 화목해야 함을 우리는 선언한다.15)

제32항 교회 질서와 권징16)

우리는, 비록 교회 치리자들이 그리스도의 몸된 교회를 유지하기 위해서 특정한 질서를 세우는 것이 유익하고 선할지라도, 그들은 우리의 유일한 주 그리스도께서 명하신 바로부터 일탈하지 않도록 항상 깨어있어야 한다고 믿는다.17) 그러므로 우리는 하나님의 예배 안으로 도입하여 어떻게든 양심을 속박하거나 억압하는 모든 인간적인 고안물들과 규정들을 거부한다.18) 우리는 조화와 일치를 보존하고 증진하여 모두로 하여금 하나님께 순종케 하는데 합당한 것만을 인정한다.19) 바로 그 목적을 위하여, 권징과 출교는 하나님의 말씀과 일치하게 시행되어야 한다.20)

---

15) · 살전 5:12, 13 형제들아 우리가 너희에게 구하노니 너희 가운데서 수고하고 주 안에서 너희를 다스리며 권하는 자들을 너희가 알고 그들의 역사로 말미암아 사랑 안에서 가장 귀히 여기며 너희끼리 화목하라
 · 딤전 5:17 잘 다스리는 장로들은 배나 존경할 자로 알되 말씀과 가르침에 수고하는 이들에게는 더욱 그리할 것이니라
 · 히 13:17 너희를 인도하는 자들에게 순종하고 복종하라 그들은 너희 영혼을 위하여 경성하기를 자신들이 청산할 자인 것 같이 하느니라 그들로 하여금 즐거움으로 이것을 하게 하고 근심으로 하게 하지 말라 그렇지 않으면 너희에게 유익이 없느니라

16) The Order and Discipline of The Church
 We believe that, although it is useful and good for those who govern the Church to establish a certain order to maintain the body of the Church, they must at all times watch that they do not deviate from what Christ, our only Master, has commanded. Therefore we reject all human inventions and laws introduced into the worship of God which bind and compel the consciences in any way. We accept only what is proper to preserve and promote harmony and unity and to keep all in obedience to God. To that end, discipline and excommunication ought to be exercised in agreement with the Word of God.

17) · 딤전 3:15 만일 내가 지체하면 너로 하여금 하나님의 집에서 어떻게 행하여야 할지를 알게 하려 함이니 이 집은 살아계신 하나님의 교회요 진리의 기둥과 터니라

18) · 사 29:13 주께서 이르시되 이 백성이 입으로는 나를 가까이 하며 입술로는 나를 공경하나 그들의 마음은 내게서 멀리 떠났나니 그들이 나를 경외함은 사람의 계명으로 가르침을 받았을 뿐이라
 · 마 15:9 사람의 계명으로 교훈을 삼아 가르치니 나를 헛되이 경배하는도다 하였느니라 하시고
 · 갈 5:1 그리스도께서 우리를 자유롭게 하려고 자유를 주셨으니 그러므로 굳건하게 서서 다시는 종의 멍에를 메지 말라

19) · 고전 14:33 하나님은 무질서의 하나님이 아니시요 오직 화평의 하나님이시니라

20) · 마 16:19 내가 천국 열쇠를 네게 주리니 네가 땅에서 무엇이든지 매면 하늘에서도 매일 것이요 네가 땅에서 무엇이든지 풀면 하늘에서도 풀리리라 하시고
 · 마 18:15-18 네 형제가 죄를 범하거든 가서 너와 그 사람과만 상대하여 권고하라 만일 들으면 네가 네 형제를 얻은 것이요 만일 듣지 않거든 한두 사람을 데리고 가서 두세 증인의 입으로 말마다 확증하게 하라 만일 그들의 말도 듣지 않거든 교회에 말하고 교회의 말도 듣지 않거든 이방인과 세리와 같이 여기라 진실로 너희에게 이르노니 무엇이든지 너희가 땅에서 매면 하늘에서도 매일 것이요 무엇이든지 땅에서 풀면 하늘에서도 풀리리라

개관

이번 과에서는 다양한 교회정치의 체계들을 살피고 어떤 것이 성경의 요구들을 충족시키는지 살펴본다.

1. 교회 조직

교회에는 교회 조직과 교회 정치는 단순히 역사적인 발전의 단순한 결과이며 성경은 이런 문제들에 관심이 없다고 가르쳤던 이들이 있어왔다. 그렇지만 우리의 신앙고백서는 "이 참 교회가 우리 주께서 그의 말씀에서 우리에게 가르치셨던 영적 질서에 따라 치리되어야 한다"(제30항)고 진술한다. 주님께서는 그분의 교회를 다스리는 방법을 사람의 취향과 재량에 맡겨두지 아니하시고 분명한 명령들을 보여주셨다. 그것은 다음과 같이 분명하다.

a) 직분자의 임명과 과업에 관한 규칙들(디모데전서 3)
b) 예배봉사와 성례집행에 관한 규정들(고전 11)
c) 자범죄를 범한 사람들에 관한 조항들(마태복음 18)

특별히 우리는 소위 목회서신(디모데서, 디도서)에서 회중의 생활에 관한 실제적인 법규를 위한 다양한 규정들을 발견하게 된다.

2. 교회 정치 형태

시대를 지나오면서 교회 정치에 관한 다양한 이론들이 공식화 되었으며 가지각색의 체제들이 실제에 적용되었다. 우리는 다음과 같이 말한다.

a) 교황체제(또는 로마 가톨릭 체제) : 베드로의 수위권에서 알 수 있는 사도적인 계승이 계속되고 있다고 믿고 있다. 그의 계승자들(교황들)은 세상에서 그리스도의 공적인 대리자(교황)이다. 그런 까닭에 스스로 특별한 교황의 무오성을 주장할 수 있게 되었을 것이다. 이런 체제는 성직자-평신도와

- 롬 16:17 형제들아 내가 너희를 권하노니 너희가 배운 교훈을 거슬러 분쟁을 일으키거나 거치게 하는 자들을 살피고 그들에게서 떠나라
- 고전 5:1 너희 중에 심지어 음행이 있다 함을 들으니 그런 음행은 이방인 중에서도 없는 것이라 누가 그 아버지의 아내를 취하였다 하는도다
- 딤전 1:20 그 가운데 후메내오와 알렉산더가 있으니 내가 사탄에게 내준 것은 그들로 훈계를 받아 신성을 모독하지 못하게 하려 함이라

같은 비 성경적인 특징에 의해 지배되어 있다.
b) 국가통치체제 : 국가의 세속적인 주권자가 교회에서 결정적인 지배권을 갖는다고 믿는다. 그리고 '국가 혹은 민족 교회'를 세웠다. 이 체제는 루터교가 택하였는데, 국가 지상주의체제라고도 한다. 그리고 네덜란드에서 알미니안주의자들이 옹호하였다. 이 체제에서 '교회'와 '국가'는 선명하게 나누어지지 않고 그 자체의 본질인 것처럼 되어있다.
c) 독립주의(회중주의) 체제 : 어떤 것이든 묶는 연합의 형태를 받아들이지 않고 지역 회중들의 완전한 독립을 주장한다. 그 권위는 회중에게 있다. 그리고 오직 '가르치는 장로들'만이 허용된다.
d) 대학 체제 : 교회는 동등한 권위를 가진 개체의 모임인 '콜로키움'(하나의 협회)에 연합한 사람들의 자유로운 행동으로 ('자연법' 원리에 따라) 형성이 되며, 지역교회는 콜로키움의 한 학부들이라고 믿는다.
e) 개혁주의(또는 장로회) 체제: 그리스도는 교회의 유일한 머리이시며 그가 장로들에게 그의 이름과 말씀으로 다스리도록 분명한 권위를 위임하신다고 믿는다. 여러 지역교회들은 자유롭고 독립적이지만 동시에 한 분 주님과 단일한 믿음으로 결합되어 있다. 그러므로 또한 상호간에 책임이 있다(요한계시록 1).

다양한 체제들 사이에 있는 실제적인 차이점은 '그 힘'('exousia' = 권위)을 어디에 두고 있느냐 하는 질문에 대한 대답에서 분명하게 된다.

a) 교황체제 : 교황 또는 추기경 협의회와 그들의 결정에 둠
b) 국가통치체제 : 국가의 수장과 그의 명령에 둠
c) 독립주의체제 : 회중의 회원들과 그들의 결정에 둠
d) 개혁주의 체제 : 예수 그리스도와 직분자에 의해서 시행되는 그의 성경적인 통치에 둠

3. 개혁교회 정치: 반 계급체제

교회 정치의 개혁주의 체제는 아주 강하게 반 계급체제이다. 계급체제는 교회에 있는 그리스도와 그의 말씀이 가진 최고의 권위를 어떤 형태로든 억압하는 것이며, 교회 안에서 한 사람이나 한 집단에 의한 지배권이다. 이 계급체제는 어떤 특별한 집단에 의해서 시도되고 실현될 수도 있다.

a) 대회나 교회회의에 의해서 : 대회정치
b) 지역 당회에 의해 : 당회정치
c) 직분자들에 의해서만 : 자치정치

d) 교회의 회중에 의해서 : 민주정치

신앙고백은 유일한 주인이신 그리스도의 통치는 침해를 당하지 않는다고 확정적으로 묘사하고 있다(제30, 32항). 어떤 것이라도 그리스도의 교회는 오직 그의 말씀에 따라서 임명된 직분자의 봉사를 통해 그리스도께서 다스리는 '신권정치'(= 하나님이 다스리신다)이다. 이들 직분자들은 회원들이나 다른 사람을 자신들에게 복종하게 하지 말고 오직 그리스도와 그의 분명하게 계시된 명령에만 마치 '목자장'께 하듯이 복종하도록 해야 할 것이다.

사도행전 20:28 "여러분은 자기를 위하여 또는 온 양 떼를 위하여 삼가라 성령이 그들 가운데 여러분을 감독자로 삼고 하나님이 자기 피로 사신 교회를 보살피게 하셨느니라."

베드로전서 5:2, 3 "너희 중에 있는 하나님의 양 무리를 치되 억지로 하지 말고 하나님의 뜻을 따라 자원함으로 하며 더러운 이득을 위하여 하지 말고 기꺼이 하며 맡기운 자들에게 주장하는 자세를 하지 말고 양 무리의 본이 되라."

4. 교회정치: 영적인 문제

신앙고백은 교회정치가 '영적' 이라고 강조하고 있다. 영적 질서 = 영적인 체제의 정치(30항).

이것은 교회가 결코 물리적인 힘을 사용하려고 하거나 또는 육체적인 형벌을 시행하려고 하지 않아야 할 것이다. 왜냐하면 그런 수단은 목적을 위해 '검' 이 맡겨져 있는 국가의 영역에 속하기 때문이다(로마서13:4). 교회는 위로와 훈계를 주는 하나님의 말씀인 오직 '성령의 검' 으로만 봉사하도록 되어 있다.

스가랴 4:6 "만군의 여호와께서 말씀하시되 이는 힘으로 되지 아니하며 능력으로 되지 아니하고 오직 나의 영으로 되느니라."

교회에 맡겨진 영적인 수단들은 교육, 책망, 바르게 함, 권징, 그리고 출교이다(디모데후서 3:16; 고린도전서 5:3-5. 참조하라).

질문 | **제23과**

1 _ 교회 정치가 말씀 속에서 그리스도에 의해서 결정이 되며 사람의 통찰력으로 결정이 되지 않는다는 사실을 성경에서 밝혀라.

2 _ 교회정치에 있어서 어떤 다양한 형식들이 옹호되고 있는가?

3 _ 개혁주의 교회정치 제도의 주된 특징은 무엇인가?

4 _ 교회 정치를 '영적인' 문제라고 부르는 이유는 무엇인가?

제24과

벨직신앙고백서 제30-32항(II)
직 분

개관

이번 과에서는 그리스도의 교회에서 직분의 제정에 대해서 고찰한다. 그리고 교회생활을 위해 직분의 중요성을 주목해본다.

1. 직분 제정

처음부터 주님께서는 직분을 제정하셨고 그의 교회에 직분자를 임명하셨다. 직분은 특별한 과업 또는 하나님께서 맡기신 위임, 위대한 책임과 권위가 있는 지위이다.

우리는 다음 둘 사이를 구별한다.

a) 모든 신자들의 직무 : 하나님의 모든 자녀들은 믿음 안에서 살며 그의 말씀에 따라 하나님을 섬기도록 하는 특별한 부르심을 가지고 있다. 이 직무는 이미 아담에게 맡겨졌고 그래서 모든 하나님의 자녀의 것이다.

미가 6:8 "사람아 주께서 선한 것이 무엇임을 네게 보이셨나니 여호와께서 네게 구하시는 것은 오직 정의를 행하며 인자를 사랑하며 겸손하게 네 하나님과 함께 행하는 것이 아니냐."

(비교: 하이델베르크 교리문답 제12주, 제32문답, "그런데 왜 여러분을 그리스도인이라고 부릅니까?)

b) 특별한 직무들 : 한정된 사람에게 맡기는 특별한 과업으로 그 사람은 그리스도의 교회의 건설에 관련하여 특별한 부르심을 갖게 된다.

에베소서 4:12 "이는 성도를 온전하게 하며 봉사의 일을 하게하며 그리스도의 몸을 세우려 하심이라"

우리는 특별한 직무들이 모든 신자들의 직무에 '근원을 두고 있다'고 말할 수 있다. 만일 그가 믿음으로 살지 않는다면, 그리고 하나님과 그의 이웃을 향한 사랑 가운데서 행하지 않는다면, 그 사람은 교회에서 특별한 사역을 성취할 수 없다.

2. 옛 언약의 직분

옛 언약경륜 속에서 어떤 사람들(예를 들어 모세, 사무엘)은 이스라엘에게 성직자로 하나님을 섬기도록 특별한 소명을 받았다. 이 직분은 특정한 임명으로 수여되었으며 자주 성유로 '기름부음'으로(역시 성령의 도와주심의 표로서) 표시했다.

일반적으로 옛 언약에서는 세 가지 직분을 구별한다.

a) 선지자 : 하나님의 뜻을 계시하고 하나님을 섬기는 일에 회중을 가르치도록 부르심을 받음. 자주 선지자들은 이스라엘 백성들을 참된 언약 예배에 역행하게 하는 개악의 시대에 부르심을 받았으며 그래서 절박한 하나님의 심판을 경고하였다.
b) 제사장/레위인 : 장막과 성전에서 화해의 직분을 유지하도록 부르심을 받음. 제사장들은 백성을 위하여 주님께 가까이 나아가고, 주님의 복을 백성들에게 전달하여야 할 '중보자'였다. 이것은 내내도 물려받는 직분이요 레위 지파에게 수여된 성직이었다.
c) 왕 : 나중에 백성의 간절한 요청(사무엘상 8)으로 '허락받게' 되었던 직분. 실제로 주님만이 이스라엘을 다스리는 지위를 가지고 계시지만 하나님께서는 이 직분을 사울의 집에게 허락하셨으며 나중에는 다윗의 가문에 주셨다. 이 직분에 속한 의무와 특권들은 모세의 율법에 이미 (사전에) 규정되어 있으며 특히 이 왕은 언제나 왕 중의 왕께 다스림을 받아야 한다(신명기 17:14-20).

이 직분들은 일반적으로 구별되어 있었으며 섞이지 않았다. 예를 들어 웃시야 왕은 '향단에 향을 사르려고' 했기 때문에 문둥병으로 징벌을 받았다(역대하 26:16). 그럼에도 불구하고 여러 경우에 공적인 활동들의 결합을 보게 된다. 예를 들어 (주 예수 그리스도의 사역을 예시해주는) 다윗의 사역은 왕적이고 제사장적이고 선지자적인 특징들을 보여준다. 이 직분들은 분명하게 그리고 결정적으로 위대하신 목자이신 예수 그리스도 안에서 하나가 된다(12과를 보라).

3. 새 언약의 직분

신앙고백 제30, 31항에서 신약교회의 세 직분 즉, 사역자들(또는 목사들), 장로들, 집사들을 언급한다. 다음과 같은 구별이 있다.

a) 특별한 감독 직분들 : 사도 직분은 그리스도의 사역, 고난, 그리고 부활의 증인들이라고 부른다. 복음전도자 직분은 교회를 세우는 일에 있어서 사도들을 돕는 자들로서, 그리고 선지자 직분은 하나님의 말씀의 계시가 (아직) 완성되지 아니한 시대에 하나님의 말씀을 전해주었다. 보통 말하는(엄밀한 의미의) 그런 직분들은 교회에서 사라졌다.

b) 감독 직분들 : 실제적으로 성경은 그런 직분을 장로 직분(presbyter)과 집사 직분(빌립보서 1:1을 보라) 둘로만 말한다. 장로의 직분에서는 다스리는 자들과 '설교하고 가르치는' (디모데전서 5:17) (추가된) 사역에 전념하는 자들로 보다 명확한 차별 또는 구분을 두었다.

그러므로 기독교회에서는 직분을 다음과 같이 열거하고 설명한다.

a) 목사들 : 예배봉사 중에 하나님의 말씀을 설교하는 일(그리고 심방을 통해 가정에서 동일한 말씀을 전하는 일), 성례를 베푸는 일(말씀의 표이며 인으로서), 그리고 구원의 교리를 가르치는 일(교리문답 교육). 이 직분은 구약의 선지자의 직분을 반영하는 것이다.
b) 장로들 : 교회를 하나님의 말씀에 따라 다스리는 일, 모든 일들이 합당하게 행해지는 지를 살피는 일('감독자'로서 신자들을 감독(관리)하는 일 - 주교직) 그리고 교회 회원의 훈계를 시행하는 일(사도행전 20:28). 이 직분은 구약의 '왕'의 직분을 반영하는 것이다.
c) 집사들 : 궁핍한 자를 돕도록 살피는 일. 그래서 모든 사람이 지나친 염려 없이 기쁨과 감사로 주님을 섬길 수 있도록 살피는 일. 이런 목적을 위해서 집사는 신자들의 헌금을 모으고 분배해야 한다(사도행전 6:1-6). 이 직분은 구약의 제사장의 직분을 반영하는 것이다.

우리가 직분에 있어서 연속성과 진보를 보게 되면 모든 시대의 교회는 하나님을 섬기는 일에서 보살핌을 잘 받게 된다. 이들 직분자들이 함께 모여 '교회 확대 당회(the Council of the Church)를 형성한다' = 그리스도의 교회의 성장과, 진보 그리고 안녕을 위해 책임을 다하는 몸을 형성한다(제30항). 직분자들은 또 다른 직분자 위에 '주장하려고' 하지 말고 그들의 직분의 무거운 짐을 공평하게 나눠야 할 것이다.

〈 주 〉 모든 실천적인 목표를 위해서 교회질서는 권징의 문제들은 전적으로 당회를 구성하는 목사(들)과 장로들 책임이라는 별도조항을 만들어 두었다.

4. 직분 선출

제31항에서 신앙고백서는 두 가지 위험을 경고하고 있다.

a) 직분자들은 몇몇 '상급 감독기관' 이나 '감독직분' 에 의해서 계급체제 방식으로 임직을 받는 일 (로마 가톨릭주의)
b) 어떤 비밀스럽고 내적인 소명을 받은 특정한 사람이 자신을 회중에게 직분자로 소개하며 그들의 권위에 복종을 요구하는 일(재세례파). 히브리서 5:4절을 보라.

성경은 직분자가 회중의 협력을 통해서 선택이 된다고 가르치고 있다. 그러니까 앞서서 기도한 후에 지명을 받고 이미 있는 직분자들에 의해서 임직이 된다.

사도행전 6:3 "형제들아, 너희 가운데서 성령과 지혜가 충만하여 칭찬 받는 사람 일곱을 택하라 우리가 이 일을 그들에게 맡기고"

성령께서 그리스도의 교회에서 섬기도록 사람을 부르신다는 사실은 이런 방식으로 진행이 되는데, 회중의 협조를 통해서 그리고 그 결과로서 임직 받은 직분자에 의해 임명받음을 통해서 이루어진다. 이것은 이중으로 중요성을 가진다.

a) 합법적으로 선출되고 임명된 사람들은 이 일을 하도록 주님께서 부르셨다는 확신을 갖게 된다.
b) 회중은 직분자를 "그들의 역사로 말미암아 사랑 안에서 가장 귀히 여기며 너희끼리 화목하라"(데살로니가전서 5:13), "하나님의 말씀을 너희에게 일러주고 너희를 인도하던 자들을 생각하며 그들의 행실의 결말을 주의하여 보고 그들의 믿음을 본받으라."(히브리서 13:7)

이런 방식의 '선출' 이 직분자를 회중의 '적합한' 종으로 만들어 주지 않는다는 점을 주의하는 것이 중요하다. 왜냐하면 그들은 단지 그들을 부르신 주님께 책임이 있고 항상 그분께 답변을 하기 때문이다(고린도전서 4:1-5를 보라).

그리스도의 교회에서 직분의 적임자가 되기 위해서는 교회 안에서 잘 서있어야만 하며 ('새로 입교한 자' 도 안 됨, 디모데전서 3:6,7) 그리고 교회 밖에서 좋은 평판을 얻는 자여야 한다. 성경적인 자격 목록은 디모데전서 3장과 디도서 1장에서 찾아볼 수 있다. 선출에 있어서 '개인적인 관계' 는 제쳐놓고 주님께서 말씀에서 요구하신 인물들을 찾아야 한다.

교회질서는 직분자 선출의 정확한 절차를 결정하기 위해 '지역의 조례들' 을 사용할 여지를 만들어 놓고 있다. 그 결과로 임직예식은 채택된 예식서에 따라 이루어질 것이다.

질문 | 제24과

1 _ '직분'이란 무엇인가? 이 사항에 있어서 어떤 일반적인 구별이 있는가?

2 _ 구약에서 어떤 직분이 기능을 했는가? 신약에서 어떤 직분이 기능을 했는가?

3 _ 직분자들이 어떻게 선택이 되며 그들은 누구에게 책임이 있는가?

4 _ 그리스도의 교회에서 직분에 필요한 자격은 무엇인가?

제25과

벨직신앙고백서 제32항
교회질서 - 교회권징

개관

이번 과에서 우리는 '교회질서'의 필요와 한계를 살펴보고 그와 같은 질서가 제한을 받아야만 하는 성경의 규범을 주의하게 된다.

1. 교회질서의 필요성

합의에 의해서 (교회의 연합 안에 있는) 교회들은 '교회의 몸을 유지하기 위해 한 특정 질서'를 세우게 된다(32항). 이러한 법령들은 1618-1619년 돌트 회의에서 채택된 교회질서 안에 편집되어 있다

신앙고백서는 재세례파의 시각에 반대하여 교회질서가 중요하다고 강조하고 있다. 재세례파의 관점은 (인간적으로 세워진) 모든 규칙을 거부하며 교회는 오직 성령의 '자유로운 인도하심'에만 매여야 한다고 생각한다. 하지만, 성경에 토대를 둔 규칙들은 성령의 사역을 제한하지 않으며 오히려 성령은 하나님께서 주신 틀 안에서 일하기 원하신다. 개혁자들이 가르쳤던 것은 로마교회의 비성경적인 질서를 바르게 폐지하는 일이(교회법전) 교회를 반대의 극단으로, 다시 말해서 성경적으로 건전한 법의 전적인 부재 상태로 가도록 유혹하지 않아야 한다는 것이었다. 왜냐하면 이런 극단은 개혁을 혁명으로 변질되게 영향을 미치기 때문이다(무정부론).

일반적인 규례로 구성되어 있는 구체적인 법규에 대한 합의는 이미 사도시대에 나타나있다. 예를 들어 사도행전 15:28-29, 고린도전서 11:16를 보라.

일반적으로 수용된 교회질서의 중요성과 역할은 아래 항목에 제시되어 있다.

교회를 다스리는 사람들에게는

a) 그리스도의 몸을 유지하기 위해서
b) 화합과 연합을 유지하고 증진시키며 하나님께 항상 복종하게 하기 위해서

얼마간의 질서를 세우는 일이 유익하고 좋은 것이다(32항).

교회생활의 화평을 위한 규율(peaceful regulation)의 필요성은 명료하게 성경에 나타나있다.
고린도전서 14:40, "모든 것을 품위있게 하고 질서있게 하라."

(재세례파의 무정부주의에 반대하여) 교회질서의 정당함을 방어하는 한편 같은 조항에서 반대편의 극단도 경고하고 있다. 즉 교회생활은 통제를 벗어나지 않아야 하며, 그리하여 '인간적인 고안물들'에 의해서 멍에를 매지 않도록 해야 한다. 교회의 다스리는 자들은 그것들이 유일하신 우리 주 그리스도께서 명령하신 계명들에서 이탈하지는 않았는지 항상 경계해야 한다. 교리나 예전 혹은 더 나아가 규칙들 안에 성경을 초월하여 구속하는 힘은 전혀 없다.

2. 개혁교회 질서

앞서 다룬 대로 (네덜란드) 개혁교회들의 교회질서는 종교개혁 시기 동안에 생겨났는데, 공식적으로는 1618-1619년 돌트 총회에서 채택되었다. 그것은 베젤 협약(1568)에서 초안했던 것인데 그 후로부터 지금까지 개혁교회들 안에서 영향력과 탁월한 자리를 얻게 되었다. 이 화란 교회질서는 칼빈이 제네바에서 교회를 위하여 마련한 교회질서에서 그 뿌리를 찾으며, 팔레티네이트(독일, 하이델베르크)의 교회질서에 의해서 보다 더 영향을 받게 되었다.

이 교회질서는 1816년(이때 국가통치체제가 화란의 왕에 의해서 소개)에 무시를 당하였지만 첫번째와 두번째 분리한 교회들은 이전의 탁월한 질서대로 회복시켰다. 캐나다 개혁교회는 최초 총회에서 (Homewood-Carman, 1954) '특별한 캐나다의 상황'을 고려하여 이 교회질서의 개정이 필요하다고 판단하였다. 개정이 완비된 교회질서는 클로버데일(1983) 총회에서 채택이 되었다.

교회질서의 목록은 다음과 같이 마련이 되었다.

a) 직분
b) 회집
c) 예배(성례와 예식)
d) 권징

새로운 캐나다 개정판은 1618-1619년 돌트에서 채택한 것과 기본적으로 동일한 질서를 따르고 있다. '교리의 감독'은 직분에 관한 항 바로 뒤에 자리하고 있다는 것이 바로 그것이다. 이것은 더욱 논리적이 되도록 고려한 것이다. 각 항을 간략하게 살펴보려고 한다. 한편 권징의 문제는 따로 논하게 될 것이다. 권징은 우리의 신앙고백서 제32항에 특별하게 다루어져 있기 때문이다.

(a) 직분

이 조항들은 직분자들을 선출하는 방법(회중의 협력과 승인 강조 - 이전에 다룬 과를 보라)을 규정하고 있으며, 직분자들의 의무를 밝히고 직무 이행 기간을 한정하고 있다. 교회질서의 분명한 반계급체제 경향은, 목사와 장로와 집사들은 "그들의 직무의 의무들을 존중하여 동등성을 유지해야만 한다" 그리고 "다른 직분을 지배해서는 안 된다"는 조항(제17조, 교회질서 74조)에 나타나있다. 장로교 교회질서와는 대조적으로 개혁교회의 질서는 종신장로직을 인정하지 않고 장로와 집사는 '2년이나 3년간 봉사하며' '해마다 적절한 수가 은퇴해야 한다'고 정해놓고 있다. 이런 규례는 칼빈(이미 1541년에)이 개혁교회 안에서 계급체제로 되돌아갈 가능성을 막기 위해서 도입하였다.

(b) 회의

성경은 각 지교회가 완전하며 독립된 교회라는 것을 보여주고 있다. 하지만 모든 교회는 그리스도 안에서 영적으로 하나이며, 교회들 가운데 누가 다니시는지(계시록 1장, 일곱 촛대의 비밀)를 보여주고 있다. 연대를 유지하고 있는 교회들은 또한 특정한 회의에서 서로 만난다. 이를 소회(보다 적은 수의 교회들을 말한다)와 대회(더 많은 교회 아니면 모든 교회가 대표를 보내어 참석한다)라고 부른다. 교회질서는 네 가지의 회의에 대해서 다루고 있다.

a) 당회 : 영속하는 몸, 목사(들)과 장로들로 구성되며 정기적으로 모인다.
b) 노회 : 당회에서 파견한 대표로 구성되며 관례적으로 3개월에 한 번 모인다.
c) 대회 : 노회에서 파송된 대표로 구성되며 해마다 모인다.
d) 총회 : 지역총회에서 파송된 대표들로 구성되며 3년에 한번 모인다.

계속적이며 영구적인 기능을 가지는 유일한 몸은 당회뿐이다. 한편 대회는 조직이 되었다가 그들의 과업이 끝나면 없어진다. 이런 규정은 계급에 따른 힘을 받아들이는 '더 높은 체제'가 다시 출현하는 것을 방지하고자 하는 것이다.

〈주〉장로교회질서는 영구적인 권위를 (우리 노회에 해당하는) 장로회에 부여하는데, 이것이 다소 다른 점이다. 한편 지역교회들은 '장로회(목사와 장로의 모임)'를 갖는다. 계급체제의 위험이 분명 여기에 실재하고 있다.

대회의 권위는 위임받은 자이며 그 교회들이 모임의 의제를 결정한다. 그 회합들에서 오직 다음의 항목들을 포함하는 '교회 안건들' 만 다루어야 할 것이다.

a) 소회에서 마무리 지을 수 없는 문제들
b) 일반적으로 대회에 참여한 교회에 관계된 문제들
c) 어떤 소회의 결정(들)에 의해서 잘못 다루어졌다고 느끼는 사람들의 호소들(교회질서 제31조)

무엇이든 다수결로 결정된 것은 하나님의 말씀이나 교회질서에 상치된다고 입증이 되지 않는 한 '결정되어 구속력이 있는 것' 으로 여겨져야 할 것이다(교회질서 제31조). 어느 누구도 하나님의 말씀과 상치되는 어떤 것에도 양심이 구속을 받아서는 안 될 것이다.

(c) 교리의 감독, 성례와 예전
이 항에서 교회질서는 다음과 같이 규정하고 있다:

a) 모든 직분자들의 세 일치신조 서명
b) 거룩한 세례 집행('가능하면 빨리')
c) 주의 만찬 시행('두세 달에 한 번') : 성례는 예배봉사에서 채택한 예식서로 베풀어져야 한다.
d) 장례식
e) 기념일 : 해마다 교회는 그리스도의 탄생, 죽으심, 부활, 승천을 성령강림과 같이 기념해야 한다.
f) 기도일
g) 교리문답 설교(일반적으로 매주 오후 예배시)
h) 예전(시편과 찬송)
i) 혼인예식

3. 그리스도인의 권징(고백서 제32항; 교회질서 제71-83조)

교회질서는 기독교의 권징이 '영적인 성격' 임을 강조하고 있다. 보통 말하는 그런 민사소송과 아무 관련이 없다. 권징의 목적은 세 가지이다.

a) 하나님의 거룩한 이름을 신성하게 하며 그분의 영광을 더욱 높여드리기 위해서(베드로전서 1:14-17)
b) 죄인을 하나님과 교회와 그의 이웃과 화해시키기 위해서; 그 자신의 구원(고린도전서 5:5)
c) 그리스도의 교회로부터 범죄를 제거하며 교회를 개악으로부터 지키기 위해서(디모데전서 5:20)

최종적인 출교라 할지라도 권징은 죄인을 구원하려는 것이며 교회를 보호하려는 것이다. 그것은 하나님의 사랑의 표현이다. 그러므로 온순한 마음과 감사한 마음으로 받아들여야 한다.

요한계시록 3:19 "무릇 내가 사랑하는 자를 책망하여 징계하노니 그러므로 네가 열심을 내라 회개하라" 히브리서 12:10 "그들은 잠시 자기의 뜻대로 우리를 징계하였거니와 오직 하나님은 우리의 유익을 위하여 그의 거룩하심에 참여하게 하시느니라"

권징을 시행하는 일은 단순하게 직분자들이 하는 일이 아니다. 권징은 우선 회원 서로 간의 책임이다(마태복음 18:15-18; 골로새서3:16). 오직 은밀한 죄와 공개적으로 드러난 죄를 완고하게 고집하는 경우만 직분자들이 다루어야 할 것이다.

당회는 다음의 절차를 고수해야 할 것이다.

a) 주의 만찬 정지
b) 첫 번째로 공적인 광고('그 죄인을 아끼려고' 이름을 알리지 않음) 여기서 회중은 관련된 사람의 회개를 위해 기도하도록 요청을 받게 된다.
c) 두 번째 공적인 광고(노회의 조언을 받고, 죄인의 이름과 주소를 넣어) 여기서 회중은 그 죄인을 깨우치는 일에 협력하도록 요청을 받게 된다.
d) 마지막 광고 : 실제로 출교가 시작되는 날짜
e) 출교

이 광고의 정확한 문구는 교회들이 채택한 양식에 표현이 되어 있다.

출교된 사람들은 그들이 회개한 증거를 보이고 마찬가지로 그리스도의 교회 앞에서 고백한 후에 공적으로 회복이 (이 역시 그런 목적을 위해서 채택된 양식에 따라) 될 수 있다.

장로와 집사를 출교하는 경우에는 이웃하고 있는 교회의 조언이 필요하며, 그 이전에 직분을 정지시키거나 면직시킬 수 있다. 목사의 경우에는 정직에 대해서만 이웃하는 교회의 조언이 필요하며, 반면 목사는 지역대회의 조언을 받아 노회의 판단 하에서만 면직시킬 수 있다. 이런 규정들은 공정함과 객관성을 높여서 관련이 있는 당사자들 모두가 최선의 유익을 얻도록 하기 위해서 마련되었다.

주 예수님께서는 그의 교회에게 '천국의 열쇠들을' 맡기셨다(마태복음 16:19; 하이델베르크 교리문답 제31주). 기독교의 권징이 그리스도의 명령에 따라서 땅에서 베풀어지면 그의 거룩한 승인을 하늘에서 얻게 된다.

마태복음 16:19, "무엇이든지 땅에서 매면 하늘에서도 매일 것이요. 땅에서 무엇이든지 풀면 하늘에서도 풀리라."

이 '열쇠'로 하늘의 왕국은 각기 믿는 자와 믿지 않는 자를 위하여 열리며 또한 닫히게 된다. 우리는 그런 두 열쇠를 구별하게 된다.

a) 일반 권징 : 복음 설교
b) 특별 권징 : 출교

질문 | 제25과

1 _ 신앙고백서는 제32항에서 어떤 두 극단에 반대하여 경고하고 있는가?

2 _ '교회질서'는 왜 필요한가?

3 _ 개혁교회질서는 무슨 주제들을 규정하고 있는가?

4 _ 개혁교회들 가운데서 알고 있는 '회의'는 어떤 것들이 있는가?

5 _ '대회'에서는 무슨 문제를 다루는가?

6 _ 개혁교회 질서와 장로교회 질서 사이에는 어떤 차이가 있는가?

7 _ 교회질서가 가지고 있는 반계급체제 관점을 설명하라.

8 _ '천국의 열쇠'란 무엇인가?

9 _ 기독교 권징의 목적은 무엇인가?

10 _ 당회는 어떤 권징문제를 다룰 수 있는가?

11 _ 출교하는 과정에서는 어떤 '절차'를 따라야 하는가?

암기 과제 | 하이델베르크 교리문답 _ 제31주일

제 83 문 _ 천국 열쇠는 무엇입니까?
답 _ 거룩한 복음 설교와 교회 권징입니다. 이 두 가지에 의해서 천국이 신자들에게는 열리고, 불신자들에게는 닫힙니다.

제 84 문 _ 어떻게 복음 설교에 의해 천국이 열리고 닫힙니까?
답 _ 그리스도의 명령에 따라, 참 믿음으로 복음의 약속을 받아들일 때마다, 하나님께서 그리스도의 공로 덕분에 실제로 자기들의 모든 죄를 사하신다는 사실이 신자들 전체와 각각에게 선포되고 공적으로 증거되는 때, 천국이 열립니다. 그들이 회개하지 않는 한 하나님의 진노와 영원한 정죄가 그들 위에 머문다는 사실이 모든 불신자들과 위선자들에게 선포되고 공적으로 증거되는 때, 천국은 닫힙니다. 바로 이 복음의 증거에 따라, 하나님께서는 이생에서도 내세에서도 심판하실 것입니다.

제 85 문 _ 교회 권징에 의해 어떻게 천국이 닫히고 열립니까?
답 _ 그리스도의 명령에 따라, 자칭 그리스도인이라 하나 교리나 생활상 비그리스도인임을 스스로 드러내는 자들은 먼저 형제애로서 거듭 권고를 받습니다. 그래도 자신의 잘못이나 악행을 포기하지 않는다면, 그들은 교회 곧 당회에 보고됩니다. 그들이 장로들의 권고까지도 역시 무시하면, 성례 참예를 금하고, 장로들에 의해 그리스도 회중으로부터, 그리고 하나님 자신에 의해서 그리스도의 왕국에서 출교됩니다. 그들이 참 회개를 약속하고 보여주는 때, 그들을 그리스도와 교회의 지체로서 다시 받아들입니다.

제26과

벨직신앙고백서 제33-35항
성 례(I)

제33항 성례[1]

우리는 우리의 은혜로우신 하나님께서 우리의 둔감함과 유약함을 배려하사 성례를 제정하셔서 자신의 약속을 우리에게 인(印)치시고 우리를 향하신 하나님의 선하신 뜻과 은혜를 확증하셨음을 믿는다. 그는 우리의 믿음을 양육하고 견지하도록 그리하셨다.[2] 그는 그의 말씀으로 우리에게 선언하신

---

[1] The Sacraments

We believe that our gracious God, mindful of our insensitivity and infirmity, has ordained sacraments to seal His promises to us and to be pledges of His good will and grace towards us. He did so to nourish and sustain our faith. He has added these to the Word of the gospel to represent better to our external senses both what He declares to us in His Word and what He does inwardly in our hearts. Thus He confirms to us the salvation which He imparts to us. Sacraments are visible signs and seals of something internal and invisible, by means of which God works in us through the power of the Holy Spirit. Therefore the signs are not void and meaningless so that they deceive us. For Jesus Christ is their truth; apart from Him they would be nothing. Moreover, we are satisfied with the number of sacraments which Christ our Master has instituted for us, namely, two: the sacrament of baptism and the holy supper of Jesus Christ.

[2] · 창 17:9-14 하나님이 또 아브라함에게 이르시되 그런즉 너는 내 언약을 지키고 네 후손도 대대로 지키라 너희 중 남자는 다 할례를 받으라 이것이 나와 너희와 너희 후손 사이에 지킬 내 언약이니라 너희는 포피를 베어라 이것이 나와 너희 사이의 언약의 표징이니라 너희 대대로 모든 남자는 집에서 난 자나 또는 너희 자손이 아니라 이방 사람에게서 돈으로 산 자를 막론하고 난 지 팔 일 만에 할례를 받을 것이라 너희 집에서 난 자든지 너희 돈으로 산 자든지 할례를 받아야 하리니 이에 내 언약이 너희 살에 있어 영원한 언약이 되려니와 할례를 받지 아니한 남자 곧 그 포피를 베지 아니한 자는 백성 중에서 끊어지리니 그가 내 언약을 배반하였음이니라

· 출 12:1-51 여호와께서 애굽 땅에서 모세와 아론에게 일러 말씀하시되 이 달을 너희에게 달의 시작 곧 해의 첫 달이 되게 하고 너희는 이스라엘 온 회중에게 말하여 이르라 이 달 열흘에 너희 각자가 어린 양을 잡을지니 각 가족대로 그 식구를 위하여 어린 양을 취하되 그 어린 양에 대하여 식구가 너무 적으면 그 집의 이웃과 함께 사람 수를 따라서 하나를 잡고 각 사람이 먹을 수 있는 분량에 따라서 너희 어린 양을 계산할 것이며 너희 어린 양은 흠 없고 일 년 된 수컷으로 하되 양이나 염소 중에서 취하고 이 달 열나흗날까지 간직하였다가 해 질 때에 이스라엘 회중이 그 양을 잡고 그 피를 양을 먹을 집 좌우 문설주와 인방에 바르고 그 밤에 그 고기를 불에 구워 무교병과 쓴 나물과 아울러 먹되 날것으로나 물에 삶아서 먹지 말고 머리와 다리와 내장을 다 불에 구워 먹고 아침까지 남겨두지 말며 아침까지 남은 것은

것과 우리 마음 내면에 행하시는 것을 우리의 외적인 오관들에 더 잘 체득되도록, 복음의 말씀에3) 이

> 곧 불사르라 너희는 그것을 이렇게 먹을지니 허리에 띠를 띠고 발에 신을 신고 손에 지팡이를 잡고 급히 먹으라 이것이 여호와의 유월절이니라 내가 그 밤에 애굽 땅에 두루 다니며 사람이나 짐승을 막론하고 애굽 땅에 있는 모든 처음 난 것을 다 치고 애굽의 모든 신을 내가 심판하리라 나는 여호와라 내가 애굽 땅을 칠 때에 그 피가 너희가 사는 집에 있어서 너희를 위하여 표적이 될지라 내가 피를 볼 때에 너희를 넘어가리니 재앙이 너희에게 내려 멸하지 아니하리라 너희는 이 날을 기념하여 여호와의 절기를 삼아 영원한 규례로 대대로 지킬지니라 너희는 이레 동안 무교병을 먹을지니 그 첫날에 누룩을 너희 집에서 제하라 무릇 첫날부터 일곱째 날까지 유교병을 먹는 자는 이스라엘에서 끊어지리라 너희에게 첫날에도 성회요 일곱째 날에도 성회가 되리니 너희는 이 두 날에는 아무 일도 하지 말고 각자의 먹을 것만 갖출 것이니라 너희는 무교절을 지키라 이 날에 내가 너희 군대를 애굽 땅에서 인도하여 내었음이니라 그러므로 너희가 영원한 규례로 삼아 대대로 이 날을 지킬지니라 첫째 달 그 달 열나흗날 저녁부터 이십일일 저녁까지 너희는 무교병을 먹을 것이요 이레 동안은 누룩이 너희 집에서 발견되지 아니하도록 하라 무릇 유교물을 먹는 자는 타국인이든지 본국에서 난 자든지를 막론하고 이스라엘 회중에서 끊어지리니 너희는 아무 유교물이든지 먹지 말고 너희 모든 유하는 곳에서 무교병을 먹을지니라 모세가 이스라엘 모든 장로를 불러서 그들에게 이르되 너희는 나가서 너희의 가족대로 어린 양을 택하여 유월절 양으로 잡고 우슬초 묶음을 가져다가 그릇에 담은 피에 적셔서 그 피를 문 인방과 좌우 설주에 뿌리고 아침까지 한 사람도 자기 집 문 밖에 나가지 말라 여호와께서 애굽 사람들에게 재앙을 내리려고 지나가실 때에 문 인방과 좌우 문설주의 피를 보시면 여호와께서 그 문을 넘으시고 멸하는 자에게 너희 집에 들어가서 너희를 치지 못하게 하실 것임이니라 너희는 이 일을 규례로 삼아 너희와 너희 자손이 영원히 지킬 것이니 너희는 여호와께서 허락하신 대로 너희에게 주시는 땅에 이를 때에 이 예식을 지킬 것이라 이 후에 너희의 자녀가 묻기를 이 예식이 무슨 뜻이냐 하거든 너희는 이르기를 이는 여호와의 유월절 제사라 여호와께서 애굽 사람에게 재앙을 내리실 때에 애굽에 있는 이스라엘 자손의 집을 넘으사 우리의 집을 구원하셨느니라 하매 백성이 머리 숙여 경배하니라 이스라엘 자손이 물러가서 그대로 행하되 여호와께서 모세와 아론에게 명령하신 대로 행하니라 밤중에 여호와께서 애굽 땅에서 모든 처음 난 것 곧 왕위에 앉은 바로의 장자로부터 옥에 갇힌 사람의 장자까지와 가축의 처음 난 것을 다 치시매 그 밤에 바로와 그 모든 신하와 모든 애굽 사람이 일어나고 애굽에 큰 부르짖음이 있었으니 이는 그 나라에 죽임을 당하지 아니한 집이 하나도 없었음이었더라 밤에 바로가 모세와 아론을 불러서 이르되 너희와 이스라엘 자손은 일어나 내 백성 가운데에서 떠나 너희의 말대로 가서 여호와를 섬기며 너희가 말한 대로 너희 양과 너희 소도 몰아가고 나를 위하여 축복하라 하며 애굽 사람들은 말하기를 우리가 다 죽은 자가 되도다 하고 그 백성을 재촉하여 그 땅에서 속히 내보내려 하므로 그 백성이 발교되지 못한 반죽 담은 그릇을 옷에 싸서 어깨에 메니라 이스라엘 자손이 모세의 말대로 하여 애굽 사람에게 은금 패물과 의복을 구하매 여호와께서 애굽 사람들에게 이스라엘 백성에게 은혜를 입히게 하사 그들이 구하는 대로 주게 하시므로 그들이 애굽 사람의 물품을 취하였더라 이스라엘 자손이 라암셋을 떠나서 숙곳에 이르니 유아 외에 보행하는 장정이 육십만 가량이요 수많은 잡족과 양과 소와 심히 많은 가축이 그들과 함께 하였으며 그들이 애굽으로부터 가지고 나온 발교되지 못한 반죽으로 무교병을 구웠으니 이는 그들이 애굽에서 쫓겨나므로 지체할 수 없었음이며 아무 양식도 준비하지 못하였음이었더라 이스라엘 자손이 애굽에 거주한 지 사백삼십 년이라 사백삼십 년이 끝나는 그 날에 여호와의 군대가 다 애굽 땅에서 나왔은즉 이 밤은 그들을 애굽 땅에서 인도하여 내심으로 말미암아 여호와 앞에 지킬 것이니 이는 여호와의 밤이라 이스라엘 자손이 다 대대로 지킬 것이니라 여호와께서 모세와 아론에게 이르시되 유월절 규례는 이러하니라 이방 사람은 먹지 못할 것이나 각 사람이 돈으로 산 종은 할례를 받은 후에 먹을 것이며 거류인과 타국 품꾼은 먹지 못하리라 한 집에서 먹되 그 고기를 조금도 집 밖으로 내지 말고 뼈도 꺾지 말며 이스라엘 회중이 다 이것을 지킬지니라 너희와 함께 거류하는 타국인이 여호와의 유월절을 지키고자 하거든 그 모든 남자는 할례를 받은 후에야 가까이 하여 지킬지니 곧 그는 본토인과 같이 될 것이나 할례 받지 못한 자는 먹지 못할 것이니라 본토인에게나 너희 중에 거류하는 이방인에게 이 법이 동일하니라 하셨으므로 온 이스라엘 자손이 이와 같이 행하되 여호와께서 모세와 아론에게 명령하신 대로 행하였으며 바로 그 날에 여호와께서 이스라엘 자손을 그 무리대로 애굽 땅에서 인도하여 내셨더라
>
> · 롬 4:11 그가 할례의 표를 받은 것은 무할례시에 믿음으로 된 의를 인친 것이니 이는 무할례자로서 믿는 모든 자의 조상이 되어 그들도 의로 여기심을 얻게 하려 하심이라

3) · 마 28:19 그러므로 너희는 가서 모든 민족을 제자로 삼아 아버지와 아들과 성령의 이름으로 세례를 베풀고
 · 엡 5:26 이는 곧 물로 씻어 말씀으로 깨끗하게 하사 거룩하게 하시고

것들을 더하셨다. 이로써 하나님은 우리에게 베푸신 구원을 확증하신다. 성례들은 내면의 보이지 않는 어떤 것들에 대한 보이는 표와 인으로서, 하나님께서 성령의 능력으로4) 우리 안에 역사하시는 방도들이다. 그러므로 이 표징들은 무익하고 무의미해서 우리를 속이는 것이 아니다. 왜냐하면 예수 그리스도는 이 성례의 실체로서, 그와 별개로는 아무 것도 아니기 때문이다. 더욱 우리는 우리 주 그리스도께서 우리를 위해서 제정하신 두 가지 성례 곧 예수 그리스도의 세례5)와 성찬6)으로 만족한다.

제34항 세례의 성례7)

우리는, 율법의 마침이신(롬10:4) 예수 그리스도께서 친히 흘리신 피로, 혹 죄를 위한 대속이나 (공

---

4) · 롬 2:28, 29 무릇 표면적 유대인이 유대인이 아니요 표면적 육신의 할례가 할례가 아니니라 오직 이면적 유대인이 유대인이며 할례는 마음에 할지니 영에 있고 율법 조문에 있지 아니한 것이라 그 칭찬이 사람에게서가 아니요 다만 하나님에게서니라
 · 골 2:11, 12 또 그 안에서 너희가 손으로 하지 아니한 할례를 받았으니 곧 육의 몸을 벗는 것이요 그리스도의 할례니라 너희가 세례로 그리스도와 함께 장사되고 또 죽은 자들 가운데서 그를 일으키신 하나님의 역사를 믿음으로 말미암아 그 안에서 함께 일으키심을 받았느니라

5) · 마 28:19 그러므로 너희는 가서 모든 민족을 제자로 삼아 아버지와 아들과 성령의 이름으로 세례를 베풀고

6) · 마 26:26-28 그들이 먹을 때에 예수께서 떡을 가지사 축복하시고 떼어 제자들에게 주시며 이르시되 받아서 먹으라 이것은 내 몸이니라 하시고 또 잔을 가지사 감사 기도 하시고 그들에게 주시며 이르시되 너희가 다 이것을 마시라 이것은 죄 사함을 얻게 하려고 많은 사람을 위하여 흘리는 바 나의 피 곧 언약의 피니라
 · 고전 11:23-26 내가 너희에게 전한 것은 주께 받은 것이니 곧 주 예수께서 잡히시던 밤에 떡을 가지사 축사하시고 떼어 이르시되 이것은 너희를 위하는 내 몸이니 이것을 행하여 나를 기념하라 하시고 식후에 또한 그와 같이 잔을 가지시고 이르시되 이 잔은 내 피로 세운 새 언약이니 이것을 행하여 마실 때마다 나를 기념하라 하셨으니 너희가 이 떡을 먹으며 이 잔을 마실 때마다 주의 죽으심을 그가 오실 때까지 전하는 것이니라

7) The Sacrament of Baptism
We believe and confess that Jesus Christ, who is the end of the law, has by His shed blood put an end to every other shedding of blood that one could or would make as an expiation or satisfaction for sins. He has abolished circumcision, which involved blood, and has instituted in its place the sacrament of baptism. By baptism we are received into the Church of God and set apart from all other peoples and false religions, to be entirely committed to Him whose mark and emblem we bear. This serves as a testimony to us that He will be our God and gracious Father for ever.
For that reason He has commanded all those who are His to be baptized with plain water, into the Name of the Father and of the Son and of the Holy Spirit. By this He signifies to us that as water washes away the dirt of the body when poured on us, and as water is seen on the body of the baptized when sprinkled on him, so the blood of Christ, by the Holy Spirit, does the same thing internally to the soul. It washes and cleanses our soul from sin and regenerates us from children of wrath into children of God. This is not brought about by the water as such but by the sprinkling of the precious blood of the Son of God, which is our Red Sea, through which we must pass to escape the tyranny of Pharaoh, that is, the devil, and enter into the spiritual land of Canaan.
Thus the ministers on their part give us the sacrament and what is visible, but our Lord gives us what is signified by the sacrament, namely, the invisible gifts and grace. He washes, purges, and cleanses our souls of all filth and unrighteousness, renews our hearts and fills them with all comfort, gives us true assurance of His fatherly goodness, clothes us with the new nature, and takes away the old nature with all its works.
We believe, therefore, that anyone who aspires to eternal life ought to be baptized only once. Baptism should never be repeated, for we cannot be born twice. Moreover, baptism benefits us not only when the water is on us and when we receive it, but throughout our whole life. For that reason we reject the error of the Anabaptists, who are not content

의)만족의 가능성을 염두에 두거나 그런 의도로 일삼았던 여타의 모든 피흘림을 끝내셨다는 것을 믿고 고백한다. 그는 피흘림이 담긴 할례를 폐지하셨고, 그 대신 세례의 성례를 제정하셨다.8) 세례에 의해서 우리는 하나님의 교회에 받아들여졌고, 여타의 모든 사람들과 거짓 종교로부터 구별되어, 우리가 지닌 표와 인의 주체이신 그에게 전적으로 속하게 하셨다.9) 이것이야말로 그가 영원히 우리의 하나님이시며 우리의 은혜로우신 아버지이심을 우리에게 증거해준다.

바로 그 이유로 그는 자기의 소유된 모든 자들에게 보통 물로써, 성부와 성자와 성령의 이름 안으로 (마28:19), 세례 받으라고 명하셨다. 이로써 그는, 물이 우리에게 부어질 때에 더러운 몸이 씻어지듯이, 그리고 자신에게 뿌려져 세례 받은 몸에 있는 물을 보듯이, 그렇게 그리스도의 피가 성령으로 영혼 내부에 동일한 일을 행함을 표하신다.10) 세례는 죄로부터 우리의 영혼을 씻어내어 정결케 하고11) 우리를 진노의 자식에서 하나님의 자녀로 중생케 한다.12) 이는 그 물에 의해서가 아니라,13) 하나님의 아들의 보혈을 뿌림에 의해서 일어난다.14) 그 피뿌림은 우리의 홍해로서,15) 우리가 필히 이 홍해를 통

---

with a single baptism received only once, and who also condemn the baptism of the little children of believers. We believe that these children ought to be baptized and sealed with the sign of the covenant, as infants were circumcised in Israel on the basis of the same promises which are now made to our children. Indeed, Christ shed His blood to wash the children of believers just as much as He shed it for adults. Therefore they ought to receive the sign and sacrament of what Christ has done for them, as the Lord commanded in the law that a lamb was to be offered shortly after children were born. This was a sacrament of the passion and death of Jesus Christ. Because baptism has the same meaning for our children as circumcision had for the people of Israel, Paul calls baptism the circumcision of Christ.

8) ・골 2:11 또 그 안에서 너희가 손으로 하지 아니한 할례를 받았으니 곧 육의 몸을 벗는 것이요 그리스도의 할례니라

9) ・출 12:48 너희와 함께 거류하는 타국인이 여호와의 유월절을 지키고자 하거든 그 모든 남자는 할례를 받은 후에야 가까이 하여 지킬지니 곧 그는 본토인과 같이 될 것이니 할례 받지 못한 자는 먹지 못할 것이니라
・벧전 2:9 그러나 너희는 택하신 족속이요 왕 같은 제사장들이요 거룩한 나라요 그의 소유가 된 백성이니 이는 너희를 어두운 데서 불러내어 그의 기이한 빛에 들어가게 하신 이의 아름다운 덕을 선포하게 하려 하심이라

10) ・마 3:11 나는 너희로 회개하게 하기 위하여 물로 세례를 베풀거니와 내 뒤에 오시는 이는 나보다 능력이 많으시니 나는 그의 신을 들기도 감당하지 못하겠노라 그는 성령과 불로 너희에게 세례를 베푸실 것이요
・고전 12:13 우리가 유대인이나 헬라인이나 종이나 자유인이나 다 한 성령으로 세례를 받아 한 몸이 되었고 또 다 한 성령을 마시게 하셨느니라

11) ・행 22:16 이제는 왜 주저하느냐 일어나 주의 이름을 불러 세례를 받고 너의 죄를 씻으라 하더라
・히 9:14 하물며 영원하신 성령으로 말미암아 흠 없는 자기를 하나님께 드린 그리스도의 피가 어찌 너희 양심을 죽은 행실에서 깨끗하게 하고 살아 계신 하나님을 섬기게 하지 못하겠느냐
・요일 1:7 그가 빛 가운데 계신 것 같이 우리도 빛 가운데 행하면 우리가 서로 사귐이 있고 그 아들 예수의 피가 우리를 모든 죄에서 깨끗하게 하실 것이요
・계 1:5 또 충성된 증인으로 죽은 자들 가운데에서 먼저 나시고 땅의 임금들의 머리가 되신 예수 그리스도로 말미암아 은혜와 평강이 너희에게 있기를 원하노라 우리를 사랑하사 그의 피로 우리 죄에서 우리를 해방하시고

12) ・딛 3:5 우리를 구원하시되 우리가 행한 바 의로운 행위로 말미암지 아니하고 오직 그의 긍휼하심을 따라 중생의 씻음과 성령의 새롭게 하심으로 하셨나니

13) ・벧전 3:21 물은 예수 그리스도께서 부활하심으로 말미암아 이제 너희를 구원하는 표니 곧 세례라 이는 육체의 더러운 것을 제하여 버림이 아니요 하나님을 향한 선한 양심의 간구니라

14) ・롬 6:3 무릇 그리스도 예수와 합하여 세례를 받은 우리는 그의 죽으심과 합하여 세례를 받은 줄 알지 못하느냐

과해야만 폭군인 바로, 즉 마귀를 피하여 영적인 가나안 땅에 들어간다.

따라서 목사는 그의 역할로 보이는 이 성례를 우리에게 주지만, 우리 주께서는 이 성례에 의해서 표한 보이지 않은 은사들과 은혜를 우리에게 주신다. 그는 우리 영혼의 불결과 불의를 씻으시고, 정화시키시고, 정결케 하시며,[16] 우리 마음을 새롭게 하시어, 모든 위로로 마음 가득 채우시고, 그의 아버지 같은 자상하심에 대한 확신을 우리에게 주시고, 새 사람으로 우리에게 옷 입히시고, 우리의 옛 사람과 그 모든 행위들을 벗어버리게 하신다.[17]

그러므로 우리는, 영원한 생명을 갈망하는 자들은 누구든지 단 한번의 세례를 받아야 한다고 믿는다.[18] 세례는 결코 반복되어서는 안 되는데, 이는 우리가 두 번 태어날 수 없기 때문이다. 더욱 세례는 물이 우리 위에 임하는 때와 우리가 세례를 받는 때만이 아니라, 우리의 전 생애 내내 우리에게 유익을 준다. 바로 이 이유로 인하여 우리는 재세례파의 오류를 거부한다. 이들은 유일한 영단번의 세례로 만족하지 않고, 또한 신자의 어린 자녀들의 세례를 정죄하는 자들이다. 우리는 이스라엘의 유아들이 오늘날 우리들의 자녀들에게 하신 동일한 약속의 기초 위에서 할례를 받았듯이, 신자의 자녀들은 반드시 세례를 받아 언약의 표징으로 인쳐져야 한다고 믿는다.[19] 과연 그리스도께서는 성인들을 위하여 자신의 피를 흘리신 것과 똑같이 신자의 자녀들을 위해서도 그의 피를 흘리사 정결케 하셨

- 벧전 1:2 곧 하나님 아버지의 미리 아심을 따라 성령이 거룩하게 하심으로 순종함과 예수 그리스도의 피 뿌림을 얻기 위하여 택하심을 받은 자들에게 편지하노니 은혜와 평강이 너희에게 더욱 많을지어다
- 벧전 2:24 친히 나무에 달려 그 몸으로 우리 죄를 담당하셨으니 이는 우리로 죄에 대하여 죽고 의에 대하여 살게 하려 하심이라 그가 채찍에 맞음으로 너희는 나음을 얻었나니

15) · 고전 10:1-4 형제들아 나는 너희가 알지 못하기를 원하지 아니하노니 우리 조상들이 다 구름 아래에 있고 바다 가운데로 지나며 모세에게 속하여 다 구름과 바다에서 세례를 받고 다 같은 신령한 음식을 먹으며 다 같은 신령한 음료를 마셨으니 이는 그들을 따르는 신령한 반석으로부터 마셨으매 그 반석은 곧 그리스도시라

16) · 고전 6:11 너희 중에 이와 같은 자들이 있더니 주 예수 그리스도의 이름과 우리 하나님의 성령 안에서 씻음과 거룩함과 의롭다 하심을 받았느니라
- 엡 5:26 이는 곧 물로 씻어 말씀으로 깨끗하게 하사 거룩하게 하시고

17) · 롬 6:4 그러므로 우리가 그의 죽으심과 합하여 세례를 받음으로 그와 함께 장사되었나니 이는 아버지의 영광으로 말미암아 그리스도를 죽은 자 가운데서 살리심과 같이 우리로 또한 새 생명 가운데서 행하게 하려 함이라
- 갈 3:27 누구든지 그리스도와 합하기 위하여 세례를 받은 자는 그리스도로 옷 입었느니라

18) · 마 28:19 그러므로 너희는 가서 모든 민족을 제자로 삼아 아버지와 아들과 성령의 이름으로 세례를 베풀고
- 엡 4:5 주도 한 분이시요 믿음도 하나요 세례도 하나요

19) · 창 17:10-12 너희 중 남자는 다 할례를 받으라 이것이 나와 너희와 너희 후손 사이에 지킬 내 언약이니라 너희는 포피를 베어라 이것이 나와 너희 사이의 언약의 표징이니라 너희의 대대로 모든 남자는 집에서 난 자나 또는 너희 자손이 아니라 이방 사람에게서 돈으로 산 자를 막론하고 난 지 팔 일 만에 할례를 받을 것이라
- 마 19:14 예수께서 이르시되 어린 아이들을 용납하고 내게 오는 것을 금하지 말라 천국이 이런 사람의 것이니라 하시고
- 행 2:39 이 약속은 너희와 너희 자녀와 모든 먼 데 사람 곧 주 우리 하나님이 얼마든지 부르시는 자들에게 하신 것이라 하고

다.20) 그러므로 주 하나님께서 자녀들이 태어나자마자 곧장 어린 양을 드리라고 율법에서 명령하신 것처럼, 그리스도께서 자신들을 위해서 행하신 일에 대한 표로 성례를 반드시 받아야 한다.21) 이는 바로 예수 그리스도의 수난과 죽음의 성례이다. 할례가 이스라엘 백성을 위한 것이었듯이 세례는 우리 자녀들을 위해 동일한 의미를 지니고 있기에, 바울은 세례를 그리스도의 할례라고 부른다(골2:11).

제35항 성만찬의 성례[22]

우리는, 우리 구주 예수 그리스도께서 성만찬의 성례를 제정하셔서 그가 이미 중생케 하시어 그의

---

20) · 고전 7:14 믿지 아니하는 남편이 아내로 말미암아 거룩하게 되고 믿지 아니하는 아내가 남편으로 말미암아 거룩하게 되나니 그렇지 아니하면 너희 자녀도 깨끗하지 못하니라 그러나 이제 거룩하니라

21) · 레 12:6 아들이나 딸이나 정결하게 되는 기한이 차면 그 여인은 번제를 위하여 일 년 된 어린 양을 가져가고 속죄제를 위하여 집비둘기 새끼나 산비둘기를 회막 문 제사장에게로 가져갈 것이요

22) The Sacrament of The Lord's Supper
We believe and confess that our Saviour Jesus Christ has instituted the sacrament of the holy supper to nourish and sustain those whom He has already regenerated and incorporated into His family, which is His Church.
Those who are born anew have a twofold life. One is physical and temporal, which they received in their first birth and it is common to all men. The other is spiritual and heavenly, which is given them in their second birth and is effected by the word of the gospel in the communion of the body of Christ. This life is not common to all but only to the elect of God.
For the support of the physical and earthly life God has ordained earthly and material bread. This bread is common to all just as life is common to all. For the support of the spiritual and heavenly life, which believers have, He has sent them a living bread which came down from heaven, namely, Jesus Christ, who nourishes and sustains the spiritual life of the believers when He is eaten by them, that is, spiritually appropriated and received by faith.
To represent to us the spiritual and heavenly bread, Christ has instituted earthly and visible bread as a sacrament of His body and wine as a sacrament of His blood. He testifies to us that as certainly as we take and hold the sacrament in our hands and eat and drink it with our mouths, by which our physical life is then sustained, so certainly do we receive by faith, as the hand and mouth of our soul, the true body and true blood of Christ, our only Saviour, in our souls for our spiritual life.
It is beyond any doubt that Jesus Christ did not commend His sacraments to us in vain. Therefore He works in us all that He represents to us by these holy signs. We do not understand the manner in which this is done, just as we do not comprehend the hidden activity of the Spirit of God. Yet we do not go wrong when we say that what we eat and drink is the true, natural body and the true blood of Christ. However, the manner in which we eat it is not by mouth but in the spirit by faith. In that way Jesus Christ always remains seated at the right hand of God His Father in heaven; yet He does not cease to communicate Himself to us by faith. This banquet is a spiritual table at which Christ makes us partakers of Himself with all His benefits and gives us the grace to enjoy both Himself and the merit of His suffering and death. He nourishes, strengthens, and comforts our poor, desolate souls by the eating of His flesh, and refreshes and renews them by the drinking of His blood.
Although the sacrament is joined together with that which is signified, the latter is not always received by all. The wicked certainly takes the sacrament to his condemnation, but he does not receive the truth of the sacrament. Thus Judas and Simon the sorcerer both received the sacrament, but they did not receive Christ, who is signified by it. He is communicated exclusively to the believers.
Finally, we receive this holy sacrament in the congregation of the people of God with humility and reverence as we together commemorate the death of Christ our Saviour with thanksgiving and we confess our faith and Christian religion. Therefore no one should come to this table without careful self-examination, lest by eating this bread and drinking from this cup, he eat and drink judgment upon himself. In short, we are moved by the use of this holy

교회인 자기 권속의 일원이 되게 하신 자들을 양육하시고 부양하심을 믿고 고백한다.23)

새로 태어난 자들은 두 가지 생명을 가지고 있다.24) 하나는 육체적이고 일시적인 것으로, 첫 출생 시에 받은 것이며, 모든 사람들에게 다 있는 것이다. 다른 하나는 영적이며 천상적인 것으로, 둘째 출생 시에 받으며,25) 그리스도의 몸과의 교제 안에서 복음의 말씀으로 된 결과이다. 바로 이 생명은 모든 사람들에게 다 있는 것이 아니라, 하나님의 택자들에게만 해당된다.

지상의 육체적인 생명 유지를 위해서 하나님께서 지상적이고 물질적인 떡을 먹도록 정하셨다. 이 떡은 마치 생명이 누구에게나 있는 것과 똑같이 누구에게나 주어진 것이다. 신자들이 가진, 이 천상의 영적인 생명 유지를 위해서, 하나님께서 그들에게 하늘로서 내려오는 산 떡(요6:51), 즉 예수 그리스도를 보내주셨으며,26) 신자들이 믿음에 의해서27) 영적으로 섭취하고 받아먹을 때, 주님은 그들의 영적인 생명을 양육하고 부양하신다.28)

그리스도께서 우리에게 영적인 천상의 떡을 제시하시기 위해서, 지상의 보이는 떡을 자기 몸의 성

---

sacrament to a fervent love of God and our neighbours. Therefore we reject as desecrations all additions and damnable inventions which men have mixed with the sacraments. We declare that we should be content with the ordinance taught by Christ and His apostles and should speak about it as they have spoken.

23) ・마 26:26-28 그들이 먹을 때에 예수께서 떡을 가지사 축복하시고 떼어 제자들에게 주시며 이르시되 받아서 먹으라 이것은 내 몸이니라 하시고 또 잔을 가지사 감사 기도 하시고 그들에게 주시며 이르시되 너희가 다 이것을 마시라 이것은 죄 사함을 얻게 하려고 많은 사람을 위하여 흘리는 바 나의 피 곧 언약의 피니라
・막 14:22-24 그들이 먹을 때에 예수께서 떡을 가지사 축복하시고 떼어 제자들에게 주시며 이르시되 받으라 이것은 내 몸이니라 하시고 또 잔을 가지사 감사 기도 하시고 그들에게 주시니 다 이를 마시매 이르시되 이것은 많은 사람을 위하여 흘리는 나의 피 곧 언약의 피니라
・눅 22:19, 20 또 떡을 가져 감사 기도 하시고 떼어 그들에게 주시며 이르시되 이것은 너희를 위하여 주는 내 몸이라 너희가 이를 행하여 나를 기념하라 하시고 저녁 먹은 후에 잔도 그와 같이 하여 이르시되 이 잔은 내 피로 세우는 새 언약이니 곧 너희를 위하여 붓는 것이라
・고전 11:23-26 내가 너희에게 전한 것은 주께 받은 것이니 곧 주 예수께서 잡히시던 밤에 떡을 가지사 축사하시고 떼어 이르시되 이것은 너희를 위하는 내 몸이니 이것을 행하여 나를 기념하라 하시고 식후에 또한 그와 같이 잔을 가지시고 이르시되 이 잔은 내 피로 세운 새 언약이니 이것을 행하여 마실 때마다 나를 기념하라 하셨으니 너희가 이 떡을 먹으며 이 잔을 마실 때마다 주의 죽으심을 그가 오실 때까지 전하는 것이니라

24) ・요 3:5, 6 예수께서 대답하시되 진실로 진실로 네게 이르노니 사람이 물과 성령으로 나지 아니하면 하나님의 나라에 들어갈 수 없느니라 육으로 난 것은 육이요 영으로 난 것은 영이니

25) ・요 5:25 진실로 진실로 너희에게 이르노니 죽은 자들이 하나님의 아들의 음성을 들을 때가 오나니 곧 이 때라 듣는 자는 살아나리라

26) ・요 6:48-51 내가 곧 생명의 떡이니라 너희 조상들은 광야에서 만나를 먹었어도 죽었거니와 이는 하늘에서 내려오는 떡이니 사람으로 하여금 먹고 죽지 아니하게 하는 것이니라 나는 하늘에서 내려온 살아 있는 떡이니 사람이 이 떡을 먹으면 영생하리라 내가 줄 떡은 곧 세상의 생명을 위한 내 살이니라 하시니라

27) ・요 6:40, 47 내 아버지의 뜻은 아들을 보고 믿는 자마다 영생을 얻는 이것이니 마지막 날에 내가 이를 다시 살리리라 하시니라 진실로 진실로 너희에게 이르노니 믿는 자는 영생을 가졌나니

28) ・요 6:63 살리는 것은 영이니 육은 무익하니라 내가 너희에게 이른 말은 영이요 생명이라
・요 10:10 도둑이 오는 것은 도둑질하고 죽이고 멸망시키려는 것뿐이요 내가 온 것은 양으로 생명을 얻게 하고 더 풍성히 얻게 하려는 것이라

례로 그리고 술을 자기 피의 성례로 제정하셨다.29) 우리가 우리의 손으로 그 성례를 취하고 붙들어 우리 입으로 먹고 마시면, 우리 육신의 생명이 확실하게 부양되듯이, 그렇게 확실하게 우리는 우리 영혼의 손과 입인 믿음으로30) 우리의 유일한 구세주이신 그리스도의 참 몸과 참 피를 우리의 영적인 생명을 위해서 우리 영혼에 받는다.

의심의 여지없이 예수 그리스도께서 우리에게 자신의 성례를 명하신 것은 결코 헛되지 않다. 그러므로 그는 자신이 이 거룩한 표징들로 제시하신 모든 것을 우리 안에서 역사하신다. 우리가 하나님의 영의 은밀한 활동을 이해하지 못하듯이, 이렇게 행하시는 방식도 이해하지 못한다.31) 그렇지만 우리가 먹고 마신 것이 그리스도의 진짜 본래 살과 진짜 피라고 말한다 해도 과언이 아니다. 하지만 우리가 먹는 방식은 입에 의한 것이 아니라 성령 안에서 믿음에 의해서이다. 이렇게 해서 예수 그리스도는 항상 하늘에서 아버지 하나님의 우편 보좌에 좌정하고 계신다.32) 그런데도 그는 우리와 믿음으로 말미암아 친히 교제하시기를 그치지 아니하신다. 이 향연(饗宴)은 영적인 식탁으로서, 거기에서 그리스도는 친히 우리를 자기의 모든 유익들에 참여자들로 삼으시며, 자기 자신과 자기의 고난과 죽음의 은택들을 향유하는 은혜를 우리에게 주신다.33) 그는 우리가 자신의 살을 먹음으로 가난하고 황폐한 우리 영혼을 양육하시고 위로하시고 강건하게 하시며, 자신의 피를 마심으로 소생시키시고 새롭게 하신다.

비록 이 성례가 그것들이 표하는 바와 함께 결합되어 있을지라도, 후자가 항상 모두에 의해서 받아들여지는 것은 아니다.34) 악한 자는 성례를 취함으로 단연코 정죄에 이를 뿐, 성례의 진리를 받는 것은 아니다. 그래서 유다와 마법사 시몬 둘 다 성례를 받았으나, 그 성례가 표하는 그리스도를 받지는

---

29) · 요 6:55 내 살은 참된 양식이요 내 피는 참된 음료로다
   · 고전 10:16 우리가 축복하는 바 축복의 잔은 그리스도의 피에 참여함이 아니며 우리가 떼는 떡은 그리스도의 몸에 참여함이 아니냐
30) · 엡 3:17 믿음으로 말미암아 그리스도께서 너희 마음에 계시게 하시옵고 너희가 사랑 가운데서 뿌리가 박히고 터가 굳어져서
31) · 요 3:8 바람이 임의로 불매 네가 그 소리는 들어도 어디서 와서 어디로 가는지 알지 못하나니 성령으로 난 사람도 다 그러하니라
32) · 막 16:19 주 예수께서 말씀을 마치신 후에 하늘로 올려지사 하나님 우편에 앉으시니라
   · 행 3:21 하나님이 영원 전부터 거룩한 선지자들의 입을 통하여 말씀하신 바 만물을 회복하실 때까지는 하늘이 마땅히 그를 받아 두리라
33) · 롬 8:32 자기 아들을 아끼지 아니하시고 우리 모든 사람을 위하여 내주신 이가 어찌 그 아들과 함께 모든 것을 우리에게 주시지 아니하겠느냐
   · 고전 10:3, 4 다 같은 신령한 음식을 먹으며 다 같은 신령한 음료를 마셨으니 이는 그들을 따르는 신령한 반석으로부터 마셨으매 그 반석은 곧 그리스도시라
34) · 고전 2:14 육에 속한 사람은 하나님의 성령의 일들을 받지 아니하나니 이는 그것들이 그에게는 어리석게 보임이요, 또 그는 그것들을 알 수도 없나니 그러한 일은 영적으로 분별되기 때문이라

않았다.35) 그리스도는 오로지 믿는 자들하고만 교제하신다.36)

마지막으로, 우리가 다함께 감사함으로 우리 구주 그리스도의 죽음을 기념하고 그리스도에 대한 우리의 믿음을 고백한 대로37) 이 성례를 겸손과 존경으로 하나님 백성의 회중에서 받는다.38) 그러므로 아무도 신중한 자기 성찰 없이 이 식탁에 나아와서, 이 떡을 먹고 이 잔을 마심으로 자기 위에 임한 심판을 자초하는 일이 없도록 해야 한다.39) 요컨대 우리는 이 성례의 사용으로 감화를 받아 하나님과 이웃을 열렬히 사랑하는 것이다. 그러므로 우리는 성례에다 덧붙이고 혼합한 모든 저주스러운 인간적인 고안물들이 신성모독이므로 거부한다. 우리는 그리스도와 그의 사도들이 우리에게 가르쳐주신 성례전으로 만족해야 하고, 성례에 관해서도 그들의 말씀대로 말해야 한다고 선언한다.

개관

이번 과에서는 성례의 중요성과 목적을 살피게 된다. 그리고 이것들이 교회생활에서 어떻게 역할을 감당하는지를 살펴보게 된다.

1. 제33-35항의 필요성

신앙고백서가 성례에 대한 성경의 교리를 방어하고 설명하는데 그토록 많은 지면을 할애하고 있다는 사실에 그리 놀랄 필요는 없다. 종교개혁의 시기 동안 성례 문제는 중요한 논점을 이루고 있었다. 그 속에 기독교 신앙의 근본적인 핵심이 달려 있었으며 오늘도 여전히 그와 같은 실정이다.

이 조항들에서 신앙고백서는 표면상 두 가지의 주된 명분과 연관지어 싸우고 있다.

---

35) · 눅 22:21, 22 그러나 보라 나를 파는 자의 손이 나와 함께 상 위에 있도다 인자는 이미 작정된 대로 가거니와 그를 파는 그 사람에게는 화가 있으리로다 하시니
  · 행 8:13, 21 시몬도 믿고 세례를 받은 후에 전심으로 빌립을 따라다니며 그 나타나는 표적과 큰 능력을 보고 놀라니라 하나님 앞에서 네 마음이 바르지 못하니 이 도에는 네가 관계도 없고 분깃될 것도 없느니라

36) · 요 3:36 아들을 믿는 자에게는 영생이 있고 아들에게 순종하지 아니하는 자는 영생을 보지 못하고 도리어 하나님의 진노가 그 위에 머물러 있느니라

37) · 행 2:46 날마다 마음을 같이하여 성전에 모이기를 힘쓰고 집에서 떡을 떼며 기쁨과 순전한 마음으로 음식을 먹고
  · 고전 11:26 너희가 이 떡을 먹으며 이 잔을 마실 때마다 주의 죽으심을 그가 오실 때까지 전하는 것이니라

38) · 행 2:42 그들이 사도의 가르침을 받아 서로 교제하고 떡을 떼며 오로지 기도하기를 힘쓰니라
  · 행 20:7 그 주간의 첫날에 우리가 떡을 떼려 하여 모였더니 바울이 이튿날 떠나고자 하여 그들에게 강론할 새 말을 밤중까지 계속하매

39) · 고전 11:28, 29 사람이 자기를 살피고 그 후에야 이 떡을 먹고 이 잔을 마실지니 주의 몸을 분별치 못하고 먹고 마시는 자는 자기의 죄를 먹고 마시는 것이니라

a) 로마 가톨릭의 '성례전지상주의(성찬중시주의)'에 반대하여, 미사를 "저주받은 우상숭배"라고 구체적으로 표현했다(하이델베르크 교리문답 제30주).
b) 재세례파의 유아세례 거부와 혐오스런 재세례 시행에 반대

왜냐하면 우리는 성례에서 그리스도께서 우리를 위해서 이루신 일에 관한 가시적인 교훈과 직접적인 확인을 얻게 되기 때문에, 이 성례의 중요성과 목적을 분명히 이해해야 한다.

2. 성례의 중요성

'성례'라는 말은('거룩한 행위'라는 뜻의 라틴어에서 왔는데) 본래 일종의 입회예식(예를 들어 로마군대에서 하는 충성의 맹세) 같은 것을 의미했다. 그리스도 교회에서 그 말은 거룩한 세례와 주님의 만찬에 사용이 되었는데, 아마도 주 예수 그리스도께 '헌신한 사람 혹은 헌신적인 사람'이 되었다는 개념 때문일 것이다.

성경은 '성례'라는 말을 전혀 사용하지 않고 있다. 하지만 초대 그리스도의 교회의 저서들 속에서 탁월한 위치를 얻었다.

성경에서는 "표와 인"이라는 말을 읽게 되는데, 예를 들면 아브라함의 할례와 연관지어 나온다.

로마서 4:11, "그가 할례의 표를 받은 것은 무할례시에 믿음으로 된 의를 인친 것이니 이는 무할례자로서 믿는 모든 자의 조상이 되어 그들도 의로 여기심을 얻게 하려 하심이라"

성례는 보이게 하려고 의도했다(하이델베르크 교리문답 제25주, "보이는 표와 인"). 설교하는 동안 듣던 것을 주님께서는 성례에서 가시적으로 우리 눈앞에 나타내 보이신다.

그러므로 성례는 조금도 새로운 계시나 추가된 계시를 우리에게 전해주지 않고 단지 이미 하신 말씀을 극적으로 표현해주며 확인해준다. 성례는 언제나 설교를 뒤따르며, 설교 없이는 그들의 중요성을 놓치게 된다. 그런 까닭에 성례는 오직 예배 봉사에서 또한 말씀이 선포되는 곳에서 베풀어진다.

* 표 : 우리의 외적인 감각에 더 잘 표현하기 위해서, 그래서 듣는 것이 보는 것과 일치하게 된다. 성례는 단순하지만 명백한 방식으로 우리가 그리스도 안에서 가진 것을 극적으로 표현해준다.
* 인 : 그렇게 하여 그분께서는 우리에게 나누어주신 구원을 우리에게 확인시켜주신다. 인은 행동이나 문서에 공식적인 인증을 부여해준다. 인은 확실한 보증이다. 그래서 우리의 신뢰가 견고한 근거를 갖게 하려는 것이다.

결론적으로 성례는 분명하고, 외면적인 표와 인이며, 마술 의식이 아니다. 성례는 토대가 되는 실체 즉 하나님의 약속, 말하자면 죄용서와 성령으로 새롭게 해주심을 우리에게 극적으로 보여주며 확인시

켜주는 것이다. 그러므로 신앙고백서가 강조하는 것은 "이 표징들은 무익하고 무의미해서 우리를 속이는 것이 아니다. 왜냐하면 예수 그리스도는 이 성례의 실체로서, 그와 별개로는 아무 것도 아니기 때문이다."

성례가 사람의 믿음에 수납되어야(받아들여져야) 하며 그렇지 않고는 실제적인 효과는 무효가 된다는 사실을 주목하는 것이 중요하다. 하지만 그렇다고 할지라도 성례 그 자체는 그것들의 진실성을 지니고 있다. 그래서 우리는 그것들을 우리의 유죄판결(자책, 비난 condemnation)에 이용한다. 우리의 태도와 상관없이 주님은 그분께서 상징하고 인치신 일을 이행하려 하신다. 성례는 하나님의 확실한 약속과 우리의 뚜렷한 책임을 강조한다.

3. 성례의 목적

성례는 우리 주 예수 그리스도께서 제정하셨기 때문에 대단히 중요하다. 하지만 마치 그것들이 우리의 구원을 위해 절대적으로 필요하다는 듯이 지나치게 강조하지 않도록 (로마 카톨릭의 '성례전지상주의') 아주 경계해야 한다. 성례는 주님께서 "우리의 둔감함과 유약함을 배려하사"(시편 103:14) 오직 한 가지 목적, "우리의 믿음을 양육하고 견지하도록" 마련해주셨다. 믿음은 성령께서 하나님 말씀의 설교로 일으키시는데, 그 믿음은 성례를 사용하여 강하게 되어져야 한다. 그래서 하나님의 약속을 의심하지 않게 된다.

성례를 중시하지 않고 소홀히 하는 것은 엄청난 자기 과대평가이며 하나님의 은혜를 하찮게 여기는 것이다. 성례를 지나치게 강조하는 것은 하나님의 말씀이 그 자체 안에서 우리의 구원을 위해 충분하다고 말한 사실을 부정하는 것이다. 우리는 이 점에 있어서 균형 잡힌 관점을 유지해야 한다.

4. 성례의 가지 수

성례가 두 가지 뿐이라는 것은 성경에서 분명하다. 구약의 할례와 유월절은 신약의 거룩한 세례와 주의 만찬과 상응한다. 그의 약속에 대한 주님의 첫 보증(세례)과 같은 약속에 대한 계속되는 보증(주의 만찬) 이 두 가지 성례 안에 우리의 삶 전체를 위한 보증이 들어 있다. 우리는 이 두 성례로 만족해야 한다.

만일 어떤 경우 성례를 지나치게 강조한다면(로마 카톨릭교회가 했듯이) 그래서 그것들을 구원을 위한 조건으로 만든다면 그 경우는 추가적인 성례를 위한 길을 연 것이다. 그런 경우에 더 많은 성례, 더 많은 구원의 보증, 교회의 더 많은 권세를 이 성례에 부여하게 된다. 로마가톨릭교회는 일곱 개의 성례를 제정하였다. 우리는 하나님보다 더 지혜롭게 되지 않아야 하며 그분께서 우리에게 정말로 알맞게 주신 것에 만족해야 할 것이다.

질문 | **제26과**

1 _ 신앙고백서는 성례에 관한 교리에 왜 그토록 많은 지면을 할애하는가?

2 _ '성례'라는 말의 의미는 무엇인가?

3 _ 성경은 성례에 대해서 어떻게 말하고 있는가?

4 _ 성례와 말씀을 설교하는 일 사이에는 어떤 관계가 있는가?

5 _ 성례 안에 들어있는 표가 '무익하고 무의미하지' 않은 이유를 설명하라.

6 _ 성례를 어떻게 받아들여야 하는가?

7 _ 우리가 성례를 믿음으로 받지 않는다면 성례는 성례의 진리를 상실하게 되는가?

8 _ 성례의 목적은 무엇인가?

9 _ '성례전지상주의'란 무엇인가?

10 _ 성례는 얼마나 많이 있는가?

암기 과제 | 하이델베르크 교리문답 _ 제25주일

제 65 문 _ 오직 믿음으로만 우리가 그리스도와 그의 모든 은덕에 참여하는데, 이 믿음은 어디에서 옵니까?

답 _ 성령에게서 옵니다. 그는 복음 설교로 우리 마음에 믿음을 일으키시며, 성례의 시행으로 믿음을 강화시키십니다.

제 66 문 _ 성례란 무엇입니까?

답 _ 성례는 눈에 보이는 거룩한 표와 인입니다. 성례는 하나님에 의해 제정된 것으로, 성례의 시행으로 하나님께서는 복음 약속을 우리에게 더욱 충만하게 선포하고 인치십니다. 그리고 이 약속은, 그리스도가 십자가 위에서 이루신 단번 희생제사 때문에, 하나님께서 우리에게 죄사함과 영원한 생명을 은혜로 주시는 것입니다.

제 67 문 _ 그러면 말씀과 성례 이 둘 다 우리 구원의 유일한 근거로 예수 그리스도의 십자가의 희생제사에 우리의 믿음을 집중하도록 의도된 것입니까?

답 _ 참으로 그렇습니다. 성령께서는, 우리의 온전한 구원이 우리를 위한 그리스도의 십자가 단번 희생제사에 근거함을 복음으로 가르치고 성례로 확증하십니다.

제 68 문 _ 그리스도께서 새 언약에서 제정하신 성례는 몇 가지입니까?

답 _ 거룩한 세례와 성찬, 두 가지입니다.

제27과

벨직신앙고백서 제33-35항
성 례(II)

개관

이번 과에서 우리는 주님께서 제정하신 두 가지 성례를 좀더 상세하게 살펴보고 하나님의 약속을 어떻게 해서 성례로 온전히 확신하게 되는지를 정리해본다.

1. 신약의 성례 가운데 있는 위로

사람들은 신약과 구약에 나타난 '성례'의 한 가지 근본적인 차이를 쉽게 주목하게 된다. 할례와 유월절 모두가 피를 끌어들이는데 반해, 거룩한 세례와 주의 만찬은 분명히 그렇지 않다.

이런 차이점이 생기는 이유는 또한, 십자가에서 그리스도의 피흘린 희생제사가 더 이상의 피 흘리는 어떤 행위도 치워버렸다는 사실을 증거하는 것이다(히브리서 10:14). 할례와 유월절은 다가올 그리스도의 희생제사의 필연성과 확실성을 강조하고 있다. 거룩한 세례와 주의 만찬은 이 희생제사가 실제로 이루어졌다는 사실을 확인시켜준다. 이런 점에서 신약에서의 성례는 놀랍고 풍성한 위로를 담고 있다고 말할 수 있는 것이다. "다 이루었다." (요한복음 19:30)

2. 거룩한 세례

주 예수 그리스도께서 그의 백성을 "여타의 모든 사람들과 거짓 종교"로부터 구별 짓는 표와 인으로서 거룩한 세례를 제정하셨다(마태복음 28:19). 그래서 신앙고백서는 거룩한 세례를 그리스도의 '표와 인'이라고 고백하는 것이다.

거룩한 세례에 사용되는 표는 '보통 물'이다. 그것은 그리스도의 피와 성령에 의해서 씻기는 것을 모사해주고 상징해준다(하이델베르크 교리문답 제26, 27주일을 보라). 둘 다 씻겨졌다는 것의 필연성과 확실성이 강조되고 있다.

＊피 : 죄가 씻겨짐을 말한다 - 칭의 (사도행전 22:16)
＊성령 : 생명이 새롭게 됨을 말한다 - 성화 (디도서 3:5)

이런 거룩한 세례로 우리는 공적으로 "하나님의 교회에 받아들여졌고" 그의 언약 안으로 접붙여진다. 우리는 예수 그리스도께 속하게 되며 우리의 생애를 그를 섬기는 데에 바치게 된다. 이런 점에서 세례 예식서는 하나님의 언약이 그의 약속과 우리의 의무라고 하는 '두 부분'을 포함하고 있다고 가르치고 있다.

a) 주님께서는 언약 안에서 자신을 우리에게 묶어놓으신다.
b) 우리는 새로운 복종과 매일의 회개로 살아야 한다(예식서는 '거듭남' (중생)에 대해서 표현하고 있다, 요한복음 3).

교회는 "아버지와 아들과 성령의 이름 안으로" 세례를 베풀라는 명령을 받았다(삼위일체 고백문). 유아세례예식서는 이에 대해 다음과 같이 표현하고 있다.

a) 아버지 : 언약 안으로 양자 삼아주심
b) 아들 : 그의 피로 의롭게 해주심
c) 성령 : 우리의 삶을 지속적으로 새롭게 해주심과 궁극적으로 완전하게 해주심

거룩한 세례는 한번 받게 되며, 반복해서 받지 않는다. 세례의 의미가 "우리의 전 생애 내내" 유지된다. 그런 까닭에 우리 편에서 이 언약을 '파기' 할 수는 있을지라도, 결코 우리가 세례 받은 사실 그 자체와 거기에 포함되어 있는 책임을 취소시킬 수는 없다.

3. 유아세례

그리스도인은 믿음을 갖게 된 성인들은 세례를 받아야만 한다는 사실에 언제나 동의해왔다(마가복음 16:16). 의문이 일어나게 된 것은(예를 들어 재세례파) 유아도 세례를 받아야 하는가 였다(하이델베르크 교리문답 제27주 제74문답을 보라).

유아세례를 반대하여 일어난 논쟁은 다음과 같은 주장에 따라 주목받을 수 있다.

a) 성경 어디에도 유아세례를 명하거나 베풀고 있다는 기록이 없다.

b) 믿음은 세례를 받기 위한 전제조건으로 요구되고 있다. 하지만 유아는 아직은 믿을 수가 없다. 개혁 신앙고백서는 이렇게 응답한다.

a) 유아세례는 신약성경 어디에도 금지하지 않는다.
b) 세례는 믿는 자와 그의 자녀들과 맺은 언약의 표와 인이다(창세기 17:7; 사도행전 2:39). 구약에서 할례는 유아에게도 베풀어졌다. 그리고 성경은 분명하게 세례가 할례를 대신한다고 가르치고 있다(골로새서 2:11, 12, 여기에서 세례를 "그리스도의 할례"라고 부름).
c) 그런 까닭에 믿으라는 요구는 성숙한 신자에게 해당되는 한편, 세례는 온 가족에게 베풀어져야 한다고 분명하게 성경은 지시하고 있다(사도행전 16:15, 33).
d) 만일 그리스도께서 친히 아이들이 주님께로 오는 것을 방해하지 말라고 하셨으며 그들이 하나님의 왕국의 후사가 된다고 선포하셨다면(마태복음 19:14), 우리는 반드시 유아에게 주님의 언약의 표와 인을 미루지 않아야 할 것이다.

재세례파(그리고 유아세례를 부정하는 다른 사람들)의 중요한 오류는 성례를 그들 자신 속에 있는 것(말하자면 믿음)을 승인하는 것으로 보고 있다는 점이다. 그러나 실제로 성례는 하나님께서 그의 백성인 성인과 유아들 모두에게 주신 약속이 무엇인가를 확인하는 것이다.

개혁교회에서 물을 뿌리는 세례가 전통이 된 것은 아마도 유아세례에서 기인했을 것이다(베드로전서 1:2, '그의 피로 뿌림'에 대해서 말하고 있다). 그러나 예식서가 '침례나 물을 뿌림'이라고 말하면서 지적하고 있듯이 이면 원리도 침수를 반대하지 않는다.

4. 주의 만찬

거룩한 세례가 아직 믿음에 이르지 않은 유아를 위해서도 있는 것인데 반해, 주의 만찬은 그리스도께서 이미 중생시키시고 그의 교회인 그의 가족 안으로 가입시킨 자들, 말하자면 믿음, 달리 말해서 복음에 대한 충분한 지식과 그리스도의 이름을 참으로 고백하는 자들을 위해 정해지고 제정되었다(제1과 참조). 이 말은 두 성례가 본질적으로 같은 것이기 때문에 자녀들이 그리스도 안에 있는 은택을 도적맞았다는 뜻이 아니다. 말하자면 예수 그리스도의 피와 성령으로 약속하시고 보증해주심을 말한다(하이델베르크 교리문답 제28주 제76문). 거룩한 세례가 공적으로 우리를 하나님의 언약 안으로 인도하는 반면, 주의 만찬은 우리를 동일한 그 언약 안에 계속 머물러있게 하려고 마련하신 것이다.

여기에 사용하는 표와 인은 단순히 빵과 포도주이다. 이것들은 각각 그리스도의 몸과 피를 상징하고 있다. 기초가 되는 동기는 먹고 마시는 것에 있다. 그래서 양육을 받고 강건해지는 것이다.

몸에 먹을 것과 마실 것이 필요하듯이('육체적이고 세상적인 생명') 마찬가지로 영혼('영적이고 천상적인 생명')은 영적인 음식과 음료인 "생명의 떡"(요한복음 6:35)이 필요하다. 우리가 날마다 우리 육신의 생명을 유지하려고 먹고 마시듯이 마찬가지로 우리의 영적인 생명을 강건하게 하기 위해서는 주의 만찬이 반복적으로 필요하다.

로마 가톨릭 교회는 그 빵과 포도주가 정말로 참된 그리스도의 몸과 피가 된다고 가르치고 있다. 반면 겉으로 보이는 성질은 변함이 없이 남아있다는 것이다(화체설). 그러나 신앙고백서는 빵과 포도주는 본래 그대로 있다고 가르치고 있다. 그럼에도 불구하고 우리는 "그리스도의 참 몸과 참 피"를 받는다. 하지만 이것이 물리적으로 (입에서) 일어나는 것은 아니다. 우리는 그리스도를 영적으로, 믿음으로 영접하기 때문이다.

그리스도께서는 우리에게 거룩한 만찬에서 빵이 찢겨지고 포도주가 부어지는 만큼이나 그의 몸이 부서지고 그의 피가 흘려졌다는 사실을 분명하게 확신시켜주신다. 그리고 빵과 포도주가 우리에게 베풀어진 만큼이나 확실하게 이 성례의 완전한 실체와 혜택이 믿음으로 우리의 것이 된다. 그러므로 단순하게 알맹이 없는 상징적인 사건(개혁자들 중의 한 사람인 울리히 쯔윙글리가 제창)이 아니라 그리스도께서는 실제로 우리에게 그 자신을 전해주신 것이다.

신앙고백서는 주의 만찬이 식사, "이 향연은 영적인 식탁"이라는 사실을 강조하고 있다. 신자들은 식사에 함께 참여하기 위해서 식탁에 연합하여 앉는다. 이것의 중요성은 삼겹줄이다.

a) 신자들은 함께 그리스도의 은택들에 참여한다(고린도전서 10:16,17).
b) 신자들은 함께 주님을 기념하고 "그분의 죽으심을 선포한다."(고린도전서 10:16)
c) 신자들은 함께 신앙의 일치를 경험한다. "한 덩어리의 떡 - 한 몸"(고린도전서 10:17)

벨직신앙고백서와 하이델베르크 교리문답서는 모두 주의 만찬에 참석하기 전에 자기를 살펴야하는 필요성에 대해서 말하고 있다. 이런 살핌에는 세 가지 항목이 있다.

a) 자신의 비참을 인식하고 죄를 고백함
b) 그리스도의 영단번 희생제사를 인정함
c) 그때부터 계속하여 하나님과 이웃을 향한 참된 사랑 가운데서 살려는 소원

불신과 죄 가운데 있으면서 식탁으로 나온 사람들은 그들의 정죄(비난)에 성례를 받게 된다(고린도전서 11:31). 그들은 "성례의 진리"를 받는 것이 아니라 언약의 징벌 아래 놓이게 된다. 그러나 이것은 참으로 겸손한 마음과 확실한 믿음으로 참여하는 사람들을 실망시키지 않을 것이다. 주의 만찬 예식서는 식탁이 '완벽한 사람'이 아니라 거짓 없이 회개하며 강건하게 되기를 바라는 사람들을 위한 것이라고 강조하고 있다. 그러므로 우리가 또한 주목하는 것은, 주의 만찬 예식이 주관적인 느낌에 근거를

두지 않아야 하고 다만 "이것을 행하여 나를 기념하라"(누가복음 22:19)고 하신 그리스도의 명령에 대한 복종이어야 한다.

끝으로 주의 만찬은 우리를 성대한 어린 양의 혼인잔치로 향하게 해준다. 우리는 "그분께서 오시는 때까지" 그가 오실 것이라는 확신 가운데서 그 예식을 거행한다(고린도전서 11:26; 요한계시록 19:7-9).

질문 | 제27과

1 _ 구약과 신약에 나타난 성례의 차이점은 무엇인가?

2 _ 거룩한 세례에서 표는 무엇이며 그것은 무엇을 나타내는가?

3 _ 거룩한 세례와 하나님의 언약 사이에는 무슨 관계가 있는가?

4 _ '삼위일체 고백예식서' 란 무엇인가?

5 _ 유아세례에 대해서는 가부간에 무슨 논란이 있었는가?

6 _ 거룩한 세례에 관한 재세례파의 주요한 오류는 무엇인가?

7 _ 세례와 주의 만찬은 역할에 있어서 어떤 차이가 있는가?

8 _ 주의 만찬에서 표와 인은 무엇이며 이것들은 무엇을 나타내는가?

9 _ '화체설'이란 무엇인가?

10 _ 주의 만찬에서 그리스도를 어떤 방법으로 먹게 되는가?

11 _ 주의 만찬이 식탁에서 일어나는 식사라는 사실이 무슨 의미를 갖는가?

12 _ 주의 만찬에 참여하기 전에 어떤 점에서 바르게 자기를 살피는가?

13 _ '믿음으로' 식탁에 나오지 않는 사람들에게는 무슨 일이 일어나게 되는가?
   신앙고백은 이런 관점에서 실례로 누구를 다루고 있는가?

14 _ 주의 만찬은 무슨 궁극적인 실체에 관심을 갖게 해주는가?

암기 과제 | 하이델베르크 교리문답 _ 제69, 72, 74, 75, 78문답

제 69 문 _ 거룩한 세례가 그리스도의 십자가 단번 희생제사로 당신에게 준 유익을 어떻게 표하고 인칩니까?

답 _ 그리스도께서는 이렇게 외적 씻음의 예식을 제정하시고, 물로 몸의 더러움을 확실히 씻어 버리듯이, 그렇게 확실하게 그의 피와 성령으로 내 영혼의 불결, 곧 내 모든 죄의 씻겨짐을 약속하셨습니다.

제 72 문 _ 세례의 물에 의한 외적 씻음 자체가 죄의 씻음입니까?

답 _ 아닙니다. 오직 예수 그리스도의 피와 성령만이 우리의 모든 죄를 씻어줍니다.

제 74 문 _ 유아들도 역시 세례를 받아야 합니까?

답 _ 그렇습니다. 유아들도 어른들과 마찬가지로 하나님의 언약과 회중에 속해 있습니다. 그리스도의 피로 말미암은 속죄와 믿음을 일으키시는 성령이 어른들 못지않게 유아들에게도 약속된 것입니다. 그러므로 유아들도 언약의 표인 세례로 그리스도의 교회로 접붙여지고 불신자의 자녀와 구별되어야 합니다. 이는 구약에서는 할례로 시행되었고, 신약에서는 그 대신에 세례가 제정된 것입니다.

제 75문 _ 그리스도의 십자가 단번 희생 제사와 그의 모든 은사들에 참예함을 주의 만찬이 당신에게 어떻게 표하고 인칩니까?

답 _ 이런 방식입니다. 그리스도께서 나와 모든 신자들에게 그를 기념하여 이 뗀 떡을 먹고 이 잔을 마시라고 명령하셨고, 이 명령과 함께 그리스도는 이런 약속들을 주셨습니다. 첫째, 나를 위해 떼어진 주님의 떡과 나에게 주어진 잔을 내 눈으로 보는 것처럼 확실히, 그렇게 확실하게 십자가에서 그의 몸은 나를 위해 주어졌으며 그의 피도 나를 위해 부어졌습니다. 둘째, 그리스도의 몸과 피의 확실한 표로서 주님의 떡과 잔을 내가 목사의 손에서 받아 내 입으로 맛보는 것처럼 확실히, 그렇게 확실하게 주님께서 친히 십자가에 달리신 몸과 흘리신 피로써 영원한 생명에 이르도록 내 영혼을 기르시고 새롭게 하십니다.

제 78 문 _ 그러면 떡과 포도주가 그리스도의 참 몸과 피로 변합니까?

답 _ 아닙니다. 세례의 물이 그리스도의 피로 변하지 않고 죄 씻음 자체도 아니며 단지 하나님께서 주신 표와 인인 것처럼, 비록 주의 만찬의 떡이 성례의 본질과 관례에 따라 그리스도의 몸이라고 불릴지라도, 그리스도의 몸 자체로 되는 것이 아닙니다.

〈부록 : 언약과 거룩한 세례〉

2차 세계대전이라는 끔찍한 기간 동안 네덜란드에 있는 개혁교회들은 내부적으로 교리적인 싸움은 물론 언약과 거룩한 세례에 관련한 싸움으로 찢어졌다. 많은 사람들은 당시에 당면한 진정한 논점을 더 이상 알고 있는 것 같지 않기 때문에, 이런 점에서 교리적인 논쟁의 핵심이 정확하게 무엇이었는지를 설명하는 것이 합당하다. 그런 논쟁은 캐나다 개혁교회와 네덜란드에 (자유파) 개혁교회를 세우게(설립하게) 했다.

전통적으로 개혁교회들은 거룩한 세례가 하나님의 언약의 표와 인이라고 믿고 고백해왔다. 그리고 이것은 벨직 신앙고백서 제34항과 하이델베르크 교리문답 제74문답에서 분명하게 진술하고 있다.

이 언약은 하나님께서 신자들과 그들의 자녀들과 맺으신 것인데, 놀라운 특권이며 이 언약의 표는 하나님의 언약을 충분하게 확신시켜준다. 그 사람은 하나님께 속한 사람이며 그러므로 더욱더 그를 섬기도록 해야 한다.

1900년대 초 개혁교회에 막대한 영향력을 끼친 유명한 화란 개혁 신학자요 수상인 아브라함 카이퍼 박사(1837-1920)는 어떤 자녀가 세례를 받았음에도 불구하고 믿음에 이르지 않고 그들의 주님을 섬기지 않는 것으로 드러난 사실과 투쟁하였다. 이런 자녀들의 경우에 외견상 세례는 아무 결과도 없고 하나님의 약속은 쓸모가 없어졌다. 파괴적인 결말에 이르게 되기보다는 도리어 하나님의 약속과 부르심이 실로 무효가 될 수 있다(로마서 11:29을 보라). 카이퍼는 선택 받은 자와 맺은 언약(소위 내적인 언약)과, 교회의 나머지 회원들과 맺은(소위 외적인 언약) 두 개의 언약을 가르치기 시작하였다. 나중에는 진짜와 가짜 두 개의 세례도 있었다. 한 세례는 중생을 의미하지만 다른 세례는 근본적으로는 쓸데없이 물만 버린 것이다. 만일 자녀의 안에 '중생의 씨'가 있었다면(제15과를 보라) 그들은 참된 신자로 꽃피울 것이지만, 그렇지 못했다면 진정으로는 세례를 받지 못한 것이다. 그래서 자녀들은 세례를 받게 되었으며 그렇지 않다는 것이 입증이 될 때까지는 중생된 것으로 가정하게 되었다.

여기에는 두 가지의 심각한 위험이 나타난다.

a) 아주 진실한 하나님의 약속에 확신을 갖게 하려고 마련된 세례가 아주 독립적인 문제가 된다. 사람들은 결코 참으로 세례를 받은 것인지 정말로 알 수가 없게 되며 그래서 사람들이 세례 받은

사실에 거의 호소할 수 없게 된다.
b) 세례를 위한 판단기준은 다시 사람의 내면(내면에 있는 씨)에 놓이게 된다. 그리하여 개혁주의 교리는 위험스럽게 재세례파의 관점에 가깝게 이동하게 되었다. 심지어 사람들은 유아세례가 그런 불안정한 토대 위에서 여전히 가능한지를 언급할지도 모른다.

그럼에도 불구하고 우리는 자녀들 속에 있을지도 모르는 것에 근거하여 세례를 베풀지 않고, 그의 모든 자녀에게 하신 하나님의 약속에 근거하여 세례를 베푼다. 더군다나 성경은 몇 개의 언약이나 세례를 말하지 않고 한 개의 언약과 한 개의 세례를 말한다. 만일 한 자녀가 자라서 복음을 거절하게 된다면 그것은 하나님의 언약이 진실하지 않아서가 아니라 단지 그가 자신의 마음을 완고하게 하기 때문이다. 그런다고 할지라도 언약의 실제와 세례라는 사실은 남아있다. 왜냐하면 하나님은 공허한 약속이나 기만하는 표를 주시지 아니하시고 그의 말씀은 참되며 신뢰할 수 있기 때문이다.

처음에 1905년 개혁교회는 '화해 선언'에 동의하였다. 거기에서 카이퍼의 견해의 결과는 중립적인 어떤 것이었다. 그러나 1942년 스네이크-위트레흐트 총회에서 아브라함 카이퍼의 이런 가르침은 교회의 교리로 격상되었으며 -받아들인 신앙고백과 상충하고 있음에도 불구하고- 모두 구속력이 있는 것으로 선언이 되었다. 그래서 분립은 임박해졌다. 총회의 결정에 승복하지 않으면, 후보생과 교수들과 목회자들이 직분을 거절당하였거나 면직을 당하게 되자 분립은 현실이 되었다.

(자유파) 개혁교회는 모든 믿는 자들과 그들의 자녀들에게 하신 거룩한 세례는 언약 안에서 베풀어진 하나님의 약속을 보증해주며 상징하는 것이라고 한 벨직신앙고백서의 간단한 고백으로 되돌아갔다.

기독교 개혁교회는 스네이크 위트레흐트 총회의 입장을 수용하였고 자유파 교회들의 권리와 곤경은 인정하지 않았다는 사실은 여기에 주지하는 것이 좋겠다(1946, 1950).

제28과

예배예식 : 예전(Liturgy)

개관

이번 과에서 우리는 예배 예식의 특징을 고찰하고 이 예식의 순서를 익힌다.

1. 예배예식의 특징

성경은 가인과 아벨(창 4)의 희생제사에서 어느 정도 외형적인 예배를 처음으로 언급하고 있다. 그리고 특히 창세기 4:26절에서 공적으로 체계화된 예배의 시작에 대해 언급하고 있다. "그 때에 사람이 주님의 이름을 부르기 시작하였다"

하나님의 백성들의 예배는 주님께서 모세의 율법을 통하여 상세하게 규정하셨다. 그것은 장막에서 나중에는 성전에서 드리는 예배의 원형이 되었다.

희생 제물이 십자가에서 그리스도의 단번의 희생으로 말미암아 쓸모가 없게된 이후로, 그리스도의 교회는 곧 스스로 성전에서 드리는 예배와 관계를 끊고 처음에는 지체들의 가정에서 자신들의 예배를 구성하기에 이르렀다.

이 모든 사실에서 우리는 하나의 보편적인 윤곽과 특징을 찾아볼 수 있다. 예배는 순전히 주님께서는 그의 약속과 요구를 알려주시고 백성은 찬송과 기도로 응답하는 곳에서의 하나님과 그의 백성 간의 언약적인 만남이다. 여기에 주님과 그의 백성, 양자간의 친교가 있다. 이것은 예배를 이 세상에서 유일한 사건으로, 동시에 온 회중의 활동의 심장과 핵심으로 만들 자격이 있다.

교회는 예배 안에서 주님의 임재를 확신할 수 있다.

마태복음 18:20, "두세 사람이 내 이름으로 모인 그곳에는 나도 그들 중에 있느니라."

그럼에도 불구하고 그는 육체가 아니라 그의 말씀과 성령을 통하여 참여하신다(하이델베르크 교리문답 제18주 제47문답을 보라).

요한복음 14:26, "보혜사 곧 아버지께서 내 이름으로 보내실 성령 그가 너희에게 모든 것을 가르치고."

예배가 하나님과 그의 백성 간의 회합이기 때문에 출석할 수 있는 모든 사람들은 실로 참여해야 할 것이다. "한 몸, 한 주님, 한 믿음, 그리고 한 가지 세례"(에베소서 4:4,5)라고 하는 성경의 개념은 분명 회중을 다양한 무리로 '찢어놓는 일'과 조직화 하는 일, 예를 들면 별도의 청년 예배와 같은 것을 장려하지 않는다.

2. 교회예배 예식순

개혁교회들은 예배에서 따르도록 구체적인 순서 혹은 예전을 채택하였다. 이 순서는 가능한 성경의 정보에 바탕을 두고 있다.

예배의 기본이 되는 요소는 하나님과 그의 백성 간의 언약적인 만남이라는 틀 안에서 볼 때, 그들의 통일성과 다양성 안에서 분명하다. 그 안에서 주님께서는 말씀으로 그의 백성의 반응을 일으키신다.

아래의 도표를 이용해볼 수 있을 것이다.

예 배

주 님	주님의 백성
인사	부름
	찬양
	신앙고백
율법	
	죄의 고백
성경낭독	
	기도
	자비시역
	찬양
말씀선포 사역	
	기도
	감사
	찬양
강복선언	

지역의 규례에 주어진 확실한 자유 때문에 다양한 요소들이 위에 요약된 순서를 반드시 따라야 하는 것은 아니지만 모든 요소들은 반드시 들어가야 할 것이다.

여기 도표에는 예배의 응답하는 특징이 매우 뚜렷하다.
예배에서는 이중의 목적을 추구하며 성취해야 한다.

a) 하나님의 이름을 영화롭게 함(로마서 15:6)
b) 교회의 덕을 세움(고린도전서 14:12)

이 둘은 언제나 함께 한다. 어떤 순서든 이러한 목적과 상충된다면 제거되어야 하며 피해야만 할 것이다. 그러므로 또한 교회의 예배는 원하는 목표를 달성하기 위해서 평화롭고 질서정연해야만 한다(고린도전서 14:40).

3. 설교

하나님의 말씀은 예배의 구성요소이며 그만큼 지배적인 요소라는 것은 분명하다. 만일 주님께서 말씀하지 아니하셨고 자신을 계시하지 아니하셨더라면 그의 백성으로부터 어떤 반응도 일어나지 않았을 것이다. 그러므로 성경낭독과 하나님의 말씀의 설교는 예배의 가장 중요한 부분이다(디모데전서 4:13). 이 점을 고려하여 캐나다 개혁교회의 건물에서 강단이 건물의 맨 앞쪽 눈에 잘 띄는 장소에 있다. 왜냐하면 하나님께서는 그의 백성들이 '말 못하는 우상들'이 아니라 '살아있는 설교'로 가르침 받기를 원하시기 때문에, 건물에서 그런 어떤 우상도 찾아볼 수 없어야 할 것이다(하이델베르크 교리문답 제35주 제98문답).

그의 말씀의 신실한 설교로 하나님께서는 당신의 백성에게서 믿음, 기도, 찬양과 헌물의 반응을 일으키신다. 설교는 또한 천국이 신자에게는 열리고 불신자에게는 닫히도록 하는 첫 번째 열쇠이다(하이델베르크 교리문답 제31주일). 그러므로 설교는 회중을 위로하고(견고하게 하고) 훈계하는 두 요소를 모두 포함하여야만 한다.

개혁적인 설교에 관하여 두 가지의 개념은 지난 수십 년 동안 많은 토론을 겪어왔다.

a) 설교는 '언약적'인가? 다시 말해서 설교는 언약의 약속과 의무 바깥에 있는 회중에게 말하는 것인가? 언약적인 생활방식 안에서 적절한 가르침을 받고 있는 회중에게 말하는 것인가?
b) 설교는 '그리스도적'인가? 다시 말해서 설교는 십자가의 그리스도의 단번의 희생을 중심으로 삼는가? 회중은 구세주의 완벽한 사역 안에서 위로를 얻는가? 그래서 감사하는 반응으로 인도 받는가?

설교로 회중은 세상의 유혹들과 그 시대의 이단들을 대적할 '영적인 갑옷'을 입고 주님의 전쟁을 위해 충분하게 무장을 갖추게 된다(에베소서 6:10-20). 만일 성경에 일치하게 설교한다면 하나님의 말씀은 '헛되이' 돌아오지 않고 결과를 낼 것이다(이사야 55:11).

디모데후서 3:16, 17, "모든 성경은 하나님의 감동으로 된 것으로 교훈과 책망과 바르게 함과 의로 교육하기에 유익하니 이는 하나님의 사람으로 온전하게 하며 모든 선한 일을 행할 능력을 갖추게 하려 함이니라"

4. 예전 예식서

세 일치신조 외에도 개혁교회들은 또한 특정한 예전예식서도 채택했다. 이것들은 성경적인 토대를 제시하고 예배에서 다양하게 일어나는 일들에 대해 설명하며 그리하여 잘못된 의식들이 몰래 기어들어오는 것을 막기 위한 의도에서이다.

우리는 둘을 구분할 수 있다.

a) 성례예식서 : 성례들을 집행하는 일과 쓰임을 포함함(유아세례, 성인세례, 그리고 주의 만찬 기념)
b) 기타 예식서 : 공적인 신앙고백, 직분자 임명, 권징의 시행, 혼인예식과 같은 성례전 외의 일들을 포함함

그들의 초기 개념에서 이들 양식들은 종교개혁 시대까지 거슬러 올라간다. 주요한 개정은 1933년 네덜란드 미델버그 총회에서 이루어졌다. 캐나다 개혁교회들은 신조와 예식서들의 개정을 착수하였는데, 1983년 클로버데일 총회에서 개정을 완료했다. 그런 까닭에 이런 예전예식서들은 종교개혁을 통하여 받아들였던 유산 가운데 빼놓을 수 없는 부분이다.

질문 | **제28과**

1 _ 예배의 특징은 무엇인가?

2 _ 주님은 어떤 방식으로 그분의 백성들 가운데 계시는가?

3 _ 어째서 예배가 전체 회중의 일이 되는가?

4 _ 당신은 예배에서 어떤 요소들을 찾아볼 수 있는가?

5 _ 예배의 목적이 무엇인가?

6 _ 예배의 절정을 이루는 것은 무엇인가?

7 _ '언약적이고 그리스도적인' 설교란 무슨 뜻인가?

8 _ 설교의 목적은 무엇인가?

9 _ 예전예식서들은 무엇이며 그것들은 어떤 목적을 충족시켜주는가?

10 _ 개혁교회들은 어느 예전예식서들을 사용하는가?

제29과

벨직신앙고백서 제36항
시민 정부

제36항 시민 정부[1]

우리는 인간의 타락 때문에 우리의 은혜로우신 하나님께서 왕들과 방백들과 공직자들을 임명하셨음을 믿는다.[2] 그는 사람의 방종이 억제되고, 모든 일들이 그들 가운데서 선한 질서로 처리되도

---

[1] The Civil Government
We believe that, because of the depravity of mankind, our gracious God has ordained kings, princes, and civil officers. He wants the world to be governed by laws and policies, in order that the licentiousness of men be restrained and that everything be conducted among them in good order. For that purpose He has placed the sword in the hand of the government to punish wrongdoers and to protect those who do what is good. Their task of restraining and sustaining is not limited to the public order but includes the protection of the Church and its ministry in order that *the kingdom of Christ may come, the Word of the gospel may be preached everywhere, and God may be honoured and served by everyone, as He requires in His Word.
Moreover, everyone – no matter of what quality, condition, or rank – ought to be subject to the civil officers, pay taxes, hold them in honour and respect, and obey them in all things which do not disagree with the Word of God. We ought to pray for them, that God may direct them in all their ways and that we may lead a quiet and peaceable life, godly and respectful in every way.
For that reason we condemn the Anabaptists and other rebellious people, and in general all those who reject the authorities and civil officers, subvert justice, introduce a communion of goods, and confound the decency that God has established among men.
The following words were deleted here by the General Synod 1905 of the Gereformeerde Kerken in Nederland: all idolatry and false worship may be removed and prevented, the kingdom of antichrist may be destroyed.

[2] · 잠 8:15 나로 말미암아 왕들이 치리하며 방백들이 공의를 세우며
· 단 2:21 그는 때와 계절을 바꾸시며 왕들을 폐하시고 왕들을 세우시며 지혜자에게 지혜를 주시고 총명한 자에게 지식을 주시는도다
· 요 19:11 예수께서 대답하시되 위에서 주지 아니하셨더라면 나를 해할 권한이 없었으리니 그러므로 나를 네게 넘겨준 자의 죄는 더 크다 하시니라
· 롬13:1 각 사람은 위에 있는 권세들에게 복종하라 권세는 하나님으로부터 나지 않음이 없나니 모든 권세는 다 하나님께서 정하신 바라

록,3) 세상이 법률과 정책으로 통치되기를 원하신다.4) 이런 목적을 위해서 그는 정부의 손에 칼을 두서서 행악자들을 처벌하시고, 또 선행자들을 보호하신다(롬13:4). 사회 안녕과 질서를 유지하는 그들의 과업은 공공질서에만 제한 된 것이 아니라, 그리스도의 왕국이 도래하고, 복음의 말씀이 모든 곳에서 선포될 수 있도록,5) 또 하나님께서 그의 말씀에서 요구하신 대로, 모든 사람들에 의해 존경받고 섬김을 받으시도록 하기 위해서, 교회와 그 사역의 보호를 포함한다.

더욱 어떤 지위나 신분이나 처지에 있든지 누구나 공직자들에게 마땅히 순종하되, 세금을 내고, 그

---

3) · 신 1:16 내가 그 때에 너희의 재판장들에게 명하여 이르기를 너희가 너희의 형제 중에서 송사를 들을 때에 쌍방간에 공정히 판결할 것이며 그들 중에 있는 타국인에게도 그리 할 것이라
 · 신 16:19 너는 재판을 굽게 하지 말며 사람을 외모로 보지 말며 또 뇌물을 받지 말라 뇌물은 지혜자의 눈을 어둡게 하고 의인의 말을 굽게 하느니라
 · 삿 21:24 그 때에 이스라엘 자손이 그 곳에서 각기 자기의 지파, 자기의 가족에게로 돌아갔으니 곧 각기 그 곳에서 나와서 자기의 기업으로 돌아갔더라
 · 시 82:1-8 하나님은 신들의 모임 가운데 서시며 하나님은 그들 가운데에서 재판하시느니라 너희가 불공평한 판단을 하며 악인의 낯 보기를 언제까지 하려느냐 (셀라) 가난한 자와 고아를 위하여 판단하며 곤란한 자와 빈궁한 자에게 공의를 베풀지며 가난한 자와 궁핍한 자를 구원하여 악인들의 손에서 건질지니라 하시는도다 그들은 알지도 못하고 깨닫지도 못하여 흑암 중에 왕래하니 땅의 모든 터가 흔들리도다 내가 말하기를 너희는 신들이며 다 지존자의 아들들이라 하였으나 그러나 너희는 사람처럼 죽으며 고관의 하나 같이 넘어지리로다 하나님이여 일어나사 세상을 심판하소서 모든 나라가 주의 소유이기 때문이니이다
 · 렘 21:12 여호와께서 이와 같이 말씀하시느니라 다윗의 집이여 너는 아침마다 정의롭게 판결하여 탈취 당한 자를 압박자의 손에서 건지라 그리하지 아니하면 너희의 악행 때문에 내 분노가 불 같이 일어나서 사르리니 능히 끌 자가 없으리라
 · 렘 22:3 여호와께서 이와 같이 말씀하시되 너희가 정의와 공의를 행하여 탈취 당한 자를 압박하는 자의 손에서 건지고 이방인과 고아와 과부를 압제하거나 학대하지 말며 이 곳에서 무죄한 피를 흘리지 말라
 · 벧전 2:13 인간의 모든 제도를 주를 위하여 순종하되 혹은 위에 있는 왕이나 14혹은 그가 악행하는 자를 징벌하고 선행하는 자를 포상하기 위하여 보낸 총독에게 하라

4) · 출 18:20 그들에게 율례와 법도를 가르쳐서 마땅히 갈 길과 할 일을 그들에게 보이고

5) · 시 2:1-12 어찌하여 이방 나라들이 분노하며 민족들이 헛된 일을 꾸미는가 세상의 군왕들이 나서며 관원들이 서로 꾀하여 여호와와 그의 기름 부음 받은 자를 대적하며 우리가 그들의 맨 것을 끊고 그의 결박을 벗어 버리자 하는도다 하늘에 계신 이가 웃으심이여 주께서 그들을 비웃으시리로다 그 때에 분을 발하며 진노하사 그들을 놀라게 하여 이르시기를 내가 나의 왕을 내 거룩한 산 시온에 세웠다 하시리로다 내가 여호와의 명령을 전하노라 여호와께서 내게 이르시되 너는 내 아들이라 오늘 내가 너를 낳았도다 내게 구하라 내가 이방 나라를 네 유업으로 주리니 네 소유가 땅 끝까지 이르리로다 네가 철장으로 그들을 깨뜨림이여 질그릇 같이 부수리라 하시도다 그런즉 군왕들아 너희는 지혜를 얻으며 세상의 재판관들아 너희는 교훈을 받을지어다 여호와를 경외함으로 섬기고 떨며 즐거워할지어다 그의 아들에게 입맞추라 그렇지 아니하면 진노하심으로 너희가 길에서 망하리니 그의 진노가 급하심이라 여호와께 피하는 모든 사람은 다 복이 있도다
 · 롬 13:4 그는 하나님의 사역자가 되어 네게 선을 베푸는 자니라 그러나 네가 악을 행하거든 두려워하라 그가 공연히 칼을 가지지 아니하였으니 곧 하나님의 사역자가 되어 악을 행하는 자에게 진노하심을 따라 보응하는 자니라
 · 딤전 2:1-4 그러므로 내가 첫째로 권하노니 모든 사람을 위하여 간구와 기도와 도고와 감사를 하되 임금들과 높은 지위에 있는 모든 사람을 위하여 하라 이는 우리가 모든 경건과 단정함으로 고요하고 평안한 생활을 하려 함이라 이것이 우리 구주 하나님 앞에 선하고 받으실 만한 것이니 하나님은 모든 사람이 구원을 받으며 진리를 아는 데에 이르기를 원하시느니라

들을 존중하고 존경하며, 하나님의 말씀에 어긋나지 않는[6] 모든 일에[7] 복종해야 한다. 우리는 반드시 그들을 위해서 기도하여, 하나님께서 그들의 모든 행사들에서 그들을 지도하시고, 또한 우리가 모든 면에서 경건하고 품위있게, 고요하고 평온한 생활을 영위하도록 해야 한다(딤전2:1,2).

이런 이유 때문에 우리는 재세례파와 다른 패역한 자들, 또 일반적으로 권세자들과 공직자들을 거절하여, 공의를 파괴하고,[8] 재산의 공유를 도입하고, 하나님께서 사람들 가운데 세워놓으신 예의범절을 혼란케 하는 모든 자들을 정죄한다.

다음의 표현들은 1905년 네델란드 개혁교회(Gereformeerde Kerken in Nederland) 총회에 의해서 삭제되었다. 이로써 모든 우상과 거짓 예배가 제거되고 예방되도록 하며, 적그리스도의 왕국은 파괴되도록 한다.

개관

이번 과에서는 시민정부의 역할을 살펴보고 교회와 국가의 관계를 주목해본다.

1. 제36항의 중요성

많은 개혁주의 학자들은 교회의 신앙고백서에 이런 조항의 존재에 대해 반대한다. 교회와 국가는 분리된 개체이기 때문에 국가통치의 목적과 과업에 대해서 원리적인 진술을 하는 일을 그만두어야 한다는 것이 그들의 논리적인 이유이다.

---

6) · 행 4:19 베드로와 요한이 대답하여 이르되 하나님 앞에서 너희의 말을 듣는 것이 하나님의 말씀을 듣는 것보다 옳은가 판단하라
 · 행 5:29 베드로와 사도들이 대답하여 이르되 사람보다 하나님께 순종하는 것이 마땅하니라

7) · 마 17:27 그러나 우리가 그들이 실족하지 않게 하기 위하여 네가 바다에 가서 낚시를 던져 먼저 오르는 고기를 가져 입을 열면 돈 한 세겔을 얻을 것이니 가져다가 나와 너를 위하여 주라 하시니라
 · 마 22:21 이르되 가이사의 것이니이다 이에 이르시되 그런즉 가이사의 것은 가이사에게 하나님의 것은 하나님께 바치라 하시니
 · 롬 13:7 모든 자에게 줄 것을 주되 조세를 받을 자에게 조세를 바치고 관세를 받을 자에게 관세를 바치고 두려워할 자를 두려워하며 존경할 자를 존경하라
 · 딛 3:1 너는 그들로 하여금 통치자들과 권세 잡은 자들에게 복종하며 순종하며 모든 선한 일 행하기를 준비하게 하며
 · 벧전 2:17 뭇 사람을 공경하며 형제를 사랑하며 하나님을 두려워하며 왕을 존대하라

8) · 벧후 2:10 특별히 육체를 따라 더러운 정욕 가운데서 행하며 주관하는 이를 멸시하는 자들에게는 형벌할 줄 아시느니라 이들은 당돌하고 자긍하며 떨지 않고 영광 있는 자들을 비방하거니와
 · 유 8 그러한데 꿈꾸는 이 사람들도 그와 같이 육체를 더럽히며 권위를 업신여기며 영광을 비방하는도다

하지만 하나님의 말씀 자체가 시민정부의 기원과 목적에 대해서 말하고 있기 때문에, 그리고 교회의 지체들이 그 나라의 시민으로서 시민정부를 고려해야만 하기 때문에 이 조항을 다루는 합당한 이유가 있다.

이런 이유는 신앙고백이 여기서 교회와 국가의 관계에 관한 다양한 잘못된 생각들을 경고하고 있다는 사실로 증가된다.

a) 로마 가톨릭의 가르침은 국가는 교회의 지배 아래 있으며 교황은 정치적인 권위를 가지고 있다 (교황통치체제).
b) 루터교의 관점은 교회는 국가의 지배 아래 있다는 것이다(세속권력 통치체제).
c) 특별히 재세례파의 주장은 그리스도인은 오직 하나님께만 복종한다. 그래서 세속 정부의 모든 (인간적인) 권위를 거절해야 한다는 것이다(혁명체제).

우리의 신앙고백의 원리적인 입장은 시민정부는 세속적이라 할지라도(즉 이 세상의 일을 위해 세워짐) 교회에 대해서 중립적일 수 없다는 것이다. 왜냐하면 정부 역시도 하나님께 기원을 두고 있고 그의 뜻에 따라서 다스려야만 하기 때문이다.

주목할 만한 것은 교회가 종종 시민정부로부터 강력한 저항과 무시무시한 박해를 그만큼이나 겪어 왔음에도 시민정부에 대해서 매우 긍정적이고 공손하게 말한다는 사실이다.

2. 시민 정부의 기원

신앙고백서는 "우리의 은혜로우신 하나님께서 왕들과 방백들과 공직자들을 임명하셨다"고 긍정적인 진술을 하고 있다. 이 진술은 시민정부가 발전과정의 산물이라거나 아니면 인류 스스로가 필요해서 고안해낸 것이라는 어떤 이론도 분명하게 논박하고 있다.

로마서 13:1, "권세는 하나님으로부터 나지 않음이 없나니 모든 권세는 다 하나님께서 정하신 바라."

성경에서 시민 정부는 '하나님의 종'이라 부른다. 그러므로 그리스도를 위해서 복종해야만 한다(베드로전서 2:13). 신앙고백서는 '국민의 주권'이라는 생각을 할 여지를 남기지 않았다는 것이 분명해질 것이다. 여기서는 이들 정부들이 어떻게 세워졌는지에 대해 어떤 암시도 찾아볼 수 없다. 이것은 특별한 역사의 과정을 통해서 실현되거나 아니면 백성의 절대적인 협력으로 실현될 수 있다(사무엘상 8). 신앙고백서도 어떤 형태의 정부가 요망되는지에 관해서는 아무 진술도 하지 않고 있다. 대부분의 그리스도인들은 정부와 시민 양편 간의 권리와 의무가 균형이 잘 잡혀진 헌법에 적절하게 규정되어 있고, 합법적으로 선출된 의회가 감시의 능력을 이행하는 그런 체제를 더 좋아할 것이다.

시민 정부는 하나님께서 임명하시기 때문에 본질적으로 하나님께서도 책임을 지고 있다. 어떤 정권이 완고하게 하나님의 뜻을 고려하기를 거절할 때, 그래서 심지어는 하나님의 백성들을 박해하기에 이를 때, 주님께서는 이 정부를 제거하시고 다른 정부를 세우신다(다니엘 5:24-28). 성경은 또한 그의 세상에 대한 주권적인 통치 안에서 하나님께서는 세상 정부를 일으키시고 지속시키시고 몰락을 결정하시고, 그리하여 역사의 과정을 실행하신다. 그래서 하늘 왕국을 세우시는 방향으로 역사하신다(다니엘 2:31-45).

3. 정부의 임무

신앙고백서는 "인간의 타락 때문에" 하나님께서 세상 정부를 임명하신 것이라고 가르치고 있다. 정부는 죄 때문에, 법과 질서를 증진시키고 유지하기 위해서 세워졌다는 뜻이다. 논의된 많은 논쟁, 만일 죄로 몰락하지 않았더라면 단일한 정부가 있었을 것인가 하는 논점은 여기서는 아주 부적절한 것이다.

정부는 분명하게 두 가지의 과업을 가지고 있다

a) 입법상의 의무 : 특정한 "법률과 정책으로" 불법을 억제하고 "사람의 방종이 억제되도록" 하기 위해 구상되었다. 이런 법들은 공적인 생활의 모든 면들을 다루게 될 것이며 또한 시민으로서 서로 간의 의무를 규정하게 될 것이다(예를 들어 도덕, 혼인법 등).

b) 행정사법상의 의무 : 정부는 단순히 법을 제정만 해서는 안 되며 백성들 가운데서 그 법을 집행해야 한다. 그렇지 않으면 정부는 스스로 자신의 권위와 진실성을 박탈 당하게 된다. "바로 이런 목적을 위해서 그분은 정부의 손에 칼을 두셔서 행악자들을 처벌하시고, 또 선행자들을 보호하시는 것입니다"(롬13:4).

〈 주 〉 시민 정부에 위탁된 '칼' 이라는 개념은 하나님의 진노와 마주하는 것으로서의 '사형' 을 집행하는 권세를 포함했다(창세기 9:6).

4. 시민정부와 교회

시민정부가 교회에 대해서 지고 있는 직무의 범위에 대해서는 많은 논쟁이 있어왔다. 개혁교회는 정부가 단순히 종교의 자유를 허용해야 하는 것이 아니라, "그리스도의 왕국이 도래하고, 복음의 말씀이 모든 곳에서 선포될 수 있도록, 모든 사람들에 의해 존경받고 섬김을 받으시도록 하기 위해서, 교회와 그 사역의 보호를" 인정해야 할 것이라는 점에 동의했다. 이미 앞서 이야기 했듯이 이것은 정부가 중립이 될 수 없고 하나님의 말씀에 따라서 그 정책들을 마련해야 할 것이며 교회가 사회에서 유익한 위치를 얻도록 적절한 규정을 만들어야 한다는 것을 의미한다. 예를 들자면 정부는 일요일을 예배의 날로 보존해야 할 것이다.

그런 일치는 정부는 모든 우상숭배와 거짓된 예배를 제거하고 억제하도록 그래서 적그리스도의 나라가 파멸되도록 하는 소명을 받은 것인지에 대한 의문에 이르지 않아야 할 것이다. 이 문구는 1905년 총회에서 개혁교회들이 삭제하였지만 다른 문구는 존속을 시켰다. 많은 사람들은 신앙고백서가 여기에서 너무 멀리까지 빗나갔고, 정부를 격려하여 시민의 양심을 억압함으로 그들의 권위를 벗어나게 했다고 느꼈다. 이 문구는 실로 오해를 일으킬 수 있다. 그럼에도 불구하고 함축되어 있는 기본적인 생각은 가치가 있다. 만일 정부가 공적인 생활의 문제에서 필연적으로 발생하는 우상숭배와 거짓된 예배를 억제하지 않는다면 그것은 나라가 영적이고 도덕적으로 쇠퇴하는 데에 일조하는 것이다.

'20여개의 단어' 마저도 아마 아브라함 카이퍼 박사의 가르침의 영향으로 삭제된 것 같다. 그는 실로 시민정부는 중립이어야 한다고 믿도록 이끌었던 사람이다. 이런 가르침은 결국에는 네덜란드에서의 개혁주의 정치가 변질하도록 영향을 끼쳤으며 그래서 반혁명당(ARP)의 근본적인 몰락을 가져왔다.

교회와 정부는 다른 소임을 가지고 있다. 교회는 복음을 선포하고 교회의 회원들을 영적으로 다스리도록 부르심을 받는다. 정부는 하나님의 율법에 따라 공공의 생활을 단속하도록 부르심을 받는다. 이러한 다른 소명 가운데서 모두 각각 고유한 책임과 권한을 가지고 있다. 그래서 서로를 주장하여 권위를 행사할 수 없다.

교회의 소명은 시민 정부와 연관지어 다음과 같이 정리해볼 수 있다.

a) "모든 교중이 부지런하고 신실하게 마땅히 공직자에게 돌려야 할 복종과 사랑과 존경을 반드시 강조할 의무"(교회질서 제28조, 베드로전서 2:17절도 보라).
b) 정부를 위하여 기도하는 일, 하나님께서 그들의 모든 행사들에서 그들을 지도하시고, 또한 우리가 모든 면에서 경건하고 품위있게, 고요하고 평온한 생활을 영위하도록 해야 한다(디모데전서 2:2).

5. 행정당국의 한계

성경은 시민 정부에게 존경을 보여야 하고 복종해야만 한다고 가르치고 있으며 이것은 교회에 우호적인 정부에게 국한된 것이 아니라고 분명하게 가르치고 있다.

베드로전서 2:18, "사환들아 범사에 두려워함으로 주인들에게 순종하되 선하고 관용하는 자들에게만 아니라 또한 까다로운 자들에게도 그리하라"

하지만 위정자들의 권위에는 분명한 한계가 있다. 정부가(또는 권세를 가진 어떤 사람이, 그와 같은 문제로) 그의 국민에게 하나님의 말씀과 상충하는 것을 요구할 때면, 하나님의 백성들은 거절할 수 있는 절대적인 소명을 받았다(사도행전 4:19).

질문 | 제29과

1 _ 이 제36항은 어떤 잘못된 개념에 반대하여 가르치고 있는가?

2 _ 시민정부에 대한 신앙고백서의 원론적인 입장은 무엇인가?

3 _ 시민 정부의 기원은 어디에서 기인하는가?

4 _ 정부는 누구에게 책임을 지고 있는가?

5 _ 시민 정부의 과업은 무엇인가?

6 _ 교회와 시민정부의 관계를 설명해보라.

7 _ 시민 정부에 대한 교회의 소명은 무엇인가?

8 _ 행정당국의 한계는 어디에 있는가?

암기 과제 | 하이델베르크 교리문답 _ 제39주일

제 104 문 _ 제5계명에서 하나님께서 무엇을 요구하십니까?

답 _ 내 부모님과 내 위의 모든 권위자들에게 모든 존경과 사랑과 신실함을 보이고, 그들의 선한 교훈과 권징에 대한 마땅한 순종으로 나 자신을 복종시키며, 또한 그들의 연약함과 결핍들에 대해 인내하는 것입니다. 이는 그들의 손에 의해 우리를 다스림이 하나님의 뜻이기 때문입니다.

제30과

벨직신앙고백서 제37항
최후의 심판

제37항 최후의 심판[1]

마지막으로, 우리는 하나님의 말씀에 따라, 모든 피조물들에게는 알려지지 않았지만 하나님에 의해 정해진 때가 도래하여[2] 택자의 수가 차게 되면,[3] 우리 주 예수 그리스도께서 승천하신 그대로(행

---

[1] The Last Judgment
 Finally, we believe, according to the Word of God, that when the time, ordained by the Lord but unknown to all creatures, has come and the number of the elect is complete, our Lord Jesus Christ will come from heaven, bodily and visibly, as He ascended, with great glory and majesty. He will declare Himself Judge of the living and the dead and set this old world afire in order to purge it. Then all people, men, women, and children, who ever lived, from the beginning of the world to the end, will appear in person before this great Judge. They will be summoned with the archangel's call and with the sound of the trumpet of God.
 Those who will have died before that time will arise out of the earth, as their spirits are once again united with their own bodies in which they lived. Those who will then be still alive will not die as the others but will be changed in the twinkling of an eye from perishable to imperishable. Then the books will be opened and the dead will be judged according to what they have done in this world, whether good or evil. Indeed, all people will render account for every careless word they utter, which the world regards as mere jest and amusement. The secrets and hypocrisies of men will then be publicly uncovered in the sight of all. And so for good reason the thought of this judgment is horrible and dreadful to the wicked and evildoers but it is a great joy and comfort to the righteous and elect. For then their full redemption will be completed and they will receive the fruits of their labour and of the trouble they have suffered. Their innocence will be known to all and they will see the terrible vengeance that God will bring upon the wicked who persecuted, oppressed, and tormented them in this world.
 The wicked will be convicted by the testimony of their own consciences and will become immortal, but only to be tormented in the eternal fire prepared for the devil and his angels. On the other hand, the faithful and elect will be crowned with glory and honour. The Son of God will acknowledge their names before God His Father and His elect angels. God will wipe away every tear from their eyes, and their cause -- at present condemned as heretical and evil by many judges and civil authorities will be recognized as the cause of the Son of God. As a gracious reward, the Lord will cause them to possess such a glory as the heart of man could never conceive. Therefore we look forward to that great day with a great longing to enjoy to the full the promises of God in Jesus Christ our Lord. Amen. Come, Lord Jesus!

[2] ・마 24:36 그러나 그 날과 그 때는 아무도 모르나니 하늘의 천사들도 아들도 모르고 오직 아버지만 아시느니라

1:11) 육체적으로 가시적으로⁴⁾ 하늘로부터 큰 영광과 위엄으로써 오실 것을 믿는다. 그리스도께서는 자신을 산 자와 죽은 자에 대한 심판자⁵⁾로 선포하시사 이 옛 세상을 정화하기 위하여 불사르실 것이다.⁶⁾ 그때에는 남녀노소를 무론하고 세상의 처음부터 마지막 때까지 살았던 모든 사람들이 개별적으로 이 대심판장 앞에 나타나게 된다.⁷⁾ 그들은 천사장의 호령 소리와 하나님의 나팔소리와 더불어 소

- · 마 25:13 그런즉 깨어 있으라 너희는 그 날과 그 때를 알지 못하느니라
- · 살전 5:1,2 형제들아 때와 시기에 관하여는 너희에게 쓸 것이 없음은 주의 날이 밤에 도둑 같이 이를 줄을 너희 자신이 자세히 알기 때문이라
3) · 히 11:39,40 이 사람들은 다 믿음으로 말미암아 증거를 받았으나 약속된 것을 받지 못하였으니 이는 하나님이 우리를 위하여 더 좋은 것을 예비하셨은즉 우리가 아니면 그들로 온전함을 이루지 못하게 하려 하심이라
- · 계 6:11 각각 그들에게 흰 두루마기를 주시며 이르시되 아직 잠시 동안 쉬되 그들의 동무 종들과 형제들도 자기처럼 죽임을 당하여 그 수가 차기까지 하라 하시더라
4) · 계 1:7 볼지어다 그가 구름을 타고 오시리라 각 사람의 눈이 그를 보겠고 그를 찌른 자들도 볼 것이요 땅에 있는 모든 족속이 그로 말미암아 애곡하리니 그러하리라 아멘
5) · 마 24:30 그때에 인자의 징조가 하늘에서 보이겠고 그 때에 땅의 모든 족속들이 통곡하며 그들이 인자가 구름을 타고 능력과 큰 영광으로 오는 것을 보리라
- · 마 25:31 인자가 자기 영광으로 모든 천사와 함께 올 때에 자기 영광의 보좌에 앉으리니
6) · 마 25:31-46 인자가 자기 영광으로 모든 천사와 함께 올 때에 자기 영광의 보좌에 앉으리니 모든 민족을 그 앞에 모으고 각각 구분하기를 목자가 양과 염소를 구분하는 것 같이 하여 양은 그 오른편에 염소는 왼편에 두리라 그 때에 임금이 그 오른편에 있는 자들에게 이르시되 내 아버지께 복 받을 자들이여 나아와 창세로부터 너희를 위하여 예비된 나라를 상속받으라 내가 주릴 때에 너희가 먹을 것을 주었고 목마를 때에 마시게 하였고 나그네 되었을 때에 영접하였고 헐벗었을 때에 옷을 입혔고 병들었을 때에 돌보았고 옥에 갇혔을 때에 와서 보았느니라 이에 의인들이 대답하여 이르되 주여 우리가 어느 때에 주께서 주리신 것을 보고 음식을 대접하였으며 목마르신 것을 보고 마시게 하였나이까 어느 때에 나그네 되신 것을 보고 영접하였으며 헐벗으신 것을 보고 옷 입혔나이까 어느 때에 병드신 것이나 옥에 갇히신 것을 보고 가서 뵈었나이까 하리니 임금이 대답하여 이르시되 내가 진실로 너희에게 이르노니 너희가 여기 내 형제 중에 지극히 작은 자 하나에게 한 것이 곧 내게 한 것이니라 하시고 또 왼편에 있는 자들에게 이르시되 저주를 받은 자들아 나를 떠나 마귀와 그 사자들을 위하여 예비된 영원한 불에 들어가라 내가 주릴 때에 너희가 먹을 것을 주지 아니하였고 목마를 때에 마시게 하지 아니하였고 나그네 되었을 때에 영접하지 아니하였고 헐벗었을 때에 옷 입히지 아니하였고 병들었을 때와 옥에 갇혔을 때에 돌보지 아니하였느니라 하시니 그들도 대답하여 이르되 주여 우리가 어느 때에 주께서 주리신 것이나 목마르신 것이나 나그네 되신 것이나 헐벗으신 것이나 병드신 것이나 옥에 갇히신 것을 보고 공양하지 아니하더이까 이에 임금이 대답하여 이르시되 내가 진실로 너희에게 이르노니 이 지극히 작은 자 하나에게 하지 아니한 것이 곧 내게 하지 아니한 것이니라 하시리니 그들은 영벌에 의인들은 영생에 들어가리라 하시니라
- · 딤후 4:1 하나님 앞과 살아 있는 자와 죽은 자를 심판하실 그리스도 예수 앞에서 그가 나타나실 것과 그의 나라를 두고 엄히 명하노니
- · 벧전 4:5 그들이 산 자와 죽은 자를 심판하기로 예비하신 이에게 사실대로 고하리라
7) · 벧후 3:10-13 그러나 주의 날이 도둑 같이 오리니 그 날에는 하늘이 큰 소리로 떠나가고 물질이 뜨거운 불에 풀어지고 땅과 그 중에 있는 모든 일이 드러나리로다(어떤 사본에, 타지리라) 이 모든 것이 이렇게 풀어지리니 너희가 어떠한 사람이 되어야 마땅하냐 거룩한 행실과 경건함으로 하나님의 날이 임하기를 바라보고 간절히 사모하라 그 날에 하늘이 불에 타서 풀어지고 물질이 뜨거운 불에 녹아지려니와 우리는 그의 약속대로 의가 있는 곳인 새 하늘과 새 땅을 바라보도다

환될 것이다(살전4:16).8)

그 때 이전에 죽은 자들은 그들의 영이 다시 한 번 이전에 살던 자기 몸과 연합한 채로, 땅에서 일어나게 된다.9) 그때까지 여전히 살아 있는 자들은 다른 사람들과 같이 죽지 않고 눈 깜짝할 사이에 변화해서 썩어질 것이 썩지 않게 된다.10) 그때에 책들이 펼쳐져서 죽은 자들은 그들이 이 세상에서 행한 대로 선악 간에(고후 5:10) 심판을 받게 될 것이다(계 20:12).11) 참으로 모든 사람이 무슨 무익한 말을 했든지, 세상은 농담이나 재미로 여길지라도, 이에 대하여 심문을 받게 된다(마 2:36). 과연 사람의 은밀한 행위나 위선이 모든 사람의 눈앞에 공공연하게 드러나게 된다. 그래서 이런 선한 이유로 인하여 심판에 대한 생각이 악인과 악행자들에게는 무섭고 두려운 것이지만,12) 의인과 택함을 받은 자들에게는 큰 기쁨과 위로가 된다. 과연 그때에는 그들의 온전한 구속이 성취될 것이고 그들의 수고와 그들이 당했던 고난의 열매를 거둘 것이다.13) 그들의 결백이 만천하에 알려지게 되고, 그들은 이 세상에서 그

---

8) · 신 7:9 그런즉 너는 알라 오직 네 하나님 여호와는 하나님이시요 신실하신 하나님이시라 그를 사랑하고 그의 계명을 지키는 자에게는 천 대까지 그의 언약을 이행하시며 인애를 베푸시되 그를 미워하는 자에게는 당장에 보응하여 멸하시나니 여호와는 자기를 미워하는 자에게 지체하지 아니하시고 당장에 그에게 보응하시느니라 그런즉 너는 오늘 내가 네게 명하는 명령과 규례와 법도를 지켜 행할지니라
· 계 20:12,13 또 내가 보니 죽은 자들이 큰 자나 작은 자나 그 보좌 앞에 서 있는데 책들이 펴 있고 또 다른 책이 펴졌으니 곧 생명책이라 죽은 자들이 자기 행위를 따라 책들에 기록된 대로 심판을 받으니 바다가 그 가운데에서 죽은 자들을 내주고 또 사망과 음부도 그 가운데에서 죽은 자들을 내주매 각 사람이 자기의 행위대로 심판을 받고

9) · 단 12:2 땅의 티끌 가운데에서 자는 자 중에서 많은 사람이 깨어나 영생을 받는 자도 있겠고 수치를 당하여서 영원히 부끄러움을 당할 자도 있을 것이며
· 요 5:28,29 이를 놀랍게 여기지 말라 무덤 속에 있는 자가 다 그의 음성을 들을 때가 오나니 선한 일을 행한 자는 생명의 부활로 악한 일을 행한 자는 심판의 부활로 나오리라

10) · 고전 15:51,52 보라 내가 너희에게 비밀을 말하노니 우리가 다 잠 잘 것이 아니요 마지막 나팔에 순식간에 홀연히 다 변화되리니 나팔 소리가 나매 죽은 자들이 썩지 아니할 것으로 다시 살아나고 우리도 변화되리라
· 빌 3:20 그러나 우리의 시민권은 하늘에 있는지라 거기로부터 구원하는 자 곧 주 예수 그리스도를 기다리노니

11) · 히 9:27 한번 죽는 것은 사람에게 정해진 것이요 그 후에는 심판이 있으리니
· 계 22:12 보라 내가 속히 오리니 내가 줄 상이 내게 있어 각 사람에게 그가 행한 대로 갚아주리라

12) · 마 11:22 내가 너희에게 이르노니 심판 날에 두로와 시돈이 너희보다 견디기 쉬우리라
· 마 23:33 뱀들아 독사의 새끼들아 너희가 어떻게 지옥의 판결을 피하겠느냐
· 롬 2:5,6 다만 네 고집과 회개하지 아니한 마음을 따라 진노의 날 곧 하나님의 의로우신 심판이 나타나는 그 날에 임할 진노를 네게 쌓는도다 하나님께서 각 사람에게 그 행한 대로 보응하시되
· 히 10:27 오직 무서운 마음으로 심판을 기다리는 것과 대적하는 자를 태울 맹렬한 불만 있으리라
· 벧후 2:9 주께서 경건한 자는 시험에서 건지실 줄 아시고 불의한 자는 형벌 아래에 두어 심판 날까지 지키시며
· 유 15 이는 뭇 사람을 심판하사 모든 경건하지 않은 자가 경건하지 않게 행한 모든 경건하지 않은 일과 또 경건하지 않은 죄인들이 주를 거슬러 한 모든 완악한 말로 말미암아 그들을 정죄하려 하심이라 하였느니라
· 계 14:7 그가 큰 음성으로 이르되 하나님을 두려워하며 그에게 영광을 돌리라 이는 그의 심판의 시간이 이르렀음이니 하늘과 땅과 바다와 물들의 근원을 만드신 이를 경배하라 하더라

13) · 눅 14:14 그리하면 그들이 갚을 것이 없으므로 네게 복이 되리니 이는 의인들의 부활시에 네가 갚음을 받겠음이라 하시더라
· 살후 1:3-10 형제들아 우리가 너희를 위하여 항상 하나님께 감사할지니 이것이 당연함은 너희의 믿음이 더욱 자라고

들을 핍박하고, 압제하고, 괴롭혔던 악인들을 처벌하시는 하나님의 무서운 보응을 보게 된다.14)

악인들은 그들 자신의 양심의 증거에 따라서 정죄를 받고 죽지도 않을 것이며,15) 오직 마귀와 그 사자들을 위해 예비된 영영한 불에 들어가 고통을 받게 된다(마 25:41).16) 반면에 신실한 택자들은 영광과 존귀의 면류관을 쓰게 될 것이다. 하나님의 아들이 자신의 아버지이신 하나님(마 10:32)과 그의 택하신 천사들 앞에서 그들의 이름을 인정할 것이다.17) 하나님께서 그들의 눈에서 모든 눈물을 씻기실 것인데(계 21:4),18) 현재 많은 재판관들과 공직자들에 의해서 이단적이고 악하다고 정죄받은 송사들

　　너희가 다 각기 서로 사랑함이 풍성함이니 그러므로 너희가 견디고 있는 모든 박해와 환난 중에서 너희 인내와 믿음으로 말미암아 하나님의 여러 교회에서 우리가 친히 자랑하노라 이는 하나님의 공의로운 심판의 표요 너희로 하여금 하나님의 나라에 합당한 자로 여김을 받게 하려 함이니 그 나라를 위하여 너희가 또한 고난을 받느니라 너희로 환난을 받게 하는 자들에게는 환난으로 갚으시고 환난을 받는 너희에게는 우리와 함께 안식으로 갚으시는 것이 하나님의 공의시니 주 예수께서 자기의 능력의 천사들과 함께 하늘로부터 불꽃 가운데 나타나실 때에 하나님을 모르는 자들과 우리 주 예수의 복음에 복종하지 않는 자들에게 형벌을 내리시리니 이런 자들은 주의 얼굴과 그의 힘의 영광을 떠나 영원한 멸망의 형벌을 받으리로다 그 날에 그가 강림하사 그의 성도들에게서 영광을 받으시고 모든 믿는 자들에게서 놀랍게 여김을 얻으시리니 이는 (우리의 증거가 너희에게 믿어졌음이라)

　・요일 4:17 이로써 사랑이 우리에게 온전히 이루어진 것은 우리로 심판 날에 담대함을 가지게 하려 함이니 주께서 그러하심과 같이 우리도 이 세상에서 그러하니라

14)・계 15:4 주여 누가 주의 이름을 두려워하지 아니하며 영화롭게 하지 아니하오리이까 오직 주만 거룩하시니이다 주의 의로우신 일이 나타났으매 만국이 와서 주께 경배하리이다 하더라
　・계 18:20 하늘과 성도들과 사도들과 선지자들아 그로 말미암아 즐거워하라 하나님이 너희를 위하여 그에게 심판을 행하셨음이라 하더라

15)・마 13:41,42 인자가 그 천사들을 보내리니 그들이 그 나라에서 모든 넘어지게 하는 것과 또 불법을 행하는 자들을 거두어 내어 풀무 불에 던져 넣으리니 거기서 울며 이를 갈게 되리라
　・막 9:48 거기에서는 구더기도 죽지 않고 불도 꺼지지 아니하느니라
　・눅 16:22-28 이에 그 거지가 죽어 천사들에게 받들려 아브라함의 품에 들어가고 부자도 죽어 장사되매 그가 음부에서 고통중에 눈을 들어 멀리 아브라함과 그의 품에 있는 나사로를 보고 불러 이르되 아버지 아브라함이여 나를 긍휼히 여기사 나사로를 보내어 그 손가락 끝에 물을 찍어 내 혀를 서늘하게 하소서 내가 이 불꽃 가운데서 괴로워하나이다 아브라함이 이르되 얘 너는 살았을 때에 좋은 것을 받았고 나사로는 고난을 받았으니 이것을 기억하라 이제 그는 여기서 위로를 받고 너는 괴로움을 받느니라 그뿐 아니라 너희와 우리 사이에 큰 구렁텅이가 놓여 있어 여기서 너희에게 건너가고자 하되 갈 수 없고 거기서 우리에게 건너올 수도 없게 하였느니라 이르되 그러면 아버지여 구하노니 나사로를 내 아버지의 집에 보내소서 내 형제 다섯이 있으니 그들에게 증언하게 하여 그들로 이 고통 받는 곳에 오지 않게 하소서
　・계 21:8 그러나 두려워하는 자들과 믿지 아니하는 자들과 흉악한 자들과 살인자들과 음행하는 자들과 점술가들과 우상 숭배자들과 거짓말하는 모든 자들은 불과 유황으로 타는 못에 던져지리니 이것이 둘째 사망이라

16)・계 20:10 또 그들을 미혹하는 마귀가 불과 유황 못에 던져지니 거기는 그 짐승과 거짓 선지자도 있어 세세토록 밤낮 괴로움을 받으리라

17)・계 3:5 이기는 자는 이와 같이 흰 옷을 입을 것이요 내가 그 이름을 생명책에서 결코 지우지 아니하고 그 이름을 내 아버지 앞과 그의 천사들 앞에서 시인하리라

18)・사 25:8 사망을 영원히 멸하실 것이라 주 여호와께서 모든 얼굴에서 눈물을 씻기시며 자기 백성의 수치를 온 천하에서 제하시리라 여호와께서 이같이 말씀하셨느니라
　・계 7:17 이는 보좌 가운데에 계신 어린 양이 그들의 목자가 되사 생명수 샘으로 인도하시고 하나님께서 그들의 눈에서 모든 눈물을 씻어 주실 것임이라

을, 하나님의 아들의 송사로 인해 인정받게 된다. 주님께서 은혜로운 보상으로서 사람들의 마음에 결코 생각할 수도 없었던 그런 영광을 소유하도록 해 주신다.[19] 그러므로 우리는 우리 주 예수 그리스도 안에 있는 하나님의 충만한 약속들을 누릴 수 있기를 간절히 소망하고 바로 이 위대한 날이 임하기를 학수고대한다. 아멘 주 예수여 오시옵소서(계 22:20)!

개관

이번 과에서 우리는 최후 심판의 날에 무슨 일이 일어나게 되는지를 살펴보고, 나아가 우리 주 예수 그리스도의 영광스러운 재림을 생각해본다.

---

19) · 단 12:3 지혜 있는 자는 궁창의 빛과 같이 빛날 것이요 많은 사람을 옳은 데로 돌아오게 한 자는 별과 같이 영원토록 빛나리라
   · 마 5:12 기뻐하고 즐거워하라 하늘에서 너희의 상이 큼이라 너희 전에 있던 선지자들도 이같이 박해하였느니라
   · 마 13:43 그 때에 의인들은 자기 아버지 나라에서 해와 같이 빛나리라 귀 있는 자는 들으라
   · 고전 2:9 기록된 바 하나님이 자기를 사랑하는 자들을 위하여 예비하신 모든 것은 눈으로 보지 못하고 귀로 듣지 못하고 사람의 마음으로 생각하지도 못하였다 함과 같으니라
   · 계 21:9-22:5 일곱 대접을 가지고 마지막 일곱 재앙을 담은 일곱 천사 중 하나가 나아와서 내게 말하여 이르되 이리 오라 내가 신부 곧 어린 양의 아내를 네게 보이리라 하고 성령으로 나를 데리고 크고 높은 산으로 올라가 하나님께로부터 하늘에서 내려오는 거룩한 성 예루살렘을 보이니 하나님의 영광이 있어 그 성의 빛이 지극히 귀한 보석 같고 벽옥과 수정 같이 맑더라 크고 높은 성곽이 있고 열두 문이 있는데 문에 열두 천사가 있고 그 문들 위에 이름을 썼으니 이스라엘 자손 열두 지파의 이름들이라 동쪽에 세 문 북쪽에 세 문 남쪽에 세 문 서쪽에 세 문이니 그 성의 성곽에는 열두 기초석이 있고 그 위에는 어린 양의 열두 사도의 열두 이름이 있더라 내게 말하는 자가 그 성과 그 문들과 성곽을 측량하려고 금 갈대 자를 가졌더라 그 성은 네모가 반듯하여 길이와 너비가 같은지라 그 갈대 자로 그 성을 측량하니 만 이천 스다디온이요 길이와 너비와 높이가 같더라 그 성곽을 측량하매 백사십사 규빗이니 사람의 측량 곧 천사의 측량이라 그 성곽은 벽옥으로 쌓였고 그 성은 정금인데 맑은 유리 같더라 그 성의 성곽의 기초석은 각색 보석으로 꾸몄는데 첫째 기초석은 벽옥이요 둘째는 남보석이요 셋째는 옥수요 넷째는 녹보석이요 다섯째는 홍마노요 여섯째는 홍보석이요 일곱째는 황옥이요 여덟째는 녹옥이요 아홉째는 담황옥이요 열째는 비취옥이요 열한째는 청옥이요 열두째는 자수정이라 그 열두 문은 열두 진주니 각 문마다 한 개의 진주로 되어 있고 성의 길은 맑은 유리 같은 정금이더라 성 안에서 내가 성전을 보지 못하였으니 이는 주 하나님 곧 전능하신 이와 및 어린 양이 그 성전이심이라 그 성은 해나 달의 비침이 쓸 데 없으니 이는 하나님의 영광이 비치고 어린 양이 그 등불이 되심이라 만국이 그 빛 가운데로 다니고 땅의 왕들이 자기 영광을 가지고 그리로 들어가리라 낮에 성문들을 도무지 닫지 아니하리니 거기에는 밤이 없음이라 사람들이 만국의 영광과 존귀를 가지고 그리로 들어가겠고 무엇이든지 속된 것이나 가증한 일 또는 거짓말하는 자는 결코 그리로 들어가지 못하되 오직 어린 양의 생명책에 기록된 자들만 들어가리라 또 그가 수정 같이 맑은 생명수의 강을 내게 보이니 하나님과 및 어린 양의 보좌로부터 나와서 길 가운데로 흐르더라 강 좌우에 생명나무가 있어 열두 가지 열매를 맺되 달마다 그 열매를 맺고 그 나무 잎사귀들은 만국을 치료하기 위하여 있더라 다시 저주가 없으며 하나님과 그 어린 양의 보좌가 그 가운데에 있으리니 그의 종들이 그를 섬기며 그의 얼굴을 볼 터이요 그의 이름도 그들의 이마에 있으리라 다시 밤이 없겠고 등불과 햇빛이 쓸 데 없으니 이는 주 하나님이 그들에게 비치심이라 그들이 세세토록 왕 노릇 하리로다

1. 제37항의 역할

이 마지막 조항에서 신앙고백서는 이 세상의 특정한 종말에 관계된 가능한 모든 것을 공들여 이야기하고 있지 않다. 제37항은 주 예수 그리스도의 재림과 결백한 의인 즉, 예수님의 증거를 위하여 그들의 생명을 바친 많은 사람들에 대한 영화(심지어는 상급)를 가리키고 있다.

그리하여 제37항은 억압하고 있는 정부들('재판장들과 국가의 권세자들')에게 한층 더 신실한 자의 곤경을 살펴줄 것과 그래서 다가오는 하나님의 진노를 자신들에게 쌓지 말라는 호소이다.

그것은 또한 위대한 날을 바라보며 그 날에 "현재 많은 재판관들과 공직자들에 의해서 이단적이고 악하다고 정죄받은 송사들을, 하나님의 아들의 송사로 인해 인정받게 된다"는 참된 고백 안에서 성도들로 인내하게 하려는 위로의 부르심이다.

2. 주의 재림

이 항은 주 예수 그리스도의 재림에 대한 고백과 함께 시작하고 있다. 이 재림은 심판의 날을 신호해준다.

우리는 다음과 같이 적어본다.

a) 이 재림의 때 : 주님께서 정하신 때는 "어느 피조물들에게도 알려지지 않았다."
   사도행전 1:7, "이르시되 때와 시기는 아버지께서 자기의 권한에 두셨으니 너희의 알 바 아니요."

그러므로 우리는 모든 영적이지 않은 '산술'을 거부한다. 예수 재림교파들은 주님께서 재림하실 구체적인 해를 결정하기 위해서 그런 방식을 탐닉한다. 예외 없이 그렇게 하는 그 자체가 하나님의 뜻에 대한 정면 도전인데 반하여 그런 계산들은 거짓으로 증명되었다.

우리 역시 천년왕국이 주장하는 것처럼 그리스도께서는 두 번 재림하시는 것이 아니라 단 한번 재림하실 것이라고 믿고 있다. 거기에는 다양한 천년왕국의 양식들이 있다. 그러나 그 근본적인 입장은 다음과 같다.

1. 그리스도의 첫번째 재림 천년왕국을 확고히 하기 위해서 그 때 사탄이 묶이게 될 것이며 신자들이 죽음에서 부활하여 (중생한 유대인들과 더불어) 예루살렘에 모이게 된다. 이 기간이 그리스도의 두번째 승천과 더불어 그리고 공포의 통치를 시행하기 위해 사탄을 '풀어놓으심'으로 끝난다고들

말한다.

2. 그리스도의 두번째 재림은 마지막 대 격전과 최후의 심판의 날에 이르게 된다.

많은 종파들은 수반된 그 때와 장소에 대해서 무한히 토론하려고 했지만 그리스도의 두 번의 재림에 동의했다.

개혁주의의 '천년왕국'과 '사탄이 결박당함'(요한계시록 20)에 대한 관점은 분명하다. 즉 그리스도는 승천하신 때로부터 재림까지 최고의 권위로 다스리고 계신다. 그리고 사탄은 단연코 그리스도의 교회를 모으는 일을 방해하려고 세상의 역사를 유도할 수 없다. 우리는 그리스도께서 오직 "택자의 수가 채워질 때" 재림하실 것이라고 믿고 있다(베드로후서 3:9를 보라).

b) 그리스도의 재림의 방식 : "우리 주 예수 그리스도께서 승천하신 그대로(행 1:11) 육체적으로 가시적으로 하늘로부터 큰 영광과 위엄으로써" 재림하실 것이다.

데살로니가전서 4:16, "주께서 호령과 천사장의 소리와 하나님의 나팔소리로 친히 하늘로부터 강림하시리니."

요한계시록 1:7, "볼지어다 구름을 타고 오시리라 각인의 눈이 그를 보겠고."

교회는 언제나 이 날을 지향하게 되고 그의 오심을 위해 의식적으로 준비하며 살게 된다.

데살로니가전서 5:6, "그러므로 우리는 다른 이들과 같이 자지 말고 오직 깨어 정신을 차릴 지라."

3. 부활

심판의 날은 모든 죽은 자의 부활과 함께 시작할 것이다. 우리는 다음 사이를 구분한다.

a) 모든 죽은 자는 "흙에서 일어나게 될 것이다. 왜냐하면 그들의 영들이 다시 한 번 그들이 입었던 몸과 결합되기 때문이다"(요한계시록 20:13).

b) 그때까지 살아있던 자들은 "눈 깜박할 순간에 변화될 것이다"(데살로니가전서 4:17; 고린도전서 15:51,52).

신앙고백서는 신자의 영혼이 죽음과 부활 사이의 기간 동안에 어디에 있게 되는지를 여기서는 진술하고 있지 않다. '영혼'이 '몸'과 다시 연합하는 것에 대해 말하고 있다. 하이델베르크 교리문답 제22주일에서 우리는 "이 생명이 끝나는 즉시 나의 영혼은 머리되신 그리스도에게 올려질 것이다"를 읽게 된다. 요한계시록 20:6 말씀에 따라서 개혁주의 학자들은 이것을 '첫째 부활'이라고 불러왔다. 신자들은 의식을 가지고서 하늘에서 그리스도와 더불어 마지막 영광의 날을 기다리며 지내게 될 것이다. 이와 같은 신앙고백은 B. 텔더목사와 C. 퐁크목사에 의한 다른 사람들 가운데서 공격을 받게 되었다. 이들은 신자들은 실제로 '죽어있으며' 그래서 그리스도와 아무런 교통을 갖지 못한다고 가르쳤다. 잇따라 일어난 논쟁은 네덜란드 개혁교회 안에서 한 분파의 원인이 되었다. 성경은 분명하게 신자들이 그리스도와 함께 있게 될 것이라고 가르치고 있으며(누가복음 23:43; 빌립보서 1:23; 요한계시록 6:9-11), 그런 까닭에 위에 언급된 이단설은 그리스도의 능력과 약속들을 축소 약화시킨 주장이라고 해야 할 것이다.

4. 최후 심판의 날

심판의 날은 "그때에는 남녀노소를 무론하고 세상의 처음부터 마지막 때까지 살았던 모든 사람들"을 위한 것이다. 아무도 예외 없이 모두가 위대하신 재판장 예수 그리스도 앞에 직접 출두하게 될 것이다. 성경은 "책들"이 펼쳐지고 죄에 대한 증거로 우리의 생활의 모든 일들이(생각, 말, 행실) 틀림없이 제시될 것이라고 가르친다(요한계시록 20:12). 마찬가지로 다른 책이 펼쳐질 것이다. 그 생명책에는 하나님의 자녀들의 이름이 "창세 이전에" 적혀있었다(요한계시록 13:8, 17:8).

의인들 즉 예수 그리스도를 믿고 신뢰하며 진심으로 섬기는 사람들은 그때 변호를 받게 될 것이다. "과연 그때에는 그들의 온전한 구속이 성취될 것이고 그들의 수고와 그들이 당했던 고난의 열매를 거둘 것이다. 그들의 결백이 만천하에 알려지게 되고, 그들은 이 세상에서 그들을 핍박하고, 압제하고, 괴롭혔던 악인들을 처벌하시는 하나님의 무서운 보응을 보게 된다."

"악인들은 그들 자신의 양심의 증거에 따라서 정죄를 받고" 유죄가 선언될 것이다. "죽지도 않을 것이며, 오직 마귀와 그 사자들을 위해 예비된 영영한 불에 들어가 고통을 받게 된다."(마태복음 25:41)

땅('이 옛 세상')은 불과 화염으로 정결하게 될 것이며(베드로후서 3:7) 새롭게 된 세상이 하나님의 자녀를 위해 마련이 될 것이다. '의가 거하는 새 땅'이 그것이다.

5. 영원한 안식일

세상에서 그리스도의 이름을 고백하는 자들을 위하여 주님께서 중보하시고 "하나님의 아들이 자신의 아버지이신 하나님(마태복음 10:32)과 그의 택하신 천사들 앞에서 그들의 이름을 인정할 것이다." 그리고 그들은 "영광과 존귀의 면류관을 쓰게" 될 것이며 새 땅에서 그들의 자리를 얻게 될 것이다. 이것이 그리스도 때문에 받는 '은혜로운 보상'이다.

하이델베르크 교리문답과 벨직신앙고백서 모두 다 우리가 지금은 이런 새로운 생활의 영광과 기쁨을 상상해볼 수 없다는 사실을 강조하고 있다. 그때의 우리의 온전한 생활이란 하나님을 온전히 예배하는 것이 될 것이며 그런 까닭에 '영원한 안식'이라고 부르게 된다(하이델베르크 교리문답 제38주, 히브리서

4:9-11).

이 영광스러운 생활은 많은 점에서 다를 것이다.

a) 하늘과 땅이 하나가 되기 때문에 우리는 하나님을 볼 것이다("그들이 그분의 얼굴을 보게 될 것이다" 요한계시록 22:4).
b) "이전의 것들은 지나갔다"(요한계시록 21:4) ; 슬픔, 고통, 질고, 죽음 그리고 죄는 더 이상 있지 않을 것이다.
c) 혈연관계들은 그들이 이 세상에서 있었던 때와 같지 않을 것이다(마태복음 22:30).
d) 그곳에는 오늘날 우리가 알고 있는 것 같은 시간이나 시간의 흐름이 없고("더 이상 밤이 없을 것이다" 요한계시록 22:5) 우리는 하나님을 찬양하며 영광을 돌리기 위해 영생을 받게 된다.

우리는 그 날을 고대한다. 그날에 우리는 완전해져서 영원토록 하나님을 섬기게 될 것이며 모든 사람들과 더불어 완전한 화목을 이루며 살게 될 것이다. 우리는 이 날을 기쁨으로 두려움 없이 - 무서움이 있기는 할지라도- 기다린다. 그때 우리는 우리 구세주, 예수 그리스도 안에서 완전하게 위로받게 될 것이다. 이 열망은 우리 자신에게서 나온 것이 아니라 성령께서 우리 안에 일으키고 계시는 것이다.

"성령과 신부가 말씀하신다. 오너라. 누가 나를 이 사망의 몸에서 구원하리요? 우리 주 예수 그리스도로 말미암아 하나님께 감사하라.
아멘 주 예수여 오시옵소서. 마라나타"

질문 | **제30과**

1 _ 그리스도의 재림의 때에 대해 여러분은 무엇을 알고 있는가?

2 _ 이런 재림의 방식에 대해 무엇을 알고 있는가?

3 _ '천년왕국'에 대해서 무엇을 이해하는가?

4 _ 그리스도께서 재림하실 때까지 살아있는 사람들에게 무슨 일이 일어나는가?

5 _ B. Telder 목사에 의해서 다른 이들 가운데 무슨 이단설이 일어났는가?

6 _ 심판의 날에 어떤 책들이 펼쳐지게 되는가?

7 _ 다가오는 완전한 생명에 대해 뭐라고 말할 수 있는가?

암기 과제 | 하이델베르크 교리문답 _ 제22주일

제 57 문 _ "육신의 부활"은 당신에게 무슨 위로를 줍니까?
답 _ 나의 영혼은 이생 이후 즉시 나의 머리이신 그리스도에게로 올려질 뿐 아니라, 나의 이 육신도 그리스도의 능력으로 일으킴을 받아, 나의 영혼과 재결합되어 그리스도의 영화로운 몸과 같이 되는 것입니다.

제 58 문 _ "영원한 생명"에 관한 조항으로 당신은 무슨 위로를 받습니까?
답 _ 내가 지금 이미 내 마음으로 영원한 즐거움을 누리기 시작하였기에, 이생 이후에도 눈으로 보지 못하고 귀로 듣지 못하고 사람의 마음으로 생각지 못한 완전한 복, 곧 하나님을 영원히 찬양하는 복을 소유하는 것입니다.

〈보편신경〉

사도 신경
니케아 신경
아타나시우스 신경

보편 신경

벨직 신앙고백서 제9항에서는 그리스도 교회 초창기로부터 유래한 세 문서들을 "우리는 기꺼이 받는 신경들이다" 라고 명시한 바, 사도신경, 니케아 신경, 아타나시우스 신경이 그것이다. 기독교에 속한 거의 모든 교회들이 이 신경들을 인정하고 받아들였기 때문에 보편(일반적, 우주적) 신경이라 부른다.

사도신경

사도신경은, 사도들에 의해 작성되었기 때문이 아니라, 사도들의 가르침을 단순명료하게 요약해서 담고 있기 때문에 명명되었다. 이 신경은 "최고의 단순성과 최상의 간결함과 최선의 순서로, 예전적인 엄숙함과 더불어" 사도들의 교리를 제시한다. 사도신경은 주후 400년경의 로마 신경에 근거한 바, 그 기원은 무려 200년 이상 더 거슬러 올라간다. 사도신경은 로마제국 서부에서 사용했던 전형적인 것이다.

I.   1. 전능하신 성부 하나님, 천지의 창조주를 나는 믿사오며
II. 2. 그의 독생자 우리 주 예수 그리스도를 또한 믿사오니
     3. 그는 성령으로 잉태되사, 동정녀 마리아에게서 나셨으며,
     4. 본디오 빌라도 아래에서 고난을 받으사,
     십자가에 못 박히시고, 죽으시고, 장사되셨고,
     음부에 내려가셨으며,
     5. 사흘만에 죽은 자들 가운데서 부활하셨고,
     6. 하늘에 오르셨고,
     전능하신 성부 하나님 우편에 앉아 계시다가,

7. 거기로부터 산 자와 죽은 자를 심판하러 오실 것을 믿사옵나이다.

III. 8. 성령을 믿사오며,
9. 하나의 거룩한 보편의 그리스도 교회와 성도의 교제와
10. 죄 사함과
11. 육신의 부활과
12. 영원한 생명을 믿사옵나이다. 아멘.

니케아 신경

니케아 콘스탄티노플 신경이라고도 부르는 이 니케아 신경은 이단들, 특히 아리우스주의를 반대하는 초대교회의 정통믿음에 대한 진술이다. 당시 이단들은 삼위일체와 그리스도의 인성 교리에 관한 것으로서, 니케아 공의회에서 거부당했다(A.D. 325). 그러나 이 니케아 신경이 채택된 것은 니케아 공의회가 아니라 콘스탄티노플 공의회이다(A.D. 381). 이 공의회에서는 그 신경 안에 니케아 공의회의 여러 가지 결정사항들까지 반영하여 작성하고 성령에 관한 고백도 추가하였다. 니케아 신경은 로마제국의 동부에서 사용되었던 전형적인 것이다. 비록 한 가지 중요한 차이점이 있었지만, 로마제국의 동방 교회와 서방 교회가 다 이 신경을 존중하였다. 서방 교회는 당대의 동방교회에서 거부한 성령의 발현에 관한 항목 "그는 아버지와 아들로부터 나셨고"에서 "와 아들"("and the Son"=Filioque)이란 구절을 포함시켰다.

우리는 한 하나님, 전능하신 아버지,
　　　　천지와
　　　　보이는 것과 보이지 않는 모든 것의 창조주를 믿습니다.
우리는 한 주님, 예수 그리스도, 하나님의 독생자,
　　　　만세 전에 성부에게서 나신 분,
　　　　하나님 중의 하나님, 빛 중의 빛, 참 하나님 중의 참 하나님이신 분,
　　　　곧 독생하셨고, 지음을 받지 않으셨으며,
　　　　아버지와 함께 동일본질이신 분을 믿는데,
　　　그로 말미암아 만물이 지음 받았습니다.
　　　그는 사람인 우리와 우리의 구원을 위하여 하늘에서 내려오셨으며,

성령으로 동정녀 마리아에게서 육신을 입어
사람이 되셨습니다.
그는 우리를 위하여 본디오 빌라도 아래에서 십자가에 못 박히시고,
고난 받으시고, 장사되시고,
사흘 만에 성경대로 부활하시고,
하늘에 오르셨으며, 그리고 아버지 하나님의 우편에 앉아 계시다가,
산 자와 죽은 자를 심판하시려 영광 중에 다시 오실 것이며,
그의 왕국은 영원할 것입니다.
그리고 우리는 성령, 생명의 주(主)이신, 성령을 믿습니다.
그는 성부와 성자로부터 나오시고,
성부와 성자와 함께 경배와 영광을 받으시며,
선지자들을 통하여 말씀하신 분이십니다.
우리는 하나의 거룩한 보편적이고 사도적인 교회를 믿습니다.
우리는 죄사함을 위한 한 세례를 인정합니다.
우리는 죽은 자들의 부활과
오는 세상의 생명을 고대합니다. 아멘.

아타나시우스 신경

이 신경은 삼위일체 교리를 공격하는 아리우스의 주장과 싸운 정통 교리의 투사인 아타나시우스(A.D. 293-373)의 이름을 따라 명명한 것이다. 비록 아타나시우스가 이 신경을 기록하지 않았고, 이 신경을 그의 이름으로 명명하는 것이 그리 타당하지 않을지라도, 17세기까지 흔히 그의 교리적 정통성을 잘 드러낸 작품으로 인정해왔기 때문이다. 이 신경은 라틴어 원본의 첫 단어를 따라 "Quincunque" 혹은 "Quincunque vult"라고도 부른다. 서론(1-2)과 결론(42)은 별개로 하고, 이 신경은 두 단락으로 구성되어 있다. 첫 단락은 정통 삼위 일체 교리를 진술하고(3-28), 두 번째 단락은 그리스도의 교리, 특별히 그리스도의 두 본성에 대해 다룬다(29-41). 어거스틴(A.D. 354-430)의 가르침은 특별히 삼위일체 교리에 대한 단락의 배경을 형성한다. 그리고 칼케돈 공의회(A.D. 451)의 결정은 기독론적 단락의 배경을 형성한다. 이 신경은 6세기 초반부에 처음 나타났으나 그 저자는 알려지지 않았다. 이 신경은 원래 서방 교회의 것이고, 동방교회는 인정하지 않았다.

⑴구원을 받고자 하는 자는 무엇보다도 먼저 보편의 믿음을 견지해야 한다. ⑵누구든지 이 믿음을 온전히 그대로 어김이 없이 지키지 않는 자는 반드시 영원히 멸망 당한다.

⑶이 보편적인 믿음이란 바로 이런 것이다. 우리는 삼위로 한 하나님이시고 일체로 삼위이신 하나님, ⑷삼위가 혼합되거나 본질이 분리됨이 없는 한 하나님을 예배한다. ⑸왜냐하면 성부가 한 위이시고, 성자도 다른 위이시며, 성령이 또 다른 위이시기 때문이다. ⑹그러나 성부와 성자와 성령의 신성은 하나이시며, 영광도 동등하며, 그 위엄도 영원히 함께 하신다.

⑺성부가 그러신 것처럼, 성자도 그러하시고, 성령도 그러하시다. ⑻성부도 피조되지 않으셨고, 성자도 피조되지 않으셨고, 성령도 피조되지 않으셨다. ⑼성부도 무한하시고, 성자도 무한하시며, 성령도 무한하시다. ⑽성부도 영원하시고. 성자도 영원하시고, 성령도 영원하시다. ⑾그러나 영원하신 세 분이 아니고 영원하신 한 분이시다. ⑿또한 피조되지 않으신 세 분이 아니시고 무한하신 세 분이 아니시고, 피조되지 않으신 한 분이시고, 무한하신 한 분이시다. ⒀이와 같이, 성부도 전능하시고, 성자도 전능하시고, 성령도 전능하시다. ⒁그러나 전능하신 세 분이 아니시고 전능하신 한 분이시다.

⒂이와 같이 성부도 하나님이시고, 성자도 하나님이시고, 성령도 하나님이시다. ⒃그러나 세 하나님이 아니시고 한 하나님이시다. ⒄이와 같이 또한 성부도 주이시고, 성자도 주이시며, 성령도 주이시다. ⒅그러나 세 분의 주가 아니시고 한 주이시다. ⒆왜냐하면 기독교의 진리가 우리로 하여금 각 위가 각각 구별된 하나님이시요, 주이심을 고백하도록 하듯이, ⒇보편적인 믿음은 우리가 세 하나님이나 세 주로 말하는 것을 금하기 때문이다.

(21)성부는 다른 누구로부터 나오거나, 만들어지지도 않으셨고 창조되거나, 누군가로부터 나시지도 않으셨다. (22)성자는 오직 성부에게서만 나오시고, 만들어지거나, 창조되지 않으셨고, 독생하셨다. (23)성령은 성부와 성자에게서 비롯되어, 만들어지지도 않으셨고, 창조되지도 않으셨고, 나시지도 않으셨고, 성부와 성자로부터 나오시는 분이시다. (24)그러므로 한 성부이시지 세 성부가 아니시고 한 성자이시지 세 성자가 아니시고 한 성령이시지 세 성령이 아니시다. (25)그리고 이 삼위 안에 먼저 되시거나 나중 되신 분이 없으시고, 더 큰 자나 더 작은 자도 없으시다. (26)그러나 삼위는 세 위가 영원히 서로 함께 하시고, 서로 동등하시다. (27)그래서 앞에서 이미 말한 모든 것과 같이, 우리는 일체로 삼위이시고, 삼위로 일체이신 한 분 하나님께 예배해야 한다. (28)따라서 구원을 받고자 하는 자는 누구나 삼위일체 하나님을 이렇게 생각해야 한다.

⑵⑼ 그러나 영원한 구원에 이르기 위해서는 우리 주 예수 그리스도의 성육신을 반드시 믿어야 한다. ⑶⑴ 곧 바른 믿음이란 우리가 우리 주 예수 그리스도, 하나님의 아들이 하나님이심과 동시에 사람이심을 믿고 고백하는 것이다.

⑶⑴ 그는 역사 이전에 성부의 본질에서 나신 하나님이시며, 그는 역사 안에서 그의 어머니의 본성으로 나신 분이시다. ⑶⑵ 그는 완전한 하나님이시고, 또한 영혼과 육신으로 구성된 완전한 사람이시다. ⑶⑶ 신성으로 말하면 그는 하나님과 동등하시고, 인성으로 말하면 성부보다 못하시다.

⑶⑷ 비록 그가 하나님이요 사람이시지만 두 분이 아니라 한 분 그리스도이시다. ⑶⑸ 그러나 그의 신성이 육신으로 변화된 것이 아니라, 그의 인성을 하나님 안에 취하심으로 한 분이시며, ⑶⑹ 본성의 혼합으로가 아니라 한 위격으로 말미암아 한 분이시다. ⑶⑺ 사람이 영혼과 육신으로 되어있듯이, 그리스도도 하나님이시며 사람으로 한 분이시다.

⑶⑻ 그는 우리의 구원을 위하여 고난 당하셨고, 음부에 내려가셨다가, 죽은 자 가운데서 다시 살아나시고, ⑶⑼ 하늘에 오르사 하나님 우편에 앉아 계시다가, 거기로부터 산 자와 죽은 자를 심판하러 오시리라. ⑷⑴ 그가 오실 때 모든 사람들은 자기들의 몸을 입고 부활해서, 자기들의 행한 대로 직고하리라. ⑷⑴ 그래서 선을 행한 자들은 영원한 생명으로, 악을 행한 자들은 영원한 불로 들어가리라.

⑷⑵ 바로 이것은 보편의 믿음이다. 이 믿음을 신실하고 확고하게 갖지 않는 자는 결코 구원을 받지 못한다. 아멘.

〈세 일치신조〉

벨직 신앙고백서
하이델베르크 교리문답
돌트 신경

〈세 일치신조 대조표〉

벨직 신앙고백서

벨직 신앙고백서

서문

개혁교회 교리의 첫 번째 표준 문서는 참 기독교 신앙고백서이다. 이것을 흔히 벨직 신앙고백서라고 부르는데, 이는 이 고백서가 벨기에로 알려진 남 네덜란드에서 유래됐기 때문이다. 이 고백서의 주된 저자는 네덜란드 개혁교회의 설교자인 귀도 드 브레(Guido de Bres)인데, 그는 1567년에 이 믿음에 따라 순교했다. 16세기 내내 이 나라의 교회들은 로마 카톨릭 교회 통치 아래 아주 극심한 핍박을 받고 있었다. 드 브레는 이 무자비한 탄압에 저항하기 위하여, 그리고 개혁 신앙을 따르는 자들이 박해자들이 고소한 것처럼 반란을 일으키는 폭도가 아니라, 다만 성경 말씀에 따라 참된 기독교 교리를 고백하며, 법을 준수하는 선량한 시민들인 것을 증명하기 위해 1561년에 이 고백서를 준비했다. 그 다음 해에 고백서 사본이 필립 2세에게 보내졌다. 그 사본에는 탄원자들이 합법적인 모든 일에서는 정부에 기꺼이 복종할 준비가 되어 있지만, 이 고백서에 표현된 진리를 부인하느니 차라리 "자신들의 등을 채찍으로 치고, 혀를 칼로 자르며, 입에 재갈을 물리고, 온 몸을 불에 태우도록 내어주는 편이 더 낫다."라고 공언한 제언이 함께 동봉되어 있었다.

비록 박해로부터의 자유를 보장하는 직접적인 목적을 이루지 못했고, 드 브레 그 자신도 자신들의 생명을 담보로 자기들의 믿음을 확증했던 수천 명 중 하나로 죽었지만, 그의 저작인 이 고백서는 여전히 살아 있으며, 오고 오는 여러 세대에도 계속 지속되리라. 이 고백서는 드 브레가 2년 전 주로 칼빈에 의해 저술 출판되었던 프랑스 개혁교회의 고백서를 어느 정도 참고 활용해서 구성했다. 하지만 드 브레의 저작은 칼빈 저작의 단순한 개정판이 아니라, 독립적인 저술이다. 네덜란드에서 이 고백서는 교회들에 의해 곧바로, 기꺼이 수용되었고, 국가적인 총회에 의해 채택되었으며, 16세기 말 30년 동안 처음 그대로 고수되었다. 1618-19년 돌트 총회에서, 고백서의 본문 자체는 아니지만 일부 내용을 심사 숙고하여 개정한 후에, 이 고백서를 개혁교회의 교리 표준문서의 하나로 채택하였으며, 교회의 모든 직분자들의 임직 서약시 이 문서에 서명날인하도록 하였다. 개혁교회 교리의 가장 훌륭한 표준 문서로서의 이 고백서의 탁월성은 지금까지 보편적으로 인정되고 있다.

벨직 신앙고백서

제1항
유일하신 한 분 하나님

우리 모두는 유일하신 한 분 하나님이 계시다는 것을 마음으로 믿고 입으로 고백한다.[1] 그는 순전하시며[2] 영적인 분으로서,[3] 영원하시고,[4] 불가해하시며,[5] 보이지 않으시고,[6] 불변하시고,[7] 무한하시고,[8] 전능하시고,[9] 완전히 지혜로우시고,[10] 의로우시고,[11] 선하시며,[12] 또 모든 좋은 것이 넘쳐나오는 원천이시다.[13]

- 1) 롬 10:10 • 2) 신 6:4 ; 고전 8:4 • 딤전 2:5 • 3) 요 4:24 • 4) 시 90:2 • 5) 롬 11:33 • 6) 골 1:15 ; 딤전 6:16 • 7) 약 1:17 • 8) 왕상 8:27 ; 렘 23:24 • 9) 창 17:1 ; 마 19:26 ; 계 1:8 • 10) 롬 16:27 • 11) 롬 3:25, 26 ; 롬 9:14 ; 계 16:5, 7 • 12) 마 19:17 • 13) 약 1:17

제2항
어떻게 하나님은 우리에게 자신을 알리시는가

우리는 두 가지 방도에 의해서 하나님을 안다. 첫째, 우리는 가장 아름다운 책[1]으로 우리 눈앞에 펼쳐진 우주만물을 창조하시고 보존하시고 통치하심으로 안다. 사도 바울이 로마서 1:20에서 가르치고 있는 바와 같이, 우주 안에 있는 크고 작은 모든 피조물들은 그 책의 수많은 글자들로서 하나님의 보이지 않는 것들 즉 그의 신성과 능력을 분명하게 알아볼 수 있도록 인도한다. 이 모든 만물은 사람들을 확신시키기에 충분하며 또한 핑계할 수 없도록 한다. 둘째, 하나님은 자신의 영광과 우리의 구원을 위하여, 이생에서 우리에게 필요한 만큼 자신의 거룩하고 신성한 말씀으로 분명하고 완전하게 자신을 알게 하신다.[2]

- 1) 시 19:1-4 • 2) 시 19:7, 8 ; 고전 1:18-21

제3항
하나님의 말씀

우리는, 이 하나님의 말씀은 사람이 받은 충동에 의한 것이 아니라, 사도 베드로가 말한 바와 같이 (벧후1:21) 성령의 감동하심을 입은 사람들이 하나님으로부터 받아 말한 것임을 고백한다. 그래서, 우리와 우리의 구원을 위한 하나님의 특별한 배려로, 하나님은 자신의 종들인 선지자들과 사도들에게 자신이 계시하신 말씀을 맡겨 기록되도록 명하셨고,[1] 또 그 분 자신이 친히 자기의 손가락으로 율법의 두 돌판에 쓰셨다.[2] 그러므로 우리는 그러한 서책들을 거룩한 성경이라고 부른다.[3]

- 1) 출 34:27 ; 시 102:18 ; 계 1:11, 19 • 2) 출 31:18 • 3) 딤후 3:16

제4항
정경들

우리는, 성경이 구약과 신약 두 부분으로 구성되어 있으며, 이를 정경이라고 부르는데, 이를 반대하는 어떤 이의도 있을 수 없음을 믿는다. 이 책들은 하나님의 교회에 다음과 같은 이름으로 수록되어 있다. 구약은 모세 오경인 창세기, 출애굽기, 레위기, 민수기, 신명기이며, 여호수아, 사사기, 룻기, 사무엘상하, 열왕기상하, 역대상하, 에스라, 느헤미야, 에스더가 있으며, 또 욥기, 시편, 잠언, 전도서, 아가가 있으며, 또 이사야, 예레미야, 애가, 에스겔, 다니엘, 호세아, 요엘, 아모스, 오바댜, 요나, 미가, 나훔, 하박국, 스바냐, 학개, 스가랴, 말라기가 있다. 신약은 사복음서인 마태복음, 마가복음, 누가복음, 요한복음이 있으며, 사도행전과 십 삼권의 바울 서신서로서 로마서, 고린도전후서, 갈라디아서, 에베소서, 빌립보서, 골로새서, 데살로니가전후서, 디모데전후서, 디도서, 빌레몬서, 또 히브리서가 있고, 다른 일곱 권의 서신서들 즉 야고보서, 베드로전후서, 요한 1, 2, 3서, 유다서가 있고, 사도 요한의 계시록이 있다.

제5항
성경의 권위

우리는 이 모든 책들 또 이 책들만이 우리 믿음의 규칙이요 기초이며[1] 또 확증하는 거룩한 정경으로 받아들인다.[2] 이 책들을 교회가 정경으로 받고 인정했기 때문만이 아니라, 특별히 이 책들이 하나님으로부터 비롯되었음을 성령께서 우리 마음에 증거하시고, 또 이 책들 자체 안에 그런 확증을 가지고 있기 때문에, 우리는 이 책들 안에 있는 모든 내용을 아무런 의심없이 믿는다.[3] 심지어 소경이라

할지라도 성경 안에 예언된 모든 것들이 성취되고 있음을 인지할 수 있다.⁴⁾

• 1) 딤후 3:16, 17 • 2) 살전 2:13 • 3) 고전 12:3 ; 요일 4:6 ; 요일 5:7 • 4) 신 18:21, 22 ; 왕상 22:28 ; 렘 28:9 ; 겔 33:33

제6항
정경과 외경의 차이점

우리는, 이 성경을 외경들 즉 제3, 4 에스드라서, 토빗서, 유딧서, 지혜서, 집회서, 바룩서, 에스더서 부록, 아사랴의 기도와 풀무 속의 세 사람의 노래, 수산나서, 벨과 용, 므낫세의 기도, 마카비1, 2서와 구별한다. 교회는 외경이 정경과 일치하는 한, 외경들을 읽고 교훈을 얻을 수 있다. 그러나 이 외경들은 우리의 신앙이나 기독교의 요점들을 확증하는 증거로서의 효력과 권위를 가지지 못한다. 더욱이 이 외경들은 정경의 권위를 손상시키기 쉽다.

제7항
성경의 충족성

우리는, 이 성경이 하나님의 뜻을 온전히 담고 있으며, 또 사람이 구원받기 위해서 믿어야 할 모든 것을 충분하게 가르치고 있음을 믿는다.[1] 하나님께서 우리에게 요구하시는 예배 모범 전체가 성경 안에 필요충분하게 기록되어 있다. 그러므로 사도 바울이 말한 대로, 심지어 하늘에서 내려온 천사라고 할지라도 지금 우리가 가르침 받는 성경과 달리 가르치는 것은 어느 누구라도, 심지어 사도라 할지라도 불법이다.[2] 하나님의 말씀(신12:32)에 무엇을 더하거나 빼지 못하도록 금지하므로,[3] 성경의 교리가 모든 면에서 가장 완전하고 충족함이 확실하다.[4]

우리는 아무리 거룩한 사람의 글이라 할지라도 하나님의 성경과 동등한 가치가 있다고 여겨서는 안 되며, 관습이나 대다수나 고전이나 연륜이나 전통이나 회의들이나 법령들이나 제도 등도 지고한 하나님의 진리인 성경과 동일한 가치를 부여할 수 없다.[5] 왜냐하면 모든 사람들이 스스로 속이는 자들이며, 입김보다도 더 가볍기 때문이다(시62:9). 그러므로 사도들이 우리에게 '영들이 하나님에게로부터 왔는지 시험하라(요일4:1),' '만일 누가 너희에게 와서 이 교리를 전하지 아니하거든 그를 너희 집에 받지도 말라(요이1:10)' 고 가르친 대로 우리는 이 무오한 규범과 일치하지 않는 모든 것은 전심을 다하여 배척해야 한다.[6]

• 1) 딤후 3:16, 17 ; 벧전 1:10-12 • 2) 고전 15:2 ; 딤전 1:3 • 3) 신 4:2 ; 잠 30:6 ; 행 26:22 ; 고전 4:6 ; 계 22:18, 19 • 4) 시 19:7 ; 요 15:15 ; 행 18:28 ; 행 20:27 ; 롬 15:4 • 5) 막 7:7-9 ; 행 4:19 ; 골 2:8 ; 요일 2:19 • 6) 신 4:5, 6 ; 사 8:20 ; 고전 3:11 ; 엡 4:4-6 ; 살후 2:2 ; 딤후 3:14, 15

제8항
삼위로 구분되시나 본질상 한 분이신 하나님

우리는 이 진리와 이 하나님 말씀에 따라 본질상 오직 한 분 하나님을 믿는다.[1] 하나님은 단 하나의 본질이시고, 그 한 본질 안에 삼위가 있으며, 이 삼위 곧 성부, 성자, 성령의 비공유적 속성에 따라 실제로, 진실로, 영원히 구별되신다.[2] 성부는 모든 보이는 것과 보이지 않는 것의 원인과 근원과 시작이시다.[3] 성자는 말씀과 지혜와 성부의 형상이시다.[4] 성령은 성부와 성자로부터 나오신 영원한 능력과 권세이시다.[5] 그럼에도 불구하고, 하나님은 이 구별에 의해서 셋으로 나누이지 않는다. 왜냐하면 성경이 우리에게 아버지, 아들, 성령이 각각 인격적 존재이고, 각각의 속성에 의해 구별되지만 이 삼위가 오직 한 분 하나님이라는 그런 방식으로 가르치기 때문이다.

그러므로 아버지는 아들이 아니고, 아들은 아버지가 아니고, 이와 같이 성령은 아버지와 아들이 아님이 명백하다. 그럼에도 불구하고 이렇게 구별된 위격은 나누이거나 혼합되지 않는다. 왜냐하면 성부는 우리의 살과 피를 취하지 않으셨고, 성령도 그러하시고, 다만 성자만 우리의 살과 피를 취하셨기 때문이다. 성부는 성자나 성령 없이 결코 존재하지 않으시다.[6] 이 삼위가 모두 동일 본질이시고 다 같이 영원하시다. 또한 이 삼위는 처음이거나 나중 되신 분이 없으시다. 왜냐하면 이 삼위가 모두 진리와 능력과 선하심과 인자하심에 있어서 하나이시기 때문이다.

• 1) 고전 8:4-6 • 2) 마 3:16, 17 ; 마 28:19 • 3) 엡 3:14, 15 • 4) 잠 8:22-31 ; 요 1:14 ; 요 5:17-26 ; 고전 1:24 ; 골 1:15-20 ; 히 1:3 ; 계 19:13 • 5) 요 15:26 • 6) 미 5:2 ; 요 1:1, 2

제9항
이 교리에 대한 성경적인 증거

우리는 이 모든 교리를 성경의 증거로부터[1] 그리고 삼위의 각각의 사역으로부터 알고, 특별히 우리가 우리 자신 안에서 그것들을 인지한다. 우리가 이 성삼위일체를 믿도록 인도하는 성경의 증거들은 구약의 많은 곳에 기록되어 있다. 이 모든 성경 증거 구절들을 언급하는 것은 불필요하다. 다만 몇몇 성경 증거 구절만 신중하게 선택하여 언급하는 것으로 충분하다.

창세기에서 '하나님이 우리가 우리의 형상을 따라 우리의 모양대로 사람을 만들자고 말씀하시고… 하나님이 자기 형상대로 사람을 창조하시되, 하나님은 남자와 여자를 창조하셨다' 고 한다(창1:26, 27). 또한 하나님이 '보라, 이 사람이 우리 중 하나와 같이 되었다' 고 말씀하신다(창3:22). '우리가 우리의 형상대로 사람을 만들자' 고 하신 하나님의 말씀에서, 한 위격 이상의 신적 위격들이 있음을 드러낸다. 그리고 하나님이 창조하셨다고 말씀하실 때, 한 분 하나님이 계시다는 것을 제시한다. 하나님께서 얼마나 많은 위격들이 존재하는지에 대해 말씀하지 않으신 것도 사실이다. 그러나 구약에서는 다

소 불분명하게 보이지만 신약에서는 아주 분명하다. 우리 주님께서 요단강에서 세례 받으실 때에, '이는 내 사랑하는 아들이요' (마3:17)라고 하는 아버지의 음성이 들렸다. 아들은 물 가운데 있었고, 성령은 비둘기 형체로 아들 위에 내려왔다.[2] 모든 신자들의 세례에 대해 그리스도께서 '아버지와 아들과 성령의 이름으로 모든 족속에게 세례를 주라' (마 28:18)고 하는 이 양식을 제정하셨다. 누가복음에서 천사 가브리엘은 우리 주님의 어머니 마리아에게 '성령이 네게 임하시고 지극히 높으신 이의 능력이 너를 덮으시리니 이러므로 나실 바 거룩한 자는 하나님의 아들이라 일컬으리라' (눅 1:35)고 선언하였다. 또한 '주 예수 그리스도의 은혜와 하나님의 사랑과 성령의 교통하심이 너희 무리와 함께 있을지어다' 고 한다(고후13:13). 이 모든 성경구절에서 우리는 충분히 하나의 유일한 신적 본질 안에 세 위격이 존재한다는 것을 배울 수 있다.

비록 이 교리가 모든 인간의 이해를 훨씬 넘어선다고 할지라도, 그럼에도 불구하고 우리는 이생에서 하나님의 말씀에 근거하여 이 교리를 믿는다. 그리고 우리는 장차 하늘에서 이 교리의 완전한 지식과 열매를 즐기게 될 것을 고대한다.

또한, 우리는 우리를 위한 이 삼위의 독특한 직무와 사역에 주의해야 한다. 아버지는 그의 능력으로 인해 우리의 창조주라고 불리어지고, 아들은 그의 피로 인해 우리의 구원자와 구속주로 불리어지고, 성령은 우리 마음 속에 거하심으로 인하여 우리의 성화주로 불리어진다. 성삼위일체 교리는 사도 시대 이래로 오늘날까지 정통 교부들이 공정하게 정죄한 유대교와 이슬람교와 말시온과 마니교와 프락세아스와 사벨리우스와 사모사타의 바울과 아리우스 등에 대항하여 항상 참된 교회 안에서 유지되고 보존되어져 왔다. 그러므로 이 교리 안에서 우리는 기꺼이 세 신경 곧 사도신경, 니케아 신경, 아타나시우스 신경을 받아들인다. 이는 초기 교부들에 의해 합의 일치된 바와 같다.

- 1) 요 14:16 ; 요 5:26 ; 행 2:32, 33 ; 롬 8:9 ; 갈 4:6 ; 딛 3:4-6 ; 벧전 1:2 ; 요일 4:13, 14 ; 요일 5:1-12 ; 유 20, 21 ; 계 1:4, 5 • 2) 마 3:16

제10항
영원하신 참 하나님 예수 그리스도

우리는, 예수 그리스도가 자신의 신성에 따라, 영원으로부터 나신 하나님의 독생자이시므로,[1] 만들어지거나 피조되지 아니하셨고 -그렇다면 그는 피조물이 되실 것이기 때문에 -, 오히려 아버지와 동일 본질이시고, 똑같이 영원하시고, 하나님의 영광의 광채시요, 하나님의 본체의 형상이시며(히1:3) 모든 점에서 하나님과 똑같다고 믿는다.[2] 그는 우리의 본성을 취하실 때부터만이 아니라 영원부터 하나님의 아들이시다.[3] 다음의 증언들을 서로 비교해 볼 때 우리를 그렇게 가르친다. 모세는 하나님이 세상을 창조하셨다고 말한다.[4] 사도 요한은 자기가 하나님이라고 부르는 그 말씀에 의해서 만물이 만들어졌다고 말한다.[5] 히브리서는 하나님이 자기 아들을 통하여 세상을 만드셨다고 말한다.[6] 이처럼 사도 바울도 하나님이 예수 그리스도를 통하여 만물을 창조하셨다고 말한다.[7] 그러므로 하나님, 말씀, 아들, 그리고 예수 그리스도라고 불리우는 그는 만물이 그분에 의해서 창조되었을 그 때에도 계셨다. 따라서 그는 "진실로 진실로 너희에게 이르노니 아브라함이 나기 전부터 내가 있느니라"고 말씀하실 수 있었으며(요8:58), 또한 그는 "아버지여 창세 전에 내가 아버지와 함께 가졌던 영화로써 지금도 아버지와 함께 나를 영화롭게 하옵소서"라고 기도하셨던 것이다.

과연 그리스도는 영원하신 참 하나님, 전능자이시므로, 그에게 우리가 기도하고 예배하고 섬긴다.

• 1) 마 17:5 ; 요 1:14, 18 ; 요 3:16 ; 요 14:1-14 ; 요 20:17, 31 ; 롬 1:4 ; 갈 4:4 ; 히 1:2 ; 요일 5:5, 9-12 • 2) 요 5:18, 23 ; 요 10:30 ; 요 14:9 ; 요 20:28 ; 롬 9:5 ; 빌 2:6 ; 골 1:15 ; 딛 2:13 • 3) 요 8:58 ; 요 17:5 ; 히 13:8 • 4) 창 1:1 • 5) 요 1:1-3 • 6) 히 1:2 • 7) 고전 8:6 ; 골 1:16

제11항
영원하신 참 하나님 성령

우리는 또한 성령께서 영원부터 아버지와 아들로부터 비롯된다고 믿고 고백한다. 성령께서는 만들어지지도, 피조되지도, 나시지도 않으시고, 다만 아버지와 아들로부터 비롯된다고 말할 수 있다.[1] 순서상 성령께서는 삼위일체의 제 삼위로서, 성경이 우리에게 가르치는 바대로,[2] 아버지와 아들과 함께 동일한 본질과 위엄과 영광을 지니신 한 분, 영원하신 참 하나님이시다.

• 1) 요 14:15-26 ; 요 15:26 ; 롬 8:9 • 2) 창 1:2 ; 마 28:19 ; 행 5:3, 4 ; 고전 2:10 ; 고전 3:16 ; 고전 6:11 ; 요일 5:7

제12항
천지만물, 특히 천사들의 창조

우리는, 하나님 아버지께서 말씀 곧 그의 아들을 통하여, 하나님이 보시기에 좋은 대로 하늘과 땅과 모든 피조물들을 무에서 창조하셨고,[1] 또한 하나님께서 모든 피조물들에게 존재와 모양과 형태, 그리고 각각 고유한 역할과 기능을 부여하시사 창조주를 섬기도록 하셨음을 믿는다. 또한 우리는, 하나님께서 천지만물로 하여금 사람에게 이바지하여, 결국 그의 하나님을 섬기도록, 그의 영원하신 섭리와 그의 무한한 능력으로 계속해서 유지하시고 다스리신다는 것을 믿는다.

하나님은 또한 천사들을 선하게 창조하셔서, 그의 사자들이 되게 하사 그의 택자들을 위해 일하도록 하셨다.[2] 이 천사들 중 일부는 하나님이 창조하신 고귀한 위치에서 타락하여 영원한 파멸로 떨어졌지만,[3] 여타의 천사들은 하나님의 은혜로 확고부동하게 처음의 지위를 지속하였다. 마귀들과 악한 영들은 극도로 타락하여 하나님과 모든 선한 자들의 원수들이 되었다.[4] 그들은 살인자들처럼 자기들의 모든 힘을 다하여 교회와 모든 신자들을 멸망시키고, 그들의 악한 궤계로 모든 것을 파멸시키고자, 매복하여 기다린다.5) 따라서 그들은 그들 자신의 사악함으로 영원한 저주를 선고받고 날마다 가혹한 지옥의 고통에 대기 중이다.6)

그러므로 우리는 영들이나 천사들의 존재를 부정하는 사두개인들의 오류나,7) 마귀들이 창조되지 않았고, 그들 나름의 기원을 가지고 있고, 타락함이 없이, 그들 자신의 본성상 악하다고 말하는, 마니교의 오류를 혐오하며 거부한다.

• 1) 창 1:1 ; 창 2:3 ; 사 40:26 ; 렘 32:17 ; 골 1:15, 16 ; 딤전 4:3 ; 히 11:3 ; 계 4:11 • 2) 시 103:20, 21 ; 마 4:11 ; 히 1:14 • 3) 요 8:44 ; 벧후 2:4 ; 유 6 • 4) 창 3:1-5 ; 벧전 5:8 • 5) 엡 6:12 ; 계 12:4, 13-17 ; 계 20:7-9 • 6) 마 8:29 ; 마 25:41 ; 계 20:10 • 7) 행 23:8

제13항
하나님의 섭리

우리는, 이 선하신 하나님이 만물을 창조하신 후에, 만물을 내버려두시거나 운명이나 우연에 맡기지 아니하시고,1) 오히려 자신의 거룩하신 뜻에 따라 다스리고 통치하심으로 이 세상에서는 하나님의 주도없이 어떤 일도 발생하지 않는다고 믿는다.2) 그러나 하나님은 범죄의 조성자도 아니시고, 그 책임을 지실 수도 없는 분이시다.3) 과연 하나님의 능력과 선하심은 너무나 크고 우리의 이해를 초월하여, 심지어 마귀들과 악한 자들이 불의하게 행할 때에도, 하나님은 가장 탁월하고 합당한 방식으로 그의 사역을 작정하시고 실행하신다.4) 인간의 이해를 초월하는 하나님의 행위들에 대해서 우리에게 허용된 역량 이상 호기심으로 탐구하지 않는다. 다만 우리는 지극한 겸손과 경외심으로 우리에게 감추어진 하나님의 합당한 판단들을 존중하며,5) 우리 스스로 이런 한계들을 넘어서지 않고 하나님의 말씀으로 가르치는 바를 배워야만 하는 그리스도의 생도로 만족한다.6)

이 교리는 우리에게 이루 말할 수 없는 위로를 준다. 왜냐하면 우리는 이 교리에 의해서 그 어떤 일도 우리에게 우연이 아니라, 오직 우리의 은혜로우신 하늘 아버지의 주도에 의해서만 일어난다는 것을 배우기 때문이다. 우리의 하늘 아버지는, 자신의 뜻이 아니면 우리의 머리카락 하나라도 -다 세신바 되었으며- 참새 한 마리도 땅에 떨어질 수 없이(마10:29,30), 그렇게 그의 권능 아래 모든 피조물들을 두심으로써, 아버지의 돌보심으로 우리를 보살피신다. 바로 이런 하나님을 의지하는 이유는, 그가 자신의 허용과 뜻이 없이는 마귀와 우리의 어떤 원수들이라도 결코 우리를 해치지 못하도록 통제하심을 알기 때문이다.7)

그러므로 우리는 하나님께서 그 어떤 것에도 친히 관여하지 않으시고 만물만사를 우연에 맡겨두신다고 말하는 에피쿠로스 학파(Epicureans)의 저주스러운 오류를 거부한다.

• 1) 요 5:17 ; 히 1:3 • 2) 시 115:3 ; 잠 16:1, 9, 33 ; 잠 21:1 ; 엡 1:11, 12 ; 약 4:13-15 • 3) 약 1:13 ; 요일 2:16 • 4) 욥 1:21 ; 사 10:5 ; 사 45:7 ; 암 3:6 ; 행 2:23 ; 행 4:27, 28 • 5) 왕상 22:19-23 ; 롬 1:28 ; 살후 2:11 • 6) 신 29:29 ; 고전 4:6 • 7) 창 45:8 ; 창 50:20 ; 삼하 16:10 ; 롬 8:28, 38, 39

제14항
사람의 창조와 타락과 참 선행 불능

우리는, 하나님께서 사람을 땅의 흙으로 창조하시고,[1] 자신의 형상과 모양을 따라서 선하고 의롭고 거룩하게 지으셨고 조성하셨음을 믿는다.[2] 사람의 의지는 모든 면에서 하나님의 뜻을 본받을 수 있었다. 그러나 사람이 이러한 고귀한 지위에 있을 때에, 그는 자신의 존귀함을 감사하지도 아니하고, 소중히 여기지도 아니했다. 오히려 마귀의 말들에 귀를 기울임으로써 고의적으로 죄와 그 결과인 사망과 저주에 자신을 굴복시켰다.[3] 과연 사람은 자기가 받은 생명의 계명을 범한 바, 즉 자기 죄로 말미암아 자신의 참 생명이신 하나님과 분리하게 되었고, 그의 본성 전체가 부패하였다. 이 모든 점으로 인해서 사람은 영육간의 죽음을 자초하게 되었다.[4]

또 사람은 그의 모든 행사에서 사악하고 패역하고 부패되었기에, 하나님께로부터 단번에 받았던 그의 모든 훌륭한 은사들을 상실하였다.[5] 다만 사람이 핑계할 수 없을 만큼 약간의 흔적만 겨우 남아 있을 뿐이다.[6] 과연 우리 안에 있는 어떤 빛이라도 어둠으로 변해버렸다. 성경에서 사도 요한이 '빛이 어둠에 비취되 어둠이 깨닫지 못하더라.'[7]고 하여 인류를 어둠이라고 부른 그 가르침대로이다.[8]

그러므로 우리는 사람의 자유의지에 관하여 이에 반하는 모든 가르침을 거부한다. 과연 '사람은 죄의 노예일 뿐 아니라,'[9] '하늘에서 내려주시지 않는 한,'[10] 무엇이라도 받을 수 있는 자는 아무도 없다. 그리스도께서 '이는 나를 보내신 아버지께서 이끌지 아니하시면 아무라도 내게 올 수 없다'[11]고 말씀하시는데, 누가 감히 스스로 어떤 선이라도 행할 수 있다고 자만할 수 있겠는가? '육신의 생각은 하나님과 원수가 된다'[12]는 사실을 아는 자라면, 누가 자기 의지를 자화자찬할 수 있겠는가? '육에 속한 사람은 하나님의 성령의 일을 받지 아니 하나니'[13]라고 하는데, 누가 자기의 지식을 과시할 수 있겠는가? 요약하면, '우리가 무슨 일이든지 우리에게서 난 것같이 생각하여 스스로 만족할 것이 아니니 우리의 만족은 오직 하나님께로서 났느니라'[14]는 말씀을 깨닫고서야 누가 감히 다른 주장을 하겠는가? 그러므로 사도 바울이 '너희 안에서 행하시는 이는 하나님이시니 자기의 기쁘신 뜻을 위하여 너희로 소원을 두고 행하게 하시느니라'[15]는 말씀은 반드시 확고부동하게 견지되어야 한다. 과연 주께서 '나를 떠나서는 너희가 아무 것도 할 수 없느니라'[16]고 가르치신 대로, 그리스도께서 역사하시지 않는 한, 하나님의 생각에 맞는 생각도 없고 하나님의 뜻에 합당한 뜻도 없다.

• 1) 창 2:7 ; 창 3:19 ; 전 12:7 • 2) 창 1:26, 27 ; 전 7:29 ; 엡 4:24 ; 골 3:10 • 3) 창 3:16-19 ; 롬 5:12 • 4) 창 2:17 ; 엡 2:1, 4:18 • 5) 시편 94:11 ; 롬 3:10, 8:6 • 6) 롬 1:20, 21 • 7) 요 1:5 • 8) 엡 5:8 • 9) 요 8:34 • 10) 요 8:27 • 11) 요 6:44 • 12) 롬 8:7 • 13) 고전 2:14 • 14) 고후 3:5 • 15) 빌 2:13 • 16) 요 15:5

제15항
원죄

우리는, 아담의 불순종으로 말미암아 원죄가 인류 전체로 확산되었음을 믿는다.[1] 원죄는 사람의 본성의 전적 부패이며 유아들까지도 모태에서 오염된[2] 유전적인 악이다.[3] 원죄는 사람 안에 온갖 종류의 죄들을 생산하는 근원이다. 그러므로 그것은 하나님 보시기에 아주 사악하고 가증스러워서 온 인류가 정죄받아 마땅하다.[4] 원죄는 없어지지 않으며, 심지어 세례로도 근절되지 않는다. 과연 죄란 바로 이 저주스러운 근원에서 샘솟듯이 지속적으로 흘러나온다.[5] 그러나, 이 모든 사실에도 불구하고, 원죄가 하나님의 자녀들에게 전가되어 정죄에 이르도록 하지 않고, 오히려 하나님의 은혜와 자비로 사함 받는다.[6] 이것은 신자들이 자기들의 죄 안에 평안히 잠들지 않고, 오히려 이런 부패에 대한 깨달음이 그들로 하여금 자주 탄식하게 함으로써 이 사망의 몸으로부터 건짐받기를 학수고대한다는 의미이다.

바로 이런 점에서 죄란 그저 모방의 문제일 뿐이라고 말하는 펠라기우스주의자들의 오류를 우리는 배척한다.

- 1) 롬 5:12-14, 19 • 2) 욥 14:4 ; 시편 51:5 ; 요 3:6 • 3) 롬 3:10 • 4) 엡 2:3 • 5) 롬 7:18, 19 • 6) 엡 2:4, 5

제16항
하나님의 선택

우리는, 아담의 후손 전체가 첫 사람의 범죄로 인하여 지옥의 멸망과 파멸로 떨어졌을 때,[1] 하나님은 스스로 있는 그대로 즉 자비하시고 공의로우신 분으로 자신을 나타내셨음을 믿는다. 자비하심은, 그의 영원하고 변치않는 경륜[2] 안에서 그들의 행위에 상관없이,[3] 오직 그의 선하심만으로 우리 주 예수 그리스도 안에서[4] 선택하신 자들을 이 지옥의 멸망으로부터 건지시고 구원하신 데서 드러내셨다.[5] 공의로우심은, 그 밖의 사람들을 스스로 빠져있는[6] 타락과 지옥의 멸망 가운데 버려두신 데서 보이셨다.

- 1) 롬 3:12 • 2) 요 6:37, 44 ; 요 10:29 ; 요 17:2, 9, 12 ; 요 18:9 • 3) 말 1:2, 3 ; 롬 9:11-13 ; 딤후 1:9 ; 딛 3:4, 5 • 4) 요 15:16, 19 ; 롬 8:29 ; 엡 1:4, 5 • 5) 삼상 12:22 ; 시 65:4 ; 행 13:48 ; 롬 9:16 ; 롬 11:5 ; 딛 1:1 • 6) 롬 9:19-22 ; 벧전 2:8

제17항
타락한 사람의 구원

우리는, 우리의 은혜로우신 하나님께서, 사람이 스스로 육적, 영적 죽음에 빠져 자신을 전적으로 비참하게 만든 것을 보시고, 자신의 경이로운 지혜와 선하심으로, 하나님으로부터[1] 두려워 떨면서 도망치는 사람을 찾아내셨음을 믿는다. 하나님께서는 여자에게서 태어나서, 뱀의 머리를 깨뜨리시고 사람을 복되게 만드실, 자기 아들을 주시리라는 약속으로 그를 위로하셨다.[2]

• 1) 창 3:9 • 2) 창 22:18 ; 사 7:14 ; 요 1:14 ; 요 5:46 ; 요 7:42 ; 행 13:32, 33 ; 롬 1:2, 3 ; 갈 3:16 ; 딤후 2:8 ; 히 7:14

제18항
하나님의 아들의 성육신

그러므로 우리는, 하나님께서 정하신 때가 차매,[1] 그의 독생자이신 영원한 아들을 종의 형상을 취하여(빌2:7) 사람의 모양으로 태어나게 하사 세상에 보내심으로써, 그의 거룩한 선지자들의 입으로 조상들에게 하셨던 약속을 성취하셨다[2]고 고백한다. 그는 참으로 그 모든 연약함을 지닌 참 사람의 본성을 취하셨으나,[3] 죄는 없으셨다.[4] 과연 그는 사람의 행위로 말미암지 않고 성령의 능력으로 복된 동정녀 마리아의 배에서 잉태되셨기 때문이다.[5] 그는 참 사람이 되기 위해서, 몸으로서만이 아니고 참 사람의 영혼까지도 사람의 본성을 취하셨다. 사람의 영혼도 몸과 마찬가지로 상실되었기에, 필연코 그는 둘 다를 구원하시기 위해서 둘 다 취하셔야 했다.

우리는, 그리스도가 그의 모친으로부터 사람의 몸을 취하셨다는 사실을 부인하는 재세례파의 이단 사설을 반대하므로, 그리스도께서 자녀들의 몸과 피에 참예하셨음(히2:14)을 고백한다.

그는 다윗의 허리의 열매(행2:30)로 태어나셨고, 육신을 따라서는 다윗의 씨로 태어나셨으며(롬 1:3), 동정녀 마리아의 태의 소산(눅1:42)이요, 여자에게서 나셨고(갈4:4), 다윗의 후사(렘33:15)요, 이새의 줄기에서 난 싹(사11:1)이요, 유다 지파 출신이요, 육신을 따라서 유대인들(롬9:5)로부터 나셨으며, 바로 그 아들이 아브라함의 자손들과의 관계 하에서 아브라함의 씨이다. 그러므로 그는 범사에 그의 형제들과 같이 되셨지만, 죄는 없으시다(히2:16,17; 히4:15). 이러므로 그는 진실로 우리의 임마누엘(마1:23), 곧 우리와 함께 계시는 하나님이시다.

• 1) 갈 4:4 • 2) 창 26:4 ; 삼하 7:12-16 ; 시 132:11 ; 눅 1:55 ; 행 13:23 • 3) 딤전 2:5 ; 딤전 3:16 ; 히 2:14 • 4) 고후 5:21 ; 히 7:26 ; 벧전 2:22 • 5) 마 1:18 ; 눅 1:35

제19항
그리스도의 한 위격 안에 있는 두 본성

우리는, 이 수태에 의해 하나님의 아들의 인격이 사람의 본성과 불가분 하나로 연합되어,[1] 하나님의 두 아들이나 두 인격이 아니라, 단 한 인격 안에 연합된 두 본성이 있음을 믿는다. 각 본성은 그 자체로 구별된 고유한 속성을 보유한다. 그의 신성은 생명의 시작이나 끝이 없이, 피조되지 않은 채로, 항상 천지에 충만하다.[2] 그의 인성은 그 고유한 속성들을 상실하지 않는다. 즉 시작하는 날이 있으며 피조된 채로 있다. 그 인성은 유한하여 참 몸의 모든 속성들을 보유한다.[3] 심지어 그의 부활하심에 의해서 그의 인성에 불멸성을 부여했을지라도, 그 인성의 실제가 변화된 것은 아니다.[4] 과연 우리의 구원과 부활 역시 그의 몸의 실제에 의존한다.[5]

그러나 이 두 본성들은 한 인격 안에 아주 밀접하게 연합되어 있어서 심지어 그의 죽으심에 의해서도 분리되지 않았다. 그러므로 그리스도의 죽음 당시, 그의 아버지 손에 의탁하신 것은, 그의 몸으로부터 떠난 실제 사람의 영이었다.[6] 한편 그의 신성은, 심지어 무덤에 누워있던 때조차도, 항상 그의 인성과 연합한 채로 있었다.[7] 그리고 그의 신성은, 그의 유아기에도 잠시 있는 그대로 드러나지 않았지만 여전히 그 안에 있었던 것처럼, 항상 그 안에 있었다.

이런 이유로 우리는 그가 참 하나님과 참 사람이심을 고백한다. 즉 그의 능력으로 죽음을 정복하시기 위한 참 하나님이시며, 그의 육신의 연약함을 따른 우리를 위해 죽을 수 있는 참 사람이시다.

- 1) 요 1:14 ; 요 10:30 ; 롬 9:5 ; 빌 2:6, 7 • 2) 마 28:20 • 3) 딤전 2:5 • 4) 마 26:11 ; 눅 24:39 ; 요 20:25 ; 행 1:3, 11 ; 행 3:21 ; 히 2:9 • 5) 고전 15:21 ; 빌 3:21 • 6) 마 27:50 • 7) 롬 1:4

제20항
그리스도 안에 있는 하나님의 공의와 자비

완전히 자비로우시고 공의로우신 하나님께서, 그의 아들을 보내셔서, 불순종의 죄를 범한 사람의 본성을 취하사,[1] 바로 그 동일한 본성으로 죄값을 다 치루도록, 그의 가장 지독한 고난과 죽음에 의해서 죄의 형벌을 짊어지게 하셨음을 우리는 믿는다.[2] 그러므로 하나님께서는 우리의 죄와 허물을 그의 아들에게 씌우심으로, 그의 아들에 대하여 자신의 공의를 나타내셨고,[3] 또 죄책으로 인하여 정죄를 받아 마땅한 우리에게 그의 선하심과 자비하심을 쏟아 부으셨다. 그는 가장 완전한 사랑으로 그의 아들을 우리를 위해서 죽도록 내어주셨으며, 우리가 그의 아들을 통해 불멸과 영생을 얻도록 우리의 칭의를 위해 그의 아들을 부활시키셨다.[4]

- 1) 롬 8:3 • 2) 히 2:14 • 3) 롬 3:25, 26 ; 롬 8:32 • 4) 롬 4:25

제21항
우리의 대제사장이신 그리스도의 속죄

우리는 예수 그리스도가 멜기세덱의 반차를 따른 영원한 대제사장으로 맹세에 의해 확정되셨다고 믿는다.[1] 선지자들이 미리 예언한 바대로, 그리스도는 우리를 대신하여 그의 아버지께 자신을 드리사, 그의 완전한 속죄로 하나님의 진노를 감당하시고,[2] 자신을 십자가에 내어주심으로, 우리의 죄를 도말하기 위한 보혈을 흘리셨다.[3] 기록된 바,[4] "그가 찔림은 우리의 허물을 인함이요 그가 상함은 우리의 죄악을 인함이라 그가 징계를 받음으로 우리가 평화를 누리고 그가 채찍에 맞음으로 우리가 나음을 입었도다.[5] 마치 도수장으로 끌려가는 어린 양과 같이, 범죄자 중 하나로 헤아림을 입었음이라.[6]"(사53:5, 7, 12) 또 그는 본디오 빌라도에게, 처음에는 무죄 선언을 받았을지라도, 죄인으로 헤아림을 받고 범죄자로 정죄받으셨다.[7] "그는 취치 아니한 것도 물어주셨다."(시편69:4) "그는 의로운 자로서 불의한 자를 위해서 죽으셨다."[8](벧전3:18) 그는 우리의 죄로 인한 무서운 형벌을 감당하시기 위해서 몸과 영혼으로 고난을 받으사,[9] "그의 땀이 땅에 떨어지는 피 방울과 같이 되었다."(눅22:44) 마지막으로 그는 "나의 하나님이여 나의 하나님이여 어찌하여 나를 버리셨나이까?"(마27:46) 하시며 부르짖으셨다. 이 모든 것을 그는 우리의 죄 사함을 위해서 감내하셨다.

그러므로 우리는 당연히 바울과 같이 "예수 그리스도와 그의 십자가에 못 박힌 것 외에 아무 것도 알지 아니하기로 작정하였음이라."(고전2:2)라고 말한다. 우리가 "모든 것을 해로 여김은 내 주 그리스도 예수를 아는 지식이 가장 고상함을 인함이다."(빌3:8) 우리는 그의 상하심으로 위로를 받으며 또 믿는 자들을 영원히 완전하게 하시기 위해서(히10:14) 영단번에 드려진 이 유일한 속죄 제사 외에 하나님과 화목할 수 있는 다른 방법을 찾거나 고안해 낼 필요가 없다.[10] 또한 이것이 바로 하나님의 천사가 그를 예수 곧 자기 백성을 저희 죄에서 구원할 구세주라고 부른 이유이다(마1:21).[11]

- [1] 시 110:4 ; 히 7:15-17 • [2] 롬 4:25 ; 롬 5:8, 9 ; 롬 8:32 ; 갈 3:13 ; 골 2:14 ; 히 2:9, 17 ; 히 9:11-15 • [3] 행 2:23 ; 빌 2:8 ; 딤전 1:15 ; 히 9:22 ; 벧전 1:18, 19 ; 요일 1:7 ; 계 7:14 • [4] 눅 24:25-27 ; 롬 3:21 ; 고전 15:3 • [5] 벧전 2:24 • [6] 막 15:28 • [7] 요 18:38 • [8] 롬 5:6 • [9] 시 22:15 • [10] 히 7:26-28 ; 히 9:24-28 • [11] 눅 1:31 ; 행 4:12

제22항
그리스도 안에서 믿음으로 의롭다함을 받음

우리는, 이 위대한 신비의 참 지식을 얻도록 성령께서 우리 마음에 참된 믿음을 일으키심을 믿는다.[1] 이 믿음은 예수 그리스도와 그의 모든 공로를 받아들이는 것으로서, 그를 우리 자신의 소유로 삼으며, 또 그 외에는 다른 어떤 것도 구하지 않습니다.[2] 혹 우리의 구원에 필요한 모든 것이 예수 그리스도 안에 없다고 한다 할지라도, 만일 그리스도 안에 모든 것이 있다면, 믿음을 통하여 예수 그리스도를 소유한 자는 완전한 구원을 가진다는 사실이 필연적인 귀결이다.3) 그러므로 그리스도로서는 불충분하고, 그 외에 다른 어떤 것이 필요하다고 주장하는 것은 가공스러운 신성모독죄이다. 과연 이런 결론이라면 그리스도는 고작 반절의 구세주일 따름이다.

그러므로 우리는 바울과 같이 "사람이 의롭다함을 얻는 것은 율법의 행위에 있지 않고 오직 믿음으로 되느니라(롬3:28)"고 똑바로 말한다.4) 반면에, 엄격히 말하자면, 우리는 믿음 그 자체가 우리를 의롭게 해준다고 여기지 않으며, 단지 믿음은 우리로 하여금 우리의 의이신 그리스도를 붙들도록 하는 도구일 뿐이다.5) 그분은 당신의 모든 공로와, 우리를 위해서 또 우리를 대신하여 행하셨던 수많은 거룩한 사역들을 그대로 우리에게 전가하셨다.6) 그러므로 예수 그리스도는 우리의 의이시며, 믿음은 우리로 하여금 그의 모든 은덕들과 결합함으로 그와 더불어 교제하도록 해주는 도구이다. 이 은덕들이 우리의 것이 될 때에, 우리의 죄를 충분히 면제 받고도 남음이 있다.

• 1) 요 16:14 ; 고전 2:12 ; 엡 1:17, 18 • 2) 요 14:6 ; 행 4:12 ; 갈 2:21 • 3) 시 32:1 ; 마 1:21 ; 눅 1:77 ; 행 13:38, 39 ; 롬 8:1 • 4) 롬 3:19-4:18 ; 롬 10:4-11 ; 갈 2:16 ; 빌 3:9 ; 딛 3:5 • 5) 고전 4:7 • 6) 렘 23:6 ; 마 20:28 ; 롬 8:33 ; 고전 1:30, 31 ; 고후 5:21 ; 요일 4:10

제23항
하나님 앞에서 우리의 의

우리는, 우리의 복된 구원이 예수 그리스도 덕분으로 받은 죄사함에 있으며,1) 또 다윗과 바울이 우리에게 가르친 내로, 바로 서기에서 우리의 의가 하나님 앞에 있음을 믿는다. 그들은 "이것이 사람의 행복이니 곧 하나님께서 사람에게 공로가 없음에도 불구하고 의를 전가시켜 주신 것이라"고 선포했다(롬4:6;시편32:1). 또 바울은 "우리가 예수 그리스도 안에 있는 구속으로 말미암아 하나님의 은혜로 값없이 의롭다 하심을 얻은 자 되었느니라" (롬3:24)고 말한다.2)

그러므로 우리는 항상 이 견고한 터를 보유한다. 우리는 모든 영광을 하나님께 돌리며, 하나님 앞에서 스스로 겸비하여, 자신의 본래의 모습을 그대로 인정한다.3) 우리는 우리 자신의 힘으로 말미암은 그 어떤 것이나 우리의 공덕을 내세우지 않고,4) 오직 십자가에 못 박히신 예수 그리스도의 순종만을 의지하고 신뢰한다.5) 과연 그분의 순종은 우리가 그를 믿을 때에 우리의 소유가 된다.6)

이것은 우리의 모든 죄악을 가리고 또 우리 양심의 불안과 공포와 두려움에서부터 해방되어 담대하게 하나님께 나아가도록 하기에 충분하며, 우리가 우리의 첫 조상인 아담이 두려워 떨면서 무화과 나무 잎으로 자신을 가리려 했던 본보기를 따르지 않도록 한다.7) 과연 참으로 우리가 하나님 앞에 나타나야 할진대, 그것이 아무리 미미할지라도 우리 자신이나 또는 다른 피조물을 의지하면 (우리에게 화있을진저!) 우리는 소멸되고야 만다.8) 그러므로 누구든지 다윗과 더불어 "여호와여 주의 종에게 심판을 행치 마소서! 주의 목전에는 의로운 인생이 하나도 없나이다" (시143:2)고 기도해야 한다.

• 1) 요일 2:1 • 2) 고후 5:18 ; 엡 2:8 ; 딤전 2:6 • 3) 시 115:1 ; 계 7:10-12 • 4) 고전 4:4 ; 약 2:10 • 5) 행 4:12 ; 히 10:20 • 6) 롬 4:23-25 • 7) 창 3:7 ; 습 3:11 ; 히 4:16 ; 요일 4:17-19 • 8) 눅 16:15 ; 빌 3:4-9

제24항
사람의 성화와 선행

우리는, 이 참 믿음이 하나님의 말씀을 들음으로써, 또 성령의 역사하심으로써[1] 사람 안에 일어나는데, 그를 중생케 하며 또 그를 새 사람으로 만든다[2]는 것을 믿는다. 믿음은 그로 하여금 새로운 삶을 살게 하며, 그를 죄의 노예로부터 자유롭게 한다.[3] 그러므로 이 믿음이 선하고 거룩한 삶을 사는 데 해이하게 만든다는 것은 사실이 아니다.[4] 이와는 정반대로 이런 믿음이 없이는 어느 누구라도 하나님을 위한 사랑에서 비롯된 어떤 행위를 할 수 없을 뿐 아니라,[5] 겨우 자기 사랑이나 정죄에 대한 두려움에서 비롯된 행위에 불과하다. 그러므로 이런 거룩한 믿음이 사람 안에서 활동하지 않는 것은 불가능하다. 과연 우리는, 헛된 믿음이 아니라, 성경이 "사랑으로써 역사하는 믿음(갈5:6)"이라고 칭하는 그것을 말한다. 이 믿음은 사람으로 하여금 하나님께서 그의 말씀으로 명하신 그 행위들을 자신에게 적용하도록 고무 격려한다. 이 행위들이란 믿음이라는 선한 근원에서 비롯되어, 하나님 보시기에 선하고 가납하실 만한 것이다. 왜냐하면 이 행위들은 하나님의 은혜로 말미암아 모두 성화되었기 때문이다. 그럼에도 불구하고 이 선행들은 우리의 의롭다 함을 받는 조건은 아니다. 왜냐하면 우리가 어떤 선행을 하기 전에라도, 그리스도를 믿는 믿음으로 말미암아 우리가 의롭다함을 받았기 때문이다.[6] 만일 그렇지 않으면, 나무 자체가 좋지 않고서야 좋은 열매가 맺어질 리가 없는 것처럼, 우리의 행위들이 결코 선한 것이 될 수 없다.[7]

그러므로 우리는 선행을 하되, 그러나 공로를 위한 것이 아니다. 사실 우리가 무슨 공로를 세울 수 있겠는가? 하나님이 우리에게 빚지신 것이 아니라, 우리가 하나님께 빚을 졌기에, 우리가 선행을 하는 것이다.[8] 과연 "우리 안에서 자기의 기쁘신 뜻을 위하여 우리로 소원을 두고 행하게 하시는 분은 바로 하나님이시다."(빌2:13) 다음의 말씀을 마음 깊이 새겨두자. "이와 같이 너희도 명령받은 것을 다 행한 후에 이르기를 우리는 무익한 종이라. 우리는 해야 할 일을 한 것뿐이라 할지니라."(눅17:10) 그렇다고 해서 우리는 하나님께서 우리의 선행에 상을 주신다는 사실을 부인하지 않는다.[9] 다만 하나님이 내리신 자신의 은사들에게 면류관을 씌우시는 그 일도 바로 그의 은혜에 의한 것이다.

더욱 비록 우리가 선행을 할지라도, 이 선행들이 우리 구원의 근거가 되지 않는다. 우리는 우리의 죄된 육신으로 말미암아 오염되고 징벌 받아 마땅하기에 단 하나의 선행도 할 수 없다.[10] 심지어 우리가 단 한 번의 선행을 보일 수 있다 하더라도, 하나님은 단 한 가지 죄에 대한 기억만으로도 그것을 거절하시기에 충분하다.[11] 만일 우리 선행들이 우리 구주의 고난과 죽음의 공로에 의지된 것이 아니라면, 우리는 언제나 아무런 확신을 갖지 못한 채 의심을 품고 우왕좌왕하기 마련이며, 우리의 빈곤한

양심은 끊임없이 고통을 받게 된다.12)

- 1) 행 16:14 ; 롬 10:17 ; 고전 12:3 • 2) 겔 36:26, 27 ; 요 1:12, 13 ; 요 3:5 ; 엡 2:4-6 ; 딛 3:5 ; 벧전 1:23 • 3) 요 5:24 ; 요 8:36 ; 롬 6:4-6 ; 요일 3:9 • 4) 갈 5:22 ; 딛 2:12 • 5) 요 15:5 ; 롬 14:23 ; 딤전 1:5 ; 히 11:4, 6 • 6) 롬 4:5 • 7) 마 7:17 • 8) 고전 1:30, 31 ; 고전 4:7 ; 엡 2:10 • 9) 롬 2:6, 7 ; 고전 3:14 ; 요이 8 ; 계 2:23 • 10) 롬 7:21 • 11) 약 2:10 • 12) 합 2:4 ; 마 11:28 ; 롬 10:11

제25항
율법의 성취이신 그리스도

우리는 율법의 의식들과 예표들이 그리스도의 강림으로 종결되었고, 또한 모든 그림자들이 다 성취되었으므로, 그것들의 용도가 그리스도인들에게는 폐지되어야 함을 믿는다.1) 그러나 그것들의 참 실체와 본질은 율법을 완전케 하신 예수 그리스도 안에 우리를 위해 여전히 남아 있다.2)

과연 우리는 율법과 선지자들에게서 취한 증거들을 지속적으로 사용해서, 우리의 복음 교리를 확증하며, 하나님의 뜻을 따라 하나님의 영광을 위하여 우리의 생활이 가장 품위있게 영위되도록 한다.3)

- 1) 마 27:51 ; 롬 10:4 ; 히 9:9, 10 • 2) 마 5:17 ; 갈 3:24 ; 골 2:17 • 3) 롬 13:8-10 ; 롬 15:4 ; 벧후 1:19 ; 벧후 3:2

제26항
그리스도의 중보사역

우리는, 유일한 중보자이며1) 대언자이신 의인 예수 그리스도로 말미암지 않고는 결코 하나님께 나아갈 다른 길이 없음을 믿는다.2) 이런 의도로 그리스도는 신성과 인성이 하나로 연합된 사람이 되셔서, 사람인 우리가 아무런 방해를 받지 않고 존엄하신 하나님께 나아갈 수 있도록 하셨다.3) 그러나 성부께서 자신과 우리 사이에 임명하신 이 중보자는 그의 위엄으로써 결단코 우리에게 겁을 주거나 혹은 우리가 공허한 생각으로 또 다른 중보자를 찾지 않게 하신다. 상천하지에 예수 그리스도 이상으로 우리를 더 사랑하는 피조물은 전혀 없다.4) 그는 근본 하나님의 본체이시나 하나님과 동등됨을 취할 것으로 여기지 아니하시고, 오히려 자기를 비어 종의 형체를 가져 사람과 같이 되었고(빌2:6,7), 또 모든 면에서 그의 형제들과 같이 되셨다(히2:17). 그러므로 설령 우리가 또 다른 중보자를 찾는다 할지라도, 심지어 우리가 자기의 원수 되었을 때도 우리를 위하여 자기 생명을 내어주신 그보다 우리를 더 사랑하는 자를 찾을 수 있겠는가?(롬5:8,10) 또 만일 우리가 권세나 능력을 가진 이를 찾고자 한다면, 성부의 우편에 앉아 계시고,5) 또 하늘과 땅의 모든 권세를 가지신 그(마28:18)보다 누가 더 많이 가지고 있겠는가? 더욱 누가 하나님의 그렇게 사랑하시는 친아들보다 더 신속히 듣고자 하겠는가?6)

그러므로 성인들이 결코 행한 적도 없고 또 요구한 적도 없는 것을 행함으로써, 성인들을 존경하기보다는 오히려 성인들을 비하하는 관행들을 도입한 것은 순전히 신뢰의 결핍일 뿐이다. 이와는 정반대로 성인들은 자신들의 저서들에서 드러내듯이, 자신들의 마땅한 당위를 행함에 따른7) 그러한 존경을 시종여일하게 거부했다. 여기에서 우리의 무가치함을 제기해서는 안 된다. 왜냐하면 우리가 우리의 가치를 근거로 해서 우리의 기도를 올리는 것이 아니라, 오직 자신의 의를 믿음을 통해서 우리의 것이 되게 하신 우리 주 예수 그리스도8)의 탁월하신 공로를 의지하는 것이기 때문이다.9)

그러므로 우리의 어리석은 공포심, 차라리 불신을 우리에게서 제거하기 위해서, 히브리서 기자가 "그러므로 저가 범사에 자기의 형제들과 같이 되심이 마땅하도다 이는 하나님의 일에 자비하고 충성된 대제사장이 되어 백성의 죄를 구속하려 하심이라 자기가 시험을 받아 고난을 당하셨은즉 시험받는 자들을 능히 도우시느니라"(히2:17,18)고 말한 것은 지극히 당연하다. 더 나아가 우리가 그에게 더 가까이 나아가도록 격려하고자, "그러므로 우리에게 큰 대제사장이 있으니 승천하신 자 곧 하나님 아들 예수시라 우리가 믿는 도리를 굳게 잡을지어다 우리에게 있는 대제사장은 우리의 연약함을 체휼하지 아니하는 자가 아니요 모든 일에 우리와 한결같이 시험을 받은 자로되 죄는 없으시니라"(히4:14,15)고 말한다.10) 또 같은 서신에서 다음과 같이 말씀한다. "그러므로 형제들아 우리가 예수의 피를 힘입어 성소에 들어갈 담력을 얻었나니…참 마음과 온전한 믿음으로 하나님께 나아가자." (히10:19,22) 동시에 "예수는 영원히 계시므로 그 제사 직분도 갈리지 아니하나니 그러므로 자기를 힘입어 하나님께 나아가는 자들을 온전히 구원하실 수 있으니 이는 그가 항상 살아서 저희를 위하여 간구하심이니라."11)(히7:24,25) 무슨 말이 더 필요하겠는가? 그리스도께서 친히 "나는 길이요 진리요 생명이니, 나로 말미암지 않고는 아버지께로 갈 수 없느니라"고 하셨다(요14:6). 과연 우리가 구태여 또 다른 대언자를 찾아야 하겠는가? 하나님께서 그의 아들을 우리의 대언자로 주시기로 기뻐하셨다. 그렇다면 우리는 또 다른 대언자로 인해 그를 버리거나, 심지어 항상 찾을 수 있는 그가 아닌, 다른 대언자를 구하지 않도록 하자. 왜냐하면 하나님께서 그를 우리에게 주셨을 때, 그는 우리가 죄인이었다는 사실을 잘 아시고 계셨기 때문이다.

결론적으로 그리스도의 명령에 따라 우리는, 주의 기도에서 가르치는 대로,12) 우리의 유일한 중보자인 그리스도로 말미암아13) 하늘에 계신 아버지를 부를 수 있다. 우리는 그의 이름으로 아버지께 요구하는 것은 무엇이든지 얻으리라는 확신으로 안식한다(요16:23).14)

- 1) 딤전 2:5 • 2) 요일 2:1 • 3) 엡 3:12 • 4) 마 11:28 ; 요 15:23 ; 엡 3:19 ; 요일 4:10 • 5) 히 1:3 ; 히 8:1 • 6) 마 3:17 ; 요 11:42 ; 엡 1:6 • 7) 행 10:26 ; 행 14:15 • 8) 렘 17:5, 7 ; 행 4:12 • 9) 고전 1:30 • 10) 요 10:9 ; 엡 2:18 ; 히 9:24 • 11) 롬 8:34 • 12) 마 6:9-13 ; 눅 11:2-4 • 13) 히 13:15 • 14) 요 14:13

제27항
보편의 그리스도 교회

우리는 하나의 보편적 혹은 우주적인 교회를 믿고 고백한다.[1] 이 교회는 기독교 참 신자들, 곧 그들의 모든 구원을 예수 그리스도 안에서 기대하며[2] 그의 피로 씻음을 받고 성령에 의해 거룩하게 되고 인침을 받은[3] 자들의 거룩한 회중이고 모임이다.[4]

이 교회는 세상의 처음부터 존재하였고 마지막 날까지 있을 것인데, 그리스도께서 영원한 왕이시요 백성이 없을 수 없는 왕이시기 때문에 그러하다.[5] 비록 잠시 동안 사람의 눈에는 매우 작게 보이고 거의 사라진 것처럼 보이지만,[6] 이 거룩한 교회는 온 세상의 분노에 맞서 하나님에 의해 보존된다.[7] 그리하여 아합의 폭정 동안에도 여호와께서는 바알에게 무릎을 꿇지 아니한 칠천 명을 자신을 위해 보존하셨다.[8]

더구나 이 거룩한 교회는 어떤 특정한 장소나 어떤 사람들에게 한정되거나 제한되지 않고 전 세계에 확산되고 분포되어 있다.[9] 그러나 한 분 동일한 성령 안에서 믿음의 능력에 의하여 마음과 뜻이 연결되고 연합되어 있다.[10]

- 1) 창 22:18 ; 사 49:6 ; 엡 2:17-19 • 2) 욜 2:32 ; 행 2:21 • 3) 엡 1:13 ; 엡 4:30 • 4) 시 111:1 ; 요 10:14, 16 ; 엡 4:3-6 ; 히 12:22, 23 • 5) 삼하 7:16 ; 시 89:36 ; 시 110:4 ; 마 28:18, 20 ; 눅 1:32 • 6) 사 1:9 ; 벧전 3:20 ; 계 11:7 • 7) 시 46:5 ; 마 16:18 • 8) 왕상 19:18 ; 롬 11:4 • 9) 마 23:8 ; 요 4:21-23 ; 롬 10:12, 13 • 10) 시 119:63 ; 행 4:32 ; 엡 4:4

제28항
모든 사람이 그리스도의 교회에 가입해야 할 의무

이 거룩한 모임과 회중은 구속(救贖) 받은 자의 모임이며 여기를 떠나서는 구원이 없기 때문에[1] 우리는 어떠한 사람도 그의 지위나 신분을 막론하고 여기에서 물러나 떨어져 혼자 있는 것에 만족해서는 안 된다고 믿는다. 모든 사람은 각각 교회에 가입하고 연합되어야 할 의무가 있으며,[2] 교회의 통일성을 유지하면서, 교회의 가르침과 권징에 복종해야 하고[3] 그 목에 예수 그리스도의 멍에를 메며[4] 하나님께서 동일한 몸의 지체로서 그들에게 주신 재능을 따라서[5] 형제자매들을 세우기 위해 봉사해야 한다.[6]

이것을 좀더 효과적으로 지키기 위하여 하나님의 말씀을 따라 모든 신자는 교회에 속하지 않은 자들에게서 분리되어[7] 어느 곳에든지 하나님께서 세우신 이 모임에 가입할 의무가 있다.[8] 그들은 심지어 통치자들이 반대하고 권세자들의 칙령들이 금할지라도 그리고 죽음이나 육체적인 형벌이 따른다고 할지라도 그렇게 해야 한다.[9]

그러므로 교회에서 물러나 떨어져있는 자나 가입하지 않는 자는 모두 하나님의 규례를 거슬러 행하는 것이다.

- 1) 마 16:18 ; 행 2:47 ; 갈 4:26 ; 엡 5:25-27 ; 히 2:11, 12 ; 히 12:23 • 2) 대하 30:8 ; 요 17:21 ; 골 3:15 • 3) 히 13:17
- 4) 마 11:28-30 • 5) 고전 12:7, 27 ; 엡 4:16 • 6) 엡 4:12 • 7) 민 16:23-26 ; 사 52:11 ; 행 2:40 ; 롬 16:17 ; 계 18:4
- 8) 시 122:1 ; 사 2:3 ; 히 10:25 • 9) 행 4:19, 20

제29항
참 교회와 거짓 교회의 표지

오늘날 세상에 있는 모든 분파들이 스스로 교회라고 자처하기 때문에1) 우리는 무엇이 참 교회인지를 하나님의 말씀에서 부지런히 그리고 매우 신중하게 분별해야 함을 믿는다. 우리는 여기에서 선한 자들과 함께 교회에 섞여 있으나 교회의 부분은 아니고 단지 외적으로만 그 안에 있는 위선자들에 대해 말하는 것이 아니다.2) 우리는 교회로 자처하는 모든 분파들과 구별되어야 하는 참 교회의 몸과 교제에 관하여 이야기하고 있다.

참 교회는 다음의 표지에 의해서 알 수 있다. 그 교회는 복음을 순수하게 전한다.3) 그 교회는 그리스도께서 제정하신 대로 성례를 순수하게 집행한다.4) 죄를 교정하고 벌하기 위하여 교회의 권징을 행한다.5) 요컨대 교회는 하나님의 순수한 말씀을 따라 스스로를 다스리며6) 거기에 거스르는 것을 모두 거부하고7) 예수 그리스도를 유일하신 머리로 인정한다.8) 이러한 표지로써 참 교회는 분명하게 알려지며 아무도 거기에서 분리할 권리를 갖고 있지 않다.

교회에 속한 자들은 그리스도인의 표지들에 의해서 식별된다. 즉 그들은 믿음이 있어 예수 그리스도를 유일하신 구주로 믿고9) 죄를 멀리하며 의를 추구하고10) 참 하나님과 그들의 이웃을 사랑하고11) 좌로나 우로 치우침이 없으며 그들의 육신을 그 행위와 더불어 십자가에 못박는다.12) 비록 그들 안에 큰 연약함이 남아있지만 그들은 평생 동안 성령을 힘입어 그것과 더불어 싸운다.13) 그들은 끊임없이 예수 그리스도의 보혈과 고난과 죽음과 순종에 호소하며, 그 안에서 그를 믿는 믿음으로 그들의 죄 사함을 얻는다.14)

거짓 교회는 하나님의 말씀보다도 교회 자체와 교회의 규례들에 더 많은 권위를 부여한다. 그것은 그리스도의 멍에에 자신을 굴복시키려 하지 않는다.15) 그것은 그리스도께서 그의 말씀에서 명하신 대로 성례를 집행하지 않고 자기들에게 좋게 여기는 대로 더하기도 하고 빼기도 한다. 그것은 예수 그리스도보다는 사람에 근거를 하고 있다. 그것은 하나님의 말씀을 따라서 거룩한 삶을 사는, 그리고 죄와 탐욕과 우상 숭배로 인한 거짓 교회를 책망하는 자들을 핍박한다.16) 이 두 교회들은 쉽게 식별되며 서로 구별된다.

- 1) 계 2:9 • 2) 롬 9:6 • 3) 갈 1:8 ; 딤전 3:15 • 4) 행 19:3-5 ; 고전 11:20-29 • 5) 마 18:15-17 ; 고전 5:4, 5, 13 ; 살후

3:6, 14 ; 딛 3:10 • 6) 요 8:47 ; 요 17:20 ; 행 17:11 ; 엡 2:20 ; 골 1:23 ; 딤전 6:3 • 7) 살전 5:21 ; 딤전 6:20 ; 계 2:6 • 8) 요 10:14 ; 엡 5:23 ; 골 1:16 • 9) 요 1:12 ; 요일 4:2 • 10) 롬 6:2 ; 빌 3:12 • 11) 요일 4:19-21 • 12) 갈 5:24 • 13) 롬 7:15 ; 갈 5:17 • 14) 롬 7:24, 25 ; 요일 1:7-9 • 15) 행 4:17, 18 ; 딤후 4:3, 4 ; 요이 9 • 16) 요 16:2

제30항
교회 정치

우리는 이 참 교회가 우리 주께서 그의 말씀에서 우리에게 가르치셨던 영적 질서에 따라 치리되어야 한다고 믿는다.1) 참 교회에는 하나님의 말씀을 설교하고 성례를 집행하는 사역자들 혹은 목사들이 있어야 한다.2) 또한 목사들과 함께 교회 회의를 구성할 장로들3)과 집사들이4) 있어야 한다.5) 이런 방도들로써 그들은 참 종교를 보존하는 바, 즉 이들은 참 교리에 대한 방침이 제대로 지켜지는지, 또 악한 사람들을 영적인 방식으로 권징하고 제재하는지, 또한 가난한 자와 고통 받는 모든 자들이 그들의 필요에 따라 도움을 받고 위로받는지를 살핀다.6) 이런 방도들로써 바울이 디모데에게 준 규례와 일치하게 신실한 자들이 선출될 때7) 모든 것이 적당하고 선한 질서대로 된다.8)

• 1) 행 20:28 ; 엡 4:11, 12 ; 딤전 3:15 ; 히 13:20, 21 • 2) 눅 1:2 ; 눅 10:16 ; 요 20:23 ; 롬 10:14 ; 고전 4:1 ; 고후 5:19, 20 ; 딤후 4:2 • 3) 행 14:23 ; 딛 1:5 • 4) 딤전 3:8-10 • 5) 빌 1:1 ; 딤전 4:14 • 6) 행 6:1-4 ; 딛 1:7-9 • 7) 고전 4:2 • 8) 딤전 3:1-16

제31항
교회의 직분자들

우리는 하나님의 말씀 사역자들과 장로들과 집사들이, 하나님의 말씀에 의해 규정된 대로, 교회의 합법적인 선출에 의해서, 기도와 선한 질서로 그들의 직분들이 피택되어야 함을 믿는다.1) 그러므로 모든 사람이 부당한 수단들이 개입되지 않도록 조심한다. 직분자는 하나님에 의해 부름받는 그 때까지 기다려서 확실한 실증을 가짐으로써 자기 소명이 주께로부터 온 것임을 분명히 하도록 한다.2) 말씀 사역자들은 어떤 처지에 있든지 동등한 권세와 권위를 가진다. 이는 그들 모두가 교회의 유일한 보편의 감독이시며 유일한 머리이신3) 예수 그리스도의 종들이기 때문이다.4) 이 거룩한 하나님의 법령을 위반하거나 거부하지 않도록 하기 위해서, 모든 사람들이 말씀 사역자들이나 교회의 장로들을 그들의 사역을 인하여 특별히 더 존경하며, 가능한 한 불평이나 논쟁 없이, 그들과 화목해야 함을 우리는 선언한다.5)

• 1) 행 1:23, 24 ; 행 6:2, 3 • 2) 행 13:2 ; 고전 12:28 ; 딤전 4:14 ; 딤진 5:22 ; 히 5:4 • 3) 고후 5:20 ; 벧전 5:1-4 • 4) 마 23:8, 10 ; 엡 1:22 ; 엡 5:23 • 5) 살전 5:12, 13 ; 딤전 5:17 ; 히 13:17

제32항
교회 질서와 권징

우리는, 비록 교회 치리자들이 그리스도의 몸된 교회를 유지하기 위해서 특정한 질서를 세우는 것이 유익하고 선할지라도, 그들은 우리의 유일한 주 그리스도께서 명하신 바로부터 일탈하지 않도록 항상 깨어있어야 한다고 믿는다.[1] 그러므로 우리는 하나님의 예배 안으로 도입하여 어떻게든 양심을 속박하거나 억압하는 모든 인간적인 고안물들과 규정들을 거부한다.[2] 우리는 조화와 일치를 보존하고 증진하여 모두로 하여금 하나님께 순종케 하는데 합당한 것만을 인정한다.[3] 바로 그 목적을 위하여, 권징과 출교는 하나님의 말씀과 일치하게 시행되어야 한다.[4]

- 1) 딤전 3:15 • 2) 사 29:13 ; 마 15:9 ; 갈 5:1 • 3) 고전 14:33 • 4) 마 16:19 ; 마 18:15-18 ; 롬 16:17 ; 고전 5:1 ; 딤전 1:20

제33항
성례

우리는 우리의 은혜로우신 하나님께서 우리의 둔감함과 유약함을 배려하사 성례를 제정하셔서 자신의 약속을 우리에게 인(印)치시고 우리를 향하신 하나님의 선하신 뜻과 은혜를 확증하셨음을 믿는다. 그는 우리의 믿음을 양육하고 견지하도록 그리하셨다.[1] 그는 그의 말씀으로 우리에게 선언하신 것과 우리 마음 내면에 행하시는 것을 우리의 외적인 오관들에 더 잘 체득되도록, 복음의 말씀에[2] 이것들을 더하셨다. 이로써 하나님은 우리에게 베푸신 구원을 확증하신다. 성례들은 내면의 보이지 않는 어떤 것들에 대한 보이는 표와 인으로서, 하나님께서 성령의 능력으로[3] 우리 안에 역사하시는 방도들이다. 그러므로 이 표징들은 무익하고 무의미해서 우리를 속이는 것이 아니다. 왜냐하면 예수 그리스도는 이 성례의 실체로서, 그와 별개로는 아무 것도 아니기 때문이다. 더욱 우리는 우리 주 그리스도께서 우리를 위해서 제정하신 두 가지 성례 곧 예수 그리스도의 세례[4]와 성찬[5]으로 만족한다.

- 1) 창 17:9-14 ; 출 12:1-51 ; 롬 4:11 • 2) 마 28:19 ; 엡 5:26 • 3) 롬 2:28, 29 ; 골 2:11, 12 • 4) 마 28:19 • 5) 마 26:26-28 ; 고전 11:23-26

제34항
세례의 성례

우리는, 율법의 마침이신(롬10:4) 예수 그리스도께서 친히 흘리신 피로, 혹 죄를 위한 대속이나 (공의)만족의 가능성을 염두에 두거나 그런 의도로 일삼았던 여타의 모든 피흘림을 끝내셨다는 것을 믿고 고백한다. 그는 피흘림이 담긴 할례를 폐지하셨고, 그 대신 세례의 성례를 제정하셨다.1) 세례에 의해서 우리는 하나님의 교회에 받아들여졌고, 여타의 모든 사람들과 거짓 종교로부터 구별되어, 우리가 지닌 표와 인의 주체이신 그에게 전적으로 속하게 하셨다.2) 이것이야말로 그가 영원히 우리의 하나님이시며 우리의 은혜로우신 아버지이심을 우리에게 증거해준다.

바로 그 이유로 그는 자기의 소유된 모든 자들에게 보통 물로써, 성부와 성자와 성령의 이름 안으로(마28:19), 세례 받으라고 명하셨다. 이로써 그는, 물이 우리에게 부어질 때에 더러운 몸이 씻어지듯이, 그리고 자신에게 뿌려져 세례 받은 몸에 있는 물을 보듯이, 그렇게 그리스도의 피가 성령으로 영혼 내부에 동일한 일을 행함을 표하신다.3) 세례는 죄로부터 우리의 영혼을 씻어내어 정결케 하고4) 우리를 진노의 자식에서 하나님의 자녀로 중생케 한다.5) 이는 그 물에 의해서가 아니라,6) 하나님의 아들의 보혈을 뿌림에 의해서 일어난다.7) 그 피뿌림은 우리의 홍해로서,8) 우리가 필히 이 홍해를 통과해야만 폭군인 바로, 즉 마귀를 피하여 영적인 가나안 땅에 들어간다.

따라서 목사는 그의 역할로 보이는 이 성례를 우리에게 주지만, 우리 주께서는 이 성례에 의해서 표한 보이지 않는 은사들과 은혜를 우리에게 주신다. 그는 우리 영혼의 불결과 불의를 씻으시고, 정화시키시고, 정결케 하시며,9) 우리 마음을 새롭게 하시어, 모든 위로로 마음 가득 채우시고, 그의 아버지 같은 자상하심에 대한 확신을 우리에게 주시고, 새 사람으로 우리에게 옷 입히시고, 우리의 옛 사람과 그 모든 행위들을 벗어버리게 하신다.10)

그러므로 우리는, 영원한 생명을 갈망하는 자들은 누구든지 단 한번의 세례를 받아야 한다고 믿는나.11) 세례는 결코 만복되어서는 안 되는데, 이는 우리가 두 번 태어날 수 없기 때문이다. 더욱 세례는 물이 우리 위에 임하는 때와 우리가 세례를 받는 때만이 아니라, 우리의 전 생애 내내 우리에게 유익을 준다. 바로 이 이유로 인하여 우리는 재세례파의 오류를 거부한다. 이들은 유일한 영단번의 세례로 만족하지 않고, 또한 신자의 어린 자녀들의 세례를 정죄하는 자들이다. 우리는 이스라엘의 유아들이 오늘날 우리들의 자녀들에게 하신 동일한 약속의 기초 위에서 할례를 받았듯이, 신자의 자녀들은 반드시 세례를 받아 언약의 표징으로 인쳐져야 한다고 믿는다.12) 과연 그리스도께서는 성인들을 위하여 자신의 피를 흘리신 것과 똑같이 신자의 자녀들을 위해서도 그의 피를 흘리사 정결케 하셨다.13) 그러므로 주 하나님께서 자녀들이 태어나자마자 곧장 어린 양을 드리라고 율법에서 명령하신 것처럼, 그리스도께서 자신들을 위해서 행하신 일에 대한 표로 성례를 반드시 받아야 한다.14) 이는 바로 예수 그리스도의 수난과 죽음의 성례이다. 할례가 이스라엘 백성을 위한 것이었듯이 세례는 우리 자녀들을 위해 동일한 의미를 지니고 있기에, 바울은 세례를 그리스도의 할례라고 부른다(골2:11).

• 1) 골 2:11 • 2) 출 12:48 ; 벧전 2:9 • 3) 마 3:11 ; 고전 12:13 • 4) 행 22:16 ; 히 9:14 ; 요일 1:7 ; 계 1:5 • 5) 딛 3:5 • 6) 벧전 3:21 • 7) 롬 6:3 ; 벧전 1:2 ; 벧전 2:24 • 8) 고전 10:1-4 • 9) 고전 6:11 ; 엡 5:26 • 10) 롬 6:4 ; 갈 3:27 • 11) 마 28:19 ; 엡 4:5 • 12) 창 17:10-12 ; 마 19:14 ; 행 2:39 • 13) 고전 7:14 • 14) 레 12:6

제35항
성만찬의 성례

우리는, 우리 구주 예수 그리스도께서 성만찬의 성례를 제정하셔서서 그가 이미 중생케 하시어 그의 교회인 자기 권속의 일원이 되게 하신 자들을 양육하시고 부양하심을 믿고 고백한다.[1)]

새로 태어난 자들은 두 가지 생명을 가지고 있다.[2)] 하나는 육체적이고 일시적인 것으로, 첫 출생 시에 받은 것이며, 모든 사람들에게 다 있는 것이다. 다른 하나는 영적이며 천상적인 것으로, 둘째 출생 시에 받으며,[3)] 그리스도의 몸과의 교제 안에서 복음의 말씀으로 된 결과이다. 바로 이 생명은 모든 사람들에게 다 있는 것이 아니라, 하나님의 택자들에게만 해당된다.

지상의 육체적인 생명 유지를 위해서 하나님께서 지상적이고 물질적인 떡을 먹도록 정하셨다. 이 떡은 마치 생명이 누구에게나 있는 것과 똑같이 누구에게나 주어진 것이다. 신자들이 가진, 이 천상의 영적인 생명 유지를 위해서, 하나님께서 그들에게 하늘로서 내려오는 산 떡(요6:51), 즉 예수 그리스도를 보내주셨으며,[4)] 신자들이 믿음에 의해서[5)] 영적으로 섭취하고 받아먹을 때, 주님은 그들의 영적인 생명을 양육하고 부양하신다.[6)]

그리스도께서 우리에게 영적인 천상의 떡을 제시하시기 위해서, 지상의 보이는 떡을 자기 몸의 성례로 그리고 술을 자기 피의 성례로 제정하셨다.[7)] 우리가 우리의 손으로 그 성례를 취하고 붙들어 우리 입으로 먹고 마시면, 우리 육신의 생명이 확실하게 부양되듯이, 그렇게 확실하게 우리는 우리 영혼의 손과 입인 믿음으로[8)] 우리의 유일한 구세주이신 그리스도의 참 몸과 참 피를 우리의 영적인 생명을 위해서 우리 영혼에 받는다.

의심의 여지없이 예수 그리스도께서 우리에게 자신의 성례를 명하신 것은 결코 헛되지 않다. 그러므로 그는 자신이 이 거룩한 표징들로 제시하신 모든 것을 우리 안에서 역사하신다. 우리가 하나님의 영의 은밀한 활동을 이해하지 못하듯이, 이렇게 행하시는 방식도 이해하지 못한다.[9)] 그렇지만 우리가 먹고 마신 것이 그리스도의 진짜 본래 살과 진짜 피라고 말한다 해도 과언이 아니다. 하지만 우리가 먹는 방식은 입에 의한 것이 아니라 성령 안에서 믿음에 의해서이다. 이렇게 해서 예수 그리스도는 항상 하늘에서 아버지 하나님의 우편 보좌에 좌정하고 계신다.[10)] 그런데도 그는 우리와 믿음으로 말미암아 친히 교제하시기를 그치지 아니하신다. 이 향연(饗宴)은 영적인 식탁으로서, 거기에서 그리스도는 친히 우리를 자기의 모든 유익들에 참여자들로 삼으시며, 자기 자신과 자기의 고난과 죽음의 은택들을 향유하는 은혜를 우리에게 주신다.[11)] 그는 우리가 자신의 살을 먹음으로 가난하고 황폐한 우리 영혼을 양육하시고 위로하시고 강건하게 하시며, 자신의 피를 마심으로 소생시키시고 새롭게 하신다.

비록 이 성례가 그것들이 표하는 바와 함께 결합되어 있을지라도, 후자가 항상 모두에 의해서 받아들여지는 것은 아니다.[12)] 악한 자는 성례를 취함으로 단연코 정죄에 이를 뿐, 성례의 진리를 받는 것은 아니다. 그래서 유다와 마법사 시몬 둘 다 성례를 받았으나, 그 성례가 표하는 그리스도를 받지는

않았다.13) 그리스도는 오로지 믿는 자들하고만 교제하신다.14)

마지막으로, 우리가 다함께 감사함으로 우리 구주 그리스도의 죽음을 기념하고 그리스도에 대한 우리의 믿음을 고백한 대로15) 이 성례를 겸손과 존경으로 하나님 백성의 회중에서 받는다.16) 그러므로 아무도 신중한 자기 성찰 없이 이 식탁에 나아와서, 이 떡을 먹고 이 잔을 마심으로 자기 위에 임한 심판을 자초하는 일이 없도록 해야 한다.17) 요컨대 우리는 이 성례의 사용으로 감화를 받아 하나님과 이웃을 열렬히 사랑하는 것이다. 그러므로 우리는 성례에다 덧붙이고 혼합한 모든 저주스러운 인간적인 고안물들이 신성모독이므로 거부한다. 우리는 그리스도와 그의 사도들이 우리에게 가르쳐주신 성례전으로 만족해야 하고, 성례에 관해서도 그들의 말씀대로 말해야 한다고 선언한다.

- 1) 마 26:26-28 ; 막 14:22-24 ; 눅 22:19, 20 ; 고전 11:23-26 • 2) 요 3:5, 6 • 3) 요 5:25 • 4) 요 6:48-51 • 5) 요 6:40, 47 • 6) 요 6:63 ; 요 10:10 • 7) 요 6:55 ; 고전 10:16 • 8) 엡 3:17 • 9) 요 3:8 • 10) 막 16:19 • 행 3:21 • 11) 롬 8:32 ; 고전 10:3, 4 • 12) 고전 2:14 • 13) 눅 22:21, 22 ; 행 8:13, 21 • 14) 요 3:36 • 15) 행 2:46 ; 고전 11:26 • 16) 행 2:42 ; 행 20:7 • 17) 고전 11:28, 29

제36항
시민 정부

우리는 인간의 타락 때문에 우리의 은혜로우신 하나님께서 왕들과 방백들과 공직자들을 임명하셨음을 믿는다.1) 그는 사람의 방종이 억제되고, 모든 일들이 그들 가운데서 선한 질서로 처리되도록,2) 세상이 법률과 정책으로 통치되기를 원하신다.3) 이런 목적을 위해서 그는 정부의 손에 칼을 두셔서 행악자들을 처벌하시고, 또 선행자들을 보호하신다(롬13:4). 사회 안녕과 질서를 유지하는 그들의 과업은 공공질서에만 제한 된 것이 아니라, 그리스도의 왕국이 도래하고, 복음의 말씀이 모든 곳에서 선포될 수 있도록,4) 또 하나님께서 그의 말씀에서 요구하신 대로, 모든 사람들에 의해 존경받고 섬김을 받으시도록 하기 위해서, 교회와 그 사역의 보호를 포함한다.

더욱 어떤 지위나 신분이나 처지에 있든지 누구나 공직자들에게 마땅히 순종하되, 세금을 내고, 그들을 존중하고 존경하며, 하나님의 말씀에 어긋나지 않는5) 모든 일에6) 복종해야 한다. 우리는 반드시 그들을 위해서 기도하여, 하나님께서 그들의 모든 행사들에서 그들을 지도하시고, 또한 우리가 모든 면에서 경건하고 품위있게, 고요하고 평온한 생활을 영위하도록 해야 한다(딤전2:1,2).

이런 이유 때문에 우리는 재세례파와 다른 패역한 자들, 또 일반적으로 권세자들과 공직자들을 거절하여, 공의를 파괴하고,7) 재산의 공유를 도입하고, 하나님께서 사람들 가운데 세워놓으신 예의범절을 혼란케 하는 모든 자들을 정죄한다. (다음의 표현들은 *1905년 네델란드 개혁교회(Gereformeerde Kerken in Nederland)* 총회에 의해서 삭제되었다.)

이로써 모든 우상과 거짓 예배가 제거되고 예방되도록 하며, 석그리스도의 왕국은 파괴되도록 한다.

• 1) 잠 8:15 ; 단 2:21 ; 요 19:11 ; 롬13:1 • 2) 신 1:16 ; 신 16:19 ; 삿 21:24 ; 시 82 ; 렘 21:12 ; 렘 22:3 ; 벧전 2:13 • 3) 출 18:20 • 4) 시 2 ; 롬 13:4a ; 딤전 2:1~4 • 5) 행 4:19 ; 행 5:29 • 6) 마 17:27 ; 마 22:21 ; 롬 13:7 ; 벧전 2:17 • 7) 벧후 2:10 ; 유 8

제37항
최후의 심판

마지막으로, 우리는 하나님의 말씀에 따라, 모든 피조물들에게는 알려지지 않았지만 하나님에 의해 정해진 때가 도래하여[1] 택자의 수가 차게 되면,[2] 우리 주 예수 그리스도께서 승천하신 그대로(행 1:11) 육체적으로 가시적으로[3] 하늘로부터 큰 영광과 위엄으로써 오실 것을 믿는다. 그리스도께서는 자신을 산 자와 죽은 자에 대한 심판자[4]로 선포하시사 이 옛 세상을 정화하기 위하여 불사르실 것이다.[5] 그때에는 남녀노소를 무론하고 세상의 처음부터 마지막 때까지 살았던 모든 사람들이 개별적으로 이 대심판장 앞에 나타나게 된다.[6] 그들은 천사장의 호령 소리와 하나님의 나팔소리와 더불어 소환될 것이다(살전4:16).[7]

그 때 이전에 죽은 자들은 그들의 영이 다시 한 번 이전에 살던 자기 몸과 연합한 채로, 땅에서 일어나게 된다.[8] 그때까지 여전히 살아 있는 자들은 다른 사람들과 같이 죽지 않고 눈 깜짝할 사이에 변화해서 썩어질 것이 썩지 않게 된다.[9] 그때에 책들이 펼쳐져서 죽은 자들은 그들이 이 세상에서 행한 대로 선악 간에(고후 5:10) 심판을 받게 될 것이다(계 20:12).[10] 참으로 모든 사람이 무슨 무익한 말을 했든지, 세상은 농담이나 재미로 여길지라도, 이에 대하여 심문을 받게 된다(마 2:36). 과연 사람의 은밀한 행위나 위선이 모든 사람의 눈앞에 공공연하게 드러나게 된다. 그래서 이런 선한 이유로 인하여 심판에 대한 생각이 악인과 악행자들에게는 무섭고 두려운 것이지만,[11] 의인과 택함을 받은 자들에게는 큰 기쁨과 위로가 된다. 과연 그때에는 그들의 온전한 구속이 성취될 것이고 그들의 수고와 그들이 당했던 고난의 열매를 거둘 것이다.[12] 그들의 결백이 만천하에 알려지게 되고, 그들은 이 세상에서 그들을 핍박하고, 압제하고, 괴롭혔던 악인들을 처벌하시는 하나님의 무서운 보응을 보게 된다.[13]

악인들은 그들 자신의 양심의 증거에 따라서 정죄를 받고 죽지도 않을 것이며,[14] 오직 마귀와 그 사자들을 위해 예비된 영영한 불에 들어가 고통을 받게 된다(마 25:41).[15] 반면에 신실한 택자들은 영광과 존귀의 면류관을 쓰게 될 것이다. 하나님의 아들이 자신의 아버지이신 하나님(마 10:32)과 그의 택하신 천사들 앞에서 그들의 이름을 인정할 것이다.[16] 하나님께서 그들의 눈에서 모든 눈물을 씻기실 것인데(계 21:4),[17] 현재 많은 재판관들과 공직자들에 의해서 이단적이고 악하다고 정죄받은 송사들을, 하나님의 아들의 송사로 인해 인정받게 된다. 주님께서 은혜로운 보상으로서 사람들의 마음에 결코 생각할 수도 없었던 그런 영광을 소유하도록 해 주신다.[18] 그러므로 우리는 우리 주 예수 그리스도 안에 있는 하나님의 충만한 약속들을 누릴 수 있기를 간절히 소망하고 바로 이 위대한 날이 임하기를 학수고대한다. 아멘 주 예수여 오시옵소서(계 22:20)!

• 1) 마 24:36 ; 마 25:13 ; 살전 5:1, 2 • 2) 히 11:39, 40 ; 계 6:11 • 3) 계 1:7 • 4) 마 24:30 ; 마 25:31 • 5) 마 25:31-46 ; 딤후 4:1 ; 벧전 4:5 • 6) 벧후 3:10-13 • 7) 신 7:9 ; 계 20:12, 13 • 8) 단 12:2 ; 요 5:28, 29 • 9) 고전 15:51, 52 ; 빌 3:20 • 10) 히 9:27 ; 계 22:12 • 11) 마 11:22 ; 마 23:33 ; 롬 2:5, 6 ; 히 10:27 ; 벧후 2:9 ; 유 15 ; 계 14:7 • 12) 눅 14:14 ; 살후 1:3-10 ; 요일 4:17 • 13) 계 15:4 ; 계 18:20 • 14) 마 13:41, 42 ; 막 9:48 ; 눅 16:22-28 ; 계 21:8 • 15) 계 20:10 • 16) 계 3:5 • 17) 사 25:8 ; 계 7:17 • 18) 단 12:3 ; 마 5:12 ; 마 13:43 ; 고전 2:9 ; 계 21:9-22:5

하이델베르크 교리문답

하이델베르크 교리문답

서문

개혁교회 교리의 두 번째 표준 문서인 하이델베르크 교리문답은 독일에서 가장 영향력이 있었던 지방 팔레티네이트의 통치자인 선제후 프레드릭(Frederick) 3세의 요청으로 1559년부터 1576년까지 하이델베르크에서 작성되었다. 경건한 그리스도인이었던 선제후 프레드릭은 청소년 교육과, 또 목사들과 교사들의 지침 역할을 위한 교리문답서를 준비하도록, 하이델베르크 대학교의 신학 교수였던 28세의 쟈카리우스 우르시누스(Z. Ursinus)와, 프레드릭 궁정 목사인 26세 카스퍼 올레비아누스(C. Olevianus)를 임명했다. 프레드릭 3세는 본 교리문답서 준비를 위해 모든 신학 교수단의 자문과 협조를 얻었다. 하이델베르크 교리문답은 하이델베르크에서 개최된 총회에서 채택되었고, 1563년 1월 19일에 프레드릭 3세의 서문과 함께 독일어로 출판되었다. 같은 해에, 몇몇 첨부된 내용을 담은 독일어 2판과 3판, 그리고 라틴어 번역본이 하이델베르크에서 출판되었다. 이 교리문답은 곧바로 52단락으로 나뉘어져, 매 단락이 매년 매 주일마다 해설될 수 있게 하였다.

네덜란드에서 하이델베르크 교리문답을 화란어로 번역한 페트루스 단테누스(P. Dantenus)의 수고로 출판되자마자 호의적인 평가를 받으며 널리 알려지게 되었다. 단테누스는 제네바 시편찬송에 이 번역본을 덧붙여 1566년에 출판하였다. 같은 해 피터 가브리엘(P. Gabriel)이 암스텔담 교회의 주일 오후 예배 설교시에 본 교리문답을 해설하는 모범을 보였다. 16세기의 전국 총회들은 본 교리문답을 개혁교회 표준 신앙고백 중 하나로 채택하였고, 여기에 직분자의 임직 서약시 동의 서명과 개 교회에서 목사의 해설을 요구하였다. 1618-1619년 국제적인 돌트 총회에서 이 요구사항은 철저하게 강화되었다.

하이델베르크 교리문답은 지금까지 많은 언어로 번역되었고, 종교 개혁 시대의 여러 교리문답서들 가운데 가장 큰 영향을 미쳤으며, 가장 널리 채택되었다.

하이델베르크 교리문답

주의 날 | 제1주

제 1 문 _ 살아서나 죽어서나
당신의 유일한 위로는 무엇입니까?

답 _ 살아서나 죽어서나[1]
나는 나의 것이 아니요,[2]
몸도 영혼도
나의 신실한 구주 예수 그리스도에게 속한 것입니다.[3]
그리스도께서는 그의 보혈로
나의 모든 죄값을 완전히 치르고,[4]
나를 마귀의 모든 권세로부터
자유롭게 하셨습니다.[5]
또한 그는, 나의 하늘 아버지의 뜻이 없이는
머리카락 하나라도 내 머리에서 땅에 떨어지지 않도록[6]
그렇게 나를 보존하시사,[7]
참으로 모든 것이 합력하여 기필코
나의 구원을 이루도록 하십니다.[8]
그러므로 그의 성령에 의해
또한 나에게 영원한 생명을 확신케 하시고,[9]
이제부터는 나로 하여금 마음을 다해
기꺼이 곧바로
그를 위해 살도록 하십니다.[10]

제 2 문 _ 바로 이런 위로의 복락 안에서
살고 죽기 위해서
당신은 무엇을 알 필요가 있습니까?

답_ 첫째,
　　　나의 죄와 비참함이 얼마나 큰가,[11])
　　둘째,
　　　나의 모든 죄와 비참함으로부터
　　　어떻게 구원을 받는가,[12])
　　셋째,
　　　그러한 구원에 대한 감사를 하나님께
　　　어떻게 드려야하는가 입니다.[13])

1) · 롬 14:7-9 _ 우리 중에 누구든지 자기를 위하여 사는 자가 없고 자기를 위하여 죽는 자도 없도다 우리가 살아도 주를 위하여 살고 죽어도 주를 위하여 죽나니 그러므로 사나 죽으나 우리가 주의 것이로라 이를 위하여 그리스도께서 죽었다가 다시 살으셨으니 곧 죽은 자와 산 자의 주가 되려 하심이니라
2) · 고전 6:19,20 _ 너희 몸은 너희가 하나님께로부터 받은 바 너희 가운데 계신 성령의 전(殿)인 줄 알지 못하느냐 너희는 너희의 것이 아니라 값으로 산 것이 되었으니 그런즉 너희 몸으로 하나님께 영광을 돌리라
3) · 고전 3:23 _ 너희는 그리스도의 것이요 그리스도는 하나님의 것이니라
　· 딛 2:14 _ 그가 우리를 대신하여 자신을 주심은 모든 불법에서 우리를 구속(救贖)하시고 우리를 깨끗하게 하사 선한 일에 열심하는 친 백성이 되게 하려 하심이니라
4) · 벧전 1:18,19 _ 너희가 알거니와 너희 조상의 유전한 망령된 행실에서 구속(救贖)된 것은 은이나 금같이 없어질 것으로 한 것이 아니요 오직 흠 없고 점 없는 어린양 같은 그리스도의 보배로운 피로 한 것이니라
　· 요일 1:7 _ 저가 빛 가운데 계신 것같이 우리도 빛 가운데 행하면 우리가 서로 사귐이 있고 그 아들 예수의 피가 우리를 모든 죄에서 깨끗하게 하실 것이요
　· 요일 2:2 _ 저는 우리 죄를 위한 화목제물이니 우리만 위할 뿐 아니요 온 세상의 죄를 위하심이라
5) · 요 8:34-36 _ 예수께서 대답하시되 진실로 진실로 너희에게 이르노니 죄를 범하는 자마다 죄의 종이라 종은 영원히 집에 거하지 못하되 아들은 영원히 거하나니 그러므로 아들이 너희를 자유케 하면 너희가 참으로 자유하리라
　· 히 2:14,15 _ 자녀들은 혈육에 함께 속하였으매 그도 또한 한 모양으로 혈육에 함께 속하심은 사망으로 말미암아 사망의 세력을 잡은 자 곧 마귀를 없이하시며 또 죽기를 무서워하므로 일생에 매여 종노릇하는 모든 자들을 놓아주려 하심이니

· 요일 3:8 _ 죄를 짓는 자는 마귀에게 속하나니 마귀는 처음부터 범죄함이니라 하나님의 아들이 나타나신 것은 마귀의 일을 멸하려 하심이니라
6) · 마 10:29-31 _ 참새 두 마리가 한 앗사리온에 팔리는 것이 아니냐 그러나 너희 아버지께서 허락지 아니하시면 그 하나라도 땅에 떨어지지 아니하리라 너희에게는 머리털까지 다 세신 바 되었나니 두려워하지 말라 너희는 많은 참새보다 귀하니라
　· 눅 21:16-18 _ 심지어 부모와 형제와 친척과 벗이 너희를 넘겨주어 너희 중에 몇을 죽이게 하겠고 또 너희가 내 이름을 인하여 모든 사람에게 미움을 받을 것이나 너희 머리털 하나도 상치 아니하리라
7) · 요 6:39,40 _ 나를 보내신 이의 뜻을 행하려 함이니라 나를 보내신 이의 뜻은 내게 주신 자 중에 내가 하나도 잃어버리지 아니하고 마지막 날에 다시 살리는 이것이니라 내 아버지의 뜻은 아들을 보고 믿는 자마다 영생을 얻는 이것이니 마지막 날에 내가 이를 다시 살리리라 하시니라
　· 요 10:27-30 _ 내 양은 내 음성을 들으며 나는 저희를 알며 저희는 나를 따르느니라 내가 저희에게 영생을 주노니 영원히 멸망치 아니할 터이요 또 저희를 내 손에서 빼앗을 자가 없느니라 저희를 주신 내 아버지는 만유보다 크시매 아무도 아버지 손에서 빼앗을 수 없느니라 나와 아버지는 하나이니라 하신대
　· 살후 3:3 _ 주는 미쁘사 너희를 굳게 하시고 악한 자에게서 지키시리라
　· 벧전 1:5 _ 너희가 말세에 나타내기로 예비하신 구원을 얻기 위하여 믿음으로 말미암아 하나님의 능력으로 보호하심을 입었나니
8) · 롬 8:28 _ 우리가 알거니와 하나님을 사랑하는 자 곧 그 뜻대로 부르심을 입은 자들에게는 모든 것이 합력하여 선을 이루느니라
9) · 롬 8:15,16 _ 너희는 다시 무서워하는 종의 영을 받지 아니하였고 양자의 영을 받았으므로 아바 아버지라 부르짖느니라 성령이 친히 우리 영으로 더불어 우리

가 하나님의 자녀인 것을 증거하시나니
- 고후 1:21,22 _ 우리를 너희와 함께 그리스도 안에서 견고케 하시고 우리에게 기름을 부으신 이는 하나님이시니 저가 또한 우리에게 인치시고 보증으로 성령을 우리 마음에 주셨느니라
- 고후 5:5 _ 곧 이것을 우리에게 이루게 하시고 보증으로 성령을 우리에게 주신 이는 하나님이시니라
- 엡 1:13,14 _ 그 안에서 너희도 진리의 말씀 곧 너희의 구원의 복음을 듣고 그 안에서 또한 믿어 약속의 성령으로 인 치심을 받았으니 이는 우리의 기업에 보증이 되사 그 얻으신 것을 구속(救贖)하시고 그의 영광을 찬미하게 하려 하심이라

10) - 롬 8:14 _ 무릇 하나님의 영으로 인도함을 받는 그들은 곧 하나님의 아들이라

11) - 롬 3:9,10 _ 그러면 어떠하뇨 우리는 나으뇨 결코 아니라 유대인이나 헬라인이나 다 죄 아래 있다고 우리가 이미 선언하였느니라 기록한 바 의인은 없나니 하나도 없으며
- 요일 1:10 _ 만일 우리가 범죄하지 아니하였다 하면 하나님을 거짓말하는 자로 만드는 것이니 또한 그의 말씀이 우리 속에 있지 아니하니라

12) - 요 17:3 _ 영생은 곧 유일하신 참 하나님과 그의 보내신 자 예수 그리스도를 아는 것이니이다
- 행 4:12 _ 다른 이로서는 구원을 얻을 수 없나니 천하 인간에 구원을 얻을 만한 다른 이름을 우리에게 주신 일이 없음이니라 하였더라
- 행 10:43 _ 저에 대하여 모든 선지자도 증거하되 저를 믿는 사람들이 다 그 이름을 힘입어 죄 사함을 받는다 하였느니라

13) - 마 5:16 _ 이같이 너희 빛을 사람 앞에 비취게 하여 저희로 너희 착한 행실을 보고 하늘에 계신 너희 아버지께 영광을 돌리게 하라
- 롬 6:13 _ 또한 너희 지체(肢體)를 불의의 병기로 죄에게 드리지 말고 오직 너희 자신을 죽은 자 가운데서 다시 산 자같이 하나님께 드리며 너희 지체를 의의 병기로 하나님께 드리라
- 엡 5:8-10 _ 너희가 전에는 어두움이더니 이제는 주 안에서 빛이라 빛의 자녀들처럼 행하라 빛의 열매는 모든 착함과 의로움과 진실함에 있느니라 주께 기쁘시게 할 것이 무엇인가 시험하여 보라
- 벧전 2:9,10 _ 오직 너희는 택하신 족속이요 왕 같은 제사장들이요 거룩한 나라요 그의 소유 된 백성이니 이는 너희를 어두운 데서 불러내어 그의 기이한 빛에 들어가게 하신 자의 아름다운 덕을 선전하게 하려 하심이라 너희가 전에는 백성이 아니더니 이제는 하나님의 백성이요 전에는 긍휼을 얻지 못하였더니 이제는 긍휼을 얻은 자니라

제1부

우리의 죄와 비참

주의 날 | 제2주

제 3 문 _ 당신은 당신의 죄와 비참함을 어디에서 압니까?
답 _ 하나님의 율법으로부터 압니다.[1]

제 4 문 _ 하나님의 율법이 우리에게 무엇을 요구합니까?
답 _ 그리스도께서 우리에게 마태복음 22장에서 이렇게 요약하여 가르치십니다.
"네 마음을 다하고
목숨을 다하고
뜻을 다하여
주 너의 하나님을 사랑하라 하셨으니
이것이 크고 첫째 되는 계명이요.[2]
둘째는 그와 같으니
네 이웃을 네 몸과 같이 사랑하라 하셨으니
이 두 계명이
온 율법과 선지자의 강령이니라."[3]

제 5 문 _ 당신은 이 모든 것을 완전히 지킬 수 있습니까?
답 _ 아닙니다.[4] 나는 본성상
하나님과 내 이웃을 미워하는 성향이 있습니다.[5]

---

[1] · 롬 3:20 _ 그러므로 율법의 행위로 그의 앞에 의롭다 하심을 얻을 육체가 없나니 율법으로는 죄를 깨달음이니라
· 롬 7:7-25 _ 그런즉 우리가 무슨 말 하리요 율법이 죄냐 그럴 수 없느니라 율법으로 말미암지 않고는 내가 죄를 알지 못하였으니 곧 율법이 탐내지 말라 하지 아니하였더면 내가 탐심을 알지 못하였으리라 그러나 죄가 기회를 타서 계명으로 말미암아 내 속에서 각양 탐심을 이루었나니 이는 법이 없으면 죄가 죽은 것임이니라 전에 법을 깨닫지 못할 때에는 내가 살았더니 계명이 이르매 죄는 살아나고 나는 죽었도다 생명에 이르게 할 그 계명이 내게 대하여 도리어 사망에 이르게 하는 것이 되었도다 죄가 기회를 타서 계명으로 말미암아 나를 속이고 그것으로 나를 죽였는지라 이로보건대 율법도 거룩하며 계명도 거룩하며 의로우며 선하도다 그런즉 선한 것이 내게 사망이 되었느뇨 그럴 수 없느니라 오직 죄가 죄로 드러나기 위하여 선한 그것으로 말미암아 나를 죽게 만들었으니 이는 계명으로 말미암아 죄로 심히 죄되게 하려함이니라 우리가 율법은 신령한줄 알거니와 나는 육신에 속하여 죄

아래 팔렸도다 나의 행하는 것을 내가 알지 못하노니 곧 원하는 이것은 행하지 아니하고 도리어 미워하는 그것을 함이라 만일 내가 원치 아니하는 그것을 하면 내가 이로 율법의 선한 것을 시인하노니 이제는 이것을 행하는 자가 내가 아니요 내 속에 거하는 죄니라 내 속 곧 내 육신에 선한 것이 거하지 아니하는 줄을 아노니 원함은 내게 있으나 선을 행하는 것은 없노라 내가 원하는 바 선은 하지 아니하고 도리어 원치 아니하는 바 악은 행하는도다 만일 내가 원치 아니하는 그것을 하면 이를 행하는 자가 내가 아니요 내 속에 거하는 죄니라 그러므로 내가 한 법을 깨달았노니 곧 선을 행하기 원하는 나에게 악이 함께 있는 것이로다 내 속 사람으로는 하나님의 법을 즐거워하되 내 지체 속에서 한 다른 법이 내 마음의 법과 싸워 내 지체 속에 있는 죄의 법 아래로 나를 사로잡아 오는 것을 보는도다 오호라 나는 곤고한 사람이로다 이 사망의 몸에서 누가 나를 건져 내랴 우리 주 예수 그리스도로 말미암아 하나님께 감사하리로다 그런즉 내 자신이 마음으로는 하나님의 법을 육신으로는 죄의 법을 섬기노라

2) · 신 6:5 _ 너는 마음을 다하고 성품을 다하고 힘을 다하여 네 하나님 여호와를 사랑하라

3) · 레 19:18 _ 원수를 갚지 말며 동포를 원망하지 말며 이웃 사랑하기를 네 몸과 같이 하라 나는 여호와니라

4) · 롬 3:10, 23 _ 기록한 바 의인은 없나니 하나도 없으며 모든 사람이 죄를 범하였으매 하나님의 영광에 이르지 못하더니

요일 1:8, 10 _ 만일 우리가 죄 없다 하면 스스로 속이고 또 진리가 우리 속에 있지 아니할 것이요 만일 우리가 범죄하지 아니하였다 하면 하나님을 거짓말하는 자로 만드는 것이니 또한 그의 말씀이 우리 속에 있지 아니하니라

5) · 창 6:5 _ 여호와께서 사람의 죄악이 세상에 관영(貫盈)함과 그 마음의 생각의 모든 계획이 항상 악할 뿐임을 보시고

· 창 8:21 _ 여호와께서 그 향기를 흠향(歆饗)하시고 그 중심에 이르시되 내가 다시는 사람으로 인하여 땅을 저주하지 아니하리니 이는 사람의 마음의 계획하는 바가 어려서부터 악함이라 내가 전에 행한 것같이 모든 생물을 멸하지 아니하리니

· 렘 17:9 _ 만물보다 거짓되고 심히 부패한 것은 마음이라 누가 능히 이를 알리요마는

· 롬 7:23 _ 내 지체(肢體) 속에서 한 다른 법이 내 마음의 법과 싸워 내 지체 속에 있는 죄의 법 아래로 나를 사로잡아 오는 것을 보는도다

· 롬 8:7 _ 육신의 생각은 하나님과 원수가 되나니 이는 하나님의 법에 굴복치 아니할 뿐 아니라 할 수도 없음이라

· 엡 2:3 _ 전에는 우리도 다 그 가운데서 우리 육체의 욕심을 따라 지내며 육체와 마음의 원하는 것을 하여 다른 이들과 같이 본질상 진노의 자녀이었더니

· 딛 3:3 _ 우리도 전에는 어리석은 자요 순종치 아니한 자요 속은 자요 각색 정욕과 행락에 종노릇한 자요 악독과 투기로 지낸 자요 가증스러운 자요 피차 미워한 자이었으나

주의 날 | 제3주

제 6 문 _ 그러면 하나님께서 사람을 그토록 악하고 패역하게 창조하셨습니까?

답 _ 아닙니다. 정반대로,
하나님은 사람을 선하게,1) 또 자신의 형상2)
곧 참된 의와 거룩으로 창조하셔서,3)
사람이 자기의 창조주 하나님을 바르게 알고,4)
마음을 다하여 그를 사랑하며,
영원한 복락 안에서 그와 더불어 삶으로
그에게 찬양과 영광을 돌리도록 합니다.5)

제 7 문 _ 그런데 사람의 부패한 본성은 어디로부터 왔습니까?

답 _ 낙원 곧 우리의 시조인 아담과 하와의

타락과 불순종으로부터 와서,⁶⁾
거기에서부터 우리의 본성이 심히 부패하여⁷⁾
우리는 모두 죄악 중에 잉태되고, 출생합니다.⁸⁾

제 8 문 _ 그렇다면 우리는 심히 부패하여, 전혀 어떤 선도 행할 수 없으며 온갖 악으로만 치우쳐 있습니까?

답_ 참으로⁹⁾ 우리가 하나님의 성령으로 거듭나지 않는 한, 그렇습니다.¹⁰⁾

---

1) · 창 1:31 _ 하나님이 그 지으신 모든 것을 보시니 보시기에 심히 좋았더라 저녁이 되며 아침이 되니 이는 여섯째 날이니라
2) · 창 1:26,27 _ 하나님이 가라사대 우리의 형상을 따라 우리의 모양대로 우리가 사람을 만들고 그로 바다의 고기와 공중의 새와 육축과 온 땅과 땅에 기는 모든 것을 다스리게 하자 하시고 하나님이 자기 형상 곧 하나님의 형상대로 사람을 창조하시되 남자와 여자를 창조하시고
3) · 엡 4:24 _ 하나님을 따라 의와 진리의 거룩함으로 지으심을 받은 새사람을 입으라
4) · 골 3:10 _ 새사람을 입었으니 이는 자기를 창조하신 자의 형상을 좇아 지식에까지 새롭게 하심을 받는 자니라
5) · 시 8:1-9 _ 여호와 우리 주여 주의 이름이 온 땅에 어찌 그리 아름다운지요 주의 영광을 하늘 위에 두셨나이다 주의 대적을 인하여 어린 아이와 젖먹이의 입으로 말미암아 권능을 세우심이여 이는 원수와 보수자로 잠잠케 하려 하심이니이다 주의 손가락으로 만드신 주의 하늘과 주의 베풀어 두신 달과 별들을 내가 보오니 사람이 무엇이관대 주께서 저를 생각하시며 인자가 무엇이관대 주께서 저를 권고하시나이까 저를 천사보다 조금 못하게 하시고 영화와 존귀로 관을 씌우셨나이다 주의 손으로 만드신 것을 다스리게 하시고 만물을 그 발 아래 두셨으니 곧 모든 우양과 들짐승이며 공중의 새와 바다의 어족과 해로에 다니는 것이니이다 여호와 우리 주여 주의 이름이 온 땅에 어찌 그리 아름다운지요
6) · 창 3:1-24 _ 여호와 하나님의 지으신 들짐승 중에 뱀이 가장 간교하더라 뱀이 여자에게 물어 가로되 하나님이 참으로 너희더러 동산 모든 나무의 실과를 먹지 말라 하시더냐 여자가 뱀에게 말하되 동산 나무의 실과를 우리가 먹을 수 있으나 동산 중앙에 있는 나무의 실과는 하나님의 말씀에 너희는 먹지도 말고 만지지도 말라 너희가 죽을까 하노라 하셨느니라 뱀이 여자에게 이르되 너희가 결코 죽지 아니하리라 너희가 그것을 먹는 날에는 너희 눈이 밝아 하나님과 같이 되어 선악을 알 줄을 하나님이 아심이니라 여자가 그 나무를 본즉 먹음직도 하고 보암직도 하고 지혜롭게 할만큼 탐스럽기도 한 나무인지라 여자가 그 실과를 따먹고 자기와 함께 한 남편에게도 주매 그도 먹은지라 이에 그들의 눈이 밝아 자기들의 몸이 벗은 줄을 알고 무화과나무 잎을 엮어 치마를 하였더라 그들이 날이 서늘할 때에 동산에 거니시는 여호와 하나님의 음성을 듣고 아담과 그 아내가 여호와 하나님의 낯을 피하여 동산 나무 사이에 숨은지라 여호와 하나님이 아담을 부르시며 그에게 이르시되 네가 어디 있느냐 가로되 내가 동산에서 하나님의 소리를 듣고 내가 벗었으므로 두려워하여 숨었나이다 가라사대 누가 너의 벗었음을 네게 고하였느냐 내가 너더러 먹지 말라 명한 그 나무 실과를 네가 먹었느냐 아담이 가로되 하나님이 주셔서 나와 함께 하게 하신 여자 그가 그 나무 실과를 내게 주므로 내가 먹었나이다 여호와 하나님이 여자에게 이르시되 네가 어찌하여 이렇게 하였느냐 여자가 가로되 뱀이 나를 꾀므로 내가 먹었나이다 여호와 하나님이 뱀에게 이르시되 네가 이렇게 하였으니 네가 모든 육축과 들의 모든 짐승보다 더욱 저주를 받아 배로 다니고 종신토록 흙을 먹을지니라 내가 너로 여자와 원수가 되게 하고 너의 후손도 여자의 후손과 원수가 되게 하리니 여자의 후손은 네 머리를 상하게 할 것이요 너는 그의 발꿈치를 상하게 할 것이니라 하시고 또 여자에게 이르시되 내가 네게 잉태하는 고통을 크게 더하리니 네가 수고하고 자식을 낳을 것이며 너는 남편을 사모하고 남편은 너를 다스릴 것이니라 하시고 아담에게 이르시되 네가 네 아내의 말을 듣고 내가 너더러 먹지 말라 한 나무 실과를 먹었은즉 땅은 너로 인하여 저주를 받고 너는 종신토록 수고하여야 그 소산을 먹으리라 땅이 네게 가시덤불과 엉겅퀴를 낼 것이라 너의 먹을 것은 밭의 채소인즉 네가 얼굴에 땀이 흘러야 식물을 먹고 필경은 흙으로 돌아가리니 그 속

에서 네가 취함을 입었음이라 너는 흙이니 흙으로 돌아갈 것이니라 하시니라 아담이 그 아내를 하와라 이름하였으니 그는 모든 산 자의 어미가 됨이더라 여호와 하나님이 아담과 그 아내를 위하여 가죽옷을 지어 입히시니라 여호와 하나님이 가라사대 보라 이 사람이 선악을 아는 일에 우리 중 하나 같이 되었으니 그가 그 손을 들어 생명나무 실과도 따먹고 영생할까 하노라 하시고 여호와 하나님이 에덴동산에서 그 사람을 내어 보내어 그의 근본된 토지를 갈게 하시니라 이같이 하나님이 그 사람을 쫓아 내시고 에덴동산 동편에 집단들과 두루 도는 화염검을 두어 생명나무의 길을 지키게 하시니라

7) · 롬 5:12,18,19 _ 이러므로 한 사람으로 말미암아 죄가 세상에 들어오고 죄로 말미암아 사망이 왔나니 이와 같이 모든 사람이 죄를 지었으므로 사망이 모든 사람에게 이르렀느니라 그런즉 한 범죄로 많은 사람이 정죄에 이른 것같이 의의 한 행동으로 말미암아 많은 사람이 의롭다 하심을 받아 생명에 이르렀느니라 한 사람의 순종치 아니함으로 많은 사람이 죄인 된 것같이 한 사람의 순종하심으로 많은 사람이 의인이 되리라

8) · 시 51:5 _ 내가 죄악 중에 출생하였음이여 모친이 죄 중에 나를 잉태하였나이다

9) · 요 3:3-5 _ 예수께서 대답하여 가라사대 진실로 진실로 네게 이르노니 사람이 거듭나지 아니하면 하나님나라를 볼 수 없느니라 니고데모가 가로되 사람이 늙으면 어떻게 날 수 있삽나이까 두 번째 모태에 들어갔다가 날 수 있삽나이까 예수께서 대답하시되 진실로 진실로 네게 이르노니 사람이 물과 성령으로 나지 아니하면 하나님 나라에 들어갈 수 없느니라

10) · 창 6:5 _ 여호와께서 사람의 죄악이 세상에 관영(貫盈)함과 그 마음의 생각의 모든 계획이 항상 악할 뿐임을 보시고

· 창 8:21 _ 여호와께서 그 향기를 흠향(歆饗)하시고 그 중심에 이르시되 내가 다시는 사람으로 인하여 땅을 저주하지 아니하리니 이는 사람의 마음의 계획하는 바가 어려서부터 악함이라 내가 전에 행한 것같이 모든 생물을 멸하지 아니하리니

· 욥 14:4 _ 누가 깨끗한 것을 더러운 것 가운데서 낼 수 있으리이까 하나도 없나이다

· 사 53:6 _ 우리는 다 양 같아서 그릇 행하여 각기 제 길로 갔거늘 여호와께서는 우리 무리의 죄악을 그에게 담당시키셨도다

주의 날 | 제4주

제 9 문 _ 그런데 하나님께서 그의 율법에서 사람이 할 수 없는 것을 요구하시면 부당하지 않습니까?

답_ 아닙니다.
하나님께서 사람을
그렇게 할 수 있도록 창조하셨습니다.1)
그러나 사람은 마귀의 유혹으로,2)
고의로 불순종하여3)
자기 자신은 물론 그의 모든 후손들도
이런 은사들을 빼앗겼습니다.4)

제 10 문 _ 하나님께서 그런 불순종과 배반을 형벌하지 않고 내버려두십니까?

답_ 결코 그렇지 않습니다.
하나님께서는 우리의 자범죄와 마찬가지로
우리의 원죄에 대해서도
무섭게 진노하십니다.

그러므로
"누구든지 율법 책에 기록된 대로
온갖 일을 항상 행하지 아니하는 자는
저주 아래 있는 자라"(갈 3:10)라는
그의 선언대로,5)
공의로운 심판에 의해 지금도 그리고 영원히
그 죄들을 형벌하십니다.6)

제 11 문 _ 그러나 하나님은 또한 자비하시지 않습니까?

답 _ 하나님은 참으로 자비하시나7)
또한 의로우십니다.8)
하나님의 공의는
하나님의 지존하신 위엄을 거슬린
죄에 대하여
몸과 영혼에
가장 엄중하고도 영원한 형벌을 요구합니다.9)

---

1) · 창 1:31 _ 하나님이 그 지으신 모든 것을 보시니 보시기에 심히 좋았더라 저녁이 되며 아침이 되니 이는 여섯째 날이니라
2) · 창 3:13 _ 여호와 하나님이 여자에게 이르시되 네가 어찌하여 이렇게 하였느냐 여자가 가로되 뱀이 나를 꾀므로 내가 먹었나이다
  · 요 8:44 _ 너희는 너희 아비 마귀에게서 났으니 너희 아비의 욕심을 너희도 행하고자 하느니라 저는 처음부터 살인한 자요 진리가 그 속에 없으므로 진리에 서지 못하고 거짓을 말할 때마다 제 것으로 말하나니 이는 저가 거짓말장이요 거짓의 아비가 되었음이니라
  · 딤전 2:13-14 _ 이는 아담이 먼저 지음을 받고 이와가 그 후며 아담이 꾀임을 보지 아니하고 여자가 꾀임을 보아 죄에 빠졌음이니라
3) · 창 3:6 _ 여자가 그 나무를 본즉 먹음직도 하고 보암직도 하고 지혜롭게 할 만큼 탐스럽기도 한 나무인지라 여자가 그 실과를 따 먹고 자기와 함께한 남편에게도 주매 그도 먹은지라
4) · 롬 5:12, 18, 19 _ 이러므로 한 사람으로 말미암아 죄가 세상에 들어오고 죄로 말미암아 사망이 왔나니 이와 같이 모든 사람이 죄를 지었으므로 사망이 모든 사람에게 이르렀느니라 그런즉 한 범죄로 많은 사람이 정죄에 이른 것같이 의의 한 행동으로 말미암아 많은 사람이 의롭다 하심을 받아 생명에 이르렀느니라 한 사람의 순종치 아니함으로 많은 사람이 죄인 된 것같이 한 사람의 순종하심으로 많은 사람이 의인이 되리라
5) · 신 27:26 _ 이 율법의 모든 말씀을 실행치 아니하는 자는 저주를 받을 것이라 할 것이요 모든 백성은 아멘 할 지니라
6) · 창 2:17 _ 선악을 알게 하는 나무의 실과는 먹지 말라 네가 먹는 날에는 정녕 죽으리라 하시니라
  · 출 20:5 _ 그것들에게 절하지 말며 그것들을 섬기지 말라 나 여호와 너의 하나님은 질투하는 하나님인즉 나를 미워하는 자의 죄를 갚되 아비로부터 아들에게로 삼사 대까지 이르게 하거니와
  · 출 34:7 _ 인자를 천 대까지 베풀며 악과 과실과 죄를 용서하나 형벌받을 자는 결단코 면죄하지 않고 아비의 악을 자여손(子與孫) 삼사 대까지 보응하리라
  · 시 5:4-6 _ 주는 죄악을 기뻐하는 신이 아니시니 악이 주와 함께 유하지 못하며 오만한 자가 주의 목전에 서지 못하리이다 주는 모든 행악자를 미워하시며 거짓말하는 자를 멸하시리이다 여호와께서는 피 흘리기를 즐기고 속이는 자를 싫어하시나이다
  · 시 7:11 _ 하나님은 의로우신 재판장이심이여 매일 분노하시는 하나님이시로다
  · 나 1:2 _ 여호와는 투기하시며 보복하시는 하나님이시니라 여호와는 보복하시며 진노하시되 자기를 거스리는 자에게 보복하시며 자기를 대적하는 자에게 진노를 품으시며
  · 롬 1:18 _ 하나님의 진노가 불의로 진리를 막는 사람들

- 의 모든 경건치 않음과 불의에 대하여 하늘로 좇아 나타나나니
- 롬 5:12 _ 이러므로 한 사람으로 말미암아 죄가 세상에 들어오고 죄로 말미암아 사망이 왔나니 이와 같이 모든 사람이 죄를 지었으므로 사망이 모든 사람에게 이르렀느니라
- 엡 5:6 _ 누구든지 헛된 말로 너희를 속이지 못하게 하라 이를 인하여 하나님의 진노가 불순종의 아들들에게 임하나니
- 히 9:27 _ 한 번 죽는 것은 사람에게 정하신 것이요 그 후에는 심판이 있으리니

7)
- 출 20:6 _ 나를 사랑하고 내 계명을 지키는 자에게는 천 대까지 은혜를 베푸느니라
- 출 34:6,7 _ 여호와께서 그의 앞으로 지나시며 반포하시되 여호와로라 여호와로라 자비롭고 은혜롭고 노하기를 더디 하고 인자와 진실이 많은 하나님이로라 인자를 천 대까지 베풀며 악과 과실과 죄를 용서하나 형벌받을 자는 결단코 면죄하지 않고 아비의 악을 자여손(子與孫) 삼사 대까지 보응하리라
- 시 103:8,9 _ 여호와는 자비로우시며 은혜로우시며 노하기를 더디 하시며 인자하심이 풍부하시도다 항상 경책지 아니하시며 노를 영원히 품지 아니하시리로다

8)
- 출 20:5 _ 그것들에게 절하지 말며 그것들을 섬기지 말라 나 여호와 너의 하나님은 질투하는 하나님인즉 나를 미워하는 자의 죄를 갚되 아비로부터 아들에게로 삼사 대까지 이르게 하거니와
- 출 34:7 _ 인자를 천대까지 베풀며 악과 과실과 죄를 용서하리라 그러나 벌을 면제하지는 아니하고 아버지의 악행을 자손 삼사 대까지 보응하리라
- 신7:9-11 _ 그런즉 너는 알라 오직 네 하나님 여호와는 하나님이시요 신실하신 하나님이시라 그를 사랑하고 그 계명을 지키는 자에게는 천 대까지 그 언약을 이행하시며 인애를 베푸시되 그를 미워하는 자에게는 당장에 보응하여 멸하시나니 여호와는 자기를 미워하는 자에게 지체하지 아니하시고 당장에 그에게 보응하시느니라 그런즉 너는 오늘날 내가 네게 명하는 명령과 규례와 법도를 지켜 행할지니라
- 시 5:4-6 _ 주는 죄악을 기뻐하는 신이 아니시니 악이 주와 함께 유하지 못하며 오만한 자가 주의 목전에 서지 못하리이다 주는 모든 행악자를 미워하시며 거짓 말하는 자를 멸하시리이다 여호와께서는 피 흘리기를 즐기고 속이는 자를 싫어하시나이다
- 히 10:30,31 _ 원수 갚는 것이 내게 있으니 내가 갚으리라 하시고 또 다시 주께서 그의 백성을 심판하리라 말씀하신 것을 우리가 아노니 살아 계신 하나님의 손에 빠져 들어가는 것이 무서울진저

9)
- 마 25:45,46 _ 이에 임금이 대답하여 가라사대 내가 진실로 너희에게 이르노니 이 지극히 작은 자 하나에게 하지 아니한 것이 곧 내게 하지 아니한 것이니라 하시리니 저희는 영벌에 의인들은 영생에 들어가리라 하시니라

제2부

우리의 구원

주의 날 | 제5주

**제 12 문 _ 하나님의 의로운 심판에 따라,
우리는 현세에서 그리고 영원히 형벌을 받아 마땅한데도,
어떻게 우리가 이런 형벌을 면하고
다시 은총을 입을 수 있겠습니까?**

답 _ 하나님은 그의 공의의 만족을 요구하십니다.[1]
그러므로 우리 스스로에 의해서든 또는 다른 이에 의해서든
죄값이 완전히 치러져야 합니다.[2]

제 13 문 _ 우리 스스로 이런 죄값을 치를 수 있습니까?

답 _ 도무지 없습니다.
오히려 우리는 날마다 우리의 죄값을 증가시킵니다.[3]

제 14 문 _ 단지 피조물로서 우리를 위해 죄값을 치를 수 있습니까?

답 _ 없습니다.
첫째,
하나님은 사람이 범한 죄로 인해서,
다른 피조물을 형벌하지 않으십니다.[4]
더구나,
단지 피조물로서는
죄에 대한 하나님의 영원한 진노의 짐을 질 수도 없고,
다른 피조물들을 거기에서 건질 수도 없습니다.[5]

**제 15 문 _ 그러면 우리는
어떤 중보자와 구원자를 찾아야 합니까?**

답 _ 참 사람이고[6] 의인이면서,[7]
한편 모든 피조물보다 더 강력하신 분,
곧 참 하나님이신 분입니다.[8]

1) · 출 20:5 _ 그것들에게 절하지 말며 그것들을 섬기지 말라 나 여호와 너의 하나님은 질투하는 하나님인즉 나를 미워하는 자의 죄를 갚되 아비로부터 아들에게로 삼사 대까지 이르게 하거니와
  · 출 23:7 _ 거짓 일을 멀리하며 무죄한 자와 의로운 자를 죽이지 말라 나는 악인을 의롭다 하지 아니하겠노라
  · 롬 2:1-11 _ 그러므로 남을 판단하는 사람아 무론 누구든지 네가 핑계치 못할 것은 남을 판단하는 것으로 네가 너를 정죄함이니 판단하는 네가 같은 일을 행함이니라 이런 일을 행하는 자에게 하나님의 판단이 진리대로 되는 줄 우리가 아노라 이런 일을 행하는 자를 판단하고도 같은 일을 행하는 사람아 네가 하나님의 판단을 피할 줄로 생각하느냐 혹 네가 하나님의 인자하심이 너를 인도하여 회개케 하심을 알지 못하여 그의 인자하심과 용납하심과 길이 참으심의 풍성함을 멸시하느뇨 다만 네 고집과 회개치 아니한 마음을 따라 진노의 날 곧 하나님의 의로우신 판단이 나타나는 그 날에 임할 진노를 네게 쌓는도다 하나님께서 각 사람에게 그 행한 대로 보응하시되 참고 선을 행하여 영광과 존귀와 썩지 아니함을 구하는 자에게는 영생으로 하시고 오직 당을 지어 진리를 좇지 아니하고 불의를 좇는 자에게는 노와 분으로 하시리라 악을 행하는 각 사람의 영에게 환난과 곤고가 있으리니 첫째는 유대인에게요 또한 헬라인에게며 선을 행하는 각 사람에게는 영광과 존귀와 평강이 있으리니 첫째는 유대인에게요 또한 헬라인에게라 이는 하나님께서 외모로 사람을 취하지 아니하심이니라

2) · 사 53:11 _ 가라사대 그가 자기 영혼의 수고한 것을 보고 만족히 여길 것이라 나의 의로운 종이 자기 지식으로 많은 사람을 의롭게 하며 또 그들의 죄악을 친히 담당하리라
  · 롬 8:3, 4 _ 율법이 육신으로 말미암아 연약하여 할 수 없는 그것을 하나님은 하시나니 곧 죄를 인하여 자기 아들을 죄 있는 육신의 모양으로 보내어 육신에 죄를 정하사 육신을 좇지 않고 그 영을 좇아 행하는 우리에게 율법의 요구를 이루어지게 하려 하심이니라

3) · 시 130:3 _ 여호와여 주께서 죄악을 감찰하실진대 주여 누가 서리이까
  · 마 6:12 _ 우리가 우리에게 죄지은 자를 사하여 준 것 같이 우리 죄를 사하여 주옵시고
  · 롬 2:4, 5 _ 혹 네가 하나님의 인자하심이 너를 인도하여 회개케 하심을 알지 못하여 그의 인자하심과 용납하심과 길이 참으심의 풍성함을 멸시하느뇨 다만 네 고집과 회개치 아니한 마음을 따라 진노의 날 곧 하나님의 의로우신 판단이 나타나는 그날에 임할 진노를 네게 쌓는도다

4) · 겔 18:4, 20 _ 모든 영혼이 다 내게 속한지라 아비의 영혼이 내게 속함같이 아들의 영혼도 내게 속하였나니 범죄하는 그 영혼이 죽으리라 범죄하는 그 영혼은 죽을지라 아들은 아비의 죄악을 담당치 아니 할 것이요 아비는 아들의 죄악을 담당치 아니하리니 의인의 의도 자기에게로 돌아 가고 악인의 악도 자기에게로 돌아가리라
  · 히 2:14-18 _ 자녀들은 혈육에 함께 속하였으매 그도 또한 한 모양으로 혈육에 함께 속하심은 사망으로 말미암아 사망의 세력을 잡은 자 곧 마귀를 없이하시며 또 죽기를 무서워하므로 일생에 매여 종노릇하는 모든 자들을 놓아주려 하심이니 이는 실로 천사들을 붙들어 주려 하심이 아니요 오직 아브라함의 자손을 붙들어 주려 하심이라 그러므로 저가 범사에 형제들과 같이 되심이 마땅하도다 이는 하나님의 일에 자비하고 충성된 대제사장이 되어 백성의 죄를 구속(救贖)하려 하심이라 자기가 시험을 받아 고난을 당하셨은즉 시험 받는 자들을 능히 도우시느니라

5) · 시 130:3 _ 여호와여 주께서 죄악을 감찰하실진대 주여 누가 서리이까
  · 나 1:6 _ 누가 능히 그 분노하신 앞에 서며 누가 능히 그 진노를 감당하랴 그 진노를 불처럼 쏟으시니 그를 인하여 바위들이 깨어지는도다

6) · 고전 15:21 _ 사망이 사람으로 말미암았으니 죽은 자의 부활도 사람으로 말미암는도다
  · 히 2:17 _ 그러므로 저가 범사에 형제들과 같이 되심이 마땅하도다 이는 하나님의 일에 자비하고 충성된 대제사장이 되어 백성의 죄를 구속(救贖)하려 하심이라

7) · 사 53:9 _ 그는 강포를 행치 아니하였고 그 입에 궤사가 없었으나 그 무덤이 악인과 함께 되었으며 그 묘실이 부자와 함께 되었도다
  · 고후 5:21 _ 하나님이 죄를 알지도 못하신 자로 우리를 대신하여 죄를 삼으신 것은 우리로 하여금 저의 안에서 하나님의 의가 되게 하려 하심이니라
  · 히 7:26 _ 이러한 대제사장은 우리에게 합당하니 거룩하고 악이 없고 더러움이 없고 죄인에게서 떠나 계시고 하늘보다 높이 되신 자라

8) · 사 7:14 _ 그러므로 주께서 친히 징조로 너희에게 주실 것이라 보라 처녀가 잉태하여 아들을 낳을 것이요 그 이름을 임마누엘이라 하리라
  · 사 9:6 _ 이는 한 아기가 우리에게 났고 한 아들을 우리에게 주신 바 되었는데 그 어깨에는 정사(政事)를 메었고 그 이름은 기묘자라 모사라 전능하신 하나님이라 영존하시는 아버지라 평강의 왕이라 할 것임이라
  · 렘 23:6 _ 그의 날에 유다는 구원을 얻겠고 이스라엘은

평안히 거할 것이며 그 이름은 여호와 우리의 의라 일 컬음을 받으리라
- 요 1:1 _ 태초에 말씀이 계시니라 이 말씀이 하나님과 함께 계셨으니 이 말씀은 곧 하나님이시니라
- 롬 8:3, 4 _ 율법이 육신으로 말미암아 연약하여 할 수 없는 그것을 하나님은 하시나니 곧 죄를 인하여 자기 아들을 죄 있는 육신의 모양으로 보내어 육신에 죄를 정하사 육신을 좇지 않고 그 영을 좇아 행하는 우리에게 율법의 요구를 이루어지게 하려 하심이니라

주의 날 | 제6주

제 16 문 _ 왜 중보자는 참 사람이고 의인이어야 합니까?

답_ 하나님의 공의는
범죄한 그 동일한 인성이
마땅히 죄값을 치르기를 요구하므로,
그는 반드시 참 사람이어야 합니다.[1)]
자신이 죄인인 자는
다른 사람들의 죄값을 치를 수 없으므로,
그는 반드시 의인이어야 합니다.[2)]

제 17 문 _ 왜 중보자는 동시에 참 하나님이셔야 합니까?

답_ 그가 반드시 참 하나님이셔야,
그의 신성의 능력으로,[3)]
하나님의 진노의 짐을
그의 인성으로 감당하시며,[4)]
우리를 위해
의와 생명을 획득하여
우리에게 돌려주실 수 있기 때문입니다.[5)]

제 18 문 _ 그런데 누가 참 하나님이신 동시에
참 사람이고
의인이신 그런 중보자입니까?

답_ 우리 주 예수 그리스도는,
하나님께로서 나와서
우리에게 지혜와 의로움과
거룩함과 구속함이 되신 분입니다.[6)] (고전 1:30)

제 19 문 _ 어디에서 당신은 이것을 압니까?

답_ 거룩한 복음으로서,
하나님께서 처음에 낙원에서 친히 계시하셨습니다.[7)]
후에 족장들과[8)] 선지자들로 말미암아[9)]
이 복음을 선포하셨으며,

또한 율법의
제사들과 다른 의식들로써
예표하셨습니다.10)
마침내 그분은 자신의 독생자를 통해
그 복음을 완성하셨습니다.11)

1) · 롬 5:12, 15 _ 이러므로 한 사람으로 말미암아 죄가 세상에 들어오고 죄로 말미암아 사망이 왔나니 이와 같이 모든 사람이 죄를 지었으므로 사망이 모든 사람에게 이르렀느니라 그러나 이 은사는 그 범죄와 같지 아니하니 곧 한 사람의 범죄를 인하여 많은 사람이 죽었은즉 더욱 하나님의 은혜와 또는 한 사람 예수 그리스도의 은혜로 말미암은 선물이 많은 사람에게 넘쳤으리라
  · 고전 15:21 _ 사망이 사람으로 말미암았으니 죽은 자의 부활도 사람으로 말미암는도다
  · 히 2:14-16 _ 자녀들은 혈육에 함께 속하였으매 그도 또한 한 모양으로 혈육에 함께 속하심은 사망으로 말미암아 사망의 세력을 잡은 자 곧 마귀를 없이하시며 또 죽기를 무서워하므로 일생에 매여 종노릇하는 모든 자들을 놓아주려 하심이니 이는 실로 천사들을 붙들어 주려 하심이 아니요 오직 아브라함의 자손을 붙들어 주려 하심이라
2) · 히 7:26, 27 _ 이러한 대제사장은 우리에게 합당하니 거룩하고 악이 없고 더러움이 없고 죄인에게서 떠나 계시고 하늘보다 높이 되신 자라 저가 저 대제사장들이 먼저 자기 죄를 위하고 다음에 백성의 죄를 위하여 날마다 제사드리는 것과 같이 할 필요가 없으니 이는 저가 단번에 자기를 드려 이루셨음이라
  · 벧전 3:18 _ 그리스도께서도 한 번 죄를 위하여 죽으사 의인으로서 불의한 자를 대신하셨으니 이는 우리를 하나님 앞으로 인도하려 하심이라 육체로는 죽임을 당하시고 영으로는 살리심을 받으셨으니
3) · 사 9:6 _ 이는 한 아기가 우리에게 났고 한 아들을 우리에게 주신 바 되었는데 그 어깨에는 정사(政事)를 메었고 그 이름은 기묘자라 모사라 전능하신 하나님이라 영존하시는 아버지라 평강의 왕이라 할 것임이라
4) · 신 4:24 _ 네 하나님 여호와는 소멸하는 불이시요 질투하는 하나님이시니라
  · 나 1:6 _ 누가 능히 그 분노하신 앞에 서며 누가 능히 그 진노를 감당하랴 그 진노를 불처럼 쏟으시니 그를 인하여 바위들이 깨어지는도다
  · 시 130:3 _ 여호와여 주께서 죄악을 감찰하실진대 주여 누가 서리이까

5) · 사 53:5, 11 _ 그가 찔림은 우리의 허물을 인함이요 그가 상함은 우리의 죄악을 인함이라 그가 징계를 받음으로 우리가 평화를 누리고 그가 채찍에 맞음으로 우리가 나음을 입었도다 가라사대 그가 자기 영혼의 수고한 것을 보고 만족히 여길 것이라 나의 의로운 종이 자기 지식으로 많은 사람을 의롭게 하며 또 그들의 죄악을 친히 담당하리라
  · 요 3:16 _ 하나님이 세상을 이처럼 사랑하사 독생자를 주셨으니 이는 저를 믿는 자마다 멸망치 않고 영생을 얻게 하려 하심이니라
  · 고후 5:21 _ 하나님이 죄를 알지도 못하신 자로 우리를 대신하여 죄를 삼으신 것은 우리로 하여금 저의 안에서 하나님의 의가 되게 하려 하심이니라
6) · 마 1:21-23 _ 아들을 낳으리니 이름을 예수라 하라 이는 그가 자기 백성을 저희 죄에서 구원할 자이심이라 하니라 이 모든 일의 된 것은 주께서 선지자로 하신 말씀을 이루려 하심이니 가라사대 보라 처녀가 잉태하여 아들을 낳을 것이요 그 이름은 임마누엘이라 하리라 하셨으니 이를 번역한즉 하나님이 우리와 함께 계시다 함이라
  · 눅 2:11 _ 오늘날 다윗의 동네에 너희를 위하여 구주가 나셨으니 곧 그리스도 주시니라
  · 딤전 2:5 _ 하나님은 한 분이시요 또 하나님과 사람 사이에 중보도 한 분이시니 곧 사람이신 그리스도 예수라
  · 딤전 3:16 _ 크도다 경건의 비밀이여 그렇지 않다 하는 이 없도다 그는 육신으로 나타난바 되시고 영으로 의롭다 하심을 입으시고 천사들에게 보이시고 만국에서 전파되시고 세상에서 믿은바 되시고 영광 가운데서 올리우셨음이니라
7) · 창 3:15 _ 내가 너로 여자와 원수가 되게 하고 너의 후손도 여자의 후손과 원수가 되게 하리니 여자의 후손은 네 머리를 상하게 할 것이요 너는 그의 발꿈치를 상하게 할 것이니라 하시고
8) · 창 12:3 _ 너를 축복하는 자에게는 내가 복을 내리고 너를 저주하는 자에게는 내가 저주하리니 땅의 모든 족속이 너를 인하여 복을 얻을 것이니라 하신지라
  · 창 22:18 _ 또 네 씨로 말미암아 천하 만민이 복을 얻으리니 이는 네가 나의 말을 준행하였음이니라 하셨다 하니라

- 창 49:10 _ 홀(笏)이 유다를 떠나지 아니하며 치리자의 지팡이가 그 발 사이에서 떠나지 아니하시기를 실로가 오시기까지 미치리니 그에게 모든 백성이 복종하리로다
9)
- 사 53:1-12 _ 우리의 전한 것을 누가 믿었느뇨 여호와의 팔이 뉘게 나타났느뇨 그는 주 앞에서 자라나기를 연한 순 같고 마른 땅에서 나온 줄기 같아서 고운 모양도 없고 풍채도 없은즉 우리의 보기에 흠모할 만한 아름다운 것이 없도다 그는 멸시를 받아서 사람에게 싫어 버린바 되었으며 간고를 많이 겪었으며 질고를 아는 자라 마치 사람들에게 얼굴을 가리우고 보지 않음을 받는 자 같아서 멸시를 당하였고 우리도 그를 귀히 여기지 아니하였도다 그는 실로 우리의 질고를 지고 우리의 슬픔을 당하였거늘 우리는 생각하기를 그는 징벌을 받아서 하나님에게 맞으며 고난을 당한다 하였노라 그가 찔림은 우리의 허물을 인함이요 그가 상함은 우리의 죄악을 인함이라 그가 징계를 받음으로 우리가 평화를 누리고 그가 채찍에 맞음으로 우리가 나음을 입었도다 우리는 다 양 같아서 그릇 행하여 각기 제 길로 갔거늘 여호와께서는 우리 무리의 죄악을 그에게 담당시키셨도다 그가 곤욕을 당하여 괴로울 때에도 그 입을 열지 아니하였음이여 마치 도수장으로 끌려가는 어린 양과 털 깎는 자 앞에 잠잠한 양같이 그 입을 열지 아니하였도다 그가 곤욕과 심문을 당하고 끌려갔으니 그 세대 중에 누가 생각하기를 그가 산 자의 땅에서 끊어짐은 마땅히 형벌 받을 내 백성의 허물을 인함이라 하였으리요 그는 강포를 행치 아니하였고 그 입에 궤사가 없었으나 그 무덤이 악인과 함께 되었으며 그 묘실이 부자와 함께 되었도다 여호와께서 그로 상함을 받게 하시기를 원하사 질고를 당케 하셨은즉 그 영혼을 속건제물로 드리기에 이르면 그가 그 씨를 보게되며 그 날은 길 것이요 또 그의 손으로 여호와의 뜻을 성취하리로다 가라사대 그가 자기 영혼의 수고한 것을 보고 만족히 여길 것이라 나의 의로운 종이 자기 지식으로 많은 사람을 의롭게 하며 또 그들의 죄악을 친히 담당하리라 이러므로 내가 그로 존귀한 자와 함께 분깃을 얻게 하며 강한 자와 함께 탈취한 것을 나누게 하리니 이는 그가 자기 영혼을 버려 사망에 이르게 하며 범죄자 중 하나로 헤아림을 입었음이라 그러나 실상은 그가 많은 사람의 죄를 지며 범죄자를 위하여 기도하였느니라 하시니라
- 렘 23:5, 6 _ 나 여호와가 말하노라 보라 때가 이르리니 내가 다윗에게 한 의로운 가지를 일으킬 것이라 그가 왕이 되어 지혜롭게 행사하며 세상에서 공평과 정의를 행할 것이며 그의 날에 유다는 구원을 얻겠고 이스라엘은 평안히 거할 것이며 그 이름은 여호와 우리의 의라 일컬음을 받으리라
- 미 7:18-20 _ 주와 같은 신이 어디 있으리이까 주께서는 죄악을 사유(赦宥)하시며 그 기업의 남은 자의 허물을 넘기시며 인애를 기뻐하심으로 노를 항상 품지 아니하시나이다 다시 우리를 긍휼히 여기셔서 우리의 죄악을 발로 밟으시고 우리의 모든 죄를 깊은 바다에 던지시리이다 주께서 옛적에 우리 열조에게 맹세하신 대로 야곱에게 성실을 베푸시며 아브라함에게 인애를 더하시리이다
- 행 10:43 _ 저에 대하여 모든 선지자도 증거하되 저를 믿는 사람들이 다 그 이름을 힘입어 죄 사함을 받는다 하였느니라
- 히 1:1 _ 옛적에 선지자들로 여러 부분과 여러 모양으로 우리 조상들에게 말씀하신 하나님이
10)
- 레 1-7장
- 요 5:46 _ 모세를 믿었더면 또 나를 믿었으리니 이는 그가 내게 대하여 기록하였음이라
- 히 10:1-10 _ 율법은 장차 오는 좋은 일의 그림자요 참 형상이 아니므로 해마다 늘 드리는 바 같은 제사로는 나아오는 자들을 언제든지 온전케 할 수 없느니라 그렇지 아니하면 섬기는 자들이 단번에 정결케 되어 다시 죄를 깨닫는 일이 없으리니 어찌 드리는 일을 그치지 아니하였으리요 그러나 이 제사들은 해마다 죄를 생각하게 하는 것이 있나니 이는 황소와 염소의 피가 능히 죄를 없이 하지 못함이라 그러므로 세상에 임하실 때에 가라사대 하나님이 제사와 예물을 원치 아니하시고 오직 나를 위하여 한 몸을 예비하셨도다 전체로 번제함과 속죄제는 기뻐하지 아니하시나니 이에 내가 말하기를 하나님이여 보시옵소서 두루마리 책에 나를 가리켜 기록한 것과 같이 하나님의 뜻을 행하러 왔나이다 하시니라 위에 말씀하시기를 제사와 예물과 전체로 번제함과 속죄제는 원치도 아니하고 기뻐하지도 아니하신다 하셨고 (이는 다 율법을 따라 드리는 것이라) 그 후에 말씀하시기를 보시옵소서 내가 하나님의 뜻을 행하러 왔나이다 하셨으니 그 첫 것을 폐하심은 둘째 것을 세우려 하심이니라 이 뜻을 좇아 예수 그리스도의 몸을 단번에 드리심으로 말미암아 우리가 거룩함을 얻었노라
11)
- 롬 10:4 _ 그리스도는 모든 믿는 자에게 의를 이루기 위하여 율법의 마침이 되시니라
- 갈 4:4, 5 _ 때가 차매 하나님이 그 아들을 보내사 여자에게서 나게 하시고 율법 아래 나게 하신 것은 율법 아래 있는 자들을 속량(贖良)하시고 우리로 아들의 명분을 얻게 하려 하심이라
- 골 2:17 _ 이것들은 장래 일의 그림자이나 몸은 그리스도의 것이니라

주의 날 | 제7주

**제 20 문 _ 그러면 모든 사람들이
　　　　　아담으로 말미암아 멸망한 것처럼,
　　　　　모든 사람들이 그리스도에 의해 구원받습니까?**
　답_ 아닙니다.
　　　오직 참 믿음으로
　　　그리스도에게 접붙여져서
　　　그의 모든 은택들을 받아들이는 자들만
　　　구원받습니다.[1]

제 21 문 _ 참 믿음이란 무엇입니까?
　답_ 참 믿음은 내가
　　　　　하나님께서 그의 말씀에서 우리에게 계시하신 모든 것을
　　　　　진리로 받아들이는 확실한 지식입니다.[2]
　　　동시에 하나님께서 순전히 은혜로,
　　　　　오직 그리스도의 공로 덕분에,[3]
　　　　　사죄와 영원한 의와 구원을,[4]
　　　　　다른 사람들뿐 아니라 나에게도 내려주셨다는[5]
　　　　　견고한 확신입니다.[6]
　　　이런 믿음을 성령께서 복음으로써
　　　　　내 마음에 일으키십니다.[7]

제 22 문 _ 그러면 그리스도인은 무엇을 믿어야 합니까?
　답_ 복음 안에서 우리에게 약속된 모든 것으로서,[8]
　　　우리의 보편적이고 의심할 여지없는
　　　기독교 신앙의 조항들이
　　　요약하여 우리에게 가르칩니다.

제 23 문 _ 바로 이 신앙의 조항들, 사도신경은 무엇입니까?
　답_ I. 1. 전능하신 성부 하나님,
　　　　　　천지의 창조주를 나는 믿사오며,
　　　II. 2. 그의 독생자
　　　　　　우리 주 예수 그리스도를 믿사오니,
　　　　3. 그는 성령으로 잉태되사,
　　　　　　동정녀 마리아에게서 나셨으며,
　　　　4. 본디오 빌라도 아래에서 고난을 받으사,
　　　　　　십자가에 못 박히시고, 죽으시고, 장사되셨고,
　　　　　　음부에 내려가셨으며,

5. 사흗날에 죽은 자들 가운데서 부활하셨고,
6. 하늘에 오르사,
   전능하신 성부 하나님
   우편에 앉아 계시며,
7. 거기로부터 살아있는 자들과 죽은 자들을
   심판하러 오실 것입니다.

Ⅲ. 8. 성령을 나는 믿사오며,
9. 거룩한 보편적 교회와
   성도의 교제와
10. 죄 사함과
11. 육신의 부활과
12. 영원한 생명을 믿사옵나이다. 아멘.

1) · 마 7:14 _ 생명으로 인도하는 문은 좁고 길이 협착하여 찾는 이가 적음이니라
   · 요 1:12 _ 영접하는 자 곧 그 이름을 믿는 자들에게는 하나님의 자녀가 되는 권세를 주셨으니
   · 요 3:16, 18, 36 _ 하나님이 세상을 이처럼 사랑하사 독생자를 주셨으니 이는 저를 믿는 자마다 멸망치 않고 영생을 얻게 하심이니라 저를 믿는 자는 심판을 받지 아니하는 것이요 믿지 아니하는 자는 하나님의 독생자의 이름을 믿지 아니하므로 벌써 심판을 받은 것이니라 아들을 믿는 자는 영생이 있고 아들을 순종치 아니하는 자는 영생을 보지 못하고 도리어 하나님의 진노가 그 위에 머물러 있느니라
   · 롬 11:16-21 _ 제사하는 처음 익은 곡식 가루가 거룩한즉 떡덩이도 그러하고 뿌리가 거룩한즉 가지도 그러하니라 또한 가지 얼마가 꺾여졌는데 돌감람나무인 네가 그들 중에 접붙임이 되어 참감람나무 뿌리의 진액을 함께 받는 자 되었은즉 그 가지들을 향하여 자긍하지 말라 자긍할지라도 네가 뿌리를 보전하는 것이 아니요 뿌리가 너를 보전하는 것이니라 그러면 네 말이 가지들이 꺾이운 것은 나로 접붙임을 받게 하려 함이라 하리니 옳다 저희는 믿지 아니하므로 꺾이우고 너는 믿으므로 섰느니라 높은 마음을 품지 말고 도리어 두려워하라 하나님이 원 가지들도 아끼지 아니하셨은즉 너도 아끼지 아니하시리라
2) · 요 17:3, 17 _ 영생은 곧 유일하신 참 하나님과 그의 보내신 자 예수 그리스도를 아는 것이니이다 저희를 진리로 거룩하게 하옵소서 아버지의 말씀은 진리니이다
   · 히 11:1-3 _ 믿음은 바라는 것들의 실상이요 보지 못하는 것들의 증거니 선진들이 이로써 증거를 얻었느니라 믿음으로 모든 세계가 하나님의 말씀으로 지어진 줄을 우리가 아나니 보이는 것은 나타난 것으로 말미암아 된 것이 아니니라
   · 약 2:19 _ 네가 하나님은 한 분이신 줄을 믿느냐 잘하는도다 귀신들도 믿고 떠느니라
3) · 롬3:20-26 _ 그러므로 율법의 행위로 그의 앞에 의롭다 하심을 얻을 육체가 없나니 율법으로는 죄를 깨달음이니라 이제는 율법 외에 하나님의 한 의가 나타났으니 율법과 선지자들에게 증거를 받은 것이라 곧 예수 그리스도를 믿음으로 말미암아 모든 믿는 자에게 미치는 하나님의 의니 차별이 없느니라 모든 사람이 죄를 범하였으매 하나님의 영광에 이르지 못하더니 그리스도 예수 안에 있는 구속으로 말미암아 하나님의 은혜로 값없이 의롭다 하심을 얻은 자 되었느니라 이 예수를 하나님이 그의 피로 인하여 믿음으로 말미암는 화목 제물로 세우셨으니 이는 하나님께서 길이 참으시는 중에 전에 지은 죄를 간과하심으로 자기의 의로우심을 나타내려 하심이니 곧 이 때에 자기의 의로우심을 나타내사 자기도 의로우시며 또한 예수 믿는 자를 의롭다 하려 하심이니라
   · 갈 2:16 _ 사람이 의롭게 되는 것은 율법의 행위에서 난 것이 아니요 오직 예수 그리스도를 믿음으로 말미암는 줄 아는 고로 우리도 그리스도 예수를 믿나니 이는 우리가 율법의 행위에서 아니고 그리스도를 믿음으로서 의롭다 함을 얻으려 함이라 율법의 행위로서는 의롭다 함을 얻을 육체가 없느니라
   · 엡 2:8-10 _ 너희가 그 은혜를 인하여 믿음으로 말미암아 구원을 얻었나니 이것이 너희에게서 난 것이 아니요 하나님의 선물이라 행위에서 난 것이 아니니 이는 누구든지 자랑치 못하게 함이니라 우리는 그의 만드신 바라 그리스도 예수 안에서 선한 일을 위하여 지으

4) · 롬 1:17 _ 복음에는 하나님의 의가 나타나서 믿음으로 믿음에 이르게 하나니 기록된 바 오직 의인은 믿음으로 말미암아 살리라 함과 같으니라
· 히 10:10 _ 이 뜻을 좇아 예수 그리스도의 몸을 단번에 드리심으로 말미암아 우리가 거룩함을 얻었노라

5) · 갈 2:20 _ 내가 그리스도와 함께 십자가에 못박혔나니 그런즉 이제는 내가 산 것이 아니요 오직 내 안에 그리스도께서 사신 것이라 이제 내가 육체 가운데 사는 것은 나를 사랑하사 나를 위하여 자기 몸을 버리신 하나님의 아들을 믿는 믿음 안에서 사는 것이라

6) · 롬 4:18-21 _ 아브라함이 하나님 앞에서 우리 모든 사람의 조상이라 기록된 바 내가 너를 많은 민족의 조상으로 세웠다 하심과 같으니 그의 믿은 바 하나님은 죽은 자를 살리시며 없는 것을 있는 것같이 부르시는 이시니라 아브라함이 바랄 수 없는 중에 바라고 믿었으니 이는 네 후손이 이 같으리라 하신 말씀대로 많은 민족의 조상이 되게 하려 하심을 인함이라 그가 백 세나 되어 자기 몸의 죽은 것 같음과 사라의 태의 죽은 것 같음을 알고도 믿음이 약하여지지 아니하고 믿음이 없어 하나님의 약속을 의심치 않고 믿음에 견고하여져서 하나님께 영광을 돌리며 약속하신 그것을 또한 능히 이루실 줄을 확신하였으니
· 롬 5:1 _ 그러므로 우리가 믿음으로 의롭다 하심을 얻었은즉 우리 주 예수 그리스도로 말미암아 하나님으로 더불어 화평을 누리자

· 롬 10:10 _ 사람이 마음으로 믿어 의에 이르고 입으로 시인하여 구원에 이르느니라
· 히 4:16 _ 그러므로 우리가 긍휼하심을 받고 때를 따라 돕는 은혜를 얻기 위하여 은혜의 보좌 앞에 담대히 나아갈 것이니라

7) · 행 16:14 _ 두아디라 성의 자주(紫紬) 장사로서 하나님을 공경하는 루디아라 하는 한 여자가 들었는데 주께서 그 마음을 열어 바울의 말을 청종하게 하신지라
· 롬 1:16 _ 내가 복음을 부끄러워하지 아니하노니 이 복음은 모든 믿는 자에게 구원을 주시는 하나님의 능력이 됨이라 첫째는 유대인에게요 또한 헬라인에게로다
· 롬 10:17 _ 그러므로 믿음은 들음에서 나며 들음은 그리스도의 말씀으로 말미암았느니라
· 고전 1:21 _ 하나님의 지혜에 있어서는 이 세상이 자기 지혜로 하나님을 알지 못하는 고로 하나님께서 전도의 미련한 것으로 믿는 자들을 구원하시기를 기뻐하셨도다

8) · 마 28:19 _ 그러므로 너희는 가서 모든 족속으로 제자를 삼아 아버지와 아들과 성령의 이름으로 세례를 주고
· 요 20:30, 31 _ 예수께서 제자들 앞에서 이 책에 기록되지 아니한 다른 표적도 많이 행하셨으나 오직 이것을 기록함은 너희로 예수께서 하나님의 아들 그리스도이심을 믿게 하려 함이요 또 너희로 믿고 그 이름을 힘입어 생명을 얻게 하려 함이니라

주의 날 | 제8주

제 24 문 _ 이 믿음의 조항들, 사도신경은 어떻게 구분됩니까?

답_ 세 부분으로,
첫째, 성부 하나님과 우리의 창조,
둘째, 성자 하나님과 우리의 구속,
셋째, 성령 하나님과 우리의 성화에 대해서입니다.

**제 25 문 _ 오직 한 분 하나님만 계시는데,[1)]
왜 당신은 삼위,
곧 성부 · 성자 · 성령을 말합니까?**

답_ 왜냐하면 하나님께서 자신을 그의 말씀에서
이 구별된 삼위는
영원하신 참 하나님 한 분이시라고 계시하셨기 때문입니다.[2)]

1) • 신 6:4 _ 이스라엘아 들으라 우리 하나님 여호와는 오직 하나인 여호와시니
   • 사 44:6 _ 이스라엘의 왕인 여호와 이스라엘의 구속자(救贖者)인 만군의 여호와가 말하노라 나는 처음이요 나는 마지막이라 나 외에 다른 신이 없느니라
   • 사 45:5 _ 나는 여호와라 나 외에 다른 이가 없나니 나 밖에 신이 없느니라 너는 나를 알지 못하였을지라도 나는 네 띠를 동일 것이요
   • 고전 8:4, 6 _ 그러므로 우상의 제물 먹는 일에 대하여는 우리가 우상은 세상에 아무것도 아니며 또한 하나님은 한 분밖에 없는 줄 아노라 그러나 우리에게는 한 하나님 곧 아버지가 계시니 만물이 그에게서 났고 우리도 그를 위하며 또한 한 주 예수 그리스도께서 계시니 만물이 그로 말미암고 우리도 그로 말미암았느니라

2) • 창 1:2, 3 _ 땅이 혼돈하고 공허하며 흑암이 깊음 위에 있고 하나님의 신은 수면에 운행하시니라 하나님이 가라사대 빛이 있으라 하시매 빛이 있었고
   • 사 61:1 _ 주 여호와의 신이 내게 임하셨으니 이는 여호와께서 내게 기름을 부으사 가난한 자에게 아름다운 소식을 전하게 하려 하심이라 나를 보내사 마음이 상한 자를 고치며 포로 된 자에게 자유를 갇힌 자에게 놓임을 전파하며
   • 사 63:8-10 _ 여호와께서 말씀하시되 그들은 실로 나의 백성이요 거짓을 행치 아니하는 자녀 하시고 그들의 구원자가 되사 그들의 모든 환난에 동참하사 자기 앞의 사자로 그들을 구원하시며 그 사랑과 그 긍휼로 그들을 구속(救贖)하시고 옛적 모든 날에 그들을 드시며 안으셨으나 그들이 반역하여 주의 성령을 근심케 하였으므로 그가 돌이켜 그들의 대적이 되사 친히 그들을 치셨더니

• 마 3:16, 17 _ 예수께서 세례를 받으시고 곧 물에서 올라오실 새 하늘이 열리고 하나님의 성령이 비둘기같이 내려 자기 위에 임하심을 보시더니 하늘로서 소리가 있어 말씀하시되 이는 내 사랑하는 아들이요 내 기뻐하는 자라 하시니라
• 마 28:18, 19 _ 예수께서 나아와 말씀하여 이르시되 하늘과 땅의 모든 권세를 내게 주셨으니 그러므로 너희는 가서 모든 민족을 제자로 삼아 아버지와 아들과 성령의 이름으로 세례를 베풀고
• 눅 4:18 _ 주의 성령이 내게 임하셨으니 이는 가난한 자에게 복음을 전하게 하시려고 내게 기름을 부으시고 나를 보내사 포로 된 자에게 자유를 눈먼 자에게 다시 보게 함을 전파하며 눌린 자를 자유케 하고
• 요 14:26 _ 보혜사(保惠師) 곧 아버지께서 내 이름으로 보내실 성령 그가 너희에게 모든 것을 가르치시고 내가 너희에게 말한 모든 것을 생각나게 하시리라
• 요 15:26 _ 내가 아버지께로서 너희에게 보낼 보혜사 곧 아버지께로서 나오시는 진리의 성령이 오실 때에 그가 나를 증거하실 것이요
• 고후 13:13 _ 주 예수 그리스도의 은혜와 하나님의 사랑과 성령의 교통하심이 너희 무리와 함께 있을지어다
• 갈 4:6 _ 너희가 아들인 고로 하나님이 그 아들의 영을 우리 마음 가운데 보내사 아바 아버지라 부르게 하셨느니라
• 딛 3:5, 6 _ 우리를 구원하시되 우리의 행한 바 의로운 행위로 말미암지 아니하고 오직 그의 긍휼하심을 좇아 중생의 씻음과 성령의 새롭게 하심으로 하셨나니 성령을 우리 구주 예수 그리스도로 말미암아 우리에게 풍성히 부어 주사

아버지 하나님과 우리의 창조

주의 날 | 제9주

제 26 문 _ "전능하신 성부 하나님,
천지의 창조주를 나는 믿사오며"라고
고백할 때 당신은 무엇을 믿습니까?

답 _ 우리 주 예수 그리스도의 영원하신 아버지께서,

아무 것도 없는 중에서 하늘과 땅과
그 가운데 있는 모든 것을 창조하셨고,[1]
또한 그의 영원한 경륜과 섭리로써
이 모든 것을 여전히 보존하고 다스리시며,[2]
그의 아들 그리스도 때문에
나의 하나님과 나의 아버지가 되심을 나는 믿습니다.[3]
나는 그를 전적으로 신뢰하기에
그가 내 몸과 영혼에 필요한 모든 것을 채워 주시며,[4]
이 눈물골짜기 같은 세상에서
당하게 하시는 어떠한 악도
합력하여 선을 이루게 하실 것을
조금도 의심치 않습니다.[5]
그는 전능하신 하나님이기에 그리 하실 수 있고,[6]
신실한 아버지이기에 그리하기를 원하십니다.[7]

---

[1] · 창 1:1-31 _ 태초에 하나님이 천지를 창조하시니라 땅이 혼돈하고 공허하며 흑암이 깊음 위에 있고 하나님의 신은 수면에 운행하시니라 하나님이 가라사대 빛이 있으라 하시매 빛이 있었고 그 빛이 하나님의 보시기에 좋았더라 하나님이 빛과 어두움을 나누사 빛을 낮이라 칭하시고 어두움을 밤이라 칭하시니라 저녁이 되며 아침이 되니 이는 첫째 날이니라 하나님이 가라사내 물 사운데 궁창이 있어 물과 물로 나뉘게 하리리 하시고 하나님이 궁창을 만드사 궁창 아래의 물과 궁창 위의 물로 나뉘게 하시매 그대로 되니라 하나님이 궁창을 하늘이라 칭하시니라 저녁이 되며 아침이 되니 이는 둘째 날이니라 하나님이 가라사대 천하의 물이 한곳으로 모이고 뭍이 드러나라 하시매 그대로 되니라 하나님이 뭍을 땅이라 칭하시고 모인 물을 바다라 칭하시니라 하나님의 보시기에 좋았더라 하나님이 가라사대 땅은 풀과 씨 맺는 채소와 각기 종류대로 씨 가진 열매 맺는 과목을 내라 하시매 그대로 되어 땅이 풀과 각기 종류대로 씨 맺는 채소와 각기 종류대로 씨 가진 열매 맺는 나무를 내니 하나님의 보시기에 좋았더라 저녁이 되며 아침이 되니 이는 세째 날이니라 하나님이 가라사대 하늘의 궁창에 광명이 있어 주야를 나뉘게 하라 또 그 광명으로 하여 징조와 사시와 일자와 연한이 이루라 또 그 광명이 하늘의 궁창에 있어 땅에 비취라 하시고 (그대로 되니라) 하나님이 두 큰 광명을 만드사 큰 광명으로 낮을 주관하게 하시고 작은 광명으로 밤을 주관하게 하시며 또 별들을 만드시고 하나님이 그것들을 하늘의 궁창에 두어 땅에 비취게 하시며 주야를 주관하게 하시며 빛과 어두움을 나뉘게 하시니라 하나님의 보시기에 좋았더라 저녁이 되며 아침이 되니 이는 네째 날이니라 하나님이 가라사대 물들은 생물로 번성케 하라 땅위 하늘의 궁창에는 새가 날으라 하시고 하나님이 큰 물고기와 물에서 번성하여 움직이는 모든 생물을 그 종류대로 날개 있는 모든 새를 그 종류대로 창조하시니 하나님의 보시기에 좋았더라 하나님이 그들에게 복을 주어 가라사대 생육하고 번성하여 여러 바다 물에 충만하라 새들도 땅에 번성하라 하시니라 저녁이 되며 아침이 되니 이는 다섯째 날이니라 하나님이 가라사대 땅은 생물을 그 종류대로 내되 육축과 기는 것과 땅의 짐승을 종류대로 내라 하시고 (그대로 되니라) 하나님이 땅의 짐승을 그 종류대로 육축을 그 종류대로 땅에 기는 모든 것을 그 종류대로 만드시니 하나님의 보시기에 좋았더라 하나님이 가라사대 우리의 형상을 따라 우리의 모양대로 우리가 사람을 만들고 그로 바다의 고기와 공중의 새와 육축과 온 땅과 땅에 기는 모든 것을 다스리게 하자 하시고 하나님이 자기 형상 곧 하나님의 형상대로 사람을 창조하시되 남자와 여자를 창조하시고 하나님이 그들에게 복을 주시며 그들에게 이르시되 생육하고 번성하여 땅에 충만하라 땅을 정복하라 바다의 고기와 공중의 새와 땅에 움직이는 모든 생물을 다스리라 하시니라 하나님이 가라사대 내가 온 지면의 씨 맺는 모든 채소와 씨 가진 열매 맺는 모든 나무를 너희에게 주노니 너희 식물이 되리라 또 땅의 모든 짐승과 공중의 모든 새와 생명이 있어 땅에 기는 모든

것에게는 내가 모든 푸른 풀을 식물로 주노라 하시니 그대로 되니라 하나님이 그 지으신 모든 것을 보시니 보시기에 심히 좋았더라 저녁이 되며 아침이 되니 이는 여섯째 날이니라

- 창 2:1-25 _ 천지와 만물이 다 이루니라 하나님의 지으시던 일이 일곱째 날이 이를 때에 마치니 그 지으시던 일이 다하므로 일곱째 날에 안식하시니라 하나님이 일곱째 날을 복 주사 거룩하게 하셨으니 이는 하나님이 그 창조하시며 만드시던 모든 일을 마치시고 이 날에 안식하셨음이더라 여호와 하나님이 천지를 창조하신 때에 천지의 창조된 대략이 이러하니라 여호와 하나님이 땅에 비를 내리지 아니하셨고 경작할 사람도 없었으므로 들에는 초목이 아직 없었고 밭에는 채소가 나지 아니하였으며 안개만 땅에서 올라와 온 지면을 적셨더라 여호와 하나님이 흙으로 사람을 지으시고 생기를 그 코에 불어 넣으시니 사람이 생령이 된지라 여호와 하나님이 동방의 에덴에 동산을 창설하시고 그 지으신 사람을 거기 두시고 여호와 하나님이 그 땅에서 보기에 아름답고 먹기에 좋은 나무가 나게 하시니 동산 가운데에는 생명나무와 선악을 알게하는 나무도 있더라 강이 에덴에서 발원하여 동산을 적시고 거기서부터 갈라져 네 근원이 되었으니 첫째의 이름은 비손이라 금이 있는 하윌라 온 땅에 둘렸으며 그 땅의 금은 정금이요 그곳에는 베델리엄 과 호마노도 있으며 둘째 강의 이름은 기혼이라 구스 온 땅에 둘렸고 세째 강의 이름은 힛데겔이라 앗수르 동편으로 흐르며 네째 강은 유브라데더라 여호와 하나님이 그 사람을 이끌어 에덴 동산에 두사 그것을 다스리며 지키게 하시고 여호와 하나님이 그 사람에게 명하여 가라사대 동산 각종 나무의 실과는 네가 임의로 먹되 선악을 알게하는 나무의 실과는 먹지 말라 네가 먹는 날에는 정녕 죽으리라 하시니라 여호와 하나님이 가라사대 사람의 독처하는 것이 좋지 못하니 내가 그를 위하여 돕는 배필을 지으리라 하시니라 여호와 하나님이 흙으로 각종 들짐승과 공중의 각종 새를 지으시고 아담이 어떻게 이름을 짓나 보시려고 그것들을 그에게로 이끌어 이르시니 아담이 각 생물을 일컫는 바가 곧 그 이름이라 아담이 모든 육축과 공중의 새와 들의 모든 짐승에게 이름을 주니라 아담이 돕는 배필이 없으므로 여호와 하나님이 아담을 깊이 잠들게 하시니 잠들매 그가 그 갈빗대 하나를 취하고 살로 대신 채우시고 여호와 하나님이 아담에게서 취하신 그 갈빗대로 여자를 만드시고 그를 아담에게로 이끌어 오시니 아담이 가로되 이는 내 뼈 중의 뼈요 살 중의 살이라 이것을 남자에게서 취하였은즉 여자라 칭하리라 하니라 이러므로 남자가 부모를 떠나 그 아내와 연합하여 둘이 한 몸을 이룰찌로다 아담과 그 아내 두 사람이 벌거벗었으나 부끄러워 아니하니라

- 출 20:11 _ 이는 엿새 동안에 나 여호와가 하늘과 땅과 바다와 그 가운데 모든 것을 만들고 제 칠일에 쉬었음이라 그러므로 나 여호와가 안식일을 복되게 하여 그 날을 거룩하게 하였느니라

- 욥 38:1-41 _ 때에 여호와께서 폭풍 가운데로서 욥에게 말씀하여 가라사대 무지한 말로 이치를 어둡게 하는 자가 누구냐 너는 대장부처럼 허리를 묶고 내가 네게 묻는 것을 대답할찌니라 내가 땅의 기초를 놓을 때에 네가 어디 있었느냐 네가 깨달아 알았거든 말할찌니라 누가 그 도량을 정하였었는지 누가 그 준승을 그 위에 띄웠는지 네가 아느냐 그 주초는 무엇 위에 세웠으며 그 모퉁이 돌은 누가 놓았었느냐 그 때에 새벽 별들이 함께 노래하며 하나님의 아들들이 다 기쁘게 소리하였었느니라 바닷물이 태에서 나옴 같이 넘쳐 흐를 때에 문으로 그것을 막은 자가 누구냐 그 때에 내가 구름으로 그 의복을 만들고 흑암으로 그 강보를 만들고 계한을 정하여 문과 빗장을 베풀고 이르기를 네가 여기까지 오고 넘어가지 못하리니 네 교만한 물결이 여기 그칠찌니라 하였었노라 네가 나던 날부터 아침을 명하였었느냐 새벽으로 그 처소를 알게 하여 그것으로 땅끝에 비취게 하고 악인을 그 가운데서 구축한 일이 있었느냐 땅이 변화하여 진흙에 인친 것 같고 만물이 옷 같이 나타나되 악인에게는 그 빛이 금한 바 되고 그들의 높이 든 팔이 꺾이느니라 네가 바다 근원에 들어갔었느냐 깊은 물밑으로 걸어 다녔었느냐 사망의 문이 네게 나타났었느냐 사망의 그늘진 문을 네가 보았었느냐 땅의 넓이를 네가 측량하였었느냐 다 알거든 말할찌니라 광명의 처소는 어느 길로 가며 흑암의 처소는 어디냐 네가 능히 그 지경으로 인도할 수 있느냐 그 집의 길을 아느냐 네가 아마 알리라 네가 그 때에 났었나니 너의 년수가 많음이니라 네가 눈 곳간에 들어갔었느냐 우박 창고를 보았느냐 내가 환난 때와 전쟁과 격투의 날을 위하여 이것을 저축하였노라 광명이 어느 길로 말미암아 뻗치며 동풍이 어느 길로 말미암아 땅에 흩어지느냐 누가 폭우를 위하여 길을 내었으며 우뢰의 번개 길을 내었으며 사람 없는 땅에 사람 없는 광야에 비를 내리고 황무하고 공허한 토지를 축축하게 하고 연한 풀이 나게 하였느냐 비가 아비가 있느냐 이슬 방울은 누가 낳았느냐 얼음은 뉘 태에서 났느냐 공중의 서리는 누가 낳았느냐 물이 돌 같이 굳어지고 해면이 어느니라 네가 묘성을 매어 떨기 되게 하겠느냐 삼성의 띠를 풀겠느냐 네가 열두 궁성을 때를 따라 이끌어 내겠느냐 북두성과 그 속한 별들을 인도하겠느냐 네가 하늘의 법도를 아느냐 하늘로 그 권

능을 땅에 베풀게 하겠느냐 네 소리를 구름에 올려 큰 물로 네게 덮이게 하겠느냐 네가 번개를 보내어 가게 하되 그것으로 네게 우리가 여기 있나이다 하게 하겠느냐 가슴 속의 지혜는 누가 준 것이냐 마음 속의 총명은 누가 준 것이냐 누가 지혜로 구름을 계수하겠느냐 누가 하늘의 병을 쏟아 티끌로 진흙을 이루며 흙덩이로 서로 붙게 하겠느냐 네가 암사자를 위하여 식물을 사냥하겠느냐 젊은 사자의 식량을 채우겠느냐 그것들이 굴에 엎드리며 삼림에 누워서 기다리는 때에니라 까마귀 새끼가 하나님을 향하여 부르짖으며 먹을 것이 없어서 오락가락할 때에 그것을 위하여 먹을 것을 예비하는 자가 누구냐

- 욥 39:1-30 _ 산 염소가 새끼 치는 때를 네가 아느냐 암사슴의 새끼 낳을 기한을 네가 알 수 있느냐 그것이 몇 달만에 만삭되는지 아느냐 그 낳을 때를 아느냐 그것들은 몸을 구푸리고 새끼를 낳아 그 괴로움을 지내어 버리며 그 새끼는 강하여져서 빈들에서 길리우다가 나가고는 다시 돌아 오지 아니하느니라 누가 들 나귀를 놓아 자유하게 하였느냐 누가 빠른 나귀의 매인 것을 풀었느냐 내가 들로 그 집을 짠 땅으로 그 사는 처소를 삼았느니라 들 나귀는 성읍의 지꺼리는 것을 업신여기니 어거하는 자의 지르는 소리가 그것에게 들리지 아니하며 초장이 된 산으로 두루 다니며 여러 가지 푸른 것을 찾느니라 들 소가 어찌 즐겨 네게 복종하며 네 외양간에 머물겠느냐 네가 능히 줄로 들 소를 매어 이랑을 갈게 하겠느냐 그것이 어찌 골짜기에서 너를 따라 쓰레를 끌겠느냐 그것의 힘이 많고 네가 그것을 의지하겠느냐 네 수고하는 일을 그것에게 맡기겠느냐 그것이 네 곡식을 집으로 실어 오며 네 타작 마당에 곡식 모으기를 그것에게 의탁하겠느냐 타조는 즐거이 그 날개를 친다마는 그 깃과 털이 인자를 베푸느냐 그것이 알을 땅에 버려두어 모래에서 더위지게 하고 발에 깨어질 것이나 들 짐승에게 밟힐 것을 생각지 아니하고 그 새끼에게 무정함이 제 새끼가 아닌 것처럼 하며 그 구로한 것이 헛되게 될찌라도 패념치 아니하나니 이는 하나님 내가 지혜를 품부하지 아니하고 총명을 주지 아니함이라 그러나 그 몸을 떨쳐 뛰어갈 때에는 말과 그 탄 자를 경히 여기느니라 말의 힘을 네가 주었느냐 그 목에 흩날리는 갈기를 네가 입혔느냐 네가 그것으로 메뚜기처럼 뛰게 하였느냐 그 위엄스러운 콧소리가 두려우니라 그것이 골짜기에서 허위고 힘 있음을 기뻐하며 앞으로 나아가서 군사들을 맞되 두려움을 비웃고 놀라지 아니하며 칼을 당할찌라도 물러나지 아니하니 그 위에서는 전동과 빛난 작은 창과 큰 창이 쟁쟁하며 땅을 삼킬듯이 맹털히 성내며 나팔 소리를 들으면 머물러 서지 아니하고 나팔 소리 나는대로 소소히 울며 멀리서 싸움 냄새를 맡고 장관의 호령과 떠드는 소리를 듣느니라 매가 떠올라서 날개를 펼쳐 남방으로 향하는 것이 어찌 네 지혜로 말미암음이냐 독수리가 공중에 떠서 높은 곳에 보금자리를 만드는 것이 어찌 네 명령을 의지함이냐 그것이 낭떠러지에 집을 지으며 뾰족한 바위 끝이나 험준한 데 거하며 거기서 움킬 만한 것을 살피나니 그 눈이 멀리 봄이며 그 새끼들도 피를 빠나니 살륙 당한 자 있는 곳에는 그것도 거기 있느니라

- 시 33:6 _ 여호와의 말씀으로 하늘이 지음이 되었으며 그 만상이 그 입 기운으로 이루었도다
- 사 40:26 _ 너희는 눈을 높이 들어 누가 이 모든 것을 창조하였나 보라 주께서는 수효대로 만상을 이끌어 내시고 각각 그 이름을 부르시나니 그의 권세가 크고 그의 능력이 강하므로 하나도 빠짐이 없느니라
- 사 44:24 _ 네 구속자(救贖者)요 모태에서 너를 조성한 나 여호와가 말하노라 나는 만물을 지은 여호와라 나와 함께한 자 없이 홀로 하늘을 폈으며 땅을 베풀었고
- 행 4:24 _ 저희가 듣고 일심으로 하나님께 소리를 높여 가로되 대주재여 천지와 바다와 그 가운데 만유를 지은 이시요
- 행 14:15 _ 가로되 여러분이여 어찌하여 이러한 일을 하느냐 우리도 너희와 같은 성정을 가진 사람이라 너희에게 복음을 전하는 것은 이 헛된 일을 버리고 천지와 바다와 그 가운데 만유를 지으시고 살아 계신 하나님께로 돌아오라 함이라

2)
- 시 104: 27 30 _ 이것들이 다 주께서 때를 따라 식물 주시기를 바라나이다 주께서 주신즉 저희가 취하며 주께서 손을 펴신즉 저희가 좋은 것으로 만족하다가 주께서 낯을 숨기신즉 저희가 떨고 주께서 저희 호흡을 취하신즉 저희가 죽어 본 흙으로 돌아가나이다 주의 영을 보내어 저희를 창조하사 지면을 새롭게 하시나이다
- 마 6:30 _ 오늘 있다가 내일 아궁이에 던지우는 들풀도 하나님이 이렇게 입히시거든 하물며 너희일까보냐 믿음이 적은 자들아
- 마 10:29 _ 참새 두 마리가 한 앗사리온에 팔리는 것이 아니냐 그러나 너희 아버지께서 허락지 아니하시면 그 하나라도 땅에 떨어지지 아니하리라
- 엡 1:11 _ 모든 일을 그 마음의 원대로 역사(役事)하시는 자의 뜻을 따라 우리가 예정을 입어 그 안에서 기업이 되었으니

3)
- 요 1:12, 13 _ 영접하는 자 곧 그 이름을 믿는 자들에게는 하나님의 자녀가 되는 권세를 주셨으니 이는 혈통으로나 육정으로나 사람의 뜻으로 나지 아니하고 오직 하나님께로서 난 자들이니라

- 롬 8:15, 16 _ 너희는 다시 무서워하는 종의 영을 받지 아니하였고 양자(養子)의 영을 받았으므로 아바 아버지라 부르짖느니라 성령이 친히 우리 영으로 더불어 우리가 하나님의 자녀인 것을 증거하시나니
- 갈 4:4-7 _ 때가 차매 하나님이 그 아들을 보내사 여자에게서 나게 하시고 율법 아래 나게 하신 것은 율법 아래 있는 자들을 속량(贖良)하시고 우리로 아들의 명분을 얻게 하려 하심이라 너희가 아들인 고로 하나님이 그 아들의 영을 우리 마음 가운데 보내사 아바 아버지라 부르게 하셨느니라 그러므로 네가 이후로는 종이 아니요 아들이니 아들이면 하나님으로 말미암아 유업을 이을 자니라
- 엡 1:5 _ 그 기쁘신 뜻대로 우리를 예정하사 예수 그리스도로 말미암아 자기의 아들들이 되게 하셨으니

4)
- 시 55:22 _ 네 짐을 여호와께 맡겨 버리라 너를 붙드시고 의인의 요동함을 영영히 허락지 아니하시리로다
- 마 6:25, 26 _ 그러므로 내가 너희에게 이르노니 목숨을 위하여 무엇을 먹을까 무엇을 마실까 몸을 위하여 무엇을 입을까 염려하지 말라 목숨이 음식보다 중하지 아니하며 몸이 의복보다 중하지 아니하냐 공중의 새를 보라 심지도 않고 거두지도 않고 창고에 모아들이지도 아니하되 너희 천부께서 기르시나니 너희는 이것들보다 귀하지 아니하냐
- 눅 12:22-31 _ 또 제자들에게 이르시되 그러므로 내가 너희에게 이르노니 너희 목숨을 위하여 무엇을 먹을까 몸을 위하여 무엇을 입을까 염려하지 말라 목숨이 음식보다 중하고 몸이 의복보다 중하니라 까마귀를 생각하라 심지도 아니하고 거두지도 아니하며 골방도 없고 창고도 없으되 하나님이 기르시나니 너희는 새보다 얼마나 더 귀하냐 또 너희 중에 누가 염려함으로 그 키를 한 자나 더할 수 있느냐 그런즉 지극히 작은 것이라도 능치 못하거든 어찌 그 다른 것을 염려하느냐 백합화를 생각하여 보아라 실도 만들지 않고 짜도 아니하느니라 그러나 내가 너희에게 말하노니 솔로몬의 모든 영광으로도 입은 것이 이 꽃 하나만 같지 못하였느니라 오늘 있다가 내일 아궁이에 던지우는 들풀도 하나님이 이렇게 입히시거든 하물며 너희일까 보냐 믿음이 적은 자들아 너희는 무엇을 먹을까 무엇을 마실까 하여 구하지 말며 근심하지도 말라 이 모든 것은 세상 백성들이 구하는 것이라 너희 아버지께서 이런 것이 너희에게 있어야 될 줄을 아시느니라 오직 너희는 그의 나라를 구하라 그리하면 이런 것을 너희에게 더하시리라

5)
- 롬 8:28 _ 우리가 알거니와 하나님을 사랑하는 자 곧 그 뜻대로 부르심을 입은 자들에게는 모든 것이 합력하여 선을 이루느니라

6)
- 창 18:14 _ 여호와께 능치 못한 일이 있겠느냐 기한이 이를 때에 내가 네게로 돌아오리니 사라에게 아들이 있으리라
- 롬 8:31-39 _ 그런즉 이 일에 대하여 우리가 무슨 말 하리요 만일 하나님이 우리를 위하시면 누가 우리를 대적하리요 자기 아들을 아끼지 아니하시고 우리 모든 사람을 위하여 내어주신 이가 어찌 그 아들과 함께 모든 것을 우리에게 은사로 주지 아니하시겠느뇨 누가 능히 하나님의 택하신 자들을 송사하리요 의롭다 하신 이는 하나님이시니 누가 정죄하리요 죽으실 뿐아니라 다시 살아나신 이는 그리스도 예수시니 그는 하나님 우편에 계신 자요 우리를 위하여 간구하시는 자시니라 누가 우리를 그리스도의 사랑에서 끊으리요 환난이나 곤고나 핍박이나 기근이나 적신이나 위험이나 칼이랴 기록된바 우리가 종일 주를 위하여 죽임을 당케 되며 도살할 양 같이 여김을 받았나이다 함과 같으니라 그러나 이 모든 일에 우리를 사랑하시는 이로 말미암아 우리가 넉넉히 이기느니라 내가 확신하노니 사망이나 생명이나 천사들이나 권세자들이나 현재 일이나 장래 일이나 능력이나 높음이나 깊음이나 다른 아무 피조물이라도 우리를 우리 주 그리스도 예수 안에 있는 하나님의 사랑에서 끊을 수 없으리라

7)
- 마 6:32, 33 _ 이는 다 이방인들이 구하는 것이라 너희 천부께서 이 모든 것이 너희에게 있어야 할 줄을 아시느니라 너희는 먼저 그의 나라와 그의 의를 구하라 그리하면 이 모든 것을 너희에게 더하시리라
- 마 7:9-11 _ 너희 중에 누가 아들이 떡을 달라 하면 돌을 주며 생선을 달라 하면 뱀을 줄 사람이 있겠느냐 너희가 악한 자라도 좋은 것으로 자식에게 줄 줄 알거든 하물며 하늘에 계신 너희 아버지께서 구하는 자에게 좋은 것으로 주시지 않겠느냐

주의 날 | 제10주

제 27 문 _ 당신은 하나님의 섭리를 어떻게 이해합니까?
답 _ 하나님의 섭리란

그의 언제 어디나 임하는 전능한 능력으로,[1]
하나님께서 그의 손으로
친히 천지와 모든 피조물들을
여전히 보존하고 다스리므로,[2]
 잎새와 풀,
 비와 가뭄,
 풍년과 흉년,
 음식과 음료,
 건강과 질병,
 부와 가난,[3]
 참으로 만물 만사가
우연이 아니라[4]
아버지의 손길로 임하는 것입니다.[5]

제 28 문 _ 하나님께서 만물을 창조하시고 그의 섭리로 항상 보존하심을 아는 것이 우리에게 어떻게 유익합니까?

답 _ 우리는 역경에서 인내하고,[6]
 형통할 때 감사하며,[7]
 또한 장래에 대해서는
 어떠한 피조물이라도
 우리의 신실하신 하나님 아버지의 사랑에서
 우리를 끊을 수 없으리라고
 견고하게 확신할 수 있습니다.[8]
과연 모든 피조물이 완전히
 그의 손 안에 있으므로,
 그의 뜻이 없이는
 어떤 일도 일어날 수 없습니다.[9]

---

1) · 렘23:23, 24 _ 나 여호와가 말하노라 나는 가까운 데 하나님이요 먼 데 하나님은 아니냐 나 여호와가 말하노라 사람이 내게 보이지 아니하려고 누가 자기를 은밀한 곳에 숨길 수 있겠느냐 나 여호와가 말하노라 나는 천지에 충만하지 아니하냐

· 행 17:24-28 _ 우주와 그 가운데 있는 만유를 지으신 신께서는 천지의 주재시니 손으로 지은 전에 계시지 아니하시고 또 무엇이 부족한 것처럼 사람의 손으로 섬김을 받으시는 것이 아니니 이는 만민에게 생명과 호흡과 만물을 친히 주시는 자이심이라 인류의 모든 족속을 한 혈통으로 만드사 온 땅에 거하게 하시고 저희의 연대(年代)를 정하시며 거주의 경계를 한(限)하셨으니 이는 사람으로 하나님을 혹 더듬어 찾아 발견케 하려 하심이로되 그는 우리 각 사람에게서 멀리 떠나 계시지 아니하도다 우리가 그를 힘입어 살며 기동(起動)하며 있느니라

2) · 히1:3 _ 이는 하나님의 영광의 광채시요 그 본체의 형상이시라 그의 능력의 말씀으로 만물을 붙드시며 죄를 정결케 하는 일을 하시고 높은 곳에 계신 위엄의 우편에 앉으셨느니라

3) · 렘 5:24 _ 또 너희 마음으로 우리에게 이른 비와 늦은 비를 때를 따라 주시며 우리를 위하여 추수 기한을 정

하시는 우리 하나님 여호와를 경외하자 말하지도 아니하니
- 행 14:15-17 _ 가로되 여러분이여 어찌하여 이러한 일을 하느냐 우리도 너희와 같은 성정을 가진 사람이라 너희에게 복음을 전하는 것은 이 헛된 일을 버리고 천지와 바다와 그 가운데 만유를 지으시고 살아 계신 하나님께로 돌아 오라 함이라 하나님이 지나간 세대에는 모든 족속으로 자기의 길들을 다니게 묵인하셨으나 그러나 자기를 증거하지 아니하신 것이 아니니 곧 너희에게 하늘로서 비를 내리시며 결실기를 주시는 선한 일을 하사 음식과 기쁨으로 너희 마음에 만족케 하셨느니라
- 요 9:3 _ 예수께서 대답하시되 이 사람이나 그 부모가 죄를 범한 것이 아니라 그에게서 하나님의 하시는 일을 나타내고자 하심이니라
- 잠 22:2 _ 빈부가 섞여 살거니와 무릇 그들을 지으신 이는 여호와시니라

4) • 잠16:33 _ 사람이 제비는 뽑으나 일을 작정하기는 여호와께 있느니라

5) • 마10:29 _ 참새 두 마리가 한 앗사리온에 팔리는 것이 아니냐 그러나 너희 아버지께서 허락지 아니하시면 그 하나라도 땅에 떨어지지 아니하리라

6) • 욥 1:21, 22 _ 가로되 내가 모태에서 적신(赤身)이 나왔사온즉 또한 적신이 그리로 돌아가올지라 주신 자도 여호와시요 취하신 자도 여호와시오니 여호와의 이름이 찬송을 받으실지니이다 하고 이 모든 일에 욥이 범죄하지 아니하고 하나님을 향하여 어리석게 원망하지 아니하니라
- 시 39:10 _ 주의 징벌을 나에게서 옮기소서 주의 손이 치심으로 내가 쇠망하였나이다
- 약 1:3 _ 이는 너희 믿음의 시련이 인내를 만들어 내는 줄 너희가 앎이라

7) • 신 8:10 _ 네가 먹어서 배 불리고 네 하나님 여호와께서 옥토로 네게 주셨음을 인하여 그를 찬송하리라
- 살전 5:18 _ 범사에 감사하라 이는 그리스도 예수 안에서 너희를 향하신 하나님의 뜻이니라

8) • 시 55:22 _ 네 짐을 여호와께 맡겨 버리라 너를 붙드시고 의인의 요동함을 영영히 허락지 아니하시리로다
- 롬 5:3-5 _ 다만 이뿐 아니라 우리가 환난 중에도 즐거워하나니 이는 환난은 인내를 인내는 연단을 연단은 소망을 이루는 줄 앎이로다 소망이 부끄럽게 아니함은 우리에게 주신 성령으로 말미암아 하나님의 사랑이 우리 마음에 부은 바 됨이니
- 롬 8:38, 39 _ 내가 확신하노니 사망이나 생명이나 천사들이나 권세자들이나 현재 일이나 장래 일이나 능력이나 높음이나 깊음이나 다른 아무 피조물이라도 우리를 우리 주 그리스도 예수 안에 있는 하나님의 사랑에서 끊을 수 없으리라

9) • 욥 1:12 _ 여호와께서 사단에게 이르시되 내가 그의 소유물을 다 네 손에 붙이노라 오직 그의 몸에는 네 손을 대지 말지니라 사단이 곧 여호와 앞에서 물러가니라
- 욥 2:6 _ 여호와께서 사단에게 이르시되 내가 그를 네 손에 붙이노라 오직 그의 생명은 해하지 말지니라
- 잠 21:1 _ 왕의 마음이 여호와의 손에 있음이 마치 보(洑)의 물과 같아서 그가 임의로 인도하시느니라
- 행 17:24-28 _ 우주와 그 가운데 있는 만유를 지으신 신께서는 천지의 주재시니 손으로 지은 전에 계시지 아니하시고 또 무엇이 부족한 것처럼 사람의 손으로 섬김을 받으시는 것이 아니니 이는 만민에게 생명과 호흡과 만물을 친히 주시는 자이심이라 인류의 모든 족속을 한 혈통으로 만드사 온 땅에 거하게 하시고 저희의 년대를 정하시며 거주의 경계를 한(限)하셨으니 이는 사람으로 하나님을 혹 더듬어 찾아 발견케 하려 하심이로되 그는 우리 각 사람에게서 멀리 떠나 계시지 아니하도다 우리가 그를 힘입어 살며 기동(起動)하며 있느니라

아들 하나님과 우리의 구속

주의 날 | 제11주

제 29 문 _ 왜 하나님의 아들을 "예수", 곧 구주라 부릅니까?

답 _ 그가 우리의 모든 죄에서 우리를 구원하시기 때문에,1) 그리고 그 외에 누구에게서도

구원을 찾거나 발견할 수 없기 때문입니다.[2]

제 30 문 _ 자신의 구원과 복을 성인(聖人)들에게서나, 혹은 자기 자신들이나, 또 다른 데서 찾는 자들도 유일한 구주 예수를 믿는 것입니까?

답 _ 아닙니다.
그들은 유일하신 구주 예수를
  말로는 자랑하지만 사실상 부인합니다.[3]
예수님이 완전한 구주가 아니든지,
  참 믿음으로 이 구주를 영접한 자들이
  그들의 구원에 필요한 모든 것을
  그에게서만 찾든지,
  둘 중의 하나만 참입니다.[4]

---

1) · 마 1:21 _ 아들을 낳으리니 이름을 예수라 하라 이는 그가 자기 백성을 저희 죄에서 구원할 자이심이라 하니라
· 히 7:25 _ 그러므로 자기를 힘입어 하나님께 나아가는 자들을 온전히 구원하실 수 있으니 이는 그가 항상 살아서 저희를 위하여 간구하심이니라

2) · 사 43:11 _ 나 곧 나는 여호와라 나 외에 구원자가 없느니라
· 요 15:4, 5 _ 내 안에 거하라 나도 너희 안에 거하리라 가지가 포도나무에 붙어 있지 아니하면 절로 과실을 맺을 수 없음 같이 너희도 내 안에 있지 아니하면 그러하리라 나는 포도나무요 너희는 가지니 저가 내 안에 내가 저 안에 있으면 이 사람은 과실을 많이 맺나니 나를 떠나서는 너희가 아무 것도 할 수 없음이라
· 행 4:11, 12 _ 이 예수는 너희 건축자들의 버린 돌로서 집 모퉁이의 머릿돌이 되었느니라 다른 이로서는 구원을 얻을 수 없나니 천하 인간에 구원을 얻을 만한 다른 이름을 우리에게 주신 일이 없음이니라 하였더라
· 딤전 2:5 _ 하나님은 한 분이시요 또 하나님과 사람 사이에 중보(中保)도 한 분이시니 곧 사람이신 그리스도 예수라

3) · 고전 1:12, 13 _ 이는 다름 아니라 너희가 각각 이르되 나는 바울에게 나는 아볼로에게 나는 게바에게 나는 그리스도에게 속한 자라 하는 것이니 그리스도께서 어찌 나뉘었느뇨 바울이 너희를 위하여 십자가에 못 박혔으며 바울의 이름으로 너희가 세례를 받았느뇨
· 갈 5:4 _ 율법 안에서 의롭다 함을 얻으려 하는 너희는 그리스도에게서 끊어지고 은혜에서 떨어진 자로다

4) · 골 1:19, 20 _ 아버지께서는 모든 충만으로 예수 안에 거하게 하시고 그의 십자가의 피로 화평을 이루사 만물 곧 땅에 있는 것들이나 하늘에 있는 것들을 그로 말미암아 자기와 화목케 되기를 기뻐하심이라
· 골 2:10 _ 너희도 그 안에서 충만하여졌으니 그는 모든 정사(政事)와 권세의 머리시라
· 요일 1:7 _ 저가 빛 가운데 계신 것같이 우리도 빛 가운데 행하면 우리가 서로 사귐이 있고 그 아들 예수의 피가 우리를 모든 죄에서 깨끗하게 하실 것이요

주의 날 | 제12주

제 31 문 _ 예수는 왜 "그리스도" 곧 기름부음 받은 자라고 불립니까?

답 _ 왜냐하면 그는 성부 하나님으로부터 임명을 받고,
성령으로 기름부음 받으셨기 때문입니다.[1]
그는 우리의 대선지자와 교사로서,[2]
　　우리의 구속에 관한
　　하나님의 감추인 경륜과 뜻을
　　우리에게 온전히 계시하셨고,[3]
우리의 유일한 대제사장으로서,[4]
　　자기 몸의 단번 희생제사로
　　우리를 구속하셨고,[5]
　　성부 앞에서
　　우리를 위해 계속 간구하시며,[6]
또한 우리의 영원한 왕으로서,[7]
　　그의 말씀과 성령으로 우리를 다스리시고,
　　우리를 위해 획득하신 구속 안에서
　　우리를 보호하고 보존하십니다.[8]

제 32 문 _ 당신은 왜 그리스도인이라 불립니까?

답 _ 왜냐하면 나는 믿음으로 그리스도의 지체가 되어,[9]
그의 기름 부음에 참여하기 때문입니다.[10]
나는
　　선지자로서 그의 이름을 고백하며,[11]
　　제사장으로서 나 자신을
　　　　감사의 산 제사로 그에게 드리고,[12]
　　또한 왕으로서 이생에서 자유롭고 선한 양심으로
　　　　죄와 마귀를 대적하여 싸우고,[13]
　　지금부터 영원토록
　　그와 함께
　　　　모든 피조물을 다스립니다.[14]

---

1) · 시 45:7 _ 왕이 정의를 사랑하고 악을 미워하시니 그러므로 하나님 곧 왕의 하나님이 즐거움의 기름으로 왕에게 부어 왕의 동류보다 승하게 하셨나이다
· 히 1:9 _ 네가 의를 사랑하고 불법을 미워하였으니 그러므로 하나님 곧 너의 하나님이 즐거움의 기름을 네게 부어 네 동류들보다 승하게 하셨도다 하였고
· 사 61:1 _ 주 여호와의 신이 내게 임하셨으니 이는 여호와께서 내게 기름을 부으사 가난한 자에게 아름다운 소식을 전하게 하려 하심이라 나를 보내사 마음이 상한 자를 고치며 포로 된 자에게 자유를 갇힌 자에게 놓임을 전파하며
· 눅 4:18 _ 주의 성령이 내게 임하셨으니 이는 가난한 자에게 복음을 전하게 하시려고 내게 기름을 부으시고 나를 보내사 포로 된 자에게 자유를 눈먼 자에게 다

시 보게 함을 전파하며 눌린 자를 자유케 하고
- 눅 3:21, 22 _ 백성이 다 세례를 받을 새 예수도 세례를 받으시고 기도하실 때에 하늘이 열리며 성령이 형체로 비둘기같이 그의 위에 강림하시더니 하늘로서 소리가 나기를 너는 내 사랑하는 아들이라 내가 너를 기뻐하노라 하시니라

2) - 신 18:15 _ 네 하나님 여호와께서 너의 중 네 형제 중에서 나와 같은 선지자 하나를 너를 위하여 일으키시리니 너희는 그를 들을지니라
- 행 3:22 _ 모세가 말하되 주 하나님이 너희를 위하여 너희 형제 가운데서 나 같은 선지자 하나를 세울 것이니 너희가 무엇이든지 그 모든 말씀을 들을 것이라

3) - 요 1:18 _ 본래 하나님을 본 사람이 없으되 아버지 품속에 있는 독생하신 하나님이 나타내셨느니라
- 요 15:15 _ 이제부터는 너희를 종이라 하지 아니하리니 종은 주인의 하는 것을 알지 못함이라 너희를 친구라 하였노니 내가 내 아버지께 들은 것을 다 너희에게 알게 하였음이니라

4) - 시 110:4 _ 여호와는 맹세하고 변치 아니하시리라 이르시기를 너는 멜기세덱의 반차(班次)를 좇아 영원한 제사장이라 하셨도다
- 히 7:17 _ 증거하기를 네가 영원히 멜기세덱의 반차를 좇는 제사장이라 하였도다

5) - 히 9:12 _ 염소와 송아지의 피로 아니하고 오직 자기 피로 영원한 속죄를 이루사 단번에 성소에 들어가셨느니라
- 히 10:11-14 _ 제사장마다 매일 서서 섬기며 자주 같은 제사를 드리되 이 제사는 언제든지 죄를 없게 하지 못하거니와 오직 그리스도는 죄를 위하여 한 영원한 제사를 드리시고 하나님 우편에 앉으사 그 후에 자기 원수들로 자기 발등상이 되게 하실 때까지 기다리시나니 저가 한 제물로 거룩하게 된 자들을 영원히 온전케 하셨느니라

6) - 롬 8:34 _ 누가 정죄하리요 죽으실 뿐 아니라 다시 살아나신 이는 그리스도 예수시니 그는 하나님 우편에 계신 자요 우리를 위하여 간구하시는 자시니라
- 히 9:24 _ 그리스도께서는 참 것의 그림자인 손으로 만든 성소에 들어가지 아니하시고 오직 참 하늘에 들어가사 이제 우리를 위하여 하나님 앞에 나타나시고
- 요일 2:1 _ 나의 자녀들아 내가 이것을 너희에게 씀은 너희로 죄를 범치 않게 하려 함이라 만일 누가 죄를 범하면 아버지 앞에서 우리에게 대언자(代言者)가 있으니 곧 의로우신 예수 그리스도시라

7) - 슥 9:9 _ 시온의 딸아 크게 기뻐할지어다 예루살렘의 딸아 즐거이 부를지어다 보라 네 왕이 네게 임하나니 그는 공의로우며 구원을 베풀며 겸손하여서 나귀를 타나니 나귀의 작은 것 곧 나귀 새끼니라
- 마 21:5 _ 시온 딸에게 이르기를 네 왕이 네게 임하나니 그는 겸손하여 나귀 곧 멍에 메는 짐승의 새끼를 탔도다 하라 하였느니라
- 눅 1:33 _ 영원히 야곱의 집에 왕 노릇 하실 것이며 그 나라가 무궁하리라

8) - 마 28:18-20 _ 예수께서 나아와 일러 가라사대 하늘과 땅의 모든 권세를 내게 주셨으니 그러므로 너희는 가서 모든 족속으로 제자를 삼아 아버지와 아들과 성령의 이름으로 세례를 주고 내가 너희에게 분부한 모든 것을 가르쳐 지키게 하라 볼찌어다 내가 세상 끝날까지 너희와 항상 함께 있으리라 하시니라
- 요 10:28 _ 내가 저희에게 영생을 주노니 영원히 멸망치 아니할 터이요 또 저희를 내 손에서 빼앗을 자가 없느니라
- 계 12:10, 11 _ 내가 또 들으니 하늘에 큰 음성이 있어 가로되 이제 우리 하나님의 구원과 능력과 나라와 또 그의 그리스도의 권세가 이루었으니 우리 형제들을 참소하던 자 곧 우리 하나님 앞에서 밤낮 참소하던 자가 쫓겨났고 또 여러 형제가 어린양의 피와 자기의 증거하는 말을 인하여 저를 이기었으니 그들은 죽기까지 자기 생명을 아끼지 아니하였도다

9) - 고전 12:12-27 _ 몸은 하나인데 많은 지체가 있고 몸의 지체가 많으나 한 몸임과 같이 그리스도도 그러하니라 우리가 유대인이나 헬라인이나 종이나 자유자나 다 한 성령으로 세례를 받아 한 몸이 되었고 또 다 한 성령을 마시게 하셨느니라 몸은 한 지체뿐 아니요 여럿이니 만일 발이 이르되 나는 손이 아니니 몸에 붙지 아니하였다 할찌라도 이로 인하여 몸에 붙지 아니한 것이 아니요 또 귀가 이르되 나는 눈이 아니니 몸에 붙지 아니하였다 할찌라도 이로 인하여 몸에 붙지 아니한 것이 아니니 만일 온 몸이 눈이면 듣는 곳은 어디며 온 몸이 듣는 곳이면 냄새 맡는 곳은 어디뇨 그러나 이제 하나님이 그 원하시는 대로 지체를 각각 몸에 두셨으니 만일 다 한 지체뿐이면 몸은 어디뇨 이제 지체는 많으나 몸은 하나라 눈이 손더러 내가 너를 쓸데 없다 하거나 또한 머리가 발더러 내가 너를 쓸데 없다 하거나 하지 못하리라 이뿐 아니라 몸의 더 약하게 보이는 지체가 도리어 요긴하고 우리가 몸의 덜 귀히 여기는 그것들을 더욱 귀한 것들로 입혀 주며 우리의 아름답지 못한 지체는 더욱 아름다운 것을 얻고 우리의 아름다운 지체는 요구할 것이 없으니 오직 하나님이 몸을 고르게 하여 부족한 지체에게 존귀를 더하사 몸 가운데서 분쟁이 없고 오직 여러 지체가 서로 같이하여 돌아보게 하셨으니 만일 한 지체가 고통을 받으면 모든 지체도 함께 고통을 받고 한 지체가 영광을 얻으면 모

든 지체도 함께 즐거워하나니 너희는 그리스도의 몸이요 지체의 각 부분이라
10) · 욜 2:28 _ 그 후에 내가 내 신을 만민에게 부어 주리니 너희 자녀들이 장래 일을 말할 것이며 너희 늙은이는 꿈을 꾸며 너희 젊은이는 이상(異像)을 볼 것이며
· 행 2:17 _ 하나님이 가라사대 말세에 내가 내 영으로 모든 육체에게 부어 주리니 너희의 자녀들은 예언할 것이요 너희의 젊은이들은 환상을 보고 너희의 늙은이들은 꿈을 꾸라
· 요일 2:27 _ 너희는 주께 받은 바 기름 부음이 너희 안에 거하나니 아무도 너희를 가르칠 필요가 없고 오직 그의 기름 부음이 모든 것을 너희에게 가르치며 또 참되고 거짓이 없으니 너희를 가르치신 그대로 주 안에 거하라
11) · 마 10:32 _ 누구든지 사람 앞에서 나를 시인하면 나도 하늘에 계신 내 아버지 앞에서 저를 시인할 것이요
· 롬 10:9, 10 _ 네가 만일 네 입으로 예수를 주로 시인하며 또 하나님께서 그를 죽은 자 가운데서 살리신 것을 네 마음에 믿으면 구원을 얻으리니 사람이 마음으로 믿어 의에 이르고 입으로 시인하여 구원에 이르느니라
· 히 13:15 _ 이러므로 우리가 예수로 말미암아 항상 찬미의 제사를 하나님께 드리자 이는 그 이름을 증거하는 입술의 열매니라
12) · 롬 12:1 _ 그러므로 형제들아 내가 하나님의 모든 자비하심으로 너희를 권하노니 너희 몸을 하나님이 기뻐하시는 거룩한 산제사로 드리라 이는 너희의 드릴 영적 예배니라
· 벧전 2:5, 9 _ 너희도 산 돌같이 신령한 집으로 세워지고 예수 그리스도로 말미암아 하나님이 기쁘게 받으실 신령한 제사를 드릴 거룩한 제사장이 될지니라 오직 너희는 택하신 족속이요 왕 같은 제사장들이요 거룩한 나라요 그의 소유된 백성이니 이는 너희를 어두운데서 불러내어 그의 기이한 빛에 들어가게 하신 자의 아름다운 덕을 선전하게 하려 하심이라
13) · 갈 5:16, 17 _ 내가 이르노니 너희는 성령을 좇아 행하라 그리하면 육체의 욕심을 이루지 아니하리라 육체의 소욕은 성령을 거스리고 성령의 소욕은 육체를 거스리나니 이 둘이 서로 대적함으로 너희의 원하는 것을 하지 못하게 하려 함이니라
· 엡 6:11 _ 마귀의 궤계(詭計)를 능히 대적하기 위하여 하나님의 전신 갑주(全身甲冑)를 입으라
· 딤전 1:18, 19 _ 아들 디모데야 내가 네게 이 경계(警戒)로써 명하노니 전에 너를 지도한 예언을 따라 그것으로 선한 싸움을 싸우며 믿음과 착한 양심을 가지라 어떤 이들이 이 양심을 버렸고 그 믿음에 관하여는 파선하였느니라
14) · 마 25:34 _ 그 때에 임금이 그 오른편에 있는 자들에게 이르시되 내 아버지께 복 받을 자들이여 나아와 창세로부터 너희를 위하여 예비된 나라를 상속하라
· 딤후 2:12 _ 참으면 또한 함께 왕 노릇 할 것이요 우리가 주를 부인하면 주도 우리를 부인하실 것이라

주의 날 | 제13주

제 33 문 _ 우리도 역시 하나님의 자녀들인데, 왜 그를 "하나님의 독생자"라고 부릅니까?

답 _ 왜냐하면 오직 그리스도만
본래 하나님의 영원한 아들이시기 때문입니다.1)
그러나 우리는 그리스도 덕분에 은혜로
입양된 하나님의 자녀들입니다.2)

제 34 문 _ 당신은 왜 그를 "우리 주(主)"라 부릅니까?

답 _ 왜냐하면 그가 금이나 은이 아니라
그의 보혈로써3)
우리의 모든 죄로부터
우리의 몸과 영혼을 구속하셨고,4)

우리를 마귀의 모든 권세에서
자유롭게 하여
그 자신의 소유로 삼으셨기 때문입니다.5)

1) · 요 1:1-3, 14, 18 _ 태초에 말씀이 계시니라 이 말씀이 하나님과 함께 계셨으니 이 말씀은 곧 하나님이시니라 그가 태초에 하나님과 함께 계셨고 만물이 그로 말미암아 지은바 되었으니 지은 것이 하나도 그가 없이는 된 것이 없느니라 말씀이 육신이 되어 우리 가운데 거하시매 우리가 그 영광을 보니 아버지의 독생자의 영광이요 은혜와 진리가 충만하더라 본래 하나님을 본 사람이 없으되 아버지 품속에 있는 독생하신 하나님이 나타내셨느니라

· 요 3:16 _ 하나님이 세상을 이처럼 사랑하사 독생자를 주셨으니 이는 저를 믿는 자마다 멸망치 않고 영생을 얻게 하려 하심이니라

· 롬 8:32 _ 자기 아들을 아끼지 아니하시고 우리 모든 사람을 위하여 내어 주신 이가 어찌 그 아들과 함께 모든 것을 우리에게 은사로 주지 아니하시겠느뇨

· 히 1:1-14 _ 옛적에 선지자들을 통하여 여러 부분과 여러 모양으로 우리 조상들에게 말씀하신 하나님이 이 모든 날 마지막에는 아들을 통하여 우리에게 말씀하셨으니 이 아들을 만유의 상속자로 세우시고 또 그로 말미암아 모든 세계를 지으셨느니라 이는 하나님의 영광의 광채요 그 본체의 형상이시라 그의 능력의 말씀으로 만물을 붙드시며 죄를 정결하게 하는 일을 하시고 높은 곳에 계신 지극히 크신 이의 우편에 앉으셨느니라 그가 천사보다 훨씬 뛰어남은 그들보다 더욱 아름다운 이름을 기업으로 얻으심이니 하나님께서 어느때에 천사 중 누구에게 너는 내 아들이라 오늘 내가 너를 낳았다 하셨으며 또 다시 나는 그에게 아버지가 되고 그는 내게 아들이 되리라 하셨느냐 또 그가 맏아들을 이끌어 세상에 다시 들어오게 하실때에 하나님의 모든 천사들은 그에게 경배할지어다 말씀하시며 또 천사들에 관하여는 그는 그의 천사들을 바람으로 그의 사역자들을 불꽃으로 삼으시느니라 하셨으되 아들에 관하여는 하나님이여 주의 보좌는 영영하며 주의 나라의 규는 공평한 규이니이다 주께서 의를 사랑하시고 불법을 미워하셨으니 그러므로 하나님 곧 주의 하나님이 즐거움의 기름을 주께 부어 주를 동류들보다 뛰어나게 하셨도다 하였고 또 주여 태초에 주께서 땅의 기초를 두셨으며 하늘도 주의 손으로 지으신 바라 그것들은 멸망할 것이나 오직 주는 영존할 것이요 그것들은 다 옷과 같이 낡아지리니 의복처럼 갈아 입을 것이요 그것들은 옷과 같이 변할 것이나 주는 여전하여 연대가 다함이 없으리라 하셨으나 어느 때에 천사중 누구에게 내가 네 원수로 네 발등상이 되게 하기까지 너는 내 우편에 앉아 있으라 하셨느냐 모든 천사들은 섬기는 영으로서 구원 받을 상속자들을 위하여 섬기라고 보내심이 아니냐

· 요일 4:9 _ 하나님의 사랑이 우리에게 이렇게 나타난 바 되었으니 하나님이 자기의 독생자를 세상에 보내심은 저로 말미암아 우리를 살리려 하심이니라

2) · 요 1:12 _ 영접하는 자 곧 그 이름을 믿는 자들에게는 하나님의 자녀가 되는 권세를 주셨으니

· 롬 8:14-17 _ 무릇 하나님의 영으로 인도함을 받는 그들은 곧 하나님의 아들이라 너희는 다시 무서워하는 종의 영을 받지 아니하였고 양자(養子)의 영을 받았으므로 아바 아버지라 부르짖느니라 성령이 친히 우리 영으로 더불어 우리가 하나님의 자녀인 것을 증거하시나니 자녀이면 또한 후사(後嗣) 곧 하나님의 후사요 그리스도와 함께한 후사니 우리가 그와 함께 영광을 받기 위하여 고난도 함께 받아야 될 것이니라

· 갈 4:6 _ 너희가 아들인 고로 하나님이 그 아들의 영을 우리 마음 가운데 보내사 아바 아버지라 부르게 하셨느니라

· 엡 1:5, 6 _ 그 기쁘신 뜻대로 우리를 예정하사 예수 그리스도로 말미암아 자기의 아들들이 되게 하셨으니 이는 그의 사랑하시는 자 안에서 우리에게 거저 주시는 바 그의 은혜의 영광을 찬미하게 하려는 것이라

3) · 벧전 1:18, 19 _ 너희가 알거니와 너희 조상의 유전한 망령된 행실에서 구속(救贖)된 것은 은이나 금같이 없어질 것으로 한 것이 아니요 오직 흠 없고 점 없는 어린양 같은 그리스도의 보배로운 피로 한 것이니라

4) · 고전 6:20 _ 값으로 산 것이 되었으니 그런즉 너희 몸으로 하나님께 영광을 돌리라

· 딤전 2:5, 6 _ 하나님은 한 분이시요 또 하나님과 사람 사이에 중보도 한 분이시니 곧 사람이신 그리스도 예수라 그가 모든 사람을 위하여 자기를 속전(贖錢)으로 주셨으니 기약이 이르면 증거할 것이라

5) · 골 1:13, 14 _ 그가 우리를 흑암의 권세에서 건져 내사 그의 사랑의 아들의 나라로 옮기셨으니 그 아들 안에서 우리가 구속(救贖) 곧 죄 사함을 얻었도다

· 히 2:14, 15 _ 자녀들은 혈육에 함께 속하였으매 그도 또한 한 모양으로 혈육에 함께 속하심은 사망으로 말미암아 사망의 세력을 잡은 자 곧 마귀를 없이하시며 또 죽기를 무서워하므로 일생에 매여 종노릇하는 모든 자들을 놓아주려 하심이니

주의 날 | 제14주

제 35 문 _ "그는 성령으로 잉태되사, 동정녀 마리아에게서 나셨으며"라는 말로, 당신은 무엇을 고백합니까?

답 _ 영원한 참 하나님이신 하나님의 영원한 아들은
여전히 영원한 참 하나님으로서,[1]
성령의 역사로[2]
동정녀 마리아의 살과 피로부터
참 인간의 본성을 스스로 취하셨습니다.[3]
그러므로 그 또한 다윗의 참 후손이시며,[4]
모든 면에서 그의 형제들과 같으나[5]
죄는 없으십니다.[6]

제 36 문 _ 그리스도의 거룩한 잉태와 탄생으로부터 당신은 어떤 유익을 받습니까?

답 _ 그리스도는 우리의 중보자이시므로,[7]
그의 순결함과 완전한 거룩함으로
잉태와 출생 시부터의 내 죄를
하나님 앞에서 덮어주십니다.[8]

---

1) · 요 1:1 _ 태초에 말씀이 계시니라 이 말씀이 하나님과 함께 계셨으니 이 말씀은 곧 하나님이시니라
· 요 10:30-36 _ 나와 아버지는 하나이니라 하신대 유대인들이 다시 돌을 들어 치려하거늘 예수께서 대답하시되 내가 아버지께로 말미암아 여러 가지 선한 일을 너희에게 보였거늘 그 중에 어떤 일로 나를 돌로 치려 하느냐 유대인들이 대답하되 선한 일을 인하여 우리가 너를 돌로 치려는 것이 아니라 참람함을 인함이니 네가 사람이 되어 자칭 하나님이라 함이로라 예수께서 가라사대 너희 율법에 기록한 바 내가 너희를 신이라 하였노라 하지 아니하였느냐 성경은 폐지 못하나니 하나님의 말씀을 받은 사람들을 신이라 하셨거든 하물며 아버지께서 거룩하게 하사 세상에 보내신 자가 나는 하나님 아들이라 하는 것으로 너희가 어찌 참람하다 하느냐
· 롬 1:3 _ 이 아들로 말하면 육신으로는 다윗의 혈통에서 나셨고
· 롬 9:5 _ 조상들도 저희 것이요 육신으로 하면 그리스도가 저희에게서 나셨으니 저는 만물 위에 계셔 세세에 찬양을 받으실 하나님이시니라 아멘

· 골 1:15-17 _ 그는 보이지 아니하시는 하나님의 형상이요 모든 창조물보다 먼저 나신 자니 만물이 그에게 창조되되 하늘과 땅에서 보이는 것들과 보이지 않는 것들과 혹은 보좌들이나 주관들이나 정사(政事)들이나 권세들이나 만물이 다 그로 말미암고 그를 위하여 창조되었고 또한 그가 만물보다 먼저 계시고 만물이 그 안에 함께 섰느니라
· 요일 5:20 _ 또 아는 것은 하나님의 아들이 이르러 우리에게 지각을 주사 우리로 참된 자를 알게 하신 것과 또한 우리가 참된 자 곧 그의 아들 예수 그리스도 안에 있는 것이니 그는 참 하나님이시요 영생이시라

2) · 눅 1:35 _ 천사가 대답하여 가로되 성령이 네게 임하시고 지극히 높으신 이의 능력이 너를 덮으시리니 이러므로 나실바 거룩한 자는 하나님의 아들이라 일컬으리라

3) · 마 1:18-23 _ 예수 그리스도의 나심은 이러하니라 그 모친 마리아가 요셉과 정혼하고 동거하기 전에 성령으로 잉태된 것이 나타났더니 그 남편 요셉은 의로운 사람이라 저를 드러내지 아니하고 가만히 끊고자 하여 이 일을 생각할 때에 주의 사자가 현몽하여 가로되 다

윗의 자손 요셉아 네 아내 마리아 데려오기를 무서워 말라 저에게 잉태된 자는 성령으로 된 것이라 아들을 낳으리니 이름을 예수라 하라 이는 그가 자기 백성을 저희 죄에서 구원할 자이심이라 하니라 이 모든 일의 된 것은 주께서 선지자로 하신 말씀을 이루려 하심이니 가라사대 보라 처녀가 잉태하여 아들을 낳을 것이요 그 이름은 임마누엘이라 하시리라 하셨으니 이를 번역한즉 하나님이 우리와 함께 계시다 함이라

- 요 1:14 _ 말씀이 육신이 되어 우리 가운데 거하시매 우리가 그 영광을 보니 아버지의 독생자의 영광이요 은혜와 진리가 충만하더라
- 갈 4:4 _ 때가 차매 하나님이 그 아들을 보내사 여자에게서 나게 하시고 율법 아래 나게 하신 것은
- 히 2:14 _ 자녀들은 혈육에 함께 속하였으매 그도 또한 한 모양으로 혈육에 함께 속하심은 사망으로 말미암아 사망의 세력을 잡은 자 곧 마귀를 없이 하시며

4) · 삼하 7:12-16 _ 네 수한이 차서 네 조상들과 함께 잘 때에 내가 네 몸에서 날 자식을 네 뒤에 세워 그 나라를 견고케 하리라 저는 내 이름을 위하여 집을 건축할 것이요 나는 그 나라 위를 영원히 견고케 하리라 나는 그 아비가 되고 그는 내 아들이 되리니 저가 만일 죄를 범하면 내가 사람 막대기와 인생 채찍으로 징계하려니와 내가 네 앞에서 폐한 사울에게서 내 은총을 빼앗은 것 같이 그에게서는 빼앗지 아니하리라 네 집과 네 나라가 내 앞에서 영원히 보전되고 네 위가 영원히 견고하리라 하셨다 하라

- 시 132:11 _ 여호와께서 다윗에게 성실히 맹세하셨으니 변치 아니하실지라 이르시기를 네 몸의 소생을 네 위(位)에 둘지라
- 마 1:1 _ 아브라함과 다윗의 자손 예수 그리스도의 세계(世系)라
- 눅 1:32 _ 저가 큰 자가 되고 지극히 높으신 이의 아들이라 일컬을 것이요 주 하나님께서 그 조상 다윗의 위(位)를 저에게 주시리니
- 롬 1:3 _ 이 아들로 말하면 육신으로는 다윗의 혈통에서 나셨고

5) · 빌 2:7 _ 오히려 자기를 비어 종의 형체를 가져 사람들과 같이 되었고
- 히 2:17 _ 그러므로 저가 범사에 형제들과 같이 되심이 마땅하도다 이는 하나님의 일에 자비하고 충성된 대제사장이 되어 백성의 죄를 구속(救贖)하려 하심이라

6) · 히 4:15 _ 우리에게 있는 대제사장은 우리 연약함을 체휼(體恤)하지 아니하는 자가 아니요 모든 일에 우리와 한결같이 시험을 받은 자로되 죄는 없으시니라
- 히 7:26, 27 _ 이러한 대제사장은 우리에게 합당하니 거룩하고 악이 없고 더러움이 없고 죄인에게서 떠나 계시고 하늘보다 높이 되신 자라 저가 저 대제사장들이 먼저 자기 죄를 위하고 다음에 백성의 죄를 위하여 날마다 제사드리는 것과 같이 할 필요가 없으니 이는 저가 단번에 자기를 드려 이루셨음이니라

7) · 딤전 2:5, 6 _ 하나님은 한 분이시요 또 하나님과 사람 사이에 중보(中保)도 한 분이시니 곧 사람이신 그리스도 예수라 그가 모든 사람을 위하여 자기를 속전(贖錢)으로 주셨으니 기약이 이르면 증거할 것이라
- 히 9:13-15 _ 염소와 황소의 피와 및 암송아지의 재로 부정한 자에게 뿌려 그 육체를 정결케 하여 거룩케 하거든 하물며 영원하신 성령으로 말미암아 흠 없는 자기를 하나님께 드린 그리스도의 피가 어찌 너희 양심으로 죽은 행실에서 깨끗하게 하고 살아 계신 하나님을 섬기게 못하겠느뇨 이를 인하여 그는 새 언약의 중보(中保)니 이는 첫 언약 때에 범한 죄를 속하려고 죽으사 부르심을 입은 자로 하여금 영원한 기업의 약속을 얻게 하려 하심이니라

8) · 롬 8:3, 4 _ 율법이 육신으로 말미암아 연약하여 할 수 없는 그것을 하나님은 하시나니 곧 죄를 인하여 자기 아들을 죄 있는 육신의 모양으로 보내어 육신에 죄를 정하사 육신을 좇지 않고 그 영을 좇아 행하는 우리에게 율법의 요구를 이루어지게 하려 하심이니라
- 고후 5:21 _ 하나님이 죄를 알지도 못하신 자로 우리를 대신하여 죄를 삼으신 것은 우리로 하여금 저의 안에서 하나님의 의가 되게 하려 하심이니라
- 갈 4:4, 5 _ 때가 차매 하나님이 그 아들을 보내사 여자에게서 나게 하시고 율법 아래 나게 하신 것은 율법 아래 있는 자들을 속량(贖良)하시고 우리로 아들의 명분을 얻게 하려 하심이라
- 벧전 1:18, 19 _ 너희가 알거니와 너희 조상의 유전한 망령된 행실에서 구속(救贖)된 것은 은이나 금같이 없어질 것으로 한 것이 아니요 오직 흠 없고 점 없는 어린양 같은 그리스도의 보배로운 피로 한 것이니라

주의 날 | 제15주

제 37 문 _ "고난을 받으사" 라는 말로
당신은 무엇을 고백합니까?

답 _ 그리스도는 땅에 사셨던 모든 시간 동안,
특히 마지막 때에는
모든 인류의
죄에 대한 하나님의 진노를
몸과 영혼에 친히 짊어지셨습니다.1)
이렇게 유일한 속죄 제물로
고난을 받아2)
우리의 몸과 영혼을
영원한 저주로부터 구속하셨고,3)
우리를 위해 하나님의 은혜와 의와 영원한 생명을
얻으셨습니다.4)

제 38 문 _ 왜 그리스도께서 재판장 "본디오 빌라도 아래에서"
고난을 받으셨습니까?

답 _ 그리스도는 무죄하지만
세상의 재판장에게 정죄를 받으셨으며,5)
그래서 우리에게 임할
하나님의 준엄한 심판에서
우리를 자유롭게 하셨습니다.6)

제 39 문 _ 그리스도께서 다른 방식이 아니라
"십자가에 못 박히시고" 죽으심은
특별한 의미가 있습니까?

답 _ 그렇습니다.
십자가에 달린 자는
하나님께 저주를 받았으므로,
그렇게 그리스도께서 내게 임한 저주를
친히 받으심을
나는 확신합니다.7)

---

1) · 사 53:1-12 _ 우리의 전한 것을 누가 믿었느뇨 여호와의 팔이 뉘게 나타났느뇨 그는 주 앞에서 자라나기를 연한 순 같고 마른 땅에서 나온 줄기 같아서 고운 모양도 없고 풍채도 없은즉 우리의 보기에 흠모할만한 아름다운 것이 없도다 그는 멸시를 받아서 사람에게 싫어 버린바 되었으며 간고를 많이 겪었으며 질고를 아는 자라 마치 사람들에게 얼굴을 가리우고 보지 않음을 받는 자 같아서 멸시를 당하였고 우리도 그를 귀히 여기지 아니하였도다 그는 실로 우리의 질고를 지고 우리의 슬픔을 당하였거늘 우리는 생각하기를 그는 징벌을 받아서 하나님에게 맞으며 고난을 당한다 하였노라 가 찔림은 우리의 허물을 인함이요 그가 상함

은 우리의 죄악을 인함이라 그가 징계를 받음으로 우리가 평화를 누리고 그가 채찍에 맞음으로 우리가 나음을 입었도다 우리는 다 양 같아서 그릇 행하여 각기 제 길로 갔거늘 여호와께서는 우리 무리의 죄악을 그에게 담당시키셨도다 그가 곤욕을 당하여 괴로울 때에도 그 입을 열지 아니하였음이여 마치 도수장으로 끌려가는 어린 양과 털 깎는 자 앞에 잠잠한 양 같이 그 입을 열지 아니하였도다 그가 곤욕과 심문을 당하고 끌려 갔으니 그 세대 중에 누가 생각하기를 그가 산 자의 땅에서 끊어짐은 마땅히 형벌 받을 내 백성의 허물을 인함이라 하였으리요 그는 강포를 행치 아니하였고 그 입에 궤사가 없었으나 그 무덤이 악인과 함께 되었으며 그 묘실이 부자와 함께 되었도다 여호와께서 그로 상함을 받게 하시기를 원하사 질고를 당케 하셨은즉 그 영혼을 속건제물로 드리기에 이르면 그가 그 씨를 보게 되며 그 날은 길 것이요 또 그의 손으로 여호와의 뜻을 성취하리로다 가라사대 그가 자기 영혼의 수고한 것을 보고 만족히 여길 것이라 나의 의로운 종이 자기 지식으로 많은 사람을 의롭게 하며 또 그들의 죄악을 친히 담당하리라 이러므로 내가 그로 존귀한 자와 함께 분깃을 얻게 하며 강한 자와 함께 탈취한 것을 나누게 하리니 이는 그가 자기 영혼을 버려 사망에 이르게 하며 범죄자 중 하나로 헤아림을 입었음이라 그러나 실상은 그가 많은 사람의 죄를 지며 범죄자를 위하여 기도하였느니라 하시니라

- 딤전 2:6 _ 그가 모든 사람을 위하여 자기를 속전(贖錢)으로 주셨으니 기약이 이르면 증거할 것이라.
- 벧전 2:24 _ 친히 나무에 달려 그 몸으로 우리 죄를 담당하셨으니 이는 우리로 죄에 대하여 죽고 의에 대하여 살게 하려 하심이라 저가 채찍에 맞음으로 너희는 나음을 얻었나니
- 벧전 3:18 _ 그리스도께서도 한 번 죄를 위하여 죽으사 의인으로서 불의한 자를 대신하셨으니 이는 우리를 하나님 앞으로 인도하려 하심이라 육체로는 죽임을 당하시고 영으로는 살리심을 받으셨으니

2) · 롬 3:25 _ 이 예수를 하나님이 그의 피로 인하여 믿음으로 말미암은 화목제물로 세우셨으니 이는 하나님께서 길이 참으시는 중에 전에 지은 죄를 간과하심으로 자기의 의로우심을 나타내려 하심이니
- 고전 5:7 _ 너희는 누룩 없는 자인데 새 덩어리가 되기 위하여 묵은 누룩을 내어 버리라 우리의 유월절 양 곧 그리스도께서 희생이 되셨느니라
- 엡 5:2 _ 그리스도께서 너희를 사랑하신 것같이 너희도 사랑 가운데서 행하라 그는 우리를 위하여 자신을 버리사 향기로운 제물과 생축(牲畜)으로 하나님께 드리셨느니라

- 히 10:14 _ 저가 한 제물로 거룩하게 된 자들을 영원히 온전케 하셨느니라
- 요일 2:2 _ 저는 우리 죄를 위한 화목제물이니 우리만 위할 뿐 아니요 온 세상의 죄를 위하심이라
- 요일 4:10 _ 사랑은 여기 있으니 우리가 하나님을 사랑한 것이 아니요 오직 하나님이 우리를 사랑하사 우리 죄를 위하여 화목제로 그 아들을 보내셨음이니라

3) · 롬 8:1-4 _ 그러므로 이제 그리스도 예수 안에 있는 자에게는 결코 정죄함이 없나니 이는 그리스도 예수 안에 있는 생명의 성령의 법이 죄와 사망의 법에서 너를 해방하였음이라 율법이 육신으로 말미암아 연약하여 할 수 없는 그것을 하나님은 하시나니 곧 죄를 인하여 자기 아들을 죄 있는 육신의 모양으로 보내어 육신에 죄를 정하사 육신을 좇지 않고 그 영을 좇아 행하는 우리에게 율법의 요구를 이루어지게 하려 하심이니라
- 갈 3:13 _ 그리스도께서 우리를 위하여 저주를 받은 바 되사 율법의 저주에서 우리를 속량(贖良)하셨으니 기록된 바 나무에 달린 자마다 저주 아래 있는 자라 하였음이라
- 골 1:13 _ 그가 우리를 흑암의 권세에서 건져 내사 그의 사랑의 아들의 나라로 옮기셨으니
- 히 9:12 _ 염소와 송아지의 피로 아니하고 오직 자기 피로 영원한 속죄를 이루사 단번에 성소에 들어가셨느니라
- 벧전 1:18, 19 _ 너희가 알거니와 너희 조상의 유전한 망령된 행실에서 구속(救贖)된 것은 은이나 금같이 없어질 것으로 한 것이 아니요 오직 흠 없고 점 없는 어린양 같은 그리스도의 보배로운 피로 한 것이니라

4) · 요 3:16 _ 하나님이 세상을 이처럼 사랑하사 독생자를 주셨으니 이는 저를 믿는 자마다 멸망치 않고 영생을 얻게 하려 하심이니라
- 롬 3:24-26 _ 그리스도 예수 안에 있는 구속(救贖)으로 말미암아 하나님의 은혜로 값없이 의롭다 하심을 얻은 자 되었느니라 이 예수를 하나님이 그의 피로 인하여 믿음으로 말미암는 화목제물로 세우셨으니 이는 하나님께서 길이 참으시는 중에 전에 지은 죄를 간과하심으로 자기의 의로우심을 나타내려 하심이니 곧 이 때에 자기의 의로우심을 나타내사 자기도 의로우시며 또한 예수 믿는 자를 의롭다 하려 하심이니라
- 고후 5:21 _ 하나님이 죄를 알지도 못하신 자로 우리를 대신하여 죄를 삼으신 것은 우리로 하여금 저의 안에서 하나님의 의가 되게 하려 하심이니라
- 히 9:15 _ 이를 인하여 그는 새 언약의 중보(中保)니 이는 첫 언약 때에 범한 죄를 속하려고 죽으사 부르심을 입은 자로 하여금 영원한 기업의 약속을 얻게 하려 하심이니라

5) · 눅 23:13-24 _ 빌라도가 대제사장들과 관원들과 백성을 불러 모으고 이르되 너희가 이 사람을 백성을 미혹하는 자라 하여 내게 끌어 왔도다 보라 내가 너희 앞에서 사실(査實)하였으되 너희의 고소하는 일에 대하여 이 사람에게서 죄를 찾지 못하였고 헤롯이 또한 그렇게 하여 저를 우리에게 도로 보내었도다 보라 저의 행한 것은 죽일 일이 없느니라 그러므로 때려서 놓겠노라 무리가 일제히 소리질러 가로되 이 사람을 없이하고 바라바를 우리에게 놓아 주소서 하니 이 바라바는 성중에서 일어난 민란과 살인을 인하여 옥에 갇힌 자라 빌라도는 예수를 놓고자 하여 다시 저희에게 말하되 저희는 소리질러 가로되 저를 십자가에 못 박게 하소서 십자가에 못 박게 하소서 하는지라 빌라도가 세 번째 말하되 이 사람이 무슨 악한 일을 하였느냐 나는 그 죽일 죄를 찾지 못하였나니 때려서 놓으리라 한대 저희가 큰 소리로 재촉하여 십자가에 못 박기를 구하니 저희의 소리가 이긴지라 이에 빌라도가 저희의 구하는대로 하기를 언도하고
   · 요 19:4, 12-16 _ 빌라도가 다시 밖에 나가 말하되 보라 이 사람을 데리고 너희에게 나오나니 이는 내가 그에게서 아무 죄도 찾지 못한 것을 너희로 알게 하려 함이로라 하더라 이러하므로 빌라도가 예수를 놓으려고 힘썼으나 유대인들이 소리 질러 가로되 이 사람을 놓으면 가이사의 충신이 아니니이다 무릇 자기를 왕이라 하는 자는 가이사를 반역하는 것이니이다 빌라도가 이 말을 듣고 예수를 끌고 나와서 박석(히브리 말로 가바다)이란 곳에서 재판석에 앉았더라 이 날은 유월절의 예비일이요 때는 제 육시라 빌라도가 유대인들에게 이르되 보라 너희 왕이로다 저희가 소리지르되 없이 하소서 없이 하소서 저를 십자가에 못 박게 하소서 빌라도가 가로되 내가 너희 왕을 십자가에 못 박으랴 대제사장들이 대답하되 가이사 외에는 우리에게 왕이 없나이다 하니 이에 예수를 십자가에 못 박히게 저희에게 넘겨주니라
6) · 사 53:4, 5 _ 그는 실로 우리의 질고(疾苦)를 지고 우리의 슬픔을 당하였거늘 우리는 생각하기를 그는 징벌을 받아서 하나님에게 맞으며 고난을 당한다 하였노라 그가 찔림은 우리의 허물을 인함이요 그가 상함은 우리의 죄악을 인함이라 그가 징계를 받음으로 우리가 평화를 누리고 그가 채찍에 맞음으로 우리가 나음을 입었도다
   · 고후 5:21 _ 하나님이 죄를 알지도 못하신 자로 우리를 대신하여 죄를 삼으신 것은 우리로 하여금 저의 안에서 하나님의 의가 되게 하려 하심이니라
   · 갈 3:13 _ 그리스도께서 우리를 위하여 저주를 받은 바 되사 율법의 저주에서 우리를 속량(贖良)하셨으니 기록된 바 나무에 달린 자마다 저주 아래 있는 자라 하였음이라
7) · 신 21:23 _ 그 시체를 나무 위에 밤새도록 두지 말고 당일에 장사하여 네 하나님 여호와께서 네게 기업으로 주시는 땅을 더럽히지 말라 나무에 달린 자는 하나님께 저주를 받았음이니라
   · 갈 3:13 _ 그리스도께서 우리를 위하여 저주를 받은 바 되사 율법의 저주에서 우리를 속량(贖良)하셨으니 기록된 바 나무에 달린 자마다 저주 아래 있는 자라 하였음이라

주의 날 | 제16주

제 40 문 _ 그리스도는 왜 "죽으시기"까지 친히 낮아져야 했습니까?

답 _ 하나님의 공의와 진리 때문에,[1]
우리의 죄값에 대한 만족은
하나님의 아들의 죽음 외에
다른 길이 없습니다.[2]

제 41 문 _ 그리스도는 왜 "장사" 되셨습니까?

답 _ 그리스도의 장사되심은
그가 실제로 죽으심을 증거합니다.[3]

제 42 문 _ 그리스도께서 우리를 위해서 죽으셨는데,
왜 우리도 여전히 죽어야 합니까?

답 _ 우리의 죽음은 우리의 죄값을 치르는 것이 아니라,
오히려 죄 짓기를 끝내고,
영원한 생명으로 들어가는 관문(關門)입니다.4)

제 43 문 _ 그리스도의 십자가 희생제사와 죽으심으로부터
우리가 어떤 유익을 더 받습니까?

답 _ 그리스도의 죽으심으로
우리의 옛 본성이
그와 함께 십자가에 못 박히고
죽고
장사됨으로써,5)
육신의 악한 소욕이
더 이상 우리를 지배하지 못하게 되고,6)
오히려 우리 자신을 그에게
감사의 제물로 드리도록 합니다.7)

제 44 문 _ "음부에 내려가셨으며"라는 말이
왜 거기에 덧붙여졌습니까?

답 _ 나의 극심한 고통과 시험 중에도,
나의 주 예수 그리스도께서
그의 온갖 고난
특히 십자가에서
말할 수 없는 고뇌와 아픔과 공포와 고통을 감내하심으로,8)
나를 지옥의 고뇌와 고통으로부터 건지셨음을
확신하고 위로받도록 합니다.9)

---

1) · 창 2:17 _ 선악을 알게 하는 나무의 실과는 먹지 말라 네가 먹는 날에는 정녕 죽으리라 하시니라
2) · 롬 8:3 _ 율법이 육신으로 말미암아 연약하여 할 수 없는 그것을 하나님은 하시나니 곧 죄를 인하여 자기 아들을 죄 있는 육신의 모양으로 보내어 육신에 죄를 정하사
  · 빌 2:8 _ 사람의 모양으로 나타나셨으매 자기를 낮추시고 죽기까지 복종하셨으니 곧 십자가에 죽으심이라
  · 히 2:9, 14, 15 _ 오직 우리가 천사들보다 잠간 동안 못하게 하심을 입은 자 곧 죽음의 고난 받으심을 인하여 영광과 존귀로 관 쓰신 예수를 보니 이를 행하심은 하나님의 은혜로 말미암아 모든 사람을 위하여 죽음을 맛보려 하심이라 자녀들은 혈육에 함께 속하였으매 그도 또한 한 모양으로 혈육에 함께 속하심은 사망으로 말미암아 사망의 세력을 잡은 자 곧 마귀를 없이하시며 또 죽기를 무서워하므로 일생에 매여 종노릇하는 모든 자들을 놓아주려 하심이니

3) · 사 53:9 _ 그는 강포를 행치 아니하였고 그 입에 궤사(詭詐)가 없었으나 그 무덤이 악인과 함께 되었으며 그 묘실이 부자와 함께 되었도다
  · 요 19:38-42 _ 아리마대 사람 요셉이 예수의 제자나 유대인을 두려워하여 은휘하더니 이 일 후에 빌라도더러 예수의 시체를 가져가기를 구하매 빌라도가 허락하는지라 이에 가서 예수의 시체를 가져가니라 일찍

예수께 밤에 나아왔던 니고데모도 몰약과 침향 섞은 것을 백 근쯤 가지고 온지라 이에 예수의 시체를 가져다가 유대인의 장례법대로 그 향품과 함께 세마포로 쌌더라 예수의 십자가에 못 박히신 곳에 동산이 있고 동산 안에 아직 사람을 장사한 일이 없는 새 무덤이 있는지라 이 날은 유대인의 예비일이요 또 무덤이 가까운 고로 예수를 거기 두니라
- 행 13:29 _ 성경에 저를 가리켜 기록한 말씀을 다 응하게 한 것이라 후에 나무에서 내려다가 무덤에 두었으나
- 고전 15:3, 4 _ 내가 받은 것을 먼저 너희에게 전하였노니 이는 성경대로 그리스도께서 우리 죄를 위하여 죽으시고 장사 지낸 바 되었다가 성경대로 사흘 만에 다시 살아나사

4) - 요 5:24 _ 내가 진실로 진실로 너희에게 이르노니 내 말을 듣고 또 나 보내신 이를 믿는 자는 영생을 얻었고 심판에 이르지 아니하나니 사망에서 생명으로 옮겼느니라
- 빌 1:21-23 _ 이는 내게 사는 것이 그리스도니 죽는 것도 유익함이라 그러나 만일 육신으로 사는 이것이 내 일의 열매일진대 무엇을 가릴는지 나는 알지 못하노라 내가 그 두 사이에 끼였으니 떠나서 그리스도와 함께 있을 욕망을 가진 이것이 더욱 좋으나
- 살전 5:9, 10 _ 하나님이 우리를 세우심은 노하심에 이르게 하심이 아니요 오직 우리 주 예수 그리스도로 말미암아 구원을 얻게 하신 것이라 예수께서 우리를 위하여 죽으사 우리로 하여금 깨든지 자든지 자기와 함께 살게 하려 하셨느니라

5) - 롬 6:5-11 _ 만일 우리가 그의 죽으심을 본받아 연합한 자가 되었으면 또한 그의 부활을 본받아 연합한 자가 되리라 우리가 알거니와 우리 옛 사람이 예수와 함께 십자가에 못 박힌 것은 죄의 몸이 멸하여 다시는 우리가 죄에게 종노릇 하지 아니하려 함이니 이는 죽은 자가 죄에서 벗어나 의롭다 하심을 얻었음이니라 만일 우리가 그리스도와 함께 죽었으면 또한 그와 함께 살 줄을 믿노니 이는 그리스도께서 죽은 자 가운데서 사셨으매 다시 죽지 아니하시고 사망이 다시 그를 주장하지 못할 줄을 앎이로라 그의 죽으심은 죄에 대하여 단번에 죽으심이요 그의 살으심은 하나님께 대하여 살으심이니 이와 같이 너희도 너희 자신을 죄에 대하여는 죽은 자요 그리스도 예수 안에서 하나님을 대하여는 산 자로 여길찌어다
- 골 2:11, 12 _ 또 그 안에서 너희가 손으로 하지 아니한 할례를 받았으니 곧 육적 몸을 벗는 것이요 그리스도의 할례니라 너희가 세례로 그리스도와 함께 장사한 바 되고 또 죽은 자들 가운데서 그를 일으키신 하나님의 역사(役事)를 믿음으로 말미암아 그 안에서 함께 일으키심을 받았느니라

6) - 롬 6:12-14 _ 그러므로 너희는 죄로 너희 죽을 몸에 왕노릇하지 못하게 하여 몸의 사욕을 순종치 말고 또한 너희 지체를 불의의 병기로 죄에게 드리지 말고 오직 너희 자신을 죽은 자 가운데서 다시 산 자 같이 하나님께 드리며 너희 지체를 의의 병기로 하나님께 드리라 죄가 너희를 주관치 못하리니 이는 너희가 법 아래 있지 아니하고 은혜 아래 있음이니라

7) - 롬 12:1 _ 그러므로 형제들아 내가 하나님의 모든 자비하심으로 너희를 권하노니 너희 몸을 하나님이 기뻐하시는 거룩한 산제사로 드리라 이는 너희의 드릴 영적 예배니라
- 엡 5:1, 2 _ 그러므로 사랑을 입은 자녀 같이 너희는 하나님을 본받는 자가 되고 그리스도께서 너희를 사랑하신 것 같이 너희도 사랑 가운데서 행하라 그는 우리를 위하여 자신을 버리사 향기로운 제물과 생축으로 하나님께 드리셨느니라

8) - 시 18:5, 6 _ 음부(陰府)의 줄이 나를 두르고 사망의 올무가 내게 이르렀도다 내가 환난에서 여호와께 아뢰며 나의 하나님께 부르짖었더니 저가 그 전(殿)에서 내 소리를 들으심이여 그 앞에서 나의 부르짖음이 그 귀에 들렸도다
- 시 116:3 _ 사망의 줄이 나를 두르고 음부(陰府)의 고통이 내게 미치므로 내가 환난과 슬픔을 만났을 때에
- 마 26:36-46 _ 이에 예수께서 제자들과 함께 겟세마네라 하는 곳에 이르러 제자들에게 이르시되 내가 저기 가서 기도할 동안에 너희는 여기 앉아 있으라 하시고 베드로와 세베대의 두 아들을 데리고 가실 쌔 고민하고 슬퍼하사 이에 말씀하시되 내 마음이 심히 고민하여 죽게 되었으니 너희는 여기 머물러 나와 함께 깨어 있으라 하시고 조금 나아가사 얼굴을 땅에 대시고 엎드려 기도하여 가라사대 내 아버지여 만일 할만하시거든 이 잔을 내게서 지나가게 하옵소서 그러나 나의 원대로 마옵시고 아버지의 원대로 하옵소서 하시고 제자들에게 오사 그 자는 것을 보시고 베드로에게 말씀하시되 너희가 나와 함께 한 시 동안도 이렇게 깨어 있을 수 없더냐 시험에 들지 않게 깨어 있어 기도하라 마음에는 원이로되 육신이 약하도다 하시고 다시 두 번째 나아가 기도하여 가라사대 내 아버지여 만일 내가 마시지 않고는 이 잔이 내게서 지나갈 수 없거든 아버지의 원대로 되기를 원하나이다 하시고 다시 오사 보신즉 저희가 자니 이는 저희 눈이 피곤함일러라 또 저희를 두시고 나아가 세번째 동일한 말씀으로 기도하신 후 이에 제자들에게 오사 이르시되 이제는 자고 쉬라 보라 때가 가까왔으니 인자가 죄인의 손에 팔리

우느니라 일어나라 함께 가자 보라 나를 파는 자가 가까이 왔느니라
- 마 27:45, 46 _ 제 육시로부터 온 땅에 어두움이 임하여 제 구시까지 계속하더니 제구 시 즈음에 예수께서 크게 소리 질러 가라사대 엘리 엘리 라마 사박다니 하시니 이는 곧 나의 하나님 나의 하나님 어찌하여 나를 버리셨나이까 하는 뜻이라
- 히 5:7-10 _ 그는 육체에 계실 때에 자기를 죽음에서 능히 구원하실 이에게 심한 통곡과 눈물로 간구와 소원을 올렸고 그의 경외하심을 인하여 들으심을 얻었느니라 그가 아들이시라도 받으신 고난으로 순종함을 배워서 온전하게 되었은즉 자기를 순종하는 모든 자에게 영원한 구원의 근원이 되시고 하나님께 멜기세덱의 반차를 좇은 대제사장이라 칭하심을 받았느니라

9) · 사 53:1-12 _ 우리의 전한 것을 누가 믿었느뇨 여호와의 팔이 뉘게 나타났느뇨 그는 주 앞에서 자라나기를 연한 순 같고 마른 땅에서 나온 줄기 같아서 고운 모양도 없고 풍채도 없은즉 우리의 보기에 흠모할만한 아름다운 것이 없도다 그는 멸시를 받아서 사람에게 싫어 버린 바 되었으며 간고를 많이 겪었으며 질고를 아는 자라 마치 사람들에게 얼굴을 가리우고 보지 않음을 받는 자 같아서 멸시를 당하였고 우리도 그를 귀히 여기지 아니하였도다 그는 실로 우리의 질고를 지고 우리의 슬픔을 당하였거늘 우리는 생각하기를 그는 징벌을 받아서 하나님에게 맞으며 고난을 당한다 하였노라 그가 찔림은 우리의 허물을 인함이요 그가 상함은 우리의 죄악을 인함이라 그가 징계를 받음으로 우리가 평화를 누리고 그가 채찍에 맞으므로 우리가 나음을 입었도다 우리는 다 양 같아서 그릇 행하여 각기 제 길로 갔거늘 여호와께서는 우리 무리의 죄악을 그에게 담당시키셨도다 그가 곤욕을 당하여 괴로울 때에도 그 입을 열지 아니하였음이여 마치 도수장으로 끌려가는 어린 양과 털 깎는 자 앞에 잠잠한 양 같이 그 입을 열지 아니하였도다 그가 곤욕과 심문을 당하고 끌려 갔으니 그 세대 중에 누가 생각하기를 그가 산 자의 땅에서 끊어짐은 마땅히 형벌 받을 내 백성의 허물을 인함이라 하였으리요 그는 강포를 행치 아니하였고 그 입에 궤사가 없었으나 그 무덤이 악인과 함께 되었으며 그 묘실이 부자와 함께 되었도다 여호와께서 그로 상함을 받게 하시기를 원하사 질고를 당케 하셨은즉 그 영혼을 속건제물로 드리기에 이르면 그가 그 씨를 보게 되며 그 날은 길 것이요 또 그의 손으로 여호와의 뜻을 성취하리로다 가라사대 그가 자기 영혼의 수고한 것을 보고 만족히 여길 것이라 나의 의로운 종이 자기 지식으로 많은 사람을 의롭게 하며 또 그들의 죄악을 친히 담당하리라 이러므로 내가 그로 존귀한 자와 함께 분깃을 얻게 하며 강한 자와 함께 탈취한 것을 나누게 하리니 이는 그가 자기 영혼을 버려 사망에 이르게 하며 범죄자 중 하나로 헤아림을 입었음이라 그러나 실상은 그가 많은 사람의 죄를 지며 범죄자를 위하여 기도하였느니라 하시니라

주의 날 | 제17주

제 45 문 _ 그리스도의 "부활"은 우리에게 어떻게 유익합니까?

답_ 첫째,
　　　그리스도는 그의 부활로
　　　죽음을 이기셨기에,
　　　그의 죽으심으로
　　　얻으신 의에
　　　우리로 참여할 수 있게 하셨습니다.1)
　　둘째,
　　　그의 능력으로 말미암아
　　　우리도 역시
　　　새로운 생명으로 다시 살게 됩니다.2)

셋째,
그리스도의 부활은
우리의 영광스런 부활의
확실한 보증입니다.3)

1) · 롬 4:25 _ 예수는 우리 범죄함을 위하여 내어 줌이 되고 또한 우리를 의롭다 하심을 위하여 살아나셨느니라
· 고전 15:16-20 _ 만일 죽은 자가 다시 사는 것이 없으면 그리스도도 다시 사신 것이 없었을 터이요 그리스도께서 다시 사신 것이 없으면 너희의 믿음도 헛되고 너희가 여전히 죄 가운데 있을 것이요 또한 그리스도 안에서 잠자는 자도 망하였으리니 만일 그리스도 안에서 우리의 바라는 것이 다만 이생 뿐이면 모든 사람 가운데 우리가 더욱 불쌍한 자라 그러나 이제 그리스도께서 죽은 자 가운데서 다시 살아 잠자는 자들의 첫 열매가 되셨도다
· 벧전1:3-5 _ 찬송하리로다 우리 주 예수 그리스도의 아버지 하나님이 그 많으신 긍휼대로 예수 그리스도의 죽은 자 가운데서 부활하심으로 말미암아 우리를 거듭나게 하사 산 소망이 있게 하시며 썩지 않고 더럽지 않고 쇠하지 아니하는 기업을 잇게 하시나니 곧 너희를 위하여 하늘에 간직하신 것이라 너희가 말세에 나타내기로 예비하신 구원을 얻기 위하여 믿음으로 말미암아 하나님의 능력으로 보호하심을 입었나니

2) · 롬 6:5-11 _ 만일 우리가 그의 죽으심을 본받아 연합한 자가 되었으면 또한 그의 부활을 본받아 연합한 자가 되리라 우리가 알거니와 우리 옛 사람이 예수와 함께 십자가에 못 박힌 것은 죄의 몸이 멸하여 다시는 우리가 죄에게 종노릇 하지 아니하려 함이니 이는 죽은 자가 죄에서 벗어나 의롭다 하심을 얻었음이라 만일 우리가 그리스도와 함께 죽었으면 또한 그와 함께 살 줄을 믿노니 이는 그리스도께서 죽은 자 가운데서 사셨으매 다시 죽지 아니하시고 사망이 다시 그를 주장하지 못할 줄을 앎이로라 그의 죽으심은 죄에 대하여 단번에 죽으심이요 그의 살으심은 하나님께 대하여 살으심이니 이와 같이 너희도 너희 자신을 죄에 대하여는 죽은 자요 그리스도 예수 안에서 하나님을 대하여는 산 자로 여길찌어다
· 엡 2:4-6 _ 긍휼에 풍성하신 하나님이 우리를 사랑하신 그 큰 사랑을 인하여 허물로 죽은 우리를 그리스도와 함께 살리셨고 (너희가 은혜로 구원을 얻은 것이라) 또 함께 일으키사 그리스도 예수 안에서 함께 하늘에 앉히시니
· 골 3:1-4 _ 그러므로 너희가 그리스도와 함께 다시 살리심을 받았으면 위엣 것을 찾으라 거기는 그리스도께서 하나님 우편에 앉아 계시느니라 위엣 것을 생각하고 땅엣 것을 생각지 말라 이는 너희가 죽었고 너희 생명이 그리스도와 함께 하나님 안에 감취었음이니라 우리 생명이신 그리스도께서 나타나실 그 때에 너희도 그와 함께 영광 중에 나타나리라

3) · 롬 8:11 _ 예수를 죽은 자 가운데서 살리신 이의 영이 너희 안에 거하시면 그리스도 예수를 죽은 자 가운데서 살리신 이가 너희 안에 거하시는 그의 영으로 말미암아 너희 죽을 몸도 살리시리라
· 고전15:12-23 _ 그리스도께서 죽은 자 가운데서 다시 살아나셨다 전파되었거늘 너희 중에서 어떤 이들은 어찌하여 죽은 자 가운데서 부활이 없다 하느냐 만일 죽은 자의 부활이 없으면 그리스도도 다시 살지 못하셨으리라 그리스도께서 만일 다시 살지 못하셨으면 우리의 전파하는 것도 헛것이요 또 너희 믿음도 헛되며 또 우리가 하나님의 거짓 증인으로 발견되리니 우리가 하나님이 그리스도를 다시 살리셨다고 증거하였음이라 만일 죽은 자가 다시 사는 것이 없으면 하나님이 그리스도를 다시 살리시지 아니하셨으리라 만일 죽은 자가 다시 사는 것이 없으면 그리스도도 다시 사신 것이 없었을 터이요 그리스도께서 다시 사신 것이 없으면 너희의 믿음도 헛되고 너희가 여전히 죄 가운데 있을 것이요 또한 그리스도 안에서 잠자는 자도 망하였으리니 만일 그리스도 안에서 우리의 바라는 것이 다만 이생 뿐이면 모든 사람 가운데 우리가 더욱 불쌍한 자라 그러나 이제 그리스도께서 죽은 자 가운데서 다시 살아 잠자는 자들의 첫 열매가 되셨도다 사망이 사람으로 말미암았으니 죽은 자의 부활도 사람으로 말미암는도다 아담 안에서 모든 사람이 죽은 것 같이 그리스도 안에서 모든 사람이 삶을 얻으리라 그러나 각각 자기 차례대로 되리니 먼저는 첫 열매인 그리스도요 다음에는 그리스도 강림하실 때에 그에게 붙은 자요
· 빌 3:20, 21 _ 오직 우리의 시민권은 하늘에 있는지라 거기로서 구원하는 자 곧 주 예수 그리스도를 기다리노니 그가 만물을 자기에게 복종케 하실 수 있는 자의 역사(役事)로 우리의 낮은 몸을 자기 영광의 몸의 형체와 같이 변케 하시리라

주의 날 | 제18주

**제 46 문 _ "하늘에 오르셨고"라는 말로,
당신은 무엇을 고백합니까?**

답 _ 그리스도는
제자들이 보는 데서
땅에서 하늘로 올리우셨고,[1]
산 자들과 죽은 자들을 심판하러
다시 오실 때까지[2]
우리의 유익을 위해 거기에 계십니다.[3]

**제 47 문 _ 그러면 그리스도께서
우리에게 약속하신 대로
세상 끝날 까지
우리와 함께 있는 것이 아닙니까?[4]**

답 _ 그리스도는 참 사람이고 참 하나님이십니다.
그의 인성으로는
더 이상 땅에 계시지 않으나,[5]
그의 신성과 위엄과 은혜와 성령으로는
결코 우리를 떠나시지 않습니다.[6]

**제 48 문 _ 그런데 만일 그리스도의 신성이 있는 곳마다
그의 인성이 함께 있지 않다면,
그리스도 안의 두 본성이
서로 분리되어 있는 것입니까?**

답 _ 결코 그렇지 않습니다.
그의 신성은 제한없이
어디나 계십니다.[7]
과연 그의 신성은
그가 취하신
인성을 초월하며,
그럼에도 불구하고 당연히 이 인성 안에 있고,
인격적으로 연합되어 있습니다.[8]

제 49 문 _ 그리스도의 승천은 우리에게 어떻게 유익합니까?

답 _ 첫째,
그리스도는 하늘에서
그의 아버지 앞에 계신
우리의 대언자이십니다.[9]

둘째,
> 우리의 머리이신 그리스도께서
> 그의 지체들인 우리들도 역시
> 그에게로 들어 올리신다는 확실한 보증으로서,
> 우리의 육신이 하늘에 있습니다.[10]

셋째,
> 그리스도는 맞보증으로
> 그의 성령을 우리에게 보내심으로,[11]
> 우리는 그 성령의 능력으로
> 그리스도께서 하나님 우편에 앉아 계신,
> 그 위에 있는 것들을 구하고,
> 땅에 있는 것들을 구하지 않습니다.[12]

---

1) · 막 16:19 _ 주 예수께서 말씀을 마치신 후에 하늘로 올리우사 하나님 우편에 앉으시니라
   · 눅 24:50, 51 _ 예수께서 저희를 데리고 베다니 앞까지 나가사 손을 들어 저희에게 축복하시더니 축복하실 때에 저희를 떠나 하늘로 올리우시니
   · 행 1:9-11 _ 이 말씀을 마치시고 저희 보는데서 올리워 가시니 구름이 저를 가리워 보이지 않게 하더라 올라가실 때에 제자들이 자세히 하늘을 처다보고 있는데 흰옷 입은 두 사람이 저희 곁에 서서 가로되 갈릴리 사람들아 어찌하여 서서 하늘을 처다 보느냐 너희 가운데서 하늘로 올리우신 이 예수는 하늘로 가심을 본 그대로 오시리라 하였느니라

2) · 마 24:30 _ 그 때에 인자의 징조가 하늘에서 보이겠고 그 때에 땅의 모든 족속들이 통곡하며 그들이 인자가 구름을 타고 능력과 큰 영광으로 오는 것을 보리라
   · 행 1:11 _ 가로되 갈릴리 사람들아 어찌하여 서서 하늘을 처다 보느냐 너희 가운데서 하늘로 올리우신 이 예수는 하늘로 가심을 본 그대로 오시리라 하였느니라

3) · 롬 8:34 _ 누가 정죄하리요 죽으실 뿐 아니라 다시 살아나신 이는 그리스도 예수시니 그는 하나님 우편에 계신 자요 우리를 위하여 간구하시는 자시니라
   · 히 4:14 _ 그러므로 우리에게 큰 대제사장이 있으니 승천하신 자 곧 하나님 아들 예수시라 우리가 믿는 도리를 굳게 잡을지어다
   · 히 7:23-25 _ 제사장된 그들의 수효가 많은 것은 죽음으로 말미암아 항상 있지 못함이로되 예수는 영원히 계시므로 그 제사장 직분도 갈리지 아니하느니라 그러므로 자기를 힘입어 하나님께 나아가는 자들을 온전히 구원하실 수 있으니 이는 그가 항상 살아 계셔서 그들을 위하여 간구하심이니라
   · 히 9:24 _ 그리스도께서는 참 것의 그림자인 손으로 만든 성소에 들어가지 아니하시고 오직 참 하늘에 들어가사 이제 우리를 위하여 하나님 앞에 나타나시고

4) · 마 28:20 _ 내가 너희에게 분부한 모든 것을 가르쳐 지키게 하라 볼지어다 내가 세상 끝날까지 너희와 항상 함께 있으리라 하시니라

5) · 마 26:11 _ 가난한 자들은 항상 너희와 함께 있거니와 나는 항상 함께 있지 아니하리라
   · 요 16:28 _ 내가 아버지께로 나와서 세상에 왔고 다시 세상을 떠나 아버지께로 가노라 하시니
   · 요 17:11 _ 나는 세상에 더 있지 아니하오나 저희는 세상에 있사옵고 나는 아버지께로 가옵나니 거룩하신 아버지여 내게 주신 아버지의 이름으로 저희를 보전하사 우리와 같이 저희도 하나가 되게 하옵소서
   · 행 3:19-21 _ 그러므로 너희가 회개하고 돌이켜 너희 죄 없이 함을 받으라 이같이 하면 유쾌하게 되는 날이 주 앞으로부터 이를 것이요 또 주께서 너희를 위하여 예정하신 그리스도 곧 예수를 보내시리니 하나님이 영원 전부터 거룩한 선지자의 입을 의탁하여 말씀하신 바 만유를 회복하실 때까지는 하늘이 마땅히 그를 받아 두리라
   · 히 8:4 _ 예수께서 만일 땅에 계셨더면 제사장이 되지 아니하셨을 것이니 이는 율법을 좇아 예물을 드리는 제사장이 있음이라

6) · 마 28:18-20 _ 예수께서 나아와 일러 가라사대 하늘과 땅의 모든 권세를 내게 주셨으니 그러므로 너희는 가서 모든 족속으로 제자를 삼아 아버지와 아들과 성령의 이름으로 세례를 주고 내가 너희에게 분부한 모든

- 요 14:16-19 _ 내가 아버지께 구하겠으니 그가 또 다른 보혜사(保惠師)를 너희에게 주사 영원토록 너희와 함께 있게 하시리니 저는 진리의 영이라 세상은 능히 저를 받지 못하나니 이는 저를 보지도 못하고 알지도 못함이라 그러나 너희는 저를 아나니 저는 너희와 함께 거하심이요 또 너희 속에 계시겠음이라 내가 너희를 고아와 같이 버려두지 아니하고 너희에게로 오리라 조금 있으면 세상은 다시 나를 보지 못할 터이로되 너희는 나를 보리니 이는 내가 살았고 너희도 살겠음이라
- 요 16:13 _ 그러하나 진리의 성령이 오시면 그가 너희를 모든 진리 가운데로 인도하시리니 그가 자의(自意)로 말하지 않고 오직 듣는 것을 말하시며 장래 일을 너희에게 알리시리라

7)
- 렘 23:23, 24 _ 나 여호와가 말하노라 나는 가까운 데 하나님이요 먼 데 하나님은 아니냐 나 여호와가 말하노라 사람이 내게 보이지 아니하려고 누가 자기를 은밀한 곳에 숨길 수 있겠느냐 나 여호와가 말하노라 나는 천지에 충만하지 아니하냐
- 행 7:48, 49 _ 그러나 지극히 높으신 이는 손으로 지은 곳에 계시지 아니하시나니 선지자의 말한 바 주께서 가라사대 하늘은 나의 보좌 땅은 나의 발등상이니 너희가 나를 위하여 무슨 집을 짓겠으며 나의 안식할 처소가 어디뇨

8)
- 요 1:14 _ 말씀이 육신이 되어 우리 가운데 거하시매 우리가 그 영광을 보니 아버지의 독생자의 영광이요 은혜와 진리가 충만하더라
- 요 3:13 _ 하늘에서 내려온 자 곧 인자 외에는 하늘에 올라간 자가 없느니라
- 골 2:9 _ 그 안에는 신성의 모든 충만이 육체로 거하시고

9)
- 롬 8:34 _ 누가 정죄하리요 죽으실 뿐 아니라 다시 살아나신 이는 그리스도 예수시니 그는 하나님 우편에 계신 자요 우리를 위하여 간구하시는 자시니라
- 요일 2:1 _ 나의 자녀들아 내가 이것을 너희에게 씀은 너희로 죄를 범치 않게 하려 함이라 만일 누가 죄를 범하면 아버지 앞에서 우리에게 대언자(代言者)가 있으니 곧 의로우신 예수 그리스도시라

10)
- 요 14:2 _ 내 아버지 집에 거할 곳이 많도다 그렇지 않으면 너희에게 일렀으리라 내가 너희를 위하여 처소를 예비하러 가노니
- 요 17:24 _ 아버지여 내게 주신 자도 나 있는 곳에 나와 함께 있어 아버지께서 창세전(創世前)부터 나를 사랑하시므로 내게 주신 나의 영광을 저희로 보게 하시기를 원하옵나이다
- 엡 2:4-6 _ 긍휼에 풍성하신 하나님이 우리를 사랑하신 그 큰 사랑을 인하여 허물로 죽은 우리를 그리스도와 함께 살리셨고 (너희가 은혜로 구원을 얻은 것이라) 또 함께 일으키사 그리스도 예수 안에서 함께 하늘에 앉히시니

11)
- 요 14:16 _ 내가 아버지께 구하겠으니 그가 또 다른 보혜사(保惠師)를 너희에게 주사 영원토록 너희와 함께 있게 하시리니
- 행 2:33 _ 하나님이 오른손으로 예수를 높이시매 그가 약속하신 성령을 아버지께 받아서 너희 보고 듣는 이것을 부어 주셨느니라
- 고후 1:21, 22 _ 우리를 너희와 함께 그리스도 안에서 견고케 하시고 우리에게 기름을 부으신 이는 하나님이시니 저가 또한 우리에게 인 치시고 보증으로 성령을 우리 마음에 주셨느니라
- 고후 5:5 _ 곧 이것을 우리에게 이루게 하시고 보증으로 성령을 우리에게 주신 이는 하나님이시니라

12)
- 골 3:1-4 _ 그러므로 너희가 그리스도와 함께 다시 살리심을 받았으면 위엣 것을 찾으라 거기는 그리스도께서 하나님 우편에 앉아 계시느니라 위엣 것을 생각하고 땅엣 것을 생각지 말라 이는 너희가 죽었고 너희 생명이 그리스도와 함께 하나님 안에 감취었음이니라 우리 생명이신 그리스도께서 나타나실 그 때에 너희도 그와 함께 영광 중에 나타나리라

주의 날 | 제19주

제 50 문 _ "하나님 우편에 앉아계시며"라는 말이 왜 덧붙여졌습니까?

답 _ 그리스도는 자신을
그의 교회의 머리로 드러내기 위해서[1]

하늘로 오르셨고,
성부께서 그를 통하여 만물을 다스리십니다.2)

제 51 문 _ 우리의 머리되신 그리스도의 영광은 어떻게 우리에게 유익합니까?

답_ 첫째,
그리스도는 그의 성령으로
그의 지체들인 우리에게
하늘의 은사들을 부어주십니다.3)
둘째,
그리스도는 그의 권능으로
모든 원수들에 대해서
우리를 보호하고 보존하십니다.4)

제 52 문 _ 그리스도께서 "산 자와 죽은 자를 심판하러 오실 것"은 당신에게 어떤 위로가 됩니까?

답_ 나의 모든 슬픔과 핍박 중에,
나는 머리를 들어,
전에 나를 대신하여
하나님의 심판에
자신을 내어주어,
내게서 모든 저주를 제거하신 그를
하늘의 심판주로,
간절히 기다립니다.5)
그리스도는 나와 그의 모든 원수들을
영원한 형벌에 처하시지만,
나와 그의 모든 택자들은
하늘의 기쁨과 영광 안으로
친히 인도하실 것입니다.6)

---

1) · 엡 1:20-23 _ 그 능력이 그리스도 안에서 역사(役事)하사 죽은 자들 가운데서 다시 살리시고 하늘에서 자기의 오른편에 앉히사 모든 정사(政事)와 권세와 능력과 주관하는 자와 이 세상뿐 아니라 오는 세상에 일컫는 모든 이름 위에 뛰어나게 하시고 또 만물을 그 발아래 복종하게 하시고 그를 만물 위에 교회의 머리로 주셨느니라 교회는 그의 몸이니 만물 안에서 만물을 충만케 하시는 자의 충만이니라

· 골 1:18 _ 그는 몸인 교회의 머리라 그가 근본이요 죽은 자들 가운데서 먼저 나신 자니 이는 친히 만물의 으뜸이 되려 하심이요

2) · 마 28:18 _ 예수께서 나아와 일러 가라사대 하늘과 땅의 모든 권세를 내게 주셨으니

· 요 5:22, 23 _ 아버지께서 아무도 심판하지 아니하시고 심판을 다 아들에게 맡기셨으니 이는 모든 사람으로 아버지를 공경하는 것 같이 아들을 공경하게 하려 하심이라 아들을 공경치 아니하는 자는 그를 보내신 아버지를 공경치 아니하느니라

3) · 행 2:33 _ 하나님이 오른손으로 예수를 높이시매 그가 약속하신 성령을 아버지께 받아서 너희 보고 듣는 이것을 부어 주셨느니라
· 엡 4:7-12 _ 우리 각 사람에게 그리스도의 선물의 분량대로 은혜를 주셨나니 그러므로 이르기를 그가 위로 올라가실 때에 사로잡힌 자를 사로잡고 사람들에게 선물을 주셨다 하였도다 올라가셨다 하였은즉 땅 아랫 곳으로 내리셨던 것이 아니면 무엇이냐 내리셨던 그가 곧 모든 하늘 위에 오르신 자니 이는 만물을 충만케 하려 하심이니라 그가 혹은 사도로 혹은 선지자로 혹은 복음 전하는 자로 혹은 목사와 교사로 주셨으니 이는 성도를 온전케 하며 봉사의 일을 하게 하며 그리스도의 몸을 세우려 하심이라

4) · 시 2:9 _ 네가 철장(鐵杖)으로 저희를 깨뜨림이여 질그릇같이 부수리라 하시도다
· 시 110:1, 2 _ 여호와께서 내 주에게 말씀하시기를 내가 네 원수로 네 발등상 되게 하기까지 너는 내 우편에 앉으라 하셨도다 여호와께서 시온에서부터 주의 권능의 홀(笏)을 내어 보내시리니 주는 원수 중에서 다스리소서
· 요 10:27-30 _ 내 양은 내 음성을 들으며 나는 저희를 알며 저희는 나를 따르느니라 내가 저희에게 영생을 주노니 영원히 멸망치 아니할 터이요 또 저희를 내 손에서 빼앗을 자가 없느니라 저희를 주신 내 아버지는 만유보다 크시매 아무도 아버지 손에서 빼앗을 수 없느니라 나와 아버지는 하나이니라 하신대
· 계 19:11-16 _ 또 내가 하늘이 열린 것을 보니 보라 백마와 탄 자가 있으니 그 이름은 충신과 진실이라 그가 공의로 심판하며 싸우더라 그 눈이 불꽃 같고 그 머리에 많은 면류관이 있고 또 이름 쓴 것이 하나가 있으니 자기 밖에 아는 자가 없고 또 그가 피 뿌린 옷을 입었는데 그 이름은 하나님의 말씀이라 칭하더라 하늘에 있는 군대들이 희고 깨끗한 세마포를 입고 백마를 타고 그를 따르더라 그의 입에서 이한 검이 나오니 그것으로 만국을 치겠고 친히 저희를 철장으로 다스리며 또 친히 하나님 곧 전능하신 이의 맹렬한 진노의 포도주 틀을 밟겠고 그 옷과 그 다리에 이름 쓴 것이 있으니 만왕의 왕이요 만주의 주라 하였더라

5) · 눅 21:28 _ 이런 일이 되기를 시작하거든 일어나 머리를 들라 너희 구속(救贖)이 가까웠느니라 하시더라
· 롬 8:22-25 _ 피조물이 다 이제까지 함께 탄식하며 함께 고통하는 것을 우리가 아나니 이뿐 아니라 또한 우리 곧 성령의 처음 익은 열매를 받은 우리까지도 속으로 탄식하여 양자 될것 곧 우리 몸의 구속을 기다리느니라 우리가 소망으로 구원을 얻었으매 보이는 소망이 소망이 아니니 보는 것을 누가 바라리요 만일 우리가 보지 못하는 것을 바라면 참음으로 기다릴찌니라
· 빌 3:20, 21 _ 오직 우리의 시민권은 하늘에 있는지라 거기로서 구원하는 자 곧 주 예수 그리스도를 기다리노니 그가 만물을 자기에게 복종케 하실 수 있는 자의 역사로 우리의 낮은 몸을 자기 영광의 몸의 형체와 같이 변케 하시리라
· 딛 2:13, 14 _ 복스러운 소망과 우리의 크신 하나님 구주 예수 그리스도의 영광이 나타나심을 기다리게 하셨으니 그가 우리를 대신하여 자신을 주심은 모든 불법에서 우리를 구속하시고 우리를 깨끗하게 하사 선한 일에 열심하는 친 백성이 되게 하려 하심이니라

6) · 마 25:31-46 _ 인자가 자기 영광으로 모든 천사와 함께 올 때에 자기 영광의 보좌에 앉으리니 모든 민족을 그 앞에 모으고 각각 분별하기를 목자가 양과 염소를 분별하는 것 같이 하여 양은 그 오른편에 염소는 왼편에 두리라 그 때에 임금이 그 오른편에 있는 자들에게 이르시되 내 아버지께 복 받을 자들이여 나아와 창세로부터 너희를 위하여 예비된 나라를 상속하라 내가 주릴 때에 너희가 먹을 것을 주었고 목마를 때에 마시게 하였고 나그네 되었을 때에 영접하였고 벗었을 때에 옷을 입혔고 병들었을 때에 돌아보았고 옥에 갇혔을 때에 와서 보았느니라 이에 의인들이 대답하여 가로되 주여 우리가 어느 때에 주의 주리신 것을 보고 공궤하였으며 목마르신 것을 보고 마시게 하였나이까 어느 때에 나그네 되신 것을 보고 영접하였으며 벗으신 것을 보고 옷 입혔나이까 어느 때에 병드신 것이나 옥에 갇히신 것을 보고 가서 뵈었나이까 하리니 임금이 대답하여 가라사대 내가 진실로 너희에게 이르노니 너희가 여기 내 형제 중에 지극히 작은 자 하나에게 한 것이 곧 내게 한 것이니라 하시고 또 왼편에 있는 자들에게 이르시되 저주를 받은 자들아 나를 떠나 마귀와 그 사자들을 위하여 예비된 영영한 불에 들어가라 내가 주릴 때에 너희가 먹을 것을 주지 아니하였고 목마를 때에 마시게 하지 아니하였고 나그네 되었을 때에 영접하지 아니하였고 벗었을 때에 옷 입히지 아니하였고 병들었을 때와 옥에 갇혔을 때에 돌아보지 아니하였느니라 하시니 저희도 대답하여 가로되 주여 우리가 어느 때에 주의 주리신 것이나 목마르신 것이나 나그네 되신 것이나 벗으신 것이나 병드신 것이나 옥에 갇히신 것을 보고 공양치 아니하더이까 이에 임금이 대답하여 가라사대 내가 진실로 너희에게 이르노니 이 지극히 작은 자 하나에게 하지 아니한 것이 곧 내게 하지 아니한 것이니라 하시리니 저희는 영벌에 의인들은 영생에 들어가리라 하시니라
· 살전 4:16, 17 _ 주께서 호령과 천사장의 소리와 하나님의 나팔로 친히 하늘로 좇아 강림하시리니 그리스

도 안에서 죽은 자들이 먼저 일어나고 그 후에 우리 살아남은 자도 저희와 함께 구름 속으로 끌어 올려 공중에서 주를 영접하게 하시리니 그리하여 우리가 항상 주와 함께 있으리라
- 살후 1:6-10 _ 너희로 환난 받게 하는 자들에게는 환난으로 갚으시고 환난 받는 너희에게는 우리와 함께 안식으로 갚으시는 것이 하나님의 공의시니 주 예수께서 저의 능력의 천사들과 함께 하늘로부터 불꽃 중에 나타나실 때에 하나님을 모르는 자들과 우리 주 예수의 복음을 복종치 않는 자들에게 형벌을 주시리니 이런 자들이 주의 얼굴과 그의 힘의 영광을 떠나 영원한 멸망의 형벌을 받으리로다 그 날에 강림하사 그의 성도들에게서 영광을 얻으시고 모든 믿는 자에게서 기이히 여김을 얻으시리라 (우리의 증거가 너희에게 믿어졌음이라)

성령 하나님과 우리의 성화

주의 날 | 제20주

제 53 문 _ "성령"께 관하여 당신은 무엇을 믿습니까?

답 _ 첫째,
성령은 성부와 성자와 함께
영원한 참 하나님이십니다.1)

둘째,
성령은 또한 나에게도 주어져서,2)
나로 하여금 참 믿음으로
그리스도와 그의 모든 은덕에 참여하게 하며,3)
나를 위로하시고,4)
영원히 나와 함께 하십니다.5)

---

1)
- 창 1:2 _ 땅이 혼돈하고 공허하며 흑암이 깊음 위에 있고 하나님의 신은 수면에 운행하시니라
- 마 28:19 _ 그러므로 너희는 가서 모든 족속으로 제자를 삼아 아버지와 아들과 성령의 이름으로 세례를 주고
- 행 5:3,4 _ 베드로가 가로되 아나니아야 어찌하여 사단이 네 마음에 가득하여 네가 성령을 속이고 땅 값 얼마를 감추었느냐 땅이 그대로 있을 때에는 네 땅이 아니며 판 후에도 네 임의로 할 수가 없더냐 어찌하여 이 일을 네 마음에 두었느냐 사람에게 거짓말한 것이 아니요 하나님께로다
- 고전 3:16 _ 너희가 하나님의 성전인 것과 하나님의 성령이 너희 안에 거하시는 것을 알지 못하느뇨

2)
- 고전 6:19 _ 너희 몸은 너희가 하나님께로부터 받은 바 너희 가운데 계신 성령의 전(殿)인 줄 알지 못하느냐 너희는 너희의 것이 아니라
- 고후 1:21,22 _ 우리를 너희와 함께 그리스도 안에서 견고케 하시고 우리에게 기름을 부으신 이는 하나님이시니 저가 또한 우리에게 인치시고 보증으로 성령을 우리 마음에 주셨느니라
- 갈 4:6 _ 너희가 아들인 고로 하나님이 그 아들의 영을 우리 마음 가운데 보내사 아바 아버지라 부르게 하셨느니라
- 엡 1:13 _ 그 안에서 너희도 진리의 말씀 곧 너희의 구원의 복음을 듣고 그 안에서 또한 믿어 약속의 성령으로 인 치심을 받았으니

3)
- 갈 3:14 _ 이는 그리스도 예수 안에서 아브라함의 복이 이방인에게 미치게 하고 또 우리로 하여금 믿음으로 말미암아 성령의 약속을 받게 하려 함이라
- 벧전 1:2 _ 곧 하나님 아버지의 미리 아심을 따라 성령

의 거룩하게 하심으로 순종함과 예수 그리스도의 피 뿌림을 얻기 위하여 택하심을 입은 자들에게 편지하노니 은혜와 평강이 너희에게 더욱 많을지어다

4) · 요 15:26 _ 내가 아버지께로서 너희에게 보낼 보혜사(保惠師) 곧 아버지께로서 나오시는 진리의 성령이 오실 때에 그가 나를 증거하실 것이요

· 행 9:31 _ 그리하여 온 유대와 갈릴리와 사마리아 교회가 평안하여 든든히 서 가고 주를 경외함과 성령의 위로로 진행하여 수가 더 많아지니라

5) · 요 14:16,17 _ 내가 아버지께 구하겠으니 그가 또 다른 보혜사를 너희에게 주사 영원토록 너희와 함께 있게 하리니 그는 진리의 영이라 세상은 능히 그를 받지 못하나니 이는 그를 보지도 못하고 알지도 못함이라 그러나 너희는 그를 아나니 그는 너희와 함께 거하심이요 또 너희 속에 계시겠음이라

· 벧전 4:14 _ 너희가 그리스도의 이름으로 욕을 받으면 복 있는 자로다 영광의 영 곧 하나님의 영이 너희 위에 계심이라

주의 날 | 제21주

제 54 문 _ "거룩한 보편적 그리스도 교회"에 관하여 당신은 무엇을 믿습니까?

답 _ 나는, 하나님의 아들이1)
전 인류로부터2)
세상 처음부터 세상 끝까지3)
그의 말씀과 성령으로,4)
참 믿음의 일치 안에서,5)
영원한 생명에로 선택된 교회를6)
자기를 위하여 모으시고 보호하고 보존하심을 믿습니다.7)
그리고 나는 지금8)
그리고 영원히
이 교회의 살아있는 지체임을 믿습니다.9)

제 55 문 _ "성도의 교제"를 당신은 어떻게 이해합니까?

답 _ 첫째,
신자는 모두 또한 각각
그리스도의 지체로서
주 그리스도와 교제하며
그의 모든 보화들과 은사들을 함께 나눕니다.10)
둘째,
각 신자는
자기의 은사들을
다른 지체들의
유익과 안녕을 위하여
기꺼이 그리고 즐거이
사용해야 할 의무가 있습니다.11)

**제 56 문 _ "죄사함"에 관하여
당신은 무엇을 믿습니까?**

답 _ 하나님께서는
그리스도의 만족케 하심 때문에,
내 죄와,12)
내가 일평생 싸워야 할
나의 죄된 본성을
더 이상 기억하지 아니하시며,13)
오히려 은혜로
그리스도의 의를
나에게 부여하시어,
내가 결코 정죄받지 않도록 하심을
나는 믿습니다.14)

---

1) · 요 10:11 _ 나는 선한 목자라 선한 목자는 양들을 위하여 목숨을 버리거니와
  · 행 20:28 _ 너희는 자기를 위하여 또는 온 양떼를 위하여 삼가라 성령이 저들 가운데 너희로 감독자를 삼고 하나님이 자기 피로 사신 교회를 치게 하셨느니라
  · 엡 4:11-13 _ 그가 혹은 사도로 혹은 선지자로 혹은 복음 전하는 자로 혹은 목사와 교사로 주셨으니 이는 성도를 온전케 하며 봉사의 일을 하게 하며 그리스도의 몸을 세우려 하심이라 우리가 다 하나님의 아들을 믿는 것과 아는 일에 하나가 되어 온전한 사람을 이루어 그리스도의 장성한 분량이 충만한 데까지 이르리니
  · 골 1:18 _ 그는 몸인 교회의 머리라 그가 근본이요 죽은 자들 가운데서 먼저 나신 자니 이는 친히 만물의 으뜸이 되려 하심이요
2) · 창 26:4 _ 네 자손을 하늘의 별과 같이 번성케 하며 이 모든 땅을 네 자손에게 주리니 네 자손을 인하여 천하 만민이 복을 받으리라
  · 계 5:9 _ 새 노래를 노래하여 가로되 책을 가지시고 그 인봉을 떼기에 합당하시도다 일찍 죽임을 당하사 각 족속과 방언과 백성과 나라 가운데서 사람들을 피로 사서 하나님께 드리시고
3) · 사 59:21 _ 여호와께서 또 가라사대 내가 그들과 세운 나의 언약이 이러하니 곧 네 위에 있는 나의 신과 네 입에 둔 나의 말이 이제부터 영영토록 네 입에서와 네 후손의 입에서와 네 후손의 후손의 입에서 떠나지 아니하리라 하시니라 여호와의 말씀이니라
  · 고전 11:26 _ 너희가 이 떡을 먹으며 이 잔을 마실 때마다 주의 죽으심을 오실 때까지 전하는 것이니라
4) · 롬 1:16 _ 내가 복음을 부끄러워하지 아니하노니 이 복음은 모든 믿는 자에게 구원을 주시는 하나님의 능력이 됨이라 첫째는 유대인에게요 또한 헬라인에게로다
  · 롬 10:14-17 _ 그런즉 저희가 믿지 아니하는 이를 어찌 부르리요 듣지도 못한 이를 어찌 믿으리요 전파하는 자가 없이 어찌 들으리요 보내심을 받지 아니하였으면 어찌 전파하리요 기록된 바 아름답도다 좋은 소식을 전하는 자들의 발이여 함과 같으니라 그러나 저희가 다 복음을 순종치 아니하였도다 이사야가 가로되 주여 우리의 전하는 바를 누가 믿었나이까 하였으니 그러므로 믿음은 들음에서 나며 들음은 그리스도의 말씀으로 말미암았느니라
  · 엡 5:26 _ 이는 곧 물로 씻어 말씀으로 깨끗하게 하사 거룩하게 하시고
5) · 행 2:42-47 _ 저희가 사도의 가르침을 받아 서로 교제하며 떡을 떼며 기도하기를 전혀 힘쓰니라 사람마다 두려워하는데 사도들로 인하여 기사와 표적이 많이 나타나니 믿는 사람이 다 함께 있어 모든 물건을 서로 통용하고 또 재산과 소유를 팔아 각 사람의 필요를 따라 나눠 주고 날마다 마음을 같이 하여 성전에 모이기를 힘쓰고 집에서 떡을 떼며 기쁨과 순전한 마음으로 음식을 먹고 하나님을 찬미하며 또 온 백성에게 칭송을 받으니 주께서 구원 받는 사람을 날마다 더하게 하시니라
  · 엡 4:1-6 _ 그러므로 주 안에서 갇힌 내가 너희를 권하노니 너희가 부르심을 입은 부름에 합당하게 행하여

모든 겸손과 온유로 하고 오래 참음으로 사랑 가운데서 서로 용납하고 평안의 매는 줄로 성령의 하나 되게 하신 것을 힘써 지키라 몸이 하나이요 성령이 하나이니 이와 같이 너희가 부르심의 한 소망 안에서 부르심을 입었느니라 주도 하나이요 믿음도 하나이요 세례도 하나이요 하나님도 하나이시니 곧 만유의 아버지시라 만유 위에 계시고 만유를 통일하시고 만유 가운데 계시도다

6) · 롬 8:29 _ 하나님이 미리 아신 자들로 또한 그 아들의 형상을 본받게 하기 위하여 미리 정하셨으니 이는 그로 많은 형제 중에서 맏아들이 되게 하심이니라

· 엡 1:3-14 _ 찬송하리로다 하나님 곧 우리 주 예수 그리스도의 아버지께서 그리스도 안에서 하늘에 속한 모든 신령한 복을 우리에게 주시되 곧 창세 전에 그리스도 안에서 우리를 택하사 우리로 사랑 안에서 그 앞에 거룩하고 흠이 없게 하시려고 그 기쁘신 뜻대로 우리를 예정하사 예수 그리스도로 말미암아 자기의 아들들이 되게 하셨으니 이는 그가 사랑하시는 자 안에서 우리에게 거저 주시는 바 그의 은혜의 영광을 찬송하게 하려는 것이라 우리는 그리스도 안에서 그의 은혜의 풍성함을 따라 그의 피로 말미암아 속량 곧 죄사함을 받았느니라 이는 그가 모든 지혜와 총명을 우리에게 넘치게 하사 그 뜻의 비밀을 우리에게 알리신 것이요 그의 기뻐하심을 따라 그리스도 안에서 때가 찬 경륜을 위하여 예정하신 것이니 하늘에 있는 것이나 땅에 있는 것이 다 그리스도 안에서 통일되게 하려 하심이라 모든 일을 그의 뜻의 결정대로 일하시는 이의 계획을 따라 우리가 예정을 입어 그 안에서 기업이 되었으니 이는 우리가 그리스도 안에서 전부터 바라던 그의 영광의 찬송이 되게 하려 하심이라 그 안에서 너희도 진리의 말씀 곧 너희의 구원의 복음을 듣고 그 안에서 또한 믿어 약속의 성령으로 인치심을 받았으니 이는 우리 기업의 보증이 되사 그 얻으신 것을 속량하시고 그의 영광을 찬송하게 하려 하심이라

7) · 시 129:1-5 _ 이스라엘은 이제 말하기를 저희가 나의 소시부터 여러번 나를 괴롭게 하였도다 저희가 나의 소시부터 여러 번 나를 괴롭게 하였으나 나를 이기지 못하였도다 밭 가는 자가 내 등에 갈아 그 고랑을 길게 지었도다 여호와께서는 의로우사 악인의 줄을 끊으셨도다 무릇 시온을 미워하는 자는 수치를 당하여 물러 갈찌어다

· 마 16:18 _ 또 내가 네게 이르노니 너는 베드로라 내가 이 반석 위에 내 교회를 세우리니 음부(陰府)의 권세가 이기지 못하리라

· 요 10:28-30 _ 내가 저희에게 영생을 주노니 영원히 멸망치 아니할 터이요 또 저희를 내 손에서 빼앗을 자가 없느니라 저희를 주신 내 아버지는 만유보다 크시매 아무도 아버지 손에서 빼앗을 수 없느니라 나와 아버지는 하나이니라 하신대

8) · 요일 3:14, 19-21 _ 우리가 형제를 사랑함으로 사망에서 옮겨 생명으로 들어간 줄을 알거니와 사랑치 아니하는 자는 사망에 거하느니라 이로써 우리가 진리에 속한 줄을 알고 또 우리 마음을 주 앞에서 굳세게 하리로다 우리 마음이 혹 우리를 책망할 일이 있거든 하물며 우리 마음보다 크시고 모든 것을 아시는 하나님일까 보냐 사랑하는 자들아 만일 우리 마음이 우리를 책망할 것이 없으면 하나님 앞에서 담대함을 얻고

9) · 시 23:6 _ 나의 평생에 선하심과 인자하심이 정녕 나를 따르리니 내가 여호와의 집에 영원히 거하리로다

· 요 10:27, 28 _ 내 양은 내 음성을 들으며 나는 저희를 알며 저희는 나를 따르느니라 내가 저희에게 영생을 주노니 영원히 멸망치 아니할 터이요 또 저희를 내 손에서 빼앗을 자가 없느니라

· 고전 1:4-9 _ 그리스도 예수 안에서 너희에게 주신 하나님의 은혜를 인하여 내가 너희를 위하여 항상 하나님께 감사하노니 이는 너희가 그의 안에서 모든 일 곧 모든 구변과 모든 지식에 풍족하므로 그리스도의 증거가 너희 중에 견고케 되어 너희가 모든 은사에 부족함이 없이 우리 주 예수 그리스도의 나타나심을 기다림이라 주께서 너희를 우리 주 예수 그리스도의 날에 책망할 것이 없는 자로 끝까지 견고케 하시리라 너희를 불러 그의 아들 예수 그리스도 우리 주로 더불어 교제케 하시는 하나님은 미쁘시도다

· 벧전 1:3-5 _ 찬송하리로다 우리 주 예수 그리스도의 아버지 하나님이 그 많으신 긍휼대로 예수 그리스도의 죽은 자 가운데서 부활하심으로 말미암아 우리를 거듭나게 하사 산 소망이 있게 하시며 썩지 않고 더럽지 않고 쇠하지 아니하는 기업을 잇게 하시나니 곧 너희를 위하여 하늘에 간직하신 것이라 너희가 말세에 나타내기로 예비하신 구원을 얻기 위하여 믿음으로 말미암아 하나님의 능력으로 보호하심을 입었나니

10) · 롬 8:32 _ 자기 아들을 아끼지 아니하시고 우리 모든 사람을 위하여 내어 주신 이가 어찌 그 아들과 함께 모든 것을 우리에게 은사로 주지 아니하시겠느뇨

· 고전 6:17 _ 주와 합하는 자는 한 영이니라

· 고전 12:4-7, 12, 13 _ 은사는 여러 가지나 성령은 같고 직임은 여러 가지나 주는 같으며 또 역사는 여러 가지나 모든 것을 모든 사람 가운데서 역사하시는 하나님은 같으니 각 사람에게 성령의 나타남을 주심은 유익하게 하려 하심이라 몸은 하나인데 많은 지체(肢體)가 있고 몸의 지체가 많으나 한 몸임과 같이 그리스도도 그러하니라 우리가 유대인이나 헬라인이나

종이나 자유자나 다 한 성령으로 세례를 받아 한 몸이 되었고 또 다 한 성령을 마시게 하셨느니라
- 요일 1:3 _ 우리가 보고 들은 바를 너희에게도 전함은 너희로 우리와 사귐이 있게 하려 함이니 우리의 사귐은 아버지와 그 아들 예수 그리스도와 함께함이라

11) • 롬12:4-8 _ 우리가 한 몸에 많은 지체를 가졌으나 모든 지체가 같은 직분을 가진 것이 아니니 이와 같이 우리 많은 사람이 그리스도 안에서 한 몸이 되어 서로 지체가 되었느니라 우리에게 주신 은혜대로 받은 은사가 각각 다르니 혹 예언이면 믿음의 분수대로 혹 섬기는 일이면 섬기는 일로 혹 가르치는 자면 가르치는 일로 혹 권위하는 자면 권위하는 일로 구제하는 자는 성실함으로 다스리는 자는 부지런함으로 긍휼을 베푸는 자는 즐거움으로 할 것이니라
- 고전12:20-27 _ 이제 지체는 많으나 몸은 하나라 눈이 손더러 내가 너를 쓸데 없다 하거나 또한 머리가 발더러 내가 너를 쓸데 없다 하거나 하지 못하리라 이뿐 아니라 몸의 더 약하게 보이는 지체가 도리어 요긴하고 우리가 몸의 덜 귀히 여기는 그것들을 더욱 귀한 것들로 입혀 주며 우리의 아름답지 못한 지체는 더욱 아름다운 것을 얻고 우리의 아름다운 지체는 요구할 것이 없으니 오직 하나님이 몸을 고르게 하여 부족한 지체에게 존귀를 더하사 몸 가운데서 분쟁이 없고 오직 여러 지체가 서로 같이하여 돌아보게 하셨으니 만일 한 지체가 고통을 받으면 모든 지체도 함께 고통을 받고 한 지체가 영광을 얻으면 모든 지체도 함께 즐거워하나니 너희는 그리스도의 몸이요 지체의 각 부분이라
- 고전 13:1-7 _ 내가 사람의 방언과 천사의 말을 할찌라도 사랑이 없으면 소리나는 구리와 울리는 꽹과리가 되고 내가 예언하는 능이 있어 모든 비밀과 모든 지식을 알고 또 산을 옮길만한 모든 믿음이 있을찌라도 사랑이 없으면 내가 아무 것도 아니요 내가 내게 있는 모든 것으로 구제하고 또 내 몸을 불사르게 내어 줄찌라도 사랑이 없으면 내게 아무 유익이 없느니라 사랑은 오래 참고 사랑은 온유하며 투기하는 자가 되지 아니하며 사랑은 자랑하지 아니하며 교만하지 아니하며 무례히 행치 아니하며 자기의 유익을 구치 아니하며 성내지 아니하며 악한 것을 생각지 아니하며 불의를 기뻐하지 아니하며 진리와 함께 기뻐하고 모든 것을 참으며 모든 것을 믿으며 모든 것을 바라며 모든 것을 견디느니라
- 빌2:4-8 _ 각각 자기 일을 돌아볼 뿐더러 또한 각각 다른 사람들의 일을 돌아보아 나의 기쁨을 충만케 하라 너희 안에 이 마음을 품으라 곧 그리스도 예수의 마음이니 그는 근본 하나님의 본체시나 하나님과 동등됨을 취할 것으로 여기지 아니하시고 오히려 자기를 비워 종의 형체를 가져 사람들과 같이 되었고 사람의 모양으로 나타나셨으매 자기를 낮추시고 죽기까지 복종하셨으니 곧 십자가에 죽으심이라

12) • 시 103:3, 4, 10, 12 _ 저가 네 모든 죄악을 사하시며 네 모든 병을 고치시며 네 생명을 파멸에서 구속하시고 인자와 긍휼로 관을 씌우시며 우리의 죄를 따라 처치하지 아니하시며 우리의 죄악을 따라 갚지 아니하셨으니 동이 서에서 먼 것같이 우리 죄과를 우리에게서 멀리 옮기셨으며
- 미 7:18,19 _ 주와 같은 신이 어디 있으리이까 주께서는 죄악을 사유하시며 그 기업의 남은 자의 허물을 넘기시며 인애를 기뻐하심으로 노를 항상 품지 아니하시나이다 다시 우리를 긍휼히 여기서서 우리의 죄악을 발로 밟으시고 우리의 모든 죄를 깊은 바다에 던지시리이다
- 고후 5:18-21 _ 모든 것이 하나님께로 났나니 저가 그리스도로 말미암아 우리를 자기와 화목하게 하시고 또 우리에게 화목하게 하는 직책을 주셨으니 이는 하나님께서 그리스도 안에 계시사 세상을 자기와 화목하게 하시며 저희의 죄를 저희에게 돌리지 아니하시고 화목하게 하는 말씀을 우리에게 부탁하셨느니라 이러므로 우리가 그리스도를 대신하여 사신이 되어 하나님이 우리로 너희를 권면하시는 것 같이 그리스도를 대신하여 간구하노니 너희는 하나님과 화목하라 하나님이 죄를 알지도 못하신 자로 우리를 대신하여 죄를 삼으신 것은 우리로 하여금 저의 안에서 하나님의 의가 되게 하려 하심이니라
- 요일 1:7 _ 저가 빛 가운데 계신 것같이 우리도 빛 가운데 행하면 우리가 서로 사귐이 있고 그 아들 예수의 피가 우리를 모든 죄에서 깨끗하게 하실 것이요
- 요일 2:2 _ 저는 우리 죄를 위한 화목제물이니 우리만 위할 뿐 아니요 온 세상의 죄를 위하심이라

13) • 롬 7:21-25 _ 그러므로 내가 한 법을 깨달았노니 곧 선을 행하기 원하는 나에게 악이 함께 있는 것이로다 내 속 사람으로는 하나님의 법을 즐거워하되 내 지체(肢體) 속에서 한 다른 법이 내 마음의 법과 싸워 내 지체 속에 있는 죄의 법 아래로 나를 사로잡아 오는 것을 보는도다 오호라 나는 곤고한 사람이로다! 이 사망의 몸에서 누가 나를 건져 내랴 우리 주 예수 그리스도로 말미암아 하나님께 감사하리로다 그런즉 내 자신이 마음으로는 하나님의 법을 육신으로는 죄의 법을 섬기노라

14) • 요 3:17, 18 _ 하나님이 그 아들을 세상에 보내신 것은 세상을 심판하려 하심이 아니요 저로 말미암아 세

상이 구원을 받게 하려 하심이라 저를 믿는 자는 심판을 받지 아니하는 것이요 믿지 아니하는 자는 하나님의 독생자의 이름을 믿지 아니하므로 벌써 심판을 받은 것이니라
- 요 5:24 _ 내가 진실로 진실로 너희에게 이르노니 내 말을 듣고 또 나 보내신 이를 믿는 자는 영생을 얻었고 심판에 이르지 아니하나니 사망에서 생명으로 옮겼느니라
- 롬 8:1, 2 _ 그러므로 이제 그리스도 예수 안에 있는 자에게는 결코 정죄함이 없나니 이는 그리스도 예수 안에 있는 생명의 성령의 법이 죄와 사망의 법에서 너를 해방하였음이라

주의 날 | 제22주

제 57 문 _ "육신의 부활"은 당신에게 무슨 위로를 줍니까?

답 _ 나의 영혼은
　　이생 이후
　　즉시
　　나의 머리이신 그리스도에게로
　　올려질 뿐 아니라,1)
나의 이 육신도
　　그리스도의 능력으로 일으킴을 받아,
　　나의 영혼과 재결합되어
　　그리스도의 영화로운 몸과 같이 되는 것입니다.2)

제 58 문 _ "영원한 생명"에 관한 조항으로 당신은 무슨 위로를 받습니까?

답 _ 내가 지금 이미
　　내 마음으로
　　영원한 즐거움을 누리기 시작하였기에,3)
　　이생 이후에도
　　눈으로 보지 못하고
　　귀로 듣지 못하고
　　사람의 마음으로 생각지 못한
　　완전한 복,
　　곧 하나님을 영원히 찬양하는 복을
　　소유하는 것입니다.4)

1)
- 눅 16:22 _ 이에 그 거지가 죽어 천사들에게 받들려 아브라함의 품에 들어가고 부자도 죽어 장사되매
- 눅 23:43 _ 예수께서 이르시되 내가 진실로 네게 이르노니 오늘 네가 나와 함께 낙원에 있으리라 하시니라
- 빌 1:21-23 _ 이는 내게 사는 것이 그리스도니 죽는 것도 유익함이라 그러나 만일 육신으로 사는 이것이 내 일의 열매일진대 무엇을 가릴는지 나는 알지 못하노라 내가 그 두 사이에 끼였으니 떠나서 그리스도와

함께 있을 욕망을 가진 이것이 더욱 좋으나

2) · 욥 19:25, 26 _ 내가 알기에는 나의 구속자(救贖者)가 살아 계시니 후일에 그가 땅 위에 서실 것이라 나의 이 가죽 이것이 썩은 후에 내가 육체 밖에서 하나님을 보리라
· 고전 15:20, 42-46, 54 _ 그러나 이제 그리스도께서 죽은 자 가운데서 다시 살아 잠자는 자들의 첫 열매가 되셨도다 죽은 자의 부활도 이와 같으니 썩을 것으로 심고 썩지 아니할 것으로 다시 살며 욕된 것으로 심고 영광스러운 것으로 다시 살며 약한 것으로 심고 강한 것으로 다시 살며 육의 몸으로 심고 신령한 몸으로 다시 사나니 육의 몸이 있은즉 또 신령한 몸이 있느니라 기록된 바 첫 사람 아담은 산 영이 되었다 함과 같이 마지막 아담은 살려 주는 영이 되었나니 그러나 먼저는 신령한 자가 아니요 육 있는 자요 그 다음에 신령한 자니라 이 썩을 것이 썩지 아니함을 입고 이 죽을 것이 죽지 아니함을 입을 때에는 사망이 이김의 삼킨 바 되리라고 기록된 말씀이 응하리라
· 빌 3:21 _ 그가 만물을 자기에게 복종케 하실 수 있는 자의 역사(役事)로 우리의 낮은 몸을 자기 영광의 몸의 형체와 같이 변케 하시리라
· 요일 3:2 _ 사랑하는 자들아 우리가 지금은 하나님의 자녀라 장래에 어떻게 될 것은 아직 나타나지 아니하였으나 그가 나타내심이 되면 우리가 그와 같을 줄 아는 것은 그의 계신 그대로 볼 것을 인함이니

3) · 요 17:3 _ 영생은 곧 유일하신 참 하나님과 그의 보내신 자 예수 그리스도를 아는 것이니이다
· 롬 14:17 _ 하나님의 나라는 먹는 것과 마시는 것이 아니요 오직 성령 안에서 의와 평강과 희락이라
· 고후 5:2,3 _ 과연 우리가 여기 있어 탄식하며 하늘로부터 오는 처소로 덧입기를 간절히 사모하노니 이렇게 입은 벗은 자들로 발견되지 않으려 함이라

4) · 요 17:24 _ 아버지여 내게 주신 자도 나 있는 곳에 나와 함께 있어 아버지께서 창세전(創世前)부터 나를 사랑하시므로 내게 주신 나의 영광을 저희로 보게 하시기를 원하옵나이다
· 고전 2:9 _ 기록된 바 하나님이 자기를 사랑하는 자들을 위하여 예비하신 모든 것은 눈으로 보지 못하고 귀로도 듣지 못하고 사람의 마음으로도 생각지 못하였다 함과 같으니라

우리의 칭의

주의 날 | 제23주

제 59 문 _ 이 모든 것을 믿는 것이 당신에게 지금 어떤 도움을 줍니까?

답 _ 나는 그리스도 안에서, 하나님 앞에 의롭게 되며 영원한 생명의 상속자입니다.[1]

제 60 문 _ 당신은 어떻게 하나님 앞에 의롭게 됩니까?

답 _ 오직 예수 그리스도를 믿는 참 믿음으로 됩니다.[2]
비록, 내가 하나님의 모든 계명을 어기는
심각한 죄를 범했고,
그 중의 어느 하나도 제대로 지키지 않았으며,[3]
여전히 모든 악으로 향한 성향이 있다고[4]
내 양심이 나를 고소하지만,
그런데도 하나님께서는 나 자신의 공로가 전혀 없이,[5]
오직 은혜로,[6]

그리스도의 완전한 속죄와 의와 거룩을
나에게 돌려주십니다.[7]
만일 내가 오직 믿는 마음으로
이 은사를 받기만 하면,[8]
하나님께서는 마치 내가 어떤 죄도 없고
결코 짓지 않은 것처럼,
그리고 그리스도께서 나를 위해 이루신
모든 순종을
나 자신이 이룬 것처럼
이것들을 나에게 내려주십니다.[9]

제 61 문 _ 당신은 왜 오직 믿음으로만 의롭게 된다고 말합니까?

답 _ 내 믿음의
가치 때문에
내가 하나님께 받아들여지는 것이 아니라,
오직 그리스도의 속죄와 의와 거룩만이
하나님 앞에서 나의 의가 되기 때문입니다.[10]
나는 오직 믿음으로
이 의를 받아들여
나 자신의 것으로 삼을 수 있습니다.[11]

---

1) · 합 2:4 _ 보라 그의 마음은 교만하며 그의 속에서 정직하지 못하니라 그러나 의인은 그 믿음으로 말미암아 살리라
 · 요 3:36 _ 아들을 믿는 자는 영생이 있고 아들을 순종치 아니하는 자는 영생을 보지 못하고 도리어 하나님의 진노가 그 위에 머물러 있느니라
 · 롬 1:17 _ 복음에는 하나님의 의가 나타나서 믿음으로 믿음에 이르게 하나니 기록된 바 오직 의인은 믿음으로 말미암아 살리라 함과 같으니라
 · 롬 5:1,2 _ 그러므로 우리가 믿음으로 의롭다 하심을 얻었은즉 우리 주 예수 그리스도로 말미암아 하나님으로 더불어 화평을 누리자 또한 그로 말미암아 우리가 믿음으로 서 있는 이 은혜에 들어감을 얻었으며 하나님의 영광을 바라고 즐거워하느니라

2) · 롬 3:21-28 _ 이제는 율법 외에 하나님의 한 의가 나타났으니 율법과 선지자들에게 증거를 받은 것이라 곧 예수 그리스도를 믿음으로 말미암아 모든 믿는 자에게 미치는 하나님의 의니 차별이 없느니라 모든 사람이 죄를 범하였으매 하나님의 영광에 이르지 못하더니 그리스도 예수 안에 있는 구속(救贖)으로 말미암아 하나님의 은혜로 값없이 의롭다 하심을 얻은 자 되었느니라 이 예수를 하나님이 그의 피로 인하여 믿음으로 말미암는 화목제물로 세우셨으니 이는 하나님께서 길이 참으시는 중에 전에 지은 죄를 간과하심으로 자기의 의로우심을 나타내려 하심이니 곧 이때에 자기의 의로우심을 나타내사 자기도 의로우시며 또한 예수 믿는 자를 의롭다 하려 하심이니라 그런즉 자랑할 데가 어디뇨 있을 수가 없느니라 무슨 법으로냐 행위로냐 아니라 오직 믿음의 법으로니라 그러므로 사람이 의롭다 하심을 얻는 것은 율법의 행위에 있지 않고 믿음으로 되는줄 우리가 인정하노라
 · 갈 2:16 _ 사람이 의롭게 되는 것은 율법의 행위에서 난 것이 아니요 오직 예수 그리스도를 믿음으로 말미암는 줄 아는 고로 우리도 그리스도 예수를 믿나니 이는 우리가 율법의 행위에서 아니고 그리스도를 믿음으로서 의롭다 함을 얻으려 함이라 율법의 행위로서는 의롭다 함을 얻을 육체가 없느니라
 · 엡 2:8,9 _ 너희가 그 은혜를 인하여 믿음으로 말미암

아 구원을 얻었나니 이것이 너희에게서 난 것이 아니요 하나님의 선물이라 행위에서 난 것이 아니니 이는 누구든지 자랑치 못하게 함이니라
- 빌 3:8-11 _ 또한 모든 것을 해로 여김은 내 주 그리스도 예수를 아는 지식이 가장 고상함을 인함이라 내가 그를 위하여 모든 것을 잃어버리고 배설물로 여김은 그리스도를 얻고 그 안에서 발견되려 함이니 내가 가진 의는 율법에서 난 것이 아니요 오직 그리스도를 믿음으로 말미암은 것이니 곧 믿음으로 하나님께로서 난 의라 내가 그리스도와 그 부활의 권능과 그 고난에 참예함을 알려하여 그의 죽으심을 본받아 어찌하든지 죽은 자 가운데서 부활에 이르려 하노니

3) - 롬 3:9,10 _ 그러면 어떠하뇨 우리는 나으뇨 결코 아니라 유대인이나 헬라인이나 다 죄 아래 있다고 우리가 이미 선언하였느니라 기록한 바 의인은 없나니 하나도 없으며

4) - 롬 7:23 _ 내 지체(肢體) 속에서 한 다른 법이 내 마음의 법과 싸워 내 지체 속에 있는 죄의 법 아래로 나를 사로잡아 오는 것을 보는도다

5) - 신 9:6 _ 그러므로 네가 알 것은 네 하나님 여호와께서 네게 이 아름다운 땅을 기업으로 주신 것이 네 의로움을 인함이 아니니라 너는 목이 곧은 백성이니라
- 겔 36:22 _ 그러므로 너는 이스라엘 족속에게 이르기를 주 여호와의 말씀에 이스라엘 족속아 내가 이렇게 행함은 너희를 위함이 아니요 너희가 들어간 그 열국에서 더럽힌 나의 거룩한 이름을 위함이라
- 딛 3:4,5 _ 우리 구주 하나님의 자비와 사람 사랑하심을 나타내실 때에 우리를 구원하시되 우리의 행한 바 의로운 행위로 말미암지 아니하고 오직 그의 긍휼하심을 좇아 중생의 씻음과 성령의 새롭게 하심으로 하셨나니

6) - 롬 3:24 _ 그리스도 예수 안에 있는 구속(救贖)으로 말미암아 하나님의 은혜로 값없이 의롭다 하심을 얻은 자 되었느니라
- 엡 2:8 _ 너희가 그 은혜를 인하여 믿음으로 말미암아 구원을 얻었나니 이것이 너희에게서 난 것이 아니요 하나님의 선물이라

7) - 롬 4:3-5 _ 성경이 무엇을 말하느뇨 아브라함이 하나님을 믿으매 이것이 저에게 의로 여기신 바 되었느니라 일하는 자에게는 그 삯을 은혜로 여기지 아니하고 빚으로 여기거니와 일을 아니할찌라도 경건치 아니한 자를 의롭다 하시는 이를 믿는 자에게는 그의 믿음을 의로 여기시나니
- 고후 5:17-19 _ 그런즉 누구든지 그리스도 안에 있으면 새로운 피조물이라 이전 것은 지나갔으니 보라 새것이 되었도다 모든 것이 하나님께로 났나니 저가 그리스도로 말미암아 우리를 자기와 화목하게 하시고 또 우리에게 화목하게 하는 직책을 주셨으니 이는 하나님께서 그리스도 안에 계시사 세상을 자기와 화목하게 하시며 저희의 죄를 저희에게 돌리지 아니하시고 화목하게 하는 말씀을 우리에게 부탁하셨느니라
- 요일 2:1,2 _ 나의 자녀들아 내가 이것을 너희에게 씀은 너희로 죄를 범하지 않게 하려 함이라 만일 누가 죄를 범하여도 아버지 앞에서 우리에게 대언자가 있으니 곧 의로우신 예수 그리스도시라 그는 우리 죄를 위한 화목 제물이니 우리만 위할 뿐 아니요 온 세상의 죄를 위하심이라

8) - 요 3:18 _ 저를 믿는 자는 심판을 받지 아니하는 것이요 믿지 아니하는 자는 하나님의 독생자의 이름을 믿지 아니하므로 벌써 심판을 받은 것이니라
- 행 16:30,31 _ 저희를 데리고 나가 가로되 선생들아 내가 어떻게 하여야 구원을 얻으리이까 하거늘 가로되 주 예수를 믿으라 그리하면 너와 네 집이 구원을 얻으리라 하고
- 롬 3:22 _ 곧 예수 그리스도를 믿음으로 말미암아 모든 믿는 자에게 미치는 하나님의 의니 차별이 없느니라

9) - 롬 4:24,25 _ 의로 여기심을 받을 우리도 위함이니 곧 예수 우리 주를 죽은 자 가운데서 살리신 이를 믿는 자니라 예수는 우리가 범죄한 것 때문에 내줌이 되고 또한 우리를 의롭다 하시기 위하여 살아 나셨느니라
- 고후 5:21 _ 하나님이 죄를 알지도 못하신 자로 우리를 대신하여 죄를 삼으신 것은 우리로 하여금 저 안에서 하나님의 의가 되게 하려 하심이니라

10) - 고전 1:30,31 _ 너희는 하나님께로부터 나서 그리스도 예수 안에 있고 예수는 하나님께로서 나와서 우리에게 지혜와 의로움과 거룩함과 구속(救贖)함이 되셨으니 기록된 바 자랑하는 자는 주 안에서 자랑하라 함과 같게 하려 함이니라
- 고전 2:2 _ 내가 너희 중에서 예수 그리스도와 그의 십자가에 못 박히신 것 외에는 아무것도 알지 아니하기로 작정하였음이라

11) - 롬 10:10 _ 사람이 마음으로 믿어 의에 이르고 입으로 시인하여 구원에 이르느니라
- 요일 5:10-12 _ 하나님의 아들을 믿는 자는 자기 안에 증거가 있고 하나님을 믿지 아니하는 자는 하나님을 거짓말하는 자로 만드나니 이는 하나님께서 그 아들에 관하여 증거하신 증거를 믿지 아니하였음이라 또 증거는 이것이니 하나님이 우리에게 영생을 주신 것과 이 생명이 그의 아들 안에 있는 그것이니라 아들이 있는 자에게는 생명이 있고 하나님의 아들이 없는 자에게는 생명이 없느니라

주의 날 | 제24주

**제 62 문 _ 왜 우리의 선행은
하나님 앞에서 우리의 의가 될 수 없으며,
적어도 그 일부분이라도 될 수 없습니까?**

답 _ 하나님의 심판대 앞에 설 수 있는 의는
절대적으로 완전해야 하며,
하나님의 율법에
완전히 일치해야 하는[1] 반면,
이생에서 우리의 최상의 선행조차도
모두 불완전하며 죄로 오염되어 있기 때문입니다.[2]

**제 63 문 _ 그러나 하나님께서 우리의 선행들에 대해
이생과 내세에서의 상을 약속하시는데도,
그 선행들은 아무런 공로도 되지 않습니까?[3]**

답 _ 이 상은 공로로 얻는 것이 아니고,
은혜의 선물입니다.[4]

**제 64 문 _ 이러한 가르침은
사람들을 소홀하고 악하게
만들지 않습니까?**

답 _ 아닙니다.
참 믿음으로
그리스도에게 접붙여진 자들이
감사의 열매를
맺지 않는 것은
불가능합니다.[5]

---

1) · 신 27:26 _ 이 율법의 모든 말씀을 실행치 아니하는 자는 저주를 받을 것이라 할 것이요 모든 백성은 아멘 할지니라
 · 갈 3:10 _ 무릇 율법 행위에 속한 자들은 저주 아래 있나니 기록된 바 누구든지 율법 책에 기록된 대로 온갖 일을 항상 행하지 아니하는 자는 저주 아래 있는 자라 하였음이라

2) · 사 64:6 _ 대저 우리는 다 부정한 자 같아서 우리의 의는 다 더러운 옷 같으며 우리는 다 쇠패(衰敗)함이 잎사귀 같으므로 우리의 죄악이 바람같이 우리를 몰아가나이다

3) · 마 5:12 _ 기뻐하고 즐거워하라 하늘에서 너희의 상이 큼이라 너희 전에 있던 선지자들을 이같이 핍박하였느니라
 · 히 11:6 _ 믿음이 없이는 기쁘시게 못하나니 하나님께 나아가는 자는 반드시 그가 계신 것과 또한 그가 자기를 찾는 자들에게 상 주시는 이심을 믿어야 할지니라

4) · 눅 17:10 _ 이와 같이 너희도 명령받은 것을 다 행한 후에 이르기를 우리는 무익한 종이라 우리의 하여야 할 일을 한 것뿐이라 할지니라
 · 딤후 4:7,8 _ 내가 선한 싸움을 싸우고 나의 달려갈 길을 마치고 믿음을 지켰으니 이제 후로는 나를 위하여 의의 면류관이 예비되었으므로 주 곧 의로우신 재판장이 그날에 내게 주실 것이니 내게만 아니라 주의 나타나심을 사모하는 모든 자에게니라

5) · 마 7:18 _ 좋은 나무가 나쁜 열매를 맺을 수 없고 못된

나무가 아름다운 열매를 맺을 수 없느니라
· 눅 6:43-45 _ 못된 열매 맺는 좋은 나무가 없고 또 좋은 열매 맺는 못된 나무가 없느니라 나무는 각각 그 열매로 아나니 가시나무에서 무화과를 또는 찔레에서 포도를 따지 못하느니라 선한 사람은 마음의 쌓은 선에서 선을 내고 악한 자는 그 쌓은 악에서 악을 내나니 이는 마음에 가득한 것을 입으로 말함이니라
· 요 15:5 _ 나는 포도나무요 너희는 가지니 저가 내 안에 내가 저 안에 있으면 이 사람은 과실을 많이 맺나니 나를 떠나서는 너희가 아무것도 할 수 없음이라

말씀과 성례들

주의 날 | 제25주

제 65 문 _ 오직 믿음으로만
우리가 그리스도와 그의 모든 은덕에 참여하는데,
이 믿음은 어디에서 옵니까?

답 _ 성령에게서 옵니다.[1]
그는 복음 설교로
우리 마음에 믿음을 일으키시며,[2]
성례의 시행으로
믿음을 강화시키십니다.[3]

제 66 문 _ 성례란 무엇입니까?

답 _ 성례는 눈에 보이는 거룩한 표와 인입니다.
성례는 하나님에 의해 제정된 것으로,
성례의 시행으로
하나님께서는
복음 약속을
우리에게 더욱 충만하게 선포하고 인치십니다.[4]
그리고 이 약속은,
그리스도가 십자가 위에서 이루신
단번 희생제사 때문에,
하나님께서 우리에게
죄사함과 영원한 생명을
은혜로 주시는 것입니다.[5]

제 67 문 _ 그러면 말씀과 성례 이 둘 다
우리 구원의 유일한 근거로
예수 그리스도의 십자가 희생제사에
우리의 믿음을 집중하도록 의도된 것입니까?

답_ 참으로 그렇습니다.
성령께서는,
우리의 온전한 구원이
우리를 위한
그리스도의 십자가 단번 희생제사에 근거함을
복음으로 가르치고
성례로 확증하십니다.⁶⁾

제 68 문 _ 그리스도께서 새 언약에서 제정하신 성례는 몇 가지입니까?

답_ 거룩한 세례와 성찬, 두 가지입니다.⁷⁾

---

1) · 요 3:5 _ 예수께서 대답하시되 진실로 진실로 네게 이르노니 사람이 물과 성령으로 나지 아니하면 하나님 나라에 들어갈 수 없느니라
· 고전 2:10-14 _ 오직 하나님이 성령으로 이것을 우리에게 보이셨으니 성령은 모든 것 곧 하나님의 깊은 것이라도 통달하시느니라 사람의 사정을 사람의 속에 있는 영 외에는 누가 알리요 이와 같이 하나님의 사정도 하나님의 영 외에는 아무도 알지 못하느니라 우리가 세상의 영을 받지 아니하고 오직 하나님께로 온 영을 받았으니 이는 우리로 하여금 하나님께서 우리에게 은혜로 주신 것들을 알게 하려 하심이라 우리가 이것을 말하거니와 사람의 지혜의 가르친 말로 아니하고 오직 성령의 가르치신 것으로 하니 신령한 일은 신령한 것으로 분별하느니라 육에 속한 사람은 하나님의 성령의 일을 받지 아니하나니 저희에게는 미련하게 보임이요 또 깨닫지도 못하나니 이런 일은 영적으로라야 분변함이니라
· 엡 2:8 _ 너희가 그 은혜를 인하여 믿음으로 말미암아 구원을 얻었나니 이것이 너희에게서 난 것이 아니요 하나님의 선물이라
· 빌 1:29 _ 그리스도를 위하여 너희에게 은혜를 주신 것은 다만 그를 믿을 뿐 아니라 또한 그를 위하여 고난도 받게 하려 하심이라

2) · 롬 10:17 _ 그러므로 믿음은 들음에서 나며 들음은 그리스도의 말씀으로 말미암았느니라
· 벧전 1:23-25 _ 너희가 거듭난 것이 썩어질 씨로 된 것이 아니요 썩지 아니할 씨로 된 것이니 하나님의 살아 있고 항상 있는 말씀으로 되었느니라 그러므로 모든 육체는 풀과 같고 그 모든 영광이 풀의 꽃과 같으니 풀은 마르고 꽃은 떨어지되 오직 주의 말씀은 세세토록 있도다 하였으니 너희에게 전한 복음이 곧 이 말씀이니라

3) · 마 28:19, 20 _ 그러므로 너희는 가서 모든 족속으로 제자를 삼아 아버지와 아들과 성령의 이름으로 세례를 주고 내가 너희에게 분부한 모든 것을 가르쳐 지키게 하라 볼찌어다 내가 세상 끝날까지 너희와 항상 함께 있으리라 하시니라
· 고전 10:16 _ 우리가 축복하는 바 축복의 잔은 그리스도의 피에 참예함이 아니며 우리가 떼는 떡은 그리스도의 몸에 참예함이 아니냐

4) · 창 17:11 _ 너희는 양피(陽皮)를 베어라 이것이 나와 너희 사이의 언약의 표징이니라
· 신 30:6 _ 네 하나님 여호와께서 네 마음과 네 자손의 마음에 할례를 베푸사 너로 마음을 다하며 성품을 다하여 네 하나님 여호와를 사랑하게 하사 너로 생명을 얻게 하실 것이며
· 롬 4:11 _ 저가 할례의 표를 받은 것은 무할례시에 믿음으로 된 의를 인 친 것이니 이는 무할례자로서 믿는 모든 자의 조상이 되어 저희로 의로 여기심을 얻게 하려 하심이라

5) · 마 26:27, 28 _ 또 잔을 가지사 사례하시고 저희에게 주시며 가라사대 너희가 다 이것을 마시라 이것은 죄 사함을 얻게 하려고 많은 사람을 위하여 흘리는 바 나의 피 곧 언약의 피니라
· 행 2:38 _ 베드로가 가로되 너희가 회개하여 각각 예수 그리스도의 이름으로 세례를 받고 죄 사함을 얻으라 그리하면 성령을 선물로 받으리니
· 히 10:10 _ 이 뜻을 좇아 예수 그리스도의 몸을 단번에 드리심으로 말미암아 우리가 거룩함을 얻었노라

6) · 롬 6:3 _ 무릇 그리스도 예수와 합하여 세례를 받은 우리는 그의 죽으심과 합하여 세례 받은 줄을 알지 못하느뇨
· 고전 11:26 _ 너희가 이 떡을 먹으며 이 잔을 마실 때마다 주의 죽으심을 오실 때까지 전하는 것이니라

- 갈 3:27 _ 누구든지 그리스도와 합하여 세례를 받은 자는 그리스도로 옷 입었느니라
7) · 마 28:19, 20 _ 그러므로 너희는 가서 모든 족속으로 제자를 삼아 아버지와 아들과 성령의 이름으로 세례를 주고 내가 너희에게 분부한 모든 것을 가르쳐 지키게 하라 볼찌어다 내가 세상 끝날까지 너희와 항상 함께 있으리라 하시니라
- 고전 11:23-26 _ 내가 너희에게 전한 것은 주께 받은 것이니 곧 주 예수께서 잡히시던 밤에 떡을 가지사 축사하시고 떼어 가라사대 이것은 너희를 위하는 내 몸이니 이것을 행하여 나를 기념하라 하시고 식후에 또 한 이와 같이 잔을 가지시고 가라사대 이 잔은 내 피로 세운 새 언약이니 이것을 행하여 마실 때마다 나를 기념하라 하셨으니 너희가 이 떡을 먹으며 이 잔을 마실 때마다 주의 죽으심을 오실 때까지 전하는 것이니라

거룩한 세례

주의 날 | 제26주

**제 69 문 _ 거룩한 세례가
그리스도의 십자가 단번 희생제사로
당신에게 준 유익을
어떻게 표하고 인칩니까?**

답_ 그리스도께서는 이렇게
외적 씻음의 예식을 제정하시고,1)
물로 몸의 더러움을
확실히 씻어버리듯이,
그렇게 확실하게
그의 피와 성령으로
내 영혼의 불결,
곧 내 모든 죄의 씻겨짐을
약속하셨습니다.2)

**제 70 문 _ 그리스도의 피와 성령으로 씻겨짐이란
무슨 뜻입니까?**

답_ 그리스도의 피로 씻겨짐은
　　　십자가의 희생 제사에서
　　　우리를 위해 흘린
　　　그리스도의 피로 말미암아
　　　은혜로
　　　우리가 하나님께 죄사함을 받는 것입니다.3)
성령으로 씻겨짐은
　　　우리가 성령으로 새로워지고
　　　그리스도의 지체로서 성별되어,
　　　점점 더

죄에 대하여 죽고
거룩하고 흠이 없는 삶으로 인도받는 것입니다.4)

제 71 문 _ 우리가 세례의 물로 씻겨지듯이 확실하게, 그리스도께서 자신의 피와 성령으로 우리를 씻으심을 어디에서 약속하셨습니까?

답_ 세례를 제정하실 때,
"그러므로 너희는 가서
모든 족속으로 제자를 삼아
아버지와 아들과 성령의 이름으로
세례를 주고"(마28:19),
"믿고 세례를 받는 사람은
구원을 얻을 것이요
믿지 않는 사람은
정죄를 받으리라"(막16:16)고 말씀하셨습니다.
이 약속은 세례를
"중생의 씻음" 혹은 "죄 씻음"이라고 부르는
성경에서도 반복 됩니다(딛3:5; 행22:16).

---

1) · 마 28:19 _ 그러므로 너희는 가서 모든 족속으로 제자를 삼아 아버지와 아들과 성령의 이름으로 세례를 주고

2) · 마 3:11 _ 나는 너희로 회개케 하기 위하여 물로 세례를 주거니와 내 뒤에 오시는 이는 나보다 능력이 많으시니 나는 그의 신을 들기도 감당치 못하겠노라 그는 성령과 불로 너희에게 세례를 주실 것이요
· 막 16:16 _ 믿고 세례를 받는 사람은 구원을 얻을 것이요 믿지 않는 사람은 정죄를 받으리라
· 요 1:33 _ 나도 그를 알지 못하였으나 나를 보내어 물로 세례를 주라 하신 그이가 나에게 말씀하시되 성령이 내려서 누구 위에든지 머무는 것을 보거든 그가 곧 성령으로 세례를 주는 이인 줄 알라 하셨기에
· 행 2:38 _ 베드로가 가로되 너희가 회개하여 각각 예수 그리스도의 이름으로 세례를 받고 죄 사함을 얻으라 그리하면 성령을 선물로 받으리니
· 롬 6:3, 4 _ 무릇 그리스도 예수와 합하여 세례를 받은 우리는 그의 죽으심과 합하여 세례 받은 줄을 알지 못하느뇨 그러므로 우리가 그의 죽으심과 합하여 세례를 받음으로 그와 함께 장사되었나니 이는 아버지의 영광으로 말미암아 그리스도를 죽은 자 가운데서 살리심과 같이 우리로 또한 새 생명 가운데서 행하게 하려 함이니라

· 벧전 3:21 _ 물은 예수 그리스도의 부활하심으로 말미암아 이제 너희를 구원하는 표니 곧 세례라 육체의 더러운 것을 제하여 버림이 아니요 오직 선한 양심이 하나님을 향하여 찾아가는 것이라

3) · 겔 36:25 _ 맑은 물로 너희에게 뿌려서 너희로 정결케 하되 곧 너희 모든 더러운 것에서와 모든 우상을 섬김에서 너희를 정결케 할 것이며
· 슥 13:1 _ 그날에 죄와 더러움을 씻는 샘이 다윗의 족속과 예루살렘 거민을 위하여 열리리라
· 엡 1:7 _ 우리가 그리스도 안에서 그의 은혜의 풍성함을 따라 그의 피로 말미암아 구속(救贖) 곧 죄 사함을 받았으니
· 히 12:24 _ 새 언약의 중보(中保)이신 예수와 및 아벨의 피보다 더 낫게 말하는 뿌린 피니라
· 벧전 1:2 _ 곧 하나님 아버지의 미리 아심을 따라 성령의 거룩하게 하심으로 순종함과 예수 그리스도의 피 뿌림을 얻기 위하여 택하심을 입은 자들에게 편지하노니 은혜와 평강이 너희에게 더욱 많을지어다
· 계 1:5 _ 또 충성된 증인으로 죽은 자들 가운데서 먼저 나시고 땅의 임금들의 머리가 되신 예수 그리스도로 말미암아 은혜와 평강이 너희에게 있기를 원하노라 우리를 사랑하사 그의 피로 우리 죄에서 우리를 해방하시고

- 계 7:14 _ 내가 가로되 내 주여 당신이 아시나이다 하니 그가 나더러 이르되 이는 큰 환난에서 나오는 자들인데 어린양의 피에 그 옷을 씻어 희게 하였느니라
4) · 요 3:5-8 _ 예수께서 대답하시되 진실로 진실로 네게 이르노니 사람이 물과 성령으로 나지 아니하면 하나님 나라에 들어갈 수 없느니라 육으로 난 것은 육이요 성령으로 난 것은 영이니 내가 네게 거듭나야 하겠다 하는 말을 기이히 여기지 말라 바람이 임의로 불매 네가 그 소리를 들어도 어디서 오며 어디로 가는지 알지 못하나니 성령으로 난 사람은 다 이러하니라
- 롬 6:4 _ 그러므로 우리가 그의 죽으심과 합하여 세례를 받음으로 그와 함께 장사되었나니 이는 아버지의 영광으로 말미암아 그리스도를 죽은 자 가운데서 살리심과 같이 우리로 또한 새 생명 가운데서 행하게 하려 함이니라
- 고전 6:11 _ 너희 중에 이와 같은 자들이 있더니 주 예수 그리스도의 이름과 우리 하나님의 성령 안에서 씻음과 거룩함과 의롭다 하심을 얻었느니라
- 골 2:11,12 _ 또 그 안에서 너희가 손으로 하지 아니한 할례를 받았으니 곧 육적 몸을 벗는 것이요 그리스도의 할례니라 너희가 세례로 그리스도와 함께 장사한 바 되고 또 죽은 자들 가운데서 그를 일으키신 하나님의 역사(役事)를 믿음으로 말미암아 그 안에서 함께 일으키심을 받았느니라

주의 날 | 제27주

제 72 문 _ 세례의 물에 의한 외적 씻음 자체가 죄의 씻음입니까?

답_ 아닙니다.
오직 예수 그리스도의 피와 성령만이
우리의 모든 죄를 씻어줍니다.1)

제 73 문 _ 그러면 왜 성령께서는 세례를 "중생의 씻음"과 "죄의 씻음"이라 부르십니까?

답_ 하나님께서 이렇게 말씀하신 중요한 이유가 있습니다.
하나님께서는
    물이 몸의 더러움을 씻어내듯이
    그리스도의 피와 성령으로
    우리의 죄가 제거됨을
    우리에게 가르치고자 하십니다.2)
더욱 더 중요한 것은,
이런 신적 보증과 표징으로,
    물로 우리의 몸이 씻겨지듯이
    영적으로 우리의 죄가 깨끗이 씻겨짐을
    우리에게 확신시키고자 하십니다.3)

제 74 문 _ 유아들도 역시 세례를 받아야 합니까?

답_ 그렇습니다.

유아들도 어른들과 마찬가지로
　　하나님의 언약과 회중에 속해 있습니다.[4]
그리스도의 피로 말미암은 속죄와
　　믿음을 일으키시는 성령이
　　어른들 못지않게 유아들에게도
　　약속된 것입니다.[5]
그러므로 유아들도
　　언약의 표인 세례로
　　그리스도의 교회로 접붙여지고
　　불신자의 자녀와 구별되어야 합니다.[6]
이는 구약에서는
　　할례로 시행되었고,[7]
　　신약에서는 그 대신에
　　세례가 제정된 것입니다.[8]

1) · 마 3:11 _ 나는 너희로 회개케 하기 위하여 물로 세례를 주거니와 내 뒤에 오시는 이는 나보다 능력이 많으시니 나는 그의 신을 들기도 감당치 못하겠노라 그는 성령과 불로 너희에게 세례를 주실 것이요
· 벧전 3:21 _ 물은 예수 그리스도의 부활하심으로 말미암아 이제 너희를 구원하는 표니 곧 세례라 육체의 더러운 것을 제하여 버림이 아니요 오직 선한 양심이 하나님을 향하여 찾아가는 것이라
· 요일 1:7 _ 저가 빛 가운데 계신 것같이 우리도 빛 가운데 행하면 우리가 서로 사귐이 있고 그 아들 예수의 피가 우리를 모든 죄에서 깨끗하게 하실 것이요

2) · 고전 6:11 _ 너희 중에 이와 같은 자들이 있더니 주 예수 그리스도의 이름과 우리 하나님의 성령 안에서 씻음과 거룩함과 의롭다 하심을 얻었느니라
· 계 1:5 _ 또 충성된 증인으로 죽은 자들 가운데서 먼저 나시고 땅의 임금들의 머리가 되신 예수 그리스도로 말미암아 은혜와 평강이 너희에게 있기를 원하노라 우리를 사랑하사 그의 피로 우리 죄에서 우리를 해방하시고
· 계 7:14 _ 내가 가로되 내 주여 당신이 알리이다 하니 그가 나더러 이르되 이는 큰 환난에서 나오는 자들인데 어린 양의 피에 그 옷을 씻어 희게 하였느니라

3) · 막 16:16 _ 믿고 세례를 받는 사람은 구원을 얻을 것이요 믿지 않는 사람은 정죄를 받으리라
· 행 2:38 _ 베드로가 가로되 너희가 회개하여 각각 예수 그리스도의 이름으로 세례를 받고 죄 사함을 얻으라 그리하면 성령을 선물로 받으리니
· 롬 6:3, 4 _ 무릇 그리스도 예수와 합하여 세례를 받은 우리는 그의 죽으심과 합하여 세례 받은 줄을 알지 못하느뇨 그러므로 우리가 그의 죽으심과 합하여 세례를 받음으로 그와 함께 장사되었나니 이는 아버지의 영광으로 말미암아 그리스도를 죽은 자 가운데서 살리심과 같이 우리로 또한 새 생명 가운데서 행하게 하려 함이니라
· 갈 3:27 _ 누구든지 그리스도와 합하여 세례를 받은 자는 그리스도로 옷 입었느니라

4) · 창 17:7 _ 내가 내 언약을 나와 너와 네 대대 후손의 사이에 세워서 영원한 언약을 삼고 너와 네 후손의 하나님이 되리라
· 마 19:14 _ 예수께서 가라사대 어린아이들을 용납하고 내게 오는 것을 금하지 말라 천국이 이런 자의 것이니라 하시고

5) · 시 22:10 _ 내가 날 때부터 주께 맡긴 바 되었고 모태에서 나올 때부터 주는 내 하나님이 되셨사오니
· 사 44:1-3 _ 나의 종 야곱 나의 택한 이스라엘이 이제 들으라 너를 지으며 너를 모태에서 조성하고 너를 도와줄 여호와가 말하노라 나의 종 야곱 나의 택한 여수룬아 두려워 말라 대저 내가 갈한 자에게 물을 주며 마른 땅에 시내가 흐르게 하며 나의 신을 네 자손에게 나의 복을 네 후손에게 내리리니
· 행 2:38, 39 _ 베드로가 가로되 너희가 회개하여 각각 예수 그리스도의 이름으로 세례를 받고 죄 사함을 얻으라 그리하면 성령을 선물로 받으리니 이 약속은 너희와 너희 자녀와 모든 먼 데 사람 곧 주 우리 하나님이 얼마든지 부르시는 자들에게 하신 것이라 하고
· 행 16:31 _ 가로되 주 예수를 믿으라 그리하면 너와 네 집이 구원을 얻으리라 하고

6) · 행 10:47 _ 이에 베드로가 가로되 이 사람들이 우리와

같이 성령을 받았으니 누가 능히 물로 세례 줌을 금하리요 하고
- 고전 7:14 _ 믿지 아니하는 남편이 아내로 인하여 거룩하게 되고 믿지 아니하는 아내가 남편으로 인하여 거룩하게 되나니 그렇지 아니하면 너희 자녀도 깨끗지 못하니라 그러나 이제 거룩하니라

7) · 창 17:9-14 _ 하나님이 또 아브라함에게 이르시되 그런즉 너는 내 언약을 지키고 네 후손도 대대로 지키라 너희 중 남자는 다 할례를 받으라 이것이 나와 너희와 너희 후손 사이에 지킬 내 언약이니라 너희는 양피를 베어라 이것이 나와 너희 사이의 언약의 표징이니라 대대로 남자는 집에서 난 자나 혹 너희 자손이 아니요 이방 사람에게서 돈으로 산 자를 무론하고 난지 팔일만에 할례를 받을 것이라 너희 집에서 난 자든지 너희 돈으로 산 자든지 할례를 받아야 하리니 이에 내 언약이 너희 살에 있어 영원한 언약이 되려니와 할례를 받지 아니한 남자 곧 그 양피를 베지 아니한 자는 백성 중에서 끊어지리니 그가 내 언약을 배반하였음이니라

8) · 골 2:11-13 _ 또 그 안에서 너희가 손으로 하지 아니한 할례를 받았으니 곧 육적 몸을 벗는 것이요 그리스도의 할례니라 너희가 세례로 그리스도와 함께 장사한 바 되고 또 죽은 자들 가운데서 그를 일으키신 하나님의 역사(役事)를 믿음으로 말미암아 그 안에서 함께 일으키심을 받았느니라 또 너희의 범죄와 육체의 무할례로 죽었던 너희를 하나님이 그와 함께 살리시고 우리에게 모든 죄를 사하시고

주의 만찬

주의 날 | 제28주

제 75 문 _ 그리스도의 십자가 단번 희생 제사와
그의 모든 은사들에
참예함을
주의 만찬이
당신에게 어떻게 표하고 인칩니까?

답 _ 이런 방식입니다.
그리스도께서 나와 모든 신자들에게
그를 기념하여
이 뗀 떡을 먹고
이 잔을 마시라고 명령하셨고,
이 명령과 함께 그리스도는 이런 약속들을 주셨습니다.1)
첫째,
나를 위해 떼어진 주님의 떡과
나에게 주어진 잔을
내 눈으로 보는 것처럼 확실히,
그렇게 확실하게 십자가에서
그의 몸은 나를 위해 주어졌으며
그의 피도 나를 위해 부어졌습니다.
둘째,

그리스도의 몸과 피의 확실한 표로서
주님의 떡과 잔을
내가 목사의 손에서 받아
내 입으로 맛보는 것처럼 확실히,
그렇게 확실하게 주님께서
친히 십자가에 달리신 몸과 흘리신 피로써
영원한 생명에 이르도록
내 영혼을 기르시고 새롭게 하십니다.

제 76 문 _ 십자가에 못 박히신 그리스도의 몸을 먹고
홀리신 피를 마신다는 것은
무슨 의미입니까?

답 _ 첫째,
믿는 마음으로
그리스도의 모든 고난과 죽음을 받아들여서,
죄 사함과 영원한 생명을
얻는 것입니다.2)
둘째,
그리스도 안에와
우리 안에 사시는 성령으로
우리가 그리스도의 거룩한 몸과 더욱 더 하나되는 것입니다.3)
그러므로 비록 그리스도는 하늘에 계시고
우리는 땅에 있을지라도,4)
과연 우리는 그의 살 중의 살이요
그의 뼈 중에 뼈이며,5)
우리 몸의 지체들이
한 영혼에 의해
살고 다스림을 받는 것처럼, 우리도 영원히
한 성령에 의해서
살고 다스림을 받습니다.6)

제 77 문 _ 신자들이 이 뗀 떡을 먹고
이 잔을 마시는 것처럼 확실히,
그리스도께서 신자들을
그의 몸과 피로
기르시고 새롭게 하실 것을
어디에서 약속하셨습니까?

답 _ 주의 만찬을 제정하실 때입니다.
"주 예수께서 잡히시던 밤에
떡을 가지사 축사하시고 떼어 가라사대

> 이것은 너희를 위하는 내 몸이니
> 이것을 행하여 나를 기념하라 하시고,
> 식후에 또한 이와 같이 잔을 가지시고 가라사대
> 이 잔은 내 피로 세운 새 언약이니
> 이것을 행하여 마실 때마다
> 나를 기념하라 하셨으니
> 너희가 이 떡을 먹고 이 잔을 마실 때마다
> 주의 죽으심을
> 오실 때까지 전하는 것이니라."(고전 11:23-26)

이 약속의 말씀은 바울 사도에 의해 반복됩니다.

> "우리가 축복하는 바 축복의 잔은
> 그리스도의 피에 참예함이 아니며
> 우리가 떼는 떡은
> 그리스도의 몸에 참예함이 아니냐?
> 떡이 하나요
> 많은 우리가 한 몸이니
> 이는 우리가 다 한 떡에 참예함이라."(고전 10:16, 17)

---

1) · 마 26:26-28 _ 저희가 먹을 때에 예수께서 떡을 가지사 축복하시고 떼어 제자들을 주시며 가라사대 받아 먹으라 이것이 내 몸이니라 하시고 또 잔을 가지사 사례하시고 저희에게 주시며 가라사대 너희가 다 이것을 마시라 이것은 죄 사함을 얻게 하려고 많은 사람을 위하여 흘리는 바 나의 피 곧 언약의 피니라
· 막 14:22-24 _ 저희가 먹을 때에 예수께서 떡을 가지사 축복하시고 떼어 제자들에게 주시며 가라사대 받으라 이것이 내 몸이니라 하시고 또 잔을 가지사 사례하시고 저희에게 주시니 다 이를 마시매 가라사대 이것은 많은 사람을 위하여 흘리는 바 나의 피 곧 언약의 피니라
· 눅 22:19, 20 _ 또 떡을 가져 사례하시고 떼어 저희에게 주시며 가라사대 이것은 너희를 위하여 주는 내 몸이라 너희가 이를 행하여 나를 기념하라 하시고 저녁 먹은 후에 잔도 이와 같이 하여 가라사대 이 잔은 내 피로 세우는 새 언약이니 곧 너희를 위하여 붓는 것이라
· 고전 11:23-25 _ 내가 너희에게 전한 것은 주께 받은 것이니 곧 주 예수께서 잡히시던 밤에 떡을 가지사 축사하시고 떼어 가라사대 이것은 너희를 위하는 내 몸이니 이것을 행하여 나를 기념하라 하시고 식후에 또한 이와 같이 잔을 가지시고 가라사대 이 잔은 내 피로 세운 새 언약이니 이것을 행하여 마실 때마다 나를 기념하라 하셨으니

2) · 요 6:35, 40, 50-54 _ 예수께서 가라사대 내가 곧 생명의 떡이니 내게 오는 자는 결코 주리지 아니할 터이요 나를 믿는 자는 영원히 목마르지 아니하리라 내 아버지의 뜻은 아들을 보고 믿는 자마다 영생을 얻는 이것이니 마지막 날에 내가 이를 다시 살리리라 하시니라 이는 하늘로서 내려오는 떡이니 사람으로 하여금 먹고 죽지 아니하게 하는 것이니라 나는 하늘로서 내려온 산 떡이니 사람이 이 떡을 먹으면 영생하리라 나의 줄 떡은 곧 세상의 생명을 위한 내 살이로라 하시니라 이러므로 유대인들이 서로 다투어 가로되 이 사람이 어찌 능히 제 살을 우리에게 주어 먹게 하겠느냐 예수께서 이르시되 내가 진실로 진실로 너희에게 이르노니 인자의 살을 먹지 아니하고 인자의 피를 마시지 아니하면 너희 속에 생명이 없느니라 내 살을 먹고 내 피를 마시는 자는 영생을 가졌고 마지막 날에 내가 그를 다시 살리리니

3) · 요 6:55, 56 _ 내 살은 참된 양식이요 내 피는 참된 음료로다 내 살을 먹고 내 피를 마시는 자는 내 안에 거하고 나도 그 안에 거하나니
· 고전 12:13 _ 우리가 유대인이나 헬라인이나 종이나 자유자나 다 한 성령으로 세례를 받아 한 몸이 되었고 또 다 한 성령을 마시게 하셨느니라

4) · 행 1:9-11 _ 이 말씀을 마치시고 저희 보는 데서 올리

워 가시니 구름이 저를 가리워 보이지 않게 하더라 올라가실 때에 제자들이 자세히 하늘을 쳐다 보고 있는데 흰옷 입은 두 사람이 저희 곁에 서서 가로되 갈릴리 사람들아 어찌하여 서서 하늘을 쳐다보느냐 너희 가운데서 하늘로 올리우신 이 예수는 하늘로 가심을 본 그대로 오시리라 하였느니라

- 행 3:21 _ 하나님이 영원 전부터 거룩한 선지자의 입을 의탁하여 말씀하신 바 만유를 회복하실 때까지는 하늘이 마땅히 그를 받아 두리라
- 고전 11:26 _ 너희가 이 떡을 먹으며 이 잔을 마실 때마다 주의 죽으심을 오실 때까지 전하는 것이니라
- 골 3:1 _ 그러므로 너희가 그리스도와 함께 다시 살리심을 받았으면 위엣 것을 찾으라 거기는 그리스도께서 하나님 우편에 앉아 계시느니라

5)
- 고전 6:15, 17 _ 너희 몸이 그리스도의 지체(肢體)인 줄을 알지 못하느냐 내가 그리스도의 지체를 가지고 창기(娼妓)의 지체를 만들겠느냐 결코 그럴 수 없느니라 주와 합하는 자는 한 영이니라
- 엡 5:29, 30 _ 누구든지 언제든지 제 육체를 미워하지 않고 오직 양육하여 보호하기를 그리스도께서 교회를 보양함과 같이 하나니 우리는 그 몸의 지체(肢體)임이니라
- 요일 4:13 _ 그의 성령을 우리에게 주시므로 우리가 그 안에 거하고 그가 우리 안에 거하시는 줄을 아느니라

6)
- 요 6:56-58 _ 내 살을 먹고 내 피를 마시는 자는 내 안에 거하고 나도 그 안에 거하나니 살아계신 아버지께서 나를 보내시매 내가 아버지로 인하여 사는 것 같이 나를 먹는 그 사람도 나로 인하여 살리라 이것은 하늘로서 내려온 떡이니 조상들이 먹고도 죽은 그것과 같지 아니하여 이 떡을 먹는 자는 영원히 살리라
- 요 15:1-6 _ 내가 참 포도나무요 내 아버지는 그 농부라 무릇 내게 있어 과실을 맺지 아니하는 가지는 아버지께서 이를 제해 버리시고 무릇 과실을 맺는 가지는 더 과실을 맺게 하려 하여 이를 깨끗케 하시느니라 너희는 내가 일러 준 말로 이미 깨끗하였으니 내 안에 거하라 나도 너희 안에 거하리라 가지가 포도나무에 붙어 있지 아니하면 절로 과실을 맺을 수 없음같이 너희도 내 안에 있지 아니하면 그러하리라 나는 포도나무요 너희는 가지니 저가 내 안에 내가 저 안에 있으면 이 사람은 과실을 많이 맺나니 나를 떠나서는 너희가 아무것도 할 수 없음이라 사람이 내 안에 거하지 아니하면 가지처럼 밖에 버리워 말라지나니 사람들이 이것을 모아다가 불에 던져 사르느니라
- 엡 4:15, 16 _ 오직 사랑 안에서 참된 것을 하여 범사에 그에게까지 자랄지라 그는 머리니 곧 그리스도라 그에게서 온 몸이 각 마디를 통하여 도움을 입음으로 연락(聯絡)하고 상합(相合)하여 각 지체(肢體)의 분량대로 역사(役事)하여 그 몸을 자라게 하며 사랑 안에서 스스로 세우느니라
- 요일 3:24 _ 그의 계명들을 지키는 자는 주 안에 거하고 주는 저 안에 거하시나니 우리에게 주신 성령으로 말미암아 그가 우리 안에 거하시는 줄을 우리가 아느니라

주의 날 | 제29주

제 78 문 _ 그러면 떡과 포도주가 그리스도의 참 몸과 피로 변합니까?

답_ 아닙니다.
　세례의 물이
　　그리스도의 피로 변하지 않고
　　죄 씻음 자체도 아니며
　　단지 하나님께서 주신 표와 인인 것처럼,[1)]
　비록 주의 만찬의 떡이
　　성례의 본질과 관례에 따라[2)]
　　그리스도의 몸이라고 불릴지라도,[3)]

그리스도의 몸 자체로 되는 것이 아닙니다.⁴⁾

제 79 문 _ 그런데 왜 그리스도는 떡을 그의 몸이라 하시고, 잔을 그의 피 혹은 그의 피로 세우신 새 언약이라고 부르시며, 왜 바울은 그리스도의 몸과 피에의 참예라고 말합니까?

답 _ 그리스도께서 그렇게 말씀하시는 중요한 이유가 있습니다.
그리스도께서는 그의 만찬으로,
    마치 떡과 포도주가
    이 육신의 생명을 유지해 주듯이,
    십자가에 못박힌 그의 몸과 흘리신 피가
    영원한 생명에 이르는
    우리 영혼의 참 음식과 음료임을
    우리에게 가르치고자 하십니다.⁵⁾
그러나 더욱 더 중요하게
이 보이는 표와 보증으로
우리에게 다음을 확신시키고자 하십니다.
    첫째,
        우리가 그리스도를 기념하여
        이 거룩한 표들을
        우리의 입으로 받는 것처럼 확실히
        성령의 역사를 통해
        우리가 그의 참 몸과 피에 참예합니다.⁶⁾
    둘째,
        마치 우리가 직접
        고난을 당하고 우리의 죄값을 치른 것처럼
        그리스도의 모든 고난과 순종이
        확실하게 우리의 것입니다.⁷⁾

---

1) · 엡 5:26 _ 이는 곧 물로 씻어 말씀으로 깨끗하게 하사 거룩하게 하시고
   · 딛 3:5 _ 우리를 구원하시되 우리의 행한 바 의로운 행위로 말미암지 아니하고 오직 그의 긍휼하심을 좇아 중생의 씻음과 성령의 새롭게 하심으로 하셨나니
2) · 창 17:10, 11 _ 너희 중 남자는 다 할례를 받으라 이것이 나와 너희와 너희 후손 사이에 지킬 내 언약이니라 너희는 양피(陽皮)를 베어라 이것이 나와 너희 사이의 언약의 표징이니라
   · 출 12:11, 13 _ 너희는 그것을 이렇게 먹을지니 허리에 띠를 띠고 발에 신을 신고 손에 지팡이를 잡고 급히 먹으라 이것이 여호와의 유월절이니라 내가 애굽 땅을 칠 때에 그 피가 너희의 거하는 집에 있어서 너희를 위하여 표적(表蹟)이 될지라 내가 피를 볼 때에 너희를 넘어가리니 재앙이 너희에게 내려 멸하지 아니하리라
   · 고전 10:3, 4 _ 다 같은 신령한 식물을 먹으며 다 같은 신령한 음료를 마셨으니 이는 저희를 따르는 신령한 반석으로부터 마셨으매 그 반석은 곧 그리스도시라
   · 벧전 3:21 _ 물은 예수 그리스도의 부활하심으로 말미암아 이제 너희를 구원하는 표니 곧 세례라 육체의 더러운 것을 제하여 버림이 아니요 오직 선한 양심이 하나님을 향하여 찾아가는 것이라
3) · 고전 10:16, 17 _ 우리가 축복하는 바 축복의 잔은 그리스도의 피에 참예함이 아니며 우리가 떼는 떡은 그

리스도의 몸에 참예함이 아니냐 떡이 하나요 많은 우리가 한 몸이니 이는 우리가 다 한 떡에 참예함이라
- 고전 11:26-28 _ 너희가 이 떡을 먹으며 이 잔을 마실 때마다 주의 죽으심을 오실 때까지 전하는 것이니라 그러므로 누구든지 주의 떡이나 잔을 합당치 않게 먹고 마시는 자는 주의 몸과 피를 범하는 죄가 있느니라 사람이 자기를 살피고 그 후에야 이 떡을 먹고 이 잔을 마실찌니

4) · 마 26:26-29 _ 저희가 먹을 때에 예수께서 떡을 가지사 축복하시고 떼어 제자들을 주시며 가라사대 받아먹으라 이것이 내 몸이니라 하시고 또 잔을 가지사 사례하시고 저희에게 주시며 가라사대 너희가 다 이것을 마시라 이것은 죄 사함을 얻게 하려고 많은 사람을 위하여 흘리는 바 나의 피 곧 언약의 피니라 그러나 너희에게 이르노니 내가 포도나무에서 난 것을 이제부터 내 아버지의 나라에서 새 것으로 너희와 함께 마시는 날까지 마시지 아니하리라 하시니라

5) · 요 6:51, 55 _ 나는 하늘로서 내려온 산 떡이니 사람이 이 떡을 먹으면 영생하리라 나의 줄 떡은 곧 세상의 생명을 위한 내 살이로라 하시니라 내 살이 참된 양식이요 내 피는 참된 음료로다

6) · 고전 10:16, 17 _ 우리가 축복하는 바 축복의 잔은 그리스도의 피에 참예함이 아니며 우리가 떼는 떡은 그리스도의 몸에 참예함이 아니냐 떡이 하나요 많은 우리가 한 몸이니 이는 우리가 다 한 떡에 참예함이라
- 고전 11:26 _ 너희가 이 떡을 먹으며 이 잔을 마실 때마다 주의 죽으심을 오실 때까지 전하는 것이니라

7) · 롬 6:5-11 _ 만일 우리가 그의 죽으심을 본받아 연합한 자가 되었으면 또한 그의 부활을 본받아 연합한 자가 되리라 우리가 알거니와 우리 옛 사람이 예수와 함께 십자가에 못 박힌 것은 죄의 몸이 멸하여 다시는 우리가 죄에게 종노릇하지 아니하려 함이니 이는 죽은 자가 죄에서 벗어나 의롭다 하심을 얻었음이라 만일 우리가 그리스도와 함께 죽었으면 또한 그와 함께 살 줄을 믿으니 이는 그리스도께서 죽은 자 가운데서 사셨으매 다시 죽지 아니하시고 사망이 다시 그를 주장하지 못할 줄을 앎이로라 그의 죽으심은 죄에 대하여 단번에 죽으심이요 그의 살으심은 하나님께 대하여 살으심이니 이와 같이 너희도 너희 자신을 죄에 대하여는 죽은 자요 그리스도 예수 안에서 하나님을 대하여는 산 자로 여길찌어다

주의 날 | 제30주

제 80 문 _ 주의 만찬과 교황파의 미사는 어떻게 다릅니까?

답 _ 주의 만찬은,

첫째,
    예수 그리스도가 친히
    십자가 위에서 단번에 이루신
    유일한 희생제사로
    우리의 모든 죄가 완전히 사해졌다는 것,[1]

둘째,
    그리스도는 지금 참 몸으로
    하늘 아버지의 우편에 계시사,[2]
    거기에서 경배를 받고자 하시며,[3]
    성령을 통해서
    우리가 그에게 접붙여짐을,
    우리에게 증거합니다.[4]

그러나 미사는,
첫째,
> 산 자들이나 죽은 자들을 위해서
> 사제들에 의해
> 그리스도가 지금도 매일 제사로 드려지지 않으면,
> 그리스도의 고난을 통해서는
> 죄 사함을 받지 못한다는 것,

둘째,
> 그리스도는 떡과 포도주의 형태로
> 육신적인 임재를 하므로,
> 거기에서 경배되어야 한다고 가르칩니다.

그러므로 미사는 근본적으로
> 예수 그리스도의 단번 희생 제사와 고난을
> 부인하는 것으로,
> 저주받은 우상숭배일 뿐입니다.

제 81 문 _ 누가 주의 성찬상에 나아올 수 있습니까?

답 _ 자기의 죄 때문에
> 참으로 자신을 지독하게 미워하지만
> 그리스도의 고난과 죽음에 의해
> 이런 죄가 사하여지고
> 자기의 남아있는 연약성도 가려졌음을 믿는 자들,

또한 더욱 더
> 자기의 믿음을 강화해서
> 자기의 생활을 고치기를 갈망하는 자들입니다.

그러나 위선자들과 회개하지 않는 자들은
> 자기들의 심판을 먹고 마시는 것입니다.5)

제 82 문 _ 자신들의 고백과 생활로 불경건을 드러내는 자들도 역시 주의 만찬상에 허용됩니까?

답 _ 안 됩니다.
> 그렇게 되면 하나님의 언약이 더럽혀져서
> 하나님의 진노가
> 온 회중에게
> 불타오르기 때문입니다.6)

그러므로
> 그리스도와 그의 사도들의 명령에 따라,
> 그리스도의 교회는

그들의 생활을 고칠 때까지
천국의 열쇠들에 의해서
그들을 제외시켜야 할 의무가 있습니다.

1) · 마 26:28 _ 이것은 죄 사함을 얻게 하려고 많은 사람을 위하여 흘리는 바 나의 피 곧 언약의 피니라
   · 요 19:30 _ 예수께서 신 포도주를 받으신 후 가라사대 다 이루었다 하시고 머리를 숙이고 영혼이 돌아가시니라
   · 히 7:27 _ 저가 저 대제사장들이 먼저 자기 죄를 위하고 다음에 백성의 죄를 위하여 날마다 제사드리는 것과 같이 할 필요가 없으니 이는 저가 단번에 자기를 드려 이루셨음이니라
   · 히 9:12, 25, 26 _ 염소와 송아지의 피로 아니하고 오직 자기 피로 영원한 속죄를 이루사 단번에 성소에 들어가셨느니라 대제사장이 해마다 다른 것의 피로써 성소에 들어가는 것같이 자주 자기를 드리려고 아니하실지니 그리하면 그가 세상을 창조할 때부터 자주 고난을 받았어야 할 것이로되 이제 자기를 단번에 제사로 드려 죄를 없게 하시려고 세상 끝에 나타나셨느니라
   · 히 10:10-18 _ 이 뜻을 좇아 예수 그리스도의 몸을 단번에 드리심으로 말미암아 우리가 거룩함을 얻었노라 제사장마다 매일 서서 섬기며 자주 같은 제사를 드리되 이 제사는 언제든지 죄를 없게 하지 못하거니와 오직 그리스도는 죄를 위하여 한 영원한 제사를 드리시고 하나님 우편에 앉으사 그 후에 자기 원수들로 자기 발등상이 되게 하실 때까지 기다리시나니 저가 한 제물로 거룩하게 된 자들을 영원히 온전케 하셨느니라 또한 성령이 우리에게 증거하시되 주께서 가라사대 그날 후로는 저희와 세울 언약이 이것이라 하시고 내 법을 저희 마음에 두고 저희 생각에 기록하리라 하신 후에 또 저희 죄와 저희 불법을 내가 다시 기억지 아니하리라 하셨으니 이것을 사하셨은즉 다시 죄를 위하여 제사드릴 것이 없느니라

2) · 요 20:17 _ 예수께서 이르시되 나를 만지지 말라 내가 아직 아버지께로 올라가지 못하였노라 너는 내 형제들에게 가서 이르되 내가 내 아버지 곧 너희 아버지 내 하나님 곧 너희 하나님께로 올라간다 하라 하신대
   · 행 7:55, 56 _ 스데반이 성령이 충만하여 하늘을 우러러 주목하여 하나님의 영광과 및 예수께서 하나님 우편에 서신 것을 보고 말하되 보라 하늘이 열리고 인자가 하나님 우편에 서신 것을 보노라 한 대
   · 히 1:3 _ 이는 하나님의 영광의 광채시요 그 본체의 형상이시라 그의 능력의 말씀으로 만물을 붙드시며 죄를 정결케 하는 일을 하시고 높은 곳에 계신 위엄의 우편에 앉으셨느니라
   · 히 8:1 _ 이제 하는 말의 중요한 것은 이러한 대제사장이 우리에게 있는 것이라 그가 하늘에서 위엄의 보좌 우편에 앉으셨으니

3) · 요 4:21-24 _ 예수께서 가라사대 여자여 내 말을 믿으라 이 산에서도 말고 예루살렘에서도 말고 너희가 아버지께 예배할 때가 이르리라 너희는 알지 못하는 것을 예배하고 우리는 아는 것을 예배하노니 이는 구원이 유대인에게서 남이니라 아버지께 참으로 예배하는 자들은 신령과 진정으로 예배할 때가 오나니 곧 이때라 아버지께서는 이렇게 자기에게 예배하는 자들을 찾으시느니라 하나님은 영이시니 예배하는 자가 신령과 진정으로 예배할지니라
   · 빌 3:20 _ 오직 우리의 시민권은 하늘에 있는지라 거기로서 구원하는 자 곧 주 예수 그리스도를 기다리노니
   · 골 3:1 _ 그러므로 너희가 그리스도와 함께 다시 살리심을 받았으면 위엣 것을 찾으라 거기는 그리스도께서 하나님 우편에 앉아 계시느니라
   · 살전 1:10 _ 또 죽은 자들 가운데서 다시 살리신 그의 아들이 하늘로부터 강림하심을 기다린다고 말하니 이는 장래 노하심에서 우리를 건지시는 예수시니라

4) · 고전 6:17 _ 주와 합하는 자는 한 영이니라
   · 고전 10:16, 17 _ 우리가 축복하는 바 축복의 잔은 그리스도의 피에 참예함이 아니며 우리가 떼는 떡은 그리스도의 몸에 참예함이 아니냐 떡이 하나요 많은 우리가 한 몸이니 이는 우리가 다 한 떡에 참예함이라

5) · 고전 10:19-22 _ 그런즉 내가 무엇을 말하느뇨 우상의 제물은 무엇이며 우상은 무엇이라 하느뇨 대저 이방인의 제사하는 것은 귀신에게 하는 것이요 하나님께 제사하는 것이 아니니 나는 너희가 귀신과 교제하는 자 되기를 원치 아니하노라 너희가 주의 잔과 귀신의 잔을 겸하여 마시지 못하고 주의 상과 귀신의 상에 겸하여 참예치 못하리라 그러면 우리가 주를 노여워하시게 하겠느냐 우리가 주보다 강한 자냐
   · 고전 11:26-32 _ 너희가 이 떡을 먹으며 이 잔을 마실 때마다 주의 죽으심을 오실 때까지 전하는 것이니라 그러므로 누구든지 주의 떡이나 잔을 합당치 않게 먹고 마시는 자는 주의 몸과 피를 범하는 죄가 있느니라 사람이 자기를 살피고 그 후에야 이 떡을 먹고 이 잔을 마실찌니 주의 몸을 분변치 못하고 먹고 마시는 자는

자기의 죄를 먹고 마시는 것이니라 이러므로 너희 중에 약한 자와 병든 자가 많고 잠자는 자도 적지 아니하니 우리가 우리를 살폈으면 판단을 받지 아니하려니와 우리가 판단을 받는 것은 주께 징계를 받는 것이니 이는 우리로 세상과 함께 죄 정함을 받지 않게 하려 하심이라

6) · 시 50:16 _ 악인에게는 하나님이 이르시되 네가 어찌 내 율례를 전하며 내 언약을 네 입에 두느냐

· 사 1:11-17 _ 여호와께서 말씀하시되 너희의 무수한 제물이 내게 무엇이 유익하뇨 나는 수양의 번제와 살진 짐승의 기름에 배불렀고 나는 수송아지나 어린양이나 수염소의 피를 기뻐하지 아니하노라 너희가 내 앞에 보이러 오니 그것을 누가 너희에게 요구하였느뇨 내 마당만 밟을 뿐이니라 헛된 제물을 다시 가져오지 말라 분향은 나의 가증히 여기는 바요 월삭과 안식일과 대회로 모이는 것도 그러하니 성회와 아울러 악을 행하는 것을 내가 견디지 못하겠노라 내 마음이 너희의 월삭과 정한 절기를 싫어하나니 그것이 내게 무거운 짐이라 내가 지기에 곤비하였느니라 너희가 손을 펼 때에 내가 눈을 가리우고 너희가 많이 기도할지라도 내가 듣지 아니하리니 이는 너희의 손에 피가 가득함이니라 너희는 스스로 씻으며 스스로 깨끗케 하여 내 목전에서 너희 악업을 버리며 악행을 그치고 선행을 배우며 공의를 구하며 학대 받는 자를 도와주며 고아를 위하여 신원하며 과부를 위하여 변호하라 하셨느니라

· 고전 11:17-34 _ 내가 명하는 이 일에 너희를 칭찬하지 아니하나니 이는 저희의 모임이 유익이 못되고 도리어 해로움이라 첫째는 너희가 교회에 모일 때에 너희 중에 분쟁이 있다 함을 듣고 대강 믿노니 너희 중에 편당이 있어야 너희 중에 옳다 인정함을 받은 자들이 나타나게 되리라 그런즉 너희가 함께 모여서 주의 만찬을 먹을 수 없으니 이는 먹을 때에 각각 자기의 만찬을 먼저 갖다 먹으므로 어떤이는 시장하고 어떤이는 취함이라 너희가 먹고 마실 집이 없느냐 너희가 하나님의 교회를 업신여기고 빈궁한 자들을 부끄럽게 하느냐 내가 너희에게 무슨 말을 하랴 너희를 칭찬하랴 이것으로 칭찬하지 않노라 내가 너희에게 전한 것은 주께 받은 것이니 곧 주 예수께서 잡히시던 밤에 떡을 가지사 축사하시고 떼어 가라사대 이것은 너희를 위하는 내 몸이니 이것을 행하여 나를 기념하라 하시고 식후에 또한 이와 같이 잔을 가지시고 가라사대 이 잔은 내 피로 세운 새 언약이니 이것을 행하여 마실 때마다 나를 기념하라 하셨으니 너희가 이 떡을 먹으며 이 잔을 마실 때마다 주의 죽으심을 오실 때까지 전하는 것이니라 그러므로 누구든지 주의 떡이나 잔을 합당치 않게 먹고 마시는 자는 주의 몸과 피를 범하는 죄가 있느니라 사람이 자기를 살피고 그 후에야 이 떡을 먹고 이 잔을 마실찌니 주의 몸을 분변치 못하고 먹고 마시는 자는 자기의 죄를 먹고 마시는 것이니라 이러므로 너희 중에 약한 자와 병든 자가 많고 잠자는 자도 적지 아니하니 우리가 우리를 살폈으면 판단을 받지 아니하려니와 우리가 판단을 받는 것은 주께 징계를 받는 것이니 이는 우리로 세상과 함께 죄 정함을 받지 않게 하려 하심이라 그런즉 내 형제들아 먹으러 모일 때에 서로 기다리라 만일 누구든지 시장하거든 집에서 먹을찌니 이는 너희의 판단 받는 모임이 되지 않게 하려함이라 그 남은 것은 내가 언제든지 갈 때에 귀정하리라

주의 날 | 제31주

제 83 문 _ 천국 열쇠는 무엇입니까?
답_ 거룩한 복음 설교와
교회 권징입니다.
이 두 가지에 의해서 천국이
신자들에게는 열리고,
불신자들에게는 닫힙니다.1)

제 84 문 _ 어떻게 복음 설교에 의해

천국이
열리고 닫힙니까?

답_ 그리스도의 명령에 따라,
참 믿음으로
복음의 약속을 받아들일 때마다,
하나님께서 그리스도의 공로 덕분에
실제로 자기들의 모든 죄를
사하신다는 사실이
신자들 전체와 각각에게
선포되고 공적으로 증거되는 때,
천국이 열립니다.
그들이 회개하지 않는 한
하나님의 진노와
영원한 정죄가
그들 위에 머문다는 사실이
모든 불신자들과 위선자들에게
선포되고 공적으로 증거되는 때,
천국은 닫힙니다.
바로 이 복음의 증거에 따라,
하나님께서는
이생에서도
내세에서도
심판하실 것입니다.[2]

제 85 문 _ 어떻게 교회 권징에 의해
천국이
닫히고 열립니까?

답_ 그리스도의 명령에 따라,
자칭 그리스도인이라 하나
교리나 생활상
비그리스도인임을 스스로 드러내는 자들은
먼저 형제애로서
거듭 권고를 받습니다.
그래도 자신의 잘못이나 악행을
포기하지 않는다면,
그들은 교회
곧 당회에 보고됩니다.
그들이 장로들의 권고까지도
역시 무시하면,
성례 참예를 금하고,

장로들에 의해
그리스도 회중으로부터,
그리고 하나님 자신에 의해서
그리스도의 왕국에서 출교됩니다.3)
그들이 참 회개를
약속하고 보여주는 때,
그들을 그리스도와
교회의 지체로서
다시 받아들입니다.4)

1) · 마 16:19 _ 내가 천국 열쇠를 네게 주리니 네가 땅에서 무엇이든지 매면 하늘에서도 매일 것이요 네가 땅에서 무엇이든지 풀면 하늘에서도 풀리리라 하시고
 · 요 20:21-23 _ 예수께서 또 가라사대 너희에게 평강이 있을지어다 아버지께서 나를 보내신 것같이 나도 너희를 보내노라 이 말씀을 하시고 저희를 향하사 숨을 내쉬며 가라사대 성령을 받으라 너희가 뉘 죄든지 사하면 사하여질 것이요 뉘 죄든지 그대로 두면 그대로 있으리라 하시니라

2) · 마 16:19 _ 내가 천국 열쇠를 네게 주리니 네가 땅에서 무엇이든지 매면 하늘에서도 매일 것이요 네가 땅에서 무엇이든지 풀면 하늘에서도 풀리리라 하시고
 · 요 3:31-36 _ 위로부터 오시는 이는 만물 위에 계시고 땅에서 난 이는 땅에 속하여 땅에 속한 것을 말하느니라 하늘로서 오시는 이는 만물 위에 계시나니 그가 그 보고 들은 것을 증거하되 그의 증거를 받는 이가 없도다 그의 증거를 받는 이는 하나님을 참되시다 하여 인쳤느니라 하나님의 보내신 이는 하나님의 말씀을 하나니 이는 하나님이 성령을 한량없이 주심이니라 아버지께서 아들을 사랑하사 만물을 다 그 손에 주셨으니 아들을 믿는 자는 영생이 있고 아들을 순종치 아니하는 자는 영생을 보지 못하고 도리어 하나님의 진노가 그 위에 머물러 있느니라
 · 요 20:21-23 _ 예수께서 또 가라사대 너희에게 평강이 있을지어다 아버지께서 나를 보내신 것같이 나도 너희를 보내노라 이 말씀을 하시고 저희를 향하사 숨을 내쉬며 가라사대 성령을 받으라 너희가 뉘 죄든지 사하면 사하여질 것이요 뉘 죄든지 그대로 두면 그대로 있으리라 하시니라

3) · 마 18:15-20 _ 네 형제가 죄를 범하거든 가서 너와 그 사람과만 상대하여 권고하라 만일 들으면 네가 네 형제를 얻은 것이요 만일 듣지 않거든 한두 사람을 데리고 가서 두세 중인의 입으로 말마다 증참(證參)케 하라 만일 그들의 말도 듣지 않거든 교회에 말하고 교회의 말도 듣지 않거든 이방인과 세리와 같이 여기라 진실로 너희에게 이르노니 무엇이든지 너희가 땅에서 매면 하늘에서도 매일 것이요 무엇이든지 땅에서 풀면 하늘에서도 풀리리라 진실로 다시 너희에게 이르노니 너희 중에 두 사람이 땅에서 합심하여 무엇이든지 구하면 하늘에 계신 내 아버지께서 저희를 위하여 이루게 하시리라 두 세 사람이 내 이름으로 모인 곳에는 나도 그들 중에 있느니라
 · 고전 5:3-5 _ 내가 실로 몸으로는 떠나 있으나 영으로는 함께 있어서 거기 있는 것같이 이 일 행한 자를 이미 판단하였노라 주 예수의 이름으로 너희가 내 영과 함께 모여서 우리 주 예수의 능력으로 이런 자를 사단에게 내어 주었으니 이는 육신은 멸하고 영은 주 예수의 날에 구원 얻게 하려 함이라
 · 고전 5:11-13 _ 이제 내가 너희에게 쓴 것은 만일 어떤 형제라 일컫는 자가 음행하거나 탐람(貪婪)하거나 우상 숭배를 하거나 후욕(詬辱)하거나 술 취하거나 토색(討索)하거든 사귀지도 말고 그런 자와는 함께 먹지도 말라 함이라 외인들을 판단하는데 내게 무슨 상관이 있으리요마는 교중 사람들이야 너희가 판단치 아니하랴 외인들은 하나님이 판단하시려니와 이 악한 사람은 너희 중에서 내어 쫓으라
 · 살후 3:14, 15 _ 누가 이 편지에 한 우리 말을 순종치 아니하거든 그 사람을 지목하여 사귀지 말고 저로 하여금 부끄럽게 하라 그러나 원수와 같이 생각지 말고 형제같이 권하라

4) · 눅 15:20-24 _ 이에 일어나서 아버지께로 돌아가니라 아직도 상거(相距)가 먼데 아버지가 저를 보고 측은히 여겨 달려가 목을 안고 입을 맞추니 아들이 가로되 아버지여 내가 하늘과 아버지께 죄를 얻었사오니 지금

부터는 아버지의 아들이라 일컬음을 감당치 못하겠나이다 하나 아버지는 종들에게 이르되 제일 좋은 옷을 내어다가 입히고 손에 가락지를 끼우고 발에 신을 신기라 그리고 살진 송아지를 끌어다가 잡으라 우리가 먹고 즐기자 이 내 아들은 죽었다가 다시 살아났으며 내가 잃었다가 다시 얻었노라 하니 저희가 즐거워하더라

· 고후 2:6-11 _ 이러한 사람이 많은 사람에게서 벌 받은 것이 족하도다 그런즉 너희는 차라리 저를 용서하고 위로할 것이니 저가 너무 많은 근심에 잠길까 두려워하노라 그러므로 너희를 권하노니 사랑을 저희에게 나타내라 너희가 범사에 순종하는지 그 증거를 알고자하여 내가 이것을 너희에게 썼노라 너희가 무슨 일이든지 뉘게 용서하면 나도 그리하고 내가 만일 용서한 일이 있으면 용서한 그것은 너희를 위하여 그리스도 앞에서 한 것이니 이는 우리로 사단에게 속지 않게 하려 함이라 우리가 그 궤계를 알지 못하는 바가 아니로라

제3부

우리의 감사

주의 날 | 제32주

**제 86 문 _ 우리 자신의 어떤 공로도 없이,
오직 그리스도를 통한 은혜로만
우리의 비참에서 구원받았는데,
왜 우리는 그래도 선행을 해야 합니까?**

답_ 왜냐하면 그리스도께서
그의 피로 우리를 구속하셨을 뿐 아니라,
또한 그의 성령으로 우리를
그의 형상이 되도록 새롭게 하시므로,
우리는 우리의 전 생활로써
하나님이 베푸신 은택들에 감사하고,[1]
우리로 말미암아 하나님이 찬양받으시도록 하기 위함입니다.[2]
더 나아가 우리 스스로
믿음의 열매로써
우리의 믿음에 확신을 얻고,[3]
우리의 경건한 생활로써
우리의 이웃들을 그리스도를 위해 얻고자 함입니다.[4]

**제 87 문 _ 감사치도 않고 회개하지 않는 생활로부터
하나님께로 돌이키지 않는 자들도
구원받을 수 있습니까?**

답_ 결코 그렇지 않습니다.
성경은 음란한 자,
우상숭배자, 간음하는 자,
도둑질하는 자, 탐욕스러운 자,
술 취하는 자, 욕하는 자,
강도나 그와 같은 자들은
하나님의 나라를 상속받지 못한다고 말씀합니다.[5]

1) ・롬 6:13 _ 또한 너희 지체(肢體)를 불의의 병기로 죄에게 드리지 말고 오직 너희 자신을 죽은 자 가운데서 다시 산 자같이 하나님께 드리며 너희 지체를 의의 병기로 하나님께 드리라
   ・롬 12:1, 2 _ 그러므로 형제들아 내가 하나님의 모든 자비하심으로 너희를 권하노니 너희 몸을 하나님이 기뻐하시는 거룩한 산제사로 드리라 이는 너희의 드릴 영적 예배니라 너희는 이 세대를 본받지 말고 오직 마음을 새롭게 함으로 변화를 받아 하나님의 선하시고 기뻐하시고 온전하신 뜻이 무엇인지 분별하도록 하라
   ・벧전 2:5-10 _ 너희도 산 돌 같이 신령한 집으로 세워지고 예수 그리스도로 말미암아 하나님이 기쁘게 받으실 신령한 제사를 드릴 거룩한 제사장이 될찌니라 경에 기록하였으되 보라 내가 택한 보배롭고 요긴한 모퉁이 돌을 시온에 두노니 저를 믿는 자는 부끄러움을 당치 아니하리라 하였으니 그러므로 믿는 너희에게는 보배이나 믿지 아니하는 자에게는 건축자들의 버린 그 돌이 모퉁이의 머릿돌이 되고 또한 부딪히는 돌과 거치는 반석이 되었다 하니라 저희가 말씀을 순종치 아니하므로 넘어지나니 이는 저희를 이렇게 정하신 것이라 오직 너희는 택하신 족속이요 왕 같은 제사장들이요 거룩한 나라요 그의 소유된 백성이니 이는 너희를 어두운 데서 불러내어 그의 기이한 빛에 들어가게 하신 자의 아름다운 덕을 선전하게 하려 하심이라 너희가 전에는 백성이 아니더니 이제는 하나님의 백성이요 전에는 긍휼을 얻지 못하였더니 이제는 긍휼을 얻은 자라

2) ・마 5:16 _ 이같이 너희 빛을 사람 앞에 비취게 하여 저희로 너희 착한 행실을 보고 하늘에 계신 너희 아버지께 영광을 돌리게 하라
   ・고전 6:19, 20 _ 너희 몸은 너희가 하나님께로부터 받은 바 너희 가운데 계신 성령의 전(殿)인 줄을 알지 못하느냐 너희는 너희의 것이 아니라 값으로 산 것이 되었으니 그런즉 너희 몸으로 하나님께 영광을 돌리라

3) ・마 7:17, 18 _ 이와 같이 좋은 나무마다 아름다운 열매를 맺고 못된 나무가 나쁜 열매를 맺나니 좋은 나무가 나쁜 열매를 맺을 수 없고 못된 나무가 아름다운 열매를 맺을 수 없느니라
   ・갈 5:22-24 _ 그리스도 예수 안에서는 할례나 무할례가 효력이 없되 사랑으로써 역사(役事)하는 믿음뿐이니라 오직 성령의 열매는 사랑과 희락과 화평과 오래 참음과 자비와 양선(良善)과 충성과 온유와 절제니 이같은 것을 금지할 법이 없느니라 그리스도 예수의 사람들은 육체와 함께 그 정과 욕심을 십자가에 못 박았느니라
   ・벧후 1:10, 11 _ 그러므로 형제들아 더욱 힘써 너희 부르심과 택하심을 굳게 하라 너희가 이것을 행한즉 언제든지 실족지 아니하리라 이같이 하면 우리 주 곧 구주 예수 그리스도의 영원한 나라에 들어감을 넉넉히 너희에게 주시리라

4) ・마 5:14-16 _ 너희는 세상의 빛이라 산위에 있는 동네가 숨기우지 못할 것이요 사람이 등불을 켜서 말 아래 두지 아니하고 등경 위에 두나니 이러므로 집안 모든 사람에게 비취느니라 이같이 너희 빛을 사람 앞에 비취게 하여 저희로 너희 착한 행실을 보고 하늘에 계신 너희 아버지께 영광을 돌리게 하라
   ・롬 14:17-19 _ 하나님의 나라는 먹는 것과 마시는 것이 아니요 오직 성령 안에서 의와 평강과 희락이라 이로써 그리스도를 섬기는 자는 하나님께 기뻐하심을 받으며 사람에게도 칭찬을 받느니라 이러므로 우리가 화평의 일과 서로 덕을 세우는 일을 힘쓰나니
   ・벧전 2:12 _ 너희가 이방인 중에서 행실을 선하게 가져 너희를 악행한다고 비방하는 자들로 하여금 너희 선한 일을 보고 권고하시는 날에 하나님께 영광을 돌리게 하려 함이라
   ・벧전 3:1, 2 _ 아내 된 자들아 이와 같이 자기 남편에게 순복하라 이는 혹 도(道)를 순종치 않는 자라도 말로 말미암지 않고 그 아내의 행위로 말미암아 구원을 얻게 하려 함이니 너희의 두려워하며 정결한 행위를 봄이라

5) ・고전 6:9, 10 _ 불의한 자가 하나님의 나라를 유업으로 받지 못할 줄을 알지 못하느냐 미혹을 받지 말라 음란하는 자나 우상 숭배하는 자나 간음하는 자나 탐색(貪色)하는 자나 남색(男色)하는 자나 도적이나 탐람(貪婪)하는 자나 술 취하는 자나 후욕(詬辱)하는 자나 토색(討索)하는 자들은 하나님의 나라를 유업으로 받지 못하리라
   ・갈 5:19-21 _ 육체의 일은 현저하니 곧 음행과 더러운 것과 호색과 우상 숭배와 술수와 원수를 맺는 것과 분쟁과 시기와 분냄과 당 짓는 것과 분리함과 이단과 투기와 술 취함과 방탕함과 또 그와 같은 것들이라 전에 너희에게 경계한 것같이 경계하노니 이런 일을 하는 자들은 하나님의 나라를 유업으로 받지 못할 것이요
   ・엡 5:5, 6 _ 너희도 이것을 정녕히 알거니와 음행하는 자나 더러운 자나 탐하는 자 곧 우상 숭배자는 다 그리스도와 하나님 나라에서 기업을 얻지 못하리니 누구든지 헛된 말로 너희를 속이지 못하게 하라 이를 인하여 하나님의 진노가 불순종의 아들들에게 임하나니
   ・엡 6:1 _ 자녀들아 너희 부모를 주 안에서 순종하라 이것이 옳으니라
   ・요일 3:14 _ 우리가 형제를 사랑함으로 사망에서 옮겨 생명으로 들어간 줄을 알거니와 사랑치 아니하는 자는 사망에 거하느니라

주의 날 | 제33주

제 88 문 _ 사람의 참 회개 또는 회심이란 무엇입니까?
답 _ 옛 본성이 죽고,
새 본성이 사는 것입니다.[1]

제 89 문 _ 옛 본성이 죽는 것은 무엇입니까?
답 _ 하나님을 진노케 한 우리의 죄를
진심으로 슬퍼하고,
더욱더 미워하고
피하는 것입니다.[2]

제 90 문 _ 새 본성이 사는 것은 무엇입니까?
답 _ 그리스도로 말미암아 하나님 안에서
진심으로 즐거워하고,[3]
모든 선행으로
하나님의 뜻에 따라 살기를
사랑하고 기뻐하는 것입니다.[4]

제 91 문 _ 그런데 선행이란 무엇입니까?
답 _ 오직 참 믿음으로,[5]
하나님의 율법과 일치하고,[6]
하나님의 영광을 위하는 것들로서,[7]
우리 자신의 소견이나
사람들의 계명에
근거한 것들은 아닙니다.[8]

---

1) · 롬 6:1-11 _ 그런즉 우리가 무슨 말 하리요 은혜를 더하게 하려고 죄에 거하겠느뇨 그럴 수 없느니라 죄에 대하여 죽은 우리가 어찌 그 가운데 더 살리요 무릇 그리스도 예수와 합하여 세례를 받은 우리는 그의 죽으심과 합하여 세례 받은 줄을 알지 못하느뇨 그러므로 우리가 그의 죽으심과 합하여 세례를 받음으로 그와 함께 장사되었나니 이는 아버지의 영광으로 말미암아 그리스도를 죽은 자 가운데서 살리심과 같이 우리로 또한 새 생명 가운데서 행하게 하려 함이니라 만일 우리가 그의 죽으심을 본받아 연합한 자가 되었으면 또한 그의 부활을 본받아 연합한 자가 되리라 우리가 알거니와 우리 옛 사람이 예수와 함께 십자가에 못 박힌 것은 죄의 몸이 멸하여 다시는 우리가 죄에게 종노릇 하지 아니하려 함이니 이는 죽은 자가 죄에서 벗어나 의롭다 하심을 얻었음이니라 만일 우리가 그리스도와 함께 죽었으면 또한 그와 함께 살 줄을 믿노니 이는 그리스도께서 죽은 자 가운데서 사셨으매 다시 죽지 아니하시고 사망이 다시 그를 주장하지 못할 줄을 앎이로라 그의 죽으심은 죄에 대하여 단번에 죽으심이요 그의 살으심은 하나님께 대하여 살으심이니 이와 같이 너희도 너희 자신을 죄에 대하여는 죽은 자요 그리스도 예수 안에서 하나님을 대하여는 산 자로 여길찌어다
· 고전 5:7 _ 너희는 누룩 없는 자인데 새 덩어리가 되기

- 위하여 묵은 누룩을 내어 버리라 우리의 유월절 양 곧 그리스도께서 희생이 되셨느니라
- 고후 5:17 _ 그런즉 누구든지 그리스도 안에 있으면 새로운 피조물이라 이전 것은 지나갔으니 보라 새것이 되었도다
- 엡 4:22-24 _ 너희는 유혹의 욕심을 따라 썩어져 가는 구습을 좇는 옛사람을 벗어 버리고 오직 심령으로 새롭게 되어 하나님을 따라 의와 진리의 거룩함으로 지으심을 받은 새사람을 입으라
- 골 3:5-10 _ 그러므로 땅에 있는 지체(肢體)를 죽이라 곧 음란과 부정과 사욕과 악한 정욕과 탐심이니 탐심은 우상 숭배니라 이것들을 인하여 하나님의 진노가 임하느니라 너희도 전에 그 가운데 살 때에는 그 가운데서 행하였으나 이제는 너희가 이 모든 것을 벗어 버리라 곧 분과 악의와 훼방과 너희 입의 부끄러운 말이라 너희가 서로 거짓말을 말라 옛사람과 그 행위를 벗어 버리고 새 사람을 입었으니 이는 자기를 창조하신 자의 형상을 좇아 지식에까지 새롭게 하심을 받는 자니라

2)
- 시 51:3-4, 17 _ 대저 나는 내 죄과를 아오니 내 죄가 항상 내 앞에 있나이다 내가 주께만 범죄하여 주의 목전에 악을 행하였사오니 주께서 말씀하실 때에 의로우시다 하고 판단하실 때에 순전하시다 하리이다 하나님의 구하시는 제사는 상한 심령이라 하나님이여 상하고 통회(痛悔)하는 마음을 주께서 멸치 아니하시리이다
- 욜 2:12, 13 _ 여호와의 말씀에 너희는 이제라도 금식하며 울며 애통하고 마음을 다하여 내게로 돌아오라 하셨나니 너희는 옷을 찢지 말고 마음을 찢고 너희 하나님 여호와께로 돌아올지어다 그는 은혜로우시며 자비로우시며 노하기를 더디 하시며 인애가 크시사 뜻을 돌이켜 재앙을 내리지 아니하시나니
- 롬 8:12, 13 _ 그러므로 형제들아 우리가 빚진 자로되 육신에게 져서 육신대로 살 것이 아니니라 너희가 육신대로 살면 반드시 죽을 것이로되 영으로써 몸의 행실을 죽이면 살리니
- 고후 7:10 _ 하나님의 뜻대로 하는 근심은 후회할 것이 없는 구원에 이르게 하는 회개를 이루는 것이요 세상 근심은 사망을 이루는 것이니라

3)
- 시 51:8, 12 _ 나로 즐겁고 기쁜 소리를 듣게 하사 주께서 꺾으신 뼈로 즐거워하게 하소서 주의 구원의 즐거움을 내게 회복시키시고 자원하는 심령을 주사 나를 붙드소서
- 사 57:15 _ 지존무상(至尊無上)하며 영원히 거하며 거룩하다 이름하는 자 이같이 말씀하시되 내가 높고 거룩한 곳에 거하며 또한 통회(痛悔)하고 마음이 겸손한 자와 함께 거하나니 이는 겸손한 자의 영을 소성케 하며 통회하는 자의 마음을 소성케 하려 함이라
- 롬 5:1 _ 그러므로 우리가 믿음으로 의롭다 하심을 얻었은즉 우리 주 예수 그리스도로 말미암아 하나님으로 더불어 화평을 누리자
- 롬 14:17 _ 하나님의 나라는 먹는 것과 마시는 것이 아니요 오직 성령 안에서 의와 평강과 희락이라

4)
- 롬 6:10, 11 _ 그의 죽으심은 죄에 대하여 단번에 죽으심이요 그의 살으심은 하나님께 대하여 살으심이니 이와 같이 너희도 너희 자신을 죄에 대하여는 죽은 자요 그리스도 예수 안에서 하나님을 대하여는 산 자로 여길지어다
- 갈 2:20 _ 내가 그리스도와 함께 십자가에 못 박혔나니 그런즉 이제는 내가 산 것이 아니요 오직 내 안에 그리스도께서 사신 것이라 이제 내가 육체 가운데 사는 것은 나를 사랑하사 나를 위하여 자기 몸을 버리신 하나님의 아들을 믿는 믿음 안에서 사는 것이라

5)
- 요 15:5 _ 나는 포도나무요 너희는 가지니 저가 내 안에 내가 저 안에 있으면 이 사람은 과실을 많이 맺나니 나를 떠나서는 너희가 아무 것도 할 수 없음이라
- 롬 14:23 _ 의심하고 먹는 자는 정죄되었나니 이는 믿음으로 좇아 하지 아니한 연고라 믿음으로 좇아 하지 아니하는 모든 것이 죄니라
- 히 11:6 _ 믿음이 없이는 기쁘시게 못하나니 하나님께 나아가는 자는 반드시 그가 계신 것과 또한 그가 자기를 찾는 자들에게 상 주시는 이심을 믿어야 할지니라

6)
- 레 18:4 _ 너희는 나의 법도를 좇으며 나의 규례를 지켜 그대로 행하라 나는 너희의 하나님 여호와니라
- 삼상 15:22 _ 사무엘이 가로되 여호와께서 번제와 다른 제사를 그 목소리 순종하는 것을 좋아하심같이 좋아하시겠나이까 순종이 제사보다 낫고 듣는 것이 수양의 기름보다 나으니
- 엡 2:10 _ 우리는 그의 만드신 바라 그리스도 예수 안에서 선한 일을 위하여 지으심을 받은 자니 이 일은 하나님이 전에 예비하사 우리로 그 가운데서 행하게 하려 하심이니라

7)
- 고전 10:31 _ 그런즉 너희가 먹든지 마시든지 무엇을 하든지 다 하나님의 영광을 위하여 하라

8)
- 신 12:32 _ 내가 너희에게 명하는 이 모든 말을 너희는 지켜 행하고 그것에 가감하지 말지니라
- 사 29:13 _ 주께서 가라사대 이 백성이 입으로는 나를 가까이하며 입술로는 나를 존경하나 그 마음은 내게서 멀리 떠났나니 그들이 나를 경외함은 사람의 계명으로 가르침을 받았을 뿐이라
- 겔 20:18, 19 _ 내가 광야에서 그들의 자손에게 이르기를 너희 열조의 율례를 좇지 말며 그 규례를 지키지 말

며 그 우상들로 스스로 더럽히지 말라 나는 여호와 너희 하나님이라 너희는 나의 율례를 좇으며 나의 규례를 지켜 행하고
· 마 15:7-9 _ 외식(外飾)하는 자들아 이사야가 너희에게 대하여 잘 예언하였도다 일렀으되 이 백성이 입술로는 나를 존경하되 마음은 내게서 멀도다 사람의 계명으로 교훈을 삼아 가르치니 나를 헛되이 경배하는도다 하였느니라 하시고

언약의 열 가지 말씀

주의 날 | 제34주

제 92 문 _ 주의 율법이 무엇입니까?

답_ 하나님이 이 모든 말씀으로 일러 가라사대,[1]
"나는 너를 애굽 땅,
　종 되었던 집에서 인도하여 낸
　너의 하나님 여호와로라."
제1계명: "너는 나 외에는 다른 신들을 네게 있게 말지니라."
제2계명: "너를 위하여 새긴 우상을 만들지 말고
　또 위로 하늘에 있는 것이나
　아래로 땅에 있는 것이나
　땅 아래 물속에 있는 것의 아무 형상이든지 만들지 말며,
그것들에게 절하지 말며, 그것들을 섬기지 말라.
나 여호와 너의 하나님은 질투하는 하나님인즉,
　나를 미워하는 자의 죄를 갚되
　아비로부터 아들에게로
　삼사 대까지 이르게 하거니와,
　나를 사랑하고 내 계명을 지키는 자에게는
　천대까지 은혜를 베푸느니라."
제3계명: "너는 너의 하나님 여호와의 이름을 망령되이 일컫지 말라.
　나 여호와는 나의 이름을 망령되이 일컫는 자를
　죄 없다 하지 아니하리라."
제4계명: "안식일을 기억하여 거룩히 지키라.
　엿새 동안은 힘써 네 모든 일을 행할 것이나
　제 칠일은 너의 하나님 여호와의 안식일인즉
　　너나 네 아들이나 네 딸이나
　　네 남종이나 네 여종이나
　　네 육축이나
　　네 문안에 유하는 객이라도
　　아무 일도 하지 말라.
　이는 엿새 동안에 나 여호와가

하늘과 땅과 바다와 그 가운데 모든 것을 만들고
제 칠일에 쉬었음이라
그러므로 나 여호와가 안식일을 복되게 하여
그 날을 거룩하게 하였느니라."
제5계명: "네 부모를 공경하라
그리하면 너의 하나님 나 여호와가 네게 준 땅에서
네 생명이 길리라."
제6계명: "살인하지 말지니라."
제7계명: "간음하지 말지니라."
제8계명: "도적질하지 말지니라."
제9계명: "네 이웃에 대하여 거짓 증거하지 말지니라."
제10계명: "네 이웃의 집을 탐내지 말지니라.
네 이웃의 아내나
그의 남종이나 그의 여종이나
그의 소나 그의 나귀나
무릇 네 이웃의 소유를 탐내지 말지니라."

제 93 문 _ 십계명은 어떻게 나뉩니까?

답_ 두 부분으로서,
첫째,
하나님과의 관계에서 우리가 어떻게 살아야 하는가,
둘째,
우리가 우리 이웃에게 어떤 의무를 지고 있는가를 가르칩니다.[2]

제 94 문 _ 제1계명에서 주께서 무엇을 요구하십니까?

답_ 나의 참 구원을 위하여
나는 모든 우상숭배,[3] 점술과 미신,[4]
성인들이나 다른 피조물에 대한 기도를
피하고 멀리하는 것입니다.[5]
더 나아가
나는 유일하신 참 하나님을
바르게 알고,[6]
그만을 신뢰하며,[7]
모든 겸손과[8] 인내로
그에게 복종하고,[9]
모든 좋은 것들을 오직 그에게서만 기대하며,[10]
전심으로
그를 사랑하고,[11] 경외하며[12] 존경하는 것입니다.[13]
요컨대

나는 지극히 작은 일이라도
그의 뜻을 거슬러 행하기보다는
오히려 모든 피조물을 포기하는 것입니다.14)

제 95 문 _ 우상숭배란 무엇입니까?

답_ 우상숭배란
그의 말씀으로 자신을 계시하신
유일하신 참 하나님
대신, 혹은 더불어,
우리의 신뢰를 두는
다른 어떤 것을 소유하거나 고안하는 것입니다.15)

---

1) · 출20:2-17; 신5:6-21
2) · 마 22:37-40 _ 예수께서 가라사대 네 마음을 다하고 목숨을 다하고 뜻을 다하여 주 너의 하나님을 사랑하라 하셨으니 이것이 크고 첫째 되는 계명이요 둘째는 그와 같으니 네 이웃을 네 몸과 같이 사랑하라 하셨으니 이 두 계명이 온 율법과 선지자의 강령이니라
3) · 고전 6:9, 10 _ 불의한 자가 하나님의 나라를 유업으로 받지 못할 줄을 알지 못하느냐 미혹을 받지 말라 음란하는 자나 우상 숭배하는 자나 간음하는 자나 탐색(貪色)하는 자나 남색(男色)하는 자나 도적이나 탐람(貪婪)하는 자나 술 취하는 자나 후욕(詬辱)하는 자나 토색(討索)하는 자들은 하나님의 나라를 유업으로 받지 못하리라
· 고전 10:5-14 _ 그러나 저희의 다수를 하나님이 기뻐하지 아니하신 고로 저희가 광야에서 멸망을 받았느니라 그런 일은 우리의 거울이 되어 우리로 하여금 저희가 악을 즐긴 것 같이 즐겨하는 자가 되지 않게 하려 함이니 저희 중에 어떤 이들과 같이 너희는 우상 숭배하는 자가 되지 말라 기록된 바 백성이 앉아서 먹고 마시며 일어나서 뛰논다 함과 같으니라 저희 중에 어떤 이들이 간음하다가 하루에 이만 삼천 명이 죽었나니 우리는 저희와 같이 간음하지 말자 저희 중에 어떤 이들이 주를 시험하다가 뱀에게 멸망하였나니 우리는 저희와 같이 시험하지 말자 저희 중에 어떤 이들이 원망하다가 멸망시키는 자에게 멸망하였나니 너희는 저희와 같이 원망하지 말라 저희에게 당한 이런 일이 거울이 되고 또한 말세를 만난 우리의 경계로 기록하였느니라 그런즉 선 줄로 생각하는 자는 넘어질까 조심하라 사람이 감당할 시험 밖에는 너희에게 당한 것이 없나니 오직 하나님은 미쁘사 너희가 감당치 못할 시험 당함을 허락지 아니하시고 시험 당할 즈음에 또한 피할 길을 내사 너희로 능히 감당하게 하시느니라 그

런즉 내 사랑하는 자들아 우상 숭배하는 일을 피하라
· 요일 5:21 _ 자녀들아 너희 자신을 지켜 우상에서 멀리 하라
4) · 레 19:31 _ 너희는 신접(神接)한 자와 박수를 믿지 말며 그들을 추종하여 스스로 더럽히지 말라 나는 너희 하나님 여호와니라
· 신 18:9-12 _ 네 하나님 여호와께서 네게 주시는 땅에 들어가거든 너는 그 민족들의 가증한 행위를 본받지 말 것이니 그 아들이나 딸을 불 가운데로 지나게 하는 자나 복술자(卜術者)나 길흉을 말하는 자나 요술을 하는 자나 무당이나 진언자(嗔言者)나 신접자(神接者)나 박수나 초혼자(招魂者)를 너의 중에 용납하지 말라 무릇 이런 일을 행하는 자는 여호와께서 가증히 여기시나니 이런 가증한 일로 인하여 네 하나님 여호와께서 그들을 네 앞에서 쫓아내시느니라
5) · 마 4:10 _ 이에 예수께서 말씀하시되 사단아 물러가라 기록되었으되 주 너의 하나님께 경배하고 다만 그를 섬기라 하였느니라
· 계 19:10 _ 내가 그 발 앞에 엎드려 경배하려 하니 그가 나더러 말하기를 나는 너와 및 예수의 증거를 받은 네 형제들과 같이 된 종이니 삼가 그리하지 말고 오직 하나님께 경배하라 예수의 증거는 대언(代言)의 영이라 하더라
· 계 22:8, 9 _ 이것들을 보고 들은 자는 나 요한이니 내가 듣고 볼 때에 이 일을 내게 보이던 천사의 발 앞에 경배하려고 엎드렸더니 저가 내게 말하기를 나는 너와 네 형제 선지자들과 또 이 책의 말을 지키는 자들과 함께 된 종이니 그리하지 말고 오직 하나님께 경배하라 하더라
6) · 요 17:3 _ 영생은 곧 유일하신 참 하나님과 그의 보내신 자 예수 그리스도를 아는 것이니이다
7) · 렘 17:5, 7 _ 나 여호와가 이같이 말하노라 무릇 사람

을 믿으며 혈육으로 그 권력을 삼고 마음이 여호와에게서 떠난 그 사람은 저주를 받을 것이라 그러나 무릇 여호와를 의지하며 여호와를 의뢰하는 그 사람은 복을 받을 것이라

8) · 벧전 5:5, 6 _ 젊은 자들아 이와 같이 장로들에게 순복하고 다 서로 겸손으로 허리를 동이라 하나님이 교만한 자를 대적하시되 겸손한 자들에게는 은혜를 주시느니라 그러므로 하나님의 능하신 손 아래서 겸손하라 때가 되면 너희를 높이시리라

9) · 롬 5:3, 4 _ 다만 이뿐 아니라 우리가 환난 중에도 즐거워하나니 이는 환난은 인내를 인내는 연단을 연단은 소망을 이루는 줄 앎이로다
 · 고전 10:10 _ 저희 중에 어떤 이들이 원망하다가 멸망시키는 자에게 멸망하였나니 너희는 저희와 같이 원망하지 말라
 · 빌 2:14 _ 모든 일을 원망과 시비가 없이 하라
 · 골 1:11 _ 그 영광의 힘을 좇아 모든 능력으로 능하게 하시며 기쁨으로 모든 견딤과 오래 참음에 이르게 하시고
 · 히 10:36 _ 너희에게 인내가 필요함은 너희가 하나님의 뜻을 행한 후에 약속을 받기 위함이라

10) · 시 104:27, 28 _ 이것들이 다 주께서 때를 따라 식물 주시기를 바라나이다 주께서 주신즉 저희가 취하며 주께서 손을 펴신즉 저희가 좋은 것으로 만족하다가
 · 사 45:7 _ 나는 빛도 짓고 어두움도 창조하며 나는 평안도 짓고 환난도 창조하나니 나는 여호와라 이 모든 일을 행하는 자니라 하였노라
 · 약 1:17 _ 각양 좋은 은사와 온전한 선물이 다 위로부터 빛들의 아버지께로서 내려오나니 그는 변함도 없으시고 회전하는 그림자도 없으시니라

11) · 신 6:5 _ 너는 마음을 다하고 성품을 다하고 힘을 다하여 네 하나님 여호와를 사랑하라
 · 마 22:37 _ 예수께서 가라사대 네 마음을 다하고 목숨을 다하고 뜻을 다하여 주 너의 하나님을 사랑하라 하셨으니

12) · 신 6:2 _ 곧 너와 네 아들과 네 손자로 평생에 네 하나님 여호와를 경외하며 내가 너희에게 명한 그 모든 규례와 명령을 지키게 하기 위한 것이며 또 네 날을 장구케 하기 위한 것이라
 · 시 111:10 _ 여호와를 경외함이 곧 지혜의 근본이라 그 계명을 지키는 자는 다 좋은 지각이 있으니 여호와를 찬송함이 영원히 있으리로다
 · 잠 1:7 _ 여호와를 경외하는 것이 지식의 근본이어늘 미련한 자는 지혜와 훈계를 멸시하느니라
 · 잠 9:10 _ 여호와를 경외하는 것이 지혜의 근본이요 거룩하신 자를 아는 것이 명철이니라
 · 마 10:28 _ 몸은 죽여도 영혼은 능히 죽이지 못하는 자들을 두려워하지 말고 오직 몸과 영혼을 능히 지옥에 멸하시는 자를 두려워하라
 · 벧전 1:17 _ 외모로 보시지 않고 각 사람의 행위대로 판단하시는 자를 너희가 아버지라 부른즉 너희의 나그네로 있을 때를 두려움으로 지내라

13) · 신 6:13 _ 네 하나님 여호와를 경외하며 섬기며 그 이름으로 맹세할 것이니라
 · 마 4:10 _ 이에 예수께서 말씀하시되 사단아 물러가라 기록되었으되 주 너의 하나님께 경배하고 다만 그를 섬기라 하였느니라
 · 신 10:20 _ 네 하나님 여호와를 경외하여 그를 섬기며 그에게 친근히 하고 그 이름으로 맹세하라

14) · 마 5:29, 30 _ 만일 네 오른 눈이 너로 실족케 하거든 빼어 내버리라 네 백체(百體) 중 하나가 없어지고 온 몸이 지옥에 던지우지 않는 것이 유익하며 또한 만일 네 오른손이 너로 실족케 하거든 찍어 내버리라 네 백체 중 하나가 없어지고 온 몸이 지옥에 던지우지 않는 것이 유익하니라
 · 마 10:37-39 _ 아비나 어미를 나보다 더 사랑하는 자는 내게 합당치 아니하고 아들이나 딸을 나보다 더 사랑하는 자도 내게 합당치 아니하고 또 자기 십자가를 지고 나를 좇지 않는 자도 내게 합당치 아니하니라 자기 목숨을 얻는 자는 잃을 것이요 나를 위하여 자기 목숨을 잃는 자는 얻으리라
 · 행 5:29 _ 베드로와 사도들이 대답하여 가로되 사람보다 하나님을 순종하는 것이 마땅하니라

15) · 대상 16:26 _ 만방의 모든 신은 헛것이요 여호와께서는 하늘을 지으셨음이로다
 · 갈 4:8, 9 _ 그러나 너희가 그때에는 하나님을 알지 못하여 본질상 하나님이 아닌 자들에게 종노릇하였더니 이제는 너희가 하나님을 알뿐더러 하나님의 아신바 되었거늘 어찌하여 다시 약하고 천한 초등 학문으로 돌아가서 다시 저희에게 종노릇 하려 하느냐
 · 엡 5:5 _ 너희도 이것을 정녕히 알거니와 음행하는 자나 더러운 자나 탐하는 자 곧 우상 숭배자는 다 그리스도와 하나님 나라에서 기업을 얻지 못하리니
 · 빌 3:19 _ 저희의 마침은 멸망이요 저희의 신은 배요 그 영광은 저희의 부끄러움에 있고 땅의 일을 생각하는 자라

주의 날 | 제35주

**제 96 문 _ 제2계명에서
하나님은 무엇을 요구하십니까?**

답 _ 우리가 어떻게라도 하나님의 형상을 만들지 말고,[1]
하나님이 그의 말씀으로 명하신 방식 외에
어떤 다른 방식으로 하나님을 예배하지 말라는 것입니다.[2]

**제 97 문 _ 그렇다면 우리가 어떤 형상도
만들지 말아야 합니까?**

답 _ 하나님은 어떻게라도
가시적으로 형상화될 수 없고 그렇게 해서도 안됩니다.
피조물들은 형상화될 수 있으나,
하나님께서는
그 형상들의 숭배
혹은 그 형상들을 통한 하나님 예배,
그 제작과 소유를 금하셨습니다.[3]

**제 98 문 _ 그렇다면 그 형상들을 교회에서
"평신도를 위한 책"으로
허용해서도 안 됩니까?**

답 _ 그렇습니다. 우리는 결코 하나님보다 더 지혜롭지 못합니다.
하나님은 그의 백성들이
말 못하는 형상에 의해서가 아니라,[4]
그의 말씀의 살아있는 설교로
가르침 받기를 원하십니다.[5]

---

1) · 신 4:15-19 _ 여호와께서 호렙 산 화염 중에서 너희에게 말씀하시던 날에 너희가 아무 형상도 보지 못하였은즉 너희는 깊이 삼가라 두렵건대 스스로 부패하여 자기를 위하여 아무 형상대로든지 우상을 새겨 만들되 남자의 형상이라든지 여자의 형상이라든지 땅 위에 있는 아무 짐승의 형상이라든지 하늘에 나는 아무 새의 형상이라든지 땅 위에 기는 아무 곤충의 형상이라든지 땅 아래 물 속에 있는 아무 어족의 형상이라든지 만들까 하노라 또 두렵건대 네가 하늘을 향하여 눈을 들어 일월성신 하늘 위의 군중 곧 너희 하나님 여호와께서 천하 만민을 위하여 분정하신 것을 보고 미혹하여 그것에 경배하며 섬길까 하노라

· 사 40:18-25 _ 그런즉 너희가 하나님을 누구와 같다 하겠으며 무슨 형상에 비기겠느냐 우상은 장인이 부어 만들었고 장색이 금으로 입혔고 또 위하여 은사슬을 만든 것이니라 궁핍하여 이런 것을 드리지 못하는 자는 썩지 않는 나무를 택하고 공교한 장인을 구하여 우상을 만들어서 흔들리지 않도록 세우느니라 너희가 알지 못하였느냐 너희가 듣지 못하였느냐 태초부터 너희에게 전하지 아니하였느냐 땅의 기초가 창조될 때부터 너희가 깨닫지 못하였느냐 그는 땅 위 궁창에 앉으시나니 땅의 거민들은 메뚜기 같으니라 그가 하늘을 차일 같이 펴셨으며 거할 천막 같이 베푸셨고 귀인들을 폐하시며 세상의 사사들을 헛되게 하시나니 그들은 겨우 심기웠고 겨우 뿌리웠고 그 줄기가 겨우 땅에 뿌리를 박자 곧 하나님의 부심을 받고 말라 회리바람에 불려가는 초개 같도다 거룩하신 자가 가라사대 그런즉 너희가 나를 누구에게 비기며 나로 그와 동

등이 되게 하겠느냐 하시느니라
- 행 17:29 _ 이와 같이 신의 소생이 되었은즉 신을 금이나 은이나 돌에다 사람의 기술과 고안으로 새긴 것들과 같이 여길 것이 아니니라
- 롬 1:23 _ 썩어지지 아니하는 하나님의 영광을 썩어질 사람과 금수와 버러지 형상의 우상으로 바꾸었느니라

2)
- 레 10:1-7 _ 아론의 아들 나답과 아비후가 각기 향로를 가져다가 여호와의 명하시지 않은 다른 불을 담아 여호와 앞에 분향하였더니 불이 여호와 앞에서 나와 그들을 삼키매 그들이 여호와 앞에서 죽은지라 모세가 아론에게 이르되 이는 여호와의 말씀이라 이르시기를 나는 나를 가까이 하는 자 중에 내가 거룩하다 함을 얻겠고 온 백성 앞에 내가 영광을 얻으리라 하셨느니라 아론이 잠잠하니 모세가 아론의 아자비 웃시엘의 아들 미사엘과 엘사반을 불러 그들에게 이르되 나아와 너희 형제들을 성소 앞에서 진 밖으로 메어 가라 하매 그들이 나아와 모세의 명대로 그들을 옷 입은 채 진 밖으로 메어 내니 모세가 아론과 그 아들 엘르아살과 이다말에게 이르되 너희는 머리를 풀거나 옷을 찢지 말아서 너희 죽음을 면하고 여호와의 진노가 온 회중에게 미침을 면케 하라 오직 너희 형제 이스라엘 온 족속이 여호와의 치신 불로 인하여 슬퍼할 것이니라 여호와의 관유가 너희에게 있은즉 너희는 회막문에 나가지 말아서 죽음을 면할찌라 그들이 모세의 명대로 하니라
- 신 12:30 _ 너는 스스로 삼가서 네 앞에서 멸망한 그들의 자취를 밟아 올무에 들지 말라 또 그들의 신을 탐구하여 이르기를 이 민족들은 그 신들을 어떻게 위하였는고 나도 그와 같이 하겠다 하지 말라
- 삼상 15:22, 23 _ 사무엘이 가로되 여호와께서 번제와 다른 제사를 그 목소리 순종하는 것을 좋아하심같이 좋아하시겠나이까 순종이 제사보다 낫고 듣는 것이 수양의 기름보다 나으니 이는 거역하는 것은 사술(邪術)의 죄와 같고 완고한 것은 사신(邪神) 우상에게 절하는 죄와 같음이라 왕이 여호와의 말씀을 버렸으므로 여호와께서도 왕을 버려 왕이 되지 못하게 하셨나이다
- 마 15:9 _ 사람의 계명으로 교훈을 삼아 가르치니 나를 헛되이 경배하는도다 하였느니라 하시고
- 요 4:23, 24 _ 아버지께 참으로 예배하는 자들은 신령과 진정으로 예배할 때가 오나니 곧 이때라 아버지께서는 이렇게 자기에게 예배하는 자들을 찾으시느니라 하나님은 영이시니 예배하는 자가 신령과 진정으로 예배할지니라

3)
- 출 34:13, 14, 17 _ 너희는 도리어 그들의 단들을 헐고 그들의 주상(柱像)을 깨뜨리고 그들의 아세라 상을 찍을지어다 너는 다른 신에게 절하지 말라 여호와는 질투라 이름하는 질투의 하나님임이니라 너는 신상들을 부어 만들지 말지니라
- 민 33:52 _ 그 땅 거민을 너희 앞에서 다 몰아내고 그 새긴 석상과 부어 만든 우상을 다 파멸하며 산당을 다 훼파하고
- 왕하 18:4, 5 _ 여러 산당을 제하며 주상을 깨뜨리며 아세라 목상을 찍으며 모세가 만들었던 놋뱀을 이스라엘 자손이 이때까지 향하여 분향하므로 그것을 부수고 느후스단이라 일컬었더라 히스기야가 이스라엘 하나님 여호와를 의지하였는데 그의 전후 유다 여러 왕 중에 그러한 자가 없었으니
- 사 40:25 _ 거룩하신 자가 가라사대 그런즉 너희가 나를 누구에게 비기며 나로 그와 동등이 되게 하겠느냐 하시느니라

4)
- 렘 10:8 _ 그들은 다 무지하고 어리석은 것이니 우상의 도(道)는 나무뿐이라
- 합 2:18-20 _ 새긴 우상은 그 새겨 만든 자에게 무엇이 유익하겠느냐 부어 만든 우상은 거짓 스승이라 만든 자가 이 말하지 못하는 우상을 의지하니 무엇이 유익하겠느냐 나무더러 깨라 하며 말하지 못하는 돌더러 일어나라 하는 자에게 화 있을진저 그것이 교훈을 베풀겠느냐 보라 이는 금과 은으로 입힌 것인즉 그 속에는 생기기 도무지 없느니라 오직 여호와는 그 성전에 계시니 온 천하는 그 앞에서 잠잠할지니라

5)
- 롬 10:14, 15, 17 _ 그런즉 저희가 믿지 아니하는 이를 어찌 부르리요 듣지도 못한 이를 어찌 믿으리요 전파하는 자가 없이 어찌 들으리요 보내심을 받지 아니하였으면 어찌 전파하리요 기록된 바 아름답도다 좋은 소식을 전하는 자들의 발이여 함과 같으니라 그러므로 믿음은 들음에서 나며 들음은 그리스도의 말씀으로 말미암았느니라
- 딤후 3:16, 17 _ 모든 성경은 하나님의 감동으로 된 것으로 교훈과 책망과 바르게 함과 의로 교육하기에 유익하니 이는 하나님의 사람으로 온전케 하며 모든 선한 일을 행하기에 온전케 하려 함이니라
- 벧후 1:19 _ 또 우리에게 더 확실한 예언이 있어 어두운 데 비취는 등불과 같으니 날이 새어 샛별이 너희 마음에 떠오르기까지 너희가 이것을 주의하는 것이 가하니라

주의 날 | 제36주

**제 99 문 _ 제3계명에서
하나님은 무엇을 요구합니까?**

답_ 우리는 저주[1]나 위증,[2] 또는 불필요한 서약으로[3]
    하나님의 이름을 모독하거나 오용해서는 안되며,
    또는 침묵하는 방관자가 되어[4]
    그런 무서운 죄들에 가담해서도 안됩니다.
요컨대 우리는 오직 경외와 존경으로
    하나님의 거룩한 이름을 사용하여,[5]
    하나님을 바르게 고백하고,[6]
    부르며,[7]
    우리의 모든 언행으로 하나님을 찬양해야 합니다.[8]

**제 100 문 _ 맹세나 저주로
하나님 이름을 모독함은
아주 심각한 죄이기에,
자기들이 할 수 있는데도
그것을 막거나 금하지 않은 자들에게
하나님께서 역시 진노하십니까?**

답_ 확실히 그렇습니다.[9]
    이는 하나님 이름을 모독하는 것보다
    하나님의 진노를 촉발케 하는
    더 큰 죄는 없기 때문입니다.
    그것이 하나님께서 이 죄를
    사형으로 벌하신 이유입니다.[10]

---

1) ・레 24:10-17 _ 이스라엘 여인의 아들이요 그 아비는 애굽 사람 된 자가 이스라엘 자손 중에 나가서 한 이스라엘 사람과 진중에서 싸우다가 그 이스라엘 여인의 아들이 여호와의 이름을 훼방하며 저주하므로 무리가 끌고 모세에게로 가니라 그 어미의 이름은 슬로밋이요 단 지파 디브리의 딸이었더라 그들이 그를 가두고 여호와의 명령을 기다리더니 여호와께서 모세에게 일러 가라사대 저주한 사람을 진 밖에 끌어내어 그 말을 들은 모든 자로 그 머리에 안수하게 하고 온 회중이 돌로 그를 칠지니라 너는 이스라엘 자손에게 고하여 이르라 누구든지 자기 하나님을 저주하면 죄를 당할 것이요 여호와의 이름을 훼방하면 그를 반드시 죽일찌니 온 회중이 돌로 그를 칠 것이라 외국인이든지 본토인이든지 여호와의 이름을 훼방하면 그를 죽일지니라 사람을 쳐 죽인 자는 반드시 죽일 것이요

2) ・레 19:12 _ 너희는 내 이름으로 거짓 맹세함으로 네 하나님의 이름을 욕되게 하지 말라 나는 여호와니라

3) ・마 5:37 _ 오직 너희 말은 옳다 옳다 아니라 아니라 하라 이에서 지나는 것은 악으로 좇아 나느니라
   ・약 5:12 _ 내 형제들아 무엇보다도 맹세하지 말지니 하늘로나 땅으로나 아무 다른 것으로도 맹세하지 말고 오직 너희의 그렇다 하는 것은 그렇다 하고 아니라 하는 것은 아니라 하여 죄 정함을 면하라

4) ・레 5:1 _ 누구든지 중인이 되어 맹세시키는 소리를 듣고도 그 본 일이나 아는 일을 진술치 아니하면 죄가 있나니 그 허물이 그에게로 돌아갈 것이요

- 잠 29:24 _ 도적과 짝하는 자는 자기의 영혼을 미워하는 자라 그는 맹세함을 들어도 직고하지 아니하느니라
5)
- 시 99:1-5 _ 여호와께서 통치하시니 만민이 떨 것이요 여호와께서 집단 사이에 좌정하시니 땅이 요동할 것이로다 여호와께서 시온에서 광대하시고 모든 민족 위에 높으시도다 주의 크고 두려운 이름을 찬송할찌어다 그는 거룩하시도다 왕의 능력은 공의를 사랑하는 것이라 주께서 공평을 견고히 세우시고 야곱 중에서 공과 의를 행하시나이다 너희는 여호와 우리 하나님을 높여 그 발등상 앞에서 경배할찌어다 그는 거룩하시도다
- 사 45:23 _ 내가 나를 두고 맹세하기를 나의 입에서 의로운 말이 나갔은즉 돌아오지 아니하나니 내게 모든 무릎이 꿇겠고 모든 혀가 맹약하리라 하였노라
- 렘 4:2 _ 진실과 공평과 정의로 여호와의 삶을 가리켜 맹세하면 열방이 나로 인하여 스스로 복을 빌며 나로 인하여 자랑하리라
6)
- 마 10:32, 33 _ 누구든지 사람 앞에서 나를 시인하면 나도 하늘에 계신 내 아버지 앞에서 저를 시인할 것이요 누구든지 사람 앞에서 나를 부인하면 나도 하늘에 계신 내 아버지 앞에서 저를 부인하리라
- 롬 10:9, 10 _ 네가 만일 네 입으로 예수를 주로 시인하며 또 하나님께서 그를 죽은 자 가운데서 살리신 것을 네 마음에 믿으면 구원을 얻으리니 사람이 마음으로 믿어 의에 이르고 입으로 시인하여 구원에 이르느니라
7)
- 시 50:14, 15 _ 감사로 하나님께 제사를 드리며 지극히 높으신 자에게 네 서원을 갚으며 환난 날에 나를 부르라 내가 너를 건지리니 네가 나를 영화롭게 하리로다
- 딤전 2:8 _ 그러므로 각처에서 남자들이 분노와 다툼이 없이 거룩한 손을 들어 기도하기를 원하노라
8)
- 롬 2:24 _ 기록된 바와 같이 하나님의 이름이 너희로 인하여 이방인 중에서 모독을 받는도다
- 골 3:17 _ 또 무엇을 하든지 말에나 일에나 다 주 예수의 이름으로 하고 그를 힘입어 하나님 아버지께 감사하라
- 딤전 6:1 _ 무릇 멍에 아래 있는 종들은 자기 상전들을 범사에 마땅히 공경할 자로 알지니 이는 하나님의 이름과 교훈으로 훼방을 받지 않게 하려 함이라
9)
- 레 5:1 _ 누구든지 증인이 되어 맹세시키는 소리를 듣고도 그 본 일이나 아는 일을 진술치 아니하면 죄가 있나니 그 허물이 그에게로 돌아갈 것이요
10)
- 레 24:16 _ 여호와의 이름을 훼방하면 그를 반드시 죽일지니 온 회중이 돌로 그를 칠 것이라 외국인이든지 본토인이든지 여호와의 이름을 훼방하면 그를 죽일지니라

주의 날 | 제37주

**제 101 문 _ 그러나 우리가 경건한 방식으로
하나님의 이름을 들어
맹세해도 됩니까?**

답 _ 그렇습니다.
국가가 국민에게 요구하는 경우,
혹은 신뢰와 진리의
보존과 증진을 위해 필요한 경우,
하나님의 영광과 우리 이웃의 유익을 위해 합니다.
그러한 맹세는 하나님의 말씀에 근거하므로,[1]
구약과 신약의 성도들에 의해서
바르게 사용되었습니다.[2]

**제 102 문 _ 우리가 성인들이나
다른 피조물로 맹세해도 됩니까?**

답_ 아닙니다.
합당한 맹세는 진리를 입증하시며,
거짓 맹세의 경우에는 형벌하시도록,3)
내 마음을 다 아시는 유일한 분이신
하나님만을 부르는 것입니다.
어떤 피조물도 이러한 영예를 받을 만하지 못합니다.4)

1) · 신 6:13 _ 네 하나님 여호와를 경외하며 섬기며 그 이름으로 맹세할 것이니라
   · 신 10:20 _ 네 하나님 여호와를 경외하여 그를 섬기며 그에게 친근히 하고 그 이름으로 맹세하라
   · 렘 4:1, 2 _ 여호와께서 가라사대 이스라엘아 네가 돌아오려거든 내게로 돌아오라 네가 만일 나의 목전에서 가증한 것을 버리고 마음이 요동치 아니하며 진실과 공평과 정의로 여호와의 삶을 가리켜 맹세하면 열방이 나로 인하여 스스로 복을 빌며 나로 인하여 자랑하리라
   · 히 6:16 _ 사람들은 자기보다 더 큰 자를 가리켜 맹세하나니 맹세는 저희 모든 다투는 일에 최후 확정이니라
2) · 창 21:24 _ 아브라함이 가로되 내가 맹세하리라 하고
   · 창 31:53 _ 아브라함의 하나님 나홀의 하나님 그들의 조상의 하나님은 우리 사이에 판단하옵소서 하매 야곱이 그 아비 이삭의 경외하는 이를 가리켜 맹세하고
   · 수 9:15 _ 여호수아가 곧 그들과 화친하여 그들을 살리리라는 언약을 맺고 회중 족장들이 그들에게 맹세하였더라
   · 삼상 24:22 _ 다윗이 사울에게 맹세하매 사울은 집으로 돌아가고 다윗과 그의 사람들은 요새로 올라가니라
   · 왕상 1:29, 30 _ 왕이 가로되 내 생명을 모든 환난에서 구원하신 여호와의 사심을 가리켜 맹세하노라 내가 이전에 이스라엘 하나님 여호와를 가리켜 네게 맹세하여 이르기를 네 아들 솔로몬이 정녕 나를 이어 왕이 되고 나를 대신하여 내 위(位)에 앉으리라 하였으니 내가 오늘날 그대로 행하리라
   · 롬 1:9 _ 내가 그의 아들의 복음 안에서 내 심령으로 섬기는 하나님이 나의 증인이 되시거니와 항상 내 기도에 쉬지 않고 너희를 말하며
   · 고후 1:23 _ 내가 내 영혼을 두고 하나님을 불러 증거하시게 하노니 다시 고린도에 가지 아니한 것은 너희를 아끼려 함이라
3) · 롬 9:1 _ 내가 그리스도 안에서 참말을 하고 거짓말을 아니하노라 내게 큰 근심이 있는 것과 마음에 그치지 않는 고통이 있는 것을 내 양심이 성령 안에서 나로 더불어 증거하노니
   · 고후 1:23 _ 내가 내 영혼을 두고 하나님을 불러 증거하시게 하노니 다시 고린도에 가지 아니한 것은 너희를 아끼려 함이라
4) · 마 5:34-37 _ 나는 너희에게 이르노니 도무지 맹세하지 말지니 하늘로도 말라 이는 하나님의 보좌임이요 땅으로도 말라 이는 하나님의 발등상임이요 예루살렘으로도 말라 이는 큰 임금의 성임이요 네 머리로도 말라 이는 네가 한 터럭도 희고 검게 할 수 없음이라 오직 너희 말은 옳다 옳다 아니라 아니라 하라 이에서 지나는 것은 악으로 좇아 나느니라
   · 마 23:16-22 _ 화 있을찐저 소경된 인도자여 너희가 말하되 누구든지 성전으로 맹세하면 아무 일 없거니와 성전의 금으로 맹세하면 지킬찌라 하는도다 우맹이요 소경들이여 어느 것이 크뇨 그 금이냐 금을 거룩하게 하는 성전이냐 너희가 또 이르되 누구든지 제단으로 맹세하면 아무 일 없거니와 그 위에 있는 예물로 맹세하면 지킬지라 하는도다 소경들이여 어느 것이 크뇨 그 예물이냐 예물을 거룩하게 하는 제단이냐 그러므로 제단으로 맹세하는 자는 제단과 그 위에 있는 모든 것으로 맹세함이요 또 성전으로 맹세하는 자는 성전과 그 안에 계신 이로 맹세함이요 또 하늘로 맹세하는 자는 하나님의 보좌와 그 위에 앉으신 이로 맹세함이니라
   · 약 5:12 _ 내 형제들아 무엇보다도 맹세하지 말지니 하늘로나 땅으로나 아무 다른 것으로도 맹세하지 말고 오직 너희의 그렇다 하는 것은 그렇다 하고 아니라 하는 것은 아니라 하여 죄 정함을 면하라

주의 날 | 제38주

제 103 문 _ 제4계명에서 하나님께서 무엇을 요구하십니까?

답_ 첫째,
하나님께서는 복음과 학교의 사역이
  유지되는 것과,1)
특히 안식의 날에
내가 부지런히 하나님의 교회에 출석하여2)
  하나님의 말씀을 듣고,3)
  성례를 사용하며,4)
  주님을 공적으로 부르고,5)
  가난한 자들을 위해 그리스도인의 연보를 하는 것입니다.6)

둘째,
내 일생 모든 날에
나의 악한 일들로부터 쉬고,
주께서 그의 성령으로 내 안에 일하시게 하여,
이생에서도
영원한 안식을 시작하는 것입니다.7)

---

1) · 신 6:4-9 _ 이스라엘아 들으라 우리 하나님 여호와는 오직 하나인 여호와시니 너는 마음을 다하고 성품을 다하고 힘을 다하여 네 하나님 여호와를 사랑하라 오늘날 내가 네게 명하는 이 말씀을 너는 마음에 새기고 네 자녀에게 부지런히 가르치며 집에 앉았을 때에든지 길에 행할 때에든지 누웠을 때에든지 일어날 때에든지 이 말씀을 강론할 것이며 너는 또 그것을 네 손목에 매어 기호를 삼으며 네 미간에 붙여 표를 삼고 또 네 집 문설주와 바깥 문에 기록할찌니라

· 신 6:20-25 _ 후일에 네 아들이 네게 묻기를 우리 하나님 여호와의 명하신 증거와 말씀과 규례와 법도가 무슨 뜻이뇨 하거든 너는 네 아들에게 이르기를 우리가 옛적에 애굽에서 바로의 종이 되었더니 여호와께서 권능의 손으로 우리를 애굽에서 인도하여 내셨나니 곧 여호와께서 우리의 목전에서 크고 두려운 이적과 기사를 애굽과 바로와 그 온 집에 베푸시고 우리 열조에게 맹세하신 땅으로 우리에게 주어 들어가게 하시려고 우리를 거기서 인도하여 내시고 여호와께서 우리에게 이 모든 규례를 지키라 명하셨으니 이는 우리로 우리 하나님 여호와를 경외하여 항상 복을 누리게 하기 위하심이며 또 여호와께서 우리로 오늘날과 같이 생활하게 하려 하심이라 우리가 그 명하신 대로 이 모든 명령을 우리 하나님 여호와 앞에서 삼가 지키면 그것이 곧 우리의 의로움이니라 할찌니라

· 고전 9:13, 14 _ 성전의 일을 하는 이들은 성전에서 나는 것을 먹으며 제단을 모시는 이들은 제단과 함께 나누는 것을 너희가 알지 못하느냐 이와 같이 주께서도 복음 전하는 자들이 복음으로 말미암아 살리라 명하셨느니라

· 딤후 2:2 _ 또 네가 많은 증인 앞에서 내게 들은 바를 충성된 사람들에게 부탁하라

· 딤후 3:13-17 _ 악한 사람들과 속이는 자들은 더욱 악하여져서 속이기도 하고 속기도 하나니 그러나 너는 배우고 확신한 일에 거하라 네가 뉘게서 배운 것을 알며 또 네가 어려서부터 성경을 알았나니 성경은 능히 너로 하여금 그리스도 예수 안에 있는 믿음으로 말미암아 구원에 이르는 지혜가 있게 하느니라 모든 성경은 하나님의 감동으로 된 것으로 교훈과 책망과 바르게 함과 의로 교육하기에 유익하니 이는 하나님의 사람으로 온전케 하며 모든 선한 일을 행하기에 온전케 하려 함이니라

· 딛 1:5 _ 내가 너를 그레데에 떨어뜨려 둔 이유는 부족한 일을 바로잡고 나의 명한 대로 각 성에 장로들을 세우게 하려 함이니

2) • 신 12:5-12 _ 오직 너희 하나님 여호와께서 자기 이름을 두시려고 너희 모든 지파 중에서 택하신 곳인 그 거하실 곳으로 찾아 나아가서 너희 번제와 너희 희생과 너희의 십일조와 너희 손의 거제와 너희 서원제와 낙헌 예물과 너희 우양의 처음 낳은 것을 너희는 그리로 가져다가 드리고 거기 곧 너희 하나님 여호와 앞에서 먹고 너희 하나님 여호와께서 너희 손으로 수고한 일에 복 주심을 인하여 너희와 너희 가족이 즐거워할찌니라 우리가 오늘날 여기서는 각기 소견대로 하였거니와 너희가 거기서는 하지 말찌니라 너희가 너희 하나님 여호와의 주시는 안식과 기업에 아직 이르지 못하였거니와 너희가 요단을 건너 너희 하나님 여호와께서 너희에게 기업으로 주시는 땅에 거하게 될 때 또는 여호와께서 너희로 너희 사방의 모든 대적을 이기게 하시고 너희에게 안식을 주사 너희로 평안히 거하게 하실 때에 너희는 너희 하나님 여호와께서 자기 이름을 두시려고 한 곳을 택하실 그곳으로 나의 명하는 것을 모두 가지고 갈지니 곧 너희 번제와 너희 희생과 너희 십일조와 너희 손의 거제와 너희가 여호와께 서원하는 모든 아름다운 서원물을 가져가고 너희와 너희 자녀와 노비와 함께 너희 하나님 여호와 앞에서 즐거워할 것이요 네 성중에 거하는 레위인과도 그리할지니 레위인은 너희 중에 분깃이나 기업이 없음이니라

• 시 40:9, 10 _ 내가 대회 중에서 의의 기쁜 소식을 전하였나이다 여호와여 내가 내 입술을 닫지 아니할 줄을 주께서 아시나이다 내가 주의 의를 내 심중에 숨기지 아니하고 주의 성실과 구원을 선포하였으며 내가 주의 인자와 진리를 대회 중에서 은휘(隱諱)치 아니하였나이다

• 시 68:26 _ 이스라엘의 근원에서 나온 너희여 대회 중에서 하나님 곧 주를 송축할찌어다

• 행 2:42-47 _ 저희가 사도의 가르침을 받아 서로 교제하며 떡을 떼며 기도하기를 전혀 힘쓰니라 사람마다 두려워하는데 사도들로 인하여 기사와 표적이 많이 나타나니 믿는 사람이 다 함께 있어 모든 물건을 서로 통용하고 또 재산과 소유를 팔아 각 사람의 필요를 따라 나눠 주고 날마다 마음을 같이 하여 성전에 모이기를 힘쓰고 집에서 떡을 떼며 기쁨과 순전한 마음으로 음식을 먹고 하나님을 찬미하며 또 온 백성에게 칭송을 받으니 주께서 구원 받는 사람을 날마다 더하게 하시니라

• 히 10:23-25 _ 또 약속하신 이는 미쁘시니 우리가 믿는 도리의 소망을 움직이지 말고 굳게 잡아 서로 돌아보아 사랑과 선행을 격려하며 모이기를 폐하는 어떤 사람들의 습관과 같이 하지 말고 오직 권하여 그날이 가까움을 볼수록 더욱 그리하자

3) • 롬 10:14-17 _ 그런즉 저희가 믿지 아니하는 이를 어찌 부르리요 듣지도 못한 이를 어찌 믿으리요 전파하는 자가 없이 어찌 들으리요 보내심을 받지 아니하였으면 어찌 전파하리요 기록된바 아름답도다 좋은 소식을 전하는 자들의 발이여 함과 같으니라 그러나 저희가 다 복음을 순종치 아니하였도다 이사야가 가로되 주여 우리의 전하는 바를 누가 믿었나이까 하였으니 그러므로 믿음은 들음에서 나며 들음은 그리스도의 말씀으로 말미암았느니라

• 고전 14:26-33 _ 그런즉 형제들아 어찌할꼬 너희가 모일 때에 각각 찬송시도 있으며 가르치는 말씀도 있으며 계시도 있으며 방언도 있으며 통역함도 있나니 모든 것을 덕을 세우기 위하여 하라 만일 누가 방언으로 말하거든 두 사람이나 다불과 세 사람이 차서를 따라 하고 한 사람이 통역할 것이요 만일 통역하는 자가 없거든 교회에서는 잠잠하고 자기와 및 하나님께 말할 것이요 예언하는 자는 둘이나 셋이나 말하고 다른이들은 분변할 것이요 만일 곁에 앉은 다른 이에게 계시가 있거든 먼저 하던 자는 잠잠할지니라 너희는 다 모든 사람으로 배우게 하고 모든 사람으로 권면을 받게 하기 위하여 하나씩 하나씩 예언할 수 있느니라 예언하는 자들의 영이 예언하는 자들에게 제재를 받나니 하나님은 어지러움의 하나님이 아니시요 오직 화평의 하나님이시니라

• 딤전 4:13 _ 내가 이를 때까지 읽는 것과 권하는 것과 가르치는 것에 착념하라

4) • 고전 11:23-24 _ 내가 너희에게 전한 것은 주께 받은 것이니 곧 주 예수께서 잡히시던 밤에 떡을 가지사 축사하시고 떼어 가라사대 이것은 너희를 위하는 내 몸이니 이것을 행하여 나를 기념하라 하시고

5) • 골 3:16 _ 그리스도의 말씀이 너희 속에 풍성히 거하여 모든 지혜로 피차 가르치며 권면하고 시와 찬미와 신령한 노래를 부르며 마음에 감사함으로 하나님을 찬양하고

• 딤전 2:1 _ 그러므로 내가 첫째로 권하노니 모든 사람을 위하여 간구와 기도와 도고(禱告)와 감사를 하되

6) • 시 50:14 _ 감사로 하나님께 제사를 드리며 지극히 높으신 자에게 네 서원을 갚으며

• 고전 16:2 _ 매 주일 첫날에 너희 각 사람이 이(利)를 얻은 대로 저축하여 두어서 내가 갈 때에 연보를 하지 않게 하라

• 고후 8:1-24 _ 형제들아 하나님께서 마게도냐 교회들에게 주신 은혜를 우리가 너희에게 알게 하노니 환난의 많은 시련 가운데서 저희 넘치는 기쁨과 극한 가난이 저희로 풍성한 연보를 넘치도록 하게 하였느니라

내가 증거하노니 저희가 힘대로 할 뿐아니라 힘에 지나도록 자원하여 이 은혜와 성도 섬기는 일에 참여함에 대하여 우리에게 간절히 구하니 우리의 바라던 것 뿐 아니라 저희가 먼저 자신을 주께 드리고 또 하나님 뜻을 좇아 우리에게 주었도다 이러므로 우리가 디도를 권하여 너희 가운데서 시작하였은즉 이 은혜를 그대로 성취케 하라 하였노라 오직 너희는 믿음과 말과 지식과 모든 간절함과 우리를 사랑하는 이 모든 일에 풍성한 것 같이 이 은혜에도 풍성하게 할지니라 내가 명령으로 하는 말이 아니요 오직 다른 이들의 간절함을 가지고 너희의 사랑의 진실함을 증명코자 함이로라 우리 주 예수 그리스도의 은혜를 너희가 알거니와 부요하신 자로서 너희를 위하여 가난하게 되심은 그의 가난함을 인하여 너희로 부요케 하려 하심이니라 이 일에 내가 뜻만 보이노니 이것은 너희에게 유익함이라 너희가 일년 전에 행하기를 먼저 시작할 뿐 아니라 원하기도 하였은즉 이제는 행하기를 성취할지니 마음에 원하던 것과 같이 성취하되 있는 대로 하라 할 마음만 있으면 있는 대로 받으실 터이요 없는 것을 받지 아니하시리라 이는 다른 사람들은 평안하게 하고 너희는 곤고하게 하려는 것이 아니요 평균케 하려 함이니 이제 너희의 유여한 것으로 저희 부족한 것을 보충함은 후에 저희 유여한 것으로 너희 부족한 것을 보충하여 평균하게 하려 함이라 기록한 것 같이 많이 거둔 자도 남지 아니하였고 적게 거둔 자도 모자라지 아니하였느니라 너희를 위하여 같은 간절함을 디도의 마음에도 주시는 하나님께 감사하노니 저가 권함을 받고 더욱 간절함으로 자원하여 너희에게 나아갔고 또 저와 함께 한 형제를 보내었으니 이 사람은 복음으로서 모든 교회에서 칭찬을 받는 자요 이뿐 아니라 저는 동일한 주의 영광과 우리의 원을 나타내기 위하여 여러 교회의 택함을 입어 우리의 맡은 은혜의 일로 우리와 동행하는 자라 이것을 조심함은 우리가 맡은 이 거액의 연보로 인하여 아무도 우리를 훼방하지 못하게 하려 함이니 이는 우리가 주 앞에서만 아니라 사람 앞에서도 선한 일에 조심하려 함이라 또 저희와 함께 우리의 한 형제를 보내었노니 우리가 여러 가지 일에 그 간절한 것을 여러 번 시험하였거니와 이제 저가 너희를 크게 믿으므로 더욱 간절하니 디도로 말하면 나의 동무요 너희를 위한 나의 동역자요 우리 형제들로 말하면 여러 교회의 사자들이요 그리스도의 영광이니라 그러므로 너희는 여러 교회 앞에서 너희의 사랑과 너희를 대한 우리 자랑의 증거를 저희에게 보이라

- 고후 9:1-15 _ 성도를 섬기는 일에 대하여 내가 너희에게 쓸 필요가 없나니 이는 내가 너희의 원함을 앎이라 내가 너희를 위하여 마게도냐인들에게 아가야에서는 일년 전부터 예비하였다 자랑하였는데 과연 너희 열심이 퍽 많은 사람들을 격동시켰느니라 그런데 이 형제들을 보낸 것은 이 일에 너희를 위한 우리의 자랑이 헛되지 않고 내 말한것 같이 준비하게 하려 함이라 혹 마게도냐인들이 나와 함께 가서 너희의 준비치 아니한 것을 보면 너희는 고사하고 우리가 이 믿던 것에 부끄러움을 당할까 두려워하노라 이러므로 내가 이 형제들로 먼저 너희에게 가서 너희의 전에 약속한 연보를 미리 준비케 하도록 권면하는 것이 필요한 줄 생각하였노니 이렇게 준비하여야 참 연보답고 억지가 아니니라 이것이 곧 적게 심는 자는 적게 거두고 많이 심는 자는 많이 거둔다 하는 말이로다 각각 그 마음에 정한 대로 할 것이요 인색함으로나 억지로 하지 말찌니 하나님은 즐겨 내는 자를 사랑하시느니라 하나님이 능히 모든 은혜를 너희에게 넘치게 하시나니 이는 너희로 모든 일에 항상 모든 것이 넉넉하여 모든 착한 일을 넘치게 하게 하려 하심이라 기록한 바 저가 흩어 가난한 자들에게 주었으니 그의 의가 영원토록 있느니라 함과 같으니라 심는 자에게 씨와 먹을 양식을 주시는 이가 너희 심을 것을 주사 풍성하게 하시고 너희 의의 열매를 더하게 하시리니 너희가 모든 일에 부요하여 너그럽게 연보를 함은 저희로 우리로 말미암아 하나님께 감사하게 하는 것이라 이 봉사의 직무가 성도들의 부족한 것만 보충할 뿐 아니라 사람들의 하나님께 드리는 많은 감사를 인하여 넘쳤느니라 이 직무로 증거를 삼아 너희의 그리스도의 복음을 진실히 믿고 복종하는 것과 저희와 모든 사람을 섬기는 너희의 후한 연보를 인하여 하나님께 영광을 돌리고 또 저희가 너희를 위하여 간구하며 하나님의 너희에게 주신 지극한 은혜를 인하여 너희를 사모하느니라 말할 수 없는 그의 은사를 인하여 하나님께 감사하노라

7)
- 사 66:23 _ 여호와가 말하노라 매 월삭과 매 안식일에 모든 혈육이 이르러 내 앞에 경배하리라
- 히 4:9-11 _ 그런즉 안식할 때가 하나님의 백성에게 남아 있도다 이미 그의 안식에 들어간 자는 하나님이 자기 일을 쉬심과 같이 자기 일을 쉬느니라 그러므로 우리가 저 안식에 들어가기를 힘쓸지니 이는 누구든지 저 순종치 아니하는 본에 빠지지 않게 하려 함이라

주의 날 | 제39주

제 104 문 _ 제5계명에서
하나님께서 무엇을 요구하십니까?

답 _ 내 부모님과
내 위의 모든 권위자들에게
모든 존경과 사랑과 신실함을 보이고,
그들의 선한 교훈과 권징에 대한
마땅한 순종으로 나 자신을 복종시키며,[1]
또한 그들의 연약함과
결핍들에 대해 인내하는 것입니다.[2]
이는 그들의 손에 의해 우리를 다스림이
하나님의 뜻이기 때문입니다.[3]

---

1) · 출 21:17 _ 그 아비나 어미를 저주하는 자는 반드시 죽일지니라
· 잠 1:8 _ 내 아들아 네 아비의 훈계를 들으며 네 어미의 법을 떠나지 말라
· 잠 4:1 _ 아들들아 아비의 훈계를 들으며 명철을 얻기에 주의하라
· 롬 13:1, 2 _ 각 사람은 위에 있는 권세들에게 굴복하라 권세는 하나님께로 나지 않음이 없나니 모든 권세는 다 하나님의 정하신 바라 그러므로 권세를 거스리는 자는 하나님의 명을 거스림이니 거스리는 자들은 심판을 자취하리라
· 엡 5:21, 22 _ 그리스도를 경외함으로 피차 복종하라 아내들이여 자기 남편에게 복종하기를 주께 하듯 하라
· 엡 6:1-9 _ 자녀들아 너희 부모를 주 안에서 순종하라 이것이 옳으니라 네 아버지와 어머니를 공경하라 이것이 약속 있는 첫 계명이니 이는 네가 잘 되고 땅에서 장수하리라 또 아비들아 너희 자녀를 노엽게 하지 말고 오직 주의 교양과 훈계로 양육하라 종들아 두려워하고 떨며 성실한 마음으로 육체의 상전에게 순종하기를 그리스도께 하듯하여 눈가림만 하여 사람을 기쁘게 하는 자처럼 하지 말고 그리스도의 종들처럼 마음으로 하나님의 뜻을 행하여 단 마음으로 섬기를 주께 하듯하고 사람들에게 하듯하지 말라 이는 각 사람이 무슨 선을 행하든지 종이나 자유하는 자나 주에게 그대로 받을 줄을 앎이니라 상전들아 너희도 저희에게 이와 같이 하고 공갈을 그치라 이는 저희와 너희의 상전이 하늘에 계시고 그에게는 외모로 사람을 취하는 일이 없는 줄 너희가 앎이니라
· 골 3:18-4:1 _ 아내들아 남편에게 복종하라 이는 주 안에서 마땅하니라 남편들아 아내를 사랑하며 괴롭게 하지 말라 자녀들아 모든 일에 부모에게 순종하라 이는 주 안에서 기쁘게 하는 것이니라 아비들아 너희 자녀를 격노케 말지니 낙심할까 함이라 종들아 모든 일에 육신의 상전들에게 순종하되 사람을 기쁘게 하는 자와 같이 눈가림만 하지 말고 오직 주를 두려워하여 성실한 마음으로 하라 무슨 일을 하든지 마음을 다하여 주께 하듯하고 사람에게 하듯하지 말라 이는 유업의 상을 주께 받을 줄 앎이니 너희는 주 그리스도를 섬기느니라 불의를 행하는 자는 불의의 보응을 받으리니 주는 외모로 사람을 취하심이 없느니라 상전들아 의와 공평을 종들에게 베풀찌니 너희에게도 하늘에 상전이 계심을 알지어다

2) · 잠 20:20 _ 자기의 아비나 어미를 저주하는 자는 그 등불이 유암 중에 꺼짐을 당하리라
· 잠 23:22 _ 너 낳은 아비에게 청종하고 네 늙은 어미를 경히 여기지 말지니라
· 벧전 2:18 _ 사환들아 범사에 두려워함으로 주인들에게 순복하되 선하고 관용하는 자들에게만 아니라 또한 까다로운 자들에게도 그리하라

3) · 마 22:21 _ 가로되 가이사의 것이니이다 이에 가라사대 그런즉 가이사의 것은 가이사에게 하나님의 것은 하나님께 바치라 하시니
· 롬 13:1-8 _ 각 사람은 위에 있는 권세들에게 굴복하라 권세는 하나님께로 나지 않음이 없나니 모든 권세는 다 하나님의 정하신 바라 그러므로 권세를 거스리

는 자는 하나님의 명을 거스름이니 거스리는 자들은 심판을 자취하리라 관원들은 선한 일에 대하여 두려움이 되지 않고 악한 일에 대하여 되나니 네가 권세를 두려워하지 아니하려느냐 선을 행하라 그리하면 그에게 칭찬을 받으리라 그는 하나님의 사자가 되어 네게 선을 이루는 자니라 그러나 네가 악을 행하거든 두려워하라 그가 공연히 칼을 가지지 아니하였으니 곧 하나님의 사자가 되어 악을 행하는 자에게 진노하심을 위하여 보응하는 자니라 그러므로 굴복하지 아니할 수 없으니 노를 인하여만 할 것이 아니요 또한 양심을 인하여 할 것이라 너희가 공세를 바치는 것도 이를 인함이라 저희가 하나님의 일군이 되어 바로 이 일에 항상 힘쓰느니라 모든 자에게 줄 것을 주되 공세를 받을 자에게 공세를 바치고 국세 받을 자에게 국세를 바치고 두려워할 자를 두려워하며 존경할 자를 존경하라 피차 사랑의 빚 외에는 아무에게든지 아무 빚도 지지 말라 남을 사랑하는 자는 율법을 다 이루었느니라

• 엡 6:1-9 _ 자녀들아 너희 부모를 주 안에서 순종하라 이것이 옳으니라 네 아버지와 어머니를 공경하라 이것이 약속 있는 첫 계명이니 이는 네가 잘 되고 땅에서 장수하리라 또 아비들아 너희 자녀를 노엽게 하지 말고 오직 주의 교양과 훈계로 양육하라 종들아 두려워하고 떨며 성실한 마음으로 육체의 상전에게 순종하기를 그리스도께 하듯하여 눈가림만 하여 사람을 기쁘게 하는 자처럼 하지 말고 그리스도의 종들처럼 마음으로 하나님의 뜻을 행하여 단 마음으로 섬기기를 주께 하듯하고 사람들에게 하듯하지 말라 이는 각 사람이 무슨 선을 행하든지 종이나 자유하는 자나 주에게 그대로 받을 줄을 앎이니라 상전들아 너희도 저희에게 이와 같이 하고 공갈을 그치라 이는 저희와 너희의 상전이 하늘에 계시고 그에게는 외모로 사람을 취하는 일이 없는 줄 너희가 앎이니라

• 골 3:18-21 _ 아내들아 남편에게 복종하라 이는 주 안에서 마땅하니라 남편들아 아내를 사랑하며 괴롭게 하지 말라 자녀들아 모든 일에 부모에게 순종하라 이는 주 안에서 기쁘게 하는 것이니라 아비들아 너희 자녀를 격노케 말지니 낙심할까 함이라

주의 날 | 제40주

제 105 문 _ 제6계명에서 하나님께서 무엇을 요구하십니까?

답 _ 나는 내 생각이나 말이나 몸짓,
어떤 행위로도,
또는 다른 사람을 통해서라도
내 이웃을 모욕하거나 미워하거나 해치거나
죽여서는 안되며,[1]
오히려 모든 복수심을
다 버려야 합니다.[2]
더 나아가 자기 자신을 해치거나
무모하게 위험에 빠뜨리지 않아야 합니다.[3]
그러므로 살인을 막기 위해서
국가는 검을 보유합니다.[4]

제 106 문 _ 그런데 이 계명은 오직 살인만을 말합니까?

답 _ 하나님께서는 살인을 금하심으로
시기, 증오, 분노, 복수심과 같은
살인의 뿌리를 미워하시며,[5]

이 모든 것을 살인으로 여기신다고
우리에게 가르치십니다.6)

제 107 문 _ 그러면 그렇게 우리의 이웃을 죽이지 않는 것으로 충분합니까?

답 _ 아닙니다.
하나님께서는 시기와 증오와 분노를 정죄하심으로써,
우리가 우리의 이웃을 자기 자신처럼 사랑하여,7)
인내와 화평과 온유와
자비와 친절을 보이고,8)
우리가 할 수 있는 한, 이웃을 해악으로부터 보호하며,
심지어 원수들에게까지도 선을 행하라고 명하십니다.9)

---

1) · 창 9:6 _ 무릇 사람의 피를 흘리면 사람이 그 피를 흘릴 것이니 이는 하나님이 자기 형상대로 사람을 지었음이니라
   · 레 19:17, 18 _ 너는 네 형제를 마음으로 미워하지 말며 이웃을 인하여 죄를 당치 않도록 그를 반드시 책선하라 원수를 갚지 말며 동포를 원망하지 말며 이웃 사랑하기를 네 몸과 같이 하라 나는 여호와니라
   · 마 5:21, 22 _ 옛사람에게 말한 바 살인치 말라 누구든지 살인하면 심판을 받게 되리라 하였다는 것을 너희가 들었으나 나는 너희에게 이르노니 형제에게 노하는 자마다 심판을 받게 되고 형제를 대하여 라가라 하는 자는 공회에 잡히게되고 미련한 놈이라 하는 자는 지옥 불에 들어가게 되리라
   · 마 26:52 _ 이에 예수께서 이르시되 네 검을 도로 집에 꽂으라 검을 가지는 자는 다 검으로 망하느니라
2) · 잠 25:21, 22 _ 네 원수가 배고파하거든 식물을 먹이고 목말라하거든 물을 마시우라 그리하는 것은 핀 숯불로 그의 머리에 놓는 것과 일반이요 여호와께서는 네게 상을 주시리라
   · 마 18:35 _ 너희가 각각 중심으로 형제를 용서하지 아니하면 내 천부께서도 너희에게 이와 같이 하시리라
   · 롬 12:19 _ 내 사랑하는 자들아 너희가 친히 원수를 갚지 말고 진노하심에 맡기라 기록되었으되 원수 갚는 것이 내게 있으니 내가 갚으리라고 주께서 말씀하시니라
   · 엡 4:26 _ 분을 내어도 죄를 짓지 말며 해가 지도록 분을 품지 말고
3) · 마 4:7 _ 예수께서 이르시되 또 기록되었으되 주 너의 하나님을 시험치 말라 하였느니라 하신대
   · 롬 13:11-14 _ 또한 너희가 이 시기를 알거니와 자다가 깰 때가 벌써 되었으니 이는 이제 우리의 구원이 처음 믿을 때보다 가까웠음이니라 밤이 깊고 낮이 가까왔으니 그러므로 우리가 어두움의 일을 벗고 빛의 갑옷을 입자 낮에와 같이 단정히 행하고 방탕과 술 취하지 말며 음란과 호색하지 말며 쟁투와 시기하지 말고 오직 주 예수 그리스도로 옷입고 정욕을 위하여 육신의 일을 도모하지 말라
4) · 창 9:6 _ 무릇 사람의 피를 흘리면 사람이 그 피를 흘릴 것이니 이는 하나님이 자기 형상대로 사람을 지었음이니라
   · 마 26:52 _ 이에 예수께서 이르시되 네 칼을 도로 칼집에 꽂으라 칼을 가지는 자는 다 칼로 망하느니라
   · 출 21:14 _ 사람이 그 이웃을 짐짓 모살(謀殺)하였으면 너는 그를 내 단에서라도 잡아내려 죽일지니라
   · 롬 13:4 _ 그는 하나님의 사자가 되어 네게 선을 이루는 자니라 그러나 네가 악을 행하거든 두려워하라 그가 공연히 칼을 가지지 아니하였으니 곧 하나님의 사자가 되어 악을 행하는 자에게 진노하심을 위하여 보응하는 자니라
5) · 잠 14:30 _ 마음의 화평은 육신의 생명이나 시기는 뼈의 썩음이니라
   · 롬 1:29 _ 곧 모든 불의 추악 탐욕 악의가 가득한 자요 시기 살인 분쟁 사기 악독이 가득한 자요 수군수군하는 자요
   · 롬 12:19 _ 내 사랑하는 자들아 너희가 친히 원수를 갚지 말고 진노하심에 맡기라 기록되었으되 원수 갚는

- 것이 내게 있으니 내가 갚으리라고 주께서 말씀하시니라
- 갈 5:19-21 _ 육체의 일은 현저하니 곧 음행과 더러운 것과 호색과 우상 숭배와 술수와 원수를 맺는 것과 분쟁과 시기와 분냄과 당 짓는 것과 분리함과 이단과 투기와 술 취함과 방탕함과 또 그와 같은 것들이라 전에 너희에게 경계한 것같이 경계하노니 이런 일을 하는 자들은 하나님의 나라를 유업으로 받지 못할 것이요
- 약 1:20 _ 사람의 성내는 것이 하나님의 의를 이루지 못함이니라
- 요일 2:9-11 _ 빛 가운데 있다 하며 그 형제를 미워하는 자는 지금까지 어두운 가운데 있는 자요 그의 형제를 사랑하는 자는 빛 가운데 거하여 자기 속에 거리낌이 없으나 그의 형제를 미워하는 자는 어두운 가운데 있고 또 어두운 가운데 행하며 갈 곳을 알지 못하나니 이는 어두움이 그의 눈을 멀게 하였음이니라

6) · 요일 3:15 _ 그 형제를 미워하는 자마다 살인하는 자니 살인하는 자마다 영생이 그 속에 거하지 아니하는 것을 너희가 아는 바라

7) · 마 7:12 _ 그러므로 무엇이든지 남에게 대접을 받고자 하는 대로 너희도 남을 대접하라 이것이 율법이요 선지자니라
- 마 22:39 _ 둘째는 그와 같으니 네 이웃을 네 몸과 같이 사랑하라 하셨으니
- 롬 12:10 _ 형제를 사랑하여 서로 우애하고 존경하기를 서로 먼저 하며

8) · 마 5:5 _ 온유한 자는 복이 있나니 저희가 땅을 기업으로 받을 것임이요
- 눅 6:36 _ 너희 아버지의 자비하심같이 너희도 자비하라
- 롬 12:10, 18 _ 형제를 사랑하여 서로 우애하고 존경하기를 서로 먼저 하며 할 수 있거든 너희로서는 모든 사람으로 더불어 평화하라
- 갈 6:1, 2 _ 형제들아 사람이 만일 무슨 범죄한 일이 드러나거든 신령한 너희는 온유한 심령으로 그러한 자를 바로잡고 네 자신을 돌아보아 너도 시험을 받을까 두려워하라 너희가 짐을 서로 지라 그리하여 그리스도의 법을 성취하라
- 엡 4:2 _ 모든 겸손과 온유로 하고 오래 참음으로 사랑 가운데서 서로 용납하고
- 골 3:12 _ 그러므로 너희는 하나님의 택하신 거룩하고 사랑하신 자처럼 긍휼과 자비와 겸손과 온유와 오래 참음을 옷 입고
- 벧전 3:8 _ 마지막으로 말하노니 너희가 다 마음을 같이하여 체휼(體恤)하며 형제를 사랑하며 불쌍히 여기며 겸손하며

9) · 출 23:4, 5 _ 네가 만일 네 원수의 길 잃은 소나 나귀를 만나거든 반드시 그 사람에게로 돌릴찌며 네가 만일 너를 미워하는 자의 나귀가 짐을 싣고 엎드러짐을 보거든 삼가 버려두지 말고 그를 도와 그 짐을 부리울지니라
- 마 5:44, 45 _ 나는 너희에게 이르노니 너희 원수를 사랑하며 너희를 핍박하는 자를 위하여 기도하라 이같이 한즉 하늘에 계신 너희 아버지의 아들이 되리니 이는 하나님이 그 해를 악인과 선인에게 비취게 하시며 비를 의로운 자와 불의한 자에게 내리우심이니라
- 롬 12:20 _ 네 원수가 주리거든 먹이고 목마르거든 마시우라 그리함으로 네가 숯불을 그 머리에 쌓아 놓으리라

주의 날 | 제41주

제 108 문 _ 제7계명은 우리에게 무엇을 가르칩니까?

답 _ 어떤 부정(不貞)이라도 하나님의 저주 아래 있습니다.[1]
그러므로 우리는, 거룩한 혼인 안과 밖 양면에서,
그것을 마음으로부터 싫어해서,[2]
정숙하고 절제된 생활을 해야 합니다.[3]

제 109 문 _ 하나님께서는 이 계명에서 간음과 그와 같은 부끄러운 죄만을 금하십니까?

답_ 우리의 몸과 영혼은
성령의 전(殿)이기에,
우리 자신을 순결하고 거룩하게 지키는 것이
하나님의 뜻입니다.
그러므로 그는 모든 부정한 행동,
몸짓, 말, 생각, 욕망과4)
우리를 부정으로 유혹하는 것은
무엇이든지 금하십니다.5)

1) · 레 18:30 _ 그러므로 너희는 내 명령을 지키고 너희 있기 전에 행하던 가증한 풍속을 하나라도 좇음으로 스스로 더럽히지 말라 나는 너희 하나님 여호와니라
 · 엡 5:3-5 _ 음행과 온갖 더러운 것과 탐욕은 너희 중에서 그 이름이라도 부르지 말라 이는 성도의 마땅한 바니라 누추함과 어리석은 말이나 희롱의 말이 마땅치 아니하니 돌이켜 감사하는 말을 하라 너희도 이것을 정녕히 알거니와 음행하는 자나 더러운 자나 탐하는 자 곧 우상 숭배자는 다 그리스도와 하나님 나라에서 기업을 얻지 못하리니
2) · 유 22, 23 _ 어떤 의심하는 자들을 긍휼히 여기라 또 어떤 자를 불에서 끌어내어 구원하라 또 어떤 자를 그 육체로 더럽힌 옷이라도 싫어하여 두려움으로 긍휼히 여기라
3) · 고전 7:1-9 _ 너희의 쓴 말에 대하여는 남자가 여자를 가까이 아니함이 좋으나 음행의 연고로 남자마다 자기 아내를 두고 여자마다 자기 남편을 두라 남편은 그 아내에게 대한 의무를 다하고 아내도 그 남편에게 그렇게 할지라 아내가 자기 몸을 주장하지 못하고 오직 그 남편이 하며 남편도 이와 같이 자기 몸을 주장하지 못하고 오직 그 아내가 하나니 서로 분방하지 말라 다만 기도할 틈을 얻기 위하여 합의 상 얼마 동안은 하되 다시 합하라 이는 너희의 절제 못함을 인하여 사단으로 너희를 시험하지 못하게 하려 함이라 그러나 내가 이 말을 함은 권요요 명령은 아니라 나는 모든 사람이 나와 같기를 원하노라 그러나 각각 하나님께 받은 자기의 은사가 있으니 하나는 이러하고 하나는 저러하니라 내가 혼인하지 아니한 자들과 및 과부들에게 이르노니 나와 같이 그냥 지내는 것이 좋으니라 만일 절제할 수 없거든 혼인하라 정욕이 불같이 타는 것보다 혼인하는 것이 나으니라
 · 살전 4:3-8 _ 하나님의 뜻은 이것이니 너희의 거룩함이라 곧 음란을 버리고 각각 거룩함과 존귀함으로 자기의 아내 취할 줄을 알고 하나님을 모르는 이방인과 같이 색욕을 좇지 말고 이 일에 분수를 넘어서 형제를 해하지 말라 이는 우리가 너희에게 미리 말하고 증거한 것과 같이 이 모든 일에 주께서 신원하여 주심이니라 하나님이 우리를 부르심은 부정케 하심이 아니요 거룩케 하심이니 그러므로 저버리는 자는 사람을 저버림이 아니요 너희에게 그의 성령을 주신 하나님을 저버림이니라
 · 히 13:4 _ 모든 사람은 혼인을 귀히 여기고 침소를 더럽히지 않게 하라 음행하는 자들과 간음하는 자들을 하나님이 심판하시리라
4) · 마 5:27-29 _ 또 간음치 말라 하였다는 것을 너희가 들었으나 나는 너희에게 이르노니 여자를 보고 음욕을 품는 자마다 마음에 이미 간음하였느니라 만일 네 오른 눈이 너로 실족케 하거든 빼어 내버리라 네 백체 중 하나가 없어지고 온 몸이 지옥에 던지우지 않는 것이 유익하며
 · 고전 6:18-20 _ 음행을 피하라 사람이 범하는 죄마다 몸 밖에 있거니와 음행하는 자는 자기 몸에게 죄를 범하느니라 너희 몸은 너희가 하나님께로부터 받은 바 너희 가운데 계신 성령의 전(殿)인 줄을 알지 못하느냐 너희는 너희의 것이 아니라 값으로 산 것이 되었으니 그런즉 너희 몸으로 하나님께 영광을 돌리라
 · 엡 5:3, 4 _ 음행과 온갖 더러운 것과 탐욕은 너희 중에서 그 이름이라도 부르지 말라 이는 성도의 마땅한 바니라 누추함과 어리석은 말이나 희롱의 말이 마땅치 아니하니 돌이켜 감사하는 말을 하라
5) · 고전 15:33 _ 속지 말라 악한 동무들은 선한 행실을 더럽히나니
 · 엡 5:18 _ 술 취하지 말라 이는 방탕한 것이니 오직 성령의 충만을 받으라

주의 날 | 제42주

제 110 문 _ 제8계명에서
하나님께서 무엇을 금하십니까?

답_ 하나님께서는 노골적인 도둑질과 강도질 뿐만 아니라,1)
거짓 저울과 자,
사기 상품,
위조 화폐와
고리대금과 같은
그런 악한 술수와 간계들까지도 금하십니다.2)
혹 폭력으로나 합법적인 권리를 내세우는 식으로라도
우리의 이웃을 속여 빼앗지 말아야 합니다.3)
더욱 하나님께서는 모든 탐욕과,4)
그의 선물들의 오용과 낭비를 모두 금하십니다.5)

제 111 문 _ 이 계명에서
하나님께서 당신에게 무엇을 요구하십니까?

답_ 내가 할 수 있고 해도 좋을 경우마다
나의 이웃의 유익을 증진시키며,
내가 남에게 대접을 받고 싶은 대로
그를 대접하고,
도움이 필요한 자들에게
줄 수 있도록
성실하게 일해야 합니다.6)

---

1) · 출 22:1 _ 사람이 소나 양을 도적질하여 잡거나 팔면 그는 소 하나에 소 다섯으로 갚고 양 하나에 양 넷으로 갚을지니라
 · 고전 5:9, 10 _ 내가 너희에게 쓴 것에 음행하는 자들을 사귀지 말라 하였거니와 이 말은 이 세상의 음행하는 자들이나 탐하는 자들과 토색(討索)하는 자들이나 우상 숭배하는 자들을 도무지 사귀지 말라 하는 것이 아니니 만일 그리하려면 세상 밖으로 나가야 할 것이라
 · 고전 6:9, 10 _ 불의한 자가 하나님의 나라를 유업으로 받지 못할 줄을 알지 못하느냐 미혹을 받지 말라 음란하는 자나 우상 숭배하는 자나 간음하는 자나 탐색하는 자나 남색하는 자나 도적이나 탐람(貪婪)하는 자나 술 취하는 자나 후욕(詬辱)하는 자나 토색(討索)하는 자들은 하나님의 나라를 유업으로 받지 못하리라

2) · 신 25:13-16 _ 너는 주머니에 같지 않은 저울추 곧 큰 것과 작은 것을 넣지 말 것이며 네 집에 같지 않은 되 곧 큰 것과 작은 것을 두지 말 것이요 오직 십분 공정한 저울추를 두며 십분 공정한 되를 둘 것이라 그리하면 네 하나님 여호와께서 네게 주시는 땅에서 네 날이 장구하리라 무릇 이같이 하는 자 무릇 부정당히 행하는 자는 네 하나님 여호와께 가증하니라
 · 시 15:5 _ 변리(邊利)로 대금(貸金)치 아니하며 뇌물을 받고 무죄한 자를 해치 아니하는 자니 이런 일을 행하는 자는 영영히 요동치 아니하리이다
 · 잠 11:1 _ 속이는 저울은 여호와께서 미워하셔도 공평한 추는 그가 기뻐하시느니라
 · 잠 12:22 _ 거짓 입술은 여호와께 미움을 받아도 진실히 행하는 사는 그의 기뻐하심을 받느니라
 · 겔 45:9-12 _ 나 주 여호와가 말하노라 이스라엘의 치

리자들아 너희에게 족하니라 너희는 강포와 겁탈을 제하여 버리고 공평과 공의를 행하여 내 백성에게 토색(討索)함을 그칠지니라 나 주 여호와의 말이니라 너희는 공평한 저울과 공평한 에바와 공평한 밧을 쓸지니 에바와 밧은 그 용량을 동일히 하되 호멜의 용량을 따라 밧은 호멜 십분지 일을 담게 하고 에바도 호멜 십분지 일을 담게 할 것이며 세겔은 이십 게라니 이십 세겔과 이십 오 세겔과 십 오 세겔로 너희 마네가 되게 하라

- 눅 6:35 _ 오직 너희는 원수를 사랑하고 선대하며 아무 것도 바라지 말고 빌리라 그리하면 너희 상이 클 것이요 또 지극히 높으신 이의 아들이 되리니 그는 은혜를 모르는 자와 악한 자에게도 인자로우시니라

3) - 미 6:9-11 _ 여호와께서 성읍을 향하여 외쳐 부르시나니 완전한 지혜는 주의 이름을 경외함이니라 너희는 매를 순히 받고 그것을 정하신 자를 순종할찌라 악인의 집에 오히려 불의한 재물이 있느냐 축소시킨 가증한 에바가 있느냐 내가 만일 부정한 저울을 썼거나 주머니에 거짓 저울추를 두었으면 깨끗하겠느냐

- 눅 3:14 _ 군병들도 물어 가로되 우리는 무엇을 하리이까 하매 가로되 사람에게 강포하지 말며 무소(誣訴)하지 말고 받는 요(料)를 족한 줄로 알라 하니라

- 약 5:1-6 _ 들으라 부한 자들아 너희에게 임할 고생을 인하여 울고 통곡하라 너희 재물은 썩었고 너희 옷은 좀먹었으며 너희 금과 은은 녹이 슬었으니 이 녹이 너희에게 증거가 되며 불같이 너희 살을 먹으리라 너희가 말세에 재물을 쌓았도다 보라 너희 밭에 추수한 품군에게 주지 아니한 삯이 소리 지르며 추수한 자의 우는 소리가 만군의 주의 귀에 들렸느니라 너희가 땅에서 사치하고 연락하여 도살의 날에 너희 마음을 살지게 하였도다 너희가 옳은 자를 정죄하였도다 또 죽였도다 그는 너희에게 대항하지 아니하였느니라

4) - 눅 12:15 _ 저희에게 이르시되 삼가 모든 탐심을 물리치라 사람의 생명이 그 소유의 넉넉한 데 있지 아니하니라 하시고

- 엡 5:5 _ 너희도 이것을 정녕히 알거니와 음행하는 자나 더러운 자나 탐하는 자 곧 우상 숭배자는 다 그리스도와 하나님 나라에서 기업을 얻지 못하리니

5) - 잠 21:20 _ 지혜 있는 자의 집에는 귀한 보배와 기름이 있으나 미련한 자는 이것을 다 삼켜 버리느니라

- 잠 23:20, 21 _ 술을 즐겨 하는 자와 고기를 탐하는 자로 더불어 사귀지 말라 술 취하고 탐식하는 자는 가난하여질 것이요 잠자기를 즐겨 하는 자는 해어진 옷을 입을 것임이니라

- 눅 16:10-13 _ 지극히 작은 것에 충성된 자는 큰 것에도 충성되고 지극히 작은 것에 불의한 자는 큰 것에도 불의하니라 너희가 만일 불의한 재물에 충성치 아니하면 누가 참된 것으로 너희에게 맡기겠느냐 너희가 만일 남의 것에 충성치 아니하면 누가 너희의 것을 너희에게 주겠느냐 집 하인이 두 주인을 섬길 수 없나니 혹 이를 미워하고 저를 사랑하거나 혹 이를 중히 여기고 저를 경히 여길 것임이니라 너희가 하나님과 재물을 겸하여 섬길 수 없느니라

6) - 사 58:5-10 _ 이것이 어찌 나의 기뻐하는 금식이 되겠으며 이것이 어찌 사람이 그 마음을 괴롭게 하는 날이 되겠느냐 그 머리를 갈대같이 숙이고 굵은 베와 재를 펴는 것을 어찌 금식이라 하겠으며 여호와께 열납(悅納)될 날이라 하겠느냐 나의 기뻐하는 금식은 흉악의 결박을 풀어 주며 멍에의 줄을 끌러 주며 압제당하는 자를 자유케 하며 모든 멍에를 꺾는 것이 아니겠느냐 또 주린 자에게 네 식물을 나눠 주며 유리하는 빈민을 네 집에 들이며 벗은 자를 보면 입히며 또 네 골육을 피하여 스스로 숨지 아니하는 것이 아니겠느냐 그리하면 네 빛이 아침같이 비췰 것이며 네 치료가 급속할 것이며 네 의가 네 앞에 행하고 여호와의 영광이 네 뒤에 호위하리니 네가 부를 때에는 나 여호와가 응답하겠고 네가 부르짖을 때에는 말하기를 내가 여기 있다 하리라 만일 네가 너희 중에서 멍에와 손가락질과 허망한 말을 제하여 버리고 주린 자에게 네 심정을 동하며 괴로와하는 자의 마음을 만족케 하면 네 빛이 흑암 중에서 발하여 네 어두움이 낮과 같이 될 것이며

- 마 7:12 _ 그러므로 무엇이든지 남에게 대접을 받고자 하는 대로 너희도 남을 대접하라 이것이 율법이요 선지자니라

- 갈 6:9, 10 _ 우리가 선을 행하되 낙심하지 말지니 피곤하지 아니하면 때가 이르매 거두리라 그러므로 우리는 기회 있는 대로 모든 이에게 착한 일을 하되 더욱 믿음의 가정들에게 할지니라

- 엡 4:28 _ 도적질하는 자는 다시 도적질하지 말고 돌이켜 빈궁한 자에게 구제할 것이 있기 위하여 제 손으로 수고하여 선한 일을 하라

주의 날 | 제43주

제 112 문 _ 제9계명에서 무엇을 요구합니까?

답_ 나는 누구에 대해서도 거짓 증언을 하지 않고,
누구의 말이라도 왜곡하지 않고,
뒷말이나 험담하지 않으며,
성급하게 듣지도 않은 채
누구를 정죄하거나, 그 정죄 행위에 가담하지 말아야 합니다.1)
오히려 나는,
하나님의 엄중한 진노의 형벌에 해당하는,
모든 거짓과 속임수를
마귀에게 속한 일들로서 피해야 합니다.2)
법정에서와 그 외 어느 곳에서라도,
나는 진리를 사랑하고,3)
정직하게 진리를 말하고 고백하며,
내가 할 수 있는 대로
내 이웃의 명예와 평판(評判)을
옹호하고 높여야 합니다.4)

1) · 시 15:1-5 _ 여호와여 주의 장막에 유할 자 누구오며 주의 성산에 거할 자 누구오니이까 정직하게 행하며 공의를 일삼으며 그 마음에 진실을 말하며 그 혀로 참소치 아니하고 그 벗에게 행악지 아니하며 그 이웃을 훼방치 아니하며 그 눈은 망령된 자를 멸시하며 여호와를 두려워하는 자를 존대하며 그 마음에 서원한 것은 해로울지라도 변치 아니하며 변리로 대금치 아니하며 뇌물을 받고 무죄한 자를 해치 아니하는 자니 이런 일을 행하는 자는 영영히 요동치 아니하리이다
· 잠 19:5, 9 _ 거짓 증인은 벌을 면치 못할 것이요 거짓말을 내는 자도 피치 못하리라 거짓 증인은 벌을 면치 못할 것이요 거짓말을 내는 자는 망할 것이니라
· 잠 21:28 _ 거짓 증인은 패망하려니와 확실한 증인의 말은 힘이 있느니라
· 마 7:1 _ 비판을 받지 아니하려거든 비판하지 말라
· 눅 6:37 _ 비판치 말라 그리하면 너희가 비판을 받지 않을 것이요 정죄하지 말라 그리하면 너희가 정죄를 받지 않을 것이요 용서하라 그리하면 너희가 용서를 받을 것이요
· 롬 1:28-32 _ 또한 저희가 마음에 하나님 두기를 싫어하매 하나님께서 저희를 그 상실한 마음대로 내어 버려두사 합당치 못한 일을 하게 하셨으니 곧 모든 불의 추악 탐욕 악의가 가득한 자요 시기 살인 분쟁 사기 악독이 가득한 자요 수군수군하는 자요 비방하는 자요 하나님의 미워하시는 자요 능욕하는 자요 교만한 자요 자랑하는 자요 악을 도모하는 자요 부모를 거역하는 자요 우매한 자요 배약하는 자요 무정한 자요 무자비한 자라 저희가 이같은 일을 행하는 자는 사형에 해당하다고 하나님의 정하심을 알고도 자기들만 행할 뿐 아니라 또한 그 일을 행하는 자를 옳다 하느니라

2) · 레 19:11, 12 _ 너희는 도적질하지 말며 속이지 말며 서로 거짓말 하지 말며 너희는 내 이름으로 거짓 맹세함으로 네 하나님의 이름을 욕되게 하지 말라 나는 여호와니라
· 잠 12:22 _ 거짓 입술은 여호와께 미움을 받아도 진실히 행하는 자는 그의 기뻐하심을 받느니라
· 잠 13:5 _ 의인은 거짓말을 미워하나 악인은 행위가 흉악하여 부끄러운데 이르느니라
· 요 8:44 _ 너희는 너희 아비 마귀에게서 났으니 너희 아비의 욕심을 너희도 행하고자 하느니라 저는 처음부터 살인한 자요 진리가 그 속에 없으므로 진리에 서지 못하고 거짓을 말할 때마다 제 것으로 말하나

니 이는 저가 거짓말장이요 거짓의 아비가 되었음이니라
- 계 21:8 _ 그러나 두려워하는 자들과 믿지 아니하는 자들과 흉악한 자들과 살인자들과 행음자들과 술객들과 우상 숭배자들과 모든 거짓말하는 자들은 불과 유황으로 타는 못에 참예하리니 이것이 둘째 사망이라
3) - 고전 13:6 _ 불의를 기뻐하지 아니하며 진리와 함께 기뻐하고
- 엡 4:25 _ 그런즉 거짓을 버리고 각각 그 이웃으로 더불어 참된 것을 말하라 이는 우리가 서로 지체(肢體)가 됨이니라
4) - 벧전 3:8, 9 _ 마지막으로 말하노니 너희가 다 마음을 같이 하여 체휼하며 형제를 사랑하며 불쌍히 여기며 겸손하며 악을 악으로 욕을 욕으로 갚지 말고 도리어 복을 빌라 이를 위하여 너희가 부르심을 입었으니 이는 복을 유업으로 받게 하려 하심이라
- 벧전 4:8 무엇보다도 열심으로 서로 사랑할지니 사랑은 허다한 죄를 덮느니라

주의 날 | 제44주

제 113 문 _ 제10계명은
우리에게 무엇을 요구합니까?

답 _ 하나님의 어느 계명이라도 어기는
아주 작은 생각이나 욕망이라도
전혀 우리 마음에 품지 않아야 합니다.
오히려 우리는 항상 우리의 마음을 다해서
모든 죄를 다 미워하고
모든 의를 다 좋아해야 합니다.1)

제 114 문 _ 그런데 하나님께 돌이킨 자들이
이 계명들을 완전히 지킬 수 있습니까?

답 _ 아닙니다.
이생에서는 가장 거룩한 자라도
이러한 순종의
작은 시작만 할 뿐입니다.2)
그럼에도 불구하고 진정으로
일부 계명들만이 아니고
하나님의 모든 계명들에 따라
살기 시작합니다.3)

제 115 문 _ 이생에서는 아무도
십계명을 완전히 지킬 수 없다면,
하나님께서는 왜 그렇게
엄격히 십계명을 설교하게 하십니까?

답 _ 첫째,
우리의 평생 동안
우리는 우리의 죄된 본성을

더욱더 깨닫게 되고,
그러므로 그리스도 안에 있는 사죄와 의를
더욱더 간절히 추구하도록 하기 위함입니다.4)

둘째,
우리가 열심히 선행을 하며
하나님께 성령의 은혜를
끊임없이 간구하도록,
그래서 성령께서 하나님의 형상을 따라
우리를 더욱더 새롭게 하시사,
이생이 끝나면 완전이라는 목표에 도달하게 하기 위함입니다.5)

---

1) · 시 19:7-14 _ 여호와의 율법은 완전하여 영혼을 소성케 하고 여호와의 증거는 확실하여 우둔한 자를 지혜롭게 하며 여호와의 교훈은 정직하여 마음을 기쁘게 하고 여호와의 계명은 순결하여 눈을 밝게 하도다 여호와를 경외하는 도는 정결하여 영원까지 이르고 여호와의 규례는 확실하여 다 의로우니 금 곧 많은 정금보다 더 사모할 것이며 꿀과 송이꿀보다 더 달도다 또 주의 종이 이로 경계를 받고 이를 지킴으로 상이 크니이다 자기 허물을 능히 깨달을 자 누구리요 나를 숨은 허물에서 벗어나게 하소서 또 주의 종으로 고범죄를 짓지 말게 하사 그 죄가 나를 주장치 못하게 하소서 그리하시면 내가 정직하여 큰 죄과에서 벗어나겠나이다 나의 반석이시요 나의 구속자이신 여호와여 내 입의 말과 마음의 묵상이 주의 앞에 열납되기를 원하나이다

· 시 139:23, 24 _ 하나님이여 나를 살피사 내 마음을 아시며 나를 시험하사 내 뜻을 아옵소서 내게 무슨 악한 행위가 있나 보시고 나를 영원한 길로 인도하소서

· 롬 7:7, 8 _ 그런즉 우리가 무슨 말 하리요 율법이 죄냐 그럴 수 없느니라 율법으로 말미암지 않고는 내가 죄를 알지 못하였으니 곧 율법이 탐내지 말라 하지 아니하였더면 내가 탐심을 알지 못하였으리라 그러나 죄가 기회를 타서 계명으로 말미암아 내 속에서 각양 탐심을 이루었나니 이는 법이 없으면 죄가 죽은 것임이니라

2) · 전 7:20 _ 선을 행하고 죄를 범치 아니하는 의인은 세상에 아주 없느니라

· 롬 7:14, 15 _ 우리가 율법은 신령한 줄 알거니와 나는 육신에 속하여 죄 아래 팔렸도다 나의 행하는 것을 내가 알지 못하노니 곧 원하는 이것은 행하지 아니하고 도리어 미워하는 그것을 함이라

· 고전 13:9 _ 우리가 부분적으로 알고 부분적으로 예언하니

· 요일 1:8 _ 만일 우리가 죄 없다 하면 스스로 속이고 또 진리가 우리 속에 있지 아니할 것이요

3) · 시 1:1, 2 _ 복 있는 사람은 악인의 꾀를 좇지 아니하며 죄인의 길에 서지 아니하며 오만한 자의 자리에 앉지 아니하고 오직 여호와의 율법을 즐거워하여 그 율법을 주야로 묵상하는 자로다

· 롬 7:22-25 _ 내 속 사람으로는 하나님의 법을 즐거워하되 내 지체 속에서 한 다른 법이 내 마음의 법과 싸워 내 지체 속에 있는 죄의 법 아래로 나를 사로잡아 오는 것을 보는도다 오호라 나는 곤고한 사람이로다 이 사망의 몸에서 누가 나를 건져 내랴 우리 주 예수 그리스도로 말미암아 하나님께 감사하리로다 그런즉 내 자신이 마음으로는 하나님의 법을 육신으로는 죄의 법을 섬기노라

· 빌 3:12-16 _ 내가 이미 얻었다 함도 아니요 온전히 이루었다 함도 아니라 오직 내가 그리스도 예수께 잡힌 바 된 그것을 잡으려고 좇아가노라 형제들아 나는 아직 내가 잡은 줄로 여기지 아니하고 오직 한 일 즉 뒤에 있는 것은 잊어버리고 앞에 있는 것을 잡으려고 푯대를 향하여 그리스도 예수 안에서 하나님이 위에서 부르신 부름의 상을 위하여 좇아가노라 그러므로 누구든지 우리 온전히 이룬 자들은 이렇게 생각할찌니 만일 무슨 일에 너희가 달리 생각하면 하나님이 이것도 너희에게 나타내시리라 오직 우리가 어디까지 이르렀든지 그대로 행할 것이라

4) · 시 32:5 _ 내가 이르기를 내 허물을 여호와께 자복하리라 하고 주께 내 죄를 아뢰고 내 죄악을 숨기지 아니하였더니 곧 주께서 내 죄의 악을 사하셨나이다

· 롬 3:19-26 _ 우리가 알거니와 무릇 율법이 말하는 바는 율법 아래 있는 자들에게 말하는 것이니 이는 모든 입을 막고 온 세상으로 하나님의 심판 아래 있게 하려

함이니라 그러므로 율법의 행위로 그의 앞에 의롭다 하심을 얻을 육체가 없나니 율법으로는 죄를 깨달음이니라 이제는 율법 외에 하나님의 한 의가 나타났으니 율법과 선지자들에게 증거를 받은 것이라 곧 예수 그리스도를 믿음으로 말미암아 모든 믿는 자에게 미치는 하나님의 의니 차별이 없느니라 모든 사람이 죄를 범하였으매 하나님의 영광에 이르지 못하더니 그리스도 예수 안에 있는 구속으로 말미암아 하나님의 은혜로 값 없이 의롭다 하심을 얻은 자 되었느니라 이 예수를 하나님이 그의 피로 인하여 믿음으로 말미암는 화목 제물로 세우셨으니 이는 하나님께서 길이 참으시는 중에 전에 지은 죄를 간과하심으로 자기의 의로우심을 나타내려 하심이니 곧 이 때에 자기의 의로우심을 나타내사 자기도 의로우시며 또한 예수 믿는 자를 의롭다 하려 하심이니라
- 롬 7:7, 24, 25 _ 그런즉 우리가 무슨 말 하리요 율법이 죄냐 그럴 수 없느니라 율법으로 말미암지 않고는 내가 죄를 알지 못하였으니 곧 율법이 탐내지 말라 하지 아니하였더면 내가 탐심을 알지 못하였으리라 오호라 나는 곤고한 사람이로다 이 사망의 몸에서 누가 나를 건져 내랴 우리 주 예수 그리스도로 말미암아 하나님께 감사하리로다 그런즉 내 자신이 마음으로는 하나님의 법을 육신으로는 죄의 법을 섬기노라
- 요일 1:9 _ 만일 우리가 우리 죄를 자백하면 저는 미쁘시고 의로우사 우리 죄를 사하시며 모든 불의에서 우리를 깨끗케 하실 것이요

5)
- 고전 9:24 _ 운동장에서 달음질하는 자들이 다 달아날지라도 오직 상 얻는 자는 하나인 줄을 너희가 알지 못하느냐 너희도 얻도록 이와 같이 달음질하라
- 빌 3:12-14 _ 내가 이미 얻었다 함도 아니요 온전히 이루었다 함도 아니라 오직 내가 그리스도 예수께 잡힌 바 된 그것을 잡으려고 좇아가노라 형제들아 나는 아직 내가 잡은 줄로 여기지 아니하고 오직 한 일 즉 뒤에 있는 것은 잊어버리고 앞에 있는 것을 잡으려고 푯대를 향하여 그리스도 예수 안에서 하나님이 위에서 부르신 부름의 상을 위하여 좇아가노라
- 요일 3:1-3 _ 보라 아버지께서 어떠한 사랑을 우리에게 주사 하나님의 자녀라 일컬음을 얻게 하셨는고 우리가 그러하도다 그러므로 세상이 우리를 알지 못함은 그를 알지 못함이라 사랑하는 자들아 우리가 지금은 하나님의 자녀라 장래에 어떻게 될 것은 아직 나타나지 아니하였으나 그가 나타내심이 되면 우리가 그와 같을 줄을 아는 것은 그의 계신 그대로 볼 것을 인함이니 주를 향하여 이 소망을 가진 자마다 그의 깨끗하심과 같이 자기를 깨끗하게 하느니라

기 도

주의 날 | 제45주

제 116 문 _ 기도가 그리스도인들에게 왜 필요합니까?

답 _ 왜냐하면 기도는
  하나님께서 우리에게 요구하시는
  감사의 가장 중요한 부분이기 때문입니다.[1]
더욱 하나님께서는
  오직 끊임없이
  간절한 심정으로
  그에게 이런 은사들을 간구하고
  그것들로 감사하는 자들에게만
  그의 은혜와 성령을 주십니다.[2]

**제 117 문 _ 어떤 기도를
          하나님이 기뻐하시고
          들으십니까?**

  답 _ 첫째,
   우리는 하나님이 우리에게 기도하라고 명하신 모든 것을 위해,
   그의 말씀에서 자신을 계시하신,
   유일하신 참 하나님을
   진심으로 불러야 합니다.3)
  둘째,
   우리 자신의 부족과 비참을
   철저히 깨달아,
   하나님 앞에
   스스로 겸비해야 합니다.4)
  셋째,
   비록 우리는 아무런 자격이 없을지라도,
   하나님께서 그의 말씀에서 약속하신 대로,
   우리 주 그리스도 덕분에
   우리의 기도를 확실히 들으신다는
   이 견고한 토대를 의지해야 합니다.5)

**제 118 문 _ 하나님께서 친히 우리에게
          무엇을 구하라고 명하셨습니까?**

  답 _ 그리스도 우리 주께서 친히 우리에게 가르치신
   기도에 있는 대로,
   우리 몸과 영혼에
   필요한 모든 것입니다.6)

제 119 문 _ 주의 기도는 무엇입니까?

  답 _ 하늘에 계신 우리 아버지,
   이름이 거룩히 여김을 받으시오며,
   나라이 임하옵시며,
   뜻이 하늘에서 이룬 것 같이 땅에서도 이루어지이다.
   오늘날 우리에게 일용할 양식을 주옵시고,
   우리가 우리에게 죄진 자를 사하여 준 것 같이
    우리 죄를 사하여주옵시고,
   우리를 시험에 들지 말게 하시며,
    다만 악에서 구하옵소서.
   대개 나라와
   권세와
   영광이 아버지께 영원히 있사옵나이다. 아멘.7)

1) - 시 50:14, 15 _ 감사로 하나님께 제사를 드리며 지극히 높으신 자에게 네 서원을 갚으며 환난 날에 나를 부르라 내가 너를 건지리니 네가 나를 영화롭게 하리로다
   - 시 116:12-19 _ 여호와께서 내게 주신 모든 은혜를 무엇으로 보답할꼬 내가 구원의 잔을 들고 여호와의 이름을 부르며 여호와의 모든 백성 앞에서 나의 서원을 여호와께 갚으리로다 성도의 죽는 것을 여호와께서 귀중히 보시는도다 여호와여 나는 진실로 주의 종이요 주의 여종의 아들 곧 주의 종이라 주께서 나의 결박을 푸셨나이다 내가 주께 감사제를 드리고 여호와의 이름을 부르리이다 내가 여호와의 모든 백성 앞에서 나의 서원을 여호와께 갚을찌라 예루살렘아 네 가운데서 여호와의 전 정에서 내가 갚으리로다 할렐루야
   - 살전 5:16-18 _ 항상 기뻐하라 쉬지 말고 기도하라 범사에 감사하라 이는 그리스도 예수 안에서 너희를 향하신 하나님의 뜻이니라
2) - 마 7:7, 8 _ 구하라 그러면 너희에게 주실 것이요 찾으라 그러면 찾을 것이요 문을 두드리라 그러면 너희에게 열릴 것이니 구하는 이마다 얻을 것이요 찾는 이가 찾을 것이요 두드리는 이에게 열릴 것이니라
   - 눅 11:9-13 _ 내가 또 너희에게 이르노니 구하라 그러면 너희에게 주실 것이요 찾으라 그러면 찾을 것이요 문을 두드리라 그러면 너희에게 열릴 것이니 구하는 이마다 받을 것이요 찾는 이가 찾을 것이요 두드리는 이에게 열릴 것이니라 너희 중에 아비된 자 누가 아들이 생선을 달라 하면 생선 대신에 뱀을 주며 알을 달라 하면 전갈을 주겠느냐 너희가 악할지라도 좋은 것을 자식에게 줄 줄 알거든 하물며 너희 천부께서 구하는 자에게 성령을 주시지 않겠느냐 하시니라
3) - 시 145:18-20 _ 여호와께서는 자기에게 간구하는 모든 자 곧 진실하게 간구하는 모든 자에게 가까이 하시는도다 저는 자기를 경외하는 자의 소원을 이루시며 또 저희 부르짖음을 들으사 구원하시로다 여호와께서 자기를 사랑하는 자는 다 보호하시고 악인은 다 멸하시리로다
   - 요 4:22-24 _ 너희는 알지 못하는 것을 예배하고 우리는 아는 것을 예배하노니 이는 구원이 유대인에게서 남이니라 아버지께 참으로 예배하는 자들은 신령과 진정으로 예배할 때가 오나니 곧 이때라 아버지께서는 이렇게 자기에게 예배하는 자들을 찾으시느니라 하나님은 영이시니 예배하는 자가 신령과 진정으로 예배할지니라
   - 롬 8:26, 27 _ 이와 같이 성령도 우리 연약함을 도우시나니 우리가 마땅히 빌 바를 알지 못하나 오직 성령이 말할 수 없는 탄식으로 우리를 위하여 친히 간구하시느니라 마음을 감찰하시는 이가 성령의 생각을 아시나니 이는 성령이 하나님의 뜻대로 성도를 위하여 간구하심이니라
   - 약 1:5 _ 너희 중에 누구든지 지혜가 부족하거든 모든 사람에게 후히 주시고 꾸짖지 아니하시는 하나님께 구하라 그리하면 주시리라
   - 요일 5:14, 15 _ 그를 향하여 우리의 가진 바 담대한 것이 이것이니 그의 뜻대로 무엇을 구하면 들으심이라 우리가 무엇이든지 구하는 바를 들으시는 줄 안즉 우리가 그에게 구한 그것을 얻은 줄 또한 아느니라
   - 계 19:10 _ 내가 그 발 앞에 엎드려 경배하려 하니 그가 나더러 말하기를 나는 너와 및 예수의 증거를 받은 네 형제들과 같이 된 종이니 삼가 그리하지 말고 오직 하나님께 경배하라 예수의 증거는 대언(代言)의 영이라 하더라
4) - 대하 7:14 _ 내 이름으로 일컫는 내 백성이 그 악한 길에서 떠나 스스로 겸비하고 기도하여 내 얼굴을 구하면 내가 하늘에서 듣고 그 죄를 사하고 그 땅을 고칠지라
   - 대하 20:12 _ 우리 하나님이여 저희를 징벌하지 아니하시나이까 우리를 치러 오는 이 큰 무리를 우리가 대적할 능력이 없고 어떻게 할 줄도 알지 못하옵고 오직 주만 바라보나이다
   - 시 2:11 _ 여호와를 경외함으로 섬기고 떨며 즐거워할지어다
   - 시 34:18 _ 여호와는 마음이 상한 자에게 가까이 하시고 중심에 통회하는 자를 구원하시는도다
   - 시 62:8 _ 백성들아 시시로 저를 의지하고 그 앞에 마음을 토하라 하나님은 우리의 피난처시로다
   - 사 66:2 _ 나 여호와가 말하노라 나의 손이 이 모든 것을 지어서 다 이루었느니라 무릇 마음이 가난하고 심령에 통회(痛悔)하며 나의 말을 인하여 떠는 자 그 사람은 내가 권고(眷顧)하려니와
   - 계 4:1-11 _ 이 일 후에 내가 보니 하늘에 열린 문이 있는데 내가 들은바 처음에 내게 말하던 나팔소리 같은 그 음성이 가로되 이리로 올라오라 이 후에 마땅히 될 일을 내가 네게 보이리라 하시더라 내가 곧 성령에 감동하였더니 보라 하늘에 보좌를 베풀었고 그 보좌 위에 앉으신 이가 있는데 앉으신 이의 모양이 벽옥과 홍보석 같고 또 무지개가 있어 보좌에 둘렸는데 그 모양이 녹보석 같더라 또 보좌에 둘려 이십 사 보좌들이 있고 그 보좌들 위에 이십 사 장로들이 흰 옷을 입고 머리에 금 면류관을 쓰고 앉았더라 보좌로부터 번개와 음성과 뇌성이 나고 보좌 앞에 일곱 등불 켠 것이 있으니 이는 하나님의 일곱 영이라 보좌 앞에 수정과 같은 유리 바다가 있고 보좌 가운데와 보좌 주위에 네 생물

이 있는데 앞뒤에 눈이 가득하더라 그 첫째 생물은 사자 같고 그 둘째 생물은 송아지 같고 그 세째 생물은 얼굴이 사람 같고 그 네째 생물은 날아가는 독수리 같은데 네 생물이 각각 여섯 날개가 있고 그 안과 주위에 눈이 가득하더라 그들이 밤낮 쉬지 않고 이르기를 거룩하다 거룩하다 거룩하다 주 하나님 곧 전능하신이여 전에도 계셨고 이제도 계시고 장차 오실 자라 하고 그 생물들이 영광과 존귀와 감사를 보좌에 앉으사 세세토록 사시는 이에게 돌릴 때에 이십 사 장로들이 보좌에 앉으신 이 앞에 엎드려 세세토록 사시는 이에게 경배하고 자기의 면류관을 보좌 앞에 던지며 가로되 우리 주 하나님이여 영광과 존귀와 능력을 받으시는 것이 합당하오니 주께서 만물을 지으신지라 만물이 주의 뜻대로 있었고 또 지으심을 받았나이다 하더라

5) · 단 9:17-19 _ 그러하온즉 우리 하나님이여 지금 주의 종의 기도와 간구를 들으시고 주를 위하여 주의 얼굴 빛을 주의 황폐한 성소에 비춰시옵소서 나의 하나님이여 귀를 기울여 들으시며 눈을 떠서 우리의 황폐된 상황과 주의 이름으로 일컫는 성을 보옵소서 우리가 주의 앞에 간구하옵는 것은 우리의 의를 의지하여 하는 것이 아니요 주의 큰 긍휼을 의지하여 함이오니 주여 들으소서 주여 용서하소서 주여 들으시고 행하소서 지체치 마옵소서 나의 하나님이여 주 자신을 위하여 하시옵소서 이는 주의 성과 주의 백성이 주의 이름으로 일컫는 바 됨이니이다
· 마 7:8 _ 구하는 이마다 얻을 것이요 찾는 이가 찾을 것이요 두드리는 이에게 열릴 것이니라
· 요 14:13, 14 _ 너희가 내 이름으로 무엇을 구하든지 내가 시행하리니 이는 아버지로 하여금 아들을 인하여 영광을 얻으시게 하려 함이라 내 이름으로 무엇이든지 내게 구하면 내가 시행하리라
· 요 16:23 _ 그날에는 너희가 아무것도 내게 묻지 아니하리라 내가 진실로 진실로 너희에게 이르노니 너희가 무엇이든지 아버지께 구하는 것을 내 이름으로 주시리라
· 롬 10:13 _ 누구든지 주의 이름을 부르는 자는 구원을 얻으리라
· 약 1:6 _ 오직 믿음으로 구하고 조금도 의심하지 말라 의심하는 자는 마치 바람에 밀려 요동하는 바다 물결 같으니

6) · 마 6:33 _ 너희는 먼저 그의 나라와 그의 의를 구하라 그리하면 이 모든 것을 너희에게 더하시리라
· 약 1:17 _ 각양 좋은 은사와 온전한 선물이 다 위로부터 빛들의 아버지께로서 내려오나니 그는 변함도 없으시고 회전하는 그림자도 없으시니라

7) · 마 6:9-13 _ 그러므로 너희는 이렇게 기도하라 하늘에 계신 우리 아버지여 이름이 거룩히 여김을 받으시오며 나라이 임하옵시며 뜻이 하늘에서 이룬 것같이 땅에서도 이루어지이다 오늘날 우리에게 일용할 양식을 주옵시고 우리가 우리에게 죄지은 자를 사하여 준 것같이 우리 죄를 사하여 주옵시고 우리를 시험에 들게 하지 마옵시고 다만 악에서 구하옵소서 (나라와 권세와 영광이 아버지께 영원히 있사옵나이다 아멘)
· 눅 11:2-4 _ 예수께서 이르시되 너희는 기도할 때에 이렇게 하라 아버지여 이름이 거룩히 여김을 받으시오며 나라이 임하옵시며 우리에게 날마다 일용할 양식을 주옵시고 우리가 우리에게 죄지은 모든 사람을 용서하오니 우리 죄도 사하여 주옵시고 우리를 시험에 들게 하지 마옵소서 하라

주의 날 | 제46주

제 120 문 _ 그리스도께서는 왜 우리에게 하나님을 "우리 아버지"로 부르라 명하셨습니까?

답 _ 우리 기도의 맨 첫머리에서,
　　　하나님을 향한
　　　어린 아이같은 공경과 신뢰가
　　　우리 기도의 기초임을
　　　우리 안에 일깨우기 위해서입니다.
　　곧 하나님께서는

그리스도로 말미암아
우리 아버지가 되셨으므로,
우리가 믿음으로 간구하는 것은
우리 부모가 우리에게
땅의 것들을 거절하지 않는 것보다
훨씬 더 적게 거절하지 아니하십니다.[1]

제 121 문 _ 왜 "우리 아버지"란 말에 "하늘에 계신" 분이라고 덧붙입니까?

답 _ 우리로 하여금
하나님의 천상의 위엄을
지상의 방식으로 생각하지 않고,[2]
우리의 몸과 영혼에
필요한 모든 것을
그의 전능하신 능력으로부터 기대하도록 가르칩니다.[3]

---

1) · 마 7:9-11 _ 너희 중에 누가 아들이 떡을 달라 하면 돌을 주며 생선을 달라 하면 뱀을 줄 사람이 있겠느냐 너희가 악한 자라도 좋은 것으로 자식에게 줄 줄 알거든 하물며 하늘에 계신 너희 아버지께서 구하는 자에게 좋은 것으로 주시지 않겠느냐
· 눅 11:11-13 _ 너희 중에 아비 된 자 누가 아들이 생선을 달라 하면 생선 대신에 뱀을 주며 알을 달라 하면 전갈을 주겠느냐 너희가 악할지라도 좋은 것을 자식에게 줄 줄 알거든 하물며 너희 천부께서 구하는 자에게 성령을 주시지 않겠느냐 하시니라

2) · 렘 23:23, 24 _ 나 여호와가 말하노라 나는 가까운 데 하나님이요 먼 데 하나님은 아니냐 나 여호와가 말하노라 사람이 내게 보이지 아니하려고 누가 자기를 은밀한 곳에 숨길 수 있겠느냐 나 여호와가 말하노라 나는 천지에 충만하지 아니하냐
· 행 17:24, 25 _ 우주와 그 가운데 있는 만유를 지으신 신께서는 천지의 주재시니 손으로 지은 전에 계시지 아니하시고 또 무엇이 부족한 것처럼 사람의 손으로 섬김을 받으시는 것이 아니니 이는 만민에게 생명과 호흡과 만물을 친히 주시는 자이심이라

3) · 마 6:25-34 _ 그러므로 내가 너희에게 이르노니 목숨을 위하여 무엇을 먹을까 무엇을 마실까 몸을 위하여 무엇을 입을까 염려하지 말라 목숨이 음식보다 중하지 아니하며 몸이 의복보다 중하지 아니하냐 공중의 새를 보라 심지도 않고 거두지도 않고 창고에 모아들이지도 아니하되 너희 천부께서 기르시나니 너희는 이것들보다 귀하지 아니하냐 너희 중에 누가 염려함으로 그 키를 한 자나 더할 수 있느냐 또 너희가 어찌 의복을 위하여 염려하느냐 들의 백합화가 어떻게 자라는가 생각하여 보라 수고도 아니하고 길쌈도 아니하느니라 그러나 내가 너희에게 말하노니 솔로몬의 모든 영광으로도 입은 것이 이 꽃 하나만 같지 못하였느니라 오늘 있다가 내일 아궁이에 던지우는 들풀도 하나님이 이렇게 입히시거든 하물며 너희일까보냐 믿음이 적은 자들아 그러므로 염려하여 이르기를 무엇을 먹을까 무엇을 마실까 무엇을 입을까 하지 말라 이는 다 이방인들이 구하는 것이라 너희 천부께서 이 모든 것이 너희에게 있어야 할 줄을 아시느니라 너희는 먼저 그의 나라와 그의 의를 구하라 그리하면 이 모든 것을 너희에게 더하시리라 그러므로 내일 일을 위하여 염려하지 말라 내일 일은 내일 염려할 것이요 한 날 괴로움은 그 날에 족하니라
· 롬 8:31, 32 _ 그런즉 이 일에 대하여 우리가 무슨 말 하리요 만일 하나님이 우리를 위하시면 누가 우리를 대적하리요 자기 아들을 아끼지 아니하시고 우리 모든 사람을 위하여 내어 주신 이가 어찌 그 아들과 함께 모든 것을 우리에게 은사로 주지 아니하시겠느뇨

주의 날 | 제47주

제 122 문 _ 첫째 간구는 무엇입니까?

답 _ "이름이 거룩히 여김을 받으시옵소서"로,
이러한 간구입니다.
"무엇보다도 먼저
  우리로 하여금 주를 바르게 알게 하시며,1)
  주의 전능하심과
  지혜와 선하심과 의와
  자비와 진리가
  환히 빛나는,
  주의 모든 일에서
  주를 거룩히 여기고, 영화롭게 하며, 찬송하게 하시옵소서.2)
또한 우리의 모든 생활
  곧 우리의 생각과 말과 행동을 주장하셔서,
  주의 이름이 우리 때문에 모독을 당하지 않고
  오히려 영광과 찬송이 되게 하시옵소서."3)

1) · 렘 9:23, 24 _ 여호와께서 이같이 말씀하시되 지혜로운 자는 그 지혜를 자랑치 말라 용사는 그 용맹을 자랑치 말라 부자는 그 부함을 자랑치 말라 자랑하는 자는 이것으로 자랑할지니 곧 명철하여 나를 아는 것과 나 여호와는 인애와 공평과 정직을 땅에 행하는 자인 줄 깨닫는 것이라 나는 이 일을 기뻐하노라 여호와의 말이니라
· 렘 31:33, 34 _ 나 여호와가 말하노라 그러나 그날 후에 내가 이스라엘 집에 세울 언약은 이러하니 곧 내가 나의 법을 그들의 속에 두며 그 마음에 기록하여 나는 그들의 하나님이 되고 그들은 내 백성이 될 것이라 그들이 다시는 각기 이웃과 형제를 가리켜 이르기를 너는 여호와를 알라 하지 아니하리니 이는 작은 자로부터 큰 자까지 다 나를 앎이니라 내가 그들의 죄악을 사하고 다시는 그 죄를 기억지 아니하리라 여호와의 말이니라
· 마 16:17 _ 예수께서 대답하여 가라사대 바요나 시몬아 네가 복이 있도다 이를 네게 알게 한 이는 혈육이 아니요 하늘에 계신 내 아버지시니라
· 요 17:3 _ 영생은 곧 유일하신 참 하나님과 그의 보내신 자 예수 그리스도를 아는 것이니이다

2) · 출 34:5-8 _ 여호와께서 구름 가운데 강림하사 그와 함께 거기 서서 여호와의 이름을 반포하실 새 여호와께서 그의 앞으로 지나시며 반포하시되 여호와로라 여호와로라 자비롭고 은혜롭고 노하기를 더디하고 인자와 진실이 많은 하나님이로라 인자를 천대까지 베풀며 악과 과실과 죄를 용서하나 형벌 받을 자는 결단코 면죄하지 않고 아비의 악을 자여손 삼 사대까지 보응하리라 모세가 급히 땅에 엎드리어 경배하며
· 시 145:1-21 _ 왕이신 나의 하나님이여 내가 주를 높이고 영원히 주의 이름을 송축하리이다 내가 날마다 주를 송축하며 영영히 주의 이름을 송축하리이다 여호와는 광대하시니 크게 찬양할 것이라 그의 광대하심을 측량치 못하리로다 대대로 주의 행사를 크게 칭송하며 주의 능한 일을 선포하리로다 주의 존귀하고 영광스러운 위엄과 주의 기사를 나는 묵상하리이다 사람들은 주의 두려운 일의 세력을 말할 것이요 나도 주의 광대하심을 선포하리이다 저희가 주의 크신 은혜를 기념하여 말하며 주의 의를 노래하리이다 여호와는 은혜로우시며 자비하시며 노하기를 더디하시며 인자하심이 크시도다 여호와께서는 만유를 선대하시며 그 지으신 모든 것에 긍휼을 베푸시는도다 여호와여 주의 지으신 모든 것이 주께 감사하며 주의 성도가 주를 송축하리이다 저희가 주의 나라의 영광을 말하며 주의 능을 일러서 주의 능하신 일과 주의 나라의 위엄의 영광을 인생에게 알게 하리이다 주의 나라는 영원

한 나라이니 주의 통치는 대대에 이르리이다 여호와께서는 모든 넘어지는 자를 붙드시며 비굴한 자를 일으키시는도다 중생의 눈이 주를 앙망하오니 주는 때를 따라 저희에게 식물을 주시며 손을 펴사 모든 생물의 소원을 만족케 하시나이다 여호와께서는 그 모든 행위에 의로우시며 그 모든 행사에 은혜로우시도다 여호와께서는 자기에게 간구하는 모든 자 곧 진실하게 간구하는 모든 자에게 가까이 하시는도다 저는 자기를 경외하는 자의 소원을 이루시며 또 저희 부르짖음을 들으사 구원하시리로다 여호와께서 자기를 사랑하는 자는 다 보호하시고 악인은 다 멸하시리로다 내 입이 여호와의 영예를 말하며 모든 육체가 그의 성호를 영영히 송축할찌로다

- 렘 32:16-20 _ 내가 매매증서를 네리야의 아들 바룩에게 부친 후에 여호와께 기도하여 가로되 슬프도소이다 주 여호와여 주께서 큰 능과 드신 팔로 천지를 지으셨사오니 주에게는 능치 못한 일이 없으시니이다 주는 은혜를 천만인에게 베푸시며 아비의 죄악을 그 후 자손의 품에 갚으시오니 크고 능하신 하나님이시요 이름은 만군의 여호와시니이다 주는 모략에 크시며 행사에 능하시며 인류의 모든 길에 주목하시며 그 길과 그 행위의 열매대로 보응하시나이다 주께서 애굽 땅에서 징조와 기사로 행하셨고 오늘까지도 이스라엘과 외인 중에 그 같이 행하사 주의 이름을 오늘과 같이 되게 하셨나이다

- 눅 1:46-55 _ 마리아가 가로되 내 영혼이 주를 찬양하며 내 마음이 하나님 내 구주를 기뻐하였음은 그 계집종의 비천함을 돌아보셨음이라 보라 이제 후로는 만세에 나를 복이 있다 일컬으리로다 능하신 이가 큰일을 내게 행하셨으니 그 이름이 거룩하시며 긍휼하심이 두려워하는 자에게 대대로 이르는도다 그의 팔로 힘을 보이사 마음의 생각이 교만한 자들을 흩으셨고 권세 있는 자를 그 위에서 내리치셨으며 비천한 자를 높이셨고 주리는 자를 좋은 것으로 배불리셨으며 부자를 공수(空手)로 보내셨도다 그 종 이스라엘을 도우사 긍휼히 여기시고 기억하시되 우리 조상에게 말씀하신 것과 같이 아브라함과 및 그 자손에게 영원히 하시리로다 하니라

- 눅 1:68-75 _ 찬송하리로다 주 이스라엘의 하나님이여 그 백성을 돌아보사 속량(贖良)하시며 우리를 위하여 구원의 뿔을 그 종 다윗의 집에 일으키셨으니 이것은 주께서 예로부터 거룩한 선지자의 입으로 말씀하신 바와 같이 우리 원수에게서와 우리를 미워하는 모든 자의 손에서 구원하시는 구원이라 우리 조상을 긍휼히 여기시며 그 거룩한 언약을 기억하셨으니 곧 우리 조상 아브라함에게 맹세하신 맹세라 우리로 원수의 손에서 건지심을 입고 종신토록 주의 앞에서 성결과 의로 두려움이 없이 섬기게 하리라 하셨도다

- 롬 11:33-36 _ 깊도다 하나님의 지혜와 지식의 부요함이여 그의 판단은 측량치 못할 것이며 그의 길은 찾지 못할 것이로다 누가 주의 마음을 알았느뇨 누가 그의 모사가 되었느뇨 누가 주께 먼저 드려서 갚으심을 받겠느뇨 이는 만물이 주에게서 나오고 주로 말미암고 주에게로 돌아감이라 영광이 그에게 세세에 있으리로다 아멘

3)
- 시 115:1 _ 여호와여 영광을 우리에게 돌리지 마옵소서 우리에게 돌리지 마옵소서 오직 주의 인자하심과 진실하심을 인하여 주의 이름에 돌리소서
- 마 5:16 _ 이같이 너희 빛을 사람 앞에 비취게 하여 저희로 너희 착한 행실을 보고 하늘에 계신 너희 아버지께 영광을 돌리게 하라

주의 날 | 제48주

제 123 문 _ 둘째 간구는 무엇입니까?

답 _ "나라이 임하옵소서"로
이러한 간구입니다.
"주의 말씀과 성령으로 우리를 다스리시사
우리가 더욱 더 주께 순종하게 하시옵소서.[1]
주의 교회를 보존하시고 흥왕케 하시옵소서.[2]
마귀의 사역들,
주를 대적하여 일어나는 모든 세력들,

주의 거룩한 말씀을 대적하는 모든 음모들을
다 멸하시옵소서.3)
주의 나라가 충만히 임하여,
주께서 만유 안의 만유가 되실 때까지
이 모든 일을 행하시옵소서." 4)

1) · 시 119:5, 105 _ 내 길을 굳이 정하사 주의 율례를 지키게 하소서 주의 말씀은 내 발에 등이요 내 길에 빛이니이다
   · 시 143:10 _ 주는 나의 하나님이시니 나를 가르쳐 주의 뜻을 행케 하소서 주의 신이 선하시니 나를 공평한 땅에 인도하소서
   · 마 6:33 _ 너희는 먼저 그의 나라와 그의 의를 구하라 그리하면 이 모든 것을 너희에게 더하시리라
2) · 시 51:18 _ 주의 은택으로 시온에 선을 행하시고 예루살렘 성을 쌓으소서
   · 시 122:6-9 _ 예루살렘을 위하여 평안을 구하라 예루살렘을 사랑하는 자는 형통하리로다 네 성안에는 평강이 있고 네 궁중에는 형통이 있을지어다 내가 내 형제와 붕우를 위하여 이제 말하리니 네 가운데 평강이 있을찌어다 여호와 우리 하나님의 집을 위하여 내가 네 복을 구하리로다
   · 마 16:18 _ 또 내가 네게 이르노니 너는 베드로라 내가 이 반석 위에 내 교회를 세우리니 음부(陰府)의 권세가 이기지 못하리라
   · 행 2:42-47 _ 저희가 사도의 가르침을 받아 서로 교제하며 떡을 떼며 기도하기를 전혀 힘쓰니 사람마다 두려워하는데 사도들로 인하여 기사와 표적이 많이 나타나니 믿는 사람이 다 함께 있어 모든 물건을 서로 통용하고 또 재산과 소유를 팔아 각 사람의 필요를 따라 나눠 주고 날마다 마음을 같이하여 성전에 모이기를 힘쓰고 집에서 떡을 떼며 기쁨과 순전한 마음으로 음식을 먹고 하나님을 찬미하며 또 온 백성에게 칭송을 받으니 주께서 구원받는 사람을 날마다 더하게 하시니라
3) · 롬 16:20 _ 평강의 하나님께서 속히 사단을 너희 발아래서 상하게 하시리라 우리 주 예수의 은혜가 너희에게 있을지어다
   · 요일 3:8 _ 죄를 짓는 자는 마귀에게 속하나니 마귀는 처음부터 범죄함이니라 하나님의 아들이 나타나신 것은 마귀의 일을 멸하려 하심이니라
4) · 롬 8:22, 23 _ 피조물이 다 이제까지 함께 탄식하며 함께 고통하는 것을 우리가 아나니 이뿐 아니라 또한 우리 곧 성령의 처음 익은 열매를 받은 우리까지도 속으로 탄식하여 양자(養子) 될 것 곧 우리 몸의 구속(救贖)을 기다리느니라
   · 고전 15:28 _ 만물을 저에게 복종하게 하신 때에는 아들 자신도 그때에 만물을 자기에게 복종케 하신 이에게 복종케 되리니 이는 하나님이 만유의 주로서 만유 안에 계시려 하심이라
   · 계 22:17, 20 _ 성령과 신부가 말씀하시기를 오라 하시는도다 듣는 자도 오라 할 것이요 목마른 자도 올 것이요 또 원하는 자는 값없이 생명수를 받으라 하시더라 이것들을 증거하신 이가 가라사대 내가 진실로 속히 오리라 하시거늘 아멘 주 예수여 오시옵소서

주의 날 | 제49주

제 124 문 _ 셋째 간구는 무엇입니까?

답 _ "뜻이 하늘에서 이룬 것같이 땅에서도 이루어지이다"로
이러한 간구입니다.
"우리와 모든 사람들이
 자기 자신의 뜻을 부인하고,

유일하게 선하신
주의 뜻에
아무런 불평 없이
순종하게 하시옵소서.1)
또한 각각
자기의 직분과 소명을
하늘의 천사들처럼2)
즐거이 충성스럽게
수행하게 하시옵소서."3)

1) · 마 7:21 _ 나더러 주여 주여 하는 자마다 천국에 다 들어갈 것이 아니요 다만 하늘에 계신 내 아버지의 뜻대로 행하는 자라야 들어가리라
· 마 16:24-26 _ 이에 예수께서 제자들에게 이르시되 아무든지 나를 따라 오려거든 자기를 부인하고 자기 십자가를 지고 나를 좇을 것이니라 누구든지 제 목숨을 구원코자 하면 잃을 것이요 누구든지 나를 위하여 제 목숨을 잃으면 찾으리라 사람이 만일 온 천하를 얻고도 제 목숨을 잃으면 무엇이 유익하리요 사람이 무엇을 주고 제 목숨을 바꾸겠느냐
· 눅 22:42 _ 가라사대 아버지여 만일 아버지의 뜻이어든 이 잔을 내게서 옮기시옵소서 그러나 내 원대로 마옵시고 아버지의 원대로 되기를 원하나이다 하시니
· 롬 12:1, 2 _ 그러므로 형제들아 내가 하나님의 모든 자비하심으로 너희를 권하노니 너희 몸을 하나님이 기뻐하시는 거룩한 산 제사로 드리라 이는 너희의 드릴 영적 예배니라 너희는 이 세대를 본받지 말고 오직 마음을 새롭게 함으로 변화를 받아 하나님의 선하시고 기뻐하시고 온전하신 뜻이 무엇인지 분별하도록 하라
· 딛 2:11, 12 _ 모든 사람에게 구원을 주시는 하나님의 은혜가 나타나 우리를 양육하시되 경건치 않은 것과 이 세상 정욕을 다 버리고 근신함과 의로움과 경건함으로 이 세상에 살고
2) · 시 103:20, 21 _ 능력이 있어 여호와의 말씀을 이루며 그 말씀의 소리를 듣는 너희 천사여 여호와를 송축하라 여호와를 봉사하여 그 뜻을 행하는 너희 모든 천군이여 여호와를 송축하라
3) · 고전 7:17-24 _ 오직 주께서 각 사람에게 나눠 주신대로 하나님이 각 사람을 부르신 그대로 행하라 내가 모든 교회에서 이와 같이 명하노라 할례자로 부르심을 받은 자가 있느냐 무할례자가 되지 말며 무할례자로 부르심을 받은 자가 있느냐 할례를 받지 말라 할례 받는 것도 아무 것도 아니요 할례 받지 아니하는 것도 아무 것도 아니로되 오직 하나님의 계명을 지킬 따름이니라 각 사람이 부르심을 받은 그 부르심 그대로 지내라 네가 종으로 있을 때에 부르심을 받았느냐 염려하지 말라 그러나 자유할 수 있거든 차라리 사용하라 주 안에서 부르심을 받은 자는 종이라도 주께 속한 자유자요 또 이와 같이 자유자로 있을 때에 부르심을 받은 자는 그리스도의 종이니라 너희는 값으로 사신 것이니 사람들의 종이 되지 말라 형제들아 각각 부르심을 받은 그대로 하나님과 함께 거하라
· 엡 6:5-9 _ 종들아 두려워하고 떨며 성실한 마음으로 육체의 상전에게 순종하기를 그리스도께 하듯하여 눈가림만 하여 사람을 기쁘게 하는 자처럼 하지 말고 그리스도의 종들처럼 마음으로 하나님의 뜻을 행하여 단 마음으로 섬기기를 주께 하듯하고 사람들에게 하듯하지 말라 이는 각 사람이 무슨 선을 행하든지 종이나 자유하는 자나 주에게 그대로 받을 줄을 앎이니라 상전들아 너희도 저희에게 이와 같이 하고 공갈을 그치라 이는 저희와 너희의 상전이 하늘에 계시고 그에게는 외모로 사람을 취하는 일이 없는줄 너희가 앎이니라

주의 날 | 제50주

제 125 문_ 넷째 간구는 무엇입니까?

답_ "오늘날 우리에게 일용할 양식을 주옵소서"로,
이러한 간구입니다.
"우리의 육신적인 모든 필요를 다 채워주시옵소서.[1]
　　　그래서 주께서
　　　모든 좋은 것의 유일한 원천이심과,[2]
　　　주의 복 주심이 없이는
　　　우리의 염려나 수고,
　　　심지어 주의 은사들이라도
　　　우리에게 아무런 유익이 되지 못함을
　　　깨닫게 하시옵소서.[3]
그래서 어떤 피조물도
　　　의지하지 않고,
　　　오직 주께만
　　　우리의 신뢰를 두게 하시옵소서."[4]

---

[1] · 시 104:27-30 _ 이것들이 다 주께서 때를 따라 식물 주시기를 바라나이다 주께서 주신즉 저희가 취하며 주께서 손을 펴신즉 저희가 좋은 것으로 만족하다가 주께서 낯을 숨기신즉 저희가 떨고 주께서 저희 호흡을 취하신즉 저희가 죽어 본 흙으로 돌아가나이다 주의 영을 보내어 저희를 창조하사 지면을 새롭게 하시나이다
· 시 145:15, 16 _ 중생의 눈이 주를 앙망하오니 주는 때를 따라 저희에게 식물을 주시며 손을 펴사 모든 생물의 소원을 만족케 하시나이다
· 마 6:25-34 _ 그러므로 내가 너희에게 이르노니 목숨을 위하여 무엇을 먹을까 무엇을 마실까 몸을 위하여 무엇을 입을까 염려하지 말라 목숨이 음식보다 중하지 아니하며 몸이 의복보다 중하지 아니하냐 공중의 새를 보라 심지도 않고 거두지도 않고 창고에 모아 들이지도 아니하되 너희 천부께서 기르시나니 너희는 이것들보다 귀하지 아니하냐 너희 중에 누가 염려함으로 그 키를 한 자나 더할 수 있느냐 또 너희가 어찌 의복을 위하여 염려하느냐 들의 백합화가 어떻게 자라는가 생각하여 보라 수고도 아니하고 길쌈도 아니하느니라 그러나 내가 너희에게 말하노니 솔로몬의 모든 영광으로도 입은 것이 이 꽃 하나만 같지 못하였느니라 오늘 있다가 내일 아궁이에 던지우는 들풀도 하나님이 이렇게 입히시거든 하물며 너희일까보냐 믿음이 적은 자들아 그러므로 염려하여 이르기를 무엇을 먹을까 무엇을 마실까 무엇을 입을까 하지 말라 이는 다 이방인들이 구하는 것이라 너희 천부께서 이 모든 것이 너희에게 있어야 할 줄을 아시느니라 너희는 먼저 그의 나라와 그의 의를 구하라 그리하면 이 모든 것을 너희에게 더하시리라 그러므로 내일 일을 위하여 염려하지 말라 내일 일은 내일 염려할 것이요 한 날 괴로움은 그 날에 족하니라

[2] · 행 14:17 _ 그러나 자기를 증거하지 아니하신 것이 아니니 곧 너희에게 하늘로서 비를 내리시며 결실기를 주시는 선한 일을 하사 음식과 기쁨으로 너희 마음에 만족케 하셨느니라
· 행 17:25 _ 또 무엇이 부족한 것처럼 사람의 손으로 섬김을 받으시는 것이 아니니 이는 만민에게 생명과 호흡과 만물을 친히 주시는 자이심이라
· 약 1:17 _ 각양 좋은 은사와 온전한 선물이 다 위로부터 빛들의 아버지께로서 내려오나니 그는 변함도 없으시고 회전하는 그림자도 없으시니라

[3] · 신 8:3 _ 너를 낮추시며 너로 주리게 하시며 또 너도 알지 못하며 네 열조도 알지 못하던 만나를 네게 먹이신 것은 사람이 떡으로만 사는 것이 아니요 여호와의 입에서 나오는 모든 말씀으로 사는 줄을 너로 알게 하려 하심이니라
· 시 37:16 _ 의인의 적은 소유가 많은 악인의 풍부함보

다 승하도다
- 시 127:1, 2 _ 여호와께서 집을 세우지 아니하시면 세우는 자의 수고가 헛되며 여호와께서 성을 지키지 아니하시면 파숫군의 경성(警醒)함이 허사로다 너희가 일찍이 일어나고 늦게 누우며 수고의 떡을 먹음이 헛되도다 그러므로 여호와께서 그 사랑하시는 자에게는 잠을 주시는도다
- 고전 15:58 _ 그러므로 내 사랑하는 형제들아 견고하며 흔들리지 말며 항상 주의 일에 더욱 힘쓰는 자들이 되라 이는 너희 수고가 주 안에서 헛되지 않은 줄을 앎이니라

4)
- 시 55:22 _ 네 짐을 여호와께 맡겨 버리라 너를 붙드시고 의인의 요동함을 영영히 허락지 아니하시리로다
- 시 62:1-12 _ 나의 영혼이 잠잠히 하나님만 바람이여 나의 구원이 그에게서 나는도다 오직 저만 나의 반석이시요 나의 구원이시요 나의 산성이시니 내가 크게 요동치 아니하리로다 넘어지는 담과 흔들리는 울타리 같은 사람을 죽이려고 너희가 일제히 박격하기를 언제까지 하려느냐 저희가 그를 그 높은 위에서 떨어뜨리기만 꾀하고 거짓을 즐겨하니 입으로는 축복이요 속으로는 저주로다(셀라) 나의 영혼아 잠잠히 하나님만 바라라 대저 나의 소망이 저로 좇아 나는도다 오직 저만 나의 반석이시요 나의 구원이시요 나의 산성이시니 내가 요동치 아니하리로다 나의 구원과 영광이 하나님께 있음이여 내 힘의 반석과 피난처도 하나님께 있도다 백성들아 시시로 저를 의지하고 그 앞에 마음을 토하라 하나님은 우리의 피난처시로다(셀라) 진실로 천한 자도 헛되고 높은 자도 거짓되니 저울에 달면 들려 입김보다 경하리로다 포학을 의지하지 말며 탈취한 것으로 허망하여지지 말며 재물이 늘어도 거기 치심치 말찌어다 하나님이 한두번 하신 말씀을 내가 들었나니 권능은 하나님께 속하였다 하셨도다 주여 인자함도 주께 속하였사오니 주께서 각 사람이 행한 대로 갚으심이니이다
- 시 146:1-10 _ 할렐루야 내 영혼아 여호와를 찬양하라 나의 생전에 여호와를 찬양하며 나의 평생에 내 하나님을 찬송하리로다 방백들을 의지하지 말며 도울 힘이 없는 인생도 의지하지 말찌니 그 호흡이 끊어지면 흙으로 돌아가서 당일에 그 도모가 소멸하리로다 야곱의 하나님으로 자기 도움을 삼으며 여호와 자기 하나님에게 그 소망을 두는 자는 복이 있도다 여호와는 천지와 바다와 그 중의 만물을 지으시며 영원히 진실함을 지키시며 압박 당하는 자를 위하여 공의로 판단하시며 주린 자에게 식물을 주시는 자시로다 여호와께서 갇힌 자를 해방하시며 여호와께서 소경의 눈을 여시며 여호와께서 비굴한 자를 일으키시며 여호와께서 의인을 사랑하시며 여호와께서 객을 보호하시며 고아와 과부를 붙드시고 악인의 길은 굽게 하시는도다 시온아 여호와 네 하나님은 영원히 대대로 통치하시리로다 할렐루야
- 렘 17:5-8 _ 나 여호와가 이같이 말하노라 무릇 사람을 믿으며 혈육으로 그 권력을 삼고 마음이 여호와에게서 떠난 그 사람은 저주를 받을 것이라 그는 사막의 떨기나무 같아서 좋은 일의 오는 것을 보지 못하고 광야 간조한 곳 건한 땅 사람이 거하지 않는 땅에 거하리라 그러나 무릇 여호와를 의지하며 여호와를 의뢰하는 그 사람은 복을 받을 것이라 그는 물가에 심기운 나무가 그 뿌리를 강변에 뻗치고 더위가 올찌라도 두려워 아니하며 그 잎이 청청하며 가무는 해에도 걱정이 없고 결실이 그치지 아니함 같으리라
- 히 13:5, 6 _ 돈을 사랑치 말고 있는 바를 족한 줄로 알라 그가 친히 말씀하시기를 내가 과연 너희를 버리지 아니하고 과연 너희를 떠나지 아니하리라 하셨느니라 그러므로 우리가 담대히 가로되 주는 나를 돕는 자시니 내가 무서워 아니하겠노라 사람이 내게 어찌하리요 하노라

주의 날 | 제51주

제 126 문 _ 다섯째 간구는 무엇입니까?

답 _ "우리가 우리에게 죄진 자를 사하여 준 것같이
　　　우리 죄를 사하여 주소서"로,
　　이러한 간구입니다.
　　　"우리 역시 주의 은혜의 증거가 우리 안에 있어,

　　　　　진심으로 우리의 이웃을 용서하기로
　　　　　굳게 작정하듯이,[1]
　　　　그리스도의 보혈을 보시사,
　　　　　우리의 어떤 범죄나
　　　　여전히 우리에게 붙어있는 악이라도,
　　　　　불쌍한 죄인들인
　　　　우리에게 돌리지 마시옵소서."[2]

1) · 마 6:14, 15 _ 너희가 사람의 과실을 용서하면 너희 천부께서도 너희 과실을 용서하시려니와 너희가 사람의 과실을 용서하지 아니하면 너희 아버지께서도 너희 과실을 용서하지 아니하시리라
· 마 18:21-35 _ 그 때에 베드로가 나아와 가로되 주여 형제가 내게 죄를 범하면 몇 번이나 용서하여 주리이까 일곱 번까지 하오리이까 예수께서 가라사대 네게 이르노니 일곱 번 뿐 아니라 일흔 번씩 일곱 번이라도 할찌니라 이러므로 천국은 그 종들과 회계하려 하던 어떤 임금과 같으니 회계할 때에 일만 달란트 빚진 자 하나를 데려오매 갚을 것이 없는지라 주인이 명하여 그 몸과 처와 자식들과 모든 소유를 다 팔아 갚게 하라 한 대 그 종이 엎드리어 절하며 가로되 내게 참으소서 다 갚으리이다 하거늘 그 종의 주인이 불쌍히 여겨 놓아 보내며 그 빚을 탕감하여 주었더니 그 종이 나가서 제게 백 데나리온 빚진 동관 하나를 만나 붙들어 목을 잡고 가로되 빚을 갚으라 하매 그 동관이 엎드리어 간구하여 가로되 나를 참아 주소서 갚으리이다 하되 허락하지 아니하고 이에 가서 저가 빚을 갚도록 옥에 가두거늘 그 동관들이 그것을 보고 심히 민망하여 주인에게 가서 그 일을 다 고하니 이에 주인이 저를 불러다가 말하되 악한 종아 네가 빌기에 내가 네 빚을 전부 탕감하여 주었거늘 내가 너를 불쌍히 여김과 같이 너도 네 동관을 불쌍히 여김이 마땅치 아니하냐 하고 주인이 노하여 그 빚을 다 갚도록 저를 옥졸들에게 붙이니라 너희가 각각 중심으로 형제를 용서하지 아니하면 내 천부께서도 너희에게 이와 같이 하시리라

2) · 시 51:1-7 _ 하나님이여 주의 인자를 좇아 나를 긍휼히 여기시며 주의 많은 자비를 좇아 내 죄과를 도말(塗抹)하소서 나의 죄악을 말갛게 씻기시며 나의 죄를 깨끗이 제하소서 대저 나는 내 죄과를 아오니 내 죄가 항상 내 앞에 있나이다 내가 주께만 범죄하여 주의 목전에 악을 행하였사오니 주께서 말씀하실 때에 의로우시다 하고 판단하실 때에 순전하시다 하리이다 내가 죄악 중에 출생하였음이여 모친이 죄 중에 나를 잉태하였나이다 중심에 진실함을 주께서 원하시오니 내 속에 지혜를 알게 하시리이다 우슬초로 나를 정결케 하소서 내가 정하리이다 나를 씻기소서 내가 눈보다 희리이다
· 시 143:2 _ 주의 종에게 심판을 행치 마소서 주의 목전에는 의로운 인생이 하나도 없나이다
· 롬 8:1 _ 그러므로 이제 그리스도 예수 안에 있는 자에게는 결코 정죄함이 없나니
· 요일 2:1, 2 _ 나의 자녀들아 내가 이것을 너희에게 씀은 너희로 죄를 범치 않게 하려 함이라 만일 누가 죄를 범하면 아버지 앞에서 우리에게 대언자(代言者)가 있으니 곧 의로우신 예수 그리스도시라 저는 우리 죄를 위한 화목 제물이니 우리만 위할 뿐 아니요 온 세상의 죄를 위하심이라

주의 날 | 제52주

제 127 문 _ 여섯째 간구는 무엇입니까?

답_ "우리를 시험에 들지 말게 하옵시며
　　　다만 악에서 구하옵소서"로,
　　이러한 간구입니다.
　　　"우리는 너무나 연약하여

스스로는 한 순간도 설 수 없나이다.[1]
더욱 우리의 불구대천(不俱戴天)의 원수인
　마귀와[2] 세상과[3] 우리 자신의 육신은[4]
끊임없이 우리를 공격하나이다.
그러므로 주의 성령의 능력으로
　우리를 붙드시고 강하게 하시사,
　우리가 이 영적 전쟁에서[5]
　패배당하지 않고,
　오히려 마침내 완전한 승리를 얻기까지
　항상 우리의 원수들을 확고히 물리치게 하시옵소서."[6]

제 128 문 _ 당신은 당신의 기도를 어떻게 마무리합니까?

답 _ "대개(大蓋) 나라와
　　권세와
　　영광이 아버지께 영원히 있사옵나이다"로,
이러한 간구입니다.
"주는 우리의 왕으로서,
　만물에 대한 권세를 가지시사,
　우리에게 모든 좋은 것을
　기꺼이 주고자 하시며 주실 수 있기 때문에,[7]
그리고 우리가 아니라
　주의 거룩한 이름이
　영원히
　모든 영광을 받으시기에 합당하기 때문에,[8]
이 모든 것을 우리는 주께 구하나이다."

제 129 문 _ "아멘"이라는 말은 무엇을 뜻합니까?

답 _ "아멘"은
참되고 확실하다는 뜻입니다.
과연 하나님께서는
내가 그에게 이렇게 간곡히 바라는
내 심정보다도
훨씬 더 확실하게
내 기도를 들으십니다.[9]

---

1) · 시 103:14-16 _ 이는 저가 우리의 체질을 아시며 우리가 진토임을 기억하심이로다 인생은 그 날이 풀과 같으며 그 영화가 들의 꽃과 같도다 그것은 바람이 지나면 없어지나니 그곳이 다시 알지 못하거니와
 · 요 15:1-5 _ 내가 참 포도나무요 내 아버지는 그 농부라 무릇 내게 있어 과실을 맺지 아니하는 가지는 아버지께서 이를 제해 버리시고 무릇 과실을 맺는 가지는 더 과실을 맺게 하려하여 이를 깨끗케 하시느니라 너희는 내가 일러준 말로 이미 깨끗하였으니 내 안에 거하라 나도 너희 안에 거하리라 가지가 포도나무에 붙

어 있지 아니하면 절로 과실을 맺을 수 없음 같이 너희도 내 안에 있지 아니하면 그러하리라 나는 포도나무요 너희는 가지니 저가 내 안에 내가 저 안에 있으면 이 사람은 과실을 많이 맺나니 나를 떠나서는 너희가 아무 것도 할 수 없음이라

2) · 고후 11:14 _ 이것이 이상한 일이 아니라 사단도 자기를 광명의 천사로 가장하나니
 · 엡 6:10-13 _ 종말로 너희가 주 안에서와 그 힘의 능력으로 강건하여지고 마귀의 궤계를 능히 대적하기 위하여 하나님의 전신갑주를 입으라 우리의 씨름은 혈과 육에 대한 것이 아니요 정사와 권세와 이 어두움의 세상 주관자들과 하늘에 있는 악의 영들에게 대함이라 그러므로 하나님의 전신갑주를 취하라 이는 악한 날에 너희가 능히 대적하고 모든 일을 행한 후에 서기 위함이라
 · 벧전 5:8 _ 근신하라 깨어라 너희 대적 마귀가 우는 사자같이 두루 다니며 삼킬 자를 찾나니

3) · 요 15:18-21 _ 세상이 너희를 미워하면 너희보다 먼저 나를 미워한 줄을 알라 너희가 세상에 속하였으면 세상이 자기의 것을 사랑할 터이나 너희는 세상에 속한 자가 아니요 도리어 세상에서 나의 택함을 입은 자인고로 세상이 너희를 미워하느니라 내가 너희더러 종이 주인보다 더 크지 못하다 한 말을 기억하라 사람들이 나를 핍박하였은즉 너희도 핍박할 터이요 내 말을 지켰은즉 너희 말도 지킬 터이라 그러나 사람들이 내 이름을 인하여 이 모든 일을 너희에게 하리니 이는 나 보내신 이를 알지 못함이니

4) · 롬 7:23 _ 내 지체(肢體) 속에서 한 다른 법이 내 마음의 법과 싸워 내 지체 속에 있는 죄의 법 아래로 나를 사로잡아 오는 것을 보는도다
 · 갈 5:17 _ 육체의 소욕은 성령을 거스리고 성령의 소욕은 육체를 거스리나니 이 둘이 서로 대적함으로 너희의 원하는 것을 하지 못하게 하려 함이니라

5) · 마 10:19, 20 _ 너희를 넘겨줄 때에 어떻게 또는 무엇을 말할까 염려치 말라 그때에 무슨 말할 것을 주시리니 말하는 이는 너희가 아니라 너희 속에서 말씀하시는 자 곧 너희 아버지의 성령이시니라
 · 마 26:41 _ 시험에 들지 않게 깨어 있어 기도하라 마음에는 원이로되 육신이 약하도다
 · 막 13:33 _ 주의하라 깨어 있으라 그때가 언제인지 알지 못함이라
 · 롬 5:3-5 _ 다만 이뿐 아니라 우리가 환난 중에도 즐거워하나니 이는 환난은 인내를 인내는 연단을 연단은 소망을 이루는 줄 앎이로다 소망이 부끄럽게 아니함은 우리에게 주신 성령으로 말미암아 하나님의 사랑이 우리 마음에 부은 바 됨이니

6) · 고전 10:13 _ 사람이 감당할 시험밖에는 너희에게 당한 것이 없나니 오직 하나님은 미쁘사 너희가 감당치 못할 시험 당함을 허락지 아니하시고 시험당할 즈음에 또한 피할 길을 내사 너희로 능히 감당하게 하시느니라
 · 살전 3:13 _ 너희 마음을 굳게 하시고 우리 주 예수께서 그의 모든 성도와 함께 강림하실 때에 하나님 우리 아버지 앞에서 거룩함에 흠이 없게 하시기를 원하노라
 · 살전 5:23 _ 평강의 하나님이 친히 너희로 온전히 거룩하게 하시고 또 너희 온 영과 혼과 몸이 우리 주 예수 그리스도 강림하실 때에 흠 없게 보전되기를 원하노라

7) · 롬 10:11-13 _ 성경에 이르되 누구든지 저를 믿는 자는 부끄러움을 당하지 아니하리라 하니 유대인이나 헬라인이나 차별이 없음이라 한 주께서 모든 사람의 주가 되사 저를 부르는 모든 사람에게 부요하시도다 누구든지 주의 이름을 부르는 자는 구원을 얻으리라
 · 벧후 2:9 _ 주께서 경건한 자는 시험에서 건지시고 불의한 자는 형벌 아래 두어 심판 날까지 지키시며

8) · 시 115:1 _ 여호와여 영광을 우리에게 돌리지 마옵소서 우리에게 돌리지 마옵소서 오직 주의 인자하심과 진실하심을 인하여 주의 이름에 돌리소서
 · 렘 33:8, 9 _ 내가 그들을 내게 범한 그 모든 죄악에서 정(淨)하게 하며 그들의 내게 범하며 행한 모든 죄악을 사할 것이라 이 성읍이 세계 열방 앞에서 내게 기쁜 이름이 될 것이며 찬송과 영광이 될 것이요 그들은 나의 이 백성에게 베푼 모든 복을 들을 것이요 나의 이 성읍에 베푼 모든 복과 모든 평강을 인하여 두려워하며 떨리라
 · 요 14:13 _ 너희가 내 이름으로 무엇을 구하든지 내가 시행하리니 이는 아버지로 하여금 아들을 인하여 영광을 얻으시게 하려 함이라

9) · 사 65:24 _ 그들이 부르기 전에 내가 응답하겠고 그들이 말을 마치기 전에 내가 들을 것이며
 · 고후 1:20 _ 하나님의 약속은 얼마든지 그리스도 안에서 예가 되니 그런즉 그로 말미암아 우리가 아멘 하여 하나님께 영광을 돌리게 되느니라
 · 딤후 2:13 _ 우리는 미쁨이 없을지라도 주는 일향 미쁘시니 자기를 부인하실 수 없으시리라

돌트 신경

돌트 신경

서문

개혁교회 교리의 세 번째 표준 문서는 돌트 신경인데, 이는 '항론파에 반대하는 다섯 조항들'이라고 불린다. 이 신경은 1618~1619년에 돌트 개혁 총회에서 채택된 교리 문서이다. 이 총회는 네덜란드 개혁교회의 대의원들로 구성되었을 뿐만 아니라 외국 교회의 대표단 27명도 함께 참석한 국제적 차원의 총회였다.

돌트 총회는 알미니안 주의의 고조와 확산으로 야기된 개혁교회 내부의 심각한 혼란 문제로 개최되었다. 레이덴 대학의 신학 교수였던 알미니우스(Arminius)와 그의 추종자들은 다섯 가지 중요한 요점에 관한 그들의 가르침에서 개혁 신앙으로부터 일탈하였다. 그들은 예지된 믿음, 보편적 속죄, 부분적 타락, 저항할 수 있는 은혜, 그리고 은혜로부터 타락할 가능성에 근거를 둔 조건적 선택을 가르쳤다. 이와 같은 견해는 총회에서 반박되었고, 그 반대 견해는 오늘날 돌트 신경 또는 항론파에 반대하는 다섯 조항들이라고 불리는 것으로 구체화되었다. 총회는 이 신경에서 무조건적 선택, 제한적 속죄, 전적 타락, 불가항력적 은혜, 그리고 성도의 견인이라는 요점으로 개혁 교리를 천명했다.

신경의 각 조항은 긍정적인 부분과 부정적인 부분으로 구성되어 있는데, 전자에는 주제에 관한 개혁 교리의 해명이 있고, 후자에는 그 주제에 대응하는 알미니안의 오류에 대한 논박이 있다. 비록 그 구성에 있어서는 세 번째 부분과 네 번째 부분이 하나로 합해져서 네 장으로 되어 있다고 해도 우리는 다섯 신조라고 맞추어 말하며, 세 번째 장은 항상 제3, 4장으로 나타낸다. 우리 교회들의 모든 직분자들의 임직시에는 벨직 신앙 고백서와 하이델베르그 교리문답과 마찬가지로 이 돌트 신경에도 서명날인하도록 하였다.

돌트 신경

〈 공식적인 명칭 〉
네덜란드에서의 주요 5개 조항 교리 논쟁에 대한 돌트 총회의 결정

서론

개혁교회 교리의 세 번째 표준문서는 돌트 신경으로서, 소위 "항론파에 반대하는 다섯 조항"이라고도 불린다. 이 신경은 1618~1619년 돌트 개혁총회에서 교회로부터 채택된 교리문서이다. 이 총회는 국제적인 차원의 회의였던 바, 네덜란드 개혁교회들의 대표자들로 구성되었을 뿐만 아니라 8개국 27명의 외국 교회 대표자들도 함께 참석하였기 때문이다(총 105명).

돌트 총회는 알미니안주의의 고조와 확산에 의해 촉발된 개혁교회 내부의 심각한 논쟁을 해결하기 위하여 소집되었다. 라이덴 대학의 신학 교수였던 야곱 알미니우스(Arminius)는 그의 추종자들과 함께 칼빈파의 다섯 조항의 중요 교리 교육에 있어서 의문을 제기하고, 1610년 항론서에 이 5개 조항에 대한 자기들의 견해를 제시하여, 개혁신앙을 이탈하였다. 이 문서와 후기의 좀더 명확한 자료들에 의하면, 알미니안주의자들은 예지된 믿음, 보편적 속죄, 부분적 타락, 저항할 수 있는 은혜 그리고 은혜로부터의 타락 가능성에 근거한 조건적 선택을 가르쳤다. 이와 같은 주장은 그 총회에 의해서 배척을 받고, 이와 반대되는 견해 즉 소위 돌트 신경, 또는 항론파에 반대하는 다섯 조항이라고 불리는 입장으로 체계화된 것이다. 이 돌트 총회 신경에서는 다섯 조항, 즉 무조건적 선택, 제한 속죄, 전적 타락, 불가항력적 은혜, 그리고 성도의 견인을 개혁교리로서 천명했다.

이 신경은 알미니안주의와의 논쟁상 거론된 교리 주제에 대한 법적인 판단이 원래 목적이기 때문에 독특성을 지닌다. 원래 서문은 "전술한 다섯 개 조항 교리에 관하여, 하나님의 말씀에 일치하는 참된 견해와, 하나님의 말씀에 불일치하여 거부된 잘못된 견해에 대한 판단"이라고 명명되었다. 따라서 돌트 신경은 교리 전 영역을 다 섭렵하는 것이 아니라, 논쟁 중인 다섯 조항 교리에 초점이 맞춰진 제한성이 있다.

각각의 조항마다 긍정적인 부분과 부정적인 부분이 있는데, 전자는 그 주제에 관한 개혁 교리를 설명하는 것이요, 후자는 이에 상응하는 알미니안수의의 오류를 지적하여 이를 반박하는 것이다. 비록

그 형태에 있어서는 3장과 4장이 하나로 결합되어 단 4개 장으로 있기는 하지만, 돌트 신경이 1610년 항론서의 다섯 개 조항에 상응하게 구성되었기 때문에, 우리는 다섯 조항의 신경이라고 부르며, 그래서 제3장은 항상 3, 4장으로 명명된다. 라틴 원본상의 긍정적인 부분에는 없으나, 신경 공부를 원활하게 하도록 하기 위하여 부제와 결론을 추가 수록하였다. 우리 교회의 모든 직분자들은 벨직신앙고백서과 하이델베르크 요리문답과 마찬가지로 이 돌트 신경에도 필히 서명을 요한다.

첫째 교리

하나님의 선택과 유기

총회가 하나님 말씀과 일치되고 지금까지 개혁교회들이 용인한 것으로 선언한 하나님의 예정에 관한 판단을 다음과 같은 조항들로 제시하는 바이다.

제1항
모든 인류를 정죄하는 하나님의 권리

모든 사람이 아담 안에서 범죄하여 저주 아래 놓여 있으며, 영원한 죽음에 해당하기에,[1] 만일 하나님께서 모든 인류를 죄와 저주 아래 버려두시고, 그 죄로 인해 정죄 받도록 하는 것이 그의 뜻이라 해도, 사도의 말과 같이, 어느 누구에게라도 그가 불의를 행하신 것이 아니다. *"이는 모든 입을 막고 온 세상으로 하나님의 심판 아래 있게 하려 함이니라."* (롬 3:19) *"모든 사람이 죄를 범하였으매 하나님의 영광에 이르지 못하더니"* (롬 3:23) *"죄의 삯은 사망이요."* (롬 6:23)

[1] · 롬 5:12 "이러므로 한 사람으로 말미암아 죄가 세상에 들어오고 죄로 말미암아 사망이 왔나니 이와 같이 모든 사람이 죄를 지었으므로 사망이 모든 사람에게 이르렀느니라."

제2항
아들을 보내신 하나님의 사랑의 현현

그러나
"하나님의 사랑이 우리에게 이렇게 나타난 바 되었으니 하나님이 자기의 독생자를 세상에 보내심은 저로 말미암아 우리를 살리려 하심이니라." (요일 4:9) *"하나님이 세상을 이처럼 사랑하사 독생자를 주셨으니 이는 저를 믿는 자마다 멸망치 않고 영생을 얻게 하려 하심이니라."* (요 3:16)

제3항
복음 선포

그래서 사람들에게 믿음이 생기도록, 하나님께서는 자비롭게도 가장 복된 소식의 전파자들을 그가 원하시는 때에 원하시는 사람에게 보내신다.[1] 그들의 사역으로 말미암아 사람들이 부름을 받아 회개하고 십자가에 못 박힌 그리스도를 믿는다.[2] "그런즉 저희가 믿지 아니하는 이를 어찌 부르리요, 듣지도 못한 이를 어찌 믿으리요, 전파하는 자가 없이 어찌 들으리요."(롬 10:14,15)

1) · 사 52:7 "좋은 소식을 가져오며 평화를 공포하며 복된 좋은 소식을 가져오며 구원을 공포하며 시온을 향하여 이르기를 네 하나님이 통치하신다 하는 자의 산을 넘는 발이 어찌 그리 아름다운고."
2) · 고전 1:23, 24 "우리는 십자가에 못박힌 그리스도를 전하니 유대인에게는 거리끼는 것이요 이방인에게는 미련한 것이로되 오직 부르심을 입은 자들에게는 유대인이나 헬라인이나 그리스도는 하나님의 능력이요 하나님의 지혜니라."

제4항
복음에 대한 이중 반응

하나님의 진노는 이 복음을 믿지 아니하는 사람들에게 임한다.[1] 그러나 살아 있는 참 믿음으로 이 복음을 받고 예수를 구세주로 영접하는 사람은 그리스도에 의해서 하나님의 진노와 멸망으로부터 구원을 받고 영생을 받는다.[2]

1) · 요 3:36 "아들을 믿는 자는 영생이 있고 아들을 순종치 아니하는 자는 영생을 보지 못하고 도리어 하나님의 진노가 그 위에 머물러 있느니라."
2) · 막 16:16 "믿고 세례를 받는 사람은 구원을 얻을 것이요 믿지 않는 사람은 정죄를 받으리라."
· 롬 10:9 "네가 만일 네 입으로 예수를 주로 시인하며 또 하나님께서 그를 죽은 자 가운데서 살리신 것을 네 마음에 믿으면 구원을 얻으리니."

제5항
불신과 믿음의 근원

다른 모든 죄와 마찬가지로 이 불신의 원인이나 그 죄책은 결코 하나님 안에 있지 않고, 오히려 사람 안에 있다.[1] 반면에 예수 그리스도를 믿는 믿음과 그를 통한 구원은 다음의 말씀과 같이 하나님의 값없는 선물이다. "너희가 그 은혜를 인하여 믿음으로 말미암아 구원을 얻었나니 이것이 너희에게서 난 것이 아니요 하나님의 선물이라." (엡 2:8) "그리스도를 위하여 너희에게 은혜를 주신 것은 다만 그를 믿을 뿐 아니라." (빌 1:29)

1) · 히 4:6 "그러면 거기 들어갈 자들이 남아있거니와 복음 전함을 먼저 받은 자들은 순종치 아니함을 인하여 들어가지 못하였으므로."

제6항
하나님의 영원한 작정

하나님께서는 때를 맞춰 일부 사람들에게는 믿음의 선물을 수여하시고, 또 어떤 사람들에게는 주시지 않는데, 이는 하나님의 영원한 작정에서 비롯된다.1) 과연 주 하나님께서는 영원부터 자기의 모든 일들을 다 아시는 분이시며,2) 따라서 *"모든 일을 자기 뜻의 경륜에 따라 역사하신다."* (엡 1:11) 이런 작정에 따라 하나님께서는 택자들의 마음이 아무리 완고하다 하더라도 은혜롭게 그들의 마음을 부드럽게 하시어 믿게 하신다. 반면에 불택자들은 의로운 심판에 의해 그들 자신의 사악함과 완고함 속에 내버려두신다. 바로 여기에서 똑같이 정죄받기에 마땅한 사람들 속에서 하나님의 오묘하고도 자비롭고 동시에 의로우신 구별, 혹은 하나님의 말씀에 계시된 택함과 유기의 작정을 우리에게 드러내신다. 비록 사악하고 불순하고, 변덕스러운 사람들이 이런 작정을 왜곡하여 그들 자신의 멸망을 자초하지만, 거룩하고 하나님을 경외하는 경건한 영혼들에게는 말할 수 없는 위로가 된다.

1) · 행 13:48 "이방인들이 듣고 기뻐하여 하나님의 말씀을 찬송하며 영생을 주시기로 작정된 자는 다 믿더라."
2) · 벧전 2:8 "또한 부딪히는 돌과 거치는 반석이 되었다 하니라 저희가 말씀을 순종치 아니하므로 넘어지나니 이는 저희를 이렇게 정하신 것이라."

제7항
제한된 선택

선택이란 하나님의 불변하신 뜻으로서, 세상의 기초가 놓이기 전에,1) 자기 자신의 잘못으로 원래의 완전무결한 상태에서 죄와 파멸 속으로 떨어진 모든 인류 중에서, 하나님의 선하고 기쁘신 주권적 뜻에 따라서, 오직 은혜로, 다른 사람들보다 더 나은 점이 전혀 없이, 오히려 일반적인 비참 가운데 함께 휩쓸려 있는데도 일부 제한된 특정한 사람들을 구원하시려고 그리스도 안에서 선택하신 것이다. 또한 하나님께서는 영원부터 그리스도를 중보자와 택자의 머리와 구원의 기초가 되도록 임명하셨고, 그래서 구원받을 자들을 그에게 주고,[2] 효과적으로 그들을 부르시고 말씀과 성령을 통하여 그 분의 교제 안으로 이끌어 들이시도록 작정하신 것이다. 하나님은 그들에게 그리스도를 믿는 참 믿음을 주시어, 그들을 의롭다 하시고, 그들을 거룩하게 하시며, 그 아들과의 교제 안에서 능력 있게 그들을 보존하시고,[3] 결국 하나님의 자비를 증시하고 그의 영광스러운 은혜의 부요함을 찬양하도록, 영화롭게 하시기로 작정하셨다.[4] 성경에 쓰인대로 하나님께서 그리스도 안에서 우리를 택하셨다. "곧 창세 전에 그리스도 안에서 우리를 택하사 우리로 사랑 안에서 그 앞에 거룩하고 흠이 없게 하시려고 그 기쁘신 뜻대로 우리를 예정하사 예수 그리스도로 말미암아 자기의 아들들이 되게 하셨으니 이는 그의 사랑하시는 자 안에서 우리에게 거저 주시는 바 그의 은혜의 영광을 찬미하게 하려는 것이라." (엡 1:4-6) "또 미리 정하신 그들을 또한 부르시고 부르신 그들을 또한 의롭다 하시고 의롭다 하신 그들을 또한 영화롭게 하셨느니라." (롬 8:30)

1) · 엡 1:4, 11 "곧 창세 전에 그리스도 안에서 우리를 택하사 우리로 사랑 안에서 그 앞에 거룩하고 흠이 없게 하시려고, 이는 우리 기업에 보증이 되사 그 얻으신 것을 구속하시고 그의 영광을 찬미하게 하려 하심이라."
2) · 요 17:2 "아버지께서 아들에게 주신 모든 자에게 영생을 주게 하시려고 만민을 다스리는 권세를 아들에게 주셨음이로소이다."
3) · 요 17:12 "내가 저희와 함께 있을 때에 내게 주신 아버지의 이름으로 저희를 보전하와 지키었나이다 그중에 하나도 멸망치 않고 오직 멸망의 자식 뿐이오니 이는 성경을 응하게 함이니이다."
4) · 요 17:24 "아버지여 내게 주신 자도 나 있는 곳에 나와 함께 있어 아버지께서 창세 전부터 나를 사랑하시므로 내게 주신 나의 영광을 저희로 보게 하시기를 원하옵나이다."
· 요 6:37 "아버지께서 내게 주시는 자는 다 내게로 올 것이요 내게 오는 자는 내가 결코 내어 쫓지 아니하리라."
· 요 6:44 "나를 보내신 아버지께서 이끌지 아니하면 아무라도 내게 올 수 없으니 오는 그를 내가 마지막 날에 다시 살리리라."

제8항
선택의 한 작정

이 선택에는 다양한 작정이 아니라, 구약과 신약 하에 구원받을 모든 사람들에 관한 하나의 동일한 작정만 있을 뿐이다. 이 성경에는 하나님의 선하고 기쁘신 목적과 그 뜻의 경륜이 하나라고 선언한다.[1]

이 목적에 따라 하나님의 은혜와 영광에 이르도록, 또 우리로 하여금 그 안에서 행하지 않을 수 없도록 예비하신 구원의 길과 구원에 이르도록 우리를 선택하신 것이다.[2]

1) · 신 7:7 "여호와께서 너희를 기뻐하시고 너희를 택하심은 너희가 다른 민족보다 수효가 많은 연고가 아니라 너희는 모든 민족 중에 가장 적으니라."
· 신 9:6 "그러므로 네가 알 것은 네 하나님 여호와께서 네게 이 아름다운 땅을 기업으로 주신 것이 네 의로움을 인함이

아니니라 너는 목이 곧은 백성이니라."
- 엡 1:4, 5 "곧 창세 전에 그리스도 안에서 우리를 택하사 우리로 사랑 안에서 그 앞에 거룩하고 흠이 없게 하시려고 그 기쁘신 뜻대로 우리를 예정하사 예수 그리스도로 말미암아 자기의 아들들이 되게 하셨으니."
2) · 엡 2:10 "우리는 그의 만드신 바라 그리스도 예수 안에서 선한 일을 위하여 지으심을 받은 자니 이 일은 하나님이 전에 예비하사 우리로 그 가운데서 행하게 하려 하심이니라."

제9항
예지된 믿음에 근거하지 않은 선택

이 선택은, 사람 안에 있는 선택의 요구 조건이나 원인으로서, 예지된 믿음, 믿음의 순종, 거룩함이나 다른 어떤 선한 기질이나 성품에 근거하지 않고, 사람들이 선택을 받아서 믿음, 믿음의 순종, 거룩함 등등에 이르는 것이다. 그러므로 선택은, 믿음에서 흘러나온 바, 구원을 이루는 모든 선행과 거룩함과 여타의 구원을 이루는 은사들, 그리고 그 선택의 열매와 효과인 최후의 영원한 생명 그 자체 등의 근원이다.1) 이것은 "곧 창세 전에 그리스도 안에서 우리를 택하사 우리로 사랑 안에서 그 앞에 거룩하고 흠이 없게 하시려고"(엡 1:4) 하셨다는 사도의 가르침이다.

1) · 롬 8:30 "또 미리 정하신 그들을 또한 부르시고 부르신 그들을 또한 의롭다 하시고 의롭다 하신 그들을 또한 영화롭게 하셨느니라."

제10항
하나님의 선하고 기쁘신 뜻에 근거한 선택

이 은혜로운 선택의 유일한 원인은 하나님의 선하고 기쁘신 뜻이다. 이 선하고 기쁘신 뜻이란, 하나님께서 모든 가능한 조건들 중에서 구원의 조건으로서 사람들의 어떤 자질들이나 행위들을 택하심에 있지 않고, 보편 다수의 죄인들 중에서 얼마를 뽑아서 자기 자신의 소유로 택정하심에 있다. 기록된 바 "그 자식들이 아직 나지도 아니하고 무슨 선이나 악을 행하지 아니한 때에 택하심을 따라 되는 하나님의 뜻이 행위로 말미암지 않고 오직 부르시는 이에게로 말미암아 서게 하려 하사 리브가에게 이르시되 큰 자가 어린 자를 섬기리라 하셨나니 기록된 바 '내가 야곱은 사랑하고 에서는 미워하였다' 하심과 같으니라." (롬 9:11-13).1) 그리고 "영생을 주시기로 작정된 자는 다 믿더라." (행 13:48)

1) · 창 25:23 "여호와께서 그에게 이르시되 두 국민이 네 태중에 있구나 두 민족이 네 복중에서부터 나누이리라 이 족속이 저 족속보다 강하겠고 큰 자는 어린 자를 섬기리라 하셨더라."
· 말 1:2, 3 "여호와께서 가라사대 내가 너희를 사랑하였노라 하나 너희는 이르기를 주께서 어떻게 우리를 사랑하셨나

이까 하는도다 나 여호와가 말하노라 에서는 야곱의 형이 아니냐 그러나 내가 야곱을 사랑하였고 에서는 미워하였으며 그의 산들을 황무케 하였고 그의 산업을 광야의 시랑에게 붙였느니라."

제11항
불변의 선택

하나님은 스스로 가장 지혜로우시며 불변하시며 전지전능하시듯이, 그의 선택도 취소되거나 고쳐지거나 변하거나 파기되거나 무효화될 수 없다. 또한 택자들이 버림받거나[1] 그 수가 줄어들 수도 없다.[2]

1) · 요 6:37 "아버지께서 내게 주시는 자는 다 내게로 올 것이요 내게 오는 자는 내가 결코 내쫓지 아니하리라."
2) · 요 10:28 "내가 그들에게 영생을 주노니 영원히 멸망하지 아니할 것이요 또 그들을 내 손에서 빼앗을 자가 없느니라."

제12항
선택의 확신

택자들은 때가 되면, 비록 단계별로 다양하고 정도가 상이할지라도, 자기들의 구원에로의 영원불변한 이런 선택을 확신하게 된다. 그러나 그들이, 이런 확신은 하나님의 감춰진 오묘한 일에 대한 호기심이 발동해서가 아니라,[1] 신령한 기쁨과 거룩한 즐거움으로 하나님의 말씀에서 제시된 바 선택의 확실한 열매를 스스로 계속 잘 맺음으로써 얻는다.[2] 즉 그리스도를 믿는 참된 믿음, 어린아이와 같은 경외심, 자기들의 죄에 대한 경건한 슬픔,[3] 그리고 의에 주리고 목마른 것 등이 그것이다.[4]

1) · 신 29:29 "오묘한 일은 우리 하나님 여호와께 속하였거니와 나타난 일은 영구히 우리와 우리 자손에게 속하였나니 이는 우리로 이 율법의 모든 말씀을 행하게 하심이니라."
 · 고전 2:10, 11 "오직 하나님이 성령으로 이것을 우리에게 보이셨으니 성령은 모든 것 곧 하나님의 깊은 것이라도 통달하시느니라 사람의 사정을 사람의 속에 있는 영 외에는 누가 알리요 이와 같이 하나님의 사정도 하나님의 영 외에는 아무도 알지 못하느니라."
2) · 고후 13:5 "너희가 믿음에 있는가 너희 자신을 시험하고 너희 자신을 확증하라 예수 그리스도께서 너희 안에 계신 줄을 너희가 스스로 알지 못하느냐 그렇지 않으면 너희가 버리운 자니라."
3) · 고후 7:10 "하나님의 뜻대로 하는 근심은 후회할 것이 없는 구원에 이르게 하는 회개를 이루는 것이요 세상 근심은 사망을 이루는 것이니라."
4) · 마 5:6 "의에 주리고 목마른 자는 복이 있나니 저희가 배부를 것임이요."

제13항
이 확신의 가치

이 선택에 대한 깨달음과 확신은 하나님의 자녀들로 하여금, 날마다 자신들을 하나님 앞에서 겸비케 하며, 하나님의 깊은 자비를 흠모하고, 자신을 정결케 하며,[1] 먼저 자신을 사랑하신 하나님의 그 큰 사랑으로 인하여 열렬하게 그 분을 사랑하도록 하는,[2] 더 큰 동기를 부여해준다. 그러므로 이 선택의 교리와 이를 숙지함이 그들로 하여금 하나님의 계명 준수를 해이케 한다든지 거짓된 안정을 준다고 하는 말은 전혀 사실이 아니다. 하나님의 의로운 심판으로, 이런 경우는 종종 경솔하게 선택의 은혜를 받은 자로 추정하는 자들, 혹은 이 교리에 대해 빈정거리고 함부로 지절거리며, 택자다운 길로 행하기를 거부하는 자들에게 일어난다.

1) · 요일 3:3 "주를 향하여 이 소망을 가진 자마다 그의 깨끗하심과 같이 자기를 깨끗하게 하느니라."
2) · 요일 4:19 "우리가 사랑함은 그가 먼저 우리를 사랑하셨음이라."

제14항
선택이 가르쳐지는 방식

하나님의 지극히 지혜로운 경륜에 따른 이 신성한 선택 교리는 선지자들과 그리스도 자신 그리고 사도들에 의해서, 신약과 마찬가지로 구약시대에도 선포되어, 성경 안에 기록되도록 한 것이다. 그러므로 오늘날도 역시 이 교리는 하나님의 교회에서,[1] 분별의 성령이 더불어 역사하시도록 특별히 적절한 시간과 장소를 배려해서 준비함으로써, 지존하신 분이 내신 길을 호기심으로 엿보지 않고, 경건하고 거룩한 방식으로, 그래서 지극히 거룩하신 하나님의 영광을 위하도록, 그리고 그의 친 백성에게 살아있는 위로를 주도록, 반드시 가르쳐져야 한다.[2]

1) · 행 20:27 "이는 내가 꺼리지 않고 하나님의 뜻을 다 너희에게 전하였음이라."
  · 욥 36:23-26 "누가 그를 위하여 그의 길을 정하였느냐 누가 말하기를 주께서 불의를 행하셨나이다 할 수 있으랴 너는 하나님의 하신 일 찬송하기를 잊지 말지니라 인생이 그 일을 노래하였느니라 그 일을 모든 사람이 우러러 보나니 먼 데서도 보느니라 하나님은 크시니 우리가 그를 알 수 없고 그 연수를 계산할 수 없느니라."
2) · 롬 11:33 "깊도다 하나님의 지혜와 지식의 부요함이여, 그의 판단은 측량치 못할 것이며 그의 길은 찾지 못할 것이로다."
  · 롬 12:3 "내게 주신 은혜로 말미암아 너희 중 각 사람에게 말하노니 마땅히 생각할 그 이상의 생각을 품지 말고 오직 하나님께서 각 사람에게 나눠주신 믿음의 분량대로 지혜롭게 생각하라."
  · 고전 4:6 "형제들아 내가 너희를 위하여 이 일에 나와 아볼로를 가지고 본을 보였으니 이는 너희로 하여금 기록한 말씀 밖에 넘어가지 말라 한 것을 우리에게서 배워 서로 대적하여 교만한 마음을 먹지 말게 하려 함이라."

제15항
유기에 관한 언명

성경은 이렇게 영원히 값없이 주신 은혜인 우리의 선택을 우리에게 설명하고 권고한다. 특히 모든 사람이 선택받지 않고 일부는 선택받지 못했거나, 하나님의 영원한 선택에서 제외되어버린 점을 일부러 천명하는 경우를 통해서 한다.[1] 하나님의 지극히 자유롭고, 의로우며, 일호의 차착이 없는, 불변하신 선하고 기쁘신 뜻으로부터, 하나님께서는 자기 자신의 잘못으로 말미암아 스스로 보편적 비참에 빠져있는 자들을 버려두사,[2] 그들에게 구원받는 믿음과 회개의 은혜를 주지 않기로 작정하셨다. 그들 자신의 길로 행함으로[3] 하나님의 의로운 심판 아래 놓여진 이들에게, 하나님께서는, 그들의 불신앙뿐만 아니라 여타의 모든 죄악에 대한 하나님의 공의를 현시하기 위해서, 최후에 영원히 정죄하시고 형벌하기로 작정하신 것이다. 바로 이것이 유기의 교리로서, 이로 말미암아 하나님이 결코 죄의 조성자가 아니요(바로 이런 생각이야말로 신성모독이다!), 오히려 하나님을 두렵고 일호의 차착이 없이 의로운 재판장이시며 보수자로 선언한다.

1) ・롬 9:22 "만일 하나님이 그 진노를 보이시고 그 능력을 알게 하고자 하사 멸하기로 준비된 진노의 그릇을 오래 참으심으로 관용하시고."
2) ・벧전 2:8 "또한 부딪히는 돌과 거치는 반석이 되었다 하니라 저희가 말씀을 순종치 아니하므로 넘어지나니 이는 저희를 이렇게 정하신 것이라."
3) ・행 14:16 "하나님이 지나간 세대에는 모든 족속으로 자기의 길들을 다니게 묵인하셨으나."

제16항
유기 교리에 대한 반응

어떤 사람들은 그리스도를 믿는 산 믿음,[1] 마음의 확고한 확신, 양심의 평안, 어린아이같이 순종하는 열심, 그리스도로 말미암은 하나님 안에서의 영광[2] 등을 스스로 뚜렷하게 분별치 못한다. 그럼에도 불구하고 그들은, 이런 은덕들이 우리들 안에 생기도록 하나님이 약속하신 그 방도들을 사용한다. 그들은, 유기가 언급될 때 불안해해서도 안되며, 자신을 유기자들 중의 하나로 간주해서도 안된다. 오히려 이런 방도들을 부지런히 계속 사용하여, 더욱 풍성한 은혜의 때를 열렬히 사모하며, 공손히 겸손으로 그 때를 고대해야 한다. 다른 사람들은 진정으로 하나님께로 돌이켜서, 하나님만을 기쁘시게 하고, 사망의 몸에서 건짐받기를 바란다.[3] 그런데도 그들은 그들의 경건과 믿음의 길에서 바라던 지점에 이르지 못할 수도 있다. 그들에게는 결코 유기 교리가 두려움의 대상일 수만은 없는데, 이는 자비로우신 하나님은 꺼져 가는 심지를 끄지 아니하시고 상한 갈대조차 꺾지 아니하시겠다고 약속하셨기 때문이다.[4] 여전히 또 다른 사람들은 하나님과 구주 예수 그리스도를 무시하고 자기 자신을 전적으로 세상의 염려와 육체의 정욕에 넘겨주었다.[5] 그들에게는 이 유기 교리가 그들이 하나님께 진정으로 돌이키지 않는 한 당연히 두려워할 만한 것이다.[6]

1) · 약 2:26 "영혼 없는 몸이 죽은 것같이 행함이 없는 믿음은 죽은 것이니라."
2) · 고후 1:12 "우리가 세상에서 특별히 너희에게 대하여 하나님의 거룩함과 진실함으로써 하되 육체의 지혜로 하지 아니하고 하나님의 은혜로 행함은 우리 양심의 증거하는 바니 이것이 우리의 자랑이라."
   · 롬 5:11 "이뿐 아니라 이제 우리로 화목을 얻게 하신 우리 주 예수 그리스도로 말미암아 하나님 안에서 또한 즐거워하느니라."
3) · 빌 3:3 "하나님의 성령으로 봉사하며 그리스도 예수로 자랑하고 육체를 신뢰하지 아니하는 우리가 곧 할례당이라."
   · 롬 7:24 "오호라 나는 곤고한 사람이로다 이 사망의 몸에서 누가 나를 건져내랴."
4) · 사 42:3 "상한 갈대를 꺾지 아니하며 꺼져가는 등불을 끄지 아니하고 진리로 공의를 베풀 것이며."
   · 마 12:20 "상한 갈대를 꺾지 아니하며 꺼져가는 심지를 끄지 아니하기를 심판하여 이길 때까지 하리니."
5) · 마 13:22 "가시떨기에 뿌리웠다는 것은 말씀을 들으나 세상의 염려와 재리의 유혹에 말씀이 막혀 결실치 못하는 자요."
6) · 히 12:29 "우리 하나님은 소멸하는 불이심이니라."

제17항
유아로 죽은 신자의 자녀들의 구원

우리는 하나님의 말씀으로 하나님의 뜻에 대해 판단해야 하는 바, 신자의 자녀들은, 그 본성에 의해서가 아니라, 자기들의 부모와 더불어 자신들도 포함된 은혜 언약 덕분으로, 거룩하다고 선언한다.[1] 그러므로 하나님을 경외하는 부모는, 하나님께서 유아기에 이생에서 불러가신 자기 자녀들의 선택과 구원을 결코 의심해서는 안된다.[2]

1) · 창 17:7 "내가 내 언약을 나와 너와 네 대대 후손의 사이에 세워서 영원한 언약을 삼고 너와 네 후손의 하나님이 되리라."
   · 사 59:21 "여호와께서 또 가라사대 내가 그들과 세운 나의 언약이 이러하니 곧 네 위에 있는 나의 신과 네 입에 둔 나의 말이 이제부터 영영토록 네 입에서와 네 후손의 입에서와 네 후손의 후손의 입에서 떠나지 아니하리라 하시니라 여호와의 말씀이니라."
2) · 행 2:39 "이 약속은 너희와 너희 자녀와 모든 먼데 사람 곧 주 우리 하나님이 얼마든지 부르시는 자들에게 하신 것이라 하고."
   · 고전 7:14 "믿지 아니하는 남편이 아내로 인하여 거룩하게 되고 믿지 아니하는 아내가 남편으로 인하여 거룩하게 되나니 그렇지 아니하면 너희 자녀도 깨끗하지 못하니라 그러나 이제 거룩하니라."

제18항
선택과 유기에 대한 합당한 태도는 항의가 아닌 찬양

우리는, 이렇게 값없이 은혜로운 선택과 의로운 유기의 엄중함에 대해 불평하는 자들에게,[1] 사도의 이 말씀으로 대응한다. "이 사람아 네가 뉘기에 감히 하나님을 힐문하느뇨." (롬 9:20) *"내 것을 가지고 내 뜻대로 할 것이 아니냐 내가 선하므로 네가 악하게 보느냐."* (마 20:15)

그러나 우리는, 이런 하나님의 신비에 대해 공손한 찬양과 함께, 사도와 더불어 다음과 같이 감탄을 표한다. *"깊도다 하나님의 지혜와 지식의 부요함이여, 그의 판단은 측량치 못할 것이며 그의 길은 찾지 못할 것이로다. 누가 주의 마음을 알았느뇨, 누가 그의 모사가 되었느뇨. 누가 주께 먼저 드려서 갚으심을 받겠느뇨. 이는 만물이 주에게서 나오고 주로 말미암고 주에게로 돌아감이라. 영광이 그에게 세세에 있으리로다 아멘."* (롬 11:33-36)

---

[1] · 욥 34:34-37 "슬기로운 자와 내 말을 듣는 지혜 있는 사람은 반드시 내게 말하기를 욥이 무식하게 말하니 그의 말이 지혜롭지 못하도다 하리라 나는 욥이 끝까지 시험 받기를 원하노니 이는 그 대답이 악인과 같음이라 그가 그의 죄에 반역을 더하며 우리와 어울려 손뼉을 치며 하나님을 거역하는 말을 많이 하는구나."

한때 네덜란드 개혁교회들을 혼란케 했던
오류에 대한 반박

총회는, 선택과 유기에 대한 참된 정통 교리를 천명하고, 다음과 같은 오류를 거부한다.

1. 오류 _ 믿음과 순종으로 믿고 견인하는 자들을 구원하시는 하나님의 뜻은, 전체가 완전히 구원받는 선택의 작정이다. 이런 작정에 관한 것 외에는 그 무엇도 하나님의 말씀에 계시되어 있지 않다.

〈 반박 〉 _ 이 오류는 속임수이며, 하나님은 믿는 자를 구원할 뿐만 아니라 영원 전부터 특정한 자들을 선택하셨음을 선언하는, 성경과 명백히 상충된다. 때가 이르면 하나님께서는 이 택자들에게, 다른 사람들과는 유독 달리, 그리스도를 믿는 믿음과 견인을 주신다.

"세상 중에서 내게 주신 사람들에게 내가 아버지의 이름을 나타내었나이다." (요 17:6) "영생을 주시기로 작정된 자는 다 믿더라." (행 13:48) "곧 창세 전에 그리스도 안에서 우리를 택하사 우리로 사랑 안에서 그 앞에 거룩하고 흠이 없게 하시려고." (엡 1:4)

2. 오류 _ 영원한 생명에 이르게 하는 하나님의 선택은 다양하다. 하나는 보편적이고 불특정한 것이요, 또 다른 하나는 특별히 특정한 것이다. 전자는 불완전하고 취소될 수 있으며 미결정적이고 조건적이며, 후자는 완전하고 취소될 수 없으며 결정적이고 절대적이라는 것이다. 이와 동일한 방식으로 믿음에 이르는 선택이 있고 또 다른 한편으로는 구원에 이르는 선택이 있다. 그러므로 선택은 구원에 결정적이지 않고도, 의롭게 하는 믿음을 가지도록 하는 선택이 있을 수 있다.

〈 반박 〉 _ 이 모든 주장은 성경의 어떤 근거도 없이 사람의 머리로 고안해 낸 것이다. 그 선택 교리는 아주 부패하고 우리 구원의 황금사슬을 끊어놓은 것이다.

"또 미리 정하신 그들을 또한 부르시고 부르신 그들을 또한 의롭다 하시고 의롭다 하신 그들을 또한 영화롭게 하셨느니라." (롬 8:30)

3. 오류 _ 성경이 선택 교리로 말하는 하나님의 선하고 기쁘신 뜻은, 하나님께서 어떤 특정한 사람들을 택하시고, 나머지 사람들은 택하지 않으셨다는 데 있는 것이 아니라, 오히려 하나님께서는 모든 가능한 조건들(율법의 행위 등) 중에서, 믿음의 불완전한 순종과 마찬가지로, 그 자체로는 아무런 가치가 없는 것을, 믿음의 행위로 선택하시거나 선정하심으로, 구원의 조건이 되도록 하셨다는 데에 있다. 하나님께서는 그의 은혜로 그러한 믿음을 완전한 순종으로 영원한 생명의 상급에 합당하다고 간

주하고자 하신다.

⟨반박⟩ _ 바로 이러한 무례한 오류가 하나님의 선하고 기쁘신 뜻과 그리스도의 모든 공효의 공로를 찬탈하며, 사람들로 하여금 은혜로운 칭의의 사실과 성경의 단순명료함으로부터 떨어지게 한다. 이는 사도의 교훈과 상충된다.

"하나님이 우리를 구원하사 거룩하신 부르심으로 부르심은 우리의 행위대로 하심이 아니요 오직 자기 뜻과 영원한 때 전부터 그리스도 예수 안에서 우리에게 주신 은혜대로 하심이라." (딤후 1:9)

4. 오류 _ 믿음에 이르는 선택은 사람이 본성의 빛을 합당하게 사용해야 하며, 경건하고 겸비하고 온유하고 영원한 생명을 위한 자격을 갖춰야 하는 조건부이다.

⟨반박⟩ _ 만일 이것이 참이라면, 선택은 사람에게 의존하게 된다. 펠라기우스(Pelagius)의 가르침에서 이러한 오류의 낌새가 있으며, 다음의 사도의 가르침과 정면으로 충돌된다.

"전에는 우리도 다 그 가운데서 우리 육체의 욕심을 따라 지내며 육체와 마음의 원하는 것을 하여 다른 이들과 같이 본질상 진노의 자녀이었더니, 긍휼에 풍성하신 하나님이 우리를 사랑하신 그 큰사랑을 인하여 허물로 죽은 우리를 그리스도와 함께 살리셨고(너희가 은혜로 믿음으로 구원을 얻은 것이라), 또 함께 일으키사 그리스도 예수 안에서 함께 하늘에 앉히시니, 이는 그리스도 예수 안에서 우리에게 자비하심으로써 그 은혜의 지극히 풍성함을 오는 여러 세대에 나타내려 하심이니라. 너희가 그 은혜를 인하여 믿음으로 말미암아 구원을 얻었나니 이것이 너희에게서 난 것이 아니요 하나님의 선물이라 행위에서 난 것이 아니니 이는 누구든지 자랑치 못하게 함이니라." (엡 2:3-9)

5. 오류 _ 어떤 특정한 사람들로 하여금 구원에 이르게 하는 불완전하고 미결정적인 선택이란, 이미 시작했거나 얼마 동안은 지속되는, 예지된 믿음과 회심, 거룩함, 경건함 등에 근거해서 되어진다. 그러나 완전하고 결정적인 선택은 끝까지 예지된 믿음의 견인, 회심 그리고 거룩함과 경건함으로 인해서 일어난다. 바로 이것이 은혜롭고 복음적인 가치인데, 이로 인하여 택함 받은 자가 택함 받지 못한 자보다 훨씬 더 가치있기 때문이다. 따라서 믿음과 이 믿음에의 순종, 거룩함과 경건함, 성도의 견인 등은 영광에 이르는 불변의 선택의 열매가 아니다. 오히려 필수적인 선행(先行) 조건들이며, 온전히 택함 받아야 하는 자들에게서의 성취를 예견하고 요구하는 요인들이다.

⟨반박⟩ _ 이러한 오류는 모든 성경의 교훈에 악영향을 미칩니다. 성경은 끊임없이 다음과 같이 우리에게 강조한다.

"택하심을 따라 되는 하나님의 뜻이 행위로 말미암지 않고 오직 부르시는 이에게로 말미암아 서게 하려 하사." (롬 9:11) "영생을 주시기로 작정된 자는 다 믿더라." (행 13:48) "곧 창세 전에 그리스도 안에서 우리를 택하사 우리로 사랑 안에서 그 앞에 거룩하고 흠이 없게 하시려고." (엡 1:4) "너희가 나를 택한 것이 아니요 내가 너희를 택하여 세웠나니." (요 15:16) "만일 은혜로 된 것이면 행위로 말미않지 않음이니." (롬 11:6) "사랑은 여기 있으니 우리가 하나님을 사랑한 것이 아니요 오직 하나님이 우리를 사랑하사." (요일 4:10)

6. 오류 _ 구원에 이르는 모든 선택이 다 불변한 것은 아니다. 택자 중의 얼마는 하나님의 확실한 작정에도 불구하고, 멸망 받을 수 있으며 또 실제로 그러하다.

〈 반박 〉_ 이 엄청난 오류는 하나님을 변덕스러운 분이 되게 하며, 신자들이 그들의 선택에 대한 확신으로 얻는 위로를 파괴하고, "택하신 자들은 결코 미혹받지 않는다." (마 24:24)라는 성경과 상충된다. "나를 보내신 이의 뜻은 내게 주신 자 중에 내가 하나도 잃어버리지 아니하고." (요 6:39) "또 미리 정하신 그들을 또한 부르시고 부르신 그들을 또한 의롭다 하시고 의롭다하신 그들을 또한 영화롭게 하셨느니라." (롬 8:30)

7. 오류 _ 이생에서는 영광에 이르도록 불변적 선택의 열매나 자의식이나 확실성이 없고, 다만 가변적이며 불명확한 조건에 근거할 따름이다.

〈 반박 〉_ 불확실한 확실성이라고 말하는 자체도 불합리할 뿐만 아니라, 성도들의 경험과도 상반된다. 신자들은 자기들의 선택에 대한 분명한 인식의 결과로, 사도와 더불어 이런 하나님의 은총에 영광을 돌린다.[1] 또한 신자들이 그리스도의 제자들과 더불어 자기들의 이름이 하늘에 기록된 것으로 기뻐한다.[2] 과연 그들은 "누가 능히 하나님의 택하신 자들을 송사하리요" (롬 8:33)라고 천명할 때, 마귀가 쏘아대는 화전에 대항하여 자기들의 선택을 자각한다.

1) · 엡 1장
2) · 눅 10:20 "그러나 귀신들이 너희에게 항복하는 것으로 기뻐하지 말고 너희 이름이 하늘에 기록된 것으로 기뻐하라 하시니라"

8. 오류 _ 하나님은 단지 그의 의로우신 뜻에 따른 행동에 의해서, 그 어떤 사람이라도, 아담 안에서 타락하여, 죄와 저주의 보편적 상태에 버려두시기로 결정하지 않으실 뿐 아니라, 또한 어느 누구에게라도 믿음과 회심에 꼭 필요한 그런 은혜를 받는 일에 누락되도록 결정하지 않으신다.

〈 반박 〉_ 그러나 성경 말씀은 다음과 같다.

"그런즉 하나님께서 하고자 하시는 자를 긍휼히 여기시고 하고자 하시는 자를 강퍅케 하시느니라." (롬9:18) "대답하여 가라사대 천국의 비밀을 아는 것이 너희에게는 허락되었으나 저희에게는 아니되었나니." (마 13:11) "천지의 주재이신 아버지여 이것을 지혜롭고 슬기 있는 자들에게는 숨기시고 어린아이들에게는 나타내심을 감사하나이다. 옳소이다. 이렇게 된 것이 아버지의 뜻이니이다." (마 11:25-26)

9. 오류 _ 하나님께서 여타의 다른 민족에게라기보다는 어느 민족에게 복음을 전해주신 것은 오직 그리고 전적으로 하나님의 선하시고 기쁘신 뜻 때문이 아니라, 복음이 선포되지 않은 여타의 다른 민족보다 그 한 민족이 훨씬 더 선하고 더 가치 있기 때문이다.

〈 반박 〉_ 모세가 이스라엘 백성에게 다음과 같이 말할 때 바로 이 점을 부인한다.

"하늘과 모든 하늘의 하늘과 땅과 그 위의 만물은 본래 네 하나님 여호와께 속한 것이로되 여호와께서 오직 네 열조를 기뻐하시고 그들을 사랑하사 그 후손 너희를 만민 중에서 택하셨음이 오늘날과 같으니라." (신 10:14-15)

또한 그리스도께서도 말씀하신다.

"화가 있을진저 고라신아 화가 있을진저 벳새다야 너희에게서 행한 모든 권능을 두로와 시돈에서 행하였더면 저희가 벌써 베옷을 입고 재에 앉아 회개하였으리라." (마 11:21)

둘째 교리

그리스도의 죽으심과 그로 인한 사람의 구속

제1항
하나님의 공의가 요구하는 형벌

하나님은 지극히 자비로우실 뿐만 아니라 지극히 공의로우시다. 그래서 그의 공의로우심은, 그의 말씀으로 친히 계시하셨듯이,[1] 그의 무한하신 엄위를 거스른 우리의 죄가, 이생에서만이 아니라 장차 오는 세상에서도, 몸과 영혼에 공히, 형벌 받아야 할 것[2]을 요구하신다. 우리는, 하나님의 공의가 만족케 되지 않는 한 이런 형벌들을 피할 수 없다.[3]

1) · 출 34:6, 7 "여호와께서 그의 앞으로 지나시며 반포하시되 여호와로라 여호와로라 자비롭고 은혜롭고 노하기를 더디 하고 인자와 진실이 많은 하나님이로라 인자를 천대까지 베풀며 악과 과실과 죄를 용서하나 형벌 받을 자는 결단코 면죄하지 않고 아비의 악을 자여손 삼사 대까지 보응하리라."
2) · 롬 5:16 "또 이 선물은 범죄한 한 사람으로 말미암은 것과 같지 아니하니 심판은 한 사람을 인하여 정죄에 이르렀으나 은사는 많은 범죄를 인하여 의롭다 하심에 이름이니라."
3) · 갈 3:10 "무릇 율법 행위에 속한 자들은 저주 아래 있나니 기록된바 누구든지 율법 책에 기록된 대로 온갖 일을 항상 행하지 아니하는 자는 저주 아래 있는 자라 하였음이라."

제2항
그리스도에 의해 이뤄진 공의의 만족

그러나 우리는 스스로 이런 만족을 이룰 수 없고, 하나님의 진노로부터 우리 스스로를 자유롭게 할 수도 없다. 그러므로 하나님께서는 그의 무한하신 자비로 그의 독생자를 우리의 보증으로 주신 것이다.[1] 우리를 위해서 또는 우리를 대신해서 그는 십자가 위에서 죄[2]와 저주를 담당하심으로[3] 우리를 대신해서 하나님의 공의를 만족시키셨다.

1) · 요 3:16 "하나님이 세상을 이처럼 사랑하사 독생자를 주셨으니 이는 저를 믿는 자마다 멸망치 않고 영생을 얻게 하려

하심이니라."
- 롬 5:8 "우리가 아직 죄인 되었을 때에 그리스도께서 우리를 위하여 죽으심으로 하나님께서 우리에게 대한 자기의 사랑을 확증하셨느니라."

2) · 고후 5:21 "하나님이 죄를 알지도 못하신 자로 우리를 대신하여 죄를 삼으신 것은 우리로 하여금 저의 안에서 하나님의 의가 되게 하려 하심이니라."

3) · 갈 3:13 "그리스도께서 우리를 위하여 저주를 받은 바 되사 율법의 저주에서 우리를 속량하셨으니 기록된바 나무에 달린 자마다 저주 아래 있는 자라 하였음이라."

제3항
그리스도의 죽으심의 무한한 가치

하나님의 아들의 죽으심은 유일하고 가장 완전한 희생제물이며 죄값에 대한 만족이요,1) 온 세상의 죄를 충분히 속하고도 남을 만큼, 무한한 가치와 값이 있다.2)

1) · 히 9:26, 28 "그리하면 그가 세상을 창조할 때부터 자주 고난을 받았어야 할 것이로되 이제 자기를 단번에 제사로 드려 죄를 없게 하시려고 세상 끝에 나타나셨느니라, 이와 같이 그리스도도 많은 사람의 죄를 담당하시려고 단번에 드리신 바 되셨고 구원에 이르게 하기 위하여 죄와 상관없이 자기를 바라는 자들에게 두번째 나타나시리라."
- 히 10:14 "저가 한 제물로 거룩하게 된 자들을 영원히 온전케 하셨느니라."

2) · 요일 2:2 "저는 우리 죄를 위한 화목 제물이니 우리만 위할 뿐 아니요 온 세상의 죄를 위하심이라."

제4항
그리스도 죽으심이 무한한 가치가 있는 이유

이 죽음이 그렇게 위대한 가치와 값이 있는 이유는 죽음에 자기 자신을 내놓으신 그 분은 참되고 완전히 거룩한 사람일 뿐만 아니라,1) 하나님의 독생자로서,2) 성부와 성령과 함께 동일하게 영원하며 무한한 동일본질을 지니신 분이신데. 바로 이런 본질이 우리 구세주로서의 필수적인 자격을 갖게 하기 때문이다. 더 나아가 이 죽음이 그렇게 위대한 가치와 값이 있는 이유는 우리 죄로 말미암아 우리가 마땅히 받아야 할 하나님의 진노와 저주의 의미가 수반되기 때문이다.3)

1) · 히 4:15 "우리에게 있는 대제사장은 우리 연약함을 체휼하지 아니하는 자가 아니요 모든 일에 우리와 한결같이 시험을 받은 자로되 죄는 없으시니라."
- 히 7:26 "이러한 대제사장은 우리에게 합당하니 거룩하고 악이 없고 더러움이 없고 죄인에게서 떠나 계시고 하늘보다 높이 되신 자라."

2) · 요일 4:9 "하나님의 사랑이 우리에게 이렇게 나타난바 되었으니 하나님이 자기의 독생자를 세상에 보내심은 저로 말

미암아 우리를 살리려 하심이니라."
3) · 마 27:46 "제 구시 즈음에 예수께서 크게 소리질러 가라사대 엘리 엘리 라마 사박다니 하시니 이는 곧 나의 하나님, 나의 하나님, 어찌하여 나를 버리셨나이까 하는 뜻이라."

제5항
복음의 보편적 선포

복음의 약속은 십자가에 못 박히신 그리스도를 믿는 자는 누구든지 멸망치 않고 영생을 얻으리라는 것이다.[1] 이 약속은 하나님께서 자신의 선하고 기쁘신 뜻으로 복음을 전하고자 하는, 모든 민족과 모든 사람들에게 보편적으로 아무 차별없이,[2] 회개하고 믿으라는 명령과 함께,[3] 전파되고 선포되어야 한다.

1) · 요 3:16 "하나님이 세상을 이처럼 사랑하사 독생자를 주셨으니 이는 저를 믿는 자마다 멸망치 않고 영생을 얻게 하려 하심이니라."
2) · 고전 1:23 "우리는 십자가에 못박힌 그리스도를 전하니 유대인에게는 거리끼는 것이요 이방인에게는 미련한 것이로되."
   · 마 28:19 "그러므로 너희는 가서 모든 족속으로 제자를 삼아 아버지와 아들과 성령의 이름으로 세례를 주고."
3) · 행 2:38 "베드로가 가로되 너희가 회개하여 각각 예수 그리스도의 이름으로 세례를 받고 죄 사함을 얻으라 그리하면 성령을 선물로 받으니."
   · 행 16:31 "가로되 주 예수를 믿으라 그리하면 너와 네 집이 구원을 얻으리라 하고."

제6항
어떤 사람들이 믿지 않는 이유

그러나 많은 사람들이 복음에 의하여 부름을 받고도 회개도 하지 않고 그리스도를 믿지 않으며 불신앙 가운데에서 멸망하는 것은,[1] 십자가에서 드려진 그리스도의 희생제물에 무슨 흠이 있거나 부족해서가 아니라, 오직 그들 자신들의 잘못 때문이다.

1) · 마 22:14 "청함을 받은 자는 많되 택함을 입은 자는 적으니라."
   · 시 95:11 "그러므로 내가 노하여 맹세하기를 저희는 내 안식에 들어오지 못하리라 하였도다."
   · 히 4:6 "그러면 거기 들어갈 자들이 남아 있거니와 복음 전함을 먼저 받은 자들은 순종치 아니함을 인하여 들어가지 못하였으므로."

제7항
다른 사람들이 믿는 이유

그러나 참으로 믿어서 그리스도의 죽으심으로 말미암아 자기들의 죄로부터 자유롭게 되고 멸망으로부터 구원을 받은 자들에게는, 이 은덕이, 그리스도 안에서 영원 전부터 그들에게 주어진 것으로, 하나님의 은혜를 통해서만 온다.[1] 하나님께서는 어느 누구에게도 이 은혜를 빚진 것이 아니다.[2]

1) · 고후 5:18 "모든 것이 하나님께로 났나니 저가 그리스도로 말미암아 우리를 자기와 화목하게 하시고 또 우리에게 화목하게 하는 직책을 주셨으니."
2) · 엡 2:8, 9 "너희가 그 은혜를 인하여 믿음으로 말미암아 구원을 얻었나니 이것이 너희에게서 난 것이 아니요 하나님의 선물이라 행위에서 난 것이 아니니 이는 누구든지 자랑치 못하게 함이니라."

제8항
그리스도의 죽으심의 공효

과연 하나님의 아들의 가장 보배로운 죽음으로 생명을 얻게 하고 구원받게 하는 공효는 모든 택자들에게 미쳐야 한다는 지극히 자유로운 하나님의 경륜이다.[1] 그들에게만 칭의의 믿음을 주시고 그래서 그들로 하여금 틀림없이 구원에 이르도록 하는 것이 하나님의 지극히 은혜로우신 뜻과 의도이다.[2] 이 의미는 다음과 같다. 하나님께서는, 그리스도가 십자가에서 피 흘리심으로[3] (새 언약을 확증하셔서)[4] 모든 민족, 족속, 나라, 방언들로부터[5] 아버지께서 영원 전부터 구원받도록 택하시고 아들에게 주신 자들은 모두, 그리고 오직 그들만을 효과적으로 구속하도록 뜻하셨다. 더 나아가 하나님께서는, 그리스도께서, 성령의 여타의 구원의 선물들과 더불어, 자신의 죽음으로 말미암아 그들을 위해 획득한 믿음을 그들에게 주시도록 의도하셨다.[6] 또한 그리스도께서 자기 피로 그들의 모든 죄, 원죄와 자범죄, 믿고 난 후에 범한 죄든지 그 이전에 지은 죄든지를 다 정결케 하도록 하셨다.[7] 그리고 그리스도께서 그들을 세상 끝날까지 신실하게 보호 보존하셔서[8] 최후에는 티나 주름잡힌 것이 없이 영광 중에 그들을 자신 앞에 드러내시도록 뜻하신 것이다.[9]

1) · 요 17:9 "내가 저희를 위하여 비옵나니 내가 비옵는 것은 세상을 위함이 아니요 내게 주신 자들을 위함이니이다 저희는 아버지의 것이로소이다."
2) · 엡 5:25-27 "남편들아 아내 사랑하기를 그리스도께서 교회를 사랑하시고 위하여 자신을 주심 같이 하라 이는 곧 물로 씻어 말씀으로 깨끗하게 하사 거룩하게 하시고 자기 앞에 영광스러운 교회로 세우사 티나 주름잡힌 것이나 이런 것들이 없이 거룩하고 흠이 없게 하려 하심이니라."
3) · 눅 22:20 "저녁 먹은 후에 잔도 이와 같이 하여 가라사대 이 잔은 내 피로 세우는 새 언약이니 곧 너희를 위하여 붓는 것이라."

4) · 히 8:6 "그러나 이제 그가 더 아름다운 직분을 얻으셨으니 이는 더 좋은 약속으로 세우신 더 좋은 언약의 중보시라."
5) · 계 5:9 "새 노래를 노래하여 가로되 책을 가지시고 그 인봉을 떼기에 합당하시도다 일찍 죽임을 당하사 각 족속과 방언과 백성과 나라 가운데서 사람들을 피로 사서 하나님께 드리시고."
6) · 빌 1:29 "그리스도를 위하여 너희에게 은혜를 주신 것은 다만 그를 믿을 뿐 아니라 또한 그를 위하여 고난도 받게 하려 하심이라."
7) · 요일 1:7 "저가 빛 가운데 계신 것같이 우리도 빛 가운데 행하면 우리가 서로 사귐이 있고 그 아들 예수의 피가 우리를 모든 죄에서 깨끗하게 하실 것이요."
8) · 요 10:28 "내가 저희에게 영생을 주노니 영원히 멸망치 아니할 터이요 또 저희를 내 손에서 빼앗을 자가 없느니라."
9) · 엡 5:27 "자기 앞에 영광스러운 교회로 세우사 티나 주름잡힌 것이나 이런 것들이 없이 거룩하고 흠이 없게 하려 하심이니라."

제9항
하나님의 경륜의 성취

택자들을 위한 영원한 사랑에서 비롯된 이 경륜은, 태초부터 지금까지 능력있게 성취되어 왔으며, 또한 아무리 음부의 권세가 그 경륜을 좌절시키려고 헛되이 시도할지라도 여전히 계속 성취될 것이다.1) 때가 차면 택자들은 다함께 하나로 모이게 될 것이며,2) 그래서 그리스도의 피를 기초로 설립된 신자들의 교회는 항상 있을 것이다.3) 이 교회는 (그 교회를 위하여 십자가에서 자신의 생명을 내어놓으신 신랑되신 분의 신부로서)4) 교회의 구주인 그 분을 변함없이 사랑하고 신실하게 섬기며, 지금과 영원무궁토록 그 분을 즐겨 찬송할 것이다.

1) · 마 16:18 "또 내가 네게 이르노니 너는 베드로라 내가 이 반석 위에 내 교회를 세우리니 음부의 권세가 이기지 못하리라."
2) · 요 11:52 "또 그 민족만 위할 뿐 아니라 흩어진 하나님의 자녀를 모아 하나가 되게 하기 위하여 죽으실 것을 미리 말함이러라."
3) · 왕상 19:18 "그러나 내가 이스라엘 가운데 칠천인을 남기리니 다 무릎을 바알에게 꿇지 아니하고 다 그 입을 바알에게 맞추지 아니한 자니라."
4) · 엡 5:25 "남편들아 아내 사랑하기를 그리스도께서 교회를 사랑하시고 위하여 자신을 주심 같이 하라."

한때 네덜란드 개혁교회들을 혼란케 했던
오류에 대한 반박

총회는, 그리스도 죽음과 이 죽음에 의한 사람의 구속에 관한 참된 정통 교리를 천명하며, 다음과 같은 오류를 거부한다.

1. 오류 _ 하나님 아버지께서는, 어떤 자들을 구원하고자 하는 특별하고 분명한 작정없이, 그 아들을 십자가에 죽도록 정하셨다. 그리스도께서 자기의 죽음으로 인해서 획득하신 것은, 심지어 그가 얻으신 구속이 실제로 어떤 사람에게도 결코 적용되지 않는다 할지라도, 필수적이며, 유익하고, 가치있으며, 그 모든 면에서 완전무결하며 원래 그대로 남아있다고 할 수 있다.

〈 반박 〉 _ 이런 교리는 성부의 지혜와 예수 그리스도의 공로를 모욕하는 것이요 성경에도 반대된다.

우리 구주께서 이렇게 말씀하셨기 때문이다. "*나는 양을 위하여 목숨을 버리노라. 나는 저희를 알며*" (요 10:15, 27)

또한 이사야 선지자도 구세주에 관하여 이렇게 말했다. "*그 영혼을 속건 제물로 드리기에 이르면 그가 그 씨를 보게 되며 그 날은 길 것이요 또 그의 손으로 여호와의 뜻을 성취하리로다.*" (사 53:10)

결국, 이런 오류는 보편적 그리스도 교회가 믿는 신앙고백의 조항과 상충된다.

2. 오류 _ 그리스도께서 그의 피로 새 언약을 확립하는 것이 그리스도의 죽으심의 목적이 아니라, 은혜 언약이든지 행위 언약이든지 그가 기뻐하시는 대로의 언약을 사람과 한 번 더 세우기 위한 그 권리만을 아버지를 위하여 얻도록 하는 것뿐이다.

〈 반박 〉 _ 이러한 주장은 "예수는 더 좋은 언약의 보증이 되셨다"는 것과 "유언은 그 사람이 죽은 후에야 견고하다."[1]는 성경의 가르침에 상충된다.

---

1) · 히 7:22 "이와 같이 예수는 더 좋은 언약의 보증이 되셨느니라."
 · 히 9:15, 17 "이로 말미암아 그는 새 언약의 중보자시니 이는 첫 언약 때에 범한 죄에서 속량하려고 죽으사 부르심을 입은 자로 하여금 영원한 기업의 약속을 얻게 하려 하심이라, 유언은 그 사람이 죽은 후에야 유효한즉 유언한 자가 살아 있는 동안에는 효력이 없느니라."

3. 오류 _ 그리스도께서 하나님의 공의를 만족케 하심은 실제로 어떤 사람을 위한 구원의 공로나,

그 만족케 하심으로 말미암아 구원에 이르는 결과를 자기 자신의 것으로 삼는 믿음을 얻도록 하는 공로가 되는 것이 아니다. 그리스도께서는 성부를 위하여 사람과 다시 상대하여, 그리스도께서 바라신 대로의 새 조건을 제시해주는 권위나 완전한 의지만을 얻으신 것이다. 그러나 이러한 조건들을 충족시키는 것도 인간의 자유의지에 달려있다. 그러므로 이 조건들을 충족시키고자 하는 사람이 전혀 없을 수도 있고, 모든 사람이 다 충족시킬 가능성도 있는 것이다.

〈반박〉_ 이런 오류를 가르치는 자들은 그리스도의 죽으심을 여지없이 경멸하는 자들로서, 그리스도의 죽으심으로 얻게 되는 가장 중요한 열매나 유익을 전혀 인정하지 않는 바, 펠라기우스의 망령이 지옥에서 되살아난 것이다.

4. 오류 _ 하나님 아버지께서 그리스도의 죽으심의 중보를 통하여 인간과 맺은 새로운 은혜 언약이란, 우리가 그리스도의 공로를 받아들임으로써 믿음으로 하나님 앞에서 칭의와 구원을 얻는 바로 여기에 있는 것이 아니다. 하나님께서 율법에 대한 완전한 순종의 요구를 철회하시고, 믿음을 율법의 완전한 순종으로 간주하시고, 믿음의 순종이 불완전할지라도 율법의 완전한 순종으로 여기시는 그 사실에 있다. 하나님은 은혜롭게 그 믿음과 순종을 영원한 생명으로 보상할 가치가 있다고 간주하신다.

〈반박〉_ 이 주장은 성경과 상충된다. "그리스도 예수 안에 있는 구속으로 말미암아 하나님의 은혜로 값없이 의롭다하심을 얻은 자 되었느니라. 이 예수를 하나님이 그의 피로 인하여 믿음으로 말미암는 화목 제물로 세우셨으니 이는 하나님께서 길이 참으시는 중에 전에 지은 죄를 간과하심으로 자기의 의로우심을 나타내려 하심이니." (롬 3:24, 25) 따라서 이러한 오류를 가르치는 자들이 선포하는 바는, 불경건한 소시누스(Socinus)처럼, 하나님 앞에서 이 사람의 칭의에 대해 보편 교회가 동의하는 입장과 상반된, 전혀 생소하고 괴상한 칭의론이다.

5. 오류 _ 모든 사람들은 다 하나님과의 화목의 상태로 그리고 은혜 언약 안으로 받아들여지고 있음으로, 그 결과 어느 누구도 원죄로 인한 죄책을 지지 않아도 되며, 어느 누구도 원죄 때문에 정죄당하지 않는다. 오히려 모든 사람들은 원죄의 죄책으로부터 자유롭게 되었다.

〈반박〉_ 이 주장도 "본질상 진노의 자식"(엡 2:3)이라는 성경의 가르침과 상충된다.

6. 오류 _ 하나님의 편에서는, 모든 민족에게 똑같이 그리스도의 죽으심으로 말미암아 얻으신 유익들을 수여하시고자 하신 것이다. 그런데도 어떤 사람들은 사죄와 영원한 생명을 얻고 또 다른 사람들은 얻지 못한다. 이런 차이는 차별없이 제공되는 은혜 그 자체를 자신들에게 적용시키는 각자의 자유의지에 달려있는 것이지, 그들 안에 아주 능력있게 역사하여 이 은혜를 다른 사람들보다는 오히려 자신들에게 적용하도록 한 특별한 자비의 은사에 달려있는 것이 아니다.

〈반박〉_ 이런 교훈을 하는 자들은 구원의 획득과 적용 사이의 차이점을 오용하여, 분별력이 없고 미숙한 사람들의 마음을 혼란케 한다. 그들은 이런 차이를 건전한 의미에서 제시하는 체하지만, 사람들의 마음 속에 펠라기우스주의의 치명적인 독을 주입시키려고 하는 것이다.

7. 오류 _ 그리스도는 하나님께서 지극히 사랑하시사, 영원한 생명으로 선택하신 자들을 위하여 죽으실 수도 없고, 죽으실 필요도 없으며, 죽으시지도 않았다. 왜냐하면 이들은 그리스도의 죽으심을 필요로 하지 않기 때문이다.

〈반박〉_ 이 교리는 다음과 같은 사도의 가르침과 상충된다.

"내가 육체 가운데 사는 것은 나를 사랑하사 나를 위하여 자기 몸을 버리신 하나님의 아들을 믿는 믿음 안에서 사는 것이라." (갈 2:20) "누가 능히 하나님의 택하신 자들을 송사하리요 의롭다 하신 이는 하나님이시니 누가 정죄하리요. 그들을 위하여 죽으신 분은 바로 예수 그리스도이시다." (롬8:33, 34).

또한 주님께서도 이렇게 말씀하셨다.

"나는 양을 위하여 목숨을 버리노라." (요 10:15) "내 계명은 곧 내가 너희를 사랑한 것같이 너희도 서로 사랑하라 하는 이것이니라. 사람이 친구를 위하여 자기 목숨을 버리면 이에서 더 큰사랑이 없나니." (요 15:12, 13)

셋째와 넷째 교리

사람의 타락과 하나님께로의 회심과 그 방식

제1항
타락의 결과

태초에 사람은 하나님의 형상으로 창조되었다. 그는 창조주와 모든 영적인 존재들에 대한 참되고 온전한 지식으로 마음에 꾸며져 있었다. 즉 그의 의지와 마음은 의롭고, 그의 모든 감정은 순수했으며, 따라서 사람은 완전히 거룩했다.[1] 그러나 사람은 사단의 선동과 자기의 자유 의지로 인하여 하나님께 반역하여, 스스로 이 탁월한 은사들을 상실하고,[2] 대신 그의 지성에 암매, 지독한 흑암, 허탄함과 왜곡된 판단을 자초하고, 그의 의지와 마음은 사악하고 패역하고 완고하게 되었고, 그의 모든 감정은 불순하게 되었다.[3]

1) · 창 1:26, 27 "하나님이 가라사대 우리의 형상을 따라 우리의 모양대로 우리가 사람을 만들고 그로 바다의 고기와 공중의 새와 육축과 온 땅과 땅에 기는 모든 것을 다스리게 하자 하시고 하나님이 자기 형상 곧 하나님의 형상대로 사람을 창조하시되 남자와 여자를 창조하시고."
2) · 창 3:1-7 "여호와 하나님이 지으신 들짐승 중에 뱀이 가장 간교하더라 뱀이 여자에게 물어 가로되 하나님이 참으로 너희더러 동산 모든 나무의 실과를 먹지 말라 하시더냐 여자가 뱀에게 말하되 동산 나무의 실과를 우리가 먹을 수 있으나 동산 중앙에 있는 나무의 실과는 하나님의 말씀에 너희는 먹지도 말고 만지지도 말라 너희가 죽을까 하노라 하셨느니라 뱀이 여자에게 이르되 너희가 결코 죽지 아니하리라 너희가 그것을 먹는 날에는 너희 눈이 밝아 하나님과 같이 되어 선악을 알 줄을 하나님이 아심이니라 여자가 그 나무를 본즉 먹음직도 하고 보암직도 하고 지혜롭게 할만큼 탐스럽기도 한 나무인지라 여자가 그 실과를 따먹고 자기와 함께 한 남편에게도 주매 그도 먹은지라 이에 그들의 눈이 밝아 자기들의 몸이 벗은 줄을 알고 무화과나무 잎을 엮어 치마를 하였더라."
3) · 엡 4:17-19 "그러므로 내가 이것을 말하며 주 안에서 증거하노니 이제부터는 이방인이 그 마음의 허망한 것으로 행함 같이 너희는 행하지 말라 저희 총명이 어두워지고 저희 가운데 있는 무지함과 저희 마음이 굳어짐으로 말미암아 하나님의 생명에서 떠나있도다 저희가 감각 없는 자 되어 자신을 방탕에 방임하여 모든 더러운 것을 욕심으로 행하되."

제2항
부패의 확산

사람이 타락 후 부패한 이래, 부패한 부모로서 부패한 자녀를 낳났나.[1] 따라서 부패는 그리스도를 제외하고,[2] 아담으로부터 그의 모든 후손들에게 확산되었다.[3] 이는 예로부터 있었던 펠라기우스 주장처럼, 결코 모방이 아니라, 하나님의 의로운 판단에 따르면, 왜곡된 본성이 유전된 것이다.

1) · 욥 14:4 "누가 깨끗한 것을 더러운 것 가운데서 낼 수 있으리이까 하나도 없나이다."
   · 시 51:5 "내가 죄악 중에서 출생하였음이여 어머니가 죄 중에서 나를 잉태하였나이다."
2) · 히 4:15 "우리에게 있는 대제사장은 우리 연약함을 체휼하지 아니하는 자가 아니요 모든 일에 우리와 한결같이 시험을 받은 자로되 죄는 없으시니라."
3) · 롬 5:12 "이러므로 한 사람으로 말미암아 죄가 세상에 들어오고 죄로 말미암아 사망이 왔나니 이와 같이 모든 사람이 죄를 지었으므로 사망이 모든 사람에게 이르렀느니라."

제3항
사람의 전적 무능

그러므로 모든 사람은 죄 안에 잉태되어 본질상 진노의 자식으로 태어나서, 어떤 구원의 선행을 할 수 없고, 악으로 기울어져서, 죄 가운데 죽은, 죄의 노예가 되었다.[1] 그래서 성령의 중생케 하는 은혜가 없이는,[2] 하나님께로 돌아와서, 자기들의 타락한 본성을 개혁하거나, 스스로 그 본성을 개혁하고자 준비하려고 하지도 않고 할 수도 없다.

1) · 엡 2:1, 3 "너희의 허물과 죄로 죽었던 너희를 살리셨도다 전에는 우리도 다 그 가운데서 우리 육체의 욕심을 따라 지내며 육체와 마음의 원하는 것을 하여 다른 이들과 같이 본질상 진노의 자녀이었더니."
   · 요 8:34 "예수께서 대답하시되 진실로 진실로 너희에게 이르노니 죄를 범하는 자마다 죄의 종이라."
   · 롬 6:16, 17 "너희 자신을 종으로 드려 누구에게 순종하든지 그 순종함을 받는 자의 종이 되는 줄을 너희가 알지 못하느냐 혹은 죄의 종으로 사망에 이르고 혹은 순종의 종으로 의에 이르느니라 하나님께 감사하리로다 너희가 본래 죄의 종이더니 너희에게 전하여 준 바 교훈의 본을 마음으로 순종하여."
2) · 요 3:3-6 "예수께서 대답하여 가라사대 진실로 진실로 네게 이르노니 사람이 거듭나지 아니하면 하나님나라를 볼 수 없느니라 니고데모가 가로되 사람이 늙으면 어떻게 날 수 있삽나이까 두 번째 모태에 들어갔다가 날 수 있삽나이까 예수께서 대답하시되 진실로 진실로 네게 이르노니 사람이 물과 성령으로 나지 아니하면 하나님 나라에 들어갈 수 없느니라 육으로 난 것은 육이요 성령으로 난 것은 영이니."
   · 딛 3:5 "우리를 구원하시되 우리의 행한 바 의로운 행위로 말미암지 아니하고 오직 그의 긍휼하심을 좇아 중생의 씻음과 성령의 새롭게 하심으로 하셨나니."

제4항
본성의 빛의 불충분성

확실하게 사람에게는 타락한 후에도 희미한 본성의 빛이 조금 남아있어서, 이로써 하나님과 자연

만물에 관하여 그리고 영광과 수치의 차이에 관한 식견을 어느 정도 보유하며,[1] 도덕과 외적 질서에 대하여 약간 존중하는 태도가 있다. 그러나 이 본성의 빛은 하나님의 구원의 지식과 참된 회개에는 도무지 도달하지 못하게 할 뿐만 아니라, 사람은 자연적인 문제들이나 사회적인 문제들이 있을 때도 그것을 제대로 사용하지 못한다. 더욱이 이 빛이 무엇이든지, 사람은 다양한 방법으로 그 빛을 온전히 오염시키고, 자기의 사악함으로 그것을 억제한다. 그렇게 함으로써, 사람은 스스로 하나님 앞에서 핑계할 수 없게 된 것이다.[2]

[1] · 롬 1:19, 20 "이는 하나님을 알만한 것이 저희 속에 보임이라 하나님께서 이를 저희에게 보이셨느니라 창세로부터 그의 보이지 아니하는 것들 곧 그의 영원하신 능력과 신성이 그 만드신 만물에 분명히 보여 알게 되나니 그러므로 저희가 핑계치 못할지니라."
· 롬 2:14, 15 "율법 없는 이방인이 본성으로 율법의 일을 행할 때에는 이 사람은 율법이 없어도 자기가 자기에게 율법이 되나니 이런 이들은 그 양심이 증거가 되어 그 생각들이 서로 혹은 고발하며 혹은 변명하여 그 마음에 새긴 율법의 행위를 나타내느니라."

[2] · 롬 1:18, 20 "하나님의 진노가 불의로 진리를 막는 사람들의 모든 경건치 않음과 불의에 대하여 하늘로 좇아 나타나나니 창세로부터 그의 보이지 아니하는 것들 곧 그의 영원하신 능력과 신성이 그 만드신 만물에 분명히 보여 알게 되나니 그러므로 저희가 핑계치 못할지니라."

제5항
율법의 불충분성

본성의 빛을 고수하는 입장은 하나님이 특별히 모세를 통해서 유대인들에게 주신 십계명에도 똑같이 적용된다. 비록 이 십계명이 죄의 심각성을 드러내고, 더욱이 사람에게 자기 죄책에 대한 정죄를 선고할지라도, 그런데도 그 십계명은 구제책을 제시하지 못하며, 죄로 말미암은 이 비참으로부터 일어설 수 있는 능력을 그에게 주지 못한다. 오히려 육신에 의한 연약해진 범죄자로 하여금 저주 아래 남아있게 한다. 그러므로, 사람은 율법을 통해서는 도저히 구원의 은혜를 얻을 수 없다.[1]

[1] · 롬 3:19, 20 "우리가 알거니와 무릇 율법이 말하는 바는 율법 아래 있는 자들에게 말하는 것이니 이는 모든 입을 막고 온 세상으로 하나님의 심판 아래 있게 하려 함이니라 그러므로 율법의 행위로 그의 앞에 의롭다 하심을 얻을 육체가 없나니 율법으로는 죄를 깨달음이니라."
· 롬 7:10, 13 "생명에 이르게 할 그 계명이 내게 대하여 도리어 사망에 이르게 하는 것이 되었도다 그런즉 선한 것이 내게 사망이 되었느뇨 그럴 수 없느니라 오직 죄가 죄로 드러나기 위하여 선한 그것으로 말미암아 나를 죽게 만들었으니 이는 계명으로 말미암아 죄로 심히 죄되게 하려함이니라."
· 롬 8:3 "율법이 육신으로 말미암아 연약하여 할 수 없는 그것을 하나님은 하시나니 곧 죄를 인하여 자기 아들을 죄 있는 육신의 모양으로 보내어 육신에 죄를 정하사."
· 고후 3:6, 7 "저가 또 우리로 새 언약의 일군 되기에 만족케 하셨으니 의문으로 하지 아니하고 오직 영으로 함이니 의문은 죽이는 것이요 영은 살리는 것임이니라 돌에 써서 새긴 죽게 하는 의문의 직분도 영광이 있어 이스라엘 자손들이 모세의 얼굴의 없어질 영광을 인하여 그 얼굴을 주목하지 못하였거든."

제6항
복음의 필요

그러므로 본성의 빛이나 율법으로 할 수 없는 그 일을, 하나님께서는, 옛 언약시대나 새 경륜의 시대 하에서든지, 믿는 자들을 구원하는 것이 하나님의 기쁘신 뜻이라는,[1] 메시야의 복음, 곧 화목의 말씀 또는 화목의 사역을 통하여 성령의 능력으로 수행하신다.[2]

1) · 고전 1:21 "하나님의 지혜에 있어서는 이 세상이 자기 지혜로 하나님을 알지 못하는 고로 하나님께서 전도의 미련한 것으로 믿는 자들을 구원하시기를 기뻐하셨도다."
2) · 고후 5:18, 19 "모든 것이 하나님께로 났나니 저가 그리스도로 말미암아 우리를 자기와 화목하게 하시고 또 우리에게 화목하게 하는 직책을 주셨으니 이는 하나님께서 그리스도 안에 계시사 세상을 자기와 화목하게 하시며 저희의 죄를 저희에게 돌리지 아니하시고 화목하게 하는 말씀을 우리에게 부탁하셨느니라."

제7항
복음이 일부에게는 전해지고 다른 일부에게는 그렇지 않은 이유

옛 경륜 하에서 하나님께서는 이런 신비로운 그의 뜻을 극소수에게만 계시하셨다. 그러나 새 경륜 하에서, 하나님께서는 여러 민족들 간의 차별을 제거하셔서, 더 많은 사람들에게 그것을 계시하셨다.[1] 바로 이런 복음의 분포의 요인은 어느 한 민족이 여타의 다른 민족들보다 더 가치가 있거나, 이 본성의 빛을 더 잘 사용한 것에 기인하지 않고, 다만 하나님의 선하시고 기쁘신 주권적인 뜻과 과분한 사랑 덕분이다.[2] 그러므로 우리 모두가 마땅히 받아야 할 바와는 상관없이 그리고 정반대로, 우리는 그 무한하신 은혜를 받은 자들이기에, 겸손하고 감사하는 마음으로 그 사실을 인정해야 한다.[3] 그러나 이 은혜가 주어지지 않은 다른 사람들에 관해서는, 우리는 사도와 더불어 하나님의 심판의 엄위와 공의를 찬양해야 하며,[4] 결코 호기심으로 그들에게 파고들어서는 안된다.[5]

1) · 엡 1:9 "그 뜻의 비밀을 우리에게 알리셨으니 곧 그 기쁘심을 따라 그리스도 안에서 때가 찬 경륜을 위하여 예정하신 것이니."
  · 엡 2:14 "그는 우리의 화평이신지라 둘로 하나를 만드사 중간에 막힌 담을 허시고."
  · 골 3:11 "거기는 헬라인과 유대인이나 할례당과 무할례당이나 야인이나 스구디아인이나 종이나 자유인이 분별이 있을 수 없나니 오직 그리스도는 만유시요 만유 안에 계시니라."
2) · 롬 2:11 "이는 하나님께서 외모로 사람을 취하지 아니하심이니라."
  · 마 11:26 "옳소이다 이렇게 된 것이 아버지의 뜻이니이다."
3) · 롬 11:22, 23 "그러므로 하나님의 인자와 엄위를 보라 넘어지는 자들에게는 엄위가 있으니 너희가 만일 하나님의 인자에 거하면 그 인자가 너희에게 있으리라 그렇지 않으면 너도 찍히는바 되리라 저희도 믿지 아니하는데 거하지 아니하면 접붙임을 얻으리니 이는 저희를 접붙이실 능력이 하나님께 있음이라."

4) · 계 16:7 "또 내가 들으니 제단이 말하기를 그러하다 주 하나님 곧 전능하신 이시여 심판하시는 것이 참되시고 의로우시도다 하더라."
5) · 신 29:29 "오묘한 일은 우리 하나님 여호와께 속하였거니와 나타난 일은 영구히 우리와 우리 자손에게 속하였나니 이는 우리로 이 율법의 모든 말씀을 행하게 하심이니라."

제8항
복음에 의한 진정한 부르심

그러나 복음에 의해 부름받은 자가 많으면 많은 만큼 진정으로 부름받은 것이다.1) 왜냐하면 하나님께서는 그가 기뻐하시는 바, 곧 부름받은 자들이 그에게 필연코 나오도록 그의 말씀 안에서 진정으로 성실을 다하여 계시하시기 때문이다.2) 또한 하나님께서는 그에게 나아와 그를 믿는 모든 자들에게 그들의 영혼의 안식과 영원한 생명을 진정으로 약속하신다.3)

1) · 사 55:1 "너희 목마른 자들아 물로 나아오라 돈 없는 자도 오라 너희는 와서 사 먹되 돈 없이, 값 없이 와서 포도주와 젖을 사라."
   · 마 22:4 "다시 다른 종들을 보내며 가로되 청한 사람들에게 이르기를 내가 오찬을 준비하되 나의 소와 살진 짐승을 잡고 모든 것을 갖추었으니 혼인 잔치에 오소서 하라 하였더니."
2) · 계 22:17 "성령과 신부가 말씀하시기를 오라 하시는도다 듣는 자도 오라 할 것이요 목마른 자도 올 것이요 또 원하는 자는 값없이 생명수를 받으라 하시더라."
3) · 요 6:37 "아버지께서 내게 주시는 자는 다 내게로 올 것이요 내게 오는 자는 내가 결코 내어 쫓지 아니하리라."
   · 마 11:28, 29 "수고하고 무거운 짐 진 자들아 다 내게로 오라 내가 너희를 쉬게 하리라 나는 마음이 온유하고 겸손하니 나의 멍에를 메고 내게 배우라 그러면 너희 마음이 쉼을 얻으리니."

제9항
부르심을 받은 일부가 나아오지 않는 이유

복음의 사역을 통하여 부름을 받은 많은 자들이 나아와서 회개치 않는 것은, 복음이나 그 복음에 의해서 제공된 그리스도나, 그 복음을 통하여 부르시고 더욱 그들 위에 다양한 은사를 베푸시는 하나님의 잘못이 아니다. 그 잘못은 그들 자신들에게 있다.1) 그들 중의 일부는 도무지 생명의 말씀에 무관심하여 받아들이지 않는다. 또 다른 사람들은 복음을 받으나, 그들의 마음으로 받아들이지 않으며, 그러므로 현세적인 믿음의 기쁨이 사라지면, 그들은 떠나버린다. 또 어떤 이들은 이생의 염려와 재리의 유혹과 일락에 말씀의 씨가 질식하여 결실치 못한다. 바로 이 교훈을 구주께서는 씨 뿌리는 자의 비유에서 가르치신다.2)

1) · 마 11:20-24 "예수께서 권능을 가장 많이 베푸신 고을들이 회개치 아니하므로 그 때에 책망하시되 화가 있을진저 고라신아 화가 있을진저 벳새다야 너희에게서 행한 모든 권능을 두로와 시돈에서 행하였더면 저희가 벌써 베옷을 입고 재에 앉아 회개하였으리라 내가 너희에게 이르노니 심판날에 두로와 시돈이 너희보다 견디기 쉬우리라 가버나움아 네가 하늘에까지 높아지겠느냐 음부에까지 낮아지리라 네게서 행한 모든 권능을 소돔에서 행하였더면 그 성이 오늘날까지 있었으리라 내가 너희에게 이르노니 심판 날에 소돔 땅이 너보다 견디기 쉬우리라 하시니라."
· 마 22:1-8 "예수께서 다시 비유로 대답하여 가라사대 천국은 마치 자기 아들을 위하여 혼인 잔치를 베푼 어떤 임금과 같으니 그 종들을 보내어 그 청한 사람들을 혼인 잔치에 오라 하였더니 오기를 싫어하거늘 다시 다른 종들을 보내며 가로되 청한 사람들에게 이르기를 내가 오찬을 준비하되 나의 소와 살진 짐승을 잡고 모든 것을 갖추었으니 혼인 잔치에 오소서 하라 하였더니 저희가 놀아보지도 않고 하나는 자기 밭으로, 하나는 자기 상업차로 가고 그 남은 자들은 종들을 잡아 능욕하고 죽이니 임금이 노하여 군대를 보내어 그 살인한 자들을 진멸하고 그 동네를 불사르고 이에 종들에게 이르되 혼인 잔치는 예비되었으나 청한 사람들은 합당치 아니하니."
· 마 23:37 "예루살렘아 예루살렘아 선지자들을 죽이고 네게 파송된 자들을 돌로 치는 자여 암탉이 그 새끼를 날개 아래에 모음 같이 내가 네 자녀를 모으려 한 일이 몇 번이더냐 그러나 너희가 원하지 아니하였도다."
2) · 마 13장

제10항
부르심을 받은 일부가 나아오는 이유

복음 사역에 의하여 부름받은 다른 사람들은 나아와서 회개한다. 이는 사람에 기인한 것이 아니다. 그는 믿고 회심한 다른 사람들에게 제공된 똑같은 혹은 충분한 은혜 이상으로 (펠라기우스 추종자들의 교만한 이단사설처럼) 스스로 자기의 자유의지를 내세우지 않는다. 그것은 하나님께로부터 비롯된 것이다.[1] 하나님께서는 영원 전부터 그리스도 안에서 자기 소유로 택정하셔서 정한 때가 되매 그들을 효력있게 부르신 것이다. 그는 그들에게 믿음과 회개를 주신다. 즉 그는 흑암의 권세에서 그들을 건지셔서 그의 아들의 왕국으로 옮기신다.[2] 이 모든 일을 하나님께서 행하신 바, 그들로 하여금 자기들을 흑암으로부터 불러내어 그의 기이한 빛으로 들어가게 하신 분의 경이로운 행사들을 선포하도록,[3] 그리고 성경의 여러 곳에서 사도들이 증거한 대로, 자기 자신들이 아니라 주님을 자랑하도록 하신 것이다.[4]

1) · 롬 9:16 "그런즉 원하는 자로 말미암음도 아니요 달음박질하는 자로 말미암음도 아니요 오직 긍휼히 여기시는 하나님으로 말미암음이니라."
2) · 골 1:13 "그가 우리를 흑암의 권세에서 건져내사 그의 사랑의 아들의 나라로 옮기셨으니."
· 갈 1:4 "그리스도께서 하나님 곧 우리 아버지의 뜻을 따라 이 악한 세대에서 우리를 건지시려고 우리 죄를 위하여 자기 몸을 드리셨으니."
3) · 벧전 2:9 "오직 너희는 택하신 족속이요 왕 같은 제사장들이요 거룩한 나라요 그의 소유된 백성이니 이는 너희를 어두운 데서 불러내어 그의 기이한 빛에 들어가게 하신 자의 아름다운 덕을 선전하게 하려 하심이라."
4) · 고전 1:31 "기록된 바 자랑하는 자는 주 안에서 자랑하라 함과 같게 하려 함이니라."

- 고후 10:17 "자랑하는 자는 주 안에서 자랑할지니라."
- 엡 2:8, 9 "너희가 그 은혜를 인하여 믿음으로 말미암아 구원을 얻었나니 이것이 너희에게서 난 것이 아니요 하나님의 선물이라 행위에서 난 것이 아니니 이는 누구든지 자랑치 못하게 함이니라."

제11항
하나님께서 회심을 일으키시는 방식

하나님께서는 다음과 같은 방식으로, 택자들 안에서 자기의 선하고 기쁘신 뜻을 이루시며 그들 안에 참된 회개를 일으키신다. 그는 그들에게 복음이 전파되도록 배려하시며, 그들의 마음에 성령으로 능력있게 빛을 비추시사, 그들이 하나님의 영에 속한 일들을 바르게 깨닫고 분별토록 하신다.[1] 또한 하나님께서는 중생케 하시는 동일한 성령의 효력있는 사역으로 말미암아 사람의 마음 깊은 속에까지 통찰하셔서,[2] 닫힌 마음을 열게 하시고, 굳은 마음을 부드럽게 하시며,[3] 할례받지 아니한 마음에 할례하시며, 그의 의지에 새로운 자질들을 주입하신다.[4] 그는 죽은 의지를 소생케 하신 바, 악한 것은 선하게, 억지를 기꺼이 하는 마음으로, 완고함을 순종하는 마음으로 만드신다.[5] 하나님께서는 그 마음을 감동하시고 힘있게 하사, 좋은 나무처럼, 선행의 열매들이 맺어질 수 있게 하신다.[6]

1)
- 히 6:4, 5 "한번 비췸을 얻고 하늘의 은사를 맛보고 성령에 참예한 바 되고 하나님의 선한 말씀과 내세의 능력을 맛보고."
- 고전 2:10-14 "오직 하나님이 성령으로 이것을 우리에게 보이셨으니 성령은 모든 것 곧 하나님의 깊은 것이라도 통달하시느니라 사람의 사정을 사람의 속에 있는 영 외에는 누가 알리요 이와 같이 하나님의 사정도 하나님의 영 외에는 아무도 알지 못하느니라 우리가 세상의 영을 받지 아니하고 오직 하나님께로 온 영을 받았으니 이는 우리로 하여금 하나님께서 우리에게 은혜로 주신 것들을 알게 하려 하심이라 우리가 이것을 말하거니와 사람의 지혜의 가르친 말로 아니하고 오직 성령의 가르치신 것으로 하니 신령한 일은 신령한 것으로 분별하느니라 육에 속한 사람은 하나님의 성령의 일을 받지 아니하나니 저희에게는 미련하게 보임이요 또 깨닫지도 못하나니 이런 일은 영적으로라야 분변함이니라."

2)
- 히 4:12 "하나님의 말씀은 살았고 운동력이 있어 좌우에 날선 어떤 검보다도 예리하여 혼과 영과 및 관절과 골수를 찔러 쪼개기까지 하며 또 마음의 생각과 뜻을 감찰하나니."

3)
- 행 16:14 "두아디라성의 자주 장사로서 하나님을 공경하는 루디아라 하는 한 여자가 들었는데 주께서 그 마음을 열어 바울의 말을 청종하게 하신지라."

4)
- 신 30:6 "네 하나님 여호와께서 네 마음과 네 자손의 마음에 할례를 베푸사 너로 마음을 다하며 성품을 다하여 네 하나님 여호와를 사랑하게 하사 너로 생명을 얻게 하실 것이며."

5)
- 겔 11:19 "내가 그들에게 일치한 마음을 주고 그 속에 새 신을 주며 그 몸에서 굳은 마음을 제하고 부드러운 마음을 주어서."
- 겔 36:26 "또 새 영을 너희 속에 두고 새 마음을 너희에게 주되 너희 육신에서 굳은 마음을 제하고 부드러운 마음을 줄 것이며."

6)
- 마 7:18 "좋은 나무가 나쁜 열매를 맺을 수 없고 못된 나무가 아름다운 열매를 맺을 수 없느니라."

제12항
중생은 오직 하나님의 사역

이런 회개는 중생이며, 새 창조요, 죽은 자들로부터 일어나는 것이며, 살리는 것으로서,[1] 성경에서 강조하여 말하는 바, 하나님께서 우리 없이 우리 안에서 역사하신 것이다. 그러나 이 중생은 결코 교육 자체로나, 도덕적 설득으로나, 또는 하나님께서 그의 역할을 다 하신 후에 중생 여부나 회심 여부를 사람의 능력 발휘에 두는 그런 식의 작용으로 일어나지 않는다. 오히려 그것은 분명히 초자연적이고, 초능력으로, 동시에 환희에 차고, 기이하고, 신비하고, 형언할 수 없는 일이다. 이 사역의 주재자에 의해 영감된 성경에 따르면, 이 중생은 창조나 죽은 자의 부활 능력에 못지않다.[2] 따라서 하나님께서 이 경이로운 방식으로 그 마음에 역사하시는 모든 사람들은, 확실하고, 틀림없이, 효과적으로 중생케 되고, 실제로 믿게 된다.[3] 그래서 다시 새로워진 의지는 하나님에 의해서 행해지고 움직여질 뿐 아니라, 또한 하나님에 의해 행해진 이 의지는 자신이 스스로 행하는 것이다. 그러므로 사람 자신은 그가 받은 은혜로 말미암아 믿고 회개한다고 말하는 것이 합당하다.

1) · 요 3:3 "예수께서 대답하여 가라사대 진실로 진실로 네게 이르노니 사람이 거듭나지 아니하면 하나님 나라를 볼 수 없느니라."
 · 고후 4:6 "어두운 데서 빛이 비취라 하시던 그 하나님께서 예수 그리스도의 얼굴에 있는 하나님의 영광을 아는 빛을 우리 마음에 비취셨느니라."
 · 고후 5:17 "그런즉 누구든지 그리스도 안에 있으면 새로운 피조물이라 이전 것은 지나갔으니 보라 새것이 되었도다."
 · 엡 5:14 "그러므로 이르시기를 잠자는 자여 깨어서 죽은 자들 가운데서 일어나라 그리스도께서 네게 비취시리라 하셨느니라."

2) · 요 5:25 "진실로 진실로 너희에게 이르노니 죽은 자들이 하나님의 아들의 음성을 들을 때가 오나니 곧 이 때라 듣는 자는 살아나리라."
 · 롬 4:17 "기록된 바 내가 너를 많은 민족의 조상으로 세웠다 하심과 같으니 그의 믿은 바 하나님은 죽은 자를 살리시며 없는 것을 있는 것같이 부르시는 이시니라."

3) · 빌 2:13 "너희 안에서 행하시는 이는 하나님이시니 자기의 기쁘신 뜻을 위하여 너희로 소원을 두고 행하게 하시나니."

제13항
불가해한 중생

이생에서 신자들은 하나님께서 이 사역을 행하시는 방법을 온전히 이해할 수 없다. 그러나 반면에, 하나님의 이런 은혜로 말미암아 그들이 마음으로 자기들의 구주를 믿고 사랑하는 것을 충분히 알고 경험할 수 있다.[1]

1) · 요 3:8 "바람이 임의로 불매 네가 그 소리를 들어도 어디서 오며 어디로 가는지 알지 못하나니 성령으로 난 사람은 다 이러하니라."
· 롬 10:9 "네가 만일 네 입으로 예수를 주로 시인하며 또 하나님께서 그를 죽은 자 가운데서 살리신 것을 네 마음에 믿으면 구원을 얻으리니."

제14항
믿음이 하나님의 선물인 이유

그러므로 믿음이 하나님의 선물인 것은,[1] 단지 하나님에 의해 사람의 자유의지에 제공된 정도이기 때문이 아니라, 실제로 사람에게 수여해주시고, 그 속에 스며들도록 주입시켰기 때문이다. 또한 하나님께서 믿을 능력만 수여하셔서 사람의 자유의지로부터 믿는데 동의하거나 믿는 그 행위를 기다린다는 의미에서의 선물이 아니다. 오히려 이 믿음은 의지나 행위 양면에 역사하시고,[2] 참으로 만물 만사를 이루시는 하나님께서, 사람 안에 믿을 의지도 주시고 믿는 행위 역시 주신다는 의미에서의 선물이다.

1) · 엡 2:8 "너희가 그 은혜를 인하여 믿음으로 말미암아 구원을 얻었나니 이것이 너희에게서 난 것이 아니요 하나님의 선물이라."
2) · 빌 2:13 "너희 안에서 행하시는 이는 하나님이시니 자기의 기쁘신 뜻을 위하여 너희로 소원을 두고 행하게 하시나니"

제15항
하나님의 과분한 은혜에 합당한 태도

이런 은혜는 하나님께서 어느 누구에게도 빚진 것이 아니다. 도대체 그가 사람에게 무엇 때문에 빚을 질 수 있겠는가?[1] 누가 주께 먼저 드려서 갚으심을 받겠는가? 죄와 거짓 외에 아무 것도 없는 그런 자에게 하나님께서 무슨 빚을 질 수 있겠는가? 그러므로 이런 은혜를 받는 자는 오직 하나님께만 빚을 지고 영원히 감사를 드린다. 그러나 이런 은혜를 받지 않은 자는, 이런 영적인 일들에 대해 전혀 관심이 없이 자기가 가진 소유로 만족하거나, 혹은 거짓된 안정 속에 자기가 갖지 못한 것을 가진 양 헛되이 자랑한다.[2] 더 나아가 자기들의 신앙을 공적으로 고백하며 자기 생활을 개선하는 자들에 관하여, 우리는 사도들의 본을 받아서 가장 우호적인 태도로 그들을 판단하고 그들에 대해 말해야 하는 바,[3] 마음 속 깊은 곳은 우리에게 미지의 영역이기 때문이다. 그리고 아직 부르심을 받지 못한 자들에 대해서는, 우리가 그들을 위해, 없는 것을 있는 것같이 부르시는 하나님께 기도해야 한다.4) 그러나 우리는 결코 우리 스스로 구별된 존재인 것처럼 교만하게 행하면 안된다.5)

1) · 롬 11:35 "누가 주께 먼저 드려서 갚으심을 받겠느뇨."
2) · 암 6:1 "화 있을진저 시온에서 안일한 자와 사마리아 산에서 마음이 든든한 자 곧 열국 중 우승하여 유명하므로 이스라엘 족속이 따르는 자들이여."
   · 렘 7:4 "너희는 이것이 여호와의 전이라, 여호와의 전이라, 여호와의 전이라 하는 거짓말을 믿지 말라."
3) · 롬 14:10 "네가 어찌하여 네 형제를 판단하느뇨 어찌하여 네 형제를 업신여기느뇨 우리가 다 하나님의 심판대 앞에 서리라."
4) · 롬 4:17 "기록된 바 내가 너를 많은 민족의 조상으로 세웠다 하심과 같으니 그의 믿은바 하나님은 죽은 자를 살리시며 없는 것을 있는 것같이 부르시는 이시니라."
5) · 고전 4:7 "누가 너를 구별하였느뇨 네게 있는 것 중에 받지 아니한 것이 무엇이뇨 네가 받았은즉 어찌하여 받지 아니한 것같이 자랑하느뇨."

제16항
제거되지 않고 소생한 사람의 의지

사람이 타락으로 말미암아 지성과 의지를 부여받은 사람됨이 끝난 것이 아니다. 그리고 전 인류에게 퍼진 죄악이 인간의 본성조차 빼앗아간 것은 아니고, 부패와 영적 죽음을 초래한 것이다.1) 그래서 중생의 신성한 은혜도 마치 사람들이 벽돌이나 돌들처럼 작용하지 않고, 또 의지와 그 특성을 제거하거나, 강요하지 않고, 오히려 의지를 영적으로 소생시키고, 치료하며, 교정하고, 흔쾌히 동시에 강력하게 의지를 굴복시킨다.2) 결과적으로, 전에는 육신의 반역과 반항으로 완전히 지배 당한 곳에, 이제는 영의 신속하고 신실한 순종이 우세하기 시작하는 바, 우리의 참되고 신령한 의지의 회복과 자유가 있게 된다. 또 만일 모든 선의 기이한 조성자께서 이런 방식으로 우리를 다루지 않는다면, 사람은 자신의 자유 의지로는 이 타락으로부터 일어설 아무런 소망도 얻지 못하고, 그가 여전히 서 있다 할 때, 그 자유의지로 말미암아 스스로 멸망에 빠져 들어갈 뿐이다.

1) · 롬 8:2 "이는 그리스도 예수 안에 있는 생명의 성령의 법이 죄와 사망의 법에서 너를 해방하였음이라."
   · 엡 2:1 "너희의 허물과 죄로 죽었던 너희를 살리셨도다."
2) · 시 51:12 "주의 구원의 즐거움을 내게 회복시키시고 자원하는 심령을 주사 나를 붙드소서."
   · 빌 2:13 "너희 안에서 행하시는 이는 하나님이시니 자기의 기쁘신 뜻을 위하여 너희로 소원을 두고 행하게 하시나니."

제17항
하나님의 방도 사용

우리의 이런 자연적인 생명을 생기게 하시고 지탱하게 하시는 전능하신 하나님의 역사는, 그의 무한하신 지혜와 선하심을 따라 그의 능력을 실현하도록 의도하신, 방도의 사용을 배제하지 않고, 오히려 요구하신다.1) 이처럼, 전술한 대로, 우리를 중생케 한 하나님의 초자연적인 역사도2) 결코 복음의 사용을 배제하거나 취소시키지 않는 바, 가장 지혜로우신 하나님께서는 이 복음을 중생의 씨와 영혼의 양식으로 정하셨다.3) 이런 이유로 사도들과 그들을 계승한 교사들이 하나님의 이 은혜에 관하여 백성들을 경건하게 교훈하여, 하나님께 영광을 돌리고 인간의 모든 교만을 버리도록 한다. 그러나, 한편으로 그들은, 거룩한 복음의 훈계로 말미암아, 말씀과 성례와 권징의 시행 하에서, 자기들을 지키는 데 태만하지 않았다.4) 오늘날도 교회에서 가르침을 주거나 받는 자들은, 하나님께서 그의 선하고 기쁘신 뜻으로 함께 친밀히 연합하도록 의도하신 것을 분리함으로써, 감히 하나님을 시험하려 해서는 안된다. 왜냐하면 은혜란 훈계를 통해 수여되며,5) 우리가 우리의 당위를 기꺼이 수행하면 할수록, 우리 안에 역사하시는, 하나님의 이런 은총은 그 광채를 더욱 현저히 드러내서, 그의 사역이 최상으로 진행되기 때문이다. 과연 방도들과 그들의 구원의 열매와 효과로 인하여, 모든 영광은 영원무궁토록 오직 하나님께만 있을지어다.6) 아멘.

1) · 사 55:10, 11 "비와 눈이 하늘에서 내려서는 다시 그리로 가지 않고 토지를 적시어서 싹이 나게 하며 열매가 맺게 하여 파종하는 자에게 종자를 주며 먹는 자에게 양식을 줌과 같이 내 입에서 나가는 말도 헛되이 내게로 돌아오지 아니하고 나의 뜻을 이루며 나의 명하여 보낸 일에 형통하리라."
 · 고전 1:21 "하나님의 지혜에 있어서는 이 세상이 자기 지혜로 하나님을 알지 못하는 고로 하나님께서 전도의 미련한 것으로 믿는 자들을 구원하시기를 기뻐하셨도다."

2) · 약 1:18 "그가 그 조물 중에 우리로 한 첫 열매가 되게 하시려고 자기의 뜻을 좇아 진리의 말씀으로 우리를 낳으셨느니라."

3) · 벧전 1:23, 25 "너희가 거듭난 것이 썩어질 씨로 된 것이 아니요 썩지 아니할 씨로 된 것이니 하나님의 살아 있고 항상 있는 말씀으로 되었느니라 오직 주의 말씀은 세세토록 있도다 하였으니 너희에게 전한 복음이 곧 이 말씀이니라."
 · 벧전 2:2 "갓난 아이들 같이 순전하고 신령한 젖을 사모하라 이는 이로 말미암아 너희로 구원에 이르도록 자라게 하려 함이라."

4) · 행 2:42 "저희가 사도의 가르침을 받아 서로 교제하며 떡을 떼며 기도하기를 전혀 힘쓰니라."
 · 고후 5:11-21 "우리가 주의 두려우심을 알므로 사람을 권하노니 우리가 하나님 앞에 알리워졌고 또 너희의 양심에도 알리워졌기를 바라노라 우리가 다시 너희에게 자천하는 것이 아니요 오직 우리를 인하여 자랑할 기회를 너희에게 주어 마음으로 하지 않고 외모로 자랑하는 자들을 대하게 하려 하는 것이라 우리가 만일 미쳤어도 하나님을 위한 것이요 만일 정신이 온전하여도 너희를 위한 것이니 그리스도의 사랑이 우리를 강권하시는도다 우리가 생각건대 한 사람이 모든 사람을 대신하여 죽었은즉 모든 사람이 죽은 것이라 저가 모든 사람을 대신하여 죽으심은 산 자들로 하여금 다시는 저희 자신을 위하여 살지 않고 오직 저희를 대신하여 죽었다가 다시 사신 자를 위하여 살게 하려 함이니라 그러므로 우리가 이제부터는 아무 사람도 육체대로 알지 아니하노라 비록 우리가 그리스도도 육체대로 알았으나 이제부터는 이같이 알지 아니하노라 그런즉 누구든지 그리스도 안에 있으면 새로운 피조물이라 이전 것은 지나갔으니 보라 새것이 되었도다 모든 것이 하나님께로 났나니 저가 그리스도로 말미암아 우리를 자기와 화목하게 하시고 또 우리

에게 화목하게 하는 직책을 주셨으니 이는 하나님께서 그리스도 안에 계시사 세상을 자기와 화목하게 하시며 저희의 죄를 저희에게 돌리지 아니하시고 화목하게 하는 말씀을 우리에게 부탁하셨느니라 이러므로 우리가 그리스도를 대신하여 사신이 되어 하나님이 우리로 너희를 권면하시는 것같이 그리스도를 대신하여 간구하노니 너희는 하나님과 화목하라 하나님이 죄를 알지도 못하신 자로 우리를 대신하여 죄를 삼으신 것은 우리로 하여금 저의 안에서 하나님의 의가 되게 하려 하심이니라."

· 딤후 4:2 "너는 말씀을 전파하라 때를 얻든지 못 얻든지 항상 힘쓰라 범사에 오래 참음과 가르침으로 경책하며 경계하며 권하라."

5) · 롬 10:14-17 "그런즉 저희가 믿지 아니하는 이를 어찌 부르리요 듣지도 못한 이를 어찌 믿으리요 전파하는 자가 없이 어찌 들으리요 보내심을 받지 아니하였으면 어찌 전파하리요 기록된바 아름답도다 좋은 소식을 전하는 자들의 발이여 함과 같으니라 그러나 저희가 다 복음을 순종치 아니하였도다 이사야가 가로되 주여 우리의 전하는 바를 누가 믿었나이까 하였으니 그러므로 믿음은 들음에서 나며 들음은 그리스도의 말씀으로 말미암았느니라."

6) · 유 24, 25 "능히 너희를 보호하사 거침이 없게 하시고 너희로 그 영광 앞에 흠이 없이 즐거움으로 서게 하실 자 곧 우리 구주 홀로 하나이신 하나님께 우리 주 예수 그리스도로 말미암아 영광과 위엄과 권력과 권세가 만고 전부터 이제와 세세에 있을지어다 아멘."

한때 네덜란드 개혁교회들을 혼란케 했던
오류에 대한 반박

총회는, 사람의 부패와 하나님께로의 회심에 대한 참된 정통 교리를 천명한 바, 다음과 같은 오류를 거부한다.

1. 오류 _ 적절하게 말하면, 원죄 그것만으로 온 인류를 정죄하고 현세적이며 영원한 형벌을 받기에 족하다고 말할 수 없다.

〈반박〉_ 이는 사도가 다음과 같이 선포하는 말씀들과 상충된다.

"이러므로 한 사람으로 말미암아 죄가 세상에 들어오고 죄로 말미암아 사망이 왔나니 이와 같이 모든 사람이 죄를 지었으므로 사망이 모든 사람에게 이르렀느니라." (롬 5;12) *"심판은 한 사람을 인하여 정죄에 이르렀다."* (롬 5:16) *"죄의 삯은 사망이요."* (롬 6:23)

2. 오류 _ 선(善)과 거룩, 의(義)와 같은 영적인 은사들이나 선한 성품들이나 덕성들은, 인간이 처음 지음을 받았을 때에 인간의 의지에 속할 수도 없고, 그러므로 사람이 타락했을 때, 그의 의지로부터 떨어져나갈 수도 없다.

〈반박〉_ 이 오류는 사도 바울이 묘사한 하나님의 형상과[1] 정반대이다. 거기에서 바울은 하나님의 형상을 의와 거룩으로 연관시키므로, 이는 의심할 여지없이 의지에 속한 것이다.

---

[1] · 엡 4:24 *"하나님을 따라 의와 진리의 거룩함으로 지으심을 받은 새 사람을 입으라."*

3. 오류 _ 영적인 사망에 있어서 영적 은사들은 사람의 의지에서 분리되지 않는데, 그 이유는 의지(意志)는 그 자체로는 결코 부패된 것이 아니요 다만 마음의 암매와 정욕의 무절제에 의해서 방해를 받았을 뿐이기 때문이다. 이 장애물들이 제거된다면, 의지는 그 내재된 능력을 온전히 발휘할 수 있다. 그 의지는 스스로, 그 앞에 제시되어 있는 모든 종류의 선을, 원하면 선택하고, 원치 않으면 버릴 수 있다.

〈반박〉_ 이 주장은 혁신적이지만 오류로서, 자유 의지의 능력을 과대평가하는 경향이다.

선지자 예레미야가 렘 17:9에서 *"만물보다 거짓되고 심히 부패한 것은 마음이라"*고 기술한 것과 정반대이다.

또한 사도 바울도 엡 2:3에서 "우리도 다 그(불순종의 자식들) 가운데서 우리 육체의 욕심을 따라 지내며 육체와 마음의 원하는 것을 한다"고 기록한다.

4. 오류 _ 중생하지 못한 사람은 실제로나 전적으로 죄 가운데서 죽은 것이라거나, 영적인 선행을 할 모든 능력을 상실한 것이 아니다. 그는 의와 생명에 주리고 목말라 할 수 있으며, 하나님을 기쁘시게 하는 상하고 통회하는 심령의 제사를 드릴 수 있다.

〈반박〉_ 이런 것들은 성경에 나타난 명백한 증거들과 충돌된다.

"너희의 허물과 죄로 죽었던 너희를."(엡 2:1) "허물로 죽은 우리를"(엡 2:5) "그 마음의 생각의 모든 계획이 항상 악할 뿐임을 보시고"(창 6:5) "이는 사람의 마음의 계획하는 바가 어려서부터 악함이라." (창 8:21)

더 나아가, 오직 중생자와 복된 자로 부름 받은 자들만이 비참으로부터 건짐을 받고 생명을 얻은 후에 주림과 갈증을 느끼며, 상한 심령의 제사를 하나님께 드린다.[1]

---

[1] · 시 51: 19 "그 때에 주께서 의로운 제사와 번제와 온전한 번제를 기뻐하시리니 저희가 수소로 주의 단에 드리리이다."
· 마 5:6 "의에 주리고 목마른 자는 복이 있나니 저희가 배부를 것임이요."

---

5. 오류 _ 부패한 자연인(自然人)은 일반 은혜(알미니우스자들 용어로는 자연의 빛), 또는 타락 이후에도 여전히 그에게 남아있는 은사들을 아주 잘 사용할 수 있으므로, 그 은사들을 선용함으로써 점진적으로 더 큰 은사, 곧 복음이나 구원의 은혜 또는 구원 자체를 얻을 수 있다. 이런 방식으로 하나님께서는 그의 입장에서 모든 사람들에게 그리스도를 계시할 준비를 친히 보이시며, 하나님께서는 그리스도를 아는 지식과 믿음과 회개를 위해 필요한 방도들을 아주 충분히 그리고 효과 있게 모두에게 베풀어주신다.

〈반박〉_ 모든 세대의 경험 뿐만 아니라 성경도 역시 이런 주장이 참이 아니라고 증거한다.

"저가 그 말씀을 야곱에게 보이시며 그 율례와 규례를 이스라엘에게 보이시는도다. 아무 나라에게도 이같이 행치 아니하셨나니 저희는 그 규례를 알지 못하였도다 할렐루야." (시 147:19, 20) "하나님이 지나간 세대에는 모든 족속으로 자기의 길들을 다니게 묵인하셨으나." (행 14:16) "성령이 아시아에서 말씀을 전하지 못하게 하시거늘 브루기아와 갈라디아 땅으로 다녀가 무시아 앞에 이르러 비두니아로 가고자 애쓰되 예수의 영이 허락지 아니하시는지라." (행 16:6, 7)

6. 오류 _ 사람이 참 회심을 하는 데에는, 그 어떤 새로운 성품들이나 능력들이나 은사들이 하나님에 의해 의지 속으로 주입될 수 있는 것이 아니다. 그러므로 우리가 처음으로 회심하여 신자라고 불리게 된, 이 믿음이란 하나님에 의하여 주입된 성품이나 은사가 아니라, 다만 인간의 행위일 뿐이다. 이 믿음에 도달하는 능력에 관한 것을 제외하고는, 이 믿음이란 은사라고 부를 수 없다.

〈 반박 〉_ 이런 가르침은, 하나님께서 우리 마음 속에 믿음과 순종, 하나님 사랑에 대한 의식 등의 새로운 품성들을 주입한다고 선언하는 성경과 상충된다.

즉 "내가 나의 법을 그들의 속에 두며 그 마음에 기록하여…" (렘 31:33) "대저 내가 갈한 자에게 물을 주며 마른 땅에 시내가 흐르게 하며 나의 신을 네 자손에게, 나의 복을 네 후손에게 내리리니" (사 44:3) "소망이 부끄럽게 아니함은 우리에게 주신 성령으로 말미암아 하나님의 사랑이 우리 마음에 부은 바 됨이니" (롬 5:5)

또한 이런 주장은 "나를 이끌어 돌이키소서 그리하시면 내가 돌아오겠나이다." (렘 31:18)라고 외친 선지자의 입을 의지하여 기도하는, 교회의 일관된 관행과도 어긋난다.

7. 오류 _ 우리가 하나님께로 회심하게 한 이 은혜란 다만 온화한 충고에 불과하다. 충고하는 이런 방식의 사역은 사람의 회심에 있어서의 가장 고상한 방식이요, 사람의 본성과 가장 잘 어울리는 것이다. 유독 이러한 충고의 은혜가 자연인을 영적인 존재로 만들기에 충분치 못할 이유가 전혀 없다. 과연 하나님께서는 이러한 도덕적 설득을 통하는 것 이외에는 의지와의 동의를 일으키지 않으신다. 사단이 현세적인 유익들만을 약속하는 반면, 하나님은 영원한 것을 약속하신다는 점에서, 하나님의 사역의 능력은 사단의 역사를 능가한다.

〈 반박 〉_ 이는 전적으로 펠라기우스파의 주장이요, 도덕적인 설득을 넘어선 전혀 별도의 것, 곧 사람의 회심에 있어서 훨씬 더 강력하고 신성한 성령의 사역 방식을 가르치는 성경 전체와 정반대 입장이다.

"또 새 영을 너희 속에 두고 새 마음을 너희에게 주되 너희 육신에서 굳은 마음을 제하고 부드러운 마음을 줄 것이며" (겔 36:26)

8. 오류 _ 사람의 중생에 있어서 하나님께서는 사람의 의지를 강제적으로 틀림없이 믿음과 회심에로 굴복시키기 위해 그의 전능한 능력을 사용하시지 않는다. 비록 하나님께서 회개한 사람에게 사용하는 이 모든 은혜 사역들을 다 성취했다 할지라도, 또 하나님께서 그의 중생을 의도하고 그를 중생하도록 뜻하실지라도, 사람은 하나님과 성령에 저항할 수도 있고, 과연 종종 그렇게 저항하기도 해서, 자기의 중생을 철저하게 방해한다. 그러므로 중생 여부는 사람의 능력에 달려 있다.

〈 반박 〉_ 이는 사람의 회심에 있어서 하나님의 은혜의 모든 충족성을 부인하는 것이요, 전능한 하나님의 사역을 사람의 의지에 종속시키는 것과 다름없다. 다음과 같이 가르치고 기도하고 선언하는 사도들의 가르침과 정반대이다.

"그의 힘의 강력으로 역사하심을 따라 믿는 우리에게" (엡 1:19) "우리 하나님이…믿음의 역사를 능력으로 이루게 하시고" (살후 1:11) "그의 신기한 능력으로 생명과 경건에 속한 모든 것을 우리에게 주셨으니" (벧후 1:3)

9. **오류** _ 은혜와 자유 의지는 회심의 시작을 함께 일으키는 부분적인 원인들이다. 이러한 원인들의 질서상, 은혜는 의지의 작용보다 앞서지 않는다. 사람의 의지가 스스로 움직여서 이 회심을 결정할 때까지, 하나님께서는 결과적으로 회심에 이르도록 사람의 의지를 효과적으로 돕지 않으신다.

〈반박〉_ 초대 교회는 오래 전 다음과 같은 사도의 말씀을 좇아서 이런 펠라기우스의 교리를 정죄했다.

"그런즉 원하는 자로 말미암음도 아니요 달음박질하는 자로 말미암음도 아니요 오직 긍휼히 여기시는 하나님으로 말미암음이니라." (롬 9:16) "누가 너를 구별하였느뇨. 네게 있는 것 중에 받지 아니한 것이 무엇이뇨." (고전 4:7) "너희 안에서 행하시는 이는 하나님이시니 자기의 기쁘신 뜻을 위하여 너희로 소원을 두고 행하게 하시나니" (빌 2:13)

다섯 번째 교리

성도의 견인

제1항
내주하는 죄로부터 완전히 자유롭지 못한 중생자

하나님의 뜻을 따라 그의 아들, 우리 주 예수 그리스도와의 교제 안으로 부름받고, 성령으로 새롭게 된 자들을, 하나님께서는 죄의 지배와 노예 상태로부터 확실히 자유롭게 하였으나,[1] 이생에서는 죄된 육신과 죄의 몸으로부터 완전히 자유로운 것은 아니다.[2]

1) · 요 8:34 "예수께서 대답하시되 진실로 진실로 너희에게 이르노니 죄를 범하는 자마다 죄의 종이라."
   · 롬 6:17 "하나님께 감사하리로다 너희가 본래 죄의 종이더니 너희에게 전하여 준바 교훈의 본을 마음으로 순종하여."
2) · 롬 7:21-24 "그러므로 내가 한 법을 깨달았노니 곧 선을 행하기 원하는 나에게 악이 함께 있는 것이로다 내 속 사람으로는 하나님의 법을 즐거워하되 내 지체 속에서 한 다른 법이 내 마음의 법과 싸워 내 지체 속에 있는 죄의 법 아래로 나를 사로잡아 오는 것을 보는도다 오호라 나는 곤고한 사람이로다 이 사망의 몸에서 누가 나를 건져내랴."

제2항
매일 범하는 연약함의 죄

그러므로 사람이 날마다 범하는 연약함의 죄는 준동하고 성도의 가장 선한 행위라도 오염되어 있다.[1] 이러한 죄와 오염은 성도들로 하여금, 스스로 하나님 앞에서 자기들을 겸비하게 하며, 십자가에 못 박히신 그리스도에게로 피하고, 더욱 더 간구하는 성령과 경건의 거룩한 연습을 통하여 자기 육신을 죽이고,[2] 마침내 이 사망의 몸으로부터 건짐을 받아, 하늘에서 하나님의 어린 양과 함께 다스릴 때까지,[3] 완전함에 이르기를 열망하고 분투해야 하는,[4] 일관된 이유이다.

1) · 요일 1:8 "만일 우리가 죄 없다하면 스스로 속이고 또 진리가 우리 속에 있지 아니할 것이요."
2) · 골 3:5 "그러므로 땅에 있는 지체를 죽이라 곧 음란과 부정과 사욕과 악한 정욕과 탐심이니 탐심은 우상 숭배니라."
3) · 계 5:6, 10 "내가 또 보니 보좌와 네 생물과 장로들 사이에 어린 양이 섰는데 일찍 죽임을 당한 것 같더라 일곱 뿔과 일곱 눈이 있으니 이 눈은 온 땅에 보내심을 입은 하나님의 일곱 영이더라…저희로 우리 하나님 앞에서 나라와 제사장을 삼으셨으니 저희가 땅에서 왕 노릇하리로다 하더라."
4) · 딤전 4:7 "망령되고 허탄한 신화를 버리고 오직 경건에 이르기를 연습하라."

- 빌 3:12, 14 "내가 이미 얻었다 함도 아니요 온전히 이루었다 함도 아니라 오직 내가 그리스도 예수께 잡힌바 된 그것을 잡으려고 좇아가노라 …푯대를 향하여 그리스도 예수 안에서 하나님이 위에서 부르신 부름의 상을 위하여 좇아가노라."

제3항
자기 소유를 보존하시는 하나님

이런 내재하는 죄의 잔재들 때문에 또한 세상과 사단의 유혹 때문에, 회심한 자들이라도, 만일 자기 자신들의 힘을 의지하면, 그 은혜 안에 서 있을 수 없다.1) 그러나 하나님은 신실하셔서, 자비롭게도 한번 그들에게 주신 그 은혜 안에서 그들을 견고케 하시고, 끝까지 그 은혜 안에서 그들을 능력있게 보존하신다.2)

1) · 롬 7:20 "만일 내가 원치 아니하는 그것을 하면 이를 행하는 자가 내가 아니요 내 속에 거하는 죄니라."
2) · 고전 10:13 "사람이 감당할 시험 밖에는 너희에게 당한 것이 없나니 오직 하나님은 미쁘사 너희가 감당치 못할 시험 당함을 허락지 아니하시고 시험 당할 즈음에 또한 피할 길을 내사 너희로 능히 감당하게 하시느니라."
· 벧전 1:5 "너희가 말세에 나타내기로 예비하신 구원을 얻기 위하여 믿음으로 말미암아 하나님의 능력으로 보호하심을 입었나니."

제4항
심각한 죄로 타락할 수 있는 성도

하나님께서 참된 신자들을 은혜 안에 견고케 하시고 보존하시는 그 능력이 아주 커서1) 육신에 의해 압도당할 수 없다 할지라도, 그런데도 회심한 자들은 항상 하나님에 의해 인도를 받고 감동을 받는 것이 아니라서, 어떤 특별한 행위들에서 자기 자신들의 잘못으로 말미암아 은혜의 인도로부터 벗어나서, 육신의 정욕에 의해 미혹을 받고 굴복할 수 있다. 따라서 그들은 시험에 들지 않게 해달라고 늘 깨어서 기도해야 한다.2) 그들이 깨어 기도하지 않을 때,3) 육신과 세상과 사탄에 의해 심각하고 극악한 죄 속으로 빠질 수 있으며, 오히려 의로우신 하나님의 허용으로 가끔씩 실제로 이런 죄에 빠지기도 한다. 성경에 기술된, 다윗과 베드로와 그 외의 다른 성도들의 통탄할 타락은 바로 이런 사실을 증거한다.4)

1) · 엡 1:19 "그의 힘의 강력으로 역사하심을 따라 믿는 우리에게 베푸신 능력의 지극히 크심이 어떤 것을 너희로 알게 하시기를 구하노라."

2) · 마 26:41 "시험에 들지 않게 깨어 있어 기도하라 마음에는 원이로되 육신이 약하도다 하시고."
3) · 살전 5:6, 17 "그러므로 우리는 다른 이들과 같이 자지 말고 오직 깨어 근신할지라 쉬지 말고 기도하라."
4) · 삼하11장, 마26장.

제5항
그런 심각한 죄의 결과

그러나 그들이 그렇게 엄청난 죄로 말미암아, 하나님의 분노를 심각하게 촉발하고, 죽음의 죄책을 지고, 성령을 근심하게 만들고, 믿음의 실천을 중단하고, 그들의 양심에 심각한 상처를 입고, 때로는 잠시나마 하나님의 은총에 대한 감각마저 상실한다.1) 과연 그들이 신실한 회개를 통하여 바른 길로 돌이켜서 하나님의 부성어린 얼굴빛을 다시 그들을 향해 비칠 때까지 그러하다.2)

1) · 삼하12장.
   · 엡 4:30 "하나님의 성령을 근심하게 하지 말라 그 안에서 너희가 구속의 날까지 인치심을 받았느니라."
2) · 시 32:3-5 "내가 토설치 아니할 때에 종일 신음하므로 내 뼈가 쇠하였도다 주의 손이 주야로 나를 누르시오니 내 진액이 화하여 여름 가물에 마름 같이 되었나이다(셀라) 내가 이르기를 내 허물을 여호와께 자복하리라 하고 주께 내 죄를 아뢰고 내 죄악을 숨기지 아니하였더니 곧 주께서 내 죄의 악을 사하셨나이다(셀라)."
   · 민 6:25 "여호와는 그 얼굴로 네게 비취사 은혜 베푸시기를 원하며."

제6항
자기 택자들의 상실을 허용치 않으시는 하나님

긍휼에 풍성하신 하나님은, 그의 변함없는 선택의 뜻에 따라서,1) 그들의 통탄스러운 타락의 와중에서도, 그의 성령을 자기 소유로부터 완전히 거둬들이시지 않는다.2) 또한 하나님께서는, 그들이 너무 죄에 깊이 잠겨, 양자됨의 은혜와 칭의의 상태로부터 떨어지거나,3) 혹은 사망에 이르는 죄나4) 성령을 거역하는 죄를 범하여, 성령에 의해 전적으로 버림받아, 스스로 영원한 파멸에 빠지도록,5) 결코 허용하지 않으신다.

1) · 엡 1:11 "모든 일을 그 마음의 원대로 역사하시는 자의 뜻을 따라 우리가 예정을 입어 그 안에서 기업이 되었으니."
   · 엡 2:4 "긍휼에 풍성하신 하나님이 우리를 사랑하신 그 큰 사랑을 인하여."
2) · 시 51:11 "나를 주 앞에서 쫓아내지 마시며 주의 성령을 내게서 거두지 마소서."
3) · 갈 4:5 "율법 아래 있는 자들을 속량하시고 우리로 아들의 명분을 얻게 하려 하심이라."
4) · 요일 5:16-18 "누구든지 형제가 사망에 이르지 아니한 죄 범하는 것을 보거든 구하라 그러면 사망에 이르지 아니하는

범죄자들을 위하여 저에게 생명을 주시리라 사망에 이르는 죄가 있으니 이에 대하여 나는 구하라 하지 않노라 모든 불의가 죄로되 사망에 이르지 아니하는 죄도 있도다 하나님께로서 난 자마다 범죄치 아니하는 줄을 우리가 아노라 하나님께로서 나신 자가 저를 지키시매 악한 자가 저를 만지지도 못하느니라."

5) · 마 12:31, 32 "그러므로 내가 너희에게 이르노니 사람의 모든 죄와 훼방은 사하심을 얻되 성령을 훼방하는 것은 사하심을 얻지 못하겠고 또 누구든지 말로 인자를 거역하면 사하심을 얻되 누구든지 말로 성령을 거역하면 이 세상과 오는 세상에도 사하심을 얻지 못하리라."

제7항
다시 택자들을 갱신하여 회개케 하시는 하나님

과연 무엇보다도, 그들의 타락시에도, 하나님께서는 그의 썩지 아니하는 중생의 씨를 그들 안에 보존하시사, 그것이 쇠해지지 않고, 버림받지 않게 하신다.1) 더욱 하나님께서는 말씀과 성령을 통하여 확실하고 효과적으로 그들을 갱신하여 회개케 하신다.2) 결과적으로 그들은 자기들이 범한 죄에 대한 경건한 슬픔을 가지고 마음으로 탄식한다.3) 즉 그들은 통회하는 마음과 더불어 믿음으로 말미암아 중보자의 보혈로 죄사함을 구하고 얻는다. 다시금 그들은 화해하게 된 하나님의 은총을 체험하여 그의 자비와 신실하심을 찬양한다.4) 그래서 그들은 지금부터 계속해서 두려움과 떨림으로 더욱 부지런히 자기 자신들의 구원을 이루어간다.5)

1) · 벧전 1:23 "너희가 거듭난 것이 썩어질 씨로 된 것이 아니요 썩지 아니할 씨로 된 것이니 하나님의 살아 있고 항상 있는 말씀으로 되었느니라."
2) · 요일 3:9 "하나님께로서 난 자마다 죄를 짓지 아니하나니 이는 하나님의 씨가 그의 속에 거함이요 저도 범죄치 못하는 것은 하나님께로서 났음이라."
3) · 고후 7:10 "하나님의 뜻대로 하는 근심은 후회할 것이 없는 구원에 이르게 하는 회개를 이루는 것이요 세상 근심은 사망을 이루는 것이니라."
4) · 시 32:5 "내가 이르기를 내 허물을 여호와께 자복하리라 하고 주께 내 죄를 아뢰고 내 죄악을 숨기지 아니하였더니 곧 주께서 내 죄의 악을 사하셨나이다(셀라)."
 · 시 51:19 "그 때에 주께서 의로운 제사와 번제와 온전한 번제를 기뻐하시리니 저희가 수소로 주의 단에 드리리이다."
5) · 빌 2:12 "그러므로 나의 사랑하는 자들아 너희가 나 있을 때 뿐 아니라 더욱 지금 나 없을 때에도 항상 복종하여 두렵고 떨림으로 너희 구원을 이루라."

제8항
이 은혜를 보존하시는 삼위일체 하나님

그렇게 택자들이 믿음과 은혜에서 전적으로 떨어져 나가지 않고, 그들의 타락상에 머물러 결국 버림을 당하지 않은 것은, 그들 자신의 공로나 힘에 의한 것이 아니고, 하나님의 과분한 자비로 말미암은 것이다. 그들 자신의 입장에서 이런 상황은 여차하면 일어날 수 있을 뿐만 아니라 틀림없이 발생하곤 한다. 그러나 하나님의 입장에서는 이런 일은 발생가능성이 없는 바, 그의 경륜이 변할 수 없고,1) 그의 약속이 실패될 수 없으며, 그의 뜻에 따른 부르심이 취소될 수 없고,2) 또한 그리스도의 공로와 그 도고의 기도와 보존하심이 무효화될 수 없으며,3) 성령의 인치심이 결코 좌절되거나 폐기되는 일이 없기 때문이다.4)

1) · 시 33:11 "여호와의 도모는 영영히 서고 그 심사는 대대에 이르리로다."
2) · 히 6:17 "하나님은 약속을 기업으로 받는 자들에게 그 뜻이 변치 아니함을 충분히 나타내시려고 그 일에 맹세로 보증하셨나니."
· 롬 8:30, 34 "또 미리 정하신 그들을 또한 부르시고 부르신 그들을 또한 의롭다 하시고 의롭다 하신 그들을 또한 영화롭게 하셨느니라 누가 정죄하리요 죽으실 뿐 아니라 다시 살아나신 이는 그리스도 예수시니 그는 하나님 우편에 계신 자요 우리를 위하여 간구하시는 자시니라."
· 롬 9:11 "그 자식들이 아직 나지도 아니하고 무슨 선이나 악을 행하지 아니한 때에 택하심을 따라 되는 하나님의 뜻이 행위로 말미암지 않고 오직 부르시는 이에게로 말미암아 서게 하려 하사."
3) · 눅 22:32 "그러나 내가 너를 위하여 네 믿음이 떨어지지 않기를 기도하였노니 너는 돌이킨 후에 네 형제를 굳게 하라."
4) · 엡 1:13 "그 안에서 너희도 진리의 말씀 곧 너희의 구원의 복음을 듣고 그 안에서 또한 믿어 약속의 성령으로 인치심을 받았으니."

제9항
이런 보존하심에 대한 확신

신자들은 스스로 택자들이 구원에 이르도록 이렇게 보존하심과 믿음으로 참 신자들의 견인을 확신할 수 있다.1) 과연 그들은 자기 믿음의 분수에 따라서 확신하는 바,2) 그들은 지금 그리고 항상 하나님의 교회의 참되고 살아있는 지체임과, 죄사함과 영원한 생명의 소유를 확고하게 믿는다.3)

1) · 롬 8:31-39 "그런즉 이 일에 대하여 우리가 무슨 말 하리요 만일 하나님이 우리를 위하시면 누가 우리를 대적하리요 자기 아들을 아끼지 아니하시고 우리 모든 사람을 위하여 내어주신 이가 어찌 그 아들과 함께 모든 것을 우리에게 은사로 주지 아니하시겠느뇨 누가 능히 하나님의 택하신 자들을 송사하리요 의롭다 하신 이는 하나님이시니 누가 정죄하리요 죽으실 뿐 아니라 다시 살아나신 이는 그리스도 예수시니 그는 하나님 우편에 계신 자요 우리를 위하여 간구하시는 자시니라 누가 우리를 그리스도의 사랑에서 끊으리요 환난이나 곤고나 핍박이나 기근이나 적신이나 위험이나 칼이랴 기록된 바 우리가 종일 주를 위하여 죽임을 당케 되며 도살할 양 같이 여김을 받았나이다 함과 같으니라 그러나 이 모든 일에 우리를 사랑하시는 이로 말미암아 우리가 넉넉히 이기느니라 내가 확신하노니 사망이나 생명이나 천사들이나 권세자들이나 현재 일이나 장래 일이나 능력이나 높음이나 깊음이나 다른 아무 피조물이라도 우리를 우리 주 그리스도 예수 안에 있는 하나님의 사랑에서 끊을 수 없으리라."
2) · 딤후 4:8 "이제 후로는 나를 위하여 의의 면류관이 예비되었으므로 주 곧 의로우신 재판장이 그 날에 내게 주실 것이

니 내게만 아니라 주의 나타나심을 사모하는 모든 자에게니라."
3) · 딤후 4:18 "주께서 나를 모든 악한 일에서 건져내시고 또 그의 천국에 들어가도록 구원하시리니 그에게 영광이 세세무궁토록 있을지어다 아멘."

제10항
이런 확신의 근원

이 확신은 하나님의 말씀 그 이상으로 또는 그 이외의 별다른 사적인 계시에 의해서가 아니라, 하나님이 우리의 위로를 위해 가장 풍성하게 계시하신 바, 하나님의 약속을 믿는 믿음으로만 생긴다. 또한 우리가 하나님의 자녀요 상속자임을 성령이 우리 영과 더불어 증거함으로 생기며,[1] 마침내 깨끗한 양심과[2] 선행을 진지하고 거룩하게 추구함으로 생긴다. 그런데 만일 하나님의 택자들이 이생에서 승리를 얻는다는 견고한 위로와[3] 영원한 영광에 대한 틀림없는 보증을 갖지 못한다면, 그들은 모든 사람들 중의 가장 불쌍한 자일 것이다.[4]

1) · 롬 8:16, 17 "성령이 친히 우리 영으로 더불어 우리가 하나님의 자녀인 것을 증거하시나니 자녀이면 또한 후사 곧 하나님의 후사요 그리스도와 함께 한 후사니 우리가 그와 함께 영광을 받기 위하여 고난도 함께 받아야 될 것이니라."
· 요일 3:1, 2 "보라 아버지께서 어떠한 사랑을 우리에게 주사 하나님의 자녀라 일컬음을 얻게 하셨는고, 우리가 그러하도다 그러므로 세상이 우리를 알지 못함은 그를 알지 못함이니라 사랑하는 자들아 우리가 지금은 하나님의 자녀라 장래에 어떻게 될 것은 아직 나타나지 아니하였으나 그가 나타내심이 되면 우리가 그와 같을 줄을 아는 것은 그의 계신 그대로 볼 것을 인함이니."
2) · 행 24:16 "이것을 인하여 나도 하나님과 사람을 대하여 항상 양심에 거리낌이 없기를 힘쓰노라."
3) · 롬 8:37 "그러나 이 모든 일에 우리를 사랑하시는 이로 말미암아 우리가 넉넉히 이기느니라."
4) · 고전 15:19 "만일 그리스도 안에서 우리의 바라는 것이 다만 이생 뿐이면 모든 사람 가운데 우리가 더욱 불쌍한 자리라."

제11항
항상 감지할 수 없는 이 확신

반면에, 성경은, 신자들이 이생에서 육신의 각양각색의 의구심과 싸워야 하며, 또 가혹한 시험 하에 놓여있을 때는 이런 믿음의 충분한 확신과 견인의 확실성을 항상 느끼지 못한다고 증거한다. 그러나 모든 위로의 아버지이신 하나님[1]께서는 그들이 감당치 못할 시험을 주시지 않고 다만 시험 당할 즈음에 피할 길을 내시며, 성령에 의해서 다시금 그들 안에 견인의 확실성이 회복되게 하신다.[2]

1) · 고후 1:3 "찬송하리로다 그는 우리 주 예수 그리스도의 하나님이시요 자비의 아버지시요 모든 위로의 하나님이시며."
2) · 고전 10:13 "사람이 감당할 시험 밖에는 너희에게 당한 것이 없나니 오직 하나님은 미쁘사 너희가 감당치 못할 시험 당함을 허락지 아니하시고 시험 당할 즈음에 또한 피할 길을 내사 너희로 능히 감당하게 하시느니라."

제12항
경건의 촉진제인 이 확신

그러나, 이런 견인의 확실성은, 참 신자를 교만과 자기만족 가운데 빠지게하기는 커녕, 오히려 겸손과 어린아이와 같은 공경심,1) 진실한 경건과 온갖 투쟁 중에서의 인내, 열정적인 기도와 고난 중에서의 일관된 진리 고백, 그리고 하나님 안에서의 지속적인 기쁨의2) 참된 근원이다. 더 나아가 이런 견인의 유익에 대한 묵상은, 성경의 증거들과 성도들의 실례들로부터 현저하듯이, 신자들에게 감사와 선행을 진지하고 지속적으로 실천하도록 촉구하는 자극제가 된다.3)

1) · 롬 12:1 "그러므로 형제들아 내가 하나님의 모든 자비하심으로 너희를 권하노니 너희 몸을 하나님이 기뻐하시는 거룩한 산 제사로 드리라 이는 너희의 드릴 영적 예배니라."
2) · 시 56:12, 13 "하나님이여 내가 주께 서원함이 있사온즉 내가 감사제를 주께 드리니 주께서 내 생명을 사망에서 건지셨음이라 주께서 나로 하나님 앞, 생명의 빛에 다니게 하시려고 실족지 않게 하지 아니하셨나이까."
3) · 시 116:12 "여호와께서 내게 주신 모든 은혜를 무엇으로 보답할꼬."
 · 딛 2:11-14 "모든 사람에게 구원을 주시는 하나님의 은혜가 나타나 우리를 양육하시되 경건치 않은 것과 이 세상 정욕을 다 버리고 근신함과 의로움과 경건함으로 이 세상에 살고 복스러운 소망과 우리의 크신 하나님 구주 예수 그리스도의 영광이 나타나심을 기다리게 하셨으니 그가 우리를 대신하여 자신을 주심은 모든 불법에서 우리를 구속하시고 우리를 깨끗하게 하사 선한 일에 열심하는 친 백성이 되게 하려 하심이니라."
 · 요일 3:3 "주를 향하여 이 소망을 가진 자마다 그의 깨끗하심과 같이 자기를 깨끗하게 하느니라."

제13항
태만하게 하지 않는 이 확신

이렇게 새롭게 된 확신은, 타락 이후 회복된 자들로 하여금 경건에 무관심하거나 태만하도록 하지 않는다.1) 오히려 전에 주님이 예비하신 그 주님의 도리들을 주의깊게 지키도록 훨씬 더 큰 관심을 쏟게한다.2) 그들이 이 도리를 행함으로써 자기들의 견인의 확실성을 견지할 수 있도록 이 도리를 지키는 것이다. 그래서 하나님의 아버지같은 선하심을 오용하여, 더 극심한 영적 고뇌 상황에 떨어진 결과로, 그들의 은혜로우신 하나님의 얼굴빛이 그들로부디 떠나지 않도록 한다.3) 침으로, 하나님을 경외하는 자들에게는 하나님의 얼굴빛을 비추시는 것이 생명보다 더 달콤하며, 하나님의 그 얼굴을 돌리

심이 죽음보다 더 쓰다.⁴⁾

1) · 고후 7:10 "하나님의 뜻대로 하는 근심은 후회할 것이 없는 구원에 이르게 하는 회개를 이루는 것이요 세상 근심은 사망을 이루는 것이니라."
2) · 엡 2:10 "우리는 그의 만드신 바라 그리스도 예수 안에서 선한 일을 위하여 지으심을 받은 자니 이 일은 하나님이 전에 예비하사 우리로 그 가운데서 행하게 하려 하심이니라."
3) · 시 63:4 "이러므로 나의 평생에 주를 송축하며 주의 이름으로 말미암아 나의 손을 들리이다."
   · 사 64:7 "주의 이름을 부르는 자가 없으며 스스로 분발하여 주를 붙잡는 자가 없사오니 이는 주께서 우리에게 얼굴을 숨기시며 우리의 죄악을 인하여 우리로 소멸되게 하셨음이니이다."
4) · 렘 33:5 "싸우려 하였으나 내가 나의 노와 분함으로 그들을 죽이고 그 시체로 이 성에 채우게 하였나니 이는 그들의 모든 악을 인하여 나의 얼굴을 가리워 이 성을 돌아보지 아니하였음이니라."

제14항
견인에서의 하나님의 방도들 사용

복음 설교로 우리 안에서 시작된 이 은혜 사역이 하나님의 기쁘신 뜻인 것처럼, 하나님께서는 그의 말씀을 듣고, 읽고,¹⁾ 그에 대해 묵상하며, 또한 이 말씀으로 권면하고, 책망하며, 약속하고,²⁾ 그리고 성례를 행함으로,³⁾ 이 은혜 사역을 유지하고, 지속하시고, 완성하신다.

1) · 신 6:20-25 "후일에 네 아들이 네게 묻기를 우리 하나님 여호와의 명하신 증거와 말씀과 규례와 법도가 무슨 뜻이뇨 하거든 너는 네 아들에게 이르기를 우리가 옛적에 애굽에서 바로의 종이 되었더니 여호와께서 권능의 손으로 우리를 애굽에서 인도하여 내셨나니 곧 여호와께서 우리 목전에서 크고 두려운 이적과 기사를 애굽과 바로와 그 온 집에 베푸시고 우리 열조에게 맹세하신 땅으로 우리에게 주어 들어가게 하시려고 우리를 거기서 인도하여 내시고 여호와께서 우리에게 이 모든 규례를 지키라 명하셨으니 이는 우리로 우리 하나님 여호와를 경외하여 항상 복을 누리게 하기 위하심이며 또 여호와께서 우리로 오늘날과 같이 생활하게 하려 하심이라 우리가 그 명하신 대로 이 모든 명령을 우리 하나님 여호와 앞에서 삼가 지키면 그것이 곧 우리의 의로움이니라 할지니라."
2) · 딤후 3:16, 17 "모든 성경은 하나님의 감동으로 된 것으로 교훈과 책망과 바르게 함과 의로 교육하기에 유익하니 이는 하나님의 사람으로 온전케 하며 모든 선한 일을 행하기에 온전케 하려 함이니라."
3) · 행 2:42 "저희가 사도의 가르침을 받아 서로 교제하며 떡을 떼며 기도하기를 전혀 힘쓰니라."

제15항
사탄의 증오와 교회의 사랑을 받는 이 교리

참 신자들과 성도의 견인과 그들의 확신에 관한 이 교리를,¹⁾ 하나님께서 그의 말씀 안에서 그의 이름의 영광과 경건한 자들의 위로를 위하여 가장 풍부하게 계시하셨고, 그것을 신자들의 마음 속에 새겨주신다. 그러나 이 교리는 육신에 속한 사람은 깨닫지 못하고, 사탄은 증오하며, 세상은 어리석다고 하고, 무지한 자와 위선자는 오용하며, 이단자는 공격하는 그런 것이다. 다른 한편, 그리스도의 신부는 항상 가장 온화한 마음으로 이 교리를 사랑하며, 헤아릴 수 없는 가치가 있는 보배로서 확고부동하게 옹호해왔다.[2] 과연 어떤 모사로도 어떤 능력으로도 대항하여 이길 수 없는 하나님께서는,[3] 교회가 계속 그리하도록 해주실 것이다. 오직 성부, 성자, 성령께만 영원토록 존귀와 영광이 있을지어다.[4] 아멘.

1) · 계 14:12 "성도들의 인내가 여기 있나니 저희는 하나님의 계명과 예수 믿음을 지키는 자니라."
2) · 엡 5:32 "이 비밀이 크도다 내가 그리스도와 교회에 대하여 말하노라."
3) · 시 33:10, 11 "여호와께서 열방의 도모를 폐하시며 민족들의 사상을 무효케 하시도다 여호와의 도모는 영영히 서고 그 심사는 대대에 이르리로다."
4) · 벧전 5:10, 11 "모든 은혜의 하나님 곧 그리스도 안에서 너희를 부르사 자기의 영원한 영광에 들어가게 하신 이가 잠간 고난을 받은 너희를 친히 온전케 하시며 굳게 하시며 강하게 하시며 터를 견고케 하시리라 권력이 세세무궁토록 그에게 있을지어다 아멘."

한때 네덜란드 개혁교회들을 혼란케 했던
오류에 대한 반박

총회는, 성도의 견인에 대한 참된 정통 교리를 천명하고, 다음과 같은 오류를 반박하는 바이다.

1. 오류 _ 참 신자들의 견인은 선택의 열매나, 그리스도의 죽으심으로 획득한 하나님의 선물도 아니고, 다만 새 언약의 조건으로서, 소위 하나님의 결정적인 선택과 칭의 이전에, 사람은 그의 자유의지를 통하여 그 조건을 충족시켜야 한다.

〈 반박 〉_ 성경은, 성도의 견인은 선택으로부터 비롯되어 그리스도의 죽으심과 부활하심 그리고 그의 중보 덕분으로 주어지는 것이라고 증거한다.

"그런즉 어떠하뇨 이스라엘이 구하는 그것을 얻지 못하고 오직 택하심을 입은 자가 얻었고 그 남은 자들은 완악하여졌느니라." (롬 11:7) "자기 아들을 아끼지 아니하시고 우리 모든 사람을 위하여 내어 주신 이가 어찌 그 아들과 함께 모든 것을 우리에게 은사로 주지 아니하시겠느뇨. 누가 능히 하나님의 택하신 자들을 송사 하리요 의롭다 하신 이는 하나님이시니 누가 정죄 하리요 죽으실 뿐 아니라 다시 살아나신 이는 그리스도 예수시니 그는 하나님 우편에 계신 자요 우리를 위하여 간구하시는 자시니라. 누가 우리를 그리스도의 사랑에서 끊으리요 환난이나 곤고나 핍박이나 기근이나 적신이나 위험이나 칼이랴." (롬 8:32-35)

2. 오류 _ 하나님께서는 참으로 신자들로 하여금 견인하기에 충분한 힘을 공급해 주시고, 만일 그가 자기 의무를 행하고자 한다면 그 안에서 이것을 보존하도록 준비하신다. 그러나 믿음의 견인에 필요하고 하나님께서 믿음을 견인하는데 사용하실 모든 것들이 다 갖춰져 있다고 해도, 항상 견인 여부는 사람의 의지의 결단에 달려있다.

〈 반박 〉_ 이런 생각은 철저히 펠라기우스주의 사상이다. 이런 주장은 사람들을 자유롭게 하고자 하지만, 반면 사람들로 하여금 하나님의 영광을 탈취하는 자들로 만든다. 이는 사람으로부터 모든 교만의 소지들을 다 제거하고, 이런 유익으로 인한 모든 찬송을 오직 하나님의 은혜로만 돌리게 하는, 복음의 일관된 가르침과 상충된다.

이는 또한 "너희를 우리 주 예수 그리스도의 날에 책망할 것이 없는 자로 끝까지 견고케"(고전 1:8) 하실 분은 오직 하나님이시라는 사도의 증거와도 상반된다.

3. 오류 _ 참으로 중생한 신자들일지라도 완전히 그리고 확실히 칭의의 믿음과 은혜와 구원으로부터 타락할 수 있을 뿐만 아니라, 종종 실제로 그렇게 타락한 자들이 있고 영원히 상실되기도 한다.

〈반박〉_ 이 견해는 그리스도에 의한 칭의와 중생의 은혜와 지속적인 보존하심을 무효화하는 것으로서, 다음과 같은 사도 바울의 명백한 말씀과 상반된다.

"우리가 아직 죄인 되었을 때 그리스도께서 우리를 위하여 죽으심으로 하나님께서 우리에게 대한 자기의 사랑을 확증하셨느니라. 그러면 이제 우리가 그 피를 인하여 의롭다 하심을 얻었은즉 더욱 그로 말미암아 진노하심에서 구원을 얻을 것이니." (롬 5:8, 9)

또한 사도 요한의 다음의 말과도 모순되는 것이다.

"하나님께로서 난 자마다 죄를 짓지 아니하나니 이는 하나님의 씨가 그의 속에 거함이요 저도 범죄치 못하는 것은 하나님께로서 났음이라." (요일 3:9) "내가 저희에게 영생을 주노니 영원히 멸망치 아니할 터이요, 또 저희를 내 손에서 빼앗을 자가 없느니라. 저희를 주신 내 아버지는 만유보다 크시매 아무도 아버지 손에서 빼앗을 수 없느니라." (요 10:28, 29)

4. 오류 _ 참으로 중생한 신자들일지라도 사망에 이르는 죄나 성령을 거스르는 죄를 범할 수 있다.

〈반박〉_ 사도 요한은 사망에 이르는 죄를 범한 자들에 대하여 말하면서 그들을 위한 기도를 금지한 후에, 곧바로 이렇게 덧붙인다.

"누구든지 형제가 사망에 이르지 아니하는 죄 범하는 것을 보거든 구하라 그리하면 사망에 이르지 아니하는 범죄자들을 위하여 그에게 생명을 주시리라 사망에 이르는 죄가 있으니 이에 관하여 나는 구하라 하지 않노라 모든 불의가 죄로되 사망에 이르지 아니하는 죄도 있도다 하나님께로부터 난 자는 다 범죄하지 아니하는 줄을 우리가 아노라 하나님께로부터 나신 자가 그를 지키시매 악한 자가 그를 만지지도 못하느니라." (요일 5:16-18)

5. 오류 _ 우리는 특별한 계시가 없이는 이생에서 미래의 견인에 대한 어떤 확실성도 가질 수 없다.

〈반박〉_ 이런 교리로써 이생에서 참 신자들이 가지는 확실한 위로를 빼앗아버리며, 교황 추종자들의 의심이 또다시 교회 안으로 도입되도록 한다. 그러나 성경은, 이런 확신을, 아주 특별하고 비상한 계시로부터가 아니고, 오히려 하나님의 자녀에게 속한 독특한 표지들로부터, 그리고 하나님의 일관된 약속에서, 항상 도출한다.

그래서 사도 바울은 특별히 이렇게 선언한다. "다른 아무 피조물이라도 우리를 우리 주 그리스도 예수 안에 있는 하나님의 사랑에서 끊을 수 없으리라." (롬 8:39)

또 요한도 "그의 계명들을 지키는 자는 주 안에 거하고 주는 저 안에 거하시나니 우리에게 주신 성령으로 말미암아 그가 우리 안에 거하시는 줄을 우리가 아느니라."(요일 3:24)고 기록한다.

6. 오류 _ 성도의 견인이나 구원의 확실성에 관한 교리는, 그 자체의 성격상, 거짓된 안정을 초래하고, 경건과 선한 품행과 기도와 여타의 경건한 연습에 해가 된다. 역으로, 의구심을 갖도록 권장해야 한다.

〈반박〉_ 이 오류는 하나님의 은혜의 효과적인 능력과 우리 안에 내재하는 성령의 역사를 무시하는 것이다. 이는 또한 다음과 같은 분명한 말씀으로 그 반대 입장을 가르치는, 사도 요한과도 상충된다.

"사랑하는 자들아 우리가 지금은 하나님의 자녀라 장래에 어떻게 될 것은 아직 나타나지 아니하였으나 그가 나타내심이 되면 우리가 그와 같을 줄을 아는 것은 그의 계신 그대로 볼 것을 인함이니 주를 향하여 이 소망을 가진 자마다 그의 깨끗하심과 같이 자기를 깨끗하게 하느니라." (요일 3:2, 3)

더욱이 이는 구약과 신약의 성도들의 실례에 의해서도 반박되는 바, 그들은 자기들의 견인과 구원을 확신했을지라도, 그럼에도 불구하고 그들은 기도하기를 그치지 않았으며 여타의 경건한 생활을 계속 영위하였던 것이다.

7. 오류 _ 잠시 동안 믿은 자들의 믿음은 칭의와 구원의 믿음과 별로 다르지 않고, 다만 그 기간의 차이뿐이다.

〈반박〉_ 그리스도께서는 친히 마태복음 13:20-23과 누가복음 8:13-15에서, 잠시 동안 믿은 사람과 참 신자와의 차이를, 이 기간의 차이 말고, 세 가지 면으로 분명히 제시하신다.

즉 전자는 돌 위에 떨어진 씨앗이며 후자는 좋은 땅 혹은 좋은 마음 밭에 떨어진 씨앗이고, 또한 전자(前者)는 뿌리가 없으나 후자(後者)는 견고한 뿌리가 있으며, 그리고 전자는 열매가 없으나 후자는 지속적으로 확고부동하여 엄청나게 많은 결실을 맺는다고 선언하신 것이다.

8. 오류 _ 첫 번째 중생함을 상실한 사람이, 또 다시 중생한다든지 또는 몇 번씩 다시 난다는 말은 불합리하지 않다.

〈반박〉_ 이러한 주장은, 우리가 하나님의 썩지 아니할 씨로 다시 태어난다는 것을 부인하는 것으로서, 다음과 같은 사도 베드로의 증언과 상반된다.

"너희가 거듭난 것이 썩어질 씨로 된 것이 아니요 썩지 아니할 씨로 된 것이니, 하나님의 살아 있고 항상 있는 말씀으로 되었느니라." (벧전 1:23)

9. 오류 _ 그리스도께서는 신자들의 믿음이 떨어지지 않고 지속되도록 그 어디에서도 기도하신 적이 없다.

〈 **반박** 〉_ 이는 그리스도께서 친히 말씀하신 바, "내가 너를(베드로) 위하여 네 믿음이 떨어지지 않기를 기도하였노니"(눅 22:32)라는 말씀과 상충된다.

또한 그리스도께서는 사도들뿐만 아니라 그의 말씀을 통하여 믿고자 하는 모든 자들을 위하여도 기도하셨다고 선언하는, 사도 요한의 말씀과도 어긋나는 것이다.

"내게 주신 아버지의 이름으로 저희를 보전하사 … 내가 비옵는 것은 저희를 세상에서 데려가시기를 위함이 아니요, 오직 악에 빠지지 않게 보전하시기를 위함이나이다 … 내가 비옵는 것은 이 사람들만 위함이 아니요, 또 저희 말을 인하여 나를 믿는 사람들도 위함이니"(요 17:11, 15, 20)

결론 : 잘못된 비난에 대한 반박

돌트 신경은 네덜란드 교회에서 논쟁했던 다섯 조항에 관한 정통 교리를, 한동안 교회를 혼란케 했던 오류들에 대한 반박을 겸해서, 간단명료하게 그리고 올바르게 천명한 것이다. 총회는 이런 해명과 반박이 하나님의 말씀에서 인용한 것이며 개혁교회의 신앙고백과 일치한다고 판단하는 바이다. 이런 이유로, 일부 사람들이 대중을 현혹하고자 매우 부적절하게 그리고 모든 진리와 공평과 사랑을 거스려 처신하는, 다음과 같은 소위가 명백히 드러난다.

- 예정과 그 관련 주제들에 관한 개혁교회 교리는, 그 자체의 특성과 경향상, 사람들의 마음을 모든 경건과 종교를 외면하게 한다.
- 그 교리는 마귀의 사주를 받은 육신의 마취제요, 사탄이 만인을 잡으려고 잠복하여, 상당수에게 상처를 입혀서, 많은 사람들에게 절망과 거짓 안정의 화살로 치명타를 가하는, 사탄의 본거지이다.
- 그 교리는, 하나님을 죄의 조성자요, 불의한 폭군과 위선자로 만든다. 즉 스토아학파, 마니교, 도덕폐기론 및 마호멧과 다를 바 없다.
- 이 교리는, 사람들이 어떻게 살든지 상관없이, 택자들의 구원을 방해할 수 있는 것은 전혀 없다고 믿게 하고, 그래서 극악한 범죄들을 편하게 자행하도록 함으로, 죄악된 몰염치로 유도하는 한편, 유기된 자들이 아무리 성인들의 모든 선행을 실행하더라도, 그들의 구원에 최소한의 보탬도 되지를 못한다고 가르친다.
- 이와 같은 교리는, 하나님께서, 어떤 죄를 지어도 개의치 않고, 오직 자기의 임의적인 의지에 의해서, 영원한 저주를 내리기 위해 세계의 가장 위대한 부분을 예정하고 창조하셨다고 가르친다.
- 선택이야말로 믿음과 선행의 근거요 원인이라는 동일한 논리 방식으로, 유기는 불신과 불경건의 원인이다.
- 신자들의 순진한 많은 자녀들을 그들의 어머니 품으로부터 나꿔채서 포악하게 지옥으로 던져짐으로, 그리스도의 보혈이나 그들의 세례나 세례시의 교회의 기도 등이 그들에게 아무런 도움이 되지 못한다.

개혁 교회들이 고백하지도 않을 뿐 아니라 심지어 진정으로 혐오하기도 하는 이런 종류의 가르침은 훨씬 더 많다.

그러므로, 이 돌트 총회는, 주님의 이름으로, 우리 주 예수 그리스도를 경건하게 부르는 모든 자들에게, 개혁교회의 신앙을 처처에서 수집된 비방에 의해서 판단하지 않도록, 탄원하는 바이다. 또한 고대나 근대의 일부 몇몇 교사들이 종종 불신앙으로 본문을 본래의 의미와는 정반대로 인용하거나 설명한 사사로운 글들에 의해서 판단해서는 안된다. 오히려 개혁 교회들 자체의 공적(公的)인 신앙고백과 총회의 전체 회원들의 만장일치로 확정한 바, 정통 교리로 지금 천명한 것으로만 판단해야 한다.

더 나아가, 총회는, 그렇게 많은 개혁 교회들과 그들의 신앙고백을 거스려 거짓 증거를 하고, 연약한 자의 양심을 괴롭히고, 신자들의 공동체에 의심거리를 양산하는 자들에게, 얼마나 가혹한 하나님의 심판이 대기하고 있는지를 염두에 두도록 비방자들 자신들에게 경고하는 바이다.

마지막으로, 본 총회는 모든 동료 그리스도의 복음 사역자들에게, 이 교리를 학교나 교회에서 다룰 경우에, 하나님을 경외하고 존중하는 태도로 스스로 잘 처신하도록 권고하는 바이다. 말을 하거나 글을 쓰는 경우는 물론, 가르치는 경우에, 하나님의 이름의 영광과 거룩한 생활과 고난받는 영혼들의 위로를 구해야 한다. 이 교리에 관한 사고와 언행은 믿음의 분수(사도적 전통)에 따라 성경과 일치해야 한다. 또한 성경의 참 의미로 규정된 한계를 넘어서, 후안무치한 궤변론자들이 개혁 교회의 교리에 대해 비소하거나 비방할 수 있는 호기를 제공하는, 모든 표현들을 자제해야 한다.

성부의 오른편에 좌정하시사, 사람들에게 은사들을 내려주시는, 하나님의 아들, 예수 그리스도시여, 우리를 진리로 거룩케 하시며, 곁길로 간 자들을 진리로 인도하시고, 건전한 교리를 비방하는 자들을 침묵케 하시며, 그의 신실한 말씀사역자들에게 지혜와 분별의 영으로 채워주셔서, 그들의 모든 말이 하나님의 영광과 그들에게 듣는 자들을 세우는 일에 이바지하게 하시옵소서. 아멘.

세 일치 신조 대조표

주일	하이델베르크 교리문답 문답	벨직 신앙 고백서 항	돌트 신경 교리와 항 (RE= 오류에 대한 반박)
1	1	-	I :12-14; RE I :6,7; III/IV:11; V:8-12; RE V:5
	2	-	I :1-4
2	3	-	III/IV:5,6
	4	-	-
	5	14,15	III/IV:3-6; V:2,3
3	6	14	III/IV:1
	7	14,15	I :1; III/IV:1-4
	8	14,15,24	III/IV:3,4
4	9	14,15,16	I :1; III/IV:1
	10	15,37	I :4; II:1; III/IV:1
	11	16,17,20	I ;1-4; II:1,2
5	12	20	II:1
	13	14	II:2; III/IV:1-4
	14	-	-
	15	19	II:1-4
6	16	18,19,20,21	II:1-4
	17	19	II:1-4
	18	10,18,19,20,21	II:1-4
	19	2,3,4,5,6,7	I :3; II:5; III/IV:6-8
7	20	22	I :1-5; II:5-7; III/IV:6
	21	23,24	III/IV:9-14; RE III/IV:6
	22	7	I :3; II:5; III/IV:6-8
	23	9	-
8	24	8,9	-
	25	8,9	-
9	26	12,13	-
10	27	13	-
	28	12,13	-
11	29	21,22	II:3
	30	21,22,24	II:5; RE II:3-6
12	31	21,26	-
	32	-	V:1,2
13	33	10,18,19	-
	34	-	-
14	35	18,19,26	-
	36	18,19	-
	37	20,21	II:2-4
15	38	21	-
	39	20,21	II:2-4
	40	20,21	II:3,4; RE II:7

주일	하이델베르크 교리문답 문답	벨직 신앙 고백서 항	돌트 신경 교리와 항 (RE= 오류에 대한 반박)
16	41	-	-
	42	-	-
	43	-	II:8
	44	21	II:4
17	45	20	RE V:1
18	46	26	-
	47	19,26	-
	48	19,26	-
	49	26	-
19	50	26	-
	51	-	II:8; V:1-15
	52	37	-
20	53	11,24,	III/IV:11,12; RE III/IV:5-8; V:6,7
	54	16,27,28,29,	I:1-18; II:1-9; V:9
21	55	28	-
	56	22,23	II:7,8; V:5
	57	37	-
22	58	37	-
	59	21,22,23	II:7,8
23	60	21,22,23	II:7,8
	61	21,22,23	II:7,8 RE II:4
24	62	23,24	II:1; III/IV:3 6 RE III/IV:4,5
	63	24	-
	64	24	III/IV:11; V:12,13;
25	65	24,33	III/IV:17 RE III/IV:7-9; V:14
	66	33	-
	67	33	-
	68	33	-
26	69	15,34	-
	70	15,34	-
	71	15,34	-
27	72	34	-
	73	34	-
	74	15,34	I:17
28	75	35	-
	76	35	-
	77	35	-
29	78	35	-
	79	35	-
30	80	35	-
	81	35	-
	82	35	-

주일	하이델베르크 교리문답 문답	벨직 신앙 고백서 항	돌트 신경 교리와 항 (RE= 오류에 대한 반박)
31	83	29,30,32	-
	84	29,32	-
	85	29,32	-
32	86	24	III/IV:11,12 V:10,12
	87	24	-
33	88	24	III/IV:11,12; V:5,7
	89	24	III/IV:11,12; V:5,7
	90	24	III/IV:11,12; V:5,7
	91	24,25	-
34	92	-	-
	93	-	-
	94	1	-
	95	1	-
35	96	25,32	-
	97	25	-
	98	7,25	III/IV:17; V:14
36	99	-	-
	100	-	-
37	101	36	-
	102	-	-
38	103	-	V:14
39	104	36	-
40	105	36	-
	106	-	-
	107	-	-
41	108	-	-
	109	-	-
42	110	-	-
	111	-	-
43	112	-	-
44	113	-	-
	114	24,29	V:4
	115	25	III/IV:17
45	116	-	-
	117	-	-
	118	-	-
	119	26	-
46	120	12,13,26	-
	121	13	-
47	122	2,7	-
48	123	36,37	-
49	124	12,24	III/IV:11,16
50	125	13	-
51	126	15,21,22,23	II:7
52	127	26	V:6-8
	128	26	-
	129	-	-

부 록

〈부록 목차〉

개혁교회 예배모범 예전 예식서
- 예배순서 / 466
- 유아세례 예식서 / 469
- 성인세례 예식서 / 473
- 공적 신앙고백서 / 477
- 성찬예시서 / 478
- 약식 성찬예식서 / 489
- 비수찬 회원의 출교 예식서 / 494
- 수찬 회원의 출교 예식서 / 497
- 그리스도의 교회로의 재영입 예식서 / 501
- 말씀사역자 임직(취임) 예식서 / 505
- 선교사 임직(취임) 예식서 / 510
- 장로 집사 임직 예식서 / 514
- 혼인서약 예식서 / 522

개혁교회 기도문
- 일반적인 죄 고백과 설교 전 기도와 금식과 기도의 날들 / 528
- 기독교의 모든 필요를 위한 기도 / 529
- 설교 전 공적인 죄의 고백과 기도 / 531
- 설교 후 기도 / 532
- 교리문답 해설 전 기도 / 533
- 교리문답 해설 후 기도 / 533
- 식사 전 기도 / 534
- 식사 후 기도 / 535
- 영육 간에 연약한 자들을 위한 기도(1) / 535
- 영육 간에 연약한 자들을 위한 기도(2) / 536
- 아침 기도 / 537
- 저녁 기도 / 538
- 교회 회의의 개회 기도 / 539
- 교회 회의의 폐회 기도 / 539
- 집사회의 개회 기도 / 540

자유개혁교회 질서 · 직분자 동의 서약서
- 자유개혁교회 질서 / 542
- 직분자 동의 서약서(지교회용) / 559
- 목사 동의 서약서(노회용) / 560

개혁교회 예배모범 예전 예식서

예배순서

A형

오전 예배

1. 예배부름(Votum) : 시편 124:8, 146:5
2. 축도인사(Salutation) : 고전1:3 또는 계시록 1:4,5a
3. 회중화답송(Congregational Singing)
4. 언약의 십계명 선포(The Ten Words of the Covenant) : 출애굽기 20:2-17 또는 신명기 5:6-21)
5. 회중화답송(Congregational Singing)
6. 성경낭독(Reading of the Holy Scripture) : 설교 연관 구절, 회중화답송과 연결(기도 후에도 가능)
(7. 세례 집례 Administration of Baptism)
8. 기도 (with confession of sins, for forgiveness, renewal, and illumination, and intercessions 죄의 고백, 용서, 성령의 새롭게 하심과 조명, 중보기도)
9. 자비사역 헌금(Offertory)
10. 회중화답송(Congregational Singing)
11. 설교본문 낭독(Reading of the Text)
12. 말씀 사역(Ministry of the Word 회중화답송과 연결)
13. 감사기도(Prayer of Thanksgiving)
(14. 성만찬 예식 Celebration of the Lord's Supper)
15. 송영(Closing Song0
16. 축도(Benediction) : 민 6:24-26 또는 고후 13:14

오후 예배

1.. 예배부름(Votum) : 시편 124:8, 146:5
2. 축도인사(Salutation) : 고전1:3 또는 계시록 1:4,5a, 또는 디모데전서 1:2
3. 회중화답송(Congregational Singing)

4. 신앙고백(Profession of Faith)

    (ㄱ) 사도신경 또는 니케아 신경(찬송)

    (ㄴ) 사도신경 찬송(찬송 1A 또는 찬송 1B)

5. 성경낭독(Reading of the Holy Scripture) : 하이델베르크 교리문답 설교 연관 구절, 회중화답송과 연결

(6. 세례집례 Administration of Baptism)

7. 기도 (for the opening of the Word, and intercessions 설교 전 준비, 중보)(이후 성경낭독 가능)

8. 자비사역 헌금(Offertory)

9. 회중화답송(Congregational Singing)

10. 하이델베르크 교리문답 낭독(Reading of the Heidelberg Catechism): 주중 해설된 주의 날 본문

11. 하이델베르크 교리문답 설교(Ministry of the Word 회중화답송과 연결)

12. 감사기도(Prayer of Thanksgiving)

(13. 성만찬 예식Celebration of the Lord's Supper)(4와 5 사이에도 가능)

14. 송영(Closing Song)

15. 축도(Benediction) : 민 6:24-26 또는 고후 13:14

B형

오전 예배

1. 예배부름(Votum) : 시편 124:8, 146:5

2. 축도인사(Salutation) : 고전1:3, 딤전1:2 또는 계시록 1:4,5a

3. 회중화답송(Congregational Singing)

4. 언약의 십계명 선포(The Ten Words of the Covenant) : 출애굽기 20:2-17 또는 신명기 5:6-21)

5. 회중화답송(Congregational Singing)

6. 기도 (public confession of sins, for forgiveness, renewal, and illumination, and intercessions 죄의 고백, 용서, 성령의 새롭게 하심과 조명, 중보기도)

7. 성경낭독(Reading of the Holy Scripture) :설교 연관 구절, 회중화답송과 연결(기도 후에도 가능)

8. 설교본문 낭독(Reading of the Text)

9. 말씀 사역(Ministry of the Word 회중화답송과 연결)

10. 회중화답송(Rsponsive Song)

(11. 세례 집례 Administration of Baptism)(5와 6 사이에도 가능)

12. 기도(thanksgiving, and prayer for all the needs of Christendom 감사 및 기독교계의 보편적인 필요를 위한 기도)
13. 자비사역 헌금(Offertory)
(14. 성만찬 예식Celebration of the Lord's Supper)(4와 5 사이에도 가능)
15. 송영(Closing Song)
16. 축도(Benediction) : 민 6:24-26 또는 고후 13:14

오후예배

1. 예배부름(Votum) : 시편 124:8, 146:5
2. 축도인사(Salutation) : 고전1:3, 딤전1:2 또는 계시록 1:4,5a
3. 회중화답송(Congregational Singing)(세례 집행 가능)
4. 기도 (for the opening of the Word, and intercessions 설교 전 준비)
5. 성경낭독(Reading of the Holy Scripture) : 하이델베르크 교리문답 설교 연관 구절, 회중화답송과 연결
6. 하이델베르크 교리문답 낭독(Reading of the Heidelberg Catechism) : 주중 해설된 주의 날 본문
7. 하이델베르크 교리문답 설교(Ministry of the Word 회중화답송과 연결)
8. 신앙고백(Profession of Faith)
    (ㄱ) 사도신경 또는 니케아 신경(찬송)
    (ㄴ) 사도신경 찬송(찬송 1A 또는 찬송 1B)
(9. 세례집례 Administration of Baptism)
10. 감사와 중보기도(Prayer of Thanksgiving and intercessions)
11. 자비사역 헌금(Offertory)
(12. 성만찬 예식Celebration of the Lord's Supper)(4와 5 사이에도 가능)
13. 송영(Closing Song)
14. 축도(Benediction) :고린도 후서 13:14절 또는 민수기 6:24-26

유아세례 예식서

사랑하는 우리 주 예수 그리스도의 회중인 형제자매 여러분,

세례의 교훈

거룩한 세례의 교훈은 다음과 같이 요약될 수 있습니다.

첫째, 우리와 우리의 자녀들은 죄악 가운데 잉태되고 출생하였습니다. 그러므로 본질상 진노의 자녀이며, 거듭나지 않으면 하나님의 나라에 들어갈 수 없습니다(시 51:5; 겔 36:25-27; 요 3:3, 5; 엡 2:3).

바로 이 사실을 물로 씻는 의식은 우리에게 가르쳐줍니다. 이 의식을 통해서 우리 영혼의 불결함이 폭로됩니다. 그리하여 우리는 우리 자신을 미워하며 하나님 앞에서 자신을 겸비케 하고 우리의 정결함과 구원을 우리 밖에서 구하도록 이끌림을 받아야 합니다(행 4:12; 고전 6:11).

둘째, 세례는 예수 그리스도에 의해서 우리의 죄들이 씻겨졌음을 우리에게 표하고 인치는 것입니다. 우리는 항상 그리스도의 명령을 따라서 성부와 성자와 성령의 이름 안으로 세례를 받습니다(마 28:19; 행 22:16).

우리가 성부의 이름 안으로 세례를 받을 때, 성부 하나님께서는 그가 우리와 영원한 은혜의 언약을 맺으셨음을 우리에게 표하고 인치십니다. 성부께서는 우리를 자녀와 상속자로 삼으셨고, 그렇기 때문에 우리에게 모든 좋은 것을 내려주시며 모든 악을 피하게 하시거나 합력하여 선을 이루도록 하십니다(창 17:7; 롬 8:15-17, 28).

우리가 성자의 이름 안으로 세례를 받을 때, 성자 하나님께서는 그가 그의 피로써 우리의 모든 죄를 씻기시고 정결케 하셨음을 우리에게 확신시켜 주시며, 우리를 그의 죽으심과 부활하심에 연합하게 하십니다. 따라서 우리는 우리의 죄들로부터 자유롭게 되고 하나님 앞에서 의롭다고 여김을 받습니다(요일 1:7; 행 2:38; 롬 6:4; 골 2:12).

우리가 성령의 이름 안으로 세례를 받을 때, 성령 하나님께서는 이 성례를 통해 그가 우리 안에 거하며 우리를 그리스도의 살아있는 지체로 만들 것을 우리에게 확신시켜 주십니다. 왜냐하면 성령께서는 우리가 그리스도 안에서 소유한 것, 즉 우리의 죄 씻음과 우리의 삶을 매일 새롭게 하는 것을 우리의 것으로 만드시기 때문입니다. 따라서 우리는 종국에는 거룩하고 흠이 없이 영원한 생명을 누리며 택하심을 입은 무리들 가운데서 한 자리를 차지할 것입니다(롬 8:5; 고전 6:19; 엡 1:13; 5:27).

셋째, 모든 언약은 약속과 의무라는 두 부분을 포함하고 있기 때문에 우리는 세례를 통해서 하나님에 의해 새로운 순종을 하도록 부름을 받고 또한 순종할 의무를 짊어집니다. 즉 우리는 이 한 분 하나님, 즉 성부 성자 성령 하나님에게 붙어 있어야 하며 그분을 신뢰하고, 우리의 모든 마음과 목숨과 뜻

과 힘을 다하여 그분을 사랑해야 합니다. 또한 우리는 세상을 버리고 우리의 옛 본성을 죽이며 하나님을 경외하는 삶을 살아야 합니다(창 17:1,2; 시 103:17; 마 22:37; 엡 4:22; 골 3:5-10; 요일 2:15).

우리가 때때로 연약함 때문에 죄에 빠졌다 하더라도 하나님의 자비를 포기해서는 안 되며 또한 그냥 죄에 머물러서는 안 됩니다. 왜냐하면 세례는 우리가 하나님과 영원한 언약을 맺었다는 인이고 온전히 신뢰할 만한 표증이기 때문입니다(사 54:10; 롬 6:1,2; 요일 1:9).

세례의 근거

비록 우리의 자녀들이 이것을 모두 이해하지 못한다고 하더라도 우리는 그것 때문에 이들을 세례에서 배제시켜서는 안 됩니다. 마치 그들이 알지 못하면서도 아담이 받은 정죄에 참여한 것처럼, 그들이 알지 못한 채 그리스도 안에서 은혜로 하나님의 자녀로 입양되었습니다(롬 5:18,19).

더욱이 하나님께서 모든 믿는 자의 조상인 아브라함에게 "내가 내 언약을 나와 너와 네 대대 후손의 사이에 세워 영원한 언약을 삼고 너와 네 후손의 하나님이 되리라"(창 17:7)고 말씀하셨는데, 이것은 또한 우리와 우리의 자녀에게도 하시는 말씀입니다(시 105:8). 베드로도 동일한 말씀을 "이 약속은 너희와 너희 자녀와 모든 먼데 사람 곧 주 우리 하나님이 얼마든지 부르시는 자들에게 하신 것이라"(행 2:39)고 선포하셨습니다.

그러므로 하나님께서는 옛 언약 아래에서는 아이들에게 할례를 베풀 것을 명령하셨는데, 이것은 언약의 인이고 믿음의 의에 대한 인입니다(창 17:10-13; 롬 4:11, 13). 그리스도께서도 어린아이를 안고 손을 얹으시고 복을 주셨습니다(막 10:14-16). 이제 새로운 언약 아래에서는 할례 대신에 세례로 대체되었기 때문에, 유아들도 하나님 나라와 그의 언약의 상속자로서 세례를 받아야 합니다(골 2:11,12). 그리고 그들의 아이가 자라감에 따라서 부모는 그들의 세례가 의미하는 바를 깨닫도록 가르쳐야 합니다(신 6:6,7; 딤후 3:15).

세례 전 기도

이 성례가 하나님의 영광과 우리의 믿음의 강화와 위로, 교회 설립을 위한 것이 되도록 하기 위해서 이제 하나님의 거룩한 이름을 부릅시다.

전능하시고 영원하신 하나님,
주님께서는 주의 의로우신 심판에 따라서 믿지 않고 회개하기를 거부하는 세상을 홍수로 심판하셨으나 믿는 노아와 그의 가족 여덟 명은 주님의 크신 자비로 구원하시고 보존하시었나이다. 주께서는 강퍅한 바로와 그의 백성은 홍해에서 수장(水葬)시키셨으나 주의 백성 이스라엘은 그곳을 맨 땅으로 걸어나오게 하심으로써 이미 세례를 예표(豫表)하여 주셨나이다.

이제 주님의 무한하신 자비를 의지하여 기도하오니, 주께서 주의 이 자녀를 은혜로 보시사 주의 성령으로 주의 아들 그리스도에게 접붙여 주시기를 간구하옵나이다. 이 아이가 세례를 통하여 그리스도의 죽으심에 함께 장사되고 또한 그와 함께 새 생명으로 일어나게 하시옵소서.

또한 이 아이가 그리스도를 따를 때에 그분께 붙어서 참 신앙과 굳은 소망과 열렬한 사랑으로 매일 자기의 십자가를 즐겁게 지고 가게 하시옵소서. 이 세상의 삶은 계속되는 죽음일 뿐이지만 이 아이로 하여금 주님의 약속에서 위로를 받고 이 세상에서 떠나게 하시며, 마지막 날에 주의 아들인 그리스도의 심판대 앞에 두려움이 없이 설 수 있게 하시옵소서.

이 모든 것을 성부와 성령과 더불어 한 하나님이시요, 영원히 사시면서 다스리시는 주의 아들 우리 주 예수 그리스도의 이름으로 기도하옵나이다. 아멘

부모에 대한 문답

우리 주 그리스도의 사랑하는 형제자매 여러분,

세례는 우리 하나님께서 그의 언약을 우리와 우리의 자녀들에게 인치려고 제정하신 것임을 그대들은 들었습니다. 따라서 우리는 이 성례를 그 목적으로만 사용할 것이며 습관적으로나 미신적으로 행해서는 안 될 것입니다. 그대들이 세례를 그렇게 합당한 의도로 받기 원하고 있음을 이제 명백히 하기 위해서 다음의 질문에 신실하게 대답하시기 바랍니다.

첫째, 우리의 아이들이, 비록 죄악 중에 잉태되고 출생해서 모든 비참함을 겪을 수밖에 없고 심지어 영원한 심판과 저주까지 받게 되었지만, 그러나 그리스도 안에서 거룩하여졌으며 따라서 교회의 지체로 세례를 받는 것이 마땅하다고 고백하십니까(시 51:5; 고전 7:14; 엡 5:26)?

둘째, 그대들은 세 일치신조에 요약되어 있고 여기에 있는 이 그리스도의 교회에서 가르치는 구약과 신약의 교리가 구원을 위한 참되고 완전한 교리라고 고백하십니까(딤후 3:14-16)?

셋째, 그대들은 부모로서 이 아이가 깨닫기 시작하는 때부터 그대들의 힘을 다하여 이 자녀를 이러한 교리로 양육하고 양육을 받게 할 것(또한 친히 사람의 본분을 이 아이에게 보이기를 힘쓰며 이 아이를 위해 기도하고 함께 기도할 것)을 약속하십니까(신 6:7; 엡 6:4)?

세례

○○○, □□□의 자녀 ◇◇◇에게 나는 그대를 성부와 성자와 성령의 이름 안으로 세례를 주노라 (마 28:19).

감사기도

전능하시고 자비로우신 하나님 아버지,

아버지께서 우리와 우리의 자녀에게 사랑하시는 아들 예수 그리스도의 피로 우리의 모든 죄를 용서하시고 주의 성령을 통하여 아버님의 독생자에게 속한 지체로 삼으시고 주의 자녀로 삼아주심을 감사하고 찬송하옵나이다. 또한 이 사실을 세례를 통하여 인치시고 확정하여 주심을 감사하옵나이다.

아버님의 사랑하는 아들을 통해 비옵나니, 이 아이를 주의 성령으로 계속 다스리시사 이 아이가 그리스도를 믿는 믿음과 하나님을 경외하는 가운데서 양육을 받게 하시고 주 예수 그리스도 안에서 자라고 성장하게 하시옵소서. 주께서 이 아이와 우리 모두에게 보이셨던 아버지로서의 선하심과 자비하심을 이 아이로 하여금 깨닫고 고백하게 하시옵소서. 이 아이로 하여금 우리의 유일한 스승이시고 왕이시고 대제사장이신 예수 그리스도 아래에서 순종하며 살게 하시며, 죄와 마귀와 그의 모든 통치에 대해서는 용감하게 싸우고 승리하게 하시옵소서. 그리하여 이 아이로 하여금 하나님 아버지와 하나님의 아들 예수 그리스도와 성령을, 오직 유일하고 참되신 하나님만을 영원히 찬양하고 높이게 하시옵소서. 아멘.

성인세례 예식서

(유아세례를 받지 못하고 성인이 되어 기독교 세례 수세 의사를 표명한 자들은 먼저 기독교 교리의 핵심에 대하여 철저히 교육을 받아야 합니다. 그들이 배운 교리를 당회 감독들 앞에서 고백한 후에 공적 신앙고백과 세례가 허용됩니다. 이 예식서는 성인 세례 집례를 위한 것입니다.)

세례의 교리

우리 주 예수 그리스도 안에서 사랑하는 성도 여러분! 거룩한 세례의 교리는 다음과 같이 요약할 수 있습니다.

첫째, 우리와 우리의 자녀들은 죄 가운데 잉태되었고 태어났으므로(엡 2:3), 본질상 진노의 자녀입니다. 그래서 우리와 우리 자녀들은 거듭나지 않으면 하나님의 나라에 들어갈 수 없습니다. 이 사실은 물에 빠뜨림이나 물을 뿌림이 우리에게 가르치는 바입니다(요 3:3,5). 이 의식은 우리 영혼의 불결함을 상징합니다. 그래서 우리는 우리 자신을 혐오하고, 하나님 앞에서 스스로 겸손하고, 우리의 정결함과 구원을 우리 밖에서 구하게 됩니다.

둘째, 세례는 예수 그리스도를 통하여 우리의 모든 죄가 씻겨졌음을 우리에게 표하고 인치는 것입니다(마 28:19) 그러므로 우리는 성부와 성자와 성령의 이름 안으로 세례를 받습니다.

우리가 성부의 이름 안으로 세례를 받을 때, 성부 하나님께서는 우리에게 주께서 우리와 영원한 은혜의 언약을 맺어 주셨음을 선언하고 인치십니다. 성부 하나님께서는 우리를 주의 자녀와 상속자로 양자 삼으시고 우리에게 모든 선한 것을 제공해 주시고 모든 악을 막아주시거나 우리의 선으로 바꾸어 주실 것이라고 약속하셨습니다(롬 8:28).

우리가 성자의 이름 안으로 세례를 받을 때, 성자 하나님께서는 우리에게 주께서 주의 피로 우리의 모든 죄로부터 우리를 씻기시어, 주의 죽으심과 부활하심으로 주와 연합하게 하신다고 약속하셨습니다(롬 6:5). 이렇게 우리는 우리의 죄들로부터 자유롭게 되었고 하나님 앞에서 의롭다고 여김을 받았습니다.

우리가 성령의 이름 안으로 세례를 받을 때, 성령 하나님께서는 우리가 최종적으로 영원한 생명 안에서 하나님께서 선택하신 모임 가운데 흠이 없이 나타날 때까지(엡 5:27), 이 성례를 통해 우리에게 주께서 우리 안에 거하시며 우리를 그리스도의 살아 있는 지체로 만드셨고(롬 8:5), 우리가 그리스도 안에서 소유한 것, 즉 우리의 죄 씻음과 우리의 날마다의 삶을 새롭게 하심을 우리에게 주셨다는 사실을 확신시켜 주십니다.

셋째, 모든 언약은 약속과 의무라는 두 부분을 포함하고 있기 때문에, 우리는 세례를 통해서 주님으로 말미암아 새로운 순종을 하도록 부름을 받았고 책임을 부여 받았습니다. 우리는 성부, 성자, 성령, 이 한 하나님에게 굳게 붙어 있어야 하며 그분을 신뢰하고(마 22:37), 우리의 모든 마음과 목숨과 뜻과 힘을 다하여 그분을 사랑해야 합니다(요일 2:15). 또한 우리는 세상을 사랑하지 않고 우리의 옛 본성을 죽이며 하나님을 경외하는 삶으로 인도함을 받아야 합니다(엡 4:22). 우리가 때때로 연약함으로 인하여 죄에 빠질지라도, 우리는 하나님의 자비하심에 대해서 실망하거나 또한 죄 가운데 계속 머물러서는 안 됩니다(골 2:5). 왜냐하면 세례는 우리가 하나님과 영원한 언약을 맺었다는 인이고 온전히 신뢰할 만한 증거이기 때문입니다.

비록 신자들의 자녀들이 이런 일들을 이해할 수 없을지라도, 그들은 언약에 의해서 세례를 받아야 합니다. 그러나 성인(成人)들은 자신의 죄를 깨닫고 회개하고 그리스도를 믿는 신앙을 고백함 없이는 세례를 받을 수 없습니다. 이런 이유로 세례 요한은 하나님의 명령에 따라 죄의 용서를 위한 회개의 세례를 선포하였고(막1:4,5; 눅3:3), 오직 자기 죄를 고백하는 사람만이 세례를 받았습니다. 또한 우리 주 예수 그리스도께서도 제자들에게 가서 모든 족속으로 제자를 삼아 아버지와 아들과 성령의 이름 안으로 세례를 주라고 하셨고(마28:19), 믿고 세례를 받는 사람은 구원을 얻을 것이라(막16:16)는 약속을 덧붙이셨습니다.

이 규칙에 따라 사도들은 회개하고 자기 신앙을 고백하는 성인(成人)들에게만 세례를 베풀었습니다(행2:38; 8:36,37; 10:47,48; 16:14,15; 16:31-33). 그러므로 또한 오늘도 복음의 설교와 가르침에 의해서 거룩한 세례의 영광스러운 내용을 이해하도록 배우고, 개인적인 고백으로 자기 신앙을 밝힐 수 있는 성인(成人)들만이 세례를 받을 수 있습니다.

우리가 하나님의 영광을 위하여, 우리의 믿음의 강화와 교회의 건설을 위하여, 이 성례를 시행하기 위해서 우리는 지금 하나님의 거룩한 이름을 부릅시다.

세례 받기 전 기도

전능하시고 영원하신 하나님, 주께서는 당신의 의로운 판단으로 불신에 빠져서 회개하지 않는 세상을 홍수로 멸하셨지만, 주의 크신 긍휼로 신자인 노아와 그의 가족들은 구원하시고 보호해 주셨나이다. 주께서는 강퍅한 바로와 그를 따르던 전체 무리를 홍해에 수장시키셨지만, 주의 백성 이스라엘을 홍해 한 가운데를 통과하는 마른 땅으로 인도하셨는데, 이 일에 의해서 세례가 상징되었나이다.

그러므로 우리는 주께 기도하오니, 주께서 한없는 자비로 이 형제(자매)를 바라보아 주시고, 주의 성령을 통하여 하나님의 아들 예수 그리스도 안으로 이 형제(자매)를 연합시켜 주시어, 이 형제(자매)가 세례에 의해서 죽음으로 그리스도와 함께 장사되고 새로운 생명 안에서 살도록 그리스도와 함께 부활하게 하시옵소서.

우리는 기도하오니, 이 형제(자매)가 날마다 그리스도를 따름으로 참 신앙과 확고한 소망과 불타는 사랑으로 자기 십자가를 기쁘게 지고, 그리스도께 굳게 붙어 있게 하시옵소서. 끝없는 죽음이상 아무 것도 아닌 이생의 삶을 버리고 주 안에서 위로를 누리게 하시옵소서. 이 형제(자매)가 마지막 심판 날에 하나님의 아들인 그리스도의 심판대 앞에 두려움 없이 나타날 수 있게 하시옵소서.

하나님과 성령님과 함께 한 하나님이시고, 영원토록 사시면서 다스리시는 하나님의 아들 우리 주 예수 그리스도의 이름을 통하여 이 모든 것을 간구드리옵나이다. 아멘.

신앙의 공적 고백

사랑하는 형제(자매)여, 그대는 그대가 하나님의 교회로 연합한 것에 대한 인으로서 거룩한 세례를 받기를 원하십니까? 그대는 우리를 통하여 기독교 신앙으로 교육을 받고 장로들 앞에서 그 신앙을 고백했습니다. 그대가 기독교 교리를 받아들일 뿐만 아니라, 하나님의 은혜에 의해서 그 교리에 따라 살려고 하는 것이 모든 것에 있어서 분명하게 되었음에 틀림없습니다. 그러므로, 우리는 하나님과 주의 교회 앞에서 그대에게 진지하게 다음과 같은 질문을 하려고 합니다.

첫째, 그대는 하나이시고 유일하신 참 하나님, 성부, 성자, 성령, 삼위로 구별되시는 하나님, 하늘과 땅과 그 가운데 모든 것을 무에서 창조하시고 보존하시고 다스리시어 하나님의 뜻이 없이는 아무 일도 일어나지 않게 하시는 그 하나님을 믿습니까?

둘째, 그대는 그대가 죄 가운데서 잉태되어 태어나서 본질상 진노의 자녀이므로 전적으로 어떤 선도 행힐 수 없고 모든 악으로 기울어져 있다는 것을 믿습니까? 그대는 그대가 자주 생각과 말과 행동으로 하나님의 계명을 범한다는 사실을 고백하십니까? 그대는 진정으로 이 죄들을 회개하십니까?

셋째, 그대는 하나님께서 '참되고 영원하신 하나님이시고 참 사람이시고, 동정녀 마리아로부터 인성을 취하신 예수 그리스도'를 그대의 구주로 주셨다는 사실을 믿습니까? 그리스도를 믿는 그대는 그대가 그리스도의 피로 용서를 받고 성령의 능력으로 예수 그리스도와 그의 교회의 지체가 되었다는 것을 믿습니까?

넷째, 그대는 진심으로 세 일치신조에 요약되어져 있고, 여기 이 교회 안에서 가르쳐지는 하나님의 말씀의 교리에 동의하십니까? 그대는 그대의 생명이 다하는 날까지 이 교리를 확고하게 계속 붙들고 이 교리와 일치하지 않는 모든 이단들과 그릇된 생각들을 거부할 것을 약속하십니까? 그대는 이 그리스도 교회의 교제 안에서 끈기있게 노력하고, 부지런히 하나님의 말씀을 듣고 성례를 사용할 것을 약속하십니까?

다섯째, 그대는 그리스도의 지체와 그리스도의 교회로서 합당하게 항상 그리스도인의 삶을 살아가고 세상과 세상의 악한 욕망을 사랑하지 않을 것을 확고하게 결의하십니까? 하나님께서 은혜롭게 그런 일을 막아주시기를 바라지만, 그대가 교리나 행위에 있어서나 악행을 저지르게 되는 일이 생긴다면, 그대가 그리스도인의 훈계와 교회의 권징에 기꺼이 복종할 것을 약속하십니까?

○○○ 씨, 그대의 대답은 무엇입니까?
대답: 예, 그렇게 하겠습니다.

우리 자비로우신 하나님께서 우리 주 예수 그리스도를 통하여 이 거룩한 뜻을 이루시기 위해서 그대에게 은혜와 복을 허락하시기를 바라옵나이다. 아멘.

세례

○○○ 씨, 나는 그대에게 성부와 성자와 성령의 이름 안으로 세례 주노라.

감사기도

전능하시고 자비로우신 하나님 아버지, 우리는 하나님께서 하나님의 사랑하시는 아들 예수 그리스도의 피를 통하여 우리와 우리의 자녀들의 모든 죄를 용서하심을 감사드리고 찬양하옵나이다. 주께서는 주의 성령을 통하여 우리를 하나님의 독생자의 지체로 받아주시고 하나님의 자녀로 양자 삼아주셨나이다. 또한 주께서는 이 사실을 거룩한 세례를 통하여 인치시고 확정하여 주셨나이다.

하나님의 사랑하는 아들을 통해 기도하오니, 이 형제(자매)를 주의 성령으로 항상 다스려 주시어 이 형제(자매)가 참으로 그리스도인으로 살게 하시고 경건한 삶을 살게 하시고, 주 예수 그리스도 안에서 성장하게 하시옵소서. 주께서 이 형제(자매)와 우리 모두에게 보이셨던 주의 아버지와 같은 선하심과 자비하심을 이 형제(자매)로 하여금 깨닫고 고백하게 하시옵소서. 이 형제(자매)로 하여금 우리의 유일한 스승이시고 왕이시고 대제사장이신 예수 그리스도의 다스림 하에서 순종하며 살게 하시며, 죄와 마귀와 그의 모든 통치와 용감하게 싸우고 승리하게 하시옵소서. 그리하여 형제(자매)로 하여금 하나님과 하나님의 아들 예수 그리스도와 성령과 함께 오직 유일하시고 참되신 하나님만을 영원히 찬양하고 높이게 하시옵소서. 예수 그리스도의 이름으로 기도하옵나이다. 아멘.

공적 신앙고백서

우리 주 예수 그리스도의 사랑하는 형제자매 여러분,

우리는 주 우리 하나님께서 은혜를 베푸셔서 우리를 그의 자녀로 입양하시고 그의 언약 안에 받아 주심을 감사드립니다. 또한 우리는 하나님께서는 그의 자녀들에게 사랑과 능력을 베푸셔서 그들의 성찬 참여를 허락받기 위해 주의 거룩한 교회 앞에서 자기들의 주를 믿는 믿음을 공적으로 고백할 마음을 갖게 하셨다는 것을 인정합니다.

이제 그대는 하나님과 그의 거룩한 교회 앞에서 다음과 같은 내용을 공적으로 고백함으로 성찬 참여 허락을 받기 위해 이 자리에 이르렀으므로, 다음의 질문들에 대해서 성실하게 대답하시기 바랍니다.

첫째, 그대는 이 세 일치신조에 요약되고, 이 그리스도 교회에서 가르치는 하나님 말씀의 교리를 진심으로 믿습니까? 그대는 하나님의 은혜에 의지하여 살아서나 죽어서나 이 교리를 초지일관 견지하여, 하나님의 말씀에 어긋나는 모든 이단사설과 오류를 거부하겠다고 약속하십니까?

둘째, 그대는 그대의 세례에서 표(表)하고 인(印)을 친 하나님의 언약의 약속들을 인정하십니까? 그대는 그대의 죄 때문에 진정으로 자기를 미워하고 하나님 앞에서 겸비하며, 그대의 생명을 그대 자신 밖에서, 곧 예수 그리스도 안에서만 찾으십니까?

셋째, 그대는 그대가 주 하나님을 사랑한다고 선언하며, 그래서 그의 말씀을 따라 그를 섬기고 세상을 버리며 그대의 옛 본성을 십자가에 못 박고자 하는 진실한 소원이 있다고 선언하십니까?

넷째, 그대는 하나님의 교회의 살아 있는 지체로서 주님을 섬기는 일에 그대의 전체 인생을 다 헌신하기로 굳게 작정하십니까? 하나님의 은혜로 그러한 일을 막아주시기를 바라지만, 그래도 그대가 교리와 생활에서 태만하거나 그릇되었을 경우, 그대는 교회의 권면과 권징에 기꺼이 순복하겠다고 약속하십니까?

질문: ○○○ 씨, 그대의 대답은 무엇입니까?
대답: 예, 그렇습니다.

모든 은혜의 하나님 곧 그리스도 안에서 너희를 부르사 자기의 영원한 영광에 들어가게 하신 이가 잠깐 고난을 받은 너희를 친히 온전케 하시며 굳게 하시며 강하게 하시며 터를 견고케 하시리라. 권력이 세세무궁토록 그에게 있을지어다(벧전 5:10,11). 아멘.

성찬 예식서 (증거본문 포함)

성찬 제정[1]

우리 주 예수 그리스도의 사랑하는 회중인 형제자매 여러분,

성찬은 우리 주 예수 그리스도께서 제정하여 주신 것입니다. 고린도전서 11:23 29에서 사도 바울은 성찬 제정의 말씀을 우리에게 전하여 줍니다. "내가 너희에게 전한 것은 주께 받은 것이니 곧 주 예수께서 잡히시던 밤에 떡을 가지사 축사(祝謝)하시고 떼어 가라사대 이것은 너희를 위하는 내 몸이니 이것을 행하여 나를 기념하라 하시고 식후에 또한 이와 같이 잔을 가지시고 가라사대 이 잔은 내 피로 세운 새 언약이니 이것을 행하여 마실 때마다 나를 기념하라 하셨으니 너희가 이 떡을 먹으며 이 잔을 마실 때마다 주의 죽으심을 오실 때까지 전하는 것이니라. 그러므로 누구든지 주의 떡이나 잔을 합당치 않게 먹고 마시는 자는 주의 몸과 피를 범하는 죄가 있느니라. 사람이 자기를 살피고 그 후에야 이 떡을 먹고 이 잔을 마실지니 주의 몸을 분변치 못하고 먹고 마시는 자는 자기의 심판을 먹고 마시는 것이니라."

주의 만찬에 참여해서 위로를 받고 믿음이 굳세게 되려면 무엇보다도 먼저 우리는 자신을 살펴보아야 합니다. 둘째, 그리스도께서 제정하신 의도대로 그를 기념하여서 성찬을 거행해야 합니다.

1) "성찬 예식문" 원본은 돌트 대회 때부터 비롯 화란 개혁교회(De Gereformeerde Kerken in Nederland [Vrijgemaakt, 해방], Gereformeerd Kerkboek, 1986)와 캐나다 개혁교회(the Canadian Reformed Churches, Book of Praise, 1984)의 시편 찬송집 부록 참고.

자기성찰

우리는 다음과 같이 성경에 비추어서 자신을 살펴보아야 합니다.[2]

첫째, 우리는 각각 자기의 죄에 대하여 깊이 생각하고 죄 때문에 심지어 자기 자신을 미워하고 하나님 앞에서 자신을 낮추어야 합니다. 우리는 죄 때문에 하나님의 진노 아래 있음을 깨달아야 합니다.[3] 하나님께서는 죄에 대하여 엄중히 진노하시기 때문에 죄를 형벌하지 않고서 그냥 지나치시는 일이 없습니다. 하나님께서는 그 죄에 대하여 형벌하시되, 주의 사랑하시는 성자 예수 그리스도께서 십자가에서 고통스럽고 수치스러운 죽음을 당하게 하심으로써 하셨습니다.[4]

둘째, 하나님의 확실한 약속을 믿고 있는지, 우리는 각각 자기의 마음을 살펴보아야 합니다. 오직 예수 그리스도께서 고난을 받으시고 죽음을 당하심으로 나의 모든 죄를 용서하시고 그리스도의 의를 우리에게 입혀 주시고 선물로 주신다는 하나님의 약속을 우리가 믿는지 살펴보아야 합니다.[5] 하나님

께서는 믿는 자를 의롭다 하시되 마치 그 사람이 스스로 모든 죄값을 치르고서 모든 의를 이룬 것처럼 완전히 의롭다고 여겨 주십니다.

셋째, 이제부터 자기의 모든 삶으로써 하나님께 감사하면서 살기로 신실하게 결심하는지,[6] 그리고 이제부터는 모든 적의와 증오와 시기 질투를 마음으로부터 버리고 이웃과 더불어 참된 사랑과 화평 가운데서 살기를 진정으로 추구하는가를 스스로 살펴보아야 합니다.[7]

2) · 고전 11:28 "사람이 자기를 살피고 그 후에야 이 떡을 먹고 이 잔을 마실지니"

3) · 롬 7:24, 25 "오호라 나는 곤고한 사람이로다 이 사망의 몸에서 누가 나를 건져 내랴 우리 주 예수 그리스도로 말미암아 하나님께 감사하리로다 그런즉 내 자신이 마음으로는 하나님의 법을 육신으로는 죄의 법을 섬기노라"

4) · 히 10:5-10 "그러므로 세상에 임하실 때에 가라사대 하나님이 제사와 예물을 원치 아니하시고 오직 나를 위하여 한 몸을 예비하셨도다 전체로 번제함과 속죄제는 기뻐하지 아니하시나니 이에 내가 말하기를 하나님이여 보시옵소서 두루마리 책에 나를 가리켜 기록한 것과 같이 하나님의 뜻을 행하러 왔나이다 하시니라 위에 말씀하시기를 제사와 예물과 전체로 번제함과 속죄제는 원치도 아니하고 기뻐하지도 아니하신다 하셨고 (이는 다 율법을 따라 드리는 것이라) 그 후에 말씀하시기를 보시옵소서 내가 하나님의 뜻을 행하러 왔나이다 하셨으니 그 첫 것을 폐하심은 둘째 것을 세우려 하심이니라 이 뜻을 좇아 예수 그리스도의 몸을 단번에 드리심으로 말미암아 우리가 거룩함을 얻었노라"

5) · 롬 3:24 "그리스도 예수 안에 있는 구속으로 말미암아 하나님의 은혜로 값없이 의롭다 하심을 얻은 자 되었느니라"
· 고후 5:21 "하나님이 죄를 알지도 못하신 자로 우리를 대신하여 죄를 삼으신 것은 우리로 하여금 저의 안에서 하나님의 의가 되게 하려 하심이니라"

6) · 롬 12:1, 2 "그러므로 형제들아 내가 하나님의 모든 자비하심으로 너희를 권하노니 너희 몸을 하나님이 기뻐하시는 거룩한 산제사로 드리라 이는 너희의 드릴 영적 예배니라 너희는 이 세대를 본받지 말고 오직 마음을 새롭게 함으로 변화를 받아 하나님의 선하시고 기뻐하시고 온전하신 뜻이 무엇인지 분별하도록 하라"

7) · 요일 2:11 "그의 형제를 미워하는 자는 어두운 가운데 있고 또 어두운 가운데 행하며 갈 곳을 알지 못하나니 이는 어두움이 그의 눈을 멀게 하였음이니라"
· 엡 4:2 "모든 겸손과 온유로 하고 오래 참음으로 사랑 가운데서 서로 용납하고"

초청과 권면

하나님께서는 이렇게 준비하는 사람들을 모두 확실히 은혜로 받아 주시며 우리 주 예수 그리스도의 만찬상에 참여하기에 합당한 사람으로 여겨 주십니다. 그러나 그의 마음에 이러한 증거를 가지고 있지 않은 사람이 성찬에 참여한다면, 그는 자기 자신에 대한 심판을 먹고 마시는 것입니다.[8]

따라서 그리스도와 사도 바울의 명령을 따라서 우리는 다음과 같이 하나님의 계명을 어긴 사람은 성찬에 참여하지 말 것을 권고하며, 이로써 그들은 그리스도의 나라에 참여할 자리가 없음을 선언합니다.[9]

오직 주 하나님만을 믿기를 거부하고 다른 신을 섬기는 모든 자들,

하나님의 말씀을 떠나서 자기의 방식대로 예배하는 모든 자들,

저주나 혹은 다른 방식으로 주님의 이름을 잘못 사용하는 모든 자들,

교회의 예배에 매 주일 신실하게 참석하지 않고 하나님의 말씀의 선포와 성례의 신성함을 멸시하는 모든 자들,

그들의 부모나 그들의 위에 있는 다른 권위에 복종하지 않는 모든 자들,

사람의 생명을 해하거나 혹은 그의 이웃에 대해서 증오심을 품고 있으면서 화해하기를 거부하는 모든 자들,

거룩한 혼인의 관계에 있든지 독신으로 있든지 자기의 몸을 순결하게 지키지 않는 모든 자들,

도둑질이나 탐욕이나 사치함으로 세속적인 삶을 사는 모든 자들,

모든 거짓말쟁이들과 험담하는 사람들과 남을 비방하는 사람들,

한 마디로, 계명을 어김으로써 말과 행위에서 불신을 드러내는 모든 자들입니다. 이러한 죄 가운데 계속 머물러 있는 한, 그들은 이 만찬에 참여할 수 없습니다. 성찬은 오직 믿는 자들을 위하여 그리스도께서 제정하여 주신 것이며, 그렇지 않는 자가 참여한다면 그들에 대한 심판과 정죄는 더 무거워질 것입니다.

그러나 그리스도 안에서 사랑하는 형제자매 여러분,

이것은 마치 죄가 하나도 없는 사람만이 주님의 성찬에 나아갈 수 있는 것인 양, 상하고 통회(痛悔)하는 심령을 가진 신자를 낙담시키고자 함이 아닙니다.10) 우리가 우리 안에서 완전하고 의롭다는 것을 나타내려고 주의 식탁에 나아가는 것이 아닙니다. 도리어 우리는 우리의 생명을 우리 밖에서, 곧 예수 그리스도 안에서 찾으며, 이로써 우리가 우리 자신으로서는 죽은 자임을 인정하는 것입니다.11)

우리의 마음과 삶에는 여전히 죄와 비참이 많음을 깊이 깨닫습니다. 우리의 믿음은 완전한 것도 아니고,12) 마땅한 열심을 품고 하나님을 섬기지도 않습니다. 우리는 날마다 자기의 믿음의 연약성과 자기의 육신의 악한 정욕에 대항해서 싸워야 합니다.13)

그러나 성령의 은혜로 우리는 이러한 죄들에 대하여서 진정으로 회개하며, 자기의 불신앙에 대항하여 싸우고 하나님의 모든 계명을 따라 살기를 간절히 소원합니다.14) 비록 죄와 연약함이 우리의 의지를 거슬러서 우리 안에 여전히 남아 있지만, 그것 때문에 하나님께서 우리를 은혜로 받아 주시고 이 천국의 음식과 음료에 참여하기에 합당한 자로 여겨 주심을 막을 수 없다고 굳게 확신할 수 있습니다.15)

---

8) · 고전 11:28, 29 "사람이 자기를 살피고 그 후에야 이 떡을 먹고 이 잔을 마실지니 주의 몸을 분변치 못하고 먹고 마시는 자는 자기의 죄를 먹고 마시는 것이니라"

9) · 고전 5:4, 5, 11 "주 예수의 이름으로 너희가 내 영과 함께 모여서 우리 주 예수의 능력으로 이런 자를 사단에게 내어 주었으니 이는 육신은 멸하고 영은 주 예수의 날에 구원 얻게 하려 함이라 이제 내가 너희에게 쓴 것은 만일 어떤 형제라 일컫는 자가 음행하거나 탐람(貪婪)하거나 우상 숭배를 하거나 후욕(詬辱)하거나 술 취하거나 토색(討索)하거든 사귀지도 말고 그런 자와는 함께 먹지도 말라 함이라"

10) · 시 51:17 "하나님의 구하시는 제사는 상한 심령이라 하나님이여 상하고 통회(痛悔)하는 마음을 주께서 멸시치 아니하시리이다"

- 사 57:15 "지존무상(至尊無上)하며 영원히 거하며 거룩하다 이름하는 자가 이같이 말씀하시되 내가 높고 거룩한 곳에 거하며 또한 통회(痛悔)하고 마음이 겸손한 자와 함께 거하나니 이는 겸손한 자의 영을 소성케 하며 통회하는 자의 마음을 소성케 하려 함이라"

11) · 롬 7:24 "오호라 나는 곤고한 사람이로다 이 사망의 몸에서 누가 나를 건져내랴"

12) · 빌 3:12-14 "어찌하든지 죽은 자 가운데서 부활에 이르려 하노니 내가 이미 얻었다 함도 아니요 온전히 이루었다 함도 아니라 오직 내가 그리스도 예수께 잡힌 바 된 그것을 잡으려고 좇아가노라 형제들아 나는 아직 내가 잡은 줄로 여기지 아니하고 오직 한 일 즉 뒤에 있는 것은 잊어버리고 앞에 있는 것을 잡으려고 푯대를 향하여 그리스도 예수 안에서 하나님이 위에서 부르신 부름의 상(賞)을 위하여 좇아가노라"

13) · 롬 7:23 "내 지체 속에서 한 다른 법이 내 마음의 법과 싸워 내 지체 속에 있는 죄의 법 아래로 나를 사로잡아 오는 것을 보는도다"

14) · 시 19:13, 14 "또 주의 종으로 고범죄(故犯罪)를 짓지 말게 하사 그 죄가 나를 주장(主掌)치 못하게 하소서 그리하시면 내가 정직하여 큰 죄과(罪過)에서 벗어나겠나이다 나의 반석이시요 나의 구속자이신 여호와여 내 입의 말과 마음의 묵상이 주 앞에 열납(悅納)되기를 원하나이다"

15) · 사 1:18 "여호와께서 말씀하시되 오라 우리가 서로 변론하자 너희 죄가 주홍 같을지라도 눈과 같이 희어질 것이요 진홍같이 붉을지라도 양털같이 되리라"
· 요 6:51 "나는 하늘로서 내려온 산 떡이니 사람이 이 떡을 먹으면 영생하리라 나의 줄 떡은 곧 세상의 생명을 위한 내 살이로라 하시니라"
· 요일 1:9 "만일 우리가 우리 죄를 자백하면 저는 미쁘시고 의로우사 우리 죄를 사하시며 모든 불의에서 우리를 깨끗게 하실 것이요"

그리스도를 기념

그리스도께서는 성찬을 제정하여 주시면서 "이것을 행하여 나를 기념하라"고 말씀하셨으므로 우리는 그를 '기념'하면서 성찬을 행하여야 합니다.16) 이제 그리스도께서 우리를 위하여 그의 만찬을 제정하여 주신 목적에 대하여서 상고합시다. 우리는 다음과 같이 그리스도를 기념하여야 합니다.

첫째, 우리 주 예수 그리스도는 옛적에 구약의 족장들에게 내려 주신 약속대로 성부로부터 이 세상에 보내심을 받고 우리의 몸과 피를 입으셨습니다.17)

그가 성육신하신 처음부터 지상 생애의 마지막까지 우리를 위해서 하나님의 진노를 짊어지셨습니다. 우리가 그 진노 아래에서 영원히 멸망하여야 할 터인데 그리스도께서 우리를 대신하여 그 진노를 짊어지신 것입니다.18) 그는 완전한 순종으로써 하나님의 율법의 모든 의를 우리를 대신하여 이루셨습니다. 특히 우리의 죄와 하나님의 엄중한 진노로 말미암아 겟세마네 동산에서 피땀을 흘리며 그것을 이루셨습니다.19)

그곳에서 그가 결박을 당하심으로20) 우리를 죄로부터 자유롭게 하셨습니다. 그는 말할 수 없는 모욕을 당하심으로21) 우리가 결코 수치를 당하지 않도록 하셨습니다. 그가 무죄할지라도 죽음의 정죄를 당함22)으로 우리는 하나님의 심판대에서 무죄방면된 것입니다. 심지어 그의 복된 몸이 십자가에서 못 박히신 것은 우리의 죄로 말미암아 얽매인 속박을 끊어내려고 하신 것입니다.23)

이 모든 것으로써 그는 우리가 받아야 할 저주를 친히 담당하시사,24) 우리를 그의 복으로 채워 주신 것입니다. 참으로 그는 십자가 위에서 가장 큰 수치와 지옥의 고통을 그의 몸과 영혼에 당하시기까지 자신을 낮추셨습니다. 그때 그는 큰 소리로 "나의 하나님, 나의 하나님, 어찌하여 나를 버리셨나이까?"(마 27:46) 하고 부르짖으시므로, 하나님께 우리가 받아들여지고 다시 버림받지 않게 하신 것입니다.

마지막으로 그는 죽음과 피 흘림으로써 "다 이루었다"(요 19:30) 하고 선언하실 때 새롭고 영원한 약속, 곧 은혜 언약을 확정하셨습니다.25)

16) · 눅 22:19 "또 떡을 가져 사례하시고 떼어 저희에게 주시며 가라사대 이것은 너희를 위하여 주는 내 몸이라 너희가 이를 행하여 나를 기념하라 하시고"
· 고전 11:24,25 "축사하시고 떼어 가라사대 이것은 너희를 위하는 내 몸이니 이것을 행하여 나를 기념하라 하시고 식후에 또한 이와 같이 잔을 가지시고 가라사대 이 잔은 내 피로 세운 새 언약이니 이것을 행하여 마실 때마다 나를 기념하라 하셨으니"

17) · 요 1:14 "말씀이 육신이 되어 우리 가운데 거하시매 우리가 그 영광을 보니 아버지의 독생자의 영광이요 은혜와 진리가 충만하더라"
· 갈 4:4 "때가 차매 하나님이 그 아들을 보내사 여자에게서 나게 하시고 율법 아래 나게 하신 것은"

18) · 사 53:4 "그는 실로 우리의 질고(疾苦)를 지고 우리의 슬픔을 당하였거늘 우리는 생각하기를 그는 징벌을 받아서 하나님에게 맞으며 고난을 당한다 하였노라"
· 롬 3:25 "이 예수를 하나님이 그의 피로 인하여 믿음으로 말미암는 화목제물로 세우셨으니 이는 하나님께서 길이 참으시는 중에 전에 지은 죄를 간과하심으로 자기의 의로우심을 나타내려 하심이니"
· 마 3:15 "예수께서 대답하여 가라사대 이제 허락하라 우리가 이와 같이 하여 모든 의를 이루는 것이 합당하니라 하신대 이에 요한이 허락하는지라"

19) · 눅 22:44 "예수께서 힘쓰고 애써 더욱 간절히 기도하시니 땀이 땅에 떨어지는 핏방울같이 되더라"

20) · 눅 22:54 예수를 잡아끌고 대제사장의 집으로 들어갈 새 베드로가 멀찍이 따라가니라

21) · 막 15:29-32 "지나가는 자들은 자기 머리를 흔들며 예수를 모욕하여 가로되 아하 성전을 헐고 사흘에 짓는 자여 네가 너를 구원하여 십자가에서 내려오라 하고 그와 같이 대제사장들도 서기관들과 함께 희롱하며 서로 말하되 저가 남은 구원하였으되 자기는 구원할 수 없도다 이스라엘의 왕 그리스도가 지금 십자가에서 내려와 우리로 보고 믿게 할지어다 하며 함께 십자가에 못 박힌 자들도 예수를 욕하더라"
· 눅 22:63-65 "지키는 사람들이 예수를 희롱하고 때리며 그의 눈을 가리우고 물어 가로되 선지자 노릇 하라 너를 친 자가 누구냐 하고 이 외에도 많은 말로 욕하더라"

22) · 막 14:63,64 "대제사장이 자기 옷을 찢으며 가로되 우리가 어찌 더 증인을 요구하리요 그 참람(僭濫)한 말을 너희가 들었도다 너희는 어떻게 생각하느뇨 하니 저희가 다 예수를 사형에 해당한 자로 정죄하고"
· 눅 23:14 "이르되 너희가 이 사람을 백성을 미혹하는 자라 하여 내게 끌어왔도다 보라 내가 너희 앞에서 사실(査實)하였으되 너희의 고소하는 일에 대하여 이 사람에게 죄를 찾지 못하였고"

23) · 골 2:14 "우리를 거스리고 우리를 대적하는 의문(儀文)에 쓴 증서를 도말(塗抹)하시고 제하여 버리사 십자가에 못 박으시고"

24) · 갈 3:13 "그리스도께서 우리를 위하여 저주를 받은 바 되사 율법의 저주에서 우리를 속량(贖良)하셨으니 기록된 바 나무에 달린 자마다 저주 아래 있는 자라 하였음이라"

25) · 히 9:15 "이를 인하여 그는 새 언약의 중보니 이는 첫 언약 때에 범한 죄를 속하려고 죽으사 부르심을 입은 자로 하여금 영원한 기업의 약속을 얻게 하려 하심이니라"

확신

우리가 이 은혜 언약에 속해 있다는 것을 확실히 믿도록 주 예수 그리스도는 마지막 유월절 잔치에서 성찬을 제정하셨습니다. 주님은 떡을 취해서 축사하신 후에 그것을 떼어 제자들에게 주시면서 "이것은 너희를 위하는 내 몸이니 이것을 행하여 나를 기념하라"(고전 11:24) 하고 말씀하셨습니다. 마찬가지로 식사 후에 잔을 가지시고 "이 잔은 내 피로 세운 새 언약이니 이것을 행하여 마실 때마다 나를 기념하라"(고전 11:25) 하셨습니다.

주님은 우리가 이 떡을 떼고 이 잔을 마실 때마다 우리를 향한 그의 진정한 사랑과 신실함을 기억하고 확신할 것을 가르치셨습니다. 영원한 죽음을 당할 수밖에 없는 우리를 위해서 그의 몸을 내어주셨고 그의 피를 흘리셨습니다. 떡이 떼어지고 포도주가 잔에 부어지는 것을 우리의 눈으로 보듯이 확실하게, 그리고 우리가 그를 기념하여 먹고 마시는 것이 확실하듯이, 그는 십자가에 달린 그의 몸과 흘린 피로써 우리의 주리고 목마른 영혼이 영원한 생명에 이르도록 양육하시고 늘 새롭게 하십니다.[26]

우리 주 예수 그리스도께서 제정하여 주신 성찬에서 우리는 우리의 믿음과 신뢰가 십자가의 영단번의 완전한 희생 제사로 향하게 하심을 배웁니다.[27] 우리가 얻는 구원의 유일한 근거가 바로 이 제사입니다. 거기에서 주님은 우리의 주리고 목마른 영혼을 위하여 영원한 생명의 참된 음식과 음료가 되셨습니다.[28] 예수님은 그의 죽으심으로 우리의 영원한 허기와 갈증과 비참의 원인인 죄를 없애 주셨고, 우리를 위하여 '살려 주는 영'이 되셨습니다.[29] 머리이신 그리스도 안에, 그리고 그의 몸의 지체들인 우리 안에 거하시는, 바로 이 성령으로 말미암아, 우리는 그리스도와의 참된 교제를 하며, 또한 그의 모든 부요, 곧 영생과 의와 영광에 참여합니다.

---

[26] · 요 6:53-57 "예수께서 이르시되 내가 진실로 진실로 너희에게 이르노니 인자의 살을 먹지 아니하고 인자의 피를 마시지 아니하면 너희 속에 생명이 없느니라 내 살을 먹고 내 피를 마시는 자는 영생을 가졌고 마지막 날에 내가 그를 다시 살리리니 내 살은 참된 양식이요 내 피는 참된 음료로다 내 살을 먹고 내 피를 마시는 자는 내 안에 거하고 나도 그 안에 거하나니 살아 계신 아버지께서 나를 보내시매 내가 아버지로 인하여 사는 것같이 나를 먹는 그 사람도 나로 인하여 살리라"

[27] · 히 9:12 "염소와 송아지의 피로 아니하고 오직 자기 피로 영원한 속죄를 이루사 단번에 성소에 들어가셨느니라"
 · 히 10:14 "저가 한 제물로 거룩하게 된 자들을 영원히 온전케 하셨느니라"

[28] · 요 6:51, 54, 55 "나는 하늘로서 내려온 산 떡이니 사람이 이 떡을 먹으면 영생하리라 나의 줄 떡은 곧 세상의 생명을 위한 내 살이로라 하시니라 내 살을 먹고 내 피를 마시는 자는 영생을 가졌고 마지막 날에 내가 그를 다시 살리리니 내 살은 참된 양식이요 내 피는 참된 음료로다"

[29] · 요 14:16 "내가 아버지께 구하겠으니 그가 또 다른 보혜사(保惠師)를 너희에게 주사 영원토록 너희와 함께 있게 하시리니"
 · 행 2:33 "하나님이 오른손으로 예수를 높이시매 그가 약속하신 성령을 아버지께 받아서 너희 보고 듣는 이것을 부어 주셨느니라"
 · 롬 8:11 "예수를 죽은 자 가운데서 살리신 이의 영이 너희 안에 거하시면 그리스도 예수를 죽은 자 가운데서 살리신

이가 너희 안에 거하시는 그의 영으로 말미암아 너희 죽을 몸도 살리시리라"
- 고전 15:45 "기록된 바 첫 사람 아담은 산 영이 되었다 함과 같이 마지막 아담은 살려 주는 영이 되었나니"

교제

또한 동일한 성령으로 우리는 한 몸의 지체들로서 참된 형제 사랑 가운데서 서로 연합되어 있습니다.30) 사도 바울은 "떡이 하나요 많은 우리가 한 몸이니 이는 우리가 다 한 떡에 참예함이라"(고전 10:17) 하고 말합니다. 많은 곡식의 낱알들이 하나의 떡이 되고, 많은 포도 알갱이들이 한 잔의 포도주가 되는 것처럼, 믿음으로 그리스도 안에서 접붙여진 우리는 한 몸입니다. 먼저 이처럼 과분한 큰 사랑으로 우리를 사랑하신 그리스도를 위하여, 우리도 서로 사랑하며, 말로만이 아니고 또한 우리의 행위로도 사랑을 나타내 보이는 것입니다.31)

---

30) · 고전 12:13 "우리가 유대인이나 헬라인이나 종이나 자유자나 다 한 성령으로 세례를 받아 한 몸이 되었고 또 다 한 성령을 마시게 하셨느니라"
31) · 고전 12:26 "만일 한 지체가 고통을 받으면 모든 지체도 함께 고통을 받고 한 지체가 영광을 얻으면 모든 지체도 함께 즐거워하나니"
- 약 1:22, 23 "너희는 도를 행하는 자가 되고 듣기만 하여 자신을 속이는 자가 되지 말라 누구든지 도를 행하지 아니하면 그는 거울로 자기의 얼굴을 보는 사람과 같으니"
- 요일 3:18 "자녀들아 우리가 말과 혀로만 사랑하지 말고 오직 행함과 진실함으로 하자"
- 요일 4:10, 11, 19 "사랑은 여기 있으니 우리가 하나님을 사랑한 것이 아니요 오직 하나님이 우리를 사랑하사 우리 죄를 위하여 화목제로 그 아들을 보내셨음이라 사랑하는 자들아 하나님이 이같이 우리를 사랑하셨은즉 우리도 서로 사랑하는 것이 마땅하도다 우리가 사랑함은 그가 먼저 우리를 사랑하셨음이라"

그리스도 재림 고대

끝으로, 그리스도께서는 다시 오실 때까지 성만찬을 행하라고 명하셨습니다.32) 우리는 주의 식탁에서 주님께서 약속하신 풍요로운 기쁨을 미리 맛보며, 또한 주께서 아버지의 나라에서 우리와 함께 새 포도주를 마실 어린 양의 혼인 잔치를 고대합니다.33) 어린 양의 혼인 잔치일이 다가오고 있으므로 함께 기뻐하고 그분에게 영광을 돌립시다.

전능하고 자비하신 하나님, 우리 주 예수 그리스도의 아버지께서 그분의 성령으로 이 성찬에서 우리를 도와주시옵소서. 아멘.

이제 이 모든 것을 받기 위하여 하나님 앞에서 우리를 낮추고 참 믿음으로 함께 기도합시다.

---

32) · 고전 11:26 "너희가 이 떡을 먹으며 이 잔을 마실 때마다 주의 죽으심을 오실 때까지 전하는 것이니라"

33) · 막 14:25 "진실로 너희에게 이르노니 내가 포도나무에서 난 것을 하나님 나라에서 새 것으로 마시는 날까지 다시 마시지 아니하리라 하시니라"
· 계 19:6-8 "또 내가 들으니 허다한 무리의 음성도 같고 많은 물소리도 같고 큰 뇌성도 같아서 가로되 할렐루야 주 우리 하나님 곧 전능하신 이가 통치하시도다 우리가 즐거워하고 크게 기뻐하여 그에게 영광을 돌리세 어린 양의 혼인 기약이 이르렀고 그 아내가 예비하였으니 그에게 허락하사 빛나고 깨끗한 세마포(細麻布)를 입게 하셨은즉 이 세마포는 성도들의 옳은 행실이로다 하더라"

기도

자비로우신 하나님 아버지, 우리가 이 성찬으로 주의 사랑하시는 아들 그리스도의 고통스러운 죽음에 대한 복된 기억을 마음에 되새기게 하시오니 감사를 드리옵나이다. 성령께서 우리 마음에 역사(役事)하시사 우리가 더욱 더 우리 자신을 주의 독생자 예수 그리스도에게 의지하게 하시옵소서. 우리의 상하고 통회하는 심령을 그리스도의 참된 몸과 피로, 유일한 하늘의 참 떡이신 그리스도로 양육하여 주시사, 우리가 다시는 죄 가운데 살지 않고 그리스도께서 우리 안에, 우리가 그 안에 살게 하여 주시옵소서.

우리로 새롭고 영원한 언약, 그 은혜언약에 진정으로 참여하게 하시사, 우리로 하여금 하나님께서 영원히 우리의 자비로우신 아버지가 되시며, 자비로우신 아버지께서는 결코 우리의 죄를 우리에게 돌리지 아니하시고, 우리를 주의 사랑하는 자녀와 상속자로 삼아 주셔서 우리의 몸과 영혼에 필요한 모든 것을 내려 주시는 분이심을 의심하지 않고 항상 의지하게 하시옵소서.

우리에게 주의 은혜를 내리시사 우리가 즐거이 자기 십자가를 지고, 자기를 부인하며, 우리 구주를 고백하게 하여 주시옵소서. 어떤 환난 가운데서도 잠잠히 우리 주 예수 그리스도를 바라게 하시고, 주께서 하늘에서 다시 오셔서 우리의 죽을 몸도 주님의 영광스러운 몸과 같이 변화시켜 주시고 우리를 주께로 영원히 데리고 가실 것을 소망하게 하여 주시옵소서.

우리 주 예수 그리스도의 이름으로 기도하옵나이다. 아멘.34)

(성찬상의 보를 연다)

34) 혹은, 예수 그리스도를 통해 우리를 들으시옵소서. 예수께서는 우리에게 이렇게 기도하라 가르치셨습니다.
"하늘에 계신 우리 아버지, 이름이 거룩히 여김을 받으시오며 나라이 임하옵시며 뜻이 하늘에서 이룬 것같이 땅에서도 이루어지이다. 오늘날 우리에게 일용할 양식을 주옵시고 우리가 우리에게 죄 지은 자를 사하여 준 것같이 우리 죄를 사하여 주옵시고 우리를 시험에 들지 말게 하옵시며 다만 악에서 구하옵소서. 대개 나라와 권세와 영광이 아버지께 영원히 있사옵나이다. 아멘."

신앙고백

이제 우리의 보편적이고 의심할 여지가 없는 그리스도교 신앙을 고백합시다.

(사도신경을 목사가, 혹은 회중 전체가 낭송할 수도 있고, 혹은 찬송으로 할 수도 있다.)

전능하신 성부 하나님, 천지의 창조주를 나는 믿사오며, 그의 독생자 우리 주 예수 그리스도를 또한 믿사오니, 그는 성령으로 잉태되사, 동정녀 마리아에게서 나셨으며, 본디오 빌라도 아래에서 고난을 받으사, 십자가에 못 박히시고 죽으시고 장사되셨고, 음부에 내려가셨으며, 사흗날에 죽은 자들 가운데서 부활하셨고, 하늘에 오르셨고, 전능하신 성부 하나님 우편에 앉아 계시며, 거기로부터 살아 있는 자들과 죽은 자들을 심판하러 오실 것입니다. 성령을 나는 믿사오며, 거룩한 보편적 교회와 성도의 교제와 죄 사함과 육신의 부활과 영원한 생명을 믿사옵나이다. 아멘.

권면

그리스도의 사랑하는 형제자매 여러분, 우리가 참된 하늘의 떡인 그리스도로 양육되기 위해서 떡과 포도주라는 외적인 표에만 집착하지 말고, 우리의 마음을 들어 올려 높은 하늘에 계신 예수 그리스도를 바라봅시다. 지금 그리스도는 우리의 대언자로서 성부 하나님의 오른편에 계십니다. 우리가 그를 기념하여 거룩한 떡을 먹고 거룩한 잔을 마시는 것이 확실하듯이, 성령께서 그의 몸과 피를 먹고 마시므로 우리의 영혼을 양육하여 주실 것을 의심하지 마십시오.

성찬: 분병과 분잔

(떡을 떼면서 목사는 이렇게 말한다.)
우리가 떼는 이 떡은 그리스도의 몸과의 연합과 교제입니다. 이것을 받아 먹으므로, 우리 주 예수 그리스도의 몸은 우리의 모든 죄의 완전한 사죄를 위해 찢기셨음을 기억하고 믿으십시오.

(잔을 나누면서 목사는 이렇게 말한다.)
우리가 감사하는 이 축복의 잔은 그리스도의 피와의 연합과 교제입니다. 여러분 모두, 이것을 받아 마시므로, 우리 주 예수 그리스도의 보혈은 우리의 모든 죄의 완전한 사죄를 위해 쏟아지셨음을 기억하고 믿으십시오.

(성만찬의 교제가 진행되는 동안 적절한 성경 구절을 낭독하거나 시편 혹은 찬송을 같이 할 수 있다.)

송영

(성만찬 후에 목사는 다음과 같이 말한다.)
주의 사랑하는 회중인 형제자매 여러분,

이제 주께서 그의 식탁에서 우리의 영혼을 양육하여 주셨으므로, 함께 그의 거룩한 이름을 찬송하며, 우리 모두의 마음을 다하여 다음과 같이 고백합시다.

내 영혼아, 여호와를 송축하라. 내 속에 있는 것들아, 다 그 성호를 송축하라. 내 영혼아, 여호와를 송축하며 그 모든 은택을 잊지 말지어다. 저가 네 모든 죄악을 사하시며 네 모든 병을 고치시며 네 생명을 파멸에서 구속하시고 인자(仁慈)와 긍휼로 관을 씌우시며 좋은 것으로 네 소원을 만족케 하사 네 청춘으로 독수리같이 새롭게 하시는도다(시 103:1-5).

여호와는 자비로우시며 은혜로우시며 노하기를 더디 하시며 인자하심이 풍부하시도다. 항상 경책(警責)지 아니하시며 노를 영원히 품지 아니하시리로다. 우리의 죄를 따라 처치하지 아니하시며 우리의 죄악을 따라 갚지 아니하셨으니 이는 하늘이 땅에서 높음같이 그를 경외하는 자에게 그 인자하심이 크심이로다. 동이 서에서 먼 것같이 우리 죄과(罪過)를 우리에게서 멀리 옮기셨으며 아비가 자식을 불쌍히 여김같이 여호와께서 자기를 경외하는 자를 불쌍히 여기시나니 이는 저가 우리의 체질을 아시며 우리가 진토임을 기억하심이로다(시편 103:8-14).

하나님은 우리를 이처럼 사랑하셔서 자기 아들을 아끼지 아니하시고 우리 모두를 위하여 내어 주셨습니다. 그렇다면 이 분이 그 아들과 함께 모든 것을 우리에게 선물로 주시지 않겠습니까?(롬 8:32)

우리가 아직 죄인 되었을 때에 그리스도께서 우리를 위하여 죽으심으로 하나님께서 우리에게 자기의 사랑을 나타내셨습니다. 그러므로 이제 우리가 그의 피로 의롭다 하심을 받았으니 더욱 그로 말미암아 진노하심에서 구원을 얻을 것입니다. 우리가 원수 되었을 때에 그의 아들의 죽으심으로 말미암아 하나님으로 더불어 화목하게 되었으니, 화목된 사람으로서는 더욱 그의 살아나심으로 말미암아 구원을 얻을 것입니다(롬 5:8-10).

그러므로 나의 마음과 입술로 지금부터 영원까지 주님을 찬양하리로다. 아멘.35)

---

35) · 시 116:17-19 "내가 주께 감사제를 드리고 여호와의 이름을 부르리이다 내가 여호와의 모든 백성 앞에서 나의 서원(誓願)을 여호와께 갚을지라 예루살렘아 네 가운데서 여호와의 전정(殿庭)에서 내가 갚으리로다 할렐루야"

감사 기도

자비로우신 하나님 아버지,

하나님의 무한하신 자비로 독생자를 우리의 중보자로 주셨음을 진심으로 감사합니다. 예수 그리스도가 우리의 속죄제물이 되어 주시고 영원한 생명을 위한 우리의 음식과 음료가 되어 주심을 찬송합니다.

또한 우리에게 참 믿음을 주셔서 우리로 하여금 이 성찬에 참여함으로 이처럼 큰 유익을 받게 하여 주심을 감사합니다.

하나님께서는 우리의 믿음을 강화시키고자 사랑하시는 아들 예수 그리스도로 말미암아 성찬을 제정하도록 하셨나이다. 신실하신 하나님 아버지, 주께 간구하오니, 주의 성령으로 말미암아 이 성찬 예식이 매일의 생활에서 열매를 맺게 하시사 참 믿음이 자라나고 하나님의 사랑하시는 아들 그리스도와 더욱 깊은 교제로 들어가게 하여 주시옵소서.

예수 그리스도의 이름으로 기도하옵나이다. 아멘.

(보를 덮는다.)

약식 성찬예식서(오후 예배용)

성찬 제정

그리스도의 회중인 형제자매 여러분! 사도 바울은 고린도전서 11:23-29에서 거룩한 만찬 제정을 다음과 같이 기술했습니다. "내가 너희에게 전한 것은 주께 받은 것이니 곧 주 예수께서 잡히시던 밤에 떡을 가지사 축사하시고 떼어 가라사대 이것은 너희를 위하는 내 몸이니 이것을 행하여 나를 기념하라 하시고 식후에 또한 이와 같이 잔을 가지시고 가라사대 이 잔은 내 피로 세운 새 언약이니 이것을 행하여 마실 때마다 나를 기념하라 하셨으니 너희가 이 떡을 먹으며 이 잔을 마실 때마다 주의 죽으심을 오실 때까지 전하는 것이니라. 그러므로 누구든지 주의 떡이나 잔을 합당치 않게 먹고 마시는 자는 주의 몸과 피를 범하는 죄가 있느니라. 사람이 자기를 살피고 그 후에야 이 떡을 먹고 이 잔을 마실지니 주의 몸을 분변치 못하고 먹고 마시는 자는 자기의 죄를 먹고 마시는 것이니라."

자기 성찰

우리가 우리의 믿음을 강화시키고자 성만찬을 기념하고자 한다면, 먼저 우리는 우리 자신을 반드시 살펴야 합니다.

우리는 누구나 자신의 죄와 그로 말미암아 저주받은 상태를 깊이 고려하여, 하나님 앞에서 자신을 낮추도록 합시다.

우리는 누구나 자신의 모든 죄가 예수 그리스도의 고난과 죽음으로만 용서함을 받고 또 그리스도의 완전한 의가 자기 것으로 자기에게 값없이 은혜로 주어진다는 하나님의 확실한 약속을 믿고 있는지 자기 마음을 살펴봅시다.

마지막으로 우리는 누구나 자신의 모든 생애 동안 감사함으로 주 하나님을 섬기며 또한 자기 이웃을 진정으로 사랑하고 화평을 이루며 살 것을 결단합시다.

초청과 권면

하나님의 은혜로 자기의 죄를 회개하고, 자기의 불신앙과 싸우고 또 하나님의 계명에 따라 살고자 하는 모든 자들은 하나님의 아들 예수 그리스도의 식탁에서 하나님에 의해서 분명히 받아들여집니다. 이들은 자기의 의지와는 반대로 자기에게 여전히 남아 있는 어떤 죄와 연약함도 은혜로 자신을 받으시는 하나님을 막을 수 없으며 또 이 하늘의 양식과 음료를 주시는 것을 막을 수 없다는 사실을 충분히 확신할 수 있습니다.

그러나 자기 죄를 진실로 애통해하지 않고 회개하지 않는 모든 자들에게, 우리는 이들이 그리스도의 왕국에 아무런 분깃이 없다고 선언합니다. 우리는 그들로 하여금 성찬에 참여하지 말 것을 권고합니다. 그렇게 하지 않으면 그들에 대한 심판은 더욱 무거워집니다.

그리스도를 기념

그리스도께서 우리에게 이 성만찬을 사용하여 그를 기념하도록 명하셨습니다. 이 식탁에서 우리는 우리 주께서 성부에 의해서 세상으로 보내심을 받으셔서, 우리의 혈육을 입으시고, 생애 시작부터 끝까지 우리를 위해서 하나님의 진노를 짊어지셨음을 기념합니다. 그리스도는 우리를 자유롭게 하시려고 묶이셨습니다. 그리스도는 죄가 없을지라도 우리를 하나님의 심판대에서 무죄방면하시기 위해서 죽음의 정죄를 당하셨습니다. 그리스도는 그의 복되신 몸을 십자가에 못 박히게 하심으로서 우리의 저주를 친히 담당하사 그의 복으로 우리를 채우셨습니다. 그리스도는 하나님께 버림받으심으로 우리가 결코 하나님께 버림받지 않도록 하시었습니다. 그리스도는 그의 죽음과 피 흘리심으로 "다 이루었다(요19:30)"고 말씀하실 때에 새롭고 영원한 은혜 언약을 확정하셨습니다.

확신

그러므로 우리가 이 떡을 먹고 이 잔을 마실 때마다, 우리는 우리를 향하신 그리스도의 진심어린 사랑을 회상하며 확신합니다. 그는 십자가에서 죽으시고 또 우리를 위해서 피를 흘리셔서, 우리가 그를 기념하는 이 떡을 먹고 이 잔을 받아 마시듯이 확실하게, 우리의 주리고 갈한 영혼에 주님의 십자가에 못 박히신 몸과 흘리신 피로써 영원한 생명에 이르도록 먹이십니다.

교제

그리스도는 그의 고난과 죽으심으로 우리를 위해 생명의 성령을 획득하셨습니다. 바로 이 성령으로 말미암아 우리는 그리스도와 연합하며 그의 모든 은사들을 받습니다. 동일한 성령으로 우리는 한 몸의 지체들이 되어 참된 형제사랑으로 연합합니다. 그러므로 우리 모두가 참 믿음으로 그리스도와 연합한 한 몸으로서 말로만이 아니라 행위로써 서로서로에게 이 사실을 보일 것입니다.

그리스도의 재림 소망

마지막으로 그리스도께서 우리에게 주님이 오실 때까지 성만찬을 기념하라고 명하셨습니다. 우리는 그의 식탁에서 그가 약속하셨던 부요한 기쁨을 미리 맛보며 또 그리스도께서 그의 아버지의 왕국에서 우리와 함께 새 포도주를 마시게 될 그 어린양의 혼인잔치를 소망합니다.

우리는 함께 기뻐하고 그에게 영광을 돌립시다. 어린양의 혼인 잔치가 다가오고 있습니다.

이 모든 것을 받기 위해서 우리가 하나님 앞에서 자신을 낮추고 참 믿음으로 그의 이름을 부릅시다.

기도

은혜로우시고 자비로우신 하나님 아버지, 아버지의 아들을 우리 죄를 위한 희생 제물로 또 영원한 생명에 이르는 우리의 양식과 음료로 주심을 감사합니다.

하나님의 거룩한 영으로 이 성만찬으로 우리 마음에 역사하시어 우리 스스로 더욱 더 하나님의 아들 예수 그리스도께 의지하며, 또 우리가 죄 가운데 살지 않고, 오직 우리 안에 그리스도가 우리가 그리스도 안에서 살도록 하시옵소서. 우리의 믿음을 강화하시사 하나님께서 우리에게 영원히 은혜로운 아버지시며, 또 영육 간에 필요한 모든 것을 다 주시는 분이심을 굳게 신뢰하게 하시옵소서. 하나님의 은혜를 우리에게 주사 우리가 즐겁게 우리의 십자가를 지고, 또 우리 자신을 부인하며, 우리 구세주를 고백하게 하시옵소서.

우리를 교훈하시사, 어떤 고난 중에서라도, 하늘에서 다시 오셔서 우리의 천한 몸도 그리스도의 영광스러운 몸과 같이 변화시키고, 우리를 그리스도에게로 영원히 데리고 가실 우리 주 예수 그리스도를 머리를 들어 기다리게 하시옵소서. 우리 주 예수 그리스도의 이름으로 기도하옵나이다. 아멘.

성찬 권면

참된 하늘의 떡인 예수 그리스도로 양육되기 위하여 떡과 포도주라는 표에 매일 것이 아니라 마음을 높이 들어올려서, 하늘에서 하나님의 우편에서 우리의 대언자이신 예수 그리스도를 바라봅시다. 우리가 그리스도를 기념하여 거룩한 떡과 거룩한 음료를 받는 것처럼 확실히, 우리는 성령의 사역을 통하여 그리스도 예수의 몸과 피로써 우리 영혼이 양육되며 활력을 얻는다는 것을 확고하게 믿으십시오.

성만찬 교제

분병: 목사는 떡을 떼면서 다음과 같이 말한다.

"주 예수 그리스도께서 잡히시던 날 밤에 떡을 취하며 축사하시고 떼어주시며, 이것이 나의 몸이라 너희를 위하여 준 것이니 너희는 이것을 행하여 나를 기념하라" 하시고 "받아 먹으라" 하셨습니다. 이제 우리가 예수 그리스도의 이름으로 떼는 이 떡은 그리스도의 몸의 교제입니다. 받아먹음으로 우리들의 모든 죄를 위해 예수 그리스도의 몸이 상하고 찢기심으로 우리 죄를 위한 완전한 속죄물로 드려졌음을 기억하고 더욱 굳게 믿으시기 바랍니다.

분잔: 목사는 잔을 나누어주며 다음과 같이 말한다.

우리 구주께서 또한 잔을 가지사 축사하신 후에 제자들에게 주시며 가라사대 "이 잔은 나의 피로 세운 새 언약이니 많은 사람의 죄사함을 위하여 흘림이라. 이것을 행하여 마실 때마다 나를 기념하라" 하셨습니다. 우리가 감사하는 이 축복의 잔은 그리스도의 피와의 연합입니다. 이제 예수 그리스도의 이름으로 나누어주는 이 포도주 잔을 받아 마시고 우리들의 모든 죄의 사유함을 위해 주 예수 그리스도께서 보배로우신 피를 흘리신 것을 기억하고 굳게 믿으시기 바랍니다.

(성만찬이 진행되는 동안 적절한 성경구절들을 읽거나 시편찬송을 부를 수 있다.)

송영

주 안에서 사랑하는 형제자매 여러분, 이제 주님께서 주의 식탁에서 우리를 먹이셨으니, 다함께 감사함으로 주님의 이름을 찬양합시다.

"내 영혼아 여호와를 송축하라 내 속에 있는 것들아 다 그 성호를 송축하라 내 영혼아 여호와를 송축하며 그 모든 은택을 잊지 말찌어다 저가 네 모든 죄악을 사하시며 네 모든 병을 고치시며 네 생명을 파멸에서 구속하시고 인자와 긍휼로 관을 씌우시는도다"(시 103:1-4)

"여호와는 자비로우시며 은혜로우시며 노하기를 더디 하시며 인자하심이 풍부하시도다 항상 경책지 아니하시며 노를 영원히 품지 아니하시리로다 우리의 죄를 따라 처치하지 아니하시며 우리의 죄악을 따라 갚지 아니하셨으니 이는 하늘이 땅에서 높음 같이 그를 경외하는 자에게 그 인자하심이 크심이로다 동이 서에서 먼 것 같이 우리 죄과를 우리에게서 멀리 옮기셨으며 아비가 자식을 불쌍히 여김 같이 여호와께서 자기를 경외하는 자를 불쌍히 여기시나이다."(시 103:8-13)

이러므로 나의 마음과 나의 입술로 지금부터 영원까지 주를 찬양하리로다. 아멘.

기도

　자비로우신 하나님 아버지, 우리 죄를 위한 중보자와 속죄물로, 또 영원한 생명의 양식과 음료로 주신 독생자 예수 그리스도의 식탁에 참여하게 하시사, 떡을 먹고 잔을 마심으로, 우리의 구원의 유일한 근거로서 우리 주의 죽음을 선포할 수 있는 기회를 주심을 감사합니다. 또 이 좋은 은택들을 소유하도록 저희들에게 참 믿음을 주시니 감사합니다. 우리에게 하나님의 아들과의 교제를 즐길 수 있고, 마찬가지로 다른 형제들과 교제할 수 있는 특권을 주신 하나님께 찬양을 드립니다.

　주께 간구하오니, 우리 역시 이 성찬을 기념함으로 우리의 믿음이 강화되어 감사의 열매를 맺을 수 있게 하시옵소서. 신실하신 하나님 아버지, 성령의 역사를 통하여 성찬 예식의 열매가 있게 하사 저희가 날마다 참 믿음과 그리스도와의 교제에서 성장하게 하여 주시옵소서. 과연 주의 거룩한 피로 말미암아 새 언약 가운데 소속이 된 만큼, 주의 보혈의 공로가 늘 저희의 몸속에 살아 흐르게 하시고, 저희의 생각과 마음도 그 정결한 피로 항상 씻음 받게 하시옵소서.

　저희들이 이제 한 몸을 이루고 한 피를 받았사오니, 주께서 저희의 머리가 되시고 주가 되신 만큼, 저희를 향하신 의와 평강과 희락을 항상 경험케 하셔서, 항상 새 힘을 얻어 주의 나라의 사명을 잘 감당할 수 있게 하시옵소서. 저희가 세상을 따라 살 것이 아니요, 오직 주의 것인 것을 더욱 확정하고 살게 하시옵소서. 항상 자신과 사람을 바라보지 않고 우리 구주되신 예수 그리스도를 바라보고 예수 그리스도 안에서 양육되게 하시옵소서.

　우리의 모든 생활에서 주님과 이웃을 향해 진심어린 사랑을 보일 수 있게 하시옵소서.

　아버지의 나라에서 나는 포도 열매로 우리에게 마시게 한 것을 약속하신, 우리의 구세주의 재림을 학수고대(鶴首苦待)하며 간절히 기다리게 하시옵소서. 모든 영광이 하나님 아버지와 아들과 성령께 지금부터 영원토록 있나이다. 아멘.

비수찬 회원의 출교 예식서

첫 번째 공고

주의 사랑하는 형제자매 여러분!

본 당회는 맡은 바 소임인 권징을 위해 먼저 유감스러운 소식을 그리스도의 회중 여러분에게 공고하고자 합니다. 세례로 그리스도 교회에 접붙여졌던 한 회원이 제 _ 계명을 어기는 죄를 범하였고, 여러 차례 진지한 권면에도 불구하고, 뚜렷한 회개의 증거를 보이지 않았습니다. 그러므로 본 당회는 애석하게도 이제 더 중한 권징을 시행하려고 하며, 만일 이 회원이 계속 범죄 상태를 고집한다면 이 회원에 대한 출교 절차를 진행하고자 합니다. 본 당회는 이 사실을 처음으로 회중 여러분들에게 공고하는 바이며, 여러분들이 이 회원이 회개할 수 있도록 주께 기도하기를 진지하게 권고합니다.

두 번째 공고

주의 사랑하는 형제자매 여러분!

본 당회는, 노회의 자문을 받아, 이전에 회중 여러분들에게, 세례로 그리스도 교회에 접붙여졌던 한 회원이 제 _ 계명을 어기는 죄를 범하였고, 여러 차례 진지한 권면에도 불구하고, 뚜렷한 회개의 증거를 보이지 않았다는 유감스러운 소식을 공고한 바 있습니다. 만일 이 회원이 계속 범죄 상태를 고집하고 생활을 개선할 여지를 보이지 않는다면, 본 당회는 이 회원이 하나님의 언약을 고의적으로 불순종하였기 때문에 교회와 성도의 교제로부터 배제시킬 수밖에 없습니다. 회중 여러분은 이 회원에게 깊은 애정을 가지고 계속 권고하며, 이 회원의 회개를 위해 주께 계속 기도하기를 촉구하는 바입니다. (이 회원의 이름과 주소는 _____ 입니다.)

출교

주의 사랑하는 형제자매 여러분! 본 당회는, 얼마 전에 세례로 그리스도 교회에 접붙여졌던 한 회원 (이름 및 주소)이 제 _ 계명을 어기는 죄를 범하였고, 여러 차례 진지한 권면에도 불구하고, 뚜렷한 회개의 증거를 보이지 않았다는 유감스러운 소식을 공고한 바 있습니다. 만일 이 회원이 계속 범죄 상태를 고집하고 생활을 개선할 여지를 보이지 않는다면, 본 당회는 이 회원을 교회와 성도의 교제로부터 배제시킬 수밖에 없다는 사실과 회중 여러분에게 이 회원에 대한 깊은 애정을 가진 권고와 이 회원의 회개를 위한 지속적인 기도를 촉구하였던 것입니다.

본 당회는 이제 회중 여러분들에게, 세례로 그리스도 교회에 접붙여졌던 이 회원이 제 _ 계명을 어기는 죄를 범하였고, 여러 차례 진지한 권면에도 불구하고, 뚜렷한 회개의 증거와 생활의 개선을 보이지 않고 계속 범죄 상태를 고집함으로, 거룩한 세례로 표하고 인친 그리스도와 그의 교회와의 교제를 부인함을 공고하지 않을 수 없습니다.

그러므로 이제 본 당회는 이곳에 있는 하나님의 교회의 장로(집사)들로서, 주 예수 그리스도의 이름과 권위로 , ○○○ 회원과 □□□ 회원이 자신들의 범죄 상태를 계속 고집하고 회개하지 않기 때문에, 이들을 주의 교회로부터 출교합니다. 이들은 이제 그리스도와의 교제와 하나님 나라에서 배제되었으며, 그리스도의 교회에 약속하시고 부여하시는 영적인 축복들과 유익들에 더 이상 참예할 수 없습니다. 교회의 사역자들에게 "진실로 너희에게 이르노니 무엇이든지 너희가 땅에서 매면 하늘에서도 매일 것이요. 무엇이든지 땅에서 풀면 하늘에서도 풀릴 것이니라."(마16:18) 말씀하신 그리스도의 명령에 따라, 여러분들은 이들을 이방인과 세리와 같이 여겨야 할 것입니다.

회중에 대한 경고

주의 사랑하는 그리스도인 여러분! 우리는 이들과는 사귀지 마시고, 이들이 수치를 당하고 또 회개할 수 있도록 권면해야 합니다. 그렇다고 이들을 원수와 같이 생각하지 말고, 오히려 이들을 형제자매 같이 경책하십시오.(살후 3:14,15)

사랑하는 회중 여러분! 반면에 이 출교는 우리 모두에게 경고하는 것이기도 합니다. 우리도 삼가 혹 너희 중에 누가 믿지 아니하는 악심을 품고 살아 계신 하나님에게서 떨어질까 염려해야 합니다.(히 3:12)

"자녀들아 너희 부모를 주 안에서 순종하라 이것이 옳으니라 네 아버지와 어머니를 공경하라 이것이 약속 있는 첫 계명이니 이는 네가 잘 되고 땅에서 장수하리라 또 아비들아 너희 자녀를 노엽게 하지 말고 오직 주의 교양과 훈계로 양육하라."(엡 6:1-4) "젊은 자들아 이와 같이 장로들에게 순복하고 다 서로 겸손으로 허리를 동이라 하나님이 교만한 자를 대적하시되 겸손한 자들에게는 은혜를 주시느니라."(벧전 5:5)

"이 세상이나 세상에 있는 것들을 사랑치 말라 누구든지 세상을 사랑하면 아버지의 사랑이 그 속에 있지 아니하니 이는 세상에 있는 모든 것이 육신의 정욕과 안목의 정욕과 이생의 자랑이니 다 아버지께로 좇아 온 것이 아니요 세상으로 좇아 온 것이라 이 세상도, 그 정욕도 지나가되 오직 하나님의 뜻을 행하는 이는 영원히 거하느니라."(요일 2:15-17)

우리 안에서 행하시는 이는 하나님이시니 자기의 기쁘신 뜻을 위하여 우리로 소원을 두고 행하게 하시나니(빌 2:13), 그러므로 우리 죄를 고백하며 그의 거룩한 이름을 부릅시다.

기도

　의로우시고 자비로우신 하나님 아버지시여, 주의 거룩한 위엄 앞에 우리가 스스로 지은 죄를 고백합니다. 우리들은 저희 형제자매의 출교에 의해 야기된 지극히 당연한 슬픔과 고통을 인정합니다. 과연 우리들 모두가 우리의 수많은 허물로 인하여 주의 인재로부터 쫓겨나야 마땅합니다.
　그러나 주님이여, 그리스도의 공로로 우리들에게 은혜를 베풀어주시옵소서. 우리의 죄를 회개하오니 우리의 죄를 사하여 주시옵소서. 주의 성령으로 저희 안에 역사하시사 우리가 더욱 더 힘써 주를 섬기게 하시옵소서. 우리들이 세상에 의해 그리고 주를 떠나서 사는 자들로부터 오염되지 않게 하시옵소서.
　출교된 자들이 자기의 죄를 부끄러워하게 하시고, 주께로 돌이키게 하시옵소서. 주께서는 악한 자의 죽음을 기뻐하지 아니 하시며, 오히려 이 악한 자들이 자기 길에서 돌이켜 살기를 바라십니다. 그러므로 주의 백성들인 우리들은 언제든지 주께로 돌이키는 자들을 기쁘게 맞이할 것입니다. 우리 마음에 사랑과 열심을 일으키시사, 우리의 삶이 본이 되어 권면함으로, 이 출교당한 형제자매들과 불신의 삶을 사는 자들이 주께로 돌이키게 하시옵소서.
　우리들의 노력과 수고에 복을 주사, 지금 애석해하는 이 형제(자매)로 인하여 다시 기뻐할 수 있는 이유가 있게 하시고, 그리하여 우리 주 예수 그리스도를 통해서 주의 거룩한 이름을 찬송하게 하시옵소서. 예수 그리스도의 이름으로 기도합니다. 아멘.

　● 혹은 주께서 가르쳐주신 기도로
　(하늘에 계신 우리 아버지여, 이름이 거룩히 여김을 받으시오며, 나라이 임하옵시며, 뜻이 하늘에서 이룬 것같이 땅에서도 이루어지이다. 오늘날 우리에게 일용할 양식을 주옵시고, 우리가 우리에게 죄 지은 자를 사하여 준 것 같이 우리 죄를 사하여 주옵시고, 우리를 시험에 들게 하지 마옵시고, 다만 악에서 구하옵소서. 대개 나라와 권세와 영광이 아버지께 영원히 있사옵나이다. 아멘.)

수찬 회원의 출교 예식서

첫 번째 공고

주의 사랑하는 형제자매 여러분!
본 당회는 맡은 바 소임인 권징을 위해 먼저 유감스러운 소식을 그리스도의 회중 여러분에게 공고하고자 합니다. 세례로 그리스도 교회에 접붙여졌던 한 회원이 제 _ 계명을 어기는 죄를 범하였고, 여러 차례 진지한 권면에도 불구하고, 뚜렷한 회개의 증거를 보이지 않았습니다. 그러므로 본 당회는 이 회원에게 주의 만찬상 참여를 정지했었습니다. 그러나 수찬정지가 이 회원으로 하여금 회개로 이끌지 못했습니다. 지속적인 권고에도 불구하고 아무런 소용이 없다고 판명이 되었습니다. 만일 회원이 계속 범죄 상태를 고집한다면 대단히 애석하게도 이제 본 당회는 더 중한 권징을 시행할 수밖에 없으며 이 회원에 대한 출교 절차를 진행하고자 합니다. 본 당회는 이 사실을 처음으로 회중 여러분들에게 공고하는 바이며, 여러분들이 이 회원이 회개할 수 있도록 주께 기도하기를 진지하게 권고합니다.

두 번째 공고

주의 사랑하는 형제자매 여러분!
본 당회는, 이전에 회중 여러분들에게, 세례로 그리스도 교회에 접붙여졌던 한 회원이 제 _ 계명을 어기는 죄를 범하였고, 그 이후 여러 차례 진지한 권면에도 불구하고, 회개하기를 거절함으로, 수찬정지라는 유감스러운 소식을 공고한 바 있습니다. 계속되는 권징에도 불구하고 뚜렷한 회개의 증거를 보이지 않았습니다. 오히려 모든 권면과 권고들이 아무 소용이 없었습니다. 유일한 결과는 마음이 한층 더 강퍅해졌다는 것입니다. 당회는 노회의 자문을 구한 바 있으며, 따라서 이제는 애석하게도 출교 절차를 진행하고자 합니다. 회중 여러분은 이 회원에게 깊은 애정으로 계속 권고하기를 진지하게 촉구하는 바입니다. (이 회원의 이름과 주소는 _____ 입니다.) 주께서 이 형제(자매)로 하여금 회개케 함으로써, 이 죄가 회중에게서 제거되며, 이 죄인이 구원받도록 기도합시다.

세 번째 공고

주의 사랑하는 형제자매 여러분!
본 당회는 맡겨진 소명과 직무에 따라, 두 차례 회중 여러분들에게, _____ 가 제 _ 계명을 어기는 죄를 범하였고, 그 이후 여러 차례 진지한 권면에도 불구하고, 회개하기를 거절하고 그 마음이 더욱 강퍅해졌기에 , 수찬정지라는 유감스러운 소식을 공고한 바 있습니다. 그런데도 여전히 참된 회개를 보이지 않았습니다. 오히려 모든 권면과 권고들이 아무 소용이 없었습니다. 그러므로 당회는 회중 여러분에게 세 번째 이 형제(자매)에 대한 더 중한 권징 시행이라는 매우 유감스러운 소식을 전하는 바입니다. 만일 이 형제(자매)가 회개하지 않는다면, _____교회의 그리스도 교회의 교제에서 배제될 것입니다. 마지막으로 본 당회는 이 회원에게 간절하게 깊은 애정으로 권고하기를 회중 여러분에게 진지하게 촉구합니다. 이 형제(자매)가 회개하는 것이 주의 기쁘신 뜻이기에, 이 형제(자매)가 스스로 끝까지 강퍅해지지 않도록 기도합시다.

출교

주의 사랑하는 형제자매 여러분! 본 당회는, 얼마 전에 세례로 그리스도 교회에 접붙여졌던 _____(이름 및 주소)가 범죄 상태를 고집하고 있다는 유감스러운 소식을 공고한 바 있습니다. 이렇게 여러 번 공고한 목적은 회중 여러분의 기도로 말미암아 그가 살아계신 하나님에게로 돌이켜서 그를 사로잡고 있는 사탄의 권세로부터 벗어나게 하고자 함이었습니다. 그러나 매우 유감스럽게도 많은 사람들의 권고에도 불구하고, 그의 참 회개에 대한 일말의 증거를 당회에 고지한 자가 아무도 없었다는 사실입니다. 그의 죄가 더욱 심각한 것은 그가 그의 범죄상태를 계속 고집하고 있다는 점입니다. 그에 대한 우리의 인내가 한계에 이르렀기에, 이제는 주께서 그의 말씀으로 우리에게 주신 최후의 수단, 곧 교회의 교제로부터 그를 배제시키는 절차를 밟지 않을 수 없음을 확증합니다. 이 출교는 그가 자기 죄를 부끄러워하도록, 또한 이 부패한 지체로 말미암아 그리스도 교회의 온 몸이 오염되지 않도록 의도된 것입니다. 이렇게 하여 하나님의 이름이 훼방 당하지 않게 됩니다. 그리스도 예수께서는 다음과 같은 말씀으로 이 교회의 직분자들에게 권징의 시행을 맡기셨습니다. "진실로 너희에게 이르노니 무엇이든지 너희가 땅에서 매면 하늘에서도 매일 것이요. 무엇이든지 땅에서 풀면 하늘에서도 풀릴 것이니라." (마16:18)

그러므로 이제 본 당회는 이곳에 있는 하나님의 교회의 장로(집사)들로서, 주 예수 그리스도의 이름과 권위로 , ㅇㅇㅇ 회원이 자신의 범죄 상태를 계속 고집하고 회개하지 않기 때문에, 이들을 주의 교회로부터 출교합니다.

그는 이제부터 그리스도와의 교제와 하나님 나라에서 배제되며, 더 이상 그리스도의 교회에 약속하시고 부여하시는 영적인 축복들과 유익들에 참예할 수 없습니다. 그가 자신의 범죄 상태를 계속 고집하는 한, 교회의 사역자들에게 말씀하신 그리스도의 명령에 따라, 회중 여러분은 그를 이방인과 세리와 같이 여기십시오.

회중에 대한 경고

주의 사랑하는 그리스도인 여러분! 우리는 이들과는 사귀지 마시고, 이들이 수치를 당하고 또 회개할 수 있도록 권면해야 합니다. 그렇다고 이들을 원수와 같이 생각하지 말고, 오히려 이들을 형제자매같이 경책하십시오(살후 3:14,15).

사랑하는 회중 여러분! 반면에 이 출교는 우리 모두를 향한 경고이기도 합니다. 우리도 삼가 혹 너희 중에 누가 믿지 아니하는 악심을 품고 살아 계신 하나님에게서 떨어질까 염려하며 주를 두려워해야 합니다(히 3:12). 성부 하나님과 성자 예수 그리스도는 물론이거니와, 모든 참 신자들과의 교제를 지속하십시오. 그래야 영원한 구원을 받을 수 있습니다.

회중 여러분은 출교 당한 이 회원이 어떻게 길을 잃었고 그 타락의 시작과 진행과정과 그 파멸의 결과를 목도해왔습니다. 사탄이 얼마나 교묘하게 사람을 파멸로 몰아가고 하나님의 말씀과 성례를 무시하도록 유혹하는지 이 경우로부터 교훈을 얻어야 합니다.

그러므로 그 시초부터 악한 자를 대적하십시오. "모든 무거운 것과 얽매이기 쉬운 죄를 벗어 버리고 인내로써 우리 앞에 당한 경주를 경주하며 믿음의 주요 또 온전케 하시는 이인 예수를 바라봅시다."(히 12:1, 2)

"근신하라 깨어라 너희 대적 마귀가 우는 사자 같이 두루 다니며 삼킬 자를 찾나니 너희는 믿음을 굳게 하여 저를 대적하라."(벧전 5:8, 9)

"시험에 들지 않게 일어나 기도하라."(눅 22:46)

"오늘날 너희가 그의 음성을 듣거든 너희 마음을 강퍅케 말라."(히 4:7)

"항상 복종하여 두렵고 떨림으로 너희 구원을 이루라."(빌 2:12) 우리의 하나님께서 우리를 또 다시 겸비하게 하시지 않도록, 또한 한 몸의 또 다른 지체로 인해 우리가 슬퍼하는 일이 없도록, 우리의 죄를 회개합시다. 다같이 한 마음으로 경건하게 삶으로, 주 안에 우리의 면류관과 기쁨이 있을지어다.

"우리 안에서 행하시는 이는 하나님이시니 자기의 기쁘신 뜻을 위하여 우리로 소원을 두고 행하게 하시나니"(빌 2:13), 오직 주님만이 우리로 하여금 그의 계명의 길을 지키게 하실 수 있으시도다.

그러므로 우리 죄를 고백하며 그의 거룩한 이름을 부릅시다.

기도

의로우시고 자비로우신 하나님 아버지! 주의 거룩한 위엄 앞에 우리가 스스로 죄를 짓는 죄인임을 고백합니다. 우리들은 이 형제(자매)의 출교에 의해 야기된 지극히 당연한 슬픔과 고통을 인정합니다. 과연 우리들 모두가 우리의 수많은 허물로 인하여 주의 임재로부터 쫓겨나야 마땅합니다.

그러나 주님, 그리스도의 공로로 우리들에게 은혜를 베풀어주시옵소서. 우리의 죄를 회개하오니 우리의 죄를 사하여 주시옵소서. 주의 성령으로 저희 안에 역사하시사 우리가 더욱 더 힘써 주를 섬기게 하시옵소서. 우리들이 세상에 의해 그리고 주를 떠나서 사는 자들로부터 오염되지 않게 하시옵소서.

출교된 자가 자기의 죄를 부끄러워하게 하시고, 주께로 돌이키게 하시옵소서. 주께서는 악한 자의 죽음을 결코 기뻐하지 아니 하시며, 오히려 이 악한 자들이 자기 길에서 돌이켜 살기를 바라십니다. 그러므로 주의 백성들인 우리들은 언제든지 주께로 돌이키는 자들을 기쁘게 맞이할 것입니다. 우리 마음에 사랑과 열심으로 더욱 분발케 하시사, 우리의 삶이 본이 되어 권면함으로, 이 출교당한 형제(자매)와 불신의 삶을 사는 자들이 주께로 돌이키게 하시옵소서.

우리들의 노력과 수고에 복을 주사, 지금 애석해하는 이 형제(자매)로 인하여 다시 기뻐할 수 있는 이유가 있게 하시고, 그리하여 우리 주 예수 그리스도로 말미암아 주의 거룩한 이름을 찬송하게 하시옵소서. 아멘.

● 혹은 주께서 가르쳐주신 기도로

(하늘에 계신 우리 아버지여, 이름이 거룩히 여김을 받으시오며, 나라이 임하옵시며, 뜻이 하늘에서 이룬 것같이 땅에서도 이루어지이다. 오늘날 우리에게 일용할 양식을 주옵시고, 우리가 우리에게 죄 지은 자를 사하여 준 것 같이 우리 죄를 사하여 주옵시고, 우리를 시험에 들게 하지 마옵시고, 다만 악에서 구하옵소서. 대개 나라와 권세와 영광이 아버지께 영원히 있사옵나이다. 아멘.)

그리스도의 교회로의 재영입 예식서

공고

주의 사랑하는 형제자매 여러분,

_____년에 형제(자매) _____는 그리스도의 교회에서 출교되었습니다. 본 당회는 이제 감사함으로 여러분에게 이 권징의 치유절차가 열매 맺게 되었음을 알리고자 합니다. 주께서는 우리의 권면과 기도에 복을 주시사, _____이 회개하였고 다시 교회의 교제에의 허용을 요청하였습니다.

우리가 기쁨으로 회개한 죄인들을 영접하는 것은 은혜로우신 하나님의 뜻입니다.

모든 것이 적당하고 선한 질서로 실행되어야 함으로(고전 14:40), 본 당회는 여러분에게 다음 성만찬 예식에서 이 사람을 출교의 굴레에서 풀어 주고 성도의 교제에 다시 영입할 것을 공고합니다.

혹 여러분 중에 누가 이러한 재영입에 반대하여 타당한 이의를 제기하고자 한다면 _____ 주(週) 안에 당회에 알려주셔야 합니다. 우리 함께 이 길 잃은 양에게 은총과 자비를 보이신 주님께 감사하며, 영원한 구원을 향해서 회개케 하는 주의 사역이 완성되기를 간구합시다.

(정한 기간이 지나도 합법적인 반대가 제기되지 않았다면 그 재영입은 다음의 예식으로 행해진다.)

성경말씀에 따른 재영입

주의 사랑하는 그리스도인 여러분,

우리는 최근에 _____씨에 대한 회심에 대하여 여러분께 공고한 바 있으며, 그 공고는 결국 여러분의 찬동으로 이 형제(자매)로 하여금 하나님의 교회로의 재영입을 위한 것이었습니다. 아무도 이 재영입에 대해 어떤 반대도 제기하지 않았으므로, 이제 우리는 이 형제(자매)를 성도의 교제 안으로 다시 받아들이고자 합니다.

주 그리스도께서는 당신의 교회에게 회개하지 않는 죄인들을 출교할 것을 명령하셨으며, 다음과 같이 말씀하셨습니다. "너희가 무엇이든지 땅에서 매면 하늘에서도 매일 것이다." 그러나 주님은 곧 바로 이렇게 덧붙이셨습니다. "너희가 무엇이든지 땅에서 풀면 하늘에서도 풀리리라." (마 18:18)

주님은 우리에게 출교는 구원의 모든 소망을 거두시는 것이 아니라고 가르치셨습니다. 왜냐하면 하나님께서 스스로 이렇게 맹세하셨기 때문입니다. "나의 삶을 두고 맹세하노니 나는 악인의 죽는 것을 기뻐하지 아니하고 악인이 그 길에서 돌이켜 떠나서 사는 것을 기뻐하노라." (겔 33:11) 그러므로 교회는 길 잃은 죄인의 회개와 돌이킴을 위하여 소망을 가지고 기도하기를 그치지 않고, 항상 회개한 형제(자매)를 열과 성의를 다하여 영접합니다. 바울 사도는 고린도 교회에게 책망을 받고 회개한 형제들을 용서하고 위로하라고 명령했습니다. 그는 고린도 회중에게 회개한 형제(자매)가 과도한 슬픔에 압도되지 않도록 자기들의 사랑을 재차 확정하라고 권고했습니다(고후 2:5-7).

또한 그리스도께서도 우리에게 하나님의 말씀을 따라 회개한 죄인에게 내려진 해벌선고가 주로 말미암은 구속력이 있다고 가르치셨습니다. "내가 천국 열쇠를 네게 주리니 네가 땅에서 무엇이든지 매면 하늘에서도 매일 것이요 네가 땅에서 무엇이든지 풀면 하늘에서도 풀리리라."(마16:19) 이런 이유로 진정으로 회개한 사람은 누구든지, 그리스도께서 "너희가 뉘 죄든지 사하면 사하여질 것이요"(요 20:23)라고 선언하신 대로, 오직 하나님의 은혜 안에 확실히 받아들여진다는 사실을 조금도 의심할 필요가 없습니다.

질문

_____ 씨, 우리가 그대에게 출교의 굴레를 풀어주고 그리스도의 교회에 다시 재영입하는 절차를 진행하기 전에 우리는 그대에게 다음의 질문에 응답할 것을 요구합니다.

_____ 씨, 그대는 마음을 다하여 여기 하나님 앞에서 그리고 하나님의 교회 앞에서 그대가 교회에서 출교된 바로 그 죄와 완악함에 대하여 진정으로 죄송함을 선언하십니까?

또한 그대는 하나님께서 그대의 모든 죄를 그리스도의 보혈로 사하심과 지금 그대를 은혜로 영접하심을 참으로 믿으십니까?

그러므로 그대가 그리스도의 교회에의 재영입을 간절히 소망합니까? 그리고 주의 은혜로 지금부터는 하나님의 말씀에 따라 최선을 다해 경건하게 살 것을 약속하십니까?

(당신의 대답은 무엇입니까?)

답: 예. 그렇게 하겠습니다.

재영입

그리스도 예수의 이름과 권세로 모인 우리는 이곳에 있는 하나님의 교회의 장로들의 당회로서 _____ 씨를 출교의 굴레로부터 해제합니다. 우리는 기쁨과 감사로 그대를 주의 교회로 다시 영접하며, 그대가 그리스도와 성만찬의 교제와 그리고 하나님께서 그의 교회에 약속하시고 내려주시는 모든 영적인 은사들과 우리 구주의 복에 함께 참예함을 선언합니다. 영원하신 하나님께서 그대에게 그의 독생자 예수 그리스도로 말미암아 끝까지 이런 은혜로 보존해 주실지어다. "너희를 부르시는 이는 미쁘시니 그가 또한 이루시리라."(살전5:24) 아멘.

권면

주의 사랑하는 형제(자매)여, 주께서 친히 그대를 은혜로 영접하셨다는 것을 마음에 확신하십시오. 그대가 다시 죄에 빠져들지 않도록, 사단의 교묘한 속임수와 세상의 사악함과 육신의 죄된 성향에 대항하여 부지런히 자신을 지키십시오. 그리스도의 사랑이 그대에게 회복되었습니다. 그리스도께서 그대의 많은 죄를 사하셨음으로 그리스도를 사랑하십시오. 다시는 그대의 세례로 그대 안에 거하시며 그대를 그리스도의 지체가 되도록 성결하게 하실 것을 약속하신 성령을 근심케 하거나 슬프시게 하지 마십시오.

주의 사랑하는 그리스도인 여러분, 사랑으로 이 형제(자매)를 영접하십시오. 기뻐하고 감사하십시오. 과연 이 형제(자매)는 죽었다가 살아났고, 잃었다가 찾았기 때문입니다(눅 5:32). 천사들과 함께 기뻐하십시오. 그리스도께서는 "내가 너희에게 이르노니 이와 같이 죄인 하나가 회개하면 하늘에서는 회개할 것 없는 의인 아흔 아홉을 인하여 기뻐하는 것보다 더하리라" (눅15:7) 고 말씀하셨습니다. 이제 더 이상 이 형제(자매)를 이방인같이 보지 마시고, 오직 성도들과 동일한 하늘나라 시민으로, 하나님의 권속 중 하나로 보십시오(엡2:19).

우리 자신에게 선한 것이 없으므로, 우리 함께 찬송과 감사로 전능하신 주님께 은혜를 간구합시다.

기도

은혜로우신 하나님 아버지, 아버지께 예수 그리스도의 이름으로 감사와 찬양을 드립니다. 주께서는 이 형제(자매)에게 생명에 이르는 경건한 슬픔과 회개를 허락하셨으며 이 일로 저희를 기쁘게 하셨습니다.

저희가 기도하오니 주의 은혜를 이 형제(자매)에게 보여주시어 이 형제(자매)로 모든 죄가 완전한 사함받았음을 더욱 확신하게 하옵시며, 그 확신으로부터 말할 수 없는 기쁨을 얻게 하시며 그리하여 주님을 섬기기를 즐거워하게 하시옵소서.

잠시 동안 이 형제(자매)가 자기의 죄로 많은 사람을 슬프게 하였던 만큼, 자기의 회심으로 많은 사람들에게 덕을 세우게 하시옵소서. 이 형제(자매)가 끝까지 주의 길을 변치 않고 걸어가게 하옵소서.

하나님 아버지, 이 일로 아버지께서 사유하시기를 기뻐하시며, 찬송과 영광이 오직 아버지께 있음을 가르치소서. 이제 이 우리 형제(자매)와 함께 저희 생애의 모든 날 동안 어린아이와 같은 두려움과 복종으로 주를 섬기게 하시옵소서. 아버지와 성령과 함께 한 유일하신 참된 하나님이신 우리 주 예수 그리스도의 이름으로 기도하나이다. 아멘.

● 혹은 주께서 가르쳐주신 기도로

"하늘에 계신 우리 아버지, 이름이 거룩히 여김을 받으시오며, 나라이 임하옵시며, 뜻이 하늘에서 이룬 것같이 땅에서도 이루어지이다. 오늘날 우리에게 일용할 양식을 주옵시고, 우리가 우리에게 죄 지은 자를 사하여 준 것 같이 우리 죄를 사하여 주옵시고, 우리를 시험에 들게 하지 마옵시고, 다만 악에서 구하옵소서. 대개 나라와 권세와 영광이 아버지께 영원히 있사옵나이다 아멘.

말씀 사역자 임직(취임) 예식서

우리 주 예수 그리스도 의 사랑하는 형제자매 여러분,

당회는 혹 누가 _____ 씨를 말씀 사역자로 임직(또는 취임)하는 것에 대한 이의가 있는지를 알기 위하여 두 번 우리의 형제 _____ 의 이름을 공표했습니다. 아무도 그의 교리나 생활에 어떤 타당한 이의를 제기하지 않았으므로 이제 우리는 주의 이름으로 그의 임직(또는 취임)예식을 진행하고자 합니다.

먼저 성경이 말씀 사역자의 직무에 대해 무엇이라 가르치는지 들읍시다.

그리스도의 제정

승천하신 그리스도께서 주의 말씀과 성령을 통해서 주의 교회를 모으시며, 주의 은혜 안에서 사람의 봉사를 사용하십니다. 사도 바울은 다음과 같이 말했습니다. "그리스도께서 혹은 사도로, 혹은 선지자로, 혹은 복음 전하는 자로, 혹은 목사와 교사가 되게 하셨는데 이는 봉사의 일을 위하여 성도를 구비하게 하며, 그리스도의 몸을 세우려 하심이라."(엡 4:11,12) 자신의 양 무리를 끊임없이 돌보시는 대목자장으로서 그리스도께서는 양 무리를 자세하게 살피도록 그의 이름으로 작은 목자들을 임명하십니다(벧전 5:4). 이들은 말씀을 선포하고, 성례를 집행하며, 기도하고, 목회적인 감독을 행하여 그리스도의 양들을 돌보아야 합니다. 이렇게 주의 양 무리는 보살핌을 받고 바른 길로 인도받습니다.

초대교회에서는 이 과업이 사도들을 통하여 수행되었습니다(행 6:4). 사도들은 성령의 인도로 차례차례 각 교회에 장로들을 임명하였습니다. 디모데전서3:17에서는 회중들을 다스리는 장로들이 있었다고 말합니다. 그들 중에 일부는 또한 설교와 교육의 일을 하도록 부르심을 받았습니다. 지금은 전자를 말씀의 사역자(목사)라 부릅니다. 이들은 화목케 하는 직분을 받았는데, 이에 대해 바울은 다음과 같이 말했습니다.

"모든 것이 하나님께로부터 났나니 하나님께서 그리스도로 말미암아 우리를 자기와 화목하게 하시고 또 우리에게 화목하게 하는 직책을 주셨으니 이는 하나님께서 그리스도 안에 계시사 세상을 자기와 화목하게 하시며 저희의 죄를 저희에게 돌리지 아니하시고 화목하게 하는 말씀을 우리에게 부탁하셨느니라. 이러므로 우리가 그리스도를 대신하여 사신이 되어 하나님이 우리로 너희를 권면하시는 것 같이 그리스도를 대신하여 간구하노니 하나님과 화목하라."(고후5:18-20)

목사의 직무

말씀 사역자의 직무는 다음과 같이 설명할 수 있습니다.

첫째, 말씀 사역자는 그의 회중들에게 하나님의 전(全) 경륜을 선포해야 하는 바(행 20:27), "하나님 앞과 산 자와 죽은 자를 심판하실 그리스도 예수 앞에서 그의 나타나실 것과 그의 나라를 두고 엄히 명하노니 너는 말씀을 전파하라 때를 얻든지 못 얻든지 항상 힘쓰라 범사에 오래 참음과 가르침으로 경책하며 경계하며 권하라"(딤후 4:1,2)는 사도 바울의 명에 따라 말씀을 선포해야 합니다.

사도의 모범에 따라 말씀 사역자는 이 직무를 공중 앞에서와 각 가정에서 수행해야 합니다(행 20:20). 그는 어두움에 속한 헛된 일과 같은 모든 오류들과 이단들을 드러내야 하며, 교회 지체들로 하여금 빛의 자녀같이 걸어가도록 열심히 권고해야 합니다. 그는 교회의 청소년들과 하나님께서 부르신 자들에게 하나님의 말씀을 가르치는 것입니다. 성경은 능히 그들로 하여금 그리스도 예수 안에 있는 믿음으로 말미암아 구원에 이르는 지혜가 있게 하기 때문입니다(딤후 3:15). 또한 교회의 지체들을 심방하여 병든 자와 슬픔에 잠긴 자를 위로하는 것도 목사의 직무입니다. 목사는 그렇게 위로하고 권면함으로, 그리스도 예수의 구속에로 전 회중을 불러모으는 것입니다.

둘째, 말씀 사역자는 성례를 시행하도록 부르심을 받은 바, 그리스도께서 복음 설교와 더불어 이 성례를 시행하도록 하셨기 때문입니다. 그러므로 "너희는 가서 모든 족속으로 제자를 삼아 아버지와 아들과 성령의 이름으로 세례를 주라"(마 28:19)는 그리스도의 명령에 따라 세례를 시행하는 것은 말씀 사역자의 의무입니다. 또한 그리스도께서 '이것을 행하여 나를 기념하라' (고전 11:24)고 말씀하신 대로 말씀 사역자는 그리스도께서 제정하신 성만찬을 집례해야 합니다.

셋째, 회중의 목사와 교사로서 공적 예배에서 간구와 기도와 도고와 감사로(딤전 2:1,2), 주의 이름을 부르는 것이 목사의 직무입니다.

넷째, 하나님의 집을 청지기들인 장로들과 함께 교회의 모든 일이 화평과 선한 질서에 따라 되도록 살피는 것은 말씀 사역자의 직무입니다(고전14:33). 목사는 장로들과 함께 회원들의 교리와 생활을 감독합니다. 하나님의 양무리를 치되 주장하는 자세를 취하지 말고 오직 맡기운 양무리의 본이 되어야 합니다(벧전 5:2,3). 그렇게 함으로 목사와 장로는 그리스도께서 그들에게 맡기신 책무를 따라 그리스도의 권징으로 천국을 열고 닫는 것입니다. 이 모든 직무를 수행함으로 우리는 말씀 사역자들의 사역이 얼마나 영광스러운지를 알게 됩니다. 대 목자장이 나타나실 때에, 그들은 충성된 종으로서 쇠하지 않는 영광의 면류관을 얻게 될 것입니다(벧전 5:4).

임직(취임)

그리스도의 사랑하는 _____ 형제여, 이제 곧 그대의 직무에 입문하려 합니다. 그대는 하나님과 그의 거룩한 교회 앞에서 다음과 같은 질문에 답하시기 바랍니다.

첫째, 그대는 하나님께서 친히 그의 회중을 통해서 이 거룩한 사역에 그대를 부르셨다는 것을 진심으로 확신합니까?

둘째, 그대는 신구약 성경이 하나님의 유일무이한 말씀이며, 그리고 구원의 완전한 교리라고 믿습니까? 또한 이와 상충되는 모든 교리를 거부하겠습니까?

셋째, 그대의 직무를 신실하게 이행할 것과 경건한 생활로써 하나님의 교리를 빛나게 할 것을 약속합니까? 또한 그대가 교리나 생활에서 태만하거나 과실이 있는 경우에 교회 권징에 복종할 것을 약속하십니까?

그대의 대답은 무엇입니까?

대답

예. 그렇게 하겠습니다.

안수

(이미 목사 직분을 가지고 있는 자의 경우에는 안수하지 않는다.)

그대를 이 거룩한 직분으로 부르신 하늘에 계신 우리 아버지 하나님께서 그의 성령으로 깨닫게 하시고 다스리시사, 그대의 직무를 충실하게 감당하여 풍성한 열매를 맺게 하심으로, 하나님의 이름에 영광을 돌리며 독생성자 예수 그리스도의 왕국이 흥왕하도록 하실지어다. 아멘

목사의 책임

그리스도의 사랑하는 형제여, 하나님 우리 아버지께서는 그의 독생성자 우리 주 예수 그리스도의 보혈로 자기의 교회를 획득하셨습니다. 성령께서는 그대를 이 회중의 목사와 교사로 삼으셨습니다. 그리스도를 사랑하며, 그의 양들을 먹이며 그의 양떼를 돌보십시오(요 21:15,16).

부득이함으로 하지 말고, 오직 하나님의 뜻을 좇아 자원함으로 하며 더러운 이를 위하여 하지 말고 오직 즐거운 뜻으로 열심히 하십시오(벧전 5:2). 그대 자신을 삼가 지켜서, 오직 말과 행실과 사랑과 믿음과 정절에 대하여 믿는 자에게 본이 되십시오(딤전 4:12).

순전한 교리를 선포함으로 그대의 설교와 가르침으로 회중이 하나님의 말씀에 계속 순종하게 하십시오(딤전 4:12-16). 주 예수 그리스도의 좋은 군사로서 고난에 참예 하십시오(딤후 2:3).

주께서 이 목사 직분을 위하여 주신 그대의 은사를 만홀히 여기지 말고(딤전 4:14), 이 모든 일에 전심전력하여 그대의 진보를 모든 사람에게 나타나게 하십시오(딤전 4:15). 그렇게 행함으로 그대 자신과 그대에게 듣는 자들을 구원하게 될 것입니다(딤전 4:16).

회중의 책임

그리스도의 사랑하는 형제자매 여러분,

주께서 이 종을 여러분에게 보내주셨습니다. 진심으로 기뻐하며 그를 받아들이십시오. "좋은 소식을 가져오는 자의 발이 얼마나 아름다운지!"(사 52:7) 여러분이 그로부터 듣게 될 하나님의 말씀을 받을 때에 주의를 기울이고, 성경에 따라 선포되는 그의 말씀을 받되, 진정 사람의 말이 아니라 하나님의 말씀으로 받으십시오.

너희를 인도하는 자들에게 순종하고 복종하라. 저희는 너희 영혼을 위하여 경성하기를 자기가 회계할 자인 것같이 하느니라. 저희로 즐거움으로 이것을 하게하고 근심으로 하게 말라 그렇지 않으면 너희에게 유익이 없느니라(히 13:17).

만일 여러분이 이처럼 주께서 보내신 이 종을 영접한다면, 하나님의 평강이 여러분들에게 임할 것이며, 그리스도로 말미암는 영원한 생명을 상속받을 것입니다(마 10:12,13).

우리는 스스로 이 모든 것을 아무 것도 할 수 없기 때문에, 전능하신 하나님을 불러 기도합시다.

기도

자비로우신 아버지, 주께서 친히 온 인류로부터 영원한 생명에로 택하신 교회를 모으시기를 기뻐하시나이다. 주께서 사람들의 봉사로 이 교회를 모으시고, 이 회중에게 이 말씀 사역자를 주신 것을 감사드립니다.

주의 성령으로 그가 부름받은 목사의 사역을 잘 감당하도록 그를 구비시켜 주시기를 기도합니다. 그의 마음에 빛을 비추시사 성경을 깨닫게 하시며, 그의 입을 여시사 복음의 신비를 담대하게 선포하게 하시옵소서. 그에게 지혜와 신실함을 내려주시사 양 무리를 의의 길로 인도하게 하시며, 그리스도의 평강으로 양 무리를 목양하게 하사, 그의 사역과 선한 지도 아래 주의 교회가 보존 유지되며 부흥하게 하시옵소서.

주의 성령으로 격려하시고 위로하시사, 그가 사역하는 동안 환난과 시험이 와도 잘 견디게 하시며, 그래서 마침내 주의 모든 신실한 종들과 함께 주의 기쁨에 들어가게 하시옵소서.

주께서 그의 목양에 맡기신 자들이 이 종을 주께서 보내신 자로 인정하게 하시옵소서. 이 목자가 회중들에게 전하는 그리스도의 교훈과 권면을 회중이 잘 받아들이게 하시며, 목자의 지도를 기쁨으로 순종하게 하시옵소서. 이 목사의 사역을 통하여 모든 자들이 그리스도를 믿게 하시며, 그래서 영원한 생명을 상속받게 하시옵소서.

영원히 살아계시며 다스리시는 성삼위일체 하나님 아버지, 독생성자 예수 그리스도로 말미암아 저희의 기도를 들어주시옵소서. 아멘.

선교사 임직(취임) 예식서

우리 주 예수 그리스도의 사랑하는 형제자매 여러분,

본 교회 당회는 _____ 씨의 선교사 임직(취임)에 대한 이의가 있는지 그 여부를 파악하기 위하여 두 번 그의 이름을 공표한 바 있습니다. 아무도 그의 교리나 생활에 반대하는 합법적인 이유를 제시하지 않았기에, 이제 주의 이름으로 그의 임직을 진행하려 합니다.

직분

우리가 먼저 교회 밖에 있는 자들에게 복음을 설교하기 위하여 구별된 말씀 사역자 직분에 관해 성경이 가르치는 교훈을 들읍시다.

하늘에 계신 우리 하나님 아버지께서 그의 선하고 기쁘신 뜻에 따라 각 족속과 방언 그리고 백성들과 나라들로부터 교회로 모으십니다(마 24:14, 계 5:9). 주는 그들을 타락한 인류로부터 영원한 생명에로 부르십니다.

바로 이런 목적으로 하나님은 그의 독생성자를 세상에 보내시고(요 3:16,17), 양들을 위하여 자기의 생명을 내어 놓은 선한 목자로서(요 10:11), 그 양들로 하여금 생명을 얻고 더 풍성히 얻도록 하셨습니다. 그는 이스라엘에서만이 아니라 모든 민족 가운데서 그의 양떼를 부르서 다 그의 양우리로 인도하시사, 한 목자의 이끌림을 받는 한 양떼가 되도록 하셨습니다(요 10:16).

그리스도께서는 그의 교회를 모으시기 위하여 약속하신 성령을 보내셨습니다. "내가 아버지께로서 너희에게 보낼 보혜사 곧 아버지께로서 나오시는 진리의 성령이 오실 때에 그가 나를 증거하실 것이요."(요15:26) 그리스도께서 성부로부터 보내심 받은 것처럼, 사도들도 역시 그리스도로부터 보냄 받는 증인들로서(요 20:21,22), 그들은 성부께서 독생성자를 세상의 구세주로 보내신 것을 증거했습니다(요일 4:14).

이런 사도들의 증언을 통하여, 십자가에 못 박히신 그리스도를 믿도록 사람들을 감화시키는 것이 교회의 소명입니다(롬 10:14,15,17). 사도 시대로부터 성령께서는 교회에게 그 일을 위해 부름받은 자들을 구별하여 세울 것을 명하셨습니다(행 13:2).

이 명령이 성취되도록 주 그리스도께서는 지금 말씀 사역자를 이 회중에게 주신 것입니다.

선교사의 직무

무엇보다도 먼저, 선교사는, 주 예수 그리스도와 그의 사도들의 명령을 따라, 그리스도가 없는 사람들, 이스라엘 나라 밖에 있는 이방인들, 약속의 언약에 대한 외인들에게 하나님의 말씀을 전파합니다. 그래서 선교사는 이 세상에서 소망도 없고, 하나님도 없이 사는 자들에게 소망을 주어, 전에는 멀리 있던 자들이 그리스도의 피로 말미암아 가까와지도록 하는 것입니다(엡 2:12,13).

하나님께서는 그리스도 안에서 이 세상을 자기와 화목하게 하셨습니다. 하나님께서 그리스도의 대사로 삼으신 자들에게 화목의 직책을 맡기셨습니다. 그러므로 선교사는 사람들을 간곡하게 권해서 하나님과 화목하도록 합니다(고후 5:19,20).

선교사는 확실한 하나님의 말씀을 확고하게 붙들어 건전한 교리로 교훈할 수 있어야 하며, 하나님의 말씀을 거스려 말하는 자들을 책망할 수 있어야 합니다(딛 1:9).

둘째, 선교사는 믿는 자들과 그들의 자녀에게 아버지와 아들과 성령의 이름 안으로 세례를 주어야 하며 주께서 그의 교회에 분부하신 모든 것을 가르쳐서 지키게 해야 합니다(마 28:19).

그리고 주 예수께서 다시 오실 때까지 그의 교회에 그의 죽으심을 전하라 명하셨으므로, 선교사는 또한 믿는 자들이 참예하는 주의 식탁을 준비합니다(고전11:23,26). 선교사는 믿는 자들이 교리와 생활에서 죄를 범할 경우에 권면하고, 그런데도 그 권면을 무시하는 자들은 성찬참예를 금지시키는 것도 그의 마땅한 의무입니다. 사도 바울은 다음과 같이 경고했습니다. "너희가 주의 잔과 귀신의 잔을 겸하여 마시지 못하고 주의 상과 귀신의 상에 겸하여 참예치 못하리라." (고전 10:21)

셋째, 실행할 수 있는 한 빨리, 선교사는 적당하고 선한 질서로, 바울 사도의 모범과 권면에 따라 장로와 집사를 임직해서 세우십시오(행 14:23, 딛 1:5,6). 그래서 다른 사람들을 교훈할 만한 신실한 그 직분자들로 하여금 성자의 보혈로 얻으신 주의 양떼를 인도하도록 하십시오(행 20:28). 하지만 바울이 디모데에게 한 경계에 따라, 너무 조급하게 직분자들을 세우고자 인수하는 일이 없어야 합니다(딤전 5:22).

사도들이 이 책무를 성취할 수 있도록 하늘과 땅의 모든 권세를 다 받으신 주 그리스도께서는 그들에게 "볼지어다 내가 세상 끝날까지 너희와 항상 함께 있으리라" (마 28:20) 약속으로 위로하시고 격려하셨는데, 그 사도들로 말미암아 주의 온 교회에 주어진 것입니다. 이 약속은 거룩한 성, 새 예루살렘이 하나님께로부터 하늘에서 내려올 때까지 확고합니다(계 21:10). "그 때에 만국이 그 빛 가운데로 다니고 땅의 왕들이 자기 영광을 가지고 그리로 들어오리라" 는 약속이 성취 될 것입니다(계 21:23b,24). 그러므로 주 그리스도께서는 그들의 두루마기를 빠는 복된 자들을 부르셔서 생명나무로 나아가며, 예루살렘 성문으로 들어갈 권세를 얻게 하실 것입니다(계 22:14).

임직(또는 취임)

사랑하는 _____ 형제여, 그대는 지금까지 앞에서 제시된 그대의 직무에 입문하고자 합니다. 그러므로 그대는 하나님과 그의 거룩한 교회 앞에서 다음 질문에 답해야 합니다.

첫째, 그대는 하나님께서 친히 그의 회중을 통해서 그대를 이 거룩한 사역에 부르셨다는 것을 진심으로 확신하십니까?

둘째, 그대는 신구약 성경이 하나님의 유일무이한 말씀이며, 구원의 완전한 교리라고 믿습니까? 또한 이와 상충되는 모든 교리를 거부하시겠습니까?

셋째, 그대의 직무를 신실하게 이행할 것과 경건한 생활로 하나님의 교리를 빛나게 할 것을 약속합니까? 그대는 또한 본 교회 당회의 감독과 긴밀한 협력 가운데 그대의 과업을 수행할 것을 약속하시겠습니까? 그대가 교리나 생활에서 태만하거나 과실이 있을 경우에 교회의 권징에 복종할 것을 약속하십니까?

그대의 대답은 무엇입니까?

대답 예. 그렇게 하겠습니다.

선교사 파송

그리스도의 사랑하는 형제여, 이제 하나님께서 그의 교회를 통하여 주 예수 그리스도의 종으로 부르신 그 과업을 감당하도록 성령의 능력으로 가십시오. 우리 주의 복음 증거를 부끄러워하지 마시고, 우리를 구원하시고 이 거룩한 소명에 부르신 하나님의 능력으로 복음을 위하여 고난 받는 일에 참예하십시오(딤후 1:8,9). "그리하면 목자장이 나타나실 때에 시들지 아니하는 영광의 면류관을 얻으리라."(벧전 5:4)

안수

(이미 목사의 직분을 가지고 있는 경우에는 안수하지 않는다.)

그대를 이 거룩한 직분으로 부르신 하늘에 계신 우리 아버지 하나님께서 그의 성령으로 깨닫게 하시고 다스리시사, 그대의 직무를 충실하게 감당하여 풍성한 열매를 맺게 하심으로, 하나님의 이름에 영광을 돌리며 독생성자 예수 그리스도의 왕국이 확장되도록 하실지어다. 아멘

회중의 책무

그리스도의 사랑하는 형제자매 여러분, 주께서 여러분에게 이 종을 보내주셨습니다. 진심으로 기뻐하며 그를 받아들이십시오. 우리 주 예수 그리스도의 아버지께 이 선교사(함께 있는 이 선교사의 가족)를 그가(그들이) 가는 모든 길에서 지켜주시기를 간구하십시오. 주의 말씀이 여러분 가운데서와 같이 그렇게 달음질하여 영광스럽게 되기를 기도하십시오(살후 3:1).

우리는 스스로 이 모든 것을 아무 것도 할 수 없기 때문에, 전능하신 하나님을 불러 기도합시다.

기도

자비로우신 아버지, 주께서 친히 온 인류로부터 영원한 생명에로 택하신 교회를 모으시기를 기뻐하시나이다. 주께서 사람의 봉사로 이 교회를 모으시고, 더욱 은혜롭게도 국외인들을 향한 주의 말씀 사역에 수고할 신실한 종을 이 회중에게 예비하여 주신 것을 감사드립니다.

주께서 주의 성령으로 그가 부름받은 선교사 사역을 잘 감당하도록 구비시켜 주시기를 기도합니다. 이 선교사의 마음에 빛을 비추시사 성경을 깨닫게 하시며, 그의 입을 여사 복음을 담대하게 선포하게 하심으로, 그의 설교를 통하여 주 예수 그리스도를 믿는 자들이 많아지게 하시옵소서. 그의 선교 사역 가운데 직면할 온갖 곤란과 압박이라도 잘 감내하도록 지혜와 인내를 주시옵소서. 그가 가는 모든 길에서 그를 지켜주시옵소서. 주의 은혜를 내려주시사 그가 끝까지 확고부동하게 부름받은 그 사역을 잘 감당하게 하시며, 마침내 주의 모든 신실한 종들과 함께 주의 기쁨에 들어가게 하시옵소서.

이 회중(과 협력하는 교회들)에 주의 은혜를 내려주시사, 주께서 이 선교사역으로 이루시는 바를 목도하게 하시며, 그들의 기도 가운데 주의 종을 언제나 기억하게 하시옵소서. 그래서 그들로 하여금 땅 끝까지 복음이 전파되는 것을 기뻐하게 하시옵소서.

자비하신 아버지여, 주의 사랑하는 아들 우리 주 예수 그리스도로 말미암아 우리의 기도를 들어주시옵소서. 아멘.

장로 집사 임직 예식서

우리 주 예수 그리스도 안에 있는 친애하는 회중 여러분!

본 교회 당회는 우리 교회 안에서 장로와 집사 직분자로 선출되고 지명된 형제들의 이름을 두 차례 공표하여, 이들의 임직에 반하는 결격사유가 있는지를 파악한 바 있습니다. 그러나 아무도 이들의 교리와 생활상 어떤 정낭한 이의를 제기하지 않았으므로, 이제 우리는 주님의 이름을 불러서 이 임식예식을 진행하고자 합니다.

먼저 성경이 장로와 집사 직분에 대해서 우리에게 가르치는 바를 들읍시다.

제정

하나님의 백성은 이미 구약 시대에 장로들의 통솔과 인도를 누렸습니다.[1] 주 하나님께서 모세에게 이스라엘의 장로들을 한데 모아서,[2] 그들을 종살이에서 건져내시겠다는 그의 약속을 전하라[3]고 말씀하셨습니다. 이 장로들이 광야에서 모세와 함께 하는 동안에,[4] 주께서 모세와 함께 백성들의 짐을 질 칠십 인을 그들 중에서 선출하라고 모세에게 말씀하셨습니다. 모세와 함께 이 장로들도 백성들을 통솔할 권세를 가진 것입니다.[5] 모세는 그의 사역을 마무리하는 시점에서 이스라엘의 모든 장로들에게 하나님의 백성들을 다스릴 율법을 주었습니다.[6] 약속의 땅에 들어가자마자 이 장로들은 각 성에서 자신들의 소명을 완수했습니다.[7]

선한 목자이신 주께서 자기 양무리를 부단히 보살피는 중에 그의 보편 교회의 초석으로 사도들을 부르셨습니다. 그 다음으로 사도들은 모든 교회에서 회중의 협동으로 장로들을 임명했습니다.[8] 사도들과 장로들은 교회들이 마땅히 복종해야 할 도리들을 결정하기 위해서 함께 모였습니다.[9] 바울은 성령께서 자기들을 저들의 인도자로 삼으신 감독들에게 양무리를 돌보도록 부탁했습니다.[10] 베드로는 장로들에게 그들의 책임으로 맡겨진 하나님의 양무리를 치라고 권면했습니다.[11]

빌립보서에서 사도 바울은 감독자와 집사들과 더불어 성도들을 함께 문안했습니다.[12] 이 직분들이 항존하기 위해서,[13] 사도는 자신의 동료 사역자들에게 형제들 중 감독과 집사 직분을 선출하는 세부 지침을 제시했습니다.[14]

사도 바울은 디도에게 각 성마다 장로들을 임명할 것을 지시했습니다. 신약성경은 이 직분자들을 단지 장로와 원로라고 말할 뿐 아니라 목자 혹은 인도자와 똑같은 주교 혹은 감독이라고도 부릅니다.

그러므로 장로의 직분은 그리스도에 의해 부여된 권위 가운데 하나입니다. 장로들은 하나님의 백성에게 하나님의 법령들을 상기시키고 불순종할 때에 권징을 시행하고, 양무리를 보살피며 또 그들을 위협하는 위험들로부터 양들을 보호함으로 자신들의 직무를 완수해야 합니다.

1) · 출 3:16 "너는 가서 이스라엘 장로들을 모으고 그들에게 이르기를 여호와 너희 조상의 하나님 곧 아브라함과 이삭과 야곱의 하나님이 내게 나타나 이르시되 내가 실로 너희를 권고(眷顧)하여 너희가 애굽에서 당한 일을 보았노라"

2) · 민 11:16, 17 "여호와께서 모세에게 이르시되 이스라엘 노인 중 백성의 장로와 유사(有司) 되는 줄을 네가 아는 자 칠십 인을 모아 데리고 회막 내 앞에 이르러 거기서 너와 함께 서게 하라 내가 강림하여 거기서 너와 말하고 네게 임한 신을 그들에게도 임하게 하리니 그들이 너와 함께 백성의 짐을 담당하고 너 혼자 지지 아니하리라"

3) · 출 17:5 "여호와께서 모세에게 이르시되 백성 앞을 지나가서 이스라엘 장로들을 데리고 하수(河水)를 치던 네 지팡이를 손에 잡고 가라"

4) · 신 27:1 "모세가 이스라엘 장로들로 더불어 백성에게 명하여 가로되 내가 오늘날 너희에게 명하는 이 명령을 너희는 다 지킬지니라"

5) · 수 20:4 "그 성읍들의 하나에 도피하는 자는 그 성읍에 들어가는 문어귀에 서서 그 성읍 장로들의 귀에 자기의 사고(事故)를 고할 것이요 그들은 그를 받아 성읍에 들여 한 곳을 주어 자기들 중에 거하게 하고"

6) · 신 31:9 "모세가 이 율법을 써서 여호와의 언약궤를 메는 레위 자손 제사장들과 이스라엘 모든 장로에게 주고"

7) · 삿 8:16, 17 "그 성읍 장로들을 잡고 들가시와 찔레로 숙곳 사람들을 징벌하고 브누엘 망대를 헐며 그 성읍 사람들을 죽이니라"

8) · 행 14:23 "각 교회에서 장로들을 택하여 금식 기도하며 저희를 그 믿은 바 주께 부탁하고"

9) · 행 15:23 "그 편에 편지를 부쳐 이르되 사도와 장로 된 형제들은 안디옥과 수리아와 길리기아에 있는 이방인 형제들에게 문안하노라"
   · 행 16:4 "여러 성으로 다녀갈 때에 예루살렘에 있는 사도와 장로들의 작정한 규례를 저희에게 주어 지키게 하니"

10) · 행 20:28 "너희는 자기를 위하여 또는 온 양 떼를 위하여 삼가라 성령이 저들 가운데 너희로 감독자를 삼고 하나님이 자기 피로 사신 교회를 치게 하셨느니라"

11) · 벧전 5:2 "너희 중에 있는 하나님의 양 무리를 치되 부득이함으로 하지 말고 오직 하나님의 뜻을 좇아 자원함으로 하며 더러운 이(利)를 위하여 하지 말고 오직 즐거운 뜻으로 하며"

12) · 빌 1:1 "그리스도 예수의 종 바울과 디모데는 그리스도 예수 안에서 빌립보에 사는 모든 성도와 또는 감독들과 집사들에게 편지하노니"

13) · 딤전 3:1-13 "미쁘다 이 말이여 사람이 감독의 직분을 얻으려 하면 선한 일을 사모한다 함이로다 그러므로 감독은 책망할 것이 없으며 한 아내의 남편이 되며 절제하며 근신하며 아담하며 나그네를 대접하며 가르치기를 잘하며 술을 즐기지 아니하며 구타하지 아니하며 오직 관용하며 다투지 아니하며 돈을 사랑치 아니하며 자기 집을 잘 다스려 자녀들로 모든 단정함으로 복종케 하는 자라야 할지며 (사람이 자기 집을 다스릴 줄 알지 못하면 어찌 하나님의 교회를 돌아보리요 새로 입교한 자도 말지니 교만하여져서 마귀를 정죄하는 그 정죄에 빠질까 함이요 또한 외인에게서도 선한 증거를 얻은 자라야 할지니 비방과 마귀의 올무에 빠질까 염려하라 이와 같이 집사들도 단정하고 일구이언(一口二言)을 하지 아니하고 술에 인 박이지 아니하고 더러운 이(利)를 탐하지 아니하고 깨끗한 양심에 믿음의 비밀을 가진 자라야 할지니 이에 이 사람들을 먼저 시험하여 보고 그 후에 책망할 것이 없으면 집사의 직분을 하게 할 것이요 여자들도 이와 같이 단정하고 참소하지 말며 절제하며 모든 일에 충성된 자라야 할지니라 집사들은 한 아내의 남편이 되어 자녀와 자기 집을 잘 다스리는 자일지니 집사의 직분을 잘한 자들은 아름다운 지위와 그리스도 예수 안에 있는 믿음에 큰 담력을 얻느니라"

14) · 딛 1:5-9 "내가 너를 그레데에 떨어뜨려 둔 이유는 부족한 일을 바로잡고 나의 명한 대로 각 성에 장로들을 세우게 하려 함이니 책망할 것이 없고 한 아내의 남편이며 방탕하다 하는 비방이나 불순종하는 일이 없는 믿는 자녀를 둔 자라야 할지라 감독은 하나님의 청지기로서 책망할 것이 없고 제 고집대로 하지 아니하며 급히 분내지 아니하며 술을 즐기지 아니하며 구타하지 아니하며 더러운 이(利)를 탐하지 아니하며 오직 나그네를 대접하며 선을 좋아하며 근신하며 의로우며 거룩하며 절제하며 미쁜 말씀의 가르침을 그대로 지켜야 하리니 이는 능히 바른 교훈으로 권면하고 거스려 말하는 자들을 책망하게 하려 함이라"

장로의 사명

장로들의 사명에 관하여, 그들의 과업은 말씀의 사역자와 함께, 교회의 모든 회원이 스스로 교리와 생활상 복음에 따라 합당하게 행하도록 그리스도의 교회를 감독하는 것입니다.[15] 바로 이 목적을 위해서 그들은 교회 회원들 가정을 신실하게 방문하여, 합당하게 행하지 않는 자들을 책망하면서, 하나님의 말씀으로 위로하고, 지도하고, 권면하는 것입니다.[16] 그들은 그리스도의 명령에 따라, 믿지 않고 경건치 않음을 드러내는 자들과 또 회개하기를 거절하는 자들에게 그리스도의 권징을 시행합니다. 그들은 성례가 모독을 당하지 않도록 깨어있어야 합니다.[17]

둘째, 장로들은 하나님의 집의 청지기들이므로,[18] 회중들 안에서 모든 것이 적당하고 질서있게 행해지도록 보살펴야 합니다.[19] 바로 이 목적을 위해서 그들은 말씀의 사역자와 더불어 함께 교회의 당회를 형성하는 것입니다. 그들은 다 함께 자신들의 책임 하에 맡겨진 하나님의 양무리를 치는 것입니다.[20] 그들은 어느 누구라도 합법적인 부르심을 받지 않은 채 교회에서 봉사하지 못하도록 해야 합니다.

셋째, 선한 도모와 조언으로 말씀의 사역자들을 보조하는 것이 장로들의 임무입니다. 또한 그들은 동료 사역자들인 이들의 교리와 행실을 감독할 책임을 집니다. 그들은 그릇된 가르침을 허용하지 않음으로써, 모든 면에서 회중이 순수한 복음 교리에 의해서 세워지도록 합니다.[21] 그러므로 그들은 선한 목자의 목양지에 어떤 흉악한 이리도 들어오지 않도록 근면성실하게 깨어있어야 합니다.[22]

하나님의 양무리를 치는 목자들로서 자신들의 사역을 잘 감당하기 위해서, 감독자들은 스스로 경건을 연습하고, 성경을 부지런히 탐구해야 하는 바, 이는 모든 면에서 유익하여, 하나님의 사람으로 온전케 하며 모든 선한 일을 행하기에 온전히 준비하도록 합니다.[23]

---

15) · 살전 2:11, 12 "너희도 아는 바와 같이 우리가 너희 각 사람에게 아비가 자기 자녀에게 하듯 권면하고 위로하고 경계하노니 이는 너희를 부르사 자기 나라와 영광에 이르게 하시는 하나님께 합당히 행하게 하려 함이라"

16) · 딛 1:9 "미쁜 말씀의 가르침을 그대로 지켜야 하리니 이는 능히 바른 교훈으로 권면하고 거스려 말하는 자들을 책망하게 하려 함이라"

17) · 마 18:17, 18 "만일 그들의 말도 듣지 않거든 교회에 말하고 교회의 말도 듣지 않거든 이방인과 세리와 같이 여기라. 진실로 너희에게 이르노니 무엇이든지 너희가 땅에서 매면 하늘에서도 매일 것이요 무엇이든지 땅에서 풀면 하늘에서도 풀리리라"

18) · 딛 1:7 "감독은 하나님의 청지기로서 책망할 것이 없고 제 고집대로 하지 아니하며 급히 분내지 아니하며 술을 즐기지 아니하며 구타하지 아니하며 더러운 이를 탐하지 아니하며"

19) · 고전 14:40 "모든 것을 적당하게 하고 질서대로 하라"

20) · 벧전 5:1-4 "너희 중 장로들에게 권하노니 나는 함께 장로 된 자요 그리스도의 고난의 증인이요 나타날 영광에 참예할 자로라 너희 중에 있는 하나님의 양 무리를 치되 부득이함으로 하지 말고 오직 하나님의 뜻을 좇아 자원함으로 하며 더러운 이(利)를 위하여 하지 말고 오직 즐거운 뜻으로 하며 맡기운 자들에게 주장(主掌)하는 자세(藉勢)를 하지 말고 오직 양 무리의 본이 되라 그리하면 목자장이 나타나실 때에 시들지 아니하는 영광의 면류관을 얻으리라"

21) · 행 20:29-31 "내가 떠난 후에 흉악한 이리가 너희에게 들어와서 그 양 떼를 아끼지 아니하며 또한 너희 중에서도 제자들을 끌어 자기를 좇게 하려고 어그러진 말을 하는 사람들이 일어날 줄 내가 아노니 그러므로 너희가 일깨어 내가 삼 년이나 밤낮 쉬지 않고 눈물로 각 사람을 훈계하던 것을 기억하라"

22) · 요 10:7-13 "그러므로 예수께서 다시 이르시되 내가 진실로 진실로 너희에게 말하노니 나는 양의 문이라 나보다 먼저 온 자는 다 절도요 강도니 양들이 듣지 아니하였느니라 내가 문이니 누구든지 나로 말미암아 들어가면 구원을 얻고 또는 들어가며 나오며 꼴을 얻으리라 도적이 오는 것은 도적질하고 죽이고 멸망시키려는 것뿐이요 내가 온 것은 양으로 생명을 얻게 하고 더 풍성히 얻게 하려는 것이라 나는 선한 목자라 선한 목자는 양들을 위하여 목숨을 버리거니와 삯꾼은 목자도 아니요 양도 제 양이 아니라 이리가 오는 것을 보면 양을 버리고 달아나나니 이리가 양을 늑탈하고 또 헤치느니라 달아나는 것은 저가 삯꾼인 까닭에 양을 돌아보지 아니함이나"

23) · 딤후 3:14-17 "그러나 너는 배우고 확신한 일에 거하라 네가 뉘게서 배운 것을 알며 또 네가 어려서부터 성경을 알았나니 성경은 능히 너로 하여금 그리스도 예수 안에 있는 믿음으로 말미암아 구원에 이르는 지혜가 있게 하느니라 모든 성경은 하나님의 감동으로 된 것으로 교훈과 책망과 바르게 함과 의로 교육하기에 유익하니 이는 하나님의 사람으로 온전케 하며 모든 선한 일을 행하기에 온전케 하려 함이니라"

자비 사역

집사들에게 부여하신 자비 사역에 관하여, 주 여호와께서 가난한 자들에 대한 자비의 의무를 자신의 백성 이스라엘에게 강권하셨습니다.24) 하나님께서 거듭 나그네, 고아와 과부가 그들의 경내에서 먹고 그 필요를 채우도록 명령하셨습니다.25) 구약 경륜 하에서 가난한 자와 고통받는 자들은 하나님의 부성적인 사랑으로 보호받고 부양받았습니다. 즉 하나님의 법령은 언약 백성들에게 하나님의 사랑받은 자녀로서 이 사랑을 닮으라고 가르친 것입니다.

주 예수 그리스도는 우리에게 하나님 아버지를 보여주신 분으로서, 섬기러 세상에 오셨습니다.26) 그분은 자비하심으로 굶주린 자들을 먹이시고, 아픈 자들을 고치시고, 고난당하는 자들에게 자비를 베푸셨습니다.27) 이처럼 그분은 모범을 보이시고, 자신의 교회는 반드시 이와 같이 하도록 하셨습니다. 그러므로 집사들에게 부여된 이 자비의 사역은 우리 구주의 바로 이 사랑으로부터 비롯된 것입니다.

교회의 주이신 예수 그리스도의 모범을 따라, 최초의 그리스도 회중은 그 안에 있는 어느 누구도 빈핍함으로 고통받는 자가 없도록 보살폈습니다.28) 각자가 결핍된 형편에 따라 받게 되었던 것입니다.29)

오늘날도 역시 주님께서 우리에게 친절한 대접, 관용, 자비를 베풀라고 요구하심으로써,30) 약한 자와 가난한 자가 하나님 백성의 즐거움에 흔쾌하게 동참하도록 하셨습니다. 그리스도 회중 안에 있는 어느 누구도 질병과 외로움과 빈곤의 압박 하에서 위로받지 못한 채 살지 않도록 하신 것입니다.31)

이 사랑의 봉사를 위해서, 그리스도께서 자신의 교회에 집사들을 주신 것입니다. 사도들은 자신들이 매일 가난한 자들의 구제에 전념한다면 하나님의 말씀 선포를 포기해야 함을 깨닫고, 이 의무를 회중에 의해서 선출된 일곱 형제에게 맡겼습니다. 그러므로 교회 안에서 이 자비 봉사의 선한 수행을 살피는 것은 집사들의 책임입니다. 그들은 스스로 어떤 궁핍과 어려움이 있는지를 잘 파악해서, 그리스도의 몸의 지체들이 자비를 베풀도록 권면하는 것입니다. 그들은 그리스도의 사랑의 은사를 받은 자들을 하나님의 말씀으로 용기를 주고 위로하도록 부르심을 받은 자들입니다.32) 그들은 회중들이 주의 만찬상에서 향유하는 성령 안에서 하나됨과 교제를 말과 행위로 고양시켜야 합니다.33)

이렇게 해서 하나님의 자녀들은 서로서로 그리고 모든 사람에 대한 사랑이 더욱 넘치게 될 것입니다(벧후1:7).34)

24) · 신 14:28, 29 "매 삼 년 끝에 그해 소산의 십 분 일을 다 내어 너의 성읍에 저축하여 너의 중에 분깃이나 기업이 없는 레위인과 네 성중에 우거하는 객과 및 고아와 과부들로 와서 먹어 배부르게 하라 그리하면 네 하나님 여호와께서 너의 손으로 하는 범사에 네게 복을 주시리라"

25) · 신 16:11, 14 "너와 네 자녀와 노비와 네 성중에 거하는 레위인과 및 너희 중에 있는 객과 고아와 과부가 함께 네 하나님 여호와께서 그 이름을 두시려고 택하신 곳에서 네 하나님 여호와 앞에서 즐거워할지니라 절기를 지킬 때에는 너와 네 자녀와 노비와 네 성중에 거하는 레위인과 객과 고아와 과부가 함께 연락(宴樂)하되"
· 신 24:19-21 "네가 밭에서 곡식을 벨 때에 그 한 뭇을 밭에 잊어버렸거든 다시 가서 취하지 말고 객과 고아와 과부를 위하여 버려두라 그리하면 네 하나님 여호와께서 네 손으로 하는 범사에 복을 내리시리라 네가 네 감람나무를 떤 후에 그 가지를 다시 살피지 말고 그 남은 것은 객과 고아와 과부를 위하여 버려두며 네가 네 포도원의 포도를 딴 후에 그 남은 것을 다시 따지 말고 객과 고아와 과부를 위하여 버려두라"
· 신 26:12, 13 "제삼 년 곧 십일조를 드리는 해에 네 모든 소산의 십일조 다 내기를 마친 후에 그것을 레위인과 객과 고아와 과부에게 주어서 네 성문 안에서 먹어 배부르게 하라 그리 할 때에 네 하나님 여호와 앞에 고하기를 내가 성물을 내 집에서 내어 레위인과 객과 고아와 과부에게 주기를 주께서 내게 명하신 명령대로 하였사오니 내가 주의 명령을 범치도 아니하였고 잊지도 아니하였나이다"
· 신 27:19 "객이나 고아나 과부의 송사를 억울케 하는 자는 저주를 받을 것이라 할 것이요 모든 백성은 아멘 할지니라"

26) · 요 14:9 "예수께서 가라사대 빌립아 내가 이렇게 오래 너희와 함께 있으되 네가 나를 알지 못하느냐 나를 본 자는 아버지를 보았거늘 어찌하여 아버지를 보이라 하느냐"
· 막 10:45 "인자의 온 것은 섬김을 받으려 함이 아니라 도리어 섬기려 하고 자기 목숨을 많은 사람의 대속물로 주려 함이니라"

27) · 마 4:23, 24 "예수께서 온 갈릴리에 두루 다니사 저희 회당에서 가르치시며 천국 복음을 전파하시며 백성 중에 모든 병과 모든 약한 것을 고치시니 그의 소문이 온 수리아에 퍼진지라 사람들이 모든 앓는 자 곧 각색 병과 고통에 걸린 자 귀신 들린 자 간질 하는 자 중풍병자들을 데려오니 저희를 고치시더라"
· 요 13:15 "내가 너희에게 행한 것같이 너희도 행하게 하려 하여 본을 보였노라"

28) · 행 2:45, 46 "또 재산과 소유를 팔아 각 사람의 필요를 따라 나눠 주고 날마다 마음을 같이 하여 성전에 모이기를 힘쓰고 집에서 떡을 떼며 기쁨과 순전한 마음으로 음식을 먹고"

29) · 행 4:32-37 "믿는 무리가 한 마음과 한 뜻이 되어 모든 물건을 서로 통용하고 제 재물을 조금이라도 제 것이라 하는 이가 하나도 없더라 사도들이 큰 권능으로 주 예수의 부활을 증거하니 무리가 큰 은혜를 얻어 그중에 핍절(乏絶)한 사람이 없으니 이는 밭과 집 있는 자는 팔아 그 판 것의 값을 가져다가 사도들의 발 앞에 두매 저희가 각 사람의 필요를 따라 나눠 줌이러라 구브로에서 난 레위족인이 있으니 이름은 요셉이라 사도들이 일컬어 바나바 [번역하면 권위자(勸慰子)라 하니 그가 밭이 있으매 팔아 값을 가지고 사도들의 발 앞에 두니라"

30) · 마 25:31-46 "인자가 자기 영광으로 모든 천사와 함께 올 때에 자기 영광의 보좌에 앉으리니 모든 민족을 그 앞에 모으고 각각 분별하기를 목자가 양과 염소를 분별하는 것같이 하여 양은 그 오른편에 염소는 왼편에 두리라 그때에 임금이 그 오른편에 있는 자들에게 이르시되 내 아버지께 복 받을 자들이여 나아와 창세로부터 너희를 위하여 예비된

나라를 상속하라 내가 주릴 때에 너희가 먹을 것을 주었고 목마를 때에 마시게 하였고 나그네 되었을 때에 영접하였고 벗었을 때에 옷을 입혔고 병들었을 때에 돌아보았고 옥에 갇혔을 때에 와서 보았느니라 이에 의인들이 대답하여 가로되 주여 우리가 어느 때에 주의 주리신 것을 보고 공궤(供饋)하였으며 목마르신 것을 보고 마시게 하였나이까 어느 때에 나그네 되신 것을 보고 영접하였으며 벗으신 것을 보고 옷 입혔나이까 어느 때에 병드신 것이나 옥에 갇히신 것을 보고 가서 뵈었나이까 하리니 임금이 대답하여 가라사대 내가 진실로 너희에게 이르노니 너희가 여기 내 형제 중에 지극히 작은 자 하나에게 한 것이 곧 내게 한 것이니라 하시고 또 원편에 있는 자들에게 이르시되 저주를 받은 자들아 나를 떠나 마귀와 그 사자들을 위하여 예비된 영영한 불에 들어가라 내가 주릴 때에 너희가 먹을 것을 주지 아니하였고 목마를 때에 마시게 하지 아니하였고 나그네 되었을 때에 영접하지 아니하였고 벗었을 때에 옷 입히지 아니하였고 병들었을 때와 옥에 갇혔을 때에 돌아보지 아니하였느니라 하시니 저희도 대답하여 가로되 주여 우리가 어느 때에 주의 주리신 것이나 목마르신 것이나 나그네 되신 것이나 벗으신 것이나 병드신 것이나 옥에 갇히신 것을 보고 공양치 아니하더이까 이에 임금이 대답하여 가라사대 내가 진실로 너희에게 이르노니 이 지극히 작은 자 하나에게 하지 아니한 것이 곧 내게 하지 아니한 것이니라 하시리니 저희는 영벌에 의인들은 영생에 들어가리라 하시니라"

· 롬 12:13 "성도들의 쓸 것을 공급하며 손 대접하기를 힘쓰라"
· 히 13:2, 16 "손님 대접하기를 잊지 말라 이로써 부지중에 천사들을 대접한 이들이 있었느니라 오직 선을 행함과 서로 나눠 주기를 잊지 말라 이 같은 제사는 하나님이 기뻐하시느니라"

31) · 벧전 4:9 "서로 대접하기를 원망 없이 하고"
32) · 갈 6:10 "그러므로 우리는 기회 있는 대로 모든 이에게 착한 일을 하되 더욱 믿음의 가정들에게 할지니라"
33) · 살전 3:12 "또 주께서 우리가 너희를 사랑함과 같이 너희도 피차간과 모든 사람에 대한 사랑이 더욱 많아 넘치게 하사"
34) · 벧후 1:7 "경건에 형제 우애를 형제 우애에 사랑을 공급하라"

임직

친애하는 형제 여러분, 그대들은 그대들 각자의 직분에 입문하고자 합니다. 그대들은 하나님과 그의 거룩한 교회 앞에서 다음의 질문에 대답하시기 바랍니다.

첫째, 그대들은 하나님께서 친히 자신의 회중을 통해서 그대들을 이 직분에로 부르셨다고 마음으로 생각하십니까?

둘째, 그대들은 오직 구약과 신약이 하나님의 유일한 말씀이며 구원을 위한 완전한 교훈이라고 믿습니까? 또 성경과 어긋나는 모든 교리를 거부하시겠습니까?

셋째, 그대들은 그대들의 직분의 의무를 신실하게 수행하며, 장로는 교회 정치에서, 집사는 자비 사역에서 경건한 생활로써 이 직분을 영광스럽게 하기로 약속하시겠습니까? 또한 그대들이 교리나 생활에 있어서 태만할 경우 교회 권징에 복종하기로 약속하시겠습니까?

대답

"나는 전심으로 그렇게 하겠습니다." (각 개인들이 대답하도록 한다.)

전능하신 하나님 아버지께서 그대들에게 그의 은혜를 내리셔서, 그대들의 직분을 신실하게 수행하도록 또 풍성한 결실이 있도록 하실 것입니다. 아멘.

위임

장로인 그대들은 그리스도의 양무리의 선한 목자들이요, 하나님의 집의 신실한 파숫군들로서, 교회를 다스리며, 고통당하는 자들을 위로하며, 고집 센 자들을 훈계하는 일에 근면성실하십시오. 회중들이 순수한 교리에 의해 살고 경건한 생활을 하도록 살피십시오. 너희 중에 있는 하나님의 양 무리를 치되 부득이함으로 하지 말고 오직 하나님의 뜻을 좇아 자원함으로 하며 더러운 이를 위하여 하지 말고 오직 즐거운 뜻으로 하며 맡기운 자들에게 주장하는 자세를 취하지 말고 오직 양 무리의 본이 되라. 그리하면 목자장이 나타나실 때에 시들지 아니하는 영광의 면류관을 얻으리라(벧전5:2-4).

집사인 그대는 기금을 수집하는 일에 근면성실하시고, 도움이 필요한 자들 특히 과부와 고아들에게 흔쾌하게 그것들을 나누어주십시오. 모든 사람에게 선을 행하되, 특히 믿음의 가정들에게 더욱 그렇게 하십시오(갈6:10). 근심에 짓눌린 자들과 외로운 자들에게 힘을 북돋아주십시오. 그대의 자비 사역으로 그리스도 예수께 부름받은 모든 자들에게 회중의 봉사의 좋은 본이 되십시오.

장로와 집사인 그대들은 그대들의 직분에 모두 한결같이 신실하십시오. 깨끗한 양심으로 믿음의 비밀을 가지십시오(딤전3:9). 만일 그대들이 이 봉사를 잘 하면, 아름다운 지위와 예수 그리스도 안에 있는 믿음의 큰 담력을 얻을 것이며(딤전3:13), 마침내 그대들의 주님의 즐거움에 동참할 것입니다.

한편, 친애하는 형제자매 여러분, 이 사람들을 하나님의 종들로 영접하십시오.

여러분들 가운데서 수고하고 또 주님 안에서 여러분들 위에 있어서 여러분들을 권면하는 감독자들을 존경하십시오(살전5:12,13). 또 그들의 사역으로 인하여 사랑 안에서 그들을 가장 존귀하게 여기십시오. 너희를 인도하는 자들에게 순종하고 복종하라. 저희는 너희 영혼을 위하여 경성하기를 자기가 회계할 자인 것같이 하느니라. 저희로 즐거움으로 이것을 하게 하고 근심으로 하게 말라. 그렇지 않으면 너희에게 유익이 없느니라(히13:17).

집사들이 그들의 직분 수행상 필요한 자산이 충분한지 살피십시오. 주님께서 여러분들에게 맡기신 모든 것에 선한 청지기가 되십시오. 하나님의 교회를 섬기는 모범을 여러분에게 보이신 그리스도를 상기하십시오.

우리가 이 모든 것을 우리 스스로는 할 수 없기 때문에, 다 함께 주 우리 하나님께 기도합시다.

기도

하늘에 계신 주 하나님 우리 아버지,

주님의 교회의 건덕을 위하여 말씀 사역자 이외에 감독자들과 집사들의 임직이야말로 주께서 기뻐하시는 뜻이나이다.

주의 성령으로 구비된 이 사람들을 저희들에게 주심을 인하여 감사드리옵나이다. 이들에게 필요한 지혜와 용기와 분별력과 자비와 같은 은사들을 더욱 더 내려주셔서, 이들 각각 주님을 기쁘시게 하는 뜻대로 자신의 직분을 감당하게 하시옵소서.

장로들과 집사들에게 주님의 은혜를 내리시어, 이들이 고난과 슬픔이나, 또 세상의 핍박으로 인해 방해받지 않고 신실한 봉사로 감내하게 하시옵소서.

주께서 이들에게 맡기신 이 회중들이 감독자들의 선한 권면에 기꺼이 순복하게 하옵시고, 그들의 사역으로 인하여 그들을 사랑 안에서 존경하게 하여주시옵소서.

저희들에게 서로 서로 뜨거운 사랑을 하게 하여 주옵소서. 저희들이 집사들에게 소용되는 자산을 기쁘게 충분히 제공하여, 가난한 자들이 후하게 공급받도록 하여 주옵소서.

저희들 모두 각인의 신실한 봉사로 말미암아 아버지의 아들의 나라가 임하며 또 주님의 이름이 영광을 받으시기를 간구하옵나이다. 나라와 권세와 영광이 영원히 주께 있사옵나이다. 아멘.

혼인서약 예식서

공고

_____ 교회 당회는 □□□ 씨와 ○○○ 씨가 하나님의 법령에 따라 혼인생활에 입문할 의향을 표시했음을 공고한 바 있습니다. 이들은 주의 이름으로 시작한 이 거룩한 혼인생활이 하나님의 영광을 위한 삶이기를 소원합니다. 만일 합법적인 반대가 제기되지 않는다면, 주의 뜻하신 바로 알고, 이 예식을 진행하고자 합니다.

소개

□□□ 씨, ○○○ 씨, _____ 교회 당회는 혼인생활로 입문하고자 하는 두 분의 소원을 회중들에게 공식적으로 알렸고, 또 아무런 합법적인 반대가 제기되지 아니하였음으로, 우리는 이제 주의 이름으로 두 분의 혼인 서약 예식을 진행하고자 합니다.

혼인제도

먼저 우리가 하나님의 말씀에서 혼인에 관하여 가르치는 바를 요약해서 살펴봅시다. 혼인은 하나님의 기쁘신 뜻에 따라 하나님이 제정하신 제도이므로, 누구든지 혼인을 귀중하게 여겨 거행해야 마땅함을 우리는 성경에서 파악할 수 있습니다(히13:4). 하나님 우리 아버지께서 하늘과 땅을 창조하신 뒤에, 사람을 그 자신의 형상에 따라 창조하셨습니다(창1:27). 그리고 여호와 하나님께서 "사람의 독처하는 것이 좋지 못하니 내가 그를 위하여 돕는 배필을 지으리라."고 말씀하셨습니다. 그 사람이 하나님께서 창조하신 피조물 가운데 자기를 위한 적합한 배필을 발견하지 못하였을 때에, "여호와 하나님께서 아담을 깊이 잠들게 하시니 잠들매 그가 그 갈빗대 하나를 취하여 살로 대신 채우시고, 여호와 하나님이 아담에게서 취하신 그 갈빗대로 여자를 만드시고 그를 아담에게로 이끌어 오시니, 아담이 가로되 이는 내 뼈 중에 뼈요 내 살 중에 살이라 이것을 남자에게서 취하였은즉 여자라 칭하리라 하니라. 이러므로 남자가 부모를 떠나 그 아내와 연합하여 둘이 한 몸을 이룰지로다."(창 2:18-24) 그래서 우리는 여호와께서 오늘날도 역시 서로 서로에게 남편과 아내로 주심을 믿습니다. 이 두 사람은 하나님의 손에 의해서 하나가 되었기에, 이생에서 아무 것도 이들을 나눌 수 없습니다.

또한 우리 주 예수 그리스도께서도 친히 가나 혼인 잔치에서 당신의 영광을 드러내실 때에 혼인을 존중하셨습니다(요2:1-11). 주께서 "그러므로 하나님께서 짝지어 주신 것을 사람이 나누지 못하리라."

(마19:6)고 말씀하실 때에, 우리에게 혼인은 하나님께서 제정하신 제도이므로 결코 파기되어서는 안 된다고 가르치십니다.

하나님께서 혼인을 그토록 강한 유대관계로 제정하셨기 때문에, 이혼을 미워하십니다(말2:16). 또한 우리 주 예수 그리스도께서도 "누구든지 음행한 연고 외에 아내를 내어버리고 다른데 장가드는 자는 간음함이니라."(마19:9)는 말씀으로 그 사실을 보여주십니다.

주께서는 음행을 금하심으로, 남자마다 자기 아내를 두며, 여자마다 자기 남편을 두어서(고전7:2), 우리 몸은 성령의 전으로서 보전되어야 하며, 또 우리는 우리의 몸으로 하나님께 영광을 돌리도록 하셨습니다(고전6:19,20).

심오한 신비

사도 바울은 혼인에서 남편과 아내의 연합은 그리스도와 교회와의 관계를 반영하는 심오한 신비라고 우리에게 가르쳤습니다(엡5:22, 23). 그리스도께서 교회의 머리이시듯이, 남편은 자기 아내의 머리입니다. 그리스도께서 그의 교회를 끝까지 사랑하셔서, 교회가 거룩하고 흠이 없도록, 교회를 위하여 자신을 내어주셨습니다(요13:1). 이와 같이 남편도 자기 아내를 자기 몸처럼 사랑하고, 돌보고, 소중히 다루는 것입니다. 교회가 그리스도께 순종하듯이, 아내도, 하나님을 의지하고 그들의 남편에게 순복했던 경건한 여인들의 본을 따라서, 모든 일에서 자기 남편에게 복종하고, 존경하며, 남편의 자상한 보살핌에 자신을 맡기는 것입니다(벧전3:5).

남편과 아내는, 진심으로 서로의 죄들과 단점들을 용서하면서, 모든 선한 일에서 서로를 돕습니다. 서로 사랑으로 연합하여, 자신들의 혼인생활에서 더욱 더 그리스도와 그의 교회의 연합을 반영하는 것입니다.

사도들이 말씀한 대로, 비록 혼인한 자들이 생활 속에서 문제가 발생하고 또 자신들의 죄 때문에 많은 곤란과 고생을 경험하는 것이 사실이지만, 그런데도 이들은, 생명의 은혜의 상속자들답게, 심지어 하나님의 도움과 보호를 도무지 기대할 수 없는 경우라도, 항상 받으리라는 하나님의 약속을 또한 믿는 것입니다(고전7:28).

혼인의 목적

또한 하나님의 말씀은 우리에게 혼인의 목적에 대해서도 가르칩니다.

첫째, 남편과 아내는 신실한 사랑과 거룩함으로 함께 살면서, 이생과 내세에 속한 모든 일에서 서로를 충실하게 돕는 것입니다.

둘째, 혼인에 의하여 인류는 존속되고 번성하며, 하나님의 축복 하에서, 남편과 아내는 생육하고 번성할 것입니다(창1:28). 그들에게 자녀를 주시는 것이 하나님의 기쁘신 뜻이기에, 그들은 주를 아는 참된 지식과 경외함으로 이 자녀들을 양육하는 것입니다(엡6:4).

(목사는 그들에게 일어나라고 요청한다.)

혼인의 의무

신랑과 신부여, 주께서 혼인하는 그대들에게 요구하시는 하나님의 말씀을 경청하십시오.

신랑이여, 하나님께서 그대를 그대의 아내의 머리가 되도록 세우셨다는 것을 명심하십시오. 마치 그리스도께서 자기의 교회를 사랑하시고 자기를 교회를 위해 내어 주신 것처럼, 그대는 아내를 자신의 몸과 같이 사랑하는 것입니다. 그대의 아내를 인도하고 보호하고 위로하십시오. 그대의 아내는 그대와 함께 영원한 생명을 상속할 자이므로, 지혜롭게 아내와 함께 살며, 또 아내를 귀히 여기십시오. 그래야 그대의 기도가 막히지 않습니다(벧전3:7). 날마다 그대에게 주어진 소명에 따라 충실하게 일하십시오(엡4:28). 그래야 그대의 가정을 부양할 뿐만 아니라 빈궁한 자들을 구제하기도 하는 것입니다.

신부여, 그대는 그대의 남편을 사랑하며, 교회가 그리스도께 순종하듯이, 그에게 순종하십시오. 최선을 다하여 남편의 인도를 받아들이고 그를 도우십시오. 그대의 가정과 권속들을 진정으로 잘 보살피며, 믿음과 사랑과 거룩으로 단정하게 살아가십시오.

항상 서로를 도우며 또 서로에게 신실하십시오. 주께서 그대들에게 주신 교회와 세상 안에서의 소명을 열심히 이루어 가십시오. 하나님의 확실한 약속을 믿으십시오. "여호와를 경외하며 그 도에 행하는 자마다 복이 있도다. 네가 네 손이 수고한 대로 먹을 것이라 네가 복되고 형통하리로다."(시편128:1,2)

□□□ 씨, ○○○ 씨, 그대들은 지금 주께서 그대들에게 요구하신 것과 그대들에게 약속하신 것을 들었습니다. 은혜로우신 우리 하나님께서 그대들에게 이런 언약적 방식으로 남편과 아내로서 함께 살도록 힘과 신실함을 주시며, 그대들의 도움은 하늘과 땅을 만드신 주의 이름 안에 있기를 기원합니다(시편124:8).

(목사 : 이제 그대들의 오른 손을 잡으시겠습니까?)

결혼 서약

(신랑에게)

□□□ 씨, 그대는 주 하나님과 이 증인들 앞에서 여기에 있는 ○○○ 씨를 그대의 법적인 아내로 받아들일 것을 여기에서 선언하십니까? 그대는 거룩한 복음을 따라서, 아내를 신실하게 사랑하고 인도하며, 그녀를 부양하며, 그녀와 함께 경건하게 살아갈 것을 약속하십니까? 또한 그대는, 좋은 날이나 궂은 날이나, 부유할 때나 가난할 때나, 건강할 때나 병 들었을 때나, 그대 둘이서 사는 날 동안, 아내를 결코 버리지 않고, 항상 아내에게 충실할 것을 약속하십니까?

그대의 대답은 무엇입니까?

대답

예, 그렇게 하겠습니다.

(신부에게)

○○○ 씨, 그대는 주 하나님과 이 증인들 앞에서 여기에 있는 □□□ 씨를 그대의 법적인 남편으로 받아들일 것을 여기에서 선언하십니까? 그대는 거룩한 복음에 따라서, 남편을 사랑하고 순종하며, 그를 도우며, 남편과 함께 경건하게 살아갈 것을 약속하십니까? 그대는, 좋은 날이나 궂은 날이나, 부유할 때나 가난할 때나, 건강할 때나 병 들었을 때나, 그대 둘이서 사는 날 동안, 남편을 결코 버리지 아니하며, 항상 남편에게 충실할 것을 약속하십니까?

그대의 대답은 무엇입니까?

대답

예, 그렇게 하겠습니다.

공포

(목사) 나는 이제 그대들을 남편과 아내로 선포합니다. 하나님의 은혜로 그대들을 이런 거룩한 혼인 관계로 부르신 모든 자비의 아버지께서, 참 사랑과 신실함으로 그대들을 온전히 하나가 되게 하시며, 또 그대들에게 그의 복을 내리십니다. 아멘.

신랑과 신부여, 우리는 우리 자신으로부터 어떤 것도 기대할 수 없기에, 그대들은 주 앞에 무릎을 꿇으십시오. 우리도 그대들과 함께 그대들을 위해서, 하나님께서 그대들의 서약을 이루어 주시고 그대들에게 주의 복을 내려주시기를 기도합니다.

중보기도

하늘에 계신 전능하신 아버지, 하나님께서는 태초로부터 사람이 독처하는 것이 좋지 못하다고 말씀하셨나이다. 저희는 주께서 이 형제 자매를 서로에게 주시사 혼인하게 하시고, 이들이 하나되게 하심을 감사하고 찬송하나이다.

저희가 간구하오니, 이들이 참 믿음 안에서 주의 뜻대로 함께 살아갈 수 있도록 주의 성령을 이들에게 내려주시옵소서. 이들로 하여금 죄의 세력을 물리치며, 주 앞에서 거룩하게 살도록 도와주시옵소서. 주의 얼굴을 이들에게로 향하여 드시사, 번영할 때나 역경 중에라도 아버지의 손으로 인도하여 주시옵소서. 아브라함과 이삭과 야곱과 맺으신 언약의 약속에 따라서 주의 복을 이들에게 내려주옵소서. 주께서 이들에게 자녀 주시는 것이 주의 기쁘신 뜻이므로, 주의 언약을 이들과 이들의 자녀들에게 확증하여 주시고, 이들이 주님을 경외하는 가운데, 주의 이름의 영광을 위하여, 또한 교회의 건덕을 위하여, 이 자녀들을 양육하게 하여 주시옵소서.

이들이 하나님의 아들 예수 그리스도와 교제하며, 참 사랑의 조화로, 이들의 이웃의 유익을 위해서 살게 하시옵소서. 이들로 하여금 온 교회와 함께 어린양의 혼인 잔치, 그 큰 날을 사모하게 하시옵소서.

영원토록 사시며 통치하시는 유일하신 참 하나님이시며, 자비로우신 아버지여, 성부와 함께 하시고, 성령과 함께 하시는 성부의 사랑하신 아들 예수 그리스도의 이름으로 기도하오니 저희의 기도를 들어 주시옵소서. 아멘

(혹은, 주기도문으로 마무리)

하늘에 계신 우리 아버지, 이름이 거룩히 여김을 받으시오며, 나라이 임하옵시오며, 뜻이 하늘에서 이룬 것같이 땅에서 이루어지이다. 오늘날 우리에게 일용할 양식을 주옵시고, 우리가 우리에게 죄 지은 자를 사하여 준 것 같이 우리 죄를 사하여 주옵시고, 우리를 시험에 들게 하지 마옵시며, 다만 악에서 구하옵소서. 대개 나라와 권세와 영광이 아버지께 영원히 있사옵나이다. 아멘.

축복선언

형제요 자매인, □□□ 씨, ○○○ 씨, 우리 주 하나님께서 그대들에게 풍성한 복을 주시며 또한 모든 경건과 사랑과 일심동체로 거룩한 삶을 길이 함께 살도록 하실지어다. 아멘.

개혁교회 기도문

1. 일반적인 죄 고백과 설교 전 기도와 금식과 기도의 날들

영원하시고 자비로우신 하나님 아버지, 저희는 주를 대적하는 심각한 죄를 자주 범하였기에, 엄위하신 주님 앞에 엎드려 간구합니다. 만일 주께서 저희를 심판하기로 하신다면, 저희들은 다만 이 세상에서 그리고 영원히 죽음의 형벌을 받아 마땅할 뿐임을 인정합니다. 저희들은 죄 가운데 잉태되어 태어났다는 것과 또한 주와 저희 이웃을 대적하는 온갖 악한 욕망이 저희 마음에 가득하다는 사실을 깊이 통감합니다. 저희들은 주께서 저희에게 하라고 하신 것들을 하지 않았으며, 분명하게 금하신 것을 행함으로써, 계속해서 주의 계명들을 범합니다. 저희들 모두가 길 잃은 양처럼 각기 제 갈 길로 갔습니다. 저희들은 저희의 완악함을 인정하며, 저희의 모든 죄에 대해서 마음으로 슬퍼합니다. 저희의 허물들은 헤아릴 수 없이 많으며, 저희들의 죄의 빚을 도무지 갚을 길이 없음을 고백합니다. 그러므로 저희들은 주의 자녀라 불리기에 합당치 않으며, 하늘에 계신 주를 향해 감히 눈을 들지 못합니다.

그럼에도 불구하고, 은혜로우신 주 하나님 아버지, 저희들은 주께서 죄인들의 죽음을 바라지 않으시며, 오히려 주께로 돌이켜서 살기를 바라신다는 것을 압니다. 저희들은 주께로 돌아오는 자들을 향한 주의 자비가 무한하다는 것을 압니다. 그러하기에 저희들은 세상 죄를 짊어지신 하나님의 어린 양, 우리의 중보자 예수 그리스도를 의지하여, 저희 마음 깊은 데에서부터 담대히 주를 부를 수 있습니다. 그리스도 때문에 저희들에게 긍휼을 베푸시고 저희의 모든 죄를 용서해 주시옵소서. 그리스도 보혈의 순결한 샘으로 저희를 씻어주시사, 저희들이 정결케 되어 흰눈보다 더 희게 하시옵소서. 주의 이름의 영광을 위해서, 그리스도의 의로 저희의 벌거벗음을 덮어주시옵소서. 지혜와 총명의 영으로 저희의 모든 어둠을 벗겨주시며, 저희의 고집과 반역된 마음을 돌이키게 하시옵소서.

이제 주의 종의 입을 열어, 주의 지혜와 지식으로 채우시사, 주의 말씀을 순전한 본의 그대로 담대하게 선포하게 하시옵소서. 저희 마음을 준비되게 하시사 주의 말씀을 받아들이고, 깨닫고, 간직하게 하시옵소서. 주께서 약속하신 대로, 저희 마음판에 주의 율법을 새겨주시고, 또 저희들에게 주의 법도를 준행할 소원과 힘을 주셔서, 주의 이름을 찬송하고 영화롭게 하며 교회에 덕을 끼치게 하시옵소서.

은혜로우신 아버지, 이 모든 것을 예수 그리스도의 이름으로 간구합니다. 아멘.

● 혹은 주께서 가르쳐주신 기도로

(하늘에 계신 우리 아버지여, 이름이 거룩히 여김을 받으시오며, 나라이 임하옵시며, 뜻이 하늘에서 이룬 것같이 땅에서도 이루어지이다. 오늘날 우리에게 일용할 양식을 주옵시고, 우리가 우리에게 죄 지은 자를 사하여 준 것 같이 우리 죄를 사하여 주옵시고, 우리를 시험에 들게 하지 마옵시고, 다만 악에서 구하옵소서. 대개 나라와 권세와 영광이 아버지께 영원히 있사옵나이다. 아멘.)

2. 기독교의 모든 필요를 위한 기도

　전능하시고 자비로우신 하나님, 저희들은 기도로 주님 앞에 나아가거나 응답을 받을 아무런 자격이 없음을 고백합니다. 저희의 양심이 저희를 고소하며 저희의 죄는 저희를 대적하는 증거가 됩니다. 저희들 또한 주님께서 주님의 계명들을 범한 자들의 죄를 형벌하시는 의로우신 재판장이심을 압니다.

　그러나 주님, 주님께서 저희들의 모든 빈궁한 처지에서 주님을 부르라고 명령하셨고, 자비로 저희의 간구를 들으시겠다고 약속하셨습니다. 이는 저희들은 아무 것도 내세울 것이 없기에, 저희의 공로 때문이 아니라, 하나님께서 저희의 중보자요 대언자로 임명하셨던 우리 주 예수 그리스도의 공로 때문이라는 것을 저희가 깊이 인정합니다. 그러므로 저희들은 다른 어떤 도움이라도 포기하고, 오직 주님의 자비를 제외하고는 그 어떤 것도 저희들의 피난처로 삼기를 거절합니다.

　하늘에 계신 하나님 아버지! 아버지께서 너무나 많은 복들을 우리에게 부어주시는데도 저희는 이것들을 다 깨닫지 못하오며, 이루 다 헤아릴 수 없습니다. 특별히 주님께서 저희들에게 주님의 진리의 빛과 주님의 거룩한 복음의 지식에로 인도해주신 것을 감사합니다. 그러나 저희들은 시시때때로 배은망덕하게 주께서 베푸신 은덕들을 잊어버리고, 주를 떠나, 저희 자신의 마음의 욕망을 따랐습니다. 저희들이 마땅히 주를 영화롭게 해야 하는데도 그렇게 하지 않았습니다. 저희들은 슬프게도 주를 거역하는 죄를 범하였습니다. 주께서 저희에게 심판을 내려야 하실진대, 저희들은 마땅히 정죄와 영원한 죽음 외에 달리 기대할 것이 없습니다. 그러나 주님, 하나님의 기름부음 받으신 자의 얼굴을 바라보시옵소서. 하나님의 형형한 눈을 저희의 죄로부터 거두시고, 그리스도의 중보기도를 통해서 하나님이 진노를 없이해 주시옵소서! 하나님의 성령의 권능으로 저희 안에 역사하시사 날마다 저희의 죄된 본성을 죽게 하시고 저희의 생활이 날마다 새로워지게 하시옵소서.

　주님의 기쁘신 뜻대로 저희들이 온 인류를 위해 기도합니다. 저희들의 이 복음 전파에 복주시사, 주의 거룩한 복음이 선포되고 이 땅 방방곡곡에서 받아들여지게 되기를 간구합니다. 온 세상이 주를 아는 지식으로 가득 채워지게 하시옵소서. 무지한 자들은 깨닫게 하시고, 연약한 자들은 강건하게 하시옵소서. 모든 사람이 각각 말과 행위로 주의 거룩한 이름을 찬미하게 하시옵소서. 바로 이 목적을 위해서 주의 신실한 종들을 추수할 밭에 보내시사, 자신의 직분상 의무를 성실하게 감당하도록 그들을 준비시켜 주시옵소서. 주의 거룩한 이름의 영광과 사람의 구원보다는 자신의 영예와 유익을 구하는 삯군들, 모든 거짓 교사들, 포학한 이리와 같은 자들을 멸하여 주시옵소서.

　참 믿음의 일치와 경건한 생활로 온 세상에 주님이 세우신 그리스도 교회를 은혜로써 보호 보존하시고 다스려 주시사, 날마다 주의 나라가 임하게 하시옵소서. 주께서 만유 안에 만유가 되시사, 주의 왕국이 완성되기까지 사탄의 왕국을 멸하시옵소서.

　세상에서 아무런 소망도 없고 주 없이 살아가는 유대인들과 모슬렘과 이교도들의 선교를 위해 기도합니다. 또한 여전히 그리스도인이라고 자처하지만 교리와 생활상 주의 진리에서 벗어난 자들에 대한 복음 전파에 주의 복을 내리시옵소서.

모든 기독교 교육과 이에 종사하고 있는 모든 자들을 기억하시옵소서. 주의 거룩한 말씀에 부합하게, 주의 이름이 거룩하게 되고, 주의 나라가 전진되며, 주의 뜻이 이루어지도록 애쓰는 모든 사회단체들에게 복을 주시옵소서. 모든 기독교 자선 단체와 함께 하시며, 그 사랑의 수고를 하는 자들에게 주의 사랑을 충만하게 내려주시옵소서.

또한 세상 정부 곧, 주께서 우리 위에 세우신, 우리의 대통령과 청와대, 그리고 모든 국가기관, 입법부와 사법부와 지방자치단체와 그 행정 당국자들을 위해 기도합니다. 그들이 왕 중의 왕이신 주께서 자기들과 그 백성들을 통치하는 방식으로 그들의 과업과 직무를 수행하게 하시옵소서. 그들이 주의 종으로서 무법하고 불법한 통치세계인 사단의 왕국을 더욱 더 대적하게 하시옵소서. 이 행정부의 보호와 통치 하에서 저희의 모든 면에 경건하고 존경스럽고 조용하고 평안한 생활을 이끌어갈 수 있게 하시옵소서.

또한 주의 이름과 우리 주 예수 그리스도의 복음을 위해 핍박을 받는 주의 모든 자녀들을 위해서 간구합니다. 저들을 주의 성령으로 위로하시고 저들의 원수의 손아귀로부터 건져내 주시옵소서. 주의 이름을 기억하는 일이 이 땅에서 사라지지 못하게 하시옵소서. 주의 진리를 대적하는 원수들이 주의 이름을 모욕하거나 훼방할 틈을 갖지 못하게 하시옵소서. 그러나 만일 핍박받는 그리스도인들이 죽음으로 진리를 증거하고 주의 이름을 영화롭게 하는 것이 주의 뜻이라면, 저들의 고난 중에 저들을 위로하시옵소서. 저들이 자기들의 시련이 아버지의 부성어린 손길에서 비롯된 것임을 받아들이고 살아서나 죽어서나 주의 이름의 영광과, 교회의 건덕과, 저들의 구원을 위하여 변치 않고 잘 견디게 하시옵소서.

주께서 가난이나 투옥이나 육체적인 질병, 혹은 영적인 고통으로 징계와 연단하시는 모든 자들을 저희가 기억하고 기도합니다. 주의 기쁘신 뜻대로 육신의 질고를 겪고 있는 병자들을 고쳐주시고 정신적인 질병도 건강한 마음으로 회복되게 하시옵소서. 육체와 정신적인 장애를 가진 자들에게 주님의 보살핌으로 감싸주시고, 그들을 돕기 위해 시행된 모든 일에 복을 주시옵소서. 낙심천만한 자들에게 용기를 북돋아 주시옵소서. 홀아비들에게 위로자가 되시고, 과부들에게 보호자가 되시며, 고아들의 아버지가 되어 주시옵소서. 외로운 자들에게 주의 사랑을 보여주시고, 약한 자들에게 주의 힘을, 임종을 맞는 자들에게 주의 은혜를 베푸시고, 유족들에게도 감당할 수 있는 힘을 주시옵소서. 어떤 시련이 와도 의와 평강의 열매를 맺게 하시옵소서. 주께서 그리스도 안에서 주의 영원한 영광에로 부르셨던 모든 자들이 믿음과 사랑과 인내로 주께 영광을 돌리게 하시옵소서.

주님, 저희와 저희의 사랑하는 자들을 주의 돌보심과 지키심에 맡깁니다. 저희의 가족들을 돌보아 주시옵소서. 출산을 앞두고 있는 예비 어머니들에게 힘을 주시고 이들이 순산하게 하시옵소서. 남편들과 아내들, 부모들과 자녀들 간의 연합된 삶에 복을 주시옵소서. 주의 지혜로, 주께서 자녀들을 주지 않으신 부부들과도 함께 하시옵소서. 이들에게도 복을 내리시사 이들이 주의 권속 한 가운데서 복의 근원이 되게 하시옵소서.

저희의 매일의 과업에서 저희를 도우시고, 저희들이 여행할 때도 보호해 주시옵소서. 또한 주의 왕국의 발전과 국가의 유익, 또는 개인의 당당한 권익 증진을 위한 저희의 수고에도 복을 주시옵소서. 또한 토양의 소산물에게도 복을 주시옵소서. 쾌적한 기후를 주시고 풍성한 결실을 맺게 하시옵소서.

저희로 하여금 저희들 각자의 소명 안에서 주의 뜻에 따라 살 수 있게 하시옵소서. 그래서 저희들이 주의 손으로부터 받은 은사들을 잘 사용함으로써 주의 나라에 속한 저희의 삶의 장애물이 아니라 오히려 주의 나라의 발전을 위한 촉진제가 되게 하시옵소서. 모든 시험과 유혹에서 저희들을 강건하게 하셔서 저희들이 믿음의 선한 싸움을 싸워, 승리를 얻게 하시고, 바로 여기에서부터 그리스도와 함께 영원한 생명을 유업으로 누리게 하시옵소서.

저희의 신실하신 구주 예수 그리스도의 이름으로 이 모든 것을 기도합니다. 아멘.

● 혹은 주께서 가르쳐주신 기도로

(하늘에 계신 우리 아버지여, 이름이 거룩히 여김을 받으시오며, 나라이 임하옵시며, 뜻이 하늘에서 이룬 것같이 땅에서도 이루어지이다. 오늘날 우리에게 일용할 양식을 주옵시고, 우리가 우리에게 죄 지은 자를 사하여 준 것 같이 우리 죄를 사하여 주옵시고, 우리를 시험에 들게 하지 마옵시고, 다만 악에서 구하옵소서. 대개 나라와 권세와 영광이 아버지께 영원히 있사옵나이다. 아멘.)

3. 설교 전 공적인 죄의 고백과 기도

하늘에 계신, 영원하시고 자비로우신 하나님 아버지, 저희들은 주의 거룩한 위엄 앞에 불쌍하고 비참한 죄인이라는 사실을 인정하고 고백합니다. 저희들은 죄와 부패 속에 잉태되어 태어났으며, 온갖 악한 성향을 다 지니고 있으며, 본성상 어떤 선도 행할 수 없습니다. 또한 저희들은 주의 거룩한 계명들을 계속해서 범하므로, 저희의 죄로 인하여 주님을 슬프시게 하며, 죄 때문에 자신에 대한 심판을 자초합니다. 그러나 주님, 저희들도 참으로 주의 진노를 촉발시킨 저희의 죄를 인하여 슬퍼합니다. 저희들은 스스로를 고소하며 저희의 죄와 허물을 인하여 책망과 정죄를 받아 마땅함을 인정합니다. 그런데도 저희들은 주의 사랑하는 아들 예수 그리스도의 십자가의 고난을 의지하여 주의 자비를 간구합니다. 은혜로우신 하나님 아버지, 저희들을 긍휼히 여기시고 그리스도의 죽으심을 보셔서 저희의 죄를 사하시옵소서. 또한 저희들에게 주의 성령의 은혜를 내리셔서, 저희의 죄를 진실하게 고백하고 저희의 곤고와 비참을 제대로 알도록 가르치시옵소서. 그래서 저희들이 죄에 대해서 죽고, 새 생명으로 다시 살도록 저희를 인도하셔서, 예수 그리스도로 말미암아 주께서 가납하실 만한 거룩하고 의로운 열매를 맺게 하시옵소서.

주의 거룩하신 뜻과 일치하도록 주의 거룩한 말씀을 저희들로 하여금 깨닫게 하시사, 저희의 신뢰를 어떤 피조물에게도 두지 않고 오직 하나님께 두는 법을 배우게 하시옵소서. 그 모든 악한 정욕과 더불어 저희의 옛 본성이 날마다 죽게 하시고, 저희 자신을 주의 이름의 영광과 저희 이웃의 유익을 위해서 주께 산 제물로 드리게 하시옵소서.

또한 은혜로우신 주 하나님께 간구하오니, 주의 복음의 진리로부터 떠나간 모든 자들이 참 회개로 주께로 돌이켜서, 저희 모두가 한 마음, 한 믿음, 한 교회가 되어 우리 주 예수 그리스도의 이름으로 하나님을 섬기게 하시옵소서.

저희의 신실하신 구주 예수 그리스도의 이름으로 이 모든 것을 기도합니다. 아멘.

● 혹은 주께서 가르쳐주신 기도로

(하늘에 계신 우리 아버지여, 이름이 거룩히 여김을 받으시오며, 나라이 임하옵시며, 뜻이 하늘에서 이룬 것같이 땅에서도 이루어지이다. 오늘날 우리에게 일용할 양식을 주옵시고, 우리가 우리에게 죄 지은 자를 사하여 준 것 같이 우리 죄를 사하여 주옵시고, 우리를 시험에 들게 하지 마옵시고, 다만 악에서 구하옵소서. 대개 나라와 권세와 영광이 아버지께 영원히 있사옵나이다. 아멘.)

4. 설교 후 기도

자비로우신 하나님 아버지, 하나님께서 성령과 말씀으로 말미암아 하나님과 하나님의 아들을 알도록 저희들을 인도하시고 하나님의 말씀이 저희에게 선포되게 하심을 감사합니다. 저희들은 그리스도 예수를 주로 영접한 만큼, 그리스도 안에서 살게 하시사, 저희가 가르침 받은 그대로, 그리스도 안에 뿌리를 박고 세워지고, 터가 굳어져서, 믿음으로 강건하게 하시며, 감사가 넘치게 하시옵소서. 주님, 저희들은 무지하고, 감사치 않고, 불평하면서 마땅히 해야 할 바 주의 거룩한 말씀에 순종치 않았기에, 주의 크신 자비를 기억하셔서 저희를 긍휼히 여기시기만을 간구합니다. 저희들이 지은 죄를 제대로 깨닫고, 성실하게 진정으로 회개하고, 그래서 저희의 생활을 고치도록 저희를 가르치시옵소서. 주의 교회의 사역자들을 영육간에 강건하게 하시사 신실하고도 확고부동하게 주의 거룩한 말씀을 선포하고 증거하게 하시옵소서. 또한 주님, 저희들을 다스리는 모든 공직자들에게 힘을 주셔서, 그들에게 위임된 칼을 정의롭고 공정하게 사용하도록 하시옵소서.

저희들은 특별히 ＿＿＿를 위해서 주께 기도합니다. 연약하고 근심으로 짓눌린 저들에게 높이 계신 주로부터 오는 힘을 주시옵소서. 저희들을 모든 외식과 신실하지 못함으로부터 지켜주시고, 저희들의 경건과 신실함으로 주의 말씀과 주의 교회를 대적하는 모든 악하고 교활한 궤계를 좌절시키시기를 간구합니다. 주의 말씀과 성령을 저희에게서 거두지 마시고, 저희의 모든 고난과 역경 중에서도 굳건한 믿음과, 인내와 초지일관된 마음을 주시옵소서. 주의 교회를 도우시사 유지 보존해 주시며, 주의 백성을 반대와 조롱과 가혹한 현실에서 건져주시옵소서. "진실로 진실로 내가 너희에게 이르노니, 너희가 무엇이든지 아버지에게 구하는 것을 내 이름으로 주시리라"고 확실하게 약속하신 우리 주 예수 그리스도를 통하여 주의 평강을 저희에게 내려주시옵소서!

저희의 신실하신 구주 예수 그리스도의 이름으로 이 모든 것을 기도합니다. 아멘.

- ● 혹은 주께서 가르쳐주신 기도로

(하늘에 계신 우리 아버지여, 이름이 거룩히 여김을 받으시오며, 나라이 임하옵시며, 뜻이 하늘에서 이룬 것같이 땅에서도 이루어지이다. 오늘날 우리에게 일용할 양식을 주옵시고, 우리가 우리에게 죄 지은 자를 사하여 준 것 같이 우리 죄를 사하여 주옵시고, 우리를 시험에 들게 하지 마옵시고, 다만 악에서 구하옵소서. 대개 나라와 권세와 영광이 아버지께 영원히 있사옵나이다. 아멘.)

5. 교리문답 해설 전 기도

하늘에 계신 아버지, 주의 말씀은 완전하여 저희 영혼을 소성케 합니다. 주의 증거는 확실하여, 어리석은 저희들을 지혜롭게 합니다. 주의 복음에는 믿는 자 누구에게나 구원에 이르게 하는 권능이 있습니다. 그러나 저희들은 본성적으로 소경이며 또 어떤 선도 행할 수 없습니다. 그러므로 주의 성령으로 저희의 어두운 마음에 빛을 비추시기만을 주께 간구합니다. 저희에게 겸손한 마음을 주시사, 주를 거스려 대적하는 모든 자만심과 세상적인 지혜로부터 벗어나게 하시옵소서. 그래서 저희들이 주의 말씀을 들을 때에, 주의 말씀을 바르게 깨닫고 자신을 쳐서 주의 말씀에 복종하게 하시옵소서. 저희들을 보편적이고 의심할 여지없는 개혁교회 신앙고백으로 확고부동하게 세워주시옵소서. 주의 복음의 진리에서 떠난 자들이 돌이키도록 은혜를 베푸셔서, 저희 모두 하나가 되어 참된 거룩함과 의(義)로움으로 일평생 주를 섬기게 하시옵소서. 이 모든 것을 오로지 예수 그리스도의 공로를 의지하여 주께 간구합니다. 아멘.

- ● 혹은 주께서 가르쳐주신 기도로

(하늘에 계신 우리 아버지여, 이름이 거룩히 여김을 받으시오며, 나라이 임하옵시며, 뜻이 하늘에서 이룬 것같이 땅에서도 이루어지이다. 오늘날 우리에게 일용할 양식을 주옵시고, 우리가 우리에게 죄 지은 자를 사하여 준 것 같이 우리 죄를 사하여 주옵시고, 우리를 시험에 들게 하지 마옵시고, 다만 악에서 구하옵소서. 대개 나라와 권세와 영광이 아버지께 영원히 있사옵나이다. 아멘.)

6. 교리문답 해설 후 기도

은혜로우며 자비로우신 하나님 아버지, 주께서 저희 신자들과 저희 자녀들과 언약을 맺어주심을 감사합니다. 주께서 거룩한 세례로 이 사실을 인(印)치실 뿐 아니라, 젖먹이와 어린아이의 입으로 권능을 세우셔서 주를 찬송케 하심으로 날마다 이 사실을 보이시고, 이로써 이 세상에서 지혜롭고 총명한 자들을 부끄럽게 하십니다. 우리 주 예수 그리스도 안에서 주의 길과 뜻을 저희에게 가르치심으로 이 사실을 또한 드러내셨습니다. 주께서 목사들과 교사들을 주심으로 저희 성도들로 하여금 온전히 주를 섬기게 하시고, 그리스도의 몸이 든든하게 세워지도록 하십니다. 주께 간구하오니, 남녀노소를 무론하고, 모든 언약의 자녀들의 마음에 계속 역사하여 주시사, 하나님의 은혜를 아는 지식으로 자라나서 저희들 모두가 그리스도의 장성한 분량에 충만히 이르게 하시옵소서. 저희들이 주의 능력으로, 온갖 교리의 풍조에 밀려 요동하지 않게 하시옵소서. 저희의 가정들을 축복하시사 부모들에게 주의 성령으로 말미암아 위로부터 오는 지혜를 내리셔서, 저희 자녀들을 주의 교양과 훈계로 양육하게 하시옵소서. 교회의 고백서 안에 요약된 대로, 주의 거룩한 말씀에 기초한 모든 교육을 위해서 주께 기도합니다. 이 일에 수고하는 모든 자들과 함께 해주시사 주의 이름을 경외함에 근거한 지식과 지혜를 공급하시옵소서. 자기들 자신의 안목과 세상의 평가로 신분이 높고 권세있는 자들로 하여금 수치를 당케 하시고, 주의 백성의 경건함으로 사탄의 왕국이 파멸되게 하시며, 주 예수 그리스도의 나라가 이 교회와 주의 모든 교회에서 강성하게 되어, 주의 거룩한 이름의 영광과 저희들의 구원을 이루게 하시옵소서. 저희들이 이 모든 것을 하나님의 아들이신 예수 그리스도 이름으로 간구합니다. 아멘.

● 혹은 주께서 가르쳐주신 기도로

(하늘에 계신 우리 아버지여, 이름이 거룩히 여김을 받으시오며, 나라이 임하옵시며, 뜻이 하늘에서 이룬 것같이 땅에서도 이루어지이다. 오늘날 우리에게 일용할 양식을 주옵시고, 우리가 우리에게 죄 지은 자를 사하여 준 것 같이 우리 죄를 사하여 주옵시고, 우리를 시험에 들게 하지 마옵시고, 다만 악에서 구하옵소서. 대개 나라와 권세와 영광이 아버지께 영원히 있사옵나이다. 아멘.)

7. 식사 전 기도

전능하시며 신실하신 하나님 아버지, 주께서 주의 권능의 말씀으로 세상을 만드셨고, 만드신 그 세상을 지금도 섭리의 손길로 보존하시고 주관하십니다. 주께서 광야에서 이스라엘에게 하늘에서 비롯된 양식을 내려주셨습니다. 오늘날 주의 비천한 종들인 저희들에게도 복을 내리시사, 이런 은사들로 저희들에게 새로운 힘을 주시옵소서. 과연 저희는 우리 주 예수 그리스도를 통하여 아낌없이 베푸시는 하늘 아버지의 손길로부터 영육간에 필요한 은사들을 받아왔습니다. 저희들이 이것을 허비하지 않고 적합하게 사용하게 하시옵소서. 또 저희들을 도우시사 주께 헌신하고 주를 섬기는 삶에 이것들을 사용하게 하시옵소서. 그래서 저희들이 하나님이 저희의 아버지시며 모든 좋은 것들의 원천이심을 깨닫게 하시옵소서. 또한 저희들이 어느 때든지 하나님의 말씀을 영원한 양식으로 끊임없이 갈망하게 하시옵소서. 그렇게 해서 하나님께서 저희를 위해서 하나님의 아들이시며 저희의 구세주이신 예수 그리스도의 보배로운 피로써 준비하신 영원한 생명에로 양육받게 하시옵소서. 저희의 신실하신 구주 예수 그리스도의 이름으로 이 모든 것을 기도합니다. 아멘.

8. 식사 후 기도

하늘에 계신 우리 주 하나님 아버지, 저희가 이 식탁에서 즐기게 하신 이 양식과 음료로 인하여, 또 끊임없이 주의 손길로부터 받는 주의 은혜로우신 은사들로 인하여, 주께 감사합니다. 특히 저희로 하여금 함께 읽게 해주신 하나님의 말씀을 인하여 주께 감사합니다. 이로써 주께서 거룩한 복음 안에 계시하신 소망으로 저희들을 새롭게 태어나도록 하셨습니다. 은혜로우신 우리 주 하나님 아버지, 저희의 마음이 이생의 염려들로 인하여 짓눌리지 않게 하시고 또한 이 세상에 속하여 썩어 없어질 것에 너무 깊은 애착을 갖지 않게 하시기를 기도합니다. 주의 은혜를 저희에게 베푸시사, 저희의 구원을 위해 구름을 타고 오실 우리 구주 예수 그리스도를 기대하며, 저희들의 매일의 과업에서 위에 있는 것들을 구하게 하시옵소서.

저희의 신실하신 구주 예수 그리스도의 이름으로 이 모든 것을 기도합니다. 아멘.

9. 영육 간에 연약한 자들을 위한 기도(1)

자비로우신 하나님 아버지, 주께서 살아있는 자에게는 영원한 소망과 구원을 주셨고, 죽는 자에게는 영원한 생명을 주십니다. 오직 주의 손으로만 생명과 죽음을 주장하시며, 그리스도만이 죽음과 무덤의 열쇠를 소유하십니다. 만물 만사가 다 주의 권능 안에 있어서 건강이나 질병이나, 선이나 악이나, 생명이나 죽음이나 주의 뜻이 없이는 결코 저희에게 일어날 수 없습니다. 또한 저희들은 주의 권능과 주장하심으로 만물만사가 저희들의 구원을 위해 합력하여 선을 이루는 것임을 압니다. 은혜로우신 아버지, 저희들에게 주의 성령의 은혜를 내려주시사, 참으로 저희의 비참을 제대로 알도록 하시고 그래서 주의 징계를 잘 감내하도록 가르쳐 주시옵소서. 만일 주 앞에 다 셀 수 없이 죄가 많은데도 자신의 공로를 의지한다면, 이 징계를 만 배나 더 가혹하게 받아야 마땅합니다. 과연 이 징계들은 주의 진노의 증거가 아니라, 저희들로 하여금 세상과 함께 정죄 받지 않도록 하기 위해, 저희를 향하신 아버지의 사랑의 증거임을 저희가 믿습니다.

주님, 주의 성령으로 저희의 믿음을 강건하게 하시사, 저희로 하여금 고난도 영광도 주와 같이 받도록 한 주의 선하고 기쁘신 뜻대로, 더욱 더 우리의 머리이신 그리스도와 연합하게 하시옵소서. 아버지의 지혜로 저희를 여기까지 인도하신 만큼 오늘 당면한 문제를 잘 감당할 수 있게 하시옵소서. 주께서 저희를 이 땅에 그냥 두시든지 혹은 저희 본향인 주께로 데려가시든지, 저희는 스스로 주의 뜻에 전적으로 순복합니다. 저희의 몸도 영혼도, 살아서나 죽어서나, 그리스도의 부활로 저희의 복된 부활을 보증하신, 주께 속해 있음을 믿고 의지합니다.

저희로 하여금 예수 그리스도를 통한 죄 사함의 위로를 체험하게 하여 주시옵소서. 그리스도의 정결한 피로 저희의 불결한 죄를 씻기시고, 주의 목전에 있는 저희의 불의를 그리스도의 의로 덮으시옵소서. 저희들로 하여금 믿음과 소망으로 무장하게 하시사, 저희들이 사단의 공격을 넉넉히 이겨내고, 죽음이 온갖 두려움과 함께 몰려와도 수치를 당하지 않게 하시옵소서. 저희의 눈이 점점 침침해져 갈 때라도, 주의 눈을 저희를 향하여 환하게 열어주시옵소서. 주께서 저희에게서 말하는 능력을 거두실 그때에도 저희 마음의 탄식을 주께서 들어주시옵소서. 저희의 손에 모든 힘이 다 사라질 때에도, 계속해서 주의 영원하신 팔로 저희를 붙들어주시고 안아주시고 인도해 주시옵소서.

하늘에 계신 아버지여, 아버지의 손에 저희의 영혼을 맡깁니다. 저희를 주의 약속에 따라 처분하여 주시옵소서. 결코 저희를 버리지 마시고, 심지어 죽는 그 시간까지 항상 저희와 함께 하시옵소서. 우리의 사랑하는 구주 예수 그리스도로 인해서 저희의 기도를 들으시고 응답하시옵소서.

저희의 신실하신 구주 예수 그리스도의 이름으로 이 모든 것을 기도합니다. 아멘.

● 혹은 주께서 가르쳐주신 기도로

(하늘에 계신 우리 아버지여, 이름이 거룩히 여김을 받으시오며, 나라이 임하옵시며, 뜻이 하늘에서 이룬 것같이 땅에서도 이루어지이다. 오늘날 우리에게 일용할 양식을 주옵시고, 우리가 우리에게 죄 지은 자를 사하여 준 것 같이 우리 죄를 사하여 주옵시고, 우리를 시험에 들게 하지 마옵시고, 다만 악에서 구하옵소서. 대개 나라와 권세와 영광이 아버지께 영원히 있사옵나이다. 아멘.)

10. 영육 간에 연약한 자들을 위한 기도(2)

지극히 자비로우시며 의로우신 하나님 아버지, 주께서는 전능하시사, 주의 뜻이 없이는 하늘과 땅에 아무 것도 일어나지 않습니다. 생명과 죽음 역시 주의 장중에 있습니다. 저희는 주의 이름을 부르고 기도할 아무런 자격이 없사오며, 하물며 주께서 저희의 죄와 허물을 명시하신다면, 주께서 저희의 기도를 들으시고 응답하실 것을 저희는 도저히 바라지 못합니다. 다만 저희의 슬픔을 담당하시고, 저희의 허물 때문에 상하신 예수 그리스도 안에 있는 하나님의 자비에 따라 저희를 돌아보시옵소서. 저희 스스로는 어떤 선도 행할 수 없고 온갖 악한 성향을 지니고 있음을 저희는 인정합니다. 이로 말미암아 저희는 주께 당연히 징계와 책망을 받아야 하지만 저희는 마땅히 받아야 할 것을 거의 받지 않습니다.

하오나 주님, 주께서 저희를 주의 백성으로 삼으셨기에, 주께서는 저희의 하나님이십니다. 주께로 돌이키는 자들을 결코 물리치지 아니하시는 주의 자비만이 저희의 유일한 피난처이십니다. 그러므로 저희 죄대로 갚지 마시고 오히려 그리스도의 만족케 하심과 의와 거룩을 저희에게 전가하시사, 저희가 그리스도 안에서 하나님 앞에 담대히 서게 하시기를 기도합니다. 은혜롭게 저희들을 회복하여 주시고, 이 고통과 질병을 저희에게서 제거해주시고, 주께서 예비하신 치유의 방편들에게 복을 주시옵소서. 그러나 만일 저희의 시련의 연장이 주의 기쁘신 뜻이라면, 저희로 하여금 주의 뜻에 따라 이 모든 것을 다 감당할 인내와 힘을 주시옵소서. 주님은 지혜로우시며 선하십니다. 주께서 무엇을 결정하시더라도 저희의 삶이 새롭게 되고 성화되는 계기가 되게 하시옵소서.

주님, 저희들이 이후에 이 세상과 더불어 멸망당하느니 차라리 여기에서 저희를 징책하시옵소서. 저희들이 이 세상을 포기하도록 하시고, 저희들이 저희의 옛 사람을 십자가에 못 박게 하시옵소서. 그리고 저희들로 하여금 점점 더 우리 주 예수 그리스도의 형상을 따라 새로워지게 하시옵소서. 저희를 결코 주의 사랑으로부터 떨어지지 않게 하시고, 오히려 날마다 주께로 더욱 가까이 이끄시옵소서. 그래서 기쁨으로 저희를 부르신 목적을 이루게 하시사, 그리스도와 함께 죽고, 그리스도와 함께 영광스러운 부활을 하며, 영원토록 그리스도와 함께 살게 하시옵소서. 우리 주 예수 그리스도로 말미암아 저희의 기도를 들으실 것을 믿습니다.

저희의 신실하신 구주 예수 그리스도의 이름으로 이 모든 것을 기도합니다. 아멘.

● 혹은 주께서 가르쳐주신 기도로
(하늘에 계신 우리 아버지여, 이름이 거룩히 여김을 받으시오며, 나라이 임하옵시며, 뜻이 하늘에서 이룬 것같이 땅에서도 이루어지이다. 오늘날 우리에게 일용할 양식을 주옵시고, 우리가 우리에게 죄 지은 자를 사하여 준 것 같이 우리 죄를 사하여 주옵시고, 우리를 시험에 들게 하지 마옵시고, 다만 악에서 구하옵소서. 대개 나라와 권세와 영광이 아버지께 영원히 있사옵나이다. 아멘.)

11. 아침 기도

자비로우신 아버지, 저희들은 주의 지극하신 신실하심으로 저희를 지난 밤 내내 보살펴주심을 감사합니다. 오늘 또한 저희들을 더욱 더 강건하게 하시고 성령으로 저희들을 인도하시사, 저희들 생애 모든 날을 그래야 하듯이 이 새로운 한 날도 거룩하고 의롭게 사용하게 하시기를 간구합니다. 저희에게 맡겨진 모든 과업을 수행하되, 항상 저희의 마음에 맨 먼저 주의 영광을 생각하게 하시옵소서. 저희들이 항상 저희의 수고의 모든 결과와 열매들을 오직 주의 관대하신 손에서만 기대하고 성실하게 일하게 하시옵소서.

우리 주 예수 그리스도의 고난과 보혈로 하나님의 약속에 따라 저희의 모든 죄를 용서하시기를 주께 간구합니다. 하나님의 은혜로 말미암아 저희들은 저희의 모든 죄와 허물들로 인해 진심으로 슬퍼합니다. 저희 마음에 빛을 비추셔서, 저희들이 모든 어두움의 일들을 벗어버리고 빛의 자녀로서 빛 가운데서 행하면서 항상 경건하게 새로운 생활을 하게 하시옵소서.

여기에서와 선교지에서 하나님의 거룩한 말씀의 선포에 복주시사, 마귀의 모든 궤계들을 물리치게 하시옵소서. 주의 포도원에서 수고하는 모든 신실한 사역자들을 강건하게 하시옵소서.

주께서 저희들 위에 두신 권세자들이 만왕의 왕이시며, 만주의 주이신 주의 종으로서 자신들에게 주어진 소명에 따라 다스리게 하시옵소서. 자기들의 믿음 때문에 핍박받는 모든 자들에게 견딜 수 있는 마음과 힘을 주시고, 그들의 대적들로부터 건져주시옵소서. 마귀의 모든 일들을 멸하여 주시옵소서. 고통 중에 있는 자들을 위로하시고, 질병과 여타의 생활상 시련들로 주의 거룩한 이름을 부르는 모든 자들에게 주의 자비를 베풀어주시고 도와주시옵소서. 저희가 그리스도 예수 우리 주의 이름으로 구하는 것은 무엇이든지 행하시리라고 저희에게 확신을 주셨사오니, 저희와 하나님의 모든 백성들을 예수 그리스도 안에 있는 하나님의 은혜에 따라 처분하여 주시옵소서.

저희의 신실하신 구주 예수 그리스도의 이름으로 이 모든 것을 기도합니다. 아멘.

12. 저녁 기도

어둠이 전혀 없으신, 자비로우신 하나님 아버지, 저희들이 오늘을 마감하며 주께 가까이 나아갑니다. 주께서 일상의 과업을 위해 힘을 주시고, 오늘 내내 안전하게 인도하심을 감사합니다. 우리가 수고하고 행한 선한 일에 복을 주시옵소서.

주께서 사람이 낮에는 일하고 밤에는 안식하도록 정하셨으므로, 저희에게 이 안식이 방해받지 않고 평화롭게 하셔서, 저희의 매일의 과업을 다시 잘 감당할 수 있게 하시옵소서. 주의 천사들에게 명하사 저희를 지키라 하시고 저희 위에 주의 얼굴빛을 비추시옵소서. 저희의 모든 근심을 주께 맡기오니, 주께서 저희를 돌보아 주시옵소서.

저희의 잠을 관리해주시고 저희의 마음을 다스려 주시사, 저희가 잠든 밤중에도 어떻게든 주의 이름을 더럽히지 않고 영화롭게 하게 하시옵소서. 마귀의 온갖 공격에 대해서도 저희를 지키시고 보호하시며, 저희를 주의 거룩하신 보호막 안으로 인도하시옵소서.

슬프게도 저희가 주를 거역하는 죄를 짓지 아니한 날이 하루도 없음을 고백합니다. 주께서 땅을 밤의 어둠으로 덮으시는 것처럼, 저희의 죄를 주의 자비하심으로 덮으시기를 간구합니다.

질병과, 근심으로 짓눌리거나, 영적인 고통으로 곤경에 처한 모든 자들에게 위로와 안식을 주시옵소서. 주님, 주는 주의 변함없는 사랑을 영원토록 베푸십니다. 주의 손을 거두지 마시고 친히 이루시옵소서.

이 모든 것을 우리 주 예수 그리스도의 이름으로 기도합니다. 아멘.

13. 교회 회의의 개회 기도

하늘에 계신 자비로우신 하나님 아버지, 주의 무한한 지혜와 자비를 따라, 이 땅의 주의 백성들을 주의 몸된 교회로 모으시는 것이 주의 기쁘신 뜻입니다. 주께서는 주의 말씀과 성령을 통해서 사람의 봉사로 말미암아 주의 교회를 다스리십니다. 주께서 은혜롭게 저희를 주의 교회의 직분자들로 부르시사, 그리스도께서 그의 보혈로 사신 저희들 자신과 모든 양 무리들을 보살피는 과업을 부여하셨습니다.

이제 저희가 주의 이름으로 다 함께 모여, 주의 교회의 건덕과 복지에 관한 문제들을 다루고, 교회적인 방식으로 처리하고자 합니다. 저희들 스스로는 어떤 선한 것도 생각하고, 말하고, 이룰 만한 자격도, 능력도 없다는 것을 인정합니다. 그러므로 주의 성령께서 저희가 심의토론하며 결정해나가는 회무처리 내내 저희를 다스리시고, 저희를 주의 진리 안으로 이끌어 주시기를 간구합니다.

저희로 하여금 어떤 잘못된 생각이라도 틈타지 못하게 하시고, 저희 마음의 죄된 성향으로부터 지켜주시옵소서. 주의 말씀만이 저희의 유일한 법과 표준이 되게 하시사, 저희의 사역으로 주의 이름의 영광이 되게 하시며, 주의 교회들의 건덕에 기여하고, 저희의 양심이 평화를 누리게 하시옵소서.

이 모든 것을 양들의 대목자장이신 우리 주 예수 그리스도의 이름으로 간구합니다. 아멘.

14. 교회 회의의 폐회 기도

하늘에 계신 우리 주 하나님 아버지, 주의 기쁘신 뜻에 따라 저희들의 봉사로 말미암아 우리나라에 있는 주의 교회들을 불러 모으시고 세우시오니 감사합니다. 주의 은혜로 만물만사를 이모저모로 정리해주셔서, 주의 복음이 아무런 장애없이 선포될 수 있게 하시며 또 저희가 이렇게 공적인 예배와 교회 회의들에 참여할 수 있게 하셨습니다. 이제 이 회의를 마무리하면서 주의 목전에 숨길 수 없는 저희의 허물들과 죄들을 사해주시기를 간구합니다. 그리고 저희가 하늘 아버지의 손길로부터 받은 유익을 감사합니다. 신실하신 하나님 아버지, 주의 거룩한 말씀과 일치한 모든 결의사항들에 복을 주시사, 주의 교회들을 위한 주의 뜻을 이루시옵소서. 교리의 순수성과, 성례의 합당한 집행과 사용, 교회 권징의 신실한 시행으로 말미암아 주의 교회가 잘 보전되게 하시옵소서.

주의 말씀과 교회를 대적하여 꾸미는 모든 악한 음모와 궤계를 파멸하시고, 목사들을 강건하게 하시사 주의 복음을 담대하고 확고부동하게 설교하게 하시옵소서.

장로들과 집사들에게 인내력을 주시사, 이들이 자신들의 직분을 신실하게 수행함으로써 주의 백성에게 복이 되게 하시옵소서.

우리나라의 행성부와 위정자들에게 복을 주셔서, 저늘이 수의 지혜로 통치하게 하시옵소서. 그렇게 세상권세자들을 통치하시사, 그들이 공의와 현명한 통제력으로 다스리게 하시옵소서. 저들의 다스림이 왕 중의 왕이신 주의 최고통치권의 감독을 받게 하시옵소서. 이렇게 하여 사단의 수치스럽고 사악한 지배권이 갈수록 더 무너지게 하시옵소서. 저희로 하여금 모든 면에서 조용하고 평안한 생활, 경건하고 존중받는 생활을 하게 하시옵소서.

하나님 아버지, 우리 주 예수 그리스도로 말미암아 우리의 기도를 들으시옵소서.

저희의 신실하신 구주 예수 그리스도의 이름으로 이 모든 것을 기도합니다. 아멘.

15. 집사회의 개회 기도

자비로우신 하나님 아버지, 주께서 항상 저희 곁에 가난한 자가 있을 것이라고 말씀하셨을 뿐 아니라, 저희에게 그들의 필요를 도우라고 명하셨습니다. 주께서 주의 교회를 위해 집사 직분을 제정하시사, 가난한 지체들이 필요한 지지를 받도록 하셨습니다. 주께서 저희를 이 교회 안에서 집사의 직분에로 부르셨기에, 이제 주의 이름으로 저희 직분에 속한 문제들을 처리하고자 모였습니다. 주께서 분별의 영으로 저희 가운데 거하시기를 부복하여 간구합니다. 저희에게 주의 영의 도움을 허락하시사, 저희가 참으로 궁핍에 처해 있는 자들이 누구인지 잘 파악할 수 있게 하시옵소서. 주께서 저희를 궁핍한 자들에게 인도하시사, 모금된 구제금을 각자의 필요에 적절하게 소용되도록, 기꺼이 성실하게 관대한 마음으로 분배하도록 도우시옵소서.

주의 백성들의 마음에 궁핍한 자를 향한 열정적인 사랑을 일으키시사, 저들이 주의 청지기로서 자기들에게 맡겨진 소유를 너그러이 기부하게 하시옵소서. 저희에게 가난한 자들을 구제할 수 있는 충분한 재물들을 내려주시옵소서. 저희가 그리스도의 자비 사역을 맡은 자들로서 저희 직분의 사명을 잘 감당하게 하시옵소서.

주의 은혜를 저희에게 내리시사 이렇게 소유와 재물을 나눔으로써 궁핍에서 벗어나게 하시고, 주의 거룩한 말씀의 위로가 곤고한 자의 마음에 심겨져서, 저들이 저들의 신뢰를 오직 주께만 두게 하시옵소서. 저희의 자비 사역에 복주시사, 저들과 저희 모두가 주님께 감사 찬송하게 하시기를 간구합니다. 과연 저희를 영원한 보화로 부요케 하시려고, 저희를 위해서 가난하게 되신, 하나님의 아들이신 예수 그리스도의 복되신 나타나심을 저희들이 학수고대하게 하시옵소서.

저희의 신실하신 구주 예수 그리스도의 이름으로 이 모든 것을 기도합니다. 아멘.

자유개혁교회질서
직분자 동의서약서

자유개혁교회질서

총강

우리는 그리스도 예수를 교회의 유일하신 보편적인 감독이자 머리로서 고백한다(벨직 신앙고백서 제31항). 그리스도 예수께서 당신의 교회를 당신의 영과 말씀으로 모으시고 보호하시고 보전하신다(하이델베르크 교리문답 제21주일).

우리는 더 나아가서 그리스도의 교회는 "우리 주님께서 당신의 말씀 안에서 가르치셨던 영적인 질서로 반드시 다스려져야 된다"는 사실을 믿는다(벨직 신앙고백서 제30항). 이 질서의 간략한 설명이 본 고백서 제30-31항에 나와 있다.

우리 교회 질서, 특별히 제1조항에서 지적했던 바와 벨직 신앙고백서 제30-32항에서 서술하고 있는 바와 비교해보면, 이 문서가 우리 교회들이 하나님의 말씀을 근거로 하여 고백하고 있는 것에 대해서 한층 더 잘 해설하고 있다고 우리는 결론을 내리게 된다.

사실상 교회 질서 안에 담긴 많은 구절들이 동일한 양식 안에서 특정한 문제들을 다루기 위해서 교회들 사이에 합의한 사항에 지나지 않는다. 또한 교회 질서 안에 있는 몇몇 조항들은 그리스도나 사도들의 명령으로 추적해볼 수 없는 것들도 있다. 그러나 이 조항들은 일치를 보여주고 또 공통적인 노선을 걷는데 교회들 간에 유익을 주는 것으로 규정되었다. 우리는 여기에서 특별히 제32, 43, 44조항을 언급할 수 있다. 이 조항들과는 별개로, 세부적인 규칙들과 규정들을 포함하는 법전과 같은 종류는 없다.

게다가 일반적으로 말해서 우리 교회 질서는 우리가 성경에서 배웠던 "영적인 질서"에 토대를 두고 있다. 그러므로 교회 질서는 교회들 간에 또 각 지역 교회에서 믿음의 일치를 유지하는데 중요한 요인이다. 이러한 사실은 우리 교회 질서가 완전한 문서라는 것을 의미하지는 않는다. 심지어 신경들이나, 신앙고백서들이나, 교회 질서들은 성경과 동등한 수준에 두어서는 안 된다는 것은 말할 필요도 없다. 만일 이 속에 어떤 부분이 틀렸거나 잘못된 것이 있다고 인정된다면, 그 부분은 반드시 개정되어야 한다. 캄펜과 해밀턴 신학교 교수였던 고(故) P. Deddens 박사는 "교회 질서가 있다는 것은 유익한 일이나, 그러나 성경을 열어서 함께 읽을 때만이 유익하다."고 말했다.

그러나 교회 질서가 사람에 의해서 편찬되었다고 해서 아주 진지하게 다루어지지 않아도 된다는 견해를 고집하는 것은 잘못된 일이며, 아주 잘못된 처신이다.

돌트 교회 질서는, 우리가 이 질서에 대하여 1618-19년에 개최된 잘 알려진 돌트 총회에 신세를 지고 있는데, 그 당시의 분위기와 떼어 놓을 수 없다. 사실상 1568년의 베젤 회합에서 준비 작업이 맨 처음 진행되었다. 여기에서 준비 작업의 결과로 소위 "베젤 조항들"이라고 불리는 책이 출판되었다. 1571년에 개최된 엠덴 총회 이후에, 다른 총회들 역시 교회 질서를 다루었고, 또 다루면서 몇 번에 걸

쳐서 개정되거나 아니면 확대되었다. 화란 교회들은 경험으로 배워야만 했다.

우리는 여기에서 1574년의 돌트 지역대회, 1578년의 돌트 총회, 1581년의 미델부르크 총회, 1586년의 헤이그 총회를 거명할 수 있다. 1618-19년의 돌트 총회는 단지 돌트 신경을 만들었을 뿐 아니라, 철저하게 개정된 교회 질서도 만들었다. 이런 이유로 인하여 이것이 돌트 교회 질서로 알려지게 되었다.

이때부터 네덜란드 개혁교회가, 1816년에서 1834년 사이에 방해를 받아 중단된 것을 제외하고는, 이 교회 질서를 고수하였다. 1834년에 헨드릭 드 콕 목사(H. de Cock)의 자극을 받아 분리파 교회들이 이 교회 질서로 환원하였고, 마찬가지로 1886년에 돌레앙티(Doleantie; 2차 분리) 교회들도 이렇게 하였다.

1892년에 두 교단의 재 연합이래로, 성경적인 교회 질서가 프레드릭 루쳐스(F. L. Rutgers)와 아브라함 카이퍼(A. Kuyper)에 의해서 유지되어 강력하게 보호를 받았다. 그러나 1920년대 이래로 계급주의적인 해석과 적용이 지배적이게 되면서, 40년대 초기 총회에 의해서 교회의 일치를 붕괴시키는 절정으로 이끌어갔다.

이 멍에로부터 스스로 자유케 한 교회들이 교회 질서 본문의 참된 해석에로 환원했다. 1978년의 흐로닝헨-자이드(Groningen-Zuid) 총회는 최신 개정판을 채택하였다. 이후 돌트 교회질서는 RCN(Reformed Churches in the Netherlands)의 교회 정치형태로 재인식되었다.

캐나다 개혁교회는 1954년 11월에 매니토바 칼맨에서 "총회"라 불리는 첫 번째 총회가 개최되었다. 총회록 제73항은 화란 자매 교회에서 온 편지에서 캐나다 개혁교회가 네덜란드 개혁교회 질서를 채택했다고 언급했다. 그러나 그들은 몇몇 어려운 난제가 있다는 사실을 알았다. 그러므로 이 대회는 "'특수한 캐나다 상황(제94조)'과 관련하여 교회 질서를 개정할 필요성을 주장했고 또 결정했다."

우리는 1561년의 교회 질서를 다시 한 번 더 언급하는 것이 유익하다고 생각한다. 이 교회의 질서를 작성한 사람들과 이 교회 질서를 채택한 제네바 교회의 당회는 이 교회 질서가 교중들의 생활에 중요한 문서가 될 것이라는 확신에 넘쳤다. 이러한 이유로 인하여 마지막 조항에서 다음과 같은 표현을 담고 있다. '1564년부터 이 교회 질서는 성 베드로 교회에서 3년마다 6월 첫째 주일에 공적으로 낭독한다.' 제네바 교회는 이 문서에 친숙하게 되어야만 했다.

자유개혁교회(Jayoo Reformed Church)는 이 돌트 교회질서를 가감없이 교회정치 원리와 실제로 받아들였다.

개혁교회 생활의 화평과 향상과 존속을 위해서 교회 질서에 관한 지식이 탁월하게 중요한 의의를 가지고 있다는 것이다. 그러므로 만일 교회 질서가 직분자들 뿐만 아니라 교회의 일반 회원들도 이용하기 쉽게 만든다면 교회 질서가 매우 유익할 것이다.

우리는 이 인용문에서 특별히 "화평"라는 단어에 독자들께서 관심을 집중해야 한다고 생각한다. 고린도전서 14:33에서 사도 바울은 다음과 같이 말씀했다. "하나님은 어지러움의 하나님이 아니시요 오직 화평의 하나님이시니라." 사도 바울은 다음과 같은 말씀으로서만이 고린도전서 14장을 마감할 수 있었다. "모든 것을 적당하게 하고 질서대로 하라."

그리스도의 교회는 그리스도 즉 구세주 안에 있는 하나님의 화평함으로 반드시 살아야 한다. 그리고 거기에다가 교회 사이에 질서를 틀림없이 유지해야만 한다!

I. 서론

제1조 목적과 구분

그리스도 교회 안에 선한 질서가 유지되기 위해서 마땅히 직분과 교리의 감독, 회의, 예배, 성례, 의식, 권징이 필요하다. 이 세부 항목들은 위에 제시된 순서에 따라 기술한다.

II. 직분과 교리 감독

제2조 직분

본 교회 직분에는 말씀 전하는 목사와 장로와 집사가 있다.

제3조 직분에로 부름

또한 누구든지 합법적인 부르심을 받지 않은 채 스스로 어떤 직분도 취하지 못한다. 오직 남자 회원들만이 공적 신앙고백을 하고, 또 성경 디모데전서 3장과 디도서 1장에 기술된 조건과 일치하다고 생각되는 자들이 직분에 적합하다. 어떤 직분을 뽑는 투표든 회중의 참여로, 먼저 기도하고, 이 목적을 위해서 집사회가 참여한 당회에 의해 채택된 규정들에 따라 실시한다. 집사회가 참여한 당회는 제각기 직분에 적합하다고 인정되는 형제들을 당회에 주목을 받을 수 있도록 미리 회중들에게 자유롭게 기회를 준다. 집사회가 참여한 당회는 공석을 채울 수 있을 만큼이나, 아니면 거의 배수 정도로 하든지, 아니면 필요하다면 공석만큼의 후보자들을 회중들에게 제시한다. 선출된 자들은 채택된 예식서에 일치하게끔 집사가 참여하는 당회에 의해서 임명된다. 임직 혹은 취임하기 전에 지명된 형제들의 이름이 공적으로 최소한 두 주 연속적으로 회중들에게 승인을 받기 위해서 발표한다. 임직식이나 취임식은 적합한 예식서를 사용하여 거행한다.

제4조 말씀 사역자(목사)의 자격

A. 자격

다음과 같은 사항에 적합한 자들만이 말씀 사역의 직분에로 부르심을 받는다.

1. 우리 교회들에서 부르심에 적합하다고 공포된 자.

2. 우리 교회들 가운데 한 교회에서 그 능력으로 이미 섬기고 있는 자, 아니면
3. 자유개혁교회와 자매 교회 관계를 유지하고 있는 교회 중에 한 교회에서 적격하다고 공포되고, 또 봉사하고 있는 자.

B. 자격 여부 공포

교회 안에서 다음 사항에 합한 자만을 부르심에 적격한 자로 공포한다.

1. 그들이 살고 있는 지역 노회에 의해서 예비시험에 합격한 자이다. 또 이 시험은 자기가 교회들 가운데 한 교회에서 선한 기초 위에 서 있는 회원이며 또 교회들에 의해 요구된 학업 과정을 성공적으로 이수했다는 것을 입증하는 서류를 자진해서 제출하지 않고는 시취할 수 없다.
2. 자유개혁교회가 자매 교회 관계를 유지하고 있고, 또 그들이 살고 있는 노회에서 시험을 치렀고, 이 목적에 부합하게 채택된 총회 규정들을 적절하게 준수하는 교회에서 섬기고 있는 자.
3. 제8조에 기술된 규칙에 따라 시험을 치른 자.

C. 재청빙

동일한 공석 교회에서 같은 목사를 두 번째로 청빙하려면, 노회의 승인이 요구된다.

D. 자문

(현재 목사가 없는) 공석 교회에서 청빙코자 할 때에, 자문단의 조언을 요구한다.

제5조 말씀 사역자의 임직과 취임

A. 이전에 목사로서 섬기지 않았던 자들은 다음과 같은 사항을 준수한다.
　1. 그들은 오직 노회가 청빙을 승인하고 난 뒤에 임직한다. 노회는 다음과 같은 사항에 의거해서 청빙을 승인한다.
　　a. 후보자의 교리와 생활의 건전함에 관해서 자기가 속한 교회의 당회가 서명한 만족할만한 증거가 있어야 한다.
　　b. 노회에 의해 실시된 후보자의 확정시험에 만족할만한 결과가 있어야 한다.
　2. 임직을 위해 그들은 예비시험 이래로 자신들이 속했던 교회(들)로부터 자신들의 교리와 생활의 선한 증거들을 당회에 보인다.

B. 목사 사역을 하고 있는 자들은 다음과 같은 사항들을 준수한다. 그들은 노회가 청빙에 승인한 뒤에 임직(취임)한다. 임직과 마찬가지로 승인을 위해서도 목사는 자신의 교리와 생활에 관하여, 집사회가 참여한 당회와 정당하게 자기를 면직시킨 노회로부터 즉 교회와 노회, 혹 동일한 노회 안에 남아있다면 다만 그 교회로부터의 고지서를 동봉한 선한 증거를 보인다.

C. 자유개혁교회가 자매교회 관계로 유지하고 있는 교회들 중의 한 교회를 봉사하고 있는 자의 청빙에 대해 노회의 승인을 위해서 간담회로 하여금 특별히 자유개혁교회의 교리와 교회 정치를 살피도록 한다.

D. 청빙에 대한 노회의 승인은 청빙한 교회가 [회중에게] 적합한 공포를 했고 또 회중이 청빙에 승인했다는 고지서를 요구한다.

제6조 교회 소속

누구라도 특정한 교회에 소속되지 않거나, 특정한 지역에 배치되지 않거나, 이방인들 혹은 복음에 소외된 자들로 말미암은 교회의 회집을 위하여 파송을 받지 않았거나, 여타의 특수한 과업을 부여하지 않는 한, 목사로서 사역할 수 없다.

제7조 최근에 회심한 자들

최근에 개혁 신앙을 고백하게 된 자는 합당한 일정 기간 동안에 잘 심사받지 않거나 또 지역 대회의 파견자들과 협력하여 노회에 의해서 신중하게 점검을 받지 않는 한, 누구라도 우리 교회들 안에 청빙에 대해 적격하다고 선언해서는 안 된다.

제8조 예외적인 은사들

정규 신학 과정을 이수하지 않은 자는 경건과, 겸손, 검소함, 밝은 지성, 분별력과 공적인 언변의 은사과 같은 예외적인 은사들에 대한 확증이 없는 한, 목사로서 사역하도록 허락해서는 안 된다. 이와 같은 자들이 스스로 목사로 자처할 때에, 지역 대회의 승인을 받은 후에, 노회는 이들에게 예비시험을 치르게 하고 또 노회 안에 있는 교회들에서 훈화의 말씀을 강설하도록 허용한다. 그리고 이 목적을 위해 채택된 보편 교회적인 규정들을 준수함으로 훈육하는 과정으로 간주하여 그들을 상대한다.

제9조 사역지 이전

이전에 합법적으로 청빙을 받은 목사가 집사회가 참여하는 당회의 동의와 노회의 승인 없이 다른 곳으로 사역지를 옮기고자 그 교회를 떠나서는 안 된다. 또 다른 한편으로 그가 봉사했던 교회와 노회로부터, 혹은 만일 그가 동일한 노회 안에 남아있다면, 단지 그 교회에 적합한 사면서를 제출하지 않는 한, 어떤 교회도 그를 받아들여서는 안 된다.

제10조 생활비의 적절한 지원

회중을 대표하는 집사회가 참여하는 당회는 해당 교회 목사(들)의 생활을 적절하게 지원할 의무가 있다.

제11조 면직 혹은 해임

만일 말씀 사역자가 교회를 봉사하고 또 세우는데 열매가 없이 무기력하고 또 부적합하다고 판정

된다면, 집사회가 참여하는 당회는, 교회의 권징에 대한 아무런 이유도 없이, 노회의 승인을 받지 않고 또 지역 대회의 파견자들의 일치하는 조언을 받지 않는 채로, 적합한 시기 동안 목사와 그의 가족의 생계에 관하여 합당한 정리가 없이, 그 교회에서의 사역을 그만두게 해서는 안 된다.

만일 삼 년 안에 청빙 요청을 받지 않는다면, 그는 마지막으로 봉사한 곳의 노회에 의해서 목사 신분 포기를 선언한다.

제12조 생활의 한계

한번 합법적으로 부르심을 받은 말씀 사역자는 종신토록 교회의 봉사에만 전념해야 하므로, 대회에서 파견한 대표자들의 일치하는 조언과 아울러 노회의 승인을 받아, 집사회가 참여한 당회가 판단할 수 있는 예외적이고 실질적인 이유가 없는 한, 또 다른 직업에의 종사를 허용해서는 안 된다.

제13조 목사의 은퇴

만일 목사가 나이나 질병이나 육체적인 혹은 정신적인 장애로 인하여 직분의 사명을 수행할 수 없다고 판단되면, 그는 말씀 사역자의 명예와 직함은 보유할 수 있다. 또한 그는 자신이 마지막으로 봉사했던 교회와 자신의 공적인 결속을 보유할 수 있고, 또 이 교회는 은퇴 목사의 지원책을 명예롭게 마련해야 한다. 목사 사후 그 아내나 자녀들에게도 이와 동일한 의무가 있다. 목사의 은퇴는 집사가 참여한 당회와 노회와 지역 대회의 파견단들의 일치하는 조언으로 시행한다.

제14조 임시 휴직

만일 목사가 질병이나, 다른 실제적인 이유 때문에, 교회 봉사로부터 임시 휴직을 요청한다면, 그는 집사가 함께하는 당회의 승인으로만 동일한 예우를 받을 수 있고, 어느 때든지 그 회중의 청빙에 복속된 채로 있다.

제15조 다른 곳에서의 설교

누구라도 그 교회 당회의 동의 없이 다른 교회에서 말씀을 설교하거나 성례 집행이 허용되지 않는다.

제16조 말씀 사역자들의 직무

말씀 사역자의 독특한 직무는 주의 말씀을 회중에게 철저하면서도 신실하게 선포하며, 성례들을 집행하며, 온 회중을 대표하여 공적으로 하나님의 이름을 부르며, 또한 구원의 교리 안에서 교회의 자녀들을 교육하며, 회중의 회원들을 각 가정으로 방문하며, 병자들을 하나님의 말씀으로 위로하며, 더욱 장로와 함께 하나님의 교회를 선한 질서로 지키며, 권징을 시행하며, 주께서 제정하신 방법에 따라 교회를 다스리는 일이다.

제17조 말씀 사역자(목사)들의 동등성

말씀 사역자들의 동등성이 자신들의 직무와 관련해서, 또 당회의 판단에 따라, 또 필요하다면 노회의 판단에 따라, 가능한 한 여타의 사안들에 관련하여서도 유지된다.

제18조 선교사들

말씀 사역자들이 선교사로 파송을 받을 때에, 그들은 여전히 교회 질서에 복속된 채로 있다. 그들은 자신을 파송한 교회에 사역을 보고하고 설명하며, 또 어느 때든지 원 교회의 부름에 복종한다. 그들을 파송한 교회와의 협의 하에서 그들에게 배당되거나 혹은 그들이 선택한 특수한 지역에서, 하나님의 말씀을 설교하고, 신앙을 고백한 자들에게 성례를 집행하고, 그리스도께서 자신의 교회에 명하신 모든 것을 가르쳐 지키게 하고, 하나님의 말씀 안에 명시된 규범에 따라서 실행 가능한 때에 장로들과 집사들을 임직한다.

제19조 말씀 사역자 양성

교회들은 말씀 사역자 양성을 위한 신학교 체제를 유지한다. 신학 교수들의 과업은 교수 자신들에게 맡겨진 과목들을 신학생들에게 교육하는 것이며, 그래서 교회들은 이전 조항에서 적시한 대로 직무 수행이 가능한 말씀 사역자들을 예비한다.

제20조 신학생

교회들은 교회에 신학생이 있도록 노력하며, 재정적인 도움이 필요한 자들에게는 재정적인 지원을 한다.

제21조 훈화의 말씀

제8조에 따라서 훈화의 말씀을 강설하도록 허락을 받은 자들 이외에도, 또한 다른 자들도, 자기 스스로 양성을 받아 회중들 안에 소개되기 위해서, 보편 교회의 규정에 일치한 동의를 받는다.

제22조 장로 직분

장로의 독특한 직무들은 다음과 같다. 말씀의 사역자들과 함께, 그리스도의 교회를 감독하는 것으로서, 모든 회원들이 복음에 따라 교리와 생활에서 합당하게 처신하도록 하며, 회중의 회원들의 각 가정을 신실하게 방문하여 하나님의 말씀으로 그들을 위로하고, 교훈하고, 권면하고, 합당치 않게 처신하는 회원들을 책망한다. 장로들은 그리스도의 명령에 따라 자기들의 불신과 불경건을 스스로 드러내며 회개하기를 거절하는 자들에게 그리스도의 권징을 시행한다. 장로들은 성례들이 더럽혀지지 않도록 살핀다. 한층 더 장로들은 하나님의 집의 청지기로서 보살핌으로써, 회중 안에서 모든 것이 적당하고 선한 질서로 이루어지도록 하며, 그리고 자신들의 책임 하에 있는 그리스도의 양무리를 치도록 한다. 마지막으로, 선한 도모와 충고로 말씀의 사역자들을 돕고 그들의 교리와 행위를 감독하는 것이 장로의 직무이다.

제23조 집사 직분

집사의 독특한 직무들은 다음과 같다. 교회 안에서 자비 사역의 선한 과정을 살피는 것이며, 자진해서, 가난한 자와 곤란 당한 자가 있는지를 파악하고, 그리스도 몸의 지체들에게 자비를 베풀 것을 권고하며, 더 나아가 헌금을 모으고 관리하여 그리스도의 이름으로 필요에 따라 분배한다. 집사들은 그리스도의 사랑의 은사들을 받는 자들에게 하나님의 말씀으로 격려하고 위로하며, 그리고 온 회중이 주의 만찬을 기념하여, 성령으로 하나되게 하심과 성도의 교제를, 말과 행위로써 고무 진작한다.

제24조 직분 임기

장로들과 집사들은 지역 교회의 규정에 따라 2, 3년 동안 봉사하며, 적절한 수가 매년 사직한다. 사직한 직분자들의 자리는, 집사가 함께하는 당회가 교회의 형편과 유익상, 이들이 다른 임기 동안 섬기는 것이나, 임기를 더 연장하거나, 재선에 적격하다고 선언하는 것이 바람직하다고 판단되지 않는 한, 다른 자들로 채용한다.

제25조 동등성 유지

집사들 사이에서와 마찬가지로 장로들 사이에도 자신들의 직무에 관하여 동등성이 유지되며, 그리고 또한, 가능한 한, 당회가 판단하는 여타의 사안들까지에서도 그렇다.

제26조 세 일치신조에의 서약

모든 말씀의 사역자들, 장로들, 집사들과 신학 교수들은 이 의도로 채택된 서약서에 준해서 자유개혁교회의 세 일치신조에 서명 날인한다. 이 방식으로 서명하기를 거절하는 자는 누구든지 직분에 임직되거나 취임해서는 안 된다. 임직자 가운데서 이 서약을 거부하는 자는 누구든지, 바로 이 사실 때문에, 즉각적으로 집사들이 함께하는 당회는 그를 정직시키며, 노회는 그를 용납해서는 안 된다. 그리고 만일 그가 완고하게 거부를 고집한다면, 면직시킨다.

제27조 거짓 교리들

회중에게 유입되어 순수한 교리와 생활상 위험을 초래하는 거짓 교리들과 오류들을 막아내기 위해서, 목사들과 장로들은 하나님의 말씀 사역은 물론이거니와 기독교 교육과 가정 심방에서, 교훈, 논박, 경고와 권책의 방도들을 사용한다.

제28조 시민 정부

시민 정부 공직자들은 모든 면에서 거룩한 사역을 고무 진작해야 하듯이, 모든 직분자들은 모든 회중이 부지런하고 신실하게 마땅히 공직자에게 돌려야 할 복종과 사랑과 존경을 반드시 강조할 의무가 있다. 직분자들은 이 문제에 있어서 온 회중에게 좋은 본보기가 되도록 하며, 그리고 주의 교회를 향한 당국자들의 호의를 확보하고 유지할 수 있도록 합당한 존경과 의사소통으로 노력한다. 이렇게 하여 그리스도의 교회는 모든 면에서 경건하고 공손하게 하여 조용하고 평안한 생활을 하도록 한다.

Ⅲ. 회의 소집

제29조 교회 회의

네 가지 교회적인 회의들 곧 당회, 노회, 지역 대회, 총회가 유지된다.

제30조 교회 안건

이 회의들은 단지 교회적인 안건들만을, 교회적인 방법으로 다룬다. 광회는 소회에서 종결되지 않은 안건들이나 공동으로 그 교회들에게 속해 있는 안건들만 다룬다. 이전에 그 광회에 제출되지 않았던 새로운 안건은 소회가 그 안건을 다루었을 때만 이 의제에 포함시킬 수 있다.

제31조 호소

누구든지 자신이 소회의 결정에 의해서 부당한 대우를 받았다고 호소하면, 그는 교회의 광회에 항소할 권리가 있다. 그리고 다수결에 의해서 합의되었던 것은 무엇이든지, 하나님의 말씀이나 교회 질서와 충돌되는 것으로 판명되지 않는 한, 확정되어 구속력이 있는 것으로 간주한다.

제32조 신임장

광회에 파견된 대표자들은 자신들을 파견한 소회에 의해서 서명한, 신임장을 가져와야 한다. 그들은 특별히 자신들이나 자신들의 교회가 연루된 경우를 제외한 모든 사안들에 투표권을 가진다.

제33조 제의

한번 결정된 사안들은, 새로운 근거에 의해서 입증되지 않는 한, 다시 제의할 수 없다.

제34조 회의 절차
모든 회의 절차는 주님의 이름을 부르면서 시작하고 마친다.

제35조 의장
모든 회의에는 다음과 같은 과업을 담당하는 의장이 있다.
a. 다루어야 할 모든 사안들을 분명하게 제시하고 설명하기 위해서,
b. 모든 참석자들이 발언 순서를 잘 지키는지 질서 확립을 위해서,
c. 사소한 문제에 대해서 논쟁하는 자들이나, 자기 스스로 도취되거나 혹은 자신의 강한 감정을 통제하지 못하는 자들에게 발언권을 주지 않기 위해서,
d. 경청하기를 거절하는 자들을 권징하기 위해서.
광회에서 의장의 직임은 파회할 때 끝난다.

제36조 서기
또한 서기도 선임되어 기록할 만한 가치가 있는 모든 사안들을 정확하게 기록 유지하는 과업을 맡는다.

제37조 재판권
지역 대회가 노회 위에, 총회가 지역 대회 위에 재판권을 가지고 있듯이, 노회는 당회 위에 동일한 재판권을 가지고 있다.

제38조 당회
모든 교회들에는 말씀의 사역자와 장로로 구성된 당회가 있으며, 일정하게 적어도 한 달에 한번은 모인다. 통상 말씀의 사역자들이 의장이 된다. 만일 한 교회에 한 명 이상의 목사가 봉사하고 있다면, 그들은 교대로 의장을 한다.

제39조 당회와 집사회
장로의 수가 적은 곳에서, 집사들이 지역 교회의 합의로 당회에 가담한다. 이는 장로의 수나 집사의 수가 세 명 미만인 곳에서 불가피하게 시행한다.

제40조 당회 구성
당회가 처음으로 또는 새로이 구성되어야 하는 곳에서는, 오직 노회의 자문을 받음으로써만 구성한다.

제41조 당회 미구성 회집

아직 당회를 구성할 수 없는 곳은 노회에 의해서 이웃 당회의 보살핌에 맡긴다.

제42조 집사회

집사회가, 일정하게 한 달에 한 번씩, 자신들의 직무에 관계되어 있는 사안들을 다루기 위해서 별도로 모일 때에, 집사들은 하나님의 이름을 부름으로써 그렇게 한다. 집사회는 당회에 자신들의 사역을 설명한다. 목사들은 자비 사역의 업무를 스스로 파악하고, 필요하다면, 또한 집사회를 방문한다.

제43조 공문서

당회와 광회는 공문서들의 합당한 관리를 보장한다.

제44조 노회 소집

노회 소집은 저마다 합당한 신임장을 가진 한 명의 목사와 한 명의 장로나, 혹은 만일 교회에 목사가 없다면 두 명의 장로를 파견한, 이웃 교회들로 이전 노회에서 결정된 시간과 장소에서 구성된다. 만일 개최 교회가, 이웃 교회들과 협의해서, 어떤 교회도 노회 소집의 타당한 이유가 될 안건을 상정하지 않았다고 결론을 맺지 않는 한, 이런 회의는 적어도 세 달에 한 번씩은 개최한다. 그러나 노회 소집의 취소가 회기 중 재차 발생하면 안 된다.

이 회의에서 목사들이 윤번제로 의장을 하거나, 혹은 의장을 선임한다. 그러나 같은 목사를 연이어 두 번 선임해서는 안 된다.

의장은 직분자들의 사역이 지속되고 있는지, 광회의 결정 사항들이 존중되고 있는지, 그리고 당회들이 각 교회의 합당한 정치를 위해 노회의 판단과 도움을 필요로 하는 사안들이 있는지 그 여부를 묻는다.

노회와 광회의 파회시에, 이 회의에서 책망받을 만한 일을 행한 자들에게나 혹은 소회의 권고를 업신여긴 자들에게 견책을 시행한다. 대회 직전의 마지막 노회에서 대회 파견자들을 선임한다.

만일 한 교회에 둘 이상의 목사가 사역하고 있다면, 대표자로 파견되지 않는 목사는 자문단 자격으로 노회 회의에 참여할 권리를 가진다.

제45조 자문단

목사가 없는 개 교회마다 원하는 목사를 자문으로 임명하도록 요청한다. 이 목적을 위해서 그는 당회가 선한 질서가 유지될 수 있도록, 그리고 특별히 목사 청빙 건에 그의 도움을 빌릴 수 있도록 당회를 보좌한다. 또한 그는 청빙서에 서명한다.

제46조 교회 방문단

매년 노회는 훨씬 경험이 많고 유능한 적어도 두 명 이상의 목사에게 권한을 부여하여 바로 그 해안에 각 교회들을 방문토록 한다.

모든 것이 규정된 대로 그리고 하나님의 말씀과 전적으로 일치되게 행하는지, 또 직분자들이 서약한 대로 신실하게 자신들의 직무를 감당하고 있는지, 또 채택된 질서가 모든 면에서 잘 준수되고 또 유지되는지에 대해서 묻는 것이 방문단의 과업이다. 이는 방문단에 의해 특정 사안에서의 태만함이 적발되면 당사자들을 적시에 형제애로서 권면하고자 함이요, 또 그들의 선한 자문과 조언으로 모든 것이 그리스도의 교회를 세우고 보전하는데 직결되도록 하기 위함이다.

방문단은 노회에 자기들의 방문 결과를 서면 보고서로 제출한다.

제47조 지역 대회

매년 일정한 규모의 이웃 노회들은 지역 대회 소집시 대표단을 파견한다. 이 지역 대회에 각 노회들은 목사 네 명과 장로 네 명을 파견한다. 만일 노회가 세 개 있다면, 회원 수는 목사 세 명과 장로 세 명이 된다. 만일 노회가 네 개 이상인 경우, 회원 수는 목사 두 명과 장로 두 명이다.

총회와 마찬가지로 지역 대회가 끝날 무렵에 그 다음 대회가 개최될 시기와 장소와 지정된 대회를 위한 소집 교회를 결정한다.

만일 지정된 기일이 되기 전에 대회나 총회 소집이 필요할 때에는, 소집 교회가 각각 노회나 대회의 조언으로 시간과 장소를 결정한다.

총회가 개최되기 마지막 대회에서 총회에 파견할 대표단을 선출한다.

제48조 지역 대회의 대의원

각 지역 대회는 교회 질서 안에 제기된 모든 사안들, 그리고 -노회의 요청에 근거하여- 특별한 난제들이 있는 경우에 노회를 돕기 위해 대의원단을 임명한다.

이 대의원단은 자기들의 활동사항을 합당하게 기록하며 대회에 자기들에 관한 서면 보고서를 제출한다. 그리고 만일 그런 요청이 있는 경우, 그들은 자기들의 활동사항을 설명한다.

대의원단은 대회 자체에서 그들을 해임하기 전과 그러기까지 자신들의 과업에서 해제될 수 없다.

제49조 총회

총회는 삼 년마다 소집된다. 각 대회는 이 총회에 4명의 목사와 4명의 장로들을 총대로 파견한다.

총회는, 지역 대회의 판단에 따라 그 필요성이 확연할 때에, 지정된 기일 전에 개최한다.

제50조 해외 교회들

해외 교회와의 관계는 총회 규정에 따른다. 외국의 개혁 신앙을 고백하는 교회들과의 자매관계는 가능한 한 최선을 다해서 모색 유지한다. 교회 질서상 사소한 문제들과 교회적인 관행의 차이로 인해 외국 교회들을 거절하지 않는다.

제51조 선교

교회들은 선교적인 과업을 완수하도록 노력한다. 교회들이 이 사안에 협력할 때에, 교회들은 가능한 한 노회들과 지역 대회들의 관할 영역을 지켜야 한다.

IV. 예배, 성례와 예식

제52조 예배

당회는 주일에 두 번씩 회중을 다 함께 예배를 드리기 위해 소집한다. 당회는 규칙적으로 매주 한번 하이델베르크 교리문답으로 요약된 대로 하나님의 말씀의 교리가 선포되도록 확정한다.

제53조 기념일

매년 교회들은, 당회에 의해서 결정된 방식으로, 주 예수 그리스도의 탄생, 죽음, 부활과 승천을 성신의 부어주심과 마찬가지로 기념한다.

제54조 기도의 날

전쟁, 보편적인 참화, 다른 큰 재해가 발생시, 온 교회들을 총망라하여 통감하게 된 경우, 총회가 이 목적을 위해 지정한 교회들이 기도의 날을 선포한다.

제55조 시편과 찬송

예배시에는 총회에 의해서 채택된 운율에 따른 시편과, 총회에 의해서 승인을 받은 찬송을 부른다.

제56조 성례 시행

성례는 오직 당회의 권위 하에서, 공적인 예배 시에, 말씀의 사역자에 의해서, 채택된 예식서를 사용하여 시행된다.

제57조 세례

당회는 하나님의 언약이 가능한 한 빨리 신자들의 자녀들에게 세례로 인치도록 확정한다.

제58조 학교

당회는 부모들이, 자신들의 역량껏 최선을 다해서, 자녀들을 교회가 고백서 안에서 요약해 놓은 대로 하나님의 말씀과 일치된 교육을 하는 학교에 다니도록 할 책임이 있다.

제59조 성인 세례

세례를 받지 않은 성인은 공적인 신앙 고백으로 거룩한 세례를 받아 그리스도 교회에 접붙여진다.

제60조 주의 만찬

주의 만찬은 적어도 세 달마다 한 번씩 기념한다.

제61조 주의 만찬 허용

당회는 오직 공적으로 개혁 신앙을 고백하고 경건한 생활을 하는 자들에게만 주의 만찬을 허락한다. 자매 교회 회원들은 자신들의 교리와 생활에 관한 신행 증명서를 근거로 해서 허락한다.

제62조 신행 증명서

자매 교회로 출석하는 수찬 회원들은, 회중에게 이전에 광고를 한 뒤에, 당회를 대표하여 두 명의 당회원이 서명한, 이들의 교리와 생활에 관한 증명서를 발행한다.

비수찬 회원 경우에 이와 같은 증명서를 해당 교회의 당회에 곧바로 보낸다.

제63조 혼인

당회는 교회 회원들은 단지 주 안에서만 혼인하며, 목사들은, 당회의 권위로서, 하나님의 말씀에 일치되는 혼인에 한해서만 서약하도록 한다.

혼인 서약은 사적인 예식이나 공적인 예배시에 시행한다. 채택된 혼인 서약 예식서를 사용한다.

제64조 교적부

당회는 회원들의 이름, 출생, 세례, 공적인 신앙고백, 혼인, 이탈 혹은 사망 일자가 정확하게 기록되어 있는 교적부를 유지 관리한다.

제65조 장례식

장례식은 교회적인 사안이 아니라 가정 사안이며, 따라서 알맞게 진행되어야만 한다.

V. 그리스도의 권징

제66조 성격과 목적
　교회 권징은 영적인 성격이며, 천국 열쇠들 가운데 하나로서, 이 천국을 닫고 열 수 있도록 교회에 주어졌기 때문에, 당회는 교리의 순수성과 생활의 경건성 둘 다를 거스르는 죄들을 벌하는 데 사용하여, 죄인으로 하여금 교회와 그의 이웃과 화해하고, 그리스도의 교회로부터 모든 범죄가 제거되도록 -마태복음 18:15-17에서 우리 주님께서 주신 규율에 대해 순종으로 따를 때만 시행될 수 있다- 확정한다.

제67조 당회 가담
　당회는, 개인적인 권면과 한 두 명의 증인이 증참한 권면에도 아무런 열매가 없거나, 혹은 그 범죄의 성격상 공공연함이 먼저 확정되지 않는 한, 당회에 보고된 바, 교리의 순수성이나 혹은 생활의 경건성에 포함된 어떤 문제라도 다루지 않는다.

제68조 출교
　당회가 하는 권면을 완고하게 거부하는 자나, 혹은 공적인 죄를 범한 자는 누구든지 주의 만찬 참여를 금지한다. 만일 그가 스스로 강퍅하여 죄 짓기를 고집한다면, 당회는 공적인 광고 수단을 통해서 이를 회중에게 알림으로써, 회중은 기도와 권면에 동참토록 하며, 그래서 출교가 회중의 협력이 없이 일어나지 않도록 한다.
　첫째 공적인 광고에서는 죄인의 이름을 거명하지 않는다.
　둘째 공적인 광고에서는 -노회의 동의를 받고 난 뒤에만 시행해야 하는 바- 죄인의 이름과 주소를 적시한다.
　셋째 공적인 광고에서는 죄인의 출교가 시행될 일자를 명시한다.
　비 수찬 회원이 자신을 강퍅하게 하여 죄짓기를 고집하는 경우에, 당회는 동일한 방식으로 공적인 광고 수단을 통하여 회중에게 알린다.
　첫째 공적인 광고에서는 죄인의 이름을 거명하지 않는다.
　둘째 광고에서는 -노회의 동의를 받고 난 뒤에만 시행해야 하는 바- 죄인의 이름과 주소를 제시하고 그 죄인의 출교 일자를 명시한다.
　여러 번 있게 될 광고의 기간은 당회가 정한다.

제69조 회개
　누군가가 공적인 죄나 혹은 당회에 보고되지 않을 수 없었던 죄에 대해 회개했을 때에, 후자는 참된 개선이 보이지 않은 한 그의 죄에 대한 고백을 인정해서는 안 된다.

당회는, 회중의 유익상 이 죄의 고백이 공개적으로 이루어져야 하는지, 아니면 -이런 경우는 당회 앞에서나 두 세 명의 직분자 앞에서 행해지는 것인데- 회중에게 향후에 통지해야 할지의 여부를 결정한다.

제70조 재영입

출교되었던 누군가가 회개하여 다시 교회의 교제 안으로 받아주기를 간청할 때에, 회중에게 어떤 합법적인 반대가 있는지의 여부를 살피기 위해서 그의 간청을 통지해야 한다.

출교에 대한 공적인 광고와 죄인의 재영입 사이의 기간은 한 달 이상이어야 한다.

만일 합법적인 반대가 제기되지 않으면, 이 목적을 위한 예식서를 사용하여 재영입한다.

제71조 직분자의 정직과 면직

목사들이나, 장로들이나, 집사들이 공공연한 범죄시 혹은 달리 중대한 범죄시, 또는 집사가 가담한 당회에 의한 권면을 무시할 때에, 그들은 집사가 함께 하는 자기 당회와 이웃 교회의 집사가 함께 하는 당회의 판단에 의해 직무가 정지된다. 그들이 스스로 강퍅하여 죄 짓기를 고집할 경우, 혹은 범죄의 성격상 직무를 계속 수행할 수 없을 경우, 장로들과 집사들은, 집사와 함께 하는 위에 언급된 당회들의 판단에 의해서 면직시킨다. 노회는, 지역 대회 대의원단의 동의와 재청을 얻어, 목사의 면직 여부를 판단한다.

제72조 직분자에게 해당하는 심각하고 중대한 죄

직분자의 정직 혹은 면직의 근거가 되는 심각하고 중대한 죄들은 다음과 같이 특별하게 명시한다. 즉 거짓 교리 혹은 이단, 공적인 파당행위, 신성모독, 직분 매매, 직분의 불성실한 유기 혹은 다른 직분의 침해, 거짓 맹세, 간음, 음란, 도둑질, 폭력 행위, 술 중독, 다툼, 불의한 재산증식, 그리고 더 나아가 교회의 다른 회원들에 관하여 출교의 이유에 해당되는 그와 같은 모든 죄와 심각한 악행들이다.

제73조 그리스도적 견책

목사, 장로, 집사들은 상호간에 그리스도적인 견책을 시행하며 그리고 자신들의 직분 수행과 관련하여 피차 권면하고 우호적인 충고를 한다.

제74조 주관 금지

어느 교회라도 어떤 방식으로든지 다른 교회들을 주관하지 못하며, 어떤 직분도 다른 직분을 주관하지 못한다.

제75조 교회 재산

동산이든 부동산이든, 제각각의 노회들, 지역 대회들과 총회에 공동으로 포함된, 교회들에 속한 모든 재산은, 때때로 승인한 노회, 지역대회, 총회에 의해서 이 목적을 위해서 선임된 대의원단 혹은 이사진들에 의해서 동일하게 분배하여 이 교회들을 위해서 보관한다. 그리고 그 대의원단과 이사진들은 자신들의 임명과 수임 기간에 한정되며, 다음 노회, 지역대회 혹은 총회에 의해 해임된다.

제76조 교회질서의 준수와 개정

교회의 합법적인 질서를 고려한 이 조항들은, 공동의 합의에 의해서 채택되었다. 만일 교회의 권익상 그러기를 요구한다면, 그 조항들은 변경, 논의, 폐기할 수 있고 또 반드시 그렇게 해야 한다. 그러나 어떤 당회, 노회 혹은 지역 대회도 그렇게 하도록 허락받지 않았으며, 그래서 이 조항들이 총회에 의해서 변경되지 않는 한, 이 교회 질서 조항들을 준수하려고 부지런히 노력해야 한다.

직분자 동의 서약서(지교회용)

아래 서명한 _____개혁교회 하나님 말씀 사역자, 장로, 집사인 우리는, 이 동의 서약서에 서명함으로, 우리의 성실하고 선한 양심으로 세 일치신조, 곧 벨직 신앙고백서와 하이델베르크 교리문답과 돌트 신경의 모든 교리가 하나님의 말씀과 완전히 일치한다는 우리의 확신을 선언합니다.

그러므로 우리는 공적으로나 사적으로나 세 일치신조 안에 있는 이 교리에 상충되는 것을 교육하거나 문서화하지 않고, 오히려 이 교리를 부지런히 가르치고 신실하게 옹호할 것을 서약합니다. 뿐만 아니라 우리는 이 세 일치신조에 표현된 교리와 상충되는 모든 오류들을 거부할 것을 선언하며, 반대하고, 논박하며, 그런 오류 방지를 위해 기꺼이 협력할 것을 약속합니다.

차후에 세 일치신조에 따른 교리와 일치하지 않는 일부분이라도 우리 마음에 일어난다면, 공적으로나 사적으로 교육이나 설교나 문서상으로 자기 견해를 제시하지 않을 것이며, 오히려 먼저 교회의 판단의 절차와 과정에 맡기고, 그 결정에 순복할 것입니다. 만일 우리가 거부하는 경우 바로 이 사실로 인한 직분 정직의 처분을 기꺼이 받고자 합니다.

더 나아가 어떤 혐의에 대해서 충분한 근거 하에, 또 가르침의 통일성과 순수성을 보전하기 위해서, 당회와 노회와 대회가 더 자세한 의견 진술을 우리에게 합당하게 요구하는 경우, 우리는 이와 같은 요청에 항상 기꺼이 신속하게 우리의 징직 싱태로 순응힐 깃을 약속힙니다.

그러나 만일 우리에 대한 판결이 부당하다고 믿는다면 호소할 권리를 가집니다. 이와 같은 호소가 진행되는 동안에는 우리는 이미 내려진 당회와 노회나 대회의 결정과 판단에 묵묵히 순복할 것을 서약합니다.

ㅇㅇㅇㅇ년 ㅇㅇ월 ㅇㅇ일

목사: ㅇ ㅇ ㅇ (인)
장로: ㅇ ㅇ ㅇ (인)
장로: ㅇ ㅇ ㅇ (인)
집사: ㅇ ㅇ ㅇ (인)

목사 동의 서약서(노회용)

아래 서명한 _____개혁교회 _____노회에 소속한 하나님 말씀 사역자들인 우리는, 이 동의 서약서에 서명함으로, 우리의 성실하고 선한 양심으로 세 일치신조, 곧 벨직 신앙고백서와 하이델베르크 교리문답과 돌트 신경의 모든 교리가 하나님의 말씀과 완전히 일치한다는 우리의 확신을 선언합니다.

그러므로 우리는 공적으로나 사적으로나 세 일치신조 안에 있는 이 교리에 상충되는 것을 교육하거나 문서화하지 않고, 오히려 이 교리를 부지런히 가르치고 신실하게 옹호할 것을 서약합니다. 뿐만 아니라 우리는 이 세 일치신조에 표현된 교리와 상충되는 모든 오류들을 거부할 것을 선언하며, 반대하고, 논박하며, 그런 오류 방지를 위해 기꺼이 협력할 것을 약속합니다.

차후에 세 일치신조에 따른 교리와 일치하지 않는 일부분이라도 우리 마음에 일어난다면, 공적으로나 사적으로 교육이나 설교나 문서상으로 자기 견해를 제시하지 않을 것이며, 오히려 먼저 교회의 판단의 절차와 과정에 맡기고, 그 결정에 순복할 것입니다. 만일 우리가 거부하는 경우 바로 이 사실로 인한 직분 정직의 처분을 기꺼이 받고자 합니다.

더 나아가 어떤 혐의에 대해서 충분한 근거 하에, 또 가르침의 통일성과 순수성을 보전하기 위해서, 노회와 대회가 더 자세한 의견 진술을 우리에게 합당하게 요구하는 경우, 우리는 이와 같은 요청에 항상 기꺼이 신속하게 우리의 정직 상태로 순응할 것을 약속합니다.

그러나 만일 우리에 대한 판결이 부당하다고 믿는다면 호소할 권리를 가집니다. 이와 같은 호소가 진행되는 동안에는 우리는 이미 내려진 노회나 대회의 결정과 판단에 묵묵히 순복할 것을 서약합니다.

ㅇㅇㅇㅇ년 ㅇㅇ월 ㅇㅇ일

목사: ㅇ ㅇ ㅇ (인)
목사: ㅇ ㅇ ㅇ (인)
목사: ㅇ ㅇ ㅇ (인)
목사: ㅇ ㅇ ㅇ (인)